Friederike Pfeiffer-Bohnen

Vom Lehren zum Lernen

Weitere empfehlenswerte Titel

Theoretische Informatik - ganz praktisch
L. König, F. Pfeiffer-Bohnen, H. Schmeck, 2016
ISBN 978-3-11-041207-9, e-ISBN (PDF) 978-3-11-041208-6, e-ISBN (EPUB) 978-3-11-042387-7

E-Learning 4.0
U. Dittler (Hrsg.), 2017
ISBN 978-3-11-046756-7, e-ISBN (PDF) 978-3-11-046894-6, e-ISBN (EPUB) 978-3-11-046762-8, Set-ISBN 978-3-11-046895-3

Didaktik der Informatik
E. Modrow, K. Strecker, 2016
ISBN 978-3-486-71622-1, e-ISBN (PDF) 978-3-486-72011-2, e-ISBN (EPUB) 978-3-486-99137-6

The Inverted Classroom Model
E. Großkurth, J. Handke, 2014
ISBN 978-3-11-034417-2, e-ISBN (PDF) 978-3-11-034446-2, e-ISBN (EPUB) 978-3-11-039660-7, Set-ISBN 978-3-11-034447-9

Friederike Pfeiffer-Bohnen

Vom Lehren zum Lernen

Digitale Angebote in universitären Lehrveranstaltungen

DE GRUYTER
OLDENBOURG

Autorin
Dr.- Ing. Friederike Pfeiffer-Bohnen
Karlsruher Institut für Technologie
Institut für Angewandte Informatik
und Formale Beschreibungsverfahren (AIFB)
KIT-Campus Süd
Kaiserstr. 89
76133 Karlsruhe
friederike.pfeiffer@kit.edu

Von der KIT-Fakultät für Wirtschaftswissenschaften des Karlsruher Instituts für Technologie
genehmigte Dissertation unter dem Titel
„Digitale Angebote in universitären Lehrveranstaltungen"
Datum der Prüfung: 06. September 2017
Referent: Prof. Dr. Hartmut Schmeck
Korreferent: Prof. Dr. Andreas Oberweis

ISBN 978-3-11-048208-9
e-ISBN (PDF) 978-3-11-048304-8
e-ISBN (EPUB) 978-3-11-048245-4
Set-ISBN 978-3-11-048305-5

Library of Congress Cataloging-in-Publication Data
A CIP catalog record for this book has been applied for at the Library of Congress.

Bibliografische Information der Deutschen Nationalbibliothek
Die Deutsche Nationalbibliothek verzeichnet diese Publikation in der Deutschen Nationalbibliografie; detaillierte bibliografische Daten sind im Internet über http://dnb.dnb.de abrufbar.

Einbandabbildung: scyther5/iStock/Getty Images Plus
Druck und Bindung: CPI books GmbH, Leck
♾ Gedruckt auf säurefreiem Papier
Printed in Germany

MIX
Papier aus verantwortungsvollen Quellen
FSC www.fsc.org FSC® C083411

www.degruyter.com

Für meine Kinder Antonia und Constantin, die mir so viel Liebe und Kraft schenken.

„Alle großen Leute waren einmal Kinder,
aber nur wenige erinnern sich daran."

(aus *Der kleine Prinz* – Antoine de Saint-Exupéry)

Danksagung

Ich begann meine Laufbahn als wissenschaftliche Mitarbeiterin im Jahr 2010 am Institut für Angewandte Informatik und Formale Beschreibungsverfahren des Karlsruher Instituts für Technologie in der Forschungsgruppe von Herrn Prof. Hartmut Schmeck. Schnell fand ich meine Liebe zur Lehre verknüpft mit dem Ziel, den Studierenden die bestmöglichen Rahmenbedingungen zu bieten. Neben kleinen Abstechern in andere Forschungsbereiche wie der multikriteriellen Optimierung festigte sich mein Entschluss, mich auch bei der Forschung der Lehre zu widmen, woraus im Laufe der Jahre die vorliegende Arbeit entstand.

Auf dem Weg dorthin bin ich immer wieder in Sackgassen geraten, die mir manchmal unendlich lang erschienen. Ohne die Unterstützung einer Vielzahl an Personen auf dem Weg zum Ziel hätte ich mich wohl in der ein oder anderen Sackgasse verirrt. Zuallererst möchte ich mich bei meinem Doktorvater Herrn Prof. Hartmut Schmeck bedanken, der mich stets ermutigte, mein exotisches Forschungsgebiet fortzuführen und meinen Horizont in zahlreichen wissenschaftlichen sowie weltlichen Diskussionen und Gesprächen zu erweitern. Besonders möchte ich ihm dafür danken, dass er es mir stets ermöglicht hat, sowohl Promotion als auch Familie unter einen Hut zu bringen. Mir ist zu jedem Zeitpunkt die bestmögliche Unterstützung der Vereinbarkeit von Beruf und Familie entgegengebracht worden. Weiterer Dank geht an Herrn Prof. Andreas Oberweis, der sich bereit erklärt hat, das Zweitgutachten für diese Arbeit zu übernehmen.

Außerdem möchte ich allen Studierenden der Grundlagen der Informatik II Vorlesung danken, die durch ihre Teilnahme an der Lehrveranstaltung, den verschiedenen Konzepten sowie insbesondere auch den zahlreichen Evaluationen diese Arbeit erst ermöglicht haben.

Bei meinen zahlreichen Kolleginnen und Kollegen, die inzwischen mehr als nur Kollegin und Kollege sind, möchte ich mich für die schöne und lehrreiche Zeit am Institut bedanken. Besonderer Dank geht an Lukas König, der mich stets ermutigt hat, mich dem Forschungsbereich der Lehre zu widmen und der sich die Zeit genommen hat, die komplette Arbeit gegenzulesen. Ohne deine Unterstützung bei Forschungsfragen, Implementierungen, Diskussionen zu weltlichen Themen und unzähligen E-Mails wäre die Arbeit in dieser Form wohl nicht entstanden. Weiter danke ich Florian Allerding, Marlon Braun, Christian Gitte, Christian Hirsch, Andreas Kamper, Lei Liu, Ingo Mauser, Sabrina Merkel, Sanaz Mostaghim, Daniel Pathmaperuma, Holger Prothmann, Fabian Rigoll, Pradyumn Shukla, André Wiesner, Felix Vogel und Micaela Wünsche für ihre Unterstützung in unterschiedlichster Weise. In ihrer Funktion als technische Entwickler möchte ich ebenfalls Matthias Bonn, Jorge Cardenas-Prieto, Fabian Kern, Lukas König und Nils Koster danken.

Liebe Mama, lieber Papa, danke dass ihr mir immer geduldig und voll Liebe beisteht. Ohne euch wäre ich heute nicht der Mensch, der ich bin. Danke für eure Unter-

https://doi.org/10.1515/9783110483048-007

stützung zu jeder Tages- und Nachtzeit in den vielen verschiedenen Lebenslagen, für euren Zuspruch, euren Rückhalt und dafür, dass ihr einfach immer für mich da seid; danke auch an meine Geschwister Nicole, Kaja-Maria und Maximilian, die mir jederzeit mit einem offenen Ohr zur Seite stehen. Mein Dank geht auch an meine Schwiegereltern, insbesondere für die Unterstützung durch Babysitting und das Verständnis für meinen erhöhten Stresspegel. Ohne euer aller Unterstützung vor allem auch während den Tiefs dieser Arbeit hätte ich mich wohl an der ein oder anderen Stelle in einer Sackgasse verirrt.

Besonderer Dank geht an meinen Mann Simon, der mich stets darin bestärkte, die vorliegende Arbeit fertigzustellen und auch während aller Höhen und Tiefen meine „Launen" über sich ergehen ließ. Ohne deine Motivation, deinen Rückhalt, deine seelische Unterstützung, deine Geduld, deinen Einsatz und dein Zurückstecken besonders in der Endphase wäre es nicht möglich gewesen, diese Arbeit zu Lebzeiten fertig zu stellen. Ich danke dir aus tiefstem Herzen dafür. Zuletzt möchte ich meinen Kindern Constantin und Antonia danken für ihre bedingungslose Liebe, die mir auch in der stressigsten Zeit ein Lachen ins Gesicht zauberte, und die mich manchmal aus nicht enden wollenden Nachtschichten befreiten. Ihr zeigt mir jeden Tag aufs Neue, was das Wichtigste im Leben ist. Danke für eure Geduld. Insbesondere in der letzten doch zeitintensiven Endphase kam häufiger die Frage auf „Mama, bist du fertig mit deiner Doktorarbeit?"; jetzt kann ich endlich sagen „Ja, ich bin fertig.".

Friederike Pfeiffer-Bohnen
Karlsruhe, September 2017

Inhalt

Abbildungsverzeichnis

https://doi.org/10.1515/9783110483048-015

Tabellenverzeichnis

https://doi.org/10.1515/9783110483048-019

Abkürzungsverzeichnis

AIFB	Angewandte Informatik und Formale Beschreibungsverfahren
AMSULA	Anwendungen mobiler Systeme im Umfeld universitären Lebens und Arbeitens
ARS	Audience Response System
BDD	Binary Decision Diagram
BHO	Bundeshaushaltsordnung
BMBF	Bundesministerium für Bildung und Forschung
BSCW	Basic Support for Cooperative Work
BYOD	Bring-Your-Own-Device
CBT	Computer Based Training
CSCL	Computer Supported Collaborative Learning
CSCS	Computer Supported Collaboration Scripts
CSILE	Computer Supported Intentional Learning Environments
DB	Datenbank
DIN	Deutsches Institut für Normung
DIVA	Digitales Video- und Audioarchiv
EA	Endlicher Automat
EAS	Easy Agent Simulation
eLearning	electronic learning
FK	Fremdschlüssel
FSM	Final State Machine (EA)
FT	Freitext
FZI	Forschungszentrum Informatik
GdI2	Grundlagen der Informatik II
GUI	Graphical User Interface
HRG	Hochschulrahmengesetz
HRK	Hochschulrektorenkonferenz
IAP	interaktiver Aufgabenpool
IIS	Internet Information Services
InfoWirt	Informationswirtschaft
KA	Kellerautomat
KIM	Karlsruher Integriertes InformationsManagement
KIT	Karlsruher Institut für Technologie
LARS	Live Audience Response System
LDSG BW	Landesdatenschutzgesetz Baden-Württemberg
LHG BW	Landeshochschulgesetz Baden-Württemberg
LIM	Live Interest Meter
LLI	Lehr-Lern-Index
LMS	Learning Management System
LQI	Lehrqualitätsindex
LVBI	Lehrveranstaltungsbewertungsindex
MADM	Multiple Attribute Decision Making
MARB	Moore Automaton for Robot Behavior
MC	Multiple-Choice
MCDA	Multiple Criteria Decision Analysis

https://doi.org/10.1515/9783110483048-023

MCRA	Multiple-Choice-Relax-Aufgaben
MODM	Multiple Objective Decision Making
MOOCS	Massive Open Online Courses
NUKATH	Notebook University Karlsruhe (TH)
nuKIT	networked university KIT
OR	Operation Research
PC	Personal Computer
PINGO	Peer Instruction for very large Groups
PK	Primärschlüssel
Q2A	Question2Answer
SC	Single-Choice
SHA-512	Secure Hash Algorithm-512
SMILE	Smartphones in der Lehre
SOAP	Simple Object Access Protocol
SQL	Structured Query Language
SS	Sommersemester
SSI	Selbststudiumsindex
StuReSy	Student Response System
SVG	Scalable Vector Graphics
SWS	Semesterwochenstunden
TAS	Teacher Accreditation Scheme
TH	Technische Hochschule
TM	Turingmaschine
TVWL	Technische Volkswirtschaftslehre
VAB	Vorlesungsarbeitsbereich
VFP	Very Fast PDF generator
WBT	Web Based Training
WiIng	Wirtschaftsingenieurwesen
WiMa	Wirtschaftsmathematik
WS	Wintersemester
WS09	Wintersemester 2009/2010
WS10	Wintersemester 2010/2011
WS11	Wintersemester 2011/2012
WS12	Wintersemester 2012/2013
WS13	Wintersemester 2013/2014
WS14	Wintersemester 2014/2015
WS15	Wintersemester 2015/2016
WS16	Wintersemester 2016/2017
WWR	Wissenswerkstatt Rechensysteme
XWizard	eXercise Wizard

1 Einführung

Als älteste europäische Universität gilt die Universität Bologna, deren Gründung auf das Jahr 1088 datiert ist. Eben an dieser wurde auch die neueste europäische Hochschulreform „der Bologna-Prozess" mit der Unterzeichnung der „Bologna-Erklärung" am 19. Juni 1999 initiiert. Auch die Geschichte des deutschen Hochschulwesens reicht bis weit ins Mittelalter zurück und findet seinen Ursprung im Jahr 1385 durch die Gründung der Universität Heidelberg [230]. Im Jahr 1810 schuf Wilhelm von Humboldt mit der Gründung der nach ihm benannten Universität in Berlin und seinem Verständnis von der *„Einigung von Forschung und Lehre"* die Grundlage für die moderne Hochschule [254]. Im Jahr 1825 wurde durch die Gründung der Polytechnischen Schule in Karlsruhe, aus der die Universität Karlsruhe (TH) und schließlich das *Karlsruher Institut für Technologie (KIT)* hervorgingen, der Grundstein für die Entwicklung der *Technischen Hochschulen (TH)* gelegt [114]. Seitdem hat sich insbesondere der Adressatenkreis der Hochschulen geändert; war die Universität zu Beginn des 19. Jahrhunderts vor allem auf das Bildungsbürgertum ausgerichtet, so ist der Zugang zur Universität in der heutigen Zeit der Allgemeinheit möglich [226]. Dies hat auch zur Folge, dass die Studierendenzahlen stetig ansteigen und die Studienanfängerquote im Jahr 2014 mehr als 50 % des Altersjahrgangs erreichte [36]. Eine forschungsorientierte Lehre in kleinen Seminargruppen im Sinne von Humboldt ist so nicht mehr möglich. Mehr noch, der Stellenwert der Forschung liegt bei deutschen Hochschulen deutlich über dem der Lehre. Hochschulen, die die Lehre als ihren Mittelpunkt sehen, werden oft als Hochschulen *„zweiter Klasse"* abgestempelt [246, 254].

Der *Wissenschaftsrat* [250] äußert sich in seinen „Empfehlungen zur Qualitätsverbesserung von Lehre und Studium" im Jahr 2008 zum Stellenwert der Lehre wie folgt: Die

> Lehre [steht] an den Universitäten stärker in einem Spannungsverhältnis mit den anderen Aufgaben. Der Professionalisierungsgrad der Lehre ist deutlich geringer als der der Forschung. Es gibt sowohl für die Wissenschaftler wie auch für die Institutionen mit Blick auf die Reputationszuweisung oder Drittmittel deutlich mehr Anreize, sich in der Forschung zu engagieren, außerdem gibt es eine starke Asymmetrie der in Forschung oder Lehre möglichen Reputationsgewinne. Die strukturelle Spannung zwischen Forschung und Lehre spiegelt sich im beruflichen Selbstverständnis der Lehrenden [...] wider.

Weiter kritisiert er:

> Solange Leistungen in der Lehre deutlich weniger Anerkennung finden als Leistungen in der Forschung, ist eine erfolgreiche Qualitätsentwicklung in Studium und Lehre schwierig.

Ein Qualitätsmanagement müsse über geeignete Rückkopplungen die systematische Verbesserung der Lehrqualität ermöglichen. So sieht er nach wie vor ein Fehlen von *„wesentlichen Grundvoraussetzungen für eine systematische Weiterentwicklung der*

https://doi.org/10.1515/9783110483048-025

Qualität von Lehre und Studium“ und fordert eine neue Lehr- und Lernkultur an den Hochschulen, ohne dabei jedoch die Forschungsfähigkeit zu schmälern. Schon Johann Amos Comenius, ein bedeutender Pädagoge des 17. Jahrhunderts, hat in seiner „Großen Didaktik“ von 1657 gefordert, „*die Unterrichtsweise aufzuspüren und zu erkunden, bei welcher die Lehrer weniger zu lehren brauchen, die Schüler dennoch mehr lernen*“ [44].

Die Qualitätsverbesserung der Lehre sieht sich somit folgenden Rahmenbedingungen gegenüber (vgl. auch Abschn. 2.3.1):
- Diskrepanz zwischen Forschung und Lehre,
- Wandel des Hochschulsystems durch die Bologna-Reform und
- Zunahme der Studierendenzahlen,

denen folgende Anforderungen entgegengebracht werden:
- Entwicklung neuer Lehr- und Lernansätze,
- Perspektivenwechsel des „Shift from teaching to learning“ (vgl. Abb. 2.3) sowie
- Aufbau von Qualitätsmanagementsystemen.

Die sich so im Wandel befindliche Hochschullehre muss den veränderlichen Rahmenbedingungen gerecht werden und weitere Lösungsansätze entwickeln. Die vorliegende Arbeit zeigt auf, inwiefern mit diesen neuen Rahmenbedingungen umgegangen werden kann und beschäftigt sich mit der Verbesserung der Lehrqualität unter Berücksichtigung der genannten Anforderungen. Hierzu werden verschiedene Lernwerkzeuge für universitäre Lehrveranstaltungen vorgestellt und die Entwicklung der Lehrqualität durch ihren Einsatz evaluiert.

1.1 Motivation

Die in den letzten Jahrzehnten stattfindende digitale Revolution eröffnet vielen verschiedenen Bereichen des täglichen Lebens neue Möglichkeiten, stellt diese aber auch vor neue Herausforderungen. Die große Flut an verfügbarem Wissen als auch dessen schneller Verfall tragen zur Schnelllebigkeit der heutigen Gesellschaft bei; Hilbert und López [96] beschreiben die Geschwindigkeit des Wandels anhand der Umwandlung von analoger in digitale Information; während 1986 lediglich etwa 0,8 % der Information digital gespeichert waren, waren es 2007 bereits 94 %. Zu dieser Entwicklung haben maßgeblich die ständige Weiterentwicklung der Computerchips sowie die breitflächige Einführung von Telekommunikationsdiensten wie beispielsweise das Internet beigetragen.

Die Hochschullehre muss sich mit den durch die technologischen und dadurch bedingten gesellschaftlichen Veränderungen auseinandersetzen. Verschiedene Lebenslagen der heutigen Studierenden verlangen nach mehr Unabhängigkeit sowie flexiblen und individuell gestaltbaren Lehr-Lern-Möglichkeiten. Bereits im Jahr 1996

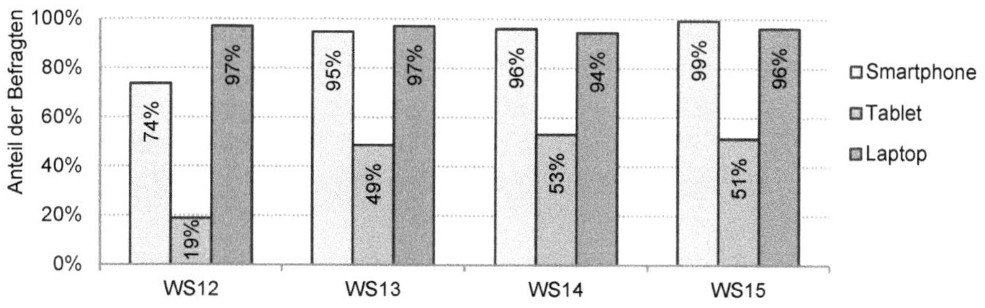

Abb. 1.1. Prozentuale Verbreitung mobiler Endgeräte der GdI2-Studierenden. Die Angaben zur Verbreitung von Smartphones, Tablets und Laptops beruhen auf den Ergebnissen zur Fragestellung „Besitzen Sie ein"...? der e-Learning Umfrage (vgl. Anh. A.4, Frage 1. 1, 1. 7 und 1. 13) während der Semester *WS*12, *WS*13, *WS*14 und *WS*15 unter den Studierenden des Fachs GdI2 am KIT.

wies die *Hochschulrektorenkonferenz (HRK)* auf den Beginn des Medienzeitalters und seine gesellschaftlichen Auswirkungen hin. Die Informations- und Kommunikationstechnologien bieten neben den neuen Herausforderungen und Anforderungen auch eine geeignete Voraussetzung, um neue Lehr-/Lernmethoden und -techniken zu entwickeln und in der Hochschullehre einzusetzen [98].

Im Rahmen dieser Entwicklung wird von Jay Cross im Jahr 1998 der Begriff eLearning geprägt; so definierte er eLearning als *„learning on Internet Time, the convergence of learning and networks"* [46] (zum Begriff eLearning vgl. auch Abschn. 2.4.2). Allerdings erfährt die eLearning Entwicklung nach einer ersten Euphorie zum Beginn des neuen Jahrtausends eine Phase der Ernüchterung [67, 103] (vgl. auch Abb. 2.4). Nach der Ernüchterungsphase wurden – auch angetrieben durch die dargelegten historischen Anforderungen – vermehrt Investitionen im eLearning getätigt und die technischen Grundvoraussetzungen an den Hochschulen verbessert [27, 67, 86, 103, 154]. Zudem hat sich die Verbreitung der technischen Geräte weiter erhöht und ist in allen Lebensbereiche und Altersgruppen zu finden. Besaßen beispielsweise im Jahr 2006 etwa 80% der deutschen Haushalte ein Mobiltelefon, so waren es im Jahr 2016 bereits 95% der Privathaushalte [214]. Bei den Studierenden der im Rahmen dieser Arbeit untersuchten Lehrveranstaltung *Grundlagen der Informatik II (GdI2)* zeigt sich eine ähnliche Entwicklung. Abb. 1.1 zeigt die Verbreitung mobiler Endgeräte dieser Studierenden unterteilt nach *Smartphones*, *Tablets* sowie *Laptops* der *Wintersemester 2012/2013 (WS*12*)*[1] bis *WS*15.

Arnold et al. [9] bemängeln allerdings trotzdem, dass eLearning in der deutschen Hochschullandschaft im Gegensatz zum internationalen Vergleich nur gerin-

1 weitere Semesterangaben entsprechend: *Wintersemester 2009/2010 (WS*09*)*, *Wintersemester 2010/2011 (WS*10*)*, *Wintersemester 2011/2012 (WS*11*)*, *Wintersemester 2012/2013 (WS*12*)*, *Wintersemester 2013/2014 (WS*13*)*, *Wintersemester 2014/2015 (WS*14*)* sowie *Wintersemester 2015/2016 (WS*15*)*; entsprechende Angaben auch für das *Sommersemester (SS)*

ges Forschungsinteresse weckt. So kritisiert Wigger [247] auch, dass strikte Vorgaben der Lehrverpflichtungsordnung die Integration des eLearnings erschweren. Zudem sieht sich eLearning insbesondere den Kritikpunkten ausgesetzt, dass es nicht die Lehrinhalte sondern die Technik in den Mittelpunkt stellt, dass die Studierenden vereinsamen und dass es von den Lehrenden lediglich aufgrund des niedrigeren Arbeitsaufwand praktiziert wird [9, 247].

Durch die fortschreitende Verbreitung digitaler Endgeräte unter den Studierenden sowie den Ausbau der technischen Infrastruktur an den Hochschulen scheint der Einsatz des eLearnings geeignet, um die aufgezeigten Herausforderungen zu bewältigen und die Qualität der Hochschullehre zu verbessern. So werden in dieser Arbeit verschiedene digitale Systeme vorgestellt, welche auf deren Anwendung in einer Lehrveranstaltung hin untersucht und deren Integration in diese durchgeführt und analysiert werden.

1.2 Zielsetzung und Ansatz

Die Hochschullehre unterliegt derzeit einem Wandel, welcher insbesondere durch die historischen Gegebenheiten, die Bologna-Reform sowie die steigenden Studierendenzahlen getrieben wird. Zudem haben sich durch die Schnelllebigkeit der heutigen Gesellschaft auch die Anforderungen der Studierenden verändert, so dass neue Lehr- und Lernansätze unabdingbar sind, welche die studentenzentrierte Lehre vermehrt in den Mittelpunkt stellen. Die vorliegende Arbeit untersucht, welche Auswirkungen die Integration digitaler Systeme in die universitäre Hochschullehre hat. Da sich die Vergleichbarkeit verschiedener Fächer oder Studiengänge aufgrund einer Vielzahl unterschiedlicher Nebenbedingungen als schwierig gestaltet und zudem für einen Dozenten in erster Linie eine Qualitätsverbesserung der eigenen Lehrveranstaltung unabhängig von anderen Lehrveranstaltungen im Vordergrund stehen sollte, basiert die Messung der Lehrqualität der vorliegenden Arbeit nicht auf einem Vergleich verschiedener Lehrveranstaltungen hochschul-, studiengangs- oder fächerübergreifend, sondern evaluiert die Qualitätsentwicklung einer ausgewählten Lehrveranstaltung über mehrere Semester, um so den Qualitätsfortschritt der Lehrveranstaltung zu fassen. Dabei wird insbesondere auch die Qualität der verschiedenen Präsenzveranstaltungen sowie digitalen Komponenten untersucht, bevor diese abschließend in die Gesamtbewertung der Lehrveranstaltung eingegliedert werden. Ziel ist es also, eine Qualitätsbewertung einer Lehrveranstaltung über mehrere Jahre zu erhalten, um hieraus Schlüsse für den Effekt der eingesetzten digitalen Lehr- und Lernmethoden im Speziellen sowie Hilfestellungen zur Strukturierung, Planung und Durchführung von universitären Lehrveranstaltungen im Allgemeinen ziehen zu können. Daraus leiten sich verschiedene Teilfragen ab, die im Rahmen dieser Arbeit beantwortet werden:

- Welche Eigenschaften muss eine Lehrveranstaltung erfüllen, so dass die Qualitätsentwicklung gemessen werden kann? Wie ist diese strukturiert, welche Lehr- und Lernangebote sind enthalten?
- Welche digitalen Systeme werden eingebettet, welche Struktur liegt diesen zugrunde und wie ist die technische Umsetzung?
- Können die digitalen Systeme erfolgreich integriert werden? Eignen sich die digitalen Systeme auch für den Einsatz in anderen Lehrveranstaltungen?
- Wie kann mit Problemen umgegangen werden, die sich durch die Forschung im „laufenden Betrieb“ ergeben, etwa über verschiedene Semester hinweg nicht zueinander passende Datensätze oder fehlende Kontrollgruppen?
- Welche Eigenschaften müssen für die Qualitätsmessung herangezogen werden? Wie kann anhand dieser die Gesamtqualität einer Lehrveranstaltung gemessen werden?
- Wie entwickelt sich die Qualität der Lehrveranstaltung über den Verlauf mehrerer Jahre?
- Inwiefern ist ein Vergleich der erzielten Ergebnisse mit anderen Qualitätsmetriken und anderen Lehrveranstaltungen sinnvoll und möglich?
- Welche Schlüsse lassen sich insbesondere auch für andere Lehrveranstaltungen aus den Evaluationen ziehen?

Diese Fragen werden anhand der Betrachtung und Analyse einer Testumgebung beantwortet, die sich insbesondere als große Grundlagenvorlesung als vorteilhaft erweist, um im laufenden Betrieb verschiedene Testphasen durchzuführen, Konzepte zu erproben, Daten zu analysieren und verallgemeinerbare Ergebnisse abzuleiten.

1.2.1 Lehrumgebung

Als Untersuchungsgegenstand wird die Lehrveranstaltung *Grundlagen der Informatik II (GdI2)* des Instituts für *Angewandte Informatik und Formale Beschreibungsverfahren (AIFB)* am *Karlsruher Institut für Technologie (KIT)* im Fachbereich Wirtschaftsingenieurwesen zugrunde gelegt. Der Untersuchungszeitraum erstreckt sich vom *WS09* bis *WS15*[2]. Mehrere unterschiedliche Methoden und Werkzeuge wurden in diesem Zeitraum eingesetzt, um in ihrem Zusammenspiel ein einheitliches Konzept zu ergeben. Insbesondere wurden die drei digitalen Systeme *nuKIT(networked university KIT)*, ehemals *NUKATH-Tools (Notebook University Karlsruhe (TH)), interaktiver Aufgabenpool (IAP)* sowie *XWizard* (vgl. u. a. Kap. 5) in die Lehrveranstaltung integriert.

Eine Übersicht über die einzelnen Werkzeuge und Methoden zeigt Abb. 1.2. Die Unterteilung erfolgt hierbei gemäß den Präsenzveranstaltungen „Vorlesung“, „Tuto-

2 zur Übersicht der genauen Vorlesungszeiten vgl. Tab. 6.5

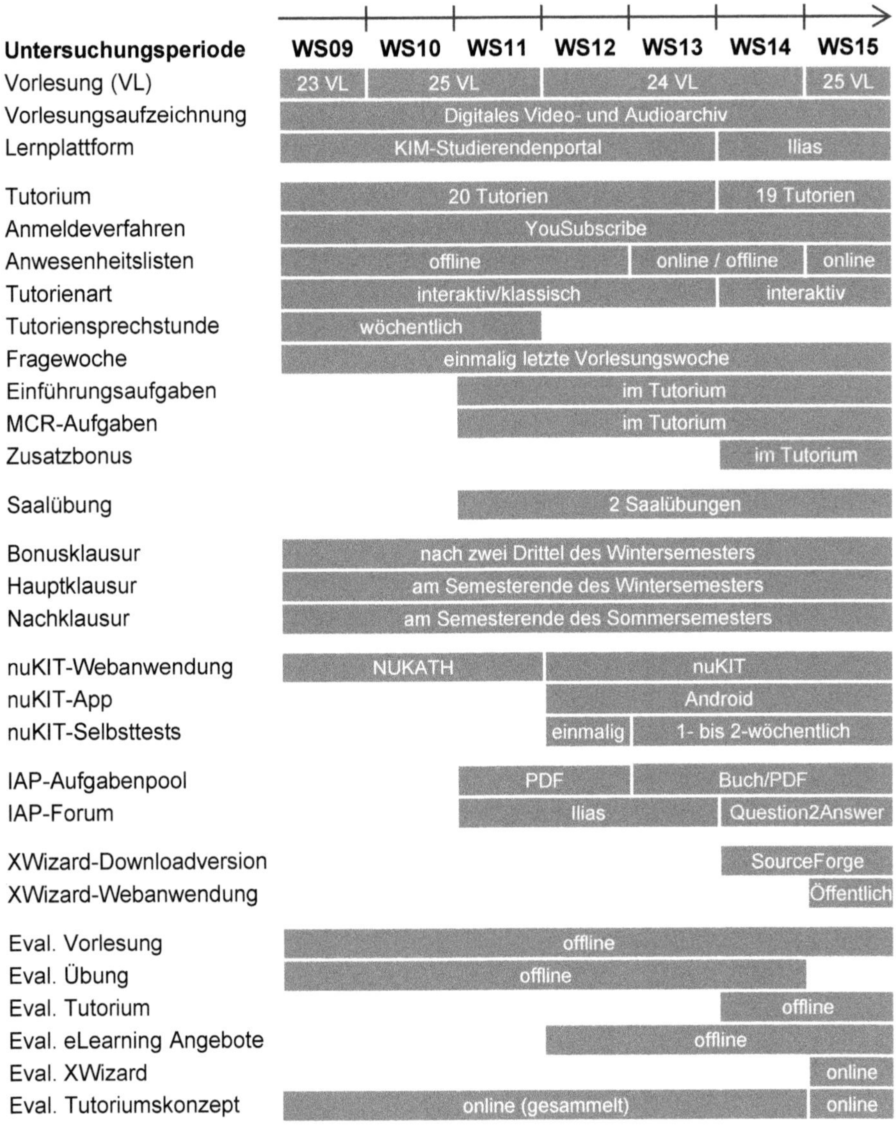

Abb. 1.2. Untersuchungsgegenstand. Die Abbildung gibt eine Übersicht über die einzelnen Komponenten der Lehrveranstaltung GdI2 gegliedert nach „Vorlesung", „Tutorium", „Saalübung", „Klausuren", „nuKIT", „IAP", „XWizard" sowie „Evaluationen" (Eval.).

rium“ sowie „Saalübung“, den „Klausuren“ und den digitalen Werkzeugen „nuKIT“, „IAP“ und „XWizard“. Zudem werden die durchgeführten „Evaluationen“ aufgelistet. Die Vorlesungen der Lehrveranstaltung wurden über das *Digitale Video- und Audioarchiv (DIVA)* als Aufzeichnung zur Verfügung gestellt. Als begleitende Lernplattform kam das *KIM-Studierendenportal*, welches im Rahmen des KIM-Projekts (Karlsruher Integriertes InformationsManagement) am KIT entwickelt wurde, als auch der Ilias zum Einsatz. Für die Teilnahme an den Tutorien war eine Anmeldung erforderlich, bei der zwischen klassischen und interaktiven Tutorien mit verstärkter Gruppenarbeit unterschieden werden konnte. Sowohl die Einführungsaufgaben (vgl. Abschn. 4.5.2) als auch die *Multiple-Choice-Relax-Aufgaben (MCRA)* (vgl. Abschn. 4.5.4) stellen Besonderheiten der verwendeten Tutoriumsunterlagen dar. Durch die erfolgreiche Teilnahme an den Tutorien konnte ein Zusatzbonus für die Klausur erworben werden. Das Klausurkonzept bietet eine fakultative Bonusklausur an, und eine obligatorische Abschlussklausur, welche als Hauptklausur im entsprechenden Wintersemester oder als Nachklausur im Sommersemester absolviert werden kann. In Kap. 4 wird das Gesamtkonzept der Lehrveranstaltung detaillierter beschrieben. Kap. 5 legt den Schwerpunkt auf die drei digitalen Systeme und erklärt die Unterschiede zwischen der Webanwendung und der App der nuKIT-Tools, die Funktionsweise der Selbsttests sowie die zugehörigen technischen Komponenten. Der IAP umfasst eine Aufgabensammlung, welche bidirektional mit einem Forum verbunden ist, welches zuerst in Ilias, und ab dem *WS*14 in das *Question2Answer (Q2A)*-System integriert war. Bei der Verwendung der dritten digitalen Komponente, dem XWizard, kann der Nutzer zwischen einer Download- und einer Webversion unterscheiden. Die durchgeführten Evaluationen stellen einen wichtigen Bestandteil der Datenakquise dar.

1.2.2 Datenakquise

Die Daten, die den statistischen Evaluationen dieser Arbeit zugrunde gelegt werden (vgl. Kap. 6), sind größtenteils im Rahmen dieser Arbeit entstanden. Dafür wurden schriftliche Evaluationen durchgeführt und elektronische Daten der digitalen Werkzeuge untersucht.

Evaluationen

Die durchgeführten *Evaluationen* (vgl. Anh. A.1 bis Anh. A.6) sind in Tab. 1.1 dargestellt. Diese unterscheiden sich insbesondere hinsichtlich „Form“, „Befragte“, „Zeitpunkt“ sowie der Anzahl an „Wiederholungen“. Die Evaluationen zum XWizard sowie zum Tutoriumskonzept wurden online, alle anderen offline im Rahmen einer Präsenzveranstaltung durchgeführt. Der Grund hierfür ist der Befragtenkreis, der beim XWizard auf alle Anwender und beim Tutoriumskonzept auf die Tutoren abzielt, während sich die verbleibenden Evaluationen an die Studierenden richten. Zudem unterscheiden sich die Evaluationen im Befragungszeitpunkt sowie der Anzahl an Wiederho-

Tab. 1.1. Übersicht über die zu dieser Arbeit durchgeführten Evaluationen. Die Evaluationen „Vorlesung“, „Übung“, „Tutorium“, „eLearning Angebote“, „XWizard“ sowie „Tutoriumskonzept“ werden anhand der Kriterien „Form“, „Befragte“, „Zeitpunkt“ sowie der Anzahl an „Wiederholungen“ beschrieben.

Evaluationstyp	Form	Befragte	Befragungszeitraum	Wiederholungen
Vorlesung	offline	Studierende	*WS*09 – *WS*15	7
Übung	offline	Studierende	*WS*09 – *WS*14	6
Tutorium	offline	Studierende	*WS*14 – *WS*15	2
eLearning Angebote	offline	Studierende	*WS*12 – *WS*15	4
XWizard	online	Anwender	*WS*15	1
Tutoriumskonzept	online	Tutor/in	*WS*09 – *WS*14	1

lungen. Weitere Details zu den einzelnen Evaluationsbögen werden in Abschn. 6.1.1 dargestellt.

Datenbanken

Zudem basieren die Auswertungen in Kap. 6 auf den Nutzerhistorien der eLearning Werkzeuge nuKIT, IAP sowie XWizard. Die Datenbankstrukturen der nuKIT-Tools sowie des XWizards sind in Abb. 5.8 bzw. Abb. 5.20 dargestellt. Zusätzlich wurde sowohl für den XWizard als auch den IAP ein online-Analysewerkzeug integriert. Die Nutzerhistorie des IAP wurde zudem über die interne Datenspeicherung der Forenplattform vollzogen. Detailliertere Beschreibungen sowie weitere Datenquellen sind in Abschn. 6.1 enthalten.

Inkonsistenz von Daten

Die Lehrveranstaltung GdI2 unterlag während des Untersuchungszeitraums *WS*09 bis *WS*15 ständigen Veränderungen, insbesondere Neueinführungen oder Abschaffungen verschiedener Teilkonzepte, mit dem Ziel, die Lehrqualität zu verbessern. Diesem stetigen Streben nach Verbesserung der Lehrbedingungen wurde dabei ein höherer Stellenwert beigemessen als dem reinen Forschungsaspekt, sodass eine strenge Methodik im Sinne eines labormäßigen Versuchsaufbaus innerhalb der realen Forschungsumgebung teilweise zugunsten eines pragmatischeren Vorgehens aufgegeben werden musste, weil eine offensichtlich benachteiligte „Kontrollgruppe“ moralisch nicht zu rechtfertigen gewesen wäre. Da die Umgebungsbedingungen folglich nicht über den gesamten Untersuchungszeitraum konstant gehalten werden konnten, hatte dies teilweise zur Folge, dass Inkonsistenzen in einzelnen Datensätzen aufgetreten sind. Sofern dieses Problem bei den Evaluierungen in Erscheinung tritt, wird explizit darauf hingewiesen und genauer erläutert, worin die Inkonsistenzen bestehen und wie sinnvoll mit diesen umgegangen werden kann.

1.3 Beitrag der Arbeit

Der Beitrag dieser Arbeit umfasst drei Hauptaspekte. Erstens soll sie helfen, das durch die historische Entwicklung bedingte Ungleichgewicht zwischen Forschung und Lehre hin zu letzterer zu verschieben und dazu beitragen, die Lehre an den Hochschulen auch praktisch wieder als eines der Primärziele einer Universität zu etablieren, die Lehr-Lern-Forschung zu stärken sowie die Lehrqualität zu verbessern. In diesem Zusammenhang analysiert die Arbeit die Qualitätsentwicklung der Lehrveranstaltung GdI2 über die sieben Vergleichssemester *WS*09 bis *WS*15. Auf Grundlage der erzielten Ergebnisse werden Empfehlungen und Hilfestellungen für andere universitäre Lehrveranstaltungen im Hinblick auf Planung, Durchführung und Qualitätsbewertung abgeleitet.

Als zweiter Beitrag wird eine Metrik auf Basis der Nutzentheorie der *Multiple Criteria Decision Analysis (MCDA)* zur Qualitätsbewertung einer Lehrveranstaltung für mehrere Vergleichssemester entwickelt und auf eine repräsentative Lehrveranstaltung angewendet. Die Metrik basiert auf der Auswahl geeigneter Qualitätskriterien, welche wiederum auf die wichtigsten Einzelkomponenten einer Lehrveranstaltung angewendet werden. In diesem Zusammenhang wird ein allgemeiner Kriterienkatalog entwickelt und vorgestellt.

Die didaktische Entwicklung und Mitwirkung bei der technischen Umsetzung der drei digitalen Systeme „nuKIT“, „IAP“ sowie „XWizard“ stellen einen weiteren Beitrag der Arbeit dar. In diesem Zusammenhang werden die drei Konzepte in den jeweiligen Stand der Forschung eingeordnet und von bestehenden Alternativen abgegrenzt. Im Rahmen der Eingliederung und Evaluation dieser Systeme in die GdI2-Lehrveranstaltung werden deren Auswirkungen auf das Lehrkonzept GdI2 untersucht. Hierbei wird insbesondere auch die Übertragbarkeit der erzielten Ergebnisse auf andere Lehrveranstaltungen betrachtet.

1.4 Anmerkung zu eigenen Vorarbeiten

Diese Arbeit ist im Rahmen der Lehrtätigkeiten der Autorin am Institut AIFB des KIT insbesondere im Rahmen der Lehrveranstaltung GdI2 entstanden (vgl. Abschn. 1.2.1). Die Arbeit stellt ein eigenständiges Werk dar, dem allerdings die im Folgenden beschriebenen Vorarbeiten vorausgehen, die insbesondere die digitalen Systeme im Einzelnen betreffen.

Pfeiffer-Bohnen et al. beschreiben in [165] die Struktur der nuKIT-Werkzeuge und führen anhand einer kleinen Auswahl an Daten Evaluationen für die erste Semesterhälfte des *WS*12 durch. Weitere Beschreibungen zu nuKIT sowie Analysen ausgewählter Daten sind in der durch die Autorin dieser Arbeit betreuten Abschlussarbeit in [243] zu finden. Die Evaluation der Daten bezieht sich in dieser Publikation auf Datensätze der *WS*12 bis *WS*14. Das Konzept des zweiten vorgestellten digitalen Systems, der interaktive Aufgabenpool, erläutern und evaluieren Pfeiffer et al. in [164] für das *WS*11. Die dem interaktiven Aufgabenpool zugrunde liegende Aufgabensammlung ist in Buchform erhältlich [132, 133]. Die Funktionsweise des XWizards wurde erstmalig in den entsprechenden Handbüchern von König et al. in [130, 131] beschrieben.

Weitere Gedanken zur Qualitätsbewertung auf Basis von Evaluationen wurden in [6] angestellt; [199] beschreibt ein Messverfahren für die Lehrqualitätsbewertung aus Sicht der Studierenden anhand der Ebenen „Veranstaltungsbewertung“, „Semesterrückblick“ sowie „Absolventenbefragung“. Beide Publikationen stellen von der Autorin dieser Arbeit betreute Abschlussarbeiten dar.

1.5 Gliederung der Arbeit

Abb. 1.3 beschreibt die Zusammenhänge der einzelnen Kapitel. Den Schwerpunkt der Arbeit bildet das Kap. 6 *Evaluation*, welches sich in fünf verschiedene Teile gliedert. Teil I beschreibt die Quelle der der Evaluation zugrunde liegenden wichtigsten Daten. Teil II evaluiert und diskutiert die Einzelkomponenten „Vorlesung“, „Tutorium“ sowie „Saalübung“. Die digitalen Werkzeuge „nuKIT“, „IAP“ sowie „XWizard“ werden in Teil III statistisch analysiert. Teil IV untersucht die Entwicklung der Klausuren sowie die statistische Signifikanz einzelner Konzepte der Teile II und III auf die Klausurergebnisse. In Teil V wird die Gesamtevaluation der Lehrveranstaltung anhand der in Kap. 3 entwickelten Metrik durchgeführt. Die vorangestellten Kapitel führen inhaltlich auf das Kap. 6 hin.

Nach dieser *Einführung* in Kap. 1 wird eine *Übersicht des Lehrens und Lernens* in Kap. 2 gegeben. Kap. 2 liefert neben einer Übersicht zum eLearning und der Eingliederung der digitalen Angebote in den Stand der Forschung auch die Grundlagen für die Beschreibung der Lehrumgebung GdI2 in Kap. 4. Diese Grundlagen umfassen Definitionen im Bereich des Lehrens und Lernens, die historische Entwicklung der Hochschullehre sowie lehrveranstaltungsbezogene Informationen.

Das folgende Kap. 3 *Qualitätsanalyse der universitären Lehre* beschreibt neben dem Qualitätsbegriff im Allgemeinen sowie im Hochschulsystem verschiedene Metriken, die insbesondere in der deutschen Hochschullandschaft zur Messung der Lehrqualität verwendet werden. Zudem wird untersucht, welche Qualitätskriterien zur Bewertung der Lehrqualität herangezogen werden können. Unter Betrachtung dieser wird die auf Basis der Nutzentheorie des MCDA entwickelte Metrik zur Qualitätsbewertung der Lehrveranstaltung vorgestellt. Die entwickelte Metrik wird in Teil V der Gesamtbewertung der Lehrqualität des Kap. 6 herangezogen.

Kap. 4 *Lehrumgebung* führt eine kritische Betrachtung der Lehrumgebung GdI2 des *WS*09 bis *WS*15 durch und arbeitet die drei Einzelkomponenten „Vorlesung“, „Tutorium“ sowie „Saalübung“ heraus, welche wiederum in Teil II des Kap. 6 evaluiert werden. Zudem wird ein Überblick über die Wissensüberprüfung der Vergleichssemester gegeben, welche ebenfalls in Kap. 6, Teil IV untersucht werden.

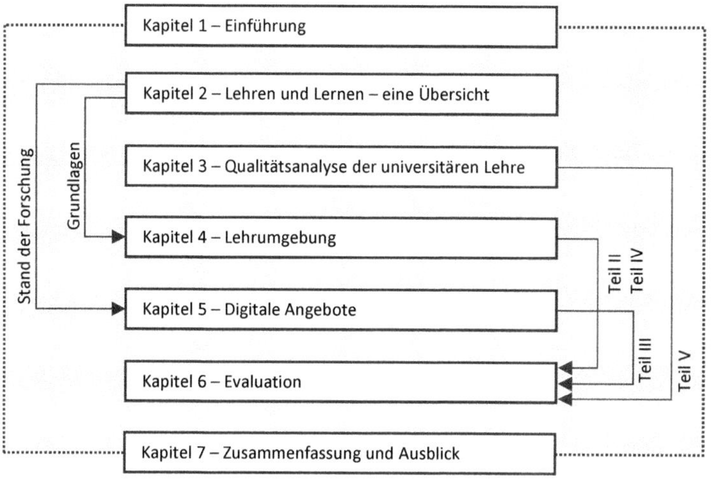

Abb. 1.3. Aufbau der Arbeit. Die Arbeit gliedert sich in sieben verschiedene Kapitel, welche sukzessive aufeinander aufbauen und in der Evaluation des Kap. 6 zusammengeführt werden. Kap. 6 gliedert sich dabei in fünf verschiedene Teile. Teil II analysiert die Einzelkomponenten „Vorlesung", „Tutorium" und „Saalübung", Teil III die digitalen Systeme „nuKIT", „IAP" sowie „XWizard" und Teil IV die statistische Auswertung der Klausuren. Teil V umfasst die abschließende Gesamtevaluation.

In Kap. 5 *Digitale Angebote* wird jeweils die Struktur sowie die technische Umsetzung der digitalen Systeme „nuKIT", „IAP" sowie des „XWizard" vorgestellt. Zudem wird deren Anwendung in- und außerhalb der Lehrveranstaltung GdI2 genauer beleuchtet. Die Evaluation dieser drei Werkzeuge erfolgt in Teil III sowie deren Auswirkungen auf die Gesamtqualität in Teil V des Kap. 6. Dabei wird ein Vergleich des in dieser Arbeit beschriebenen Qualitätsbewertungsverfahrens zu dem am KIT eingesetzten *Lehrqualitätsindex (LQI)* gezogen sowie Erkenntnisse für die Übertragbarkeit auf andere Lehrveranstaltungen dargelegt.

Die Arbeit schließt mit einer *Zusammenfassung* und einem *Ausblick* in Kap. 7.

2 Lehren und Lernen – eine Übersicht

Das menschliche Leben ist von Geburt an geprägt von Lehren und Lernen; zunächst im Verhältnis zwischen Eltern und Kindern, später zwischen Lehrern und Schülern und jederzeit im Umgang mit anderen Menschen oder bei eigenständiger Arbeit. Durch die Schnelllebigkeit der heutigen Gesellschaft unterliegt das Lehren und Lernen allerdings einer permanenten Veränderung. Der Futurologe Alvin Toffler unterstreicht diese Entwicklung mit einem Zitat des Psychologen Herbert Gerjuoy [223]

> Tomorrow's illiterate will not be the man who can't read; he will be the man who has not learned how to learn.

Toffler beschreibt weiter

> By instructing students how to learn, unlearn and relearn, a powerful new dimension can be added to education.

Im folgenden Kapitel werden zunächst die Begriffe „Lehren" und „Lernen" diskutiert und definiert und die historische Entwicklung der Lehr-Lern-Theorie betrachtet. Im Hinblick auf diese Arbeit wird der Bereich der Hochschullehre genauer analysiert, verschiedene Formen der Lehrveranstaltungen vorgestellt und ein Kriterienkatalog zur Auswahl einer vorlesungsbegleitenden Lehrveranstaltung erarbeitet. Zuletzt wird das digitale Lehren und Lernen spezifiziert, diskutiert und definiert sowie eine Einbettung der in dieser Arbeit beschriebenen digitalen Systeme „nuKIT", „IAP" sowie „XWizard" in den Stand der Forschung vorgenommen.

2.1 Begriffsbestimmung von Lehren und Lernen

Seit der Antike wird Lehren und Lernen *„als das gemeinsame [...] Handeln zweier (oder mehrerer) Partner verstanden, durch das wenigstens einer von ihnen sich Lerngegenstände [...] aneignet"* [207]. Da die Lehr-Lern-Forschung ständige Neuerungen und Entwicklungen erfährt, unterliegen die entsprechenden Definitionen ebenfalls einem sich sukzessive weiterentwickelnden und veränderlichen Verständnis. Daher werden im Folgenden die Begrifflichkeiten „Lehren" und „Lernen" insbesondere unter den aktuellen Rahmenbedingungen betrachtet.

Lehren
So definiert Böhm [25] in seinem „Wörterbuch der Pädagogik" *Lehren* als

> Weitergabe von Wissen, Erfahrung und Überzeugung an eine oder mehrere Personen.

https://doi.org/10.1515/9783110483048-036

Böss-Ostendorf und Senft [34] betonen allerdings, dass Lehren in der heutigen Bildungslandschaft, für die das Internet viele Wissensquellen liefert, nicht mehr nur als die reine Weitergabe von Wissen aufgefasst werden sollte, sondern zusätzlich durch die Unterstützung der Studierenden in ihrem Lernprozess durch hilfreiche Arbeitsweisen und Methoden zu kennzeichnen ist. Zudem beschreiben Böss-Ostendorf und Senft den Entwicklungsprozess eines Hochschullehrers wie folgt: „*Wer Lehren lernt, wird Lernen lehren*".

Lernen

Für *Lernen* finden sich in der Literatur mehr noch als für Lehren verschiedene Definitionsansätze. Platon versteht unter Lernen die

> Wiedererinnerung [...] der Ideen, die die Seele immer schon in sich trägt und die anläßlich konkreter Sinneseindrücke reaktiviert werden.

Für Aristoteles [25] bedeutet Lernen die

> Aufnahme und Speicherung von Sinnesdaten.

Der Psychologe Kurt Koffka [136, 207] stellt 1925 das Gedächtnis in den Mittelpunkt, indem er formuliert:

> All unser Lernen beruht darauf, daß wir ein Gedächtnis haben.

Brown und Atkins [12] (vgl. auch [24]) definieren Lernen wie folgt:

> Learning is essentially an active process of relating new material to old, and of establishing networks and connections within and between units of knowledge.

Der Begriff des Lernens wird im Folgenden entsprechend der Definition von Schanz [197] und Hornstein [100] verstanden:

> Unter Lernen versteht man den bewussten und unbewussten, individuellen oder kollektiven Erwerb von geistigen, körperlichen, sozialen Kenntnissen und Fertigkeiten oder Fähigkeiten.

Lehr-Lern-Situationen

Diese unterschiedlichen Auffassungen zeigen sich auch bei der Modellierung einzelner Lehr-Lern-Situationen. Die interagierenden Parteien „Student", „Dozent" und „Thema" wurden ursprünglich in dem sogenannten *Didaktischen Dreieck* zueinander in Beziehung gesetzt, welches in Abb. 2.1 (a) dargestellt ist [18, 34]. Diese drei Kategorien üben – je nach Lehr-Lern-Situation – eine stärkere oder schwächere Verbindung zu den jeweils anderen beiden Kategorien aus. Die Dreiecksform zeigt, dass der Dozent dem Studierenden (in Abb. 2.1 Student genannt) das Wissen nicht direkt weitergeben

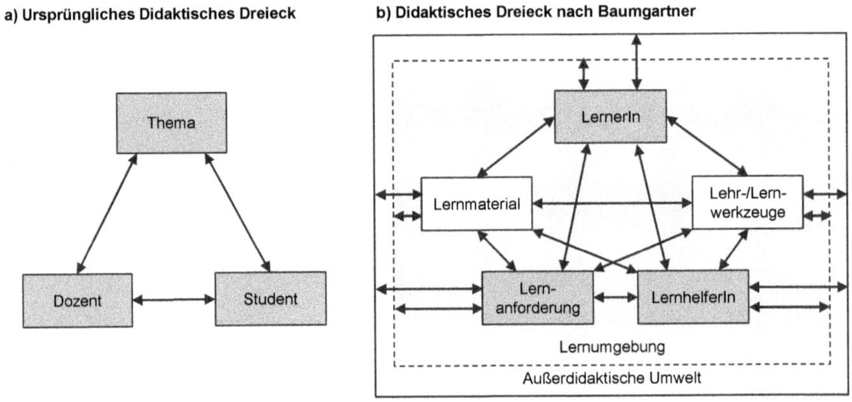

Abb. 2.1. Kategorialmodelle der Lehr-Lern-Situation. a) Das ursprüngliche Lehr-Lern-Dreieck [18, 34]; b) Die durch Baumgartner durchgeführte Erweiterung und Anpassung auf sieben Begriffe [18].

kann, sondern dass der Studierende den Zugang zum Thema selbst finden und eine Verbindung zwischen ihm und dem Thema aufbauen muss. Der Dozent selbst kann nur über Kommunikation mit dem Studierenden erfahren, wie stark die Verbindung zwischen dem Studierenden und dem Thema ist.

Das *Didaktische Dreieck nach Baumgartner* (vgl. Abb. 2.1 (b) [18], aufgebaut auf [69]) erweitert das ursprüngliche Lehr-Lern-Dreieck. Der „Student“, hier als Lerner bezeichnet, wird mit dem Thema, hier auf „Lernanforderung“ verallgemeinert, in Verbindung gesetzt. Als „Lernhelfer“ werden alle an der Lehr-Lern-Situation beteiligten Personen verstanden. Dies können einerseits andere Lernenden sein, aber auch der Dozent selbst. Baumgartner [18] ergänzt zudem noch die Kategorien des „Lernmaterials“ sowie der „Lehr-/Lernwerkzeuge“. Insbesondere die letztgenannte Kategorie der Werkzeuge hat im Bereich des eLearning eine wichtige Funktion, da diese die Gesamtheit medialer und digitaler Hilfsmittel umfasst. Die „Lernumgebung“ beschreibt steuerbare Umgebungsbedingungen wie beispielsweise die Zeit oder den Raum. Die „außerdidaktische Umwelt“ stellt nicht beeinflussbare Rahmenbedingungen dar wie beispielsweise kulturelle Gegebenheiten [18]. Alle sieben Bereiche stehen in Beziehung zueinander. Im Rahmen dieser Arbeit spielen insbesondere die von Baumgartner ergänzten Bereiche „Lernmaterial“ sowie „Lehr-/Lernwerkzeuge“ eine wichtige Rolle.

2.2 Lerntheorien im Überblick

Der Begriff der *Lerntheorie* kann definiert werden als der „*Versuch, die Prozesse des Lernens zu erklären*“ [25]. Die Art des Lehrens ist von der zugrunde liegenden Lerntheorie abhängig. Die am weitesten verbreiteten und in der Literatur im Rahmen der Didaktik am meisten erwähnten Lerntheorien sind der *Behaviorismus*, der *Kognitivis-*

Tab. 2.1. Merkmale der wichtigsten drei Lerntheorien. Die verschiedenen Lernparadigmen *Behaviorismus*, *Kognitivismus* und *Konstruktivismus* werden anhand verschiedener Kriterien gegenübergestellt [21, 147].

	Behaviorismus	**Kognitivismus**	**Konstruktivismus**
Hirn ist ein	passiver Behälter	informationsverarbeitendes „Gerät“	informationell geschlossenes System
Wissen wird	abgelagert	verarbeitet	konstruiert
Wissen ist	eine korrekte Input-Output-Relation	ein adäquater interner Verarbeitungsprozess	mit einer Situation operieren zu können
Lernziele	richtige Antworten	richtige Methoden zur Antwortfindung	komplexe Situationen bewältigen
Paradigma	Stimulus-Response	Problemlösung	Konstruktion
Strategie	lehren	beobachten und helfen	kooperieren
Lehrperson ist	Autorität	Tutor/in	Coach, Trainer/in
Feedback	extern vorgegeben	extern modelliert	intern modelliert

mus sowie der *Konstruktivismus*, welche im Folgenden kurz erläutert werden [20, 21, 147, 173, 207, 221]. Tab. 2.1 vergleicht diese drei Theorien in Bezug auf ihr jeweiliges Verständnis der Begriffe „Hirn“, „Wissen“, „Lernziele“, „Paradigma“, „Strategie“, „Lehrperson“ sowie „Feedback“ [21, 147].

Behaviorismus. Der Behaviorismus stellt das Reiz-Reaktions-Schema aus der Verhaltensforschung in den Mittelpunkt, wonach das Gehirn auf Reize aus der Umwelt reagiert. Das Gehirn selbst wird als passiver Behälter, als sogenannte Black-Box verstanden. Die Lehrperson ist in dieser Lerntheorie eine Autoritätsperson, die Verhalten bzw. Reaktionen durch Reize erzeugt. In diesem Modell interessiert man sich nicht für die im Gehirn stattfindenden Vorgänge, sondern möchte lediglich das stattfindende Verhalten erklären.

Kognitivismus. Unter dem Begriff des Kognitivismus wird als Paradigma die Problemlösung verstanden. Der Lernende kann die an ihn gestellten Reize interpretieren und selektieren, so dass er in der Lage ist, durch die Wahl der richtigen Methode zur Antwort zu finden. Das Wissen wird in dieser Lernform durch den Lernenden verarbeitet, so dass dieser mit der Informationsverarbeitung eines Computers vergleichbar ist. Der Lerninhalt ist durch die Lehrperson, welche als Tutorin bzw. Tutor fungiert, extern vorgegeben. Der Kognitivismus stellt die Informationsverarbeitung des Gehirns in den Mittelpunkt.

Konstruktivismus. Im Konstruktivismus ist das Gehirn ein geschlossenes System, welches auf verschiedene gespeicherte und vernetzte Informationen zugreifen und dadurch selbstständig agieren kann. Das Wissen wird nicht *„als Abbild der externen Realität [verstanden], sondern [als] eine Funktion von Erkenntnisprozessen"*, so dass die von außen wirkenden Einflüsse subjektiv unterschiedlich konstruiert werden [173]. Der Dozent agiert als Trainer, welcher Anregungen durch beispielsweise eigene Erfahrungen liefern kann. Der Konstruktivismus unterscheidet sich folglich vom Kognitivismus insbesondere durch die subjektive Interpretation der Umwelteinflüsse.

Diesen Theorien sind noch weitere Abspaltungen untergeordnet, die jedoch an dieser Stelle nicht weiter aufgeführt werden. Für weitere Informationen dieser sei auf die Literatur verwiesen (vgl. u. a. [20, 21, 25, 147, 173, 207, 221]). 2005 wurde allerdings durch die Schnelllebigkeit und Digitalisierung der heutigen Gesellschaft durch George Siemens [211] noch eine weitere Lerntheorie, der *Konnektivismus*, entwickelt.

Konnektivismus. Der Konnektivismus betrachtet den Lernenden nicht als einzelne Person, sondern in einem Netzwerk mit anderen Wissensträgern. Jeder Lehrende sowie Lernende ist Wissensträger; zudem gibt es auch anderen Wissensquellen, wie beispielsweise digitale Systeme. Laut Konnektivismus unterliegt das Wissen ständiger Veränderung und Erneuerung. Das Lernen bezieht sich nicht auf das Ansammeln von Informationen sondern das Schaffen neuer Netzwerkverbindungen [211].

Je nach zu vermittelndem Wissen, Lehrform, Lernziel oder auch Dozent wird eine andere Lerntheorie verfolgt. Zudem können auch innerhalb einer einzelnen Lehrveranstaltung unterschiedliche Lerntheorien zum Einsatz kommen. So kommen auch bei der im Rahmen dieser Arbeit untersuchten Lehrveranstaltung GdI2 diese beschriebenen Lerntheorien in verschiedenem Ausmaß zum Einsatz.

2.3 Hochschullehre

Innerhalb des deutschen Hochschulsystems gehören Hochschulen dem tertiären Bildungsbereich an und sind, nach § 58 Abs. 1 HRG, *„in der Regel Körperschaften des öffentlichen Rechts und zugleich staatliche Einrichtungen"* [25, 38], deren Kontrolle allerdings den Ländern obliegt (§ 58 Abs. 2 HRG). Gemäß dem *Hochschulrahmengesetz (HRG)* umfassen Hochschulen *„die Universitäten, die Pädagogischen Hochschulen, die Kunsthochschulen, die Fachhochschulen und die sonstigen Einrichtungen des Bildungswesens, die nach Landesrecht staatliche Hochschulen sind"* [38].

Die Aufgaben einer Hochschule sind, neben den jeweiligen Landesgesetzen, ebenfalls im HRG geregelt. Die Vielfältigkeit der verschiedenen Aufgabenbereiche stellen Fitting et al. [68] durch eine Gliederung der Ziele einer Universität wie in Abb. 2.2 skizziert dar. Neben externen Auflagen und gesellschaftlichen Nebenbedin-

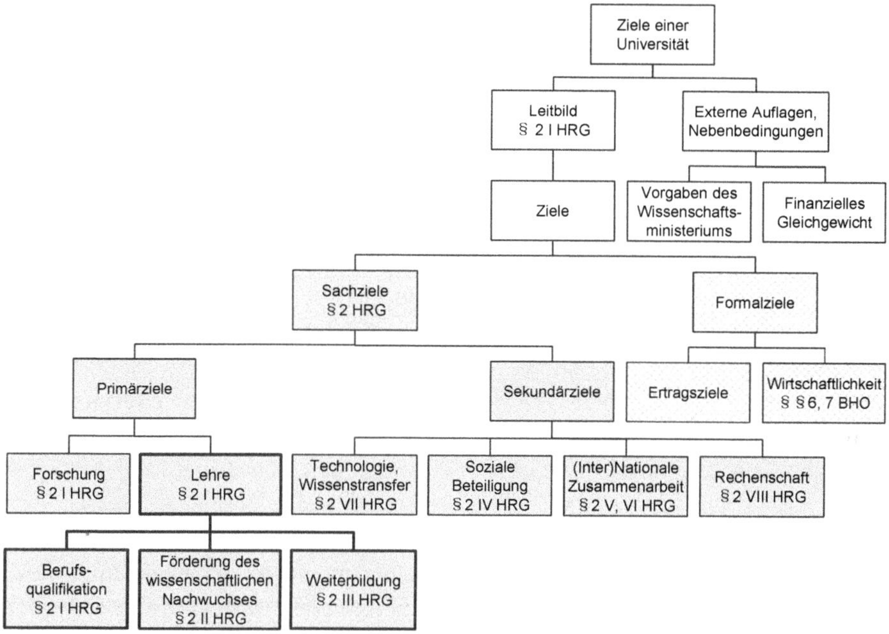

Abb. 2.2. Zielsystem deutscher Hochschulen. Die durch das RHG definierten Aufgaben und Ziele sind in Primär- und Sekundärziele unterteilt und grau schattiert hervorgehoben [68]. Die Abkürzung *BHO* steht für die *Bundeshaushaltsordnung*.

gungen insbesondere politischer, kultureller sowie ökonomischer Art untergliedern Fitting et al. [68] die durch § 2 Abs. 1 HRG vorgegebenen Aufgaben in Primär- und Sekundärziele (vgl. graue Schattierungen in Tab. 2.2). Im Bereich der Primärziele wird die „Lehre“ aufgeführt, welche sich nach den HRG in die Teilziele „Berufsqualität“, „Förderung des wissenschaftlichen Nachwuchses“ sowie die „Weiterbildung“ gliedert.

Im Vergleich hierzu zählt das KIT als Forschungszentrum der Helmholtz-Gemeinschaft neben der „Lehre“ und der „Forschung“ noch die „Innovation“ zu seinen Aufgaben. Aufgrund der Fusion der Universität Karlsruhe mit dem Forschungszentrum Karlsruhe im Jahr 2009 und der sich daraus ergebenden Verbindung des Großforschungsbereichs mit dem Lehrbereich ermöglicht das KIT seinen Studierenden eine forschungsorientierte Lehre [111].

Diese verschiedenen Ziele und Aufgaben gleichermaßen zu erfüllen, stellt eine Herausforderung des deutschen Hochschulsystems dar.

2.3.1 Historische Entwicklung

Der Begriff der „Universität" leitet sich ursprünglich vom lateinischen „universitas magistrorum et scolarium" – die „Vereinigung von Lehrenden und Lernenden" – ab (später „universitas litterarum" als die „Gesamtheit und Einheit des Wissens"). Dies zeigt die Hauptaufgabe der Universitäten im Mittelalter, die den Bildungsauftrag in den Mittelpunkt stellten [25]. Nach der Abhängigkeit der Universitäten von den Landesherren in der Zeit des Absolutismus gründete Wilhelm von Humboldt im Rahmen der Aufklärung im Jahre 1810 die Universität Berlin, welche als *„Mutter der modernen Universität"* gilt [159]. Humboldts Verständnis berief sich hierbei auf die *„Einigung von Forschung und Lehre"* [254] und als vom Staat unabhängig [25, 226]. Demnach fand Lehre vor allem in kleinen Forschungsgruppen, Seminaren oder Laboren statt. Aufgrund wachsender Hörerschaften mit einer Studienanfängerquote von ca. 2 % eines Altersjahrgangs kam dieses Lehrprinzip allerdings bereits ein knappes Jahrhundert später an seine Grenzen und der Großteil der Lehrangebote bestand aus Vorlesungen, welche keine forschungsorientierte Lehre im Sinne von Humboldt, bei der Studierende mit Unterstützung des Dozenten selbst forschen, mehr ermöglichen konnten [254].

Die 50er Jahre des 20. Jahrhunderts waren, im Vergleich zu heute, gekennzeichnet durch eine noch überschaubare Anzahl an Universitätsstudierenden. Die Ausbildungsrevolution der 60er Jahre ermöglichte einer breiten Masse den Zugang zu den Hochschulen und hatte einen starken Anstieg der Studierendenzahlen auf eine Studienanfängerquote von 8 % zur Folge [226, 254]. Diese grundlegende Änderung der Anforderung an das Hochschulsystem zeigte sich auch in zahlreichen Reformen und Gesetzesänderungen; es wurden beispielsweise viele neue Professorenstellen genehmigt [254]. Mit der Unterscheidung der Fachhochschulen von den Universitäten auf einen Beschluss der Ministerpräsidenten der Länder im Jahre 1968 hin sollte eine Verlagerung eines Großteils der Studierenden auf *„verkürzte und berufsorientierte Studiengänge"* erfolgen, dessen Umsetzung aber nicht wie erwartet fruchtete ([219, 254], vgl. auch § 1 HRG [38]). Die Modernisierung und der Ausbau der Universitäten hatte bis zum Beginn der 70er Jahre eine Verdreifachung des wissenschaftlichen Personals zur Folge. Das HRG wurde 1976 erlassen [38] und schaffte damit eine erste landesweit einheitliche gesetzliche Grundlage für die Hochschullandschaft [254]. Durch das HRG wurde der Begriff der „Universität" durch den der „Hochschule" ersetzt.

Zu Beginn der 80er Jahre wurden deutschlandweit eine Million Studierende gezählt [226]; die durchschnittliche Studiendauer umfasste sieben Jahre [254]. Neben dem Wunsch nach kürzeren Studiendauern sowie stärkerem Praxisbezug der Lehre wurde der Ruf nach einer *„Internationalisierung der Hochschulen"* laut [218, 254]. Mit der Bologna-Erklärung „Der gemeinsame europäische Hochschulraum" von 1999 wurde ein einheitliches europäisches Ausbildungsgefüge bis 2010 beabsichtigt, so dass alle Studierende vergleichbare Abschlüsse erhalten. Der Bologna-Prozess umfasst alle in diesem Zusammenhang durchgeführten Veränderungen und Reformen, insbesondere die Umstellung der Studiengänge von Diplom auf Bachelor und Master sowohl an Universitäten als auch an Fachhochschulen [226, 254]. Durch die Bologna-Reform soll sich auch die Lehre der Hochschulen verändern, so dass die Lernerzentrierung und Kompetenzorientierung verstärkt wird und ein Verschieben von der reinen Wissensvermittlung hin zum selbstständigen Lernen vollzogen wird [254].

Der 1998 verabschiedete § 6 HRG verpflichtet die Hochschulen zu einer regelmäßigen Bewertung der Forschung und Lehre. Bei der Bewertung der Lehrqualität sind die Studierenden zu integrieren [38, 194]. Darauf aufbauend beschreibt der § 5 Abs. 2 *Landeshochschulgesetz Baden-Württemberg (LHG BW)* die Evaluation der Lehre unter Beteiligung der Studierenden [140]. Zur Verbesserung der Studien- und Lehrqualität wurden und werden an vielen Hochschulen Qualitätsmanagementsysteme eingeführt [250]. Die gesetzliche Grundlage dazu ist ebenfalls im LHG BW (§ 5 Abs. 1) zu finden [140]. Der Wissenschaftsrat bemängelt allerdings in seiner Veröffentlichung „Empfehlungen zur Qualitätsverbesserung von Lehre und Studium" aus dem Jahre 2008, dass fehlende Standards zu Qualifikationszielen auf Veranstaltungsebene sowie fehlende rückwirkende systematische Bewertungen die Vergleichbarkeit der Ergebnisse erschweren sowie ein systematisches Verfolgen der Qualitätsentwicklung behindern [250]. Zudem werden durch die in der Geschichte verankerte Einheit von Lehre und Forschung Hochschulen, welche ihren *„Hauptaufgabenschwerpunkt in der Lehre"* sehen, oft als Hochschulen *„zweiter Klasse"* abgestempelt [246, 254]. Eine Folge hiervon ist das reduzierte Ansehen der Lehre im Hochschulsystem und das Desinteresse der Hochschulen an *„ihrer Ausbildungsfunktion"* [254]. Folglich sieht der Wissenschaftsrat großen Handlungsbedarf in der Qualität der Lehre. So fehle es den Hochschulen *„nach wie vor an wesentlichen Grundvoraussetzungen für eine systematische Weiterentwicklung der Qualität von Lehre und Studium"*. Als wichtigen Aspekt sieht der Wissenschaftsrat die Entwicklung einer Lehrkultur, *„in der Lehrleistungen in gleichem Maße wie Forschungsleistungen zur Reputation beitragen können"* [250].

Zum *WS*16 stiegen die deutschlandweiten Studierendenzahlen weiter an. So waren 2,81 Millionen Studierende eingeschrieben [215]. Aufgrund der stetig steigenden Studierendenzahlen beschlossen der Bund und die Länder den „Hochschulpakt 2020", der finanzielle Mittel für weitere 760.000 Studierende – im Vergleich zu 2005 – bereitstellt. Der Bund und die Länder möchten den Zugang zu einer Hochschule auch zukünftig jedem Studieninteressierten offen halten [36].

Zusammenfassend nennen u. a. [99, 254] insbesondere den Perspektivenwechsel des „Shift from teaching to learning" als eine wichtige Anforderung an die Hochschullehre. Dieser Wechsel kennzeichnet die studierendenzentrierte Lehre, in der Studierende dazu ermutigt werden sollen, sich eigenverantwortlich und selbstständig mit dem Lehrinhalt zu beschäftigen. Wichtig ist hierbei insbesondere der Austausch zwischen Dozenten und Studierenden. Abb. 2.3 zeigt in Anlehnung an Rheinberg et al. [183] und nach Bachmann [15] die Abstufungen zwischen dozentenzentrierter Informationsvermittlung und studentenzentrierter Lernunterstützung. Die für die Hochschulen zuständigen europäischen Ministerinnen und Minister fordern in ihrem Bericht „Bologna-Prozess 2020 – der Europäische Hochschulraum im kommenden

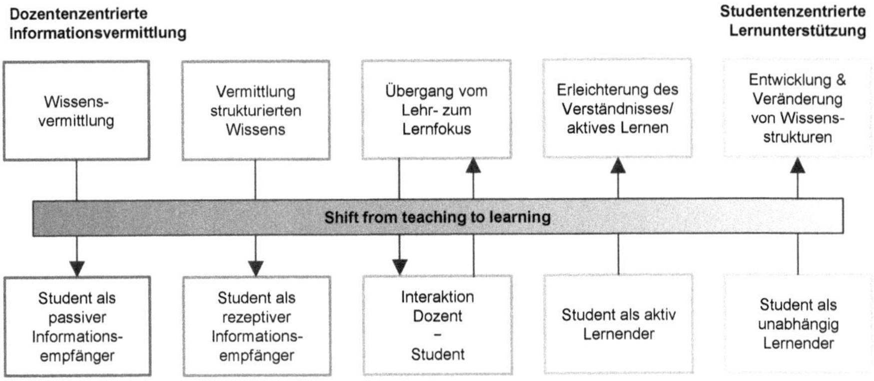

Abb. 2.3. Shift from teaching to learning. Die dozentenzentrierte Informationsvermittlung unterscheidet sich von der studentenzentrierten Lernunterstützung durch die Art der Wissensübermittlung sowie die Stärke der Integration des Studierenden [15] (in Anlehnung an [183]).

Jahrzehnt“ neue Lehr- und Lernansätze, um studierendenzentriertes Lernen zu unterstützen und umzusetzen. Des Weiteren werden die Hochschulen dazu aufgefordert, der Lehrqualität einen hohen Stellenwert einzuräumen [61]. Am KIT hat sich durch die Verbindung der Universität Karlsruhe mit dem Forschungszentrum Karlsruhe im Jahr 2009 das Ziel der forschungsorientierten Lehre etabliert. So ist die Lehre *„geprägt durch eine studierendenorientierte Lehr- und Lernkultur“*, zu der insbesondere auch *„die umfassende Einbindung von Forschungsprojekten, auch der Großforschung, in die Lehre“* beiträgt [112].

2.3.2 Gliederung der Lehr-Lern-Forschung in der Hochschule

Bei der wissenschaftlichen Auseinandersetzung mit der Lehr-Lern-Forschung an Hochschulen lassen sich verschiedene Bereiche und Schwerpunkte unterscheiden. Helmke und Krapp [93] unterteilen das *„Lehren und Lernen in der Hochschule“* in fünf verschiedene Bereiche.

1. *Universitäre Lehr-Lern-Forschung im engeren Sinne* umfasst die Beschreibung und Analyse der Lehr-Lern-Prozesse, wie beispielsweise verschiedene Lehrmethoden aber auch individuelle Lernstrategien und deren Auswirkungen auf Zeitmanagement, Studienerfolg, -dauer oder -abbruch.
2. *Hochschulsozialisation* beschreibt den gesamten Entwicklungsprozess des Studierenden sowohl auf fachlicher als auch auf persönlicher Ebene.
3. *Internationale Vergleichsstudien* befassen sich vor allem mit der Thematik der Kulturunterschiede im internationalen Vergleich.
4. *Hochschulpädagogik und -didaktik* umfassen insbesondere den Bereich der qualitativen Verbesserung der Lehrprozesse einer Hochschule.

5. *Beratung und Intervention* beschäftigt sich mit individuellen Problemen sowohl aus dem Bereiche des Lernens als auch des Privaten.

Der Bereich der Hochschuldidaktik ist nach einer Hochphase während der 70er Jahre stark in Vergessenheit geraten und erfuhr erst durch das Aufkommen der Qualitätssicherung der Lehre wieder an Interesse [93]. Da sich die vorliegende Arbeit mit der Qualität einer einzelnen Lehrveranstaltung auseinandersetzt, also die Art und Weise der Wissensvermittlung sowie deren Auswirkungen betrachtet, beschränken sich die nachfolgenden Ausführungen auf eben diesen vierten von Helmke und Krapp [93] vorgestellten Bereich der „Hochschulpädagogik und -didaktik". Ansatzweise werden auch Aspekte der „Lehr-Lern-Forschung" betrachtet.

2.3.3 Formen der Lehrveranstaltung

In der Hochschullehre werden verschiedene Formen der Lehrveranstaltung unterschieden. Die Grundtypen lassen sich nach Behmel [23] und Turner [226] aufgliedern in Vorlesung, Übung, Tutorium, Seminar, Exkursion und Kolloquium. Die folgenden Ausführungen geben lediglich Anhaltspunkte für die verschiedenen Grundtypen; insbesondere in unterschiedlichen Disziplinen kann die Ausgestaltung der Lehrveranstaltungsform deutlich voneinander abweichen. Zudem werden die dieser Arbeit zugrunde liegenden Begriffe Saalübung, Übungskonzept sowie Gesamtkonzept definiert.

Vorlesung. Unter dem Begriff *Vorlesung* wird im akademischen Umfeld eine Unterrichtsform verstanden, in welcher die Wissensübermittlung eines vordefinierten Themas durch einen Dozenten bzw. Hochschulprofessor mit Hilfe eines mündlichen Vortrags erfolgt [23, 226]. Ursprünglich bezeichnete der Begriff das tatsächliche „Vorlesen" von Büchern durch den Dozenten, da eine Verbreitung des geschriebenen Wissens aufgrund fehlender Buchdrucke noch nicht möglich war [66]. Diese Veranstaltung findet normalerweise zu festgelegten Zeiten in regelmäßigen Abständen – oft wöchentlich – als Präsenzveranstaltung statt. Die Rolle des Lerners ist ohne Beschränkung der Allgemeinheit auf das Zuhören sowie das Verstehen des Inhaltsstoffs beschränkt. Der Dozent kann sich neben den mündlichen Ausführungen weiterer Hilfsmittel wie beispielsweise des eines Manuskripts, der Tafel oder der von Folien bedienen [70, 226].

Übung versus Tutorium. Die Unterscheidung zwischen Übung und Tutorium wird in der Literatur unterschiedlich aufgefasst. Einerseits wird von Behmel [23] die Übung dem Tutorium gleichgestellt, andererseits grenzt Turner [226] diese zwei Konzepte inhaltlich voneinander ab. Unter dem Begriff *Übung* versteht Turner [226] eine vorlesungsbegleitende Präsenzveranstaltung, welche von fachlich kompetenten Mitarbeiterinnen und Mitarbeitern des Lehrstuhls sowohl vorbereitet als auch gehalten wird. Inhalt einer solchen Übung ist dabei die Vertiefung der Vorlesungsinhalte durch praxisbezogene Fragestellungen meist anhand von Übungsaufgaben. Als Abgrenzung hierzu wird ein *Tutorium* nach Turner [226] zwar von einer wissenschaftlichen Mitarbeiterin oder einem wissenschaftlichen Mitarbeiter vorbereitet jedoch nicht gehalten; die Durchführung eines Tutoriums obliegt einer studentischen Hilfskraft, der Tutorin bzw. dem Tutor, der sich innerhalb seines Studiums bereits mit dem zugehörigen Vorlesungs- und Übungsstoff beschäftigt hat und normalerweise die entsprechende Vorlesung selbst bereits erfolgreich absolviert hat. Ein Tutorium ist meist auf eine kleine Anzahl an Studierenden beschränkt.

In der vorliegenden Arbeit wird die Definition der Übung bzw. des Tutoriums wie folgt erweitert und zugrunde gelegt.

Saalübung versus Tutorium. Eine *Übung* wird als *Saalübung* bezeichnet, um den Studierenden deutlich zu machen, dass diese Übung – im Vergleich zu den Tutorien – als eine Gesamtveranstaltung für alle Studierenden einer Vorlesung unter Leitung eines oder mehrerer wissenschaftlichen Mitarbeiterinnen oder Mitarbeiter des entsprechenden Lehrstuhls stattfindet. Im Gegensatz hierzu wird das *Tutorium* von einer Tutorin oder einem Tutor für eine Kleingruppe von Studierenden gehalten [70], so dass mehrere inhaltlich gleiche Tutorien angeboten werden, die zu unterschiedlichen Terminen stattfinden. Demnach unterscheidet sich eine Saalübung von einem Tutorium vor allem durch die Größe der Teilnehmerzahl als auch durch den Vortragenden.

Weitere für die vorliegende Arbeit entwickelte Definitionen umfassen den Begriff der großen Lehrveranstaltungen sowie das Übungs- und Gesamtkonzept.

Große Lehrveranstaltung. Als *große Lehrveranstaltung* werden im Rahmen dieser Arbeit Präsenzveranstaltungen mit mehr als 30 Teilnehmern verstanden. Demnach fallen unter diese Definition für GdI2 die Vorlesungen sowie die Saalübungen.

Übungskonzept. Die Ausgestaltung der Planung von Saalübungen und Tutorien sowie begleitende Lernmaterialien werden unter dem Begriff Übungskonzept zusammengefasst. Die inhaltliche Ausgestaltung sowie die Auswahl und Vorbereitung des entsprechenden Unterrichtsmaterials obliegt den wissenschaftlichen Mitarbeiterinnen und Mitarbeitern, den sogenannten Übungsleiterinnen und Übungsleitern, in ihrer Gesamtheit auch Übungsteam genannt, in Abstimmung mit dem Dozenten der dazugehörigen Vorlesung.

Gesamtkonzept. Unter einem *Gesamtkonzept* wird im Rahmen dieser Arbeit die Gesamtheit aller angebotenen Präsenzveranstaltungen und Lernwerkzeuge verstanden. Demnach umfasst das Gesamtkonzept von GdI2 die Vorlesungen, Tutorien und Saalübungen, aber auch die Summe aller Arbeitsmaterialien sowie Lernwerkzeuge wie nuKIT-Tools, den IAP sowie den XWizard.

In der Hochschullehre werden zudem noch die Unterrichtsformen Seminar, Kolloquium und Exkursion angeboten und wie folgt definiert [23, 226].

Seminar. Ein *Seminar* ist eine Lehrveranstaltung, bei der die Studierenden durch das Vorstellen eines bestimmten Themas selbst die Rolle des Lehrenden übernehmen und sich zudem aktiv an der Diskussion über vorgestellte Themen beteiligen. Ein Seminar kann als eigenständiges Lehrkonzept angeboten werden. Eine Kombination mit anderen Lehrveranstaltungen ist möglich.

Kolloquium. Das *Kolloquium* ähnelt durch die Kombination von Vortrag und Diskussion im Aufbau dem eines Seminars, jedoch wird hierbei vermehrt die Diskussion in den Mittelpunkt gestellt. Der Adressatenkreis umfasst insbesondere fortgeschrittene Studierende, Doktoranden oder auch externe Wissenschaftler.

Exkursion. Eine *Exkursion* wird als Einzelveranstaltung durchgeführt, die meist außerhalb der Lehreinrichtung beispielsweise als Besichtigung eines Unternehmens meist vorlesungsbegleitend stattfindet.

Da diese Lehrformen in der vorliegenden Arbeit nicht von Bedeutung sind, wird an dieser Stelle nicht gezielter darauf eingegangen.

2.3.4 Auswahl der vorlesungsbegleitenden Lehrveranstaltung

Um den Studierenden neben dem Frontalunterricht einer Vorlesung ein Übungskonzept zur Vertiefung des vorgelesenen Wissens zu bieten, können die in Abschn. 2.3.3 genannten vorlesungsbegleitenden Veranstaltungen angeboten werden – das Tutorium, die Saalübung und die Exkursion. Eine Exkursion ist jedoch keine permanente vorlesungsbegleitende Veranstaltung, sondern wird meist einmalig angeboten, weshalb sie als Begleitung einer Lehrveranstaltung innerhalb eines Übungskonzeptes ungeeignet ist.

Bei der Entscheidung, ob ein vorlesungsbegleitendes Übungskonzept durch Tutorien und/oder Saalübungen (im Folgenden der Einfachheit halber nur Übung genannt) ausgestaltet wird, sind verschiedene Aspekte eines Tutoriums bzw. einer Übung zu beachten. Für die Durchführung einer Übung sprechen folgende Aspekte:

- *Fachkompetenz*: Die Übung wird vom Übungsteam selbst gehalten, das – im Vergleich zu Tutorinnen bzw. Tutoren – fachlich versierter ist und über eine größere Erfahrung bei der Wissensvermittlung verfügt.
- *Erfahrung*: Die Studierenden können von der Erfahrung des Übungsteams bezüglich häufiger Fehlerquellen und Verständnisschwierigkeiten ehemaliger Studierender profitieren.
- *Organisationsteam*: Die Studierenden sind näher an dem Organisationsteam einer Vorlesung, so dass sich Vorteile bezüglich organisatorischen oder inhaltlichen Fragestellungen für beispielsweise Abschlussprüfungen ergeben können.
- *Qualitätsgefälle*: Eine einzelne Übung findet nur einmalig statt, weshalb alle Studierenden die gleiche didaktische Aufbereitung sowie die gleichen Schwerpunkte d. h. die gleiche Qualität der Übung erfahren.

Den Vorteilen einer Übung können folgende Vorteile eines Tutoriums gegenübergestellt werden:
- *Studierendensichtweise*: Die Tutorien werden von Studierenden gehalten, die durch ihre Erfahrung als Lernender die Verständnisschwierigkeiten der zuhörenden Studierenden oftmals besser einschätzen und bewerten können.
- *Terminauswahl*: Es können mehrere verschiedene Termine angeboten werden, weshalb sich die Studierenden den für sie am geeignetsten auswählen können.
- *Gruppengröße*: Die kleine Gruppengröße eines Tutorium ist vor allem bei großen Vorlesungen ein besonderer Anreiz, da in Tutorien gezielt auf einzelne Studierende eingegangen werden und eine Diskussion entstehen kann.
- *Autoritätsgefälle*: Das kleinere Autoritätsgefälle zwischen Studierenden und Tutoren kann bei den Studierenden die Hemmschwelle reduzieren, um durch Fragen oder Diskussionen aktiv an dem Tutorium teilzunehmen.

Unter Beachtung der dargelegten Aspekte muss von Seiten der Dozenten eine kritische Auseinandersetzung bei der Ausgestaltung der vorlesungsbegleitenden Veranstaltungen erfolgen. Im Rahmen des Übungskonzeptes von GdI2 wurden zuerst nur Tutorien angeboten; diese werden seit dem *WS*11 durch zwei Saalübungen pro Semester ergänzt (vgl. auch Abschn. 4.3 sowie Abschn. 4.4).

2.4 Digitales Lehren und Lernen in der Hochschullehre

Die fortschreitende technische Entwicklung der Informations- und Kommunikationstechnologien der letzten Jahrzehnte hat auch seine Auswirkungen auf die pädagogische Landschaft gehabt. Durch den Einsatz der neuen Technologien im Lehrbereich können neue Lehrmethoden erprobt und bestehende neu gestaltet werden. So entstanden im Laufe der Jahre neue Lehrmethoden im Rahmen des sogenannten eLearnings, sowie neue Lehrkonzepte wie Blended Learning oder virtuelle Veranstaltun-

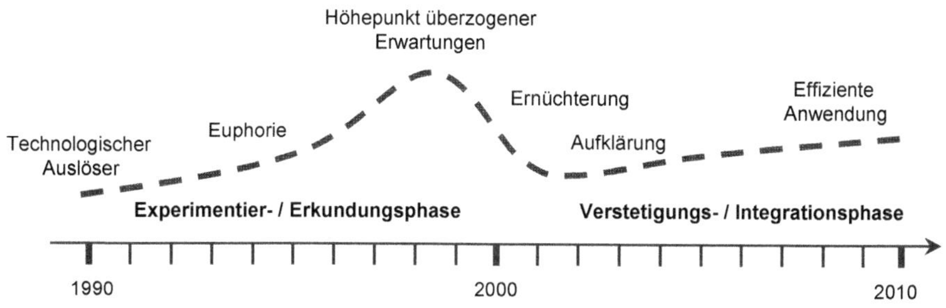

Abb. 2.4. eLearning Hype. Die verschiedenen Entwicklungsstadien der Nutzung von eLearning an deutschen Hochschulen zeigen eine Ernüchterungsphase um die 2000er Jahre [67, 103].

gen (vgl. Abschn. 2.4.2). Im Folgenden wird zuerst die historische Entwicklung des digitalen Lehrens und Lernens kurz skizziert sowie ein Überblick über verschiedene Begriffsdefinitionen im Rahmen des eLearning gegeben. Anschließend werden insbesondere Lernplattformen detaillierter betrachtet sowie der Stand der Forschung der im Rahmen dieser Arbeit entstandenen eLearning Werkzeuge näher betrachtet.

2.4.1 Historische Entwicklung

Die Grundlage für digitales Lehren und Lernen bildet die Entwicklung der Computerlandschaft. Mit den digitalen Großrechenanlagen reicht diese bereits in das Zeitalter des Zweiten Weltkrieges zurück [149]. Durch die Einbindung einer Bedienerkonsole und einer grafischen Benutzeroberfläche gewann der *Personal Computer (PC)* Ende der 70er, Anfang der 80er Jahre immer mehr an Bedeutung. Die Verbreitung von multimediafähigen Laptops und Notebooks nahm insbesondere in den 90er Jahren stark zu und beeinflusste immer mehr Lebensbereiche [152]. So wurde das Wort „Multimedia" im Jahre 1995 von der Gesellschaft für deutsche Sprache zum Wort des Jahres gewählt [75]. Auch Jay Cross erkannte diese Entwicklung und prägte im Jahr 1998 den Begriff eLearning mit seiner Definition [46]

> eLearning is learning on Internet Time, the convergence of learning and networks. eLearning is a vision of what corporate training can become. eLearning is to traditional training as eBusiness is to business as usual.

Die Entwicklung des eLearning an deutschen Hochschulen hat allerdings nach anfänglicher Euphorie Mitte der 90er Jahre zu Beginn des 21. Jahrhunderts eine Ernüchterung erfahren [67] (vgl. Abb. 2.4). In der Experimentier- bzw. Erkundungsphase wurden hauptsächlich eLearning Anwendungen entwickelt, welche allerdings nur auf sehr spezielle Einsatzbereiche zugeschnitten waren. So blieben die erreichten Ziele hinter den Erwartungen zurück und es erfolgte die Phase der Ernüchterung. In der sich anschließenden Verstetigungs- bzw. Integrationsphase wurden vielfältige Investitionen im eLearning getätigt und dadurch Vernetzungen von eLearning Angeboten entwickelt. Zudem wurden die technischen Grundvoraussetzungen an den Hochschulen verbessert, so dass sich eLearning im Hochschulalltag etablieren konnte [67, 103]. Die Entwicklungsstufen des eLearning entsprechen denen des durch das Marktforschungsinstitut Gartner[1] entwickelten *Gartner Hype Cycle*, der die Entwicklung der gesellschaftlichen Akzeptanz bei der Einführung neuer Technologien beschreibt [73].

2.4.2 eLearning – eine Übersicht

Der Begriff *eLearning* wird in der Literatur nicht einheitlich definiert. Dichanz und Ernst [55] definieren das „electronic learning" als

> Lehr- oder Informationspakete [...], die [...] auf elektronischem Wege als Online-Produkte oder über CD-Rom angeboten werden und unabhängig von Zeit und Ort verfügbar sind.

Im Gegensatz hierzu beschreiben de Witt [252] bzw. Arnold et al. [11] eLearning etwas allgemeiner als

> alle Formen des Lernens mit elektronischen oder digitalen Medien

bzw. als

> ein vielgestaltiges gegenständliches und organisatorisches Arrangement von elektronischen bzw. digitalen Medien zum Lernen.

Bei Revermann [182] wird zur Definition noch der Bereich des Lehrens betrachtet, indem eLearning als

> eine Lehr-/Lernform [definiert wird], die durch neue Informations- und Kommunikationstechnologie unterstützt oder ermöglicht wird, und der Aufzeichnung, Speicherung, Be- und Verarbeitung, Anwendung und Präsentation von Informationen bzw. Lerninhalten dient.

Klimsa und Issing [125] beschreiben mit eLearning

> alle Formen von Lernen, bei denen digitale Medien für die Distribution und Präsentation von Lernmaterialien einschließlich der Unterstützung zwischenmenschlicher Kommunikation in Lernprozessen zum Einsatz kommen.

Aus diesen verschiedenen Definitionen ergeben sich folgende Eigenschaften des eLearnings:
- elektronische bzw. digitale Medien oder Produkte,
- Lehr- und/oder Lernprodukte,

1 Gartner: http://www.gartner.com/technology/home.jsp

- Transport- bzw. Gemeinschaftsperspektive (vgl. hierzu auch [11, 32]) oder
- Zeit- und/oder Ortsunabhängigkeit.

Daraus lässt sich die für diese Arbeit entwickelte und dieser Arbeit zugrunde liegende Definition für eLearning ableiten:

> eLearning umfasst den Einsatz jeder Form elektronischer bzw. digitaler Medien oder Produkte zur Unterstützung des Lehr- oder Lernprozesses, deren Anwendung zeit- und ortsunabhängig erfolgen kann und dabei die Aufgabe des Wissenstransportes oder des wissenschaftlichen Diskurs erfüllt.

Die Verwendung von eLearning im Hochschulbereich lässt sich nach Arnold et al. [11] gemäß dem Virtualisierungsgrad in drei verschiedene Formen unterteilen:

Anreicherung von Präsenzveranstaltung. Die Anreicherung von Präsenzveranstaltungen durch Aspekte des eLearning als *„irrelevanter Kontext"* [84] kann sowohl während als auch außerhalb der Lehrveranstaltung erfolgen. Digitale Elemente können beispielsweise Videos, digitale Bilder und Folien, Animationen oder Simulationen sein. Als asynchrone Lernmittel können digitale Arbeitsmaterialien, Linksammlungen oder auch asynchrone Kommunikationswerkzeuge wie Foren oder Chats eingesetzt werden [11].

Blended Learning. Der seit 2001 verwendete Begriff des Blended Learnings (auch hybrides Lernen genannt) beschreibt die Kombination von Präsenzveranstaltung und elektronischen oder digitalen Medien, welche zeit- und ortsunabhängig genutzt werden können. Ziel dieser Kombination ist, die Vorteile beider Lehrformen zu vereinen [11]. Insbesondere durch das Angebot und die Verwendung der Vorlesungsaufzeichnungen kann die Lehrveranstaltung GdI2 als Blended Learning Veranstaltung eingeordnet werden.

Virtuelle Veranstaltung. Veranstaltungen, in denen die Lehr- und Lernangebote nur digitalen oder online-Charakter besitzen, werden virtuelle Veranstaltungen genannt. Diese können teilweise synchron, d. h. zeitlich parallel, als auch asynchron (zeitlich unabhängig) stattfinden. Ein Beispiel für eine solche virtuelle Veranstaltung sind die *Massive Open Online Courses (MOOCS)*. Dies sind reine online-Lehrveranstaltungen, deren Teilnahme meist kostenfrei ist und die sich oft einer großen Teilnehmerzahl erfreuen [204].

72% der Studierenden präferieren nach Dahlstrom und Bichsel in [47] Veranstaltungen mit „*some online components*", 10% der Studierenden sprechen sich für virtuelle Veranstaltungen aus. Die verbleibenden 18% bevorzugen Veranstaltungen ohne jede Art von eLearning.

Im Rahmen dieser Arbeit wurde ebenfalls das Meinungsbild der Studierenden der untersuchten Lehrveranstaltung eingeholt. Im Vergleich zu den Ergebnissen von Dahlstrom und Bichsel in [47] halten zwischen 91% und 98% der GdI2-Studierende im *WS*12 bis *WS*15 eLearning für sinnvoll; hierbei ist zu beachten, dass die Umfrage innerhalb einer Blended Learning Veranstaltung vorgenommen wurde, wodurch davon ausgegangen werden kann, dass eben diese eLearning Form zur Beantwortung der Frage zugrunde gelegt wurde. Im Durchschnitt wünschen sich 77,65% aller GdI2-Studierenden von *WS*12 bis *WS*15 einen größeren Einsatz von eLearning-Werkzeugen in ihrem Studium (vgl. Abb. 6.112 sowie Anh. A.4 Frage 2.7). Dieser Wert liegt leicht über dem von Dahlstrom und Bichsel [47] ermittelten Wert.

Neben der Einteilung des eLearning nach dem Grad der Virtualität gruppieren Schulmeister et al. die verschiedenen Formen des eLearnings an Hochschulen in [205] gemäß folgender Skalen:
- *Gruppengröße*: Es werden die drei Gruppen „Individuelles Lernen" eines Einzelnen, „Lernen in Gruppen" sowie „Lernen in Großgruppen" unterschieden.
- *Synchronitätsgrad*: Die Verwendung virtueller Angebote kann asynchron, synchron oder gemischt erfolgen.
- *Medialitätsgrad*: Der Grad der Medialität beschreibt das Ausmaß des Technologieeinsatzes und unterteilt diese in „gering" (beispielsweise Vorlesung mit Skript), „gemischt" (z. B. Selbstlernprogramme) und „hoch" (z. B. Filme).
- *Kommunikationsanteil vs. Inhalt*: Die Unterscheidung der eLearning Formen nach „Kommunikation" bzw. „Inhalt" zielt darauf ab, ob der Lernprozess hauptsächlich über den gemeinschaftlichen Diskurs oder der Auseinandersetzung mit wissenschaftlichen Themen erfolgt.
- *Aktivitätsgrad*: Der Aktivitätsgrad unterscheidet „rezeptive" (passive), „gemischte" oder „aktive" Lernformen.

Abb. 2.5 gibt einen Überblick über verschiedene Formen und Anwendungen des eLearning, gegliedert nach Zeit- und Ortsbezug, ohne Anspruch auf Vollständigkeit. Zu beachten ist, dass die Literatur sich bei einigen der genannten Begriffe in den Definitionen unterscheiden, so dass die Grenzen zwischen den verschiedenen Begriffen nicht eindeutig sind. Hierzu beschäftigt sich Moore et al. in [155] mit der Problematik der unterschiedlichen Begrifflichkeiten und Verständnisse des eLearnings.

eLearning Formen, die dem gleichen Ort sowie der gleichen Zeit zugeordnet werden, sind insbesondere solche, welche während einer Präsenzveranstaltung zum Einsatz kommen. Hierzu gehören verschiedene *Präsentationsmedien*, *Simulationen* im Rahmen von Animationen oder Computerprogrammen (vgl. auch [11]) sowie *Audience Response Systeme (ARS)*. Der Begriff ARS beschreibt ein Interaktionswerkzeug,

Zeit \ Ort	gleich	verschieden
gleich	• Präsentationsmedien (Präsentationsfolien, ...) • Simulationen • Audience Response Systeme • (präsenzgebundenes) Mobile Learning • ...	• Virtual Classroom • Videokonferenz • Web Video • eAssesment / eKlausur • Chat • Whiteboard • ...
verschieden	• Medienlabor • PC-Pool • ...	• Computer Based Training (CBT) • Web Based Training (WBT) • eLecture • Web 2.0 Technologien • Forum • (selbstgesteuertes) Mobile Learning • Selbsttests / eTest • Lernplattform (LMS) • ...

Abb. 2.5. Verschiedene Formen des eLearnings. Gegliedert nach Zeit- und Ortsbezug ordnet die Tabelle verschiedene eLearning Angebote ein (in Anlehnung an u. a. [3, 11, 125, 182, 205, 243, 252]).

welches es den Studierenden ermöglicht, elektronisch während der Präsenzveranstaltung mit dem Vortragenden zu kommunizieren, indem beispielsweise Fragen gestellt werden können. Das im Rahmen dieser Arbeit entwickelte Werkzeug nuKIT ist ein solches ARS. In Abschn. 2.4.4 werden verschiedene ARS Systeme beschrieben und voneinander abgegrenzt. Ein ARS kann im Rahmen des *präsenzgebundenen Mobile Learnings* eingesetzt werden. Unter Mobile Learning werden „*Lernprozesse mit mobilen, meist drahtlos operierenden Geräten [verstanden]. Neben handflächengroßen Geräten, also multimediafähigen Smartphones, rechnet man mittlerweile auch DIN A4 große Geräte wie Netbooks oder Tablets dazu*" [252].

Zu den eLearning Formen, welche nach gleichem Ort sowie zeitunabhängig gegliedert werden, gehören insbesondere solche Formen, die durch das Bereitstellen technischer Komponenten an einen speziellen Arbeitsplatz gebunden sind wie *PC-Pools* oder *Medienlabore* [3].

Die meisten eLearning Formen werden allerdings ortsungebunden angeboten. Hierzu gehören u. a. der *Virtual Classroom*, bei dem Lehrende und Lernende zeitsynchron oft nur im Rahmen einer Audioverbindung verbunden sind und interagieren können [3, 94]. Diese Form kann dem Teleteaching zugeordnet werden. Im Gegensatz hierzu beschreibt das *Web Video* nur die reine Übertragung ohne Interaktion. Zudem finden sowohl *Videokonferenzen*, *eAssesments* bzw. *eKlausuren* und *Chats* Anwendung. Das *Whiteboard* beschreibt ein virtuelles Flipchart, welches im Rahmen von Teleteaching verwendet werden kann [3].

Sowohl zeit- als auch ortsunabhängig werden das *Computer Based Training (CBT)* und das *Web Based Training (WBT)* aufgeführt. Unter CBT wird eine computergestützte Lernsoftware verstanden, welche ohne Netzwerkverbindung betrieben werden kann. Im Gegensatz hierzu ist das WBT eine internetunterstützte Lernsoftware [11]. Zum WBT gehört auch der im Rahmen dieser Arbeit entstandene XWizard (vgl. Abschn. 2.4.6). Als *eLecture* sind im Rahmen dieser Arbeit insbesondere die Vorlesungsaufzeichnungen von Interesse. Die *Web 2.0 Technologien* umfassen Anwendungen wie *Wikis*, *Weblogs* und *Podcasts* [11]. Der IAP ist ein mit einem Aufgabenpool bidirektional verbundenes *Forum*. Dieses im Rahmen der vorliegenden Arbeit entwickelte asynchrone Kommunikationswerkzeug wird in Abschn. 2.4.5 genauer in den Stand der Forschung eingebettet. Im Gegensatz zum präsenzgebundenen Mobile Learning kann auch das *selbstgesteuerte Mobile Learning* zum Einsatz kommen und *Selbsttests* oder *eTests* beinhalten. Die Komponente der nuKIT-Surveys kann diesem Teilbereich zugeordnet werden (vgl. Abschn. 5.1). Zur Unterstützung oder Bereitstellung von eLearning Angeboten können sogenannte *Learning Management Systeme (LMS)*, auch Lernplattformen genannt, verwendet werden (vgl. Abschn. 2.4.3) [11].

Für detailliertere Erläuterungen oder weiterführende Informationen wird auf die entsprechende Literatur u. a. [3, 11, 125, 205, 243, 252] verwiesen.

Im Rahmen des Gartner Hype Cycle for Education werden verschiedene Entwicklungen im Lehrbereich jährlich entsprechend ihrer technologischen Entwicklung und deren Zukunftsprognosen eingeordnet. Der entsprechende Hype Cycle für 2016 ordnet beispielsweise Mobile Learning in die Verstetigungs- bzw. Integrationsphase ein. *Bring-Your-Own-Device (BYOD)*-Strategien (s.u.) werden im Bereich des Plateaus der Produktivität eingeordnet, wohingegen MOOC-Plattformen sich erst in der Euphoriephase befinden [74].

Trotz verschiedener positiver Aspekte des eLearning wie insbesondere die Zeit- und Ortsflexibilität kommen Pocatilu et al. in [169] zu dem Ergebnis, dass eLearning die reale Interaktion zwischen Menschen nicht komplett ersetzen kann und dass der Dozent eLearning als ergänzendes Hilfsmittel verwenden soll. Aus diesem Grund wurden in der Lehrveranstaltung GdI2 verschiedene die Präsenzveranstaltung ergänzende eLearning Werkzeuge eingesetzt, deren Stand der Forschung im Folgenden aufgezeigt wird.

2.4.3 Lernplattformen

Für die geordnete Bereitstellung der Lernmaterialien haben sich in der Hochschullehre verschiedene Softwaresysteme, sogenannte Lernplattformen, etabliert. Die Funktionen einer Lernplattform werden in *Administration*, *Inhalte* und *Kommunikation* untergliedert. Die Administration übernimmt unter anderem die Kurs- sowie Nutzerverwaltung, die Rollen- und Rechtevergabe und liefert verschiedene Evaluationshilfen. Als Inhalte können u. a. Kurse, Übungen, Tests, Medien oder auch Linklisten integriert werden. Zur besseren Kommunikation bieten LMS die Funktionen Foren, Whiteboard, Chats oder ein Schwarzes Brett an [19, 35, 94].

Die Nutzung eines LMS in der Hochschullandschaft ist weit verbreitet. Hochschulen können zwischen kommerziellen Angeboten oder Open Source Systemen wählen. Besonders gebräuchlich sind die Systeme Moodle[2] oder Ilias[3]. Die Art und Weise der Nutzung eines LMS für eine Lehrveranstaltung liegt dabei oft im Entscheidungsbereich des Dozenten [94].

Im Rahmen der Lehrveranstaltung GdI2 kommt das LMS Ilias zum Einsatz. Neben administrativen und inhaltlichen Funktionen wurden bzw. werden im Rahmen des *interaktiven Aufgabenpools (IAP)* insbesondere die Foren verwendet (vgl. Abb. 4.2). Bei den weiteren Beschreibungen der vorliegenden Arbeit wird an den jeweiligen Stellen explizit auf den Einsatz des LMS hingewiesen.

2.4.4 Audience Response System

Die Verwendung mobiler Endgeräte wird von Henning in [94] im Jahr 2015 als einer der bedeutendsten Trends im eLearning genannt. Dies hat auch Auswirkungen auf die Möglichkeiten beim Einsatz eines *Audience Response System (ARS)*. Unter einem ARS (u. a. auch Personal Response System, Electronic Voting System, Classroom Feedback System, Interactive Communication Tool oder Student Response System genannt) wird ein elektronisches, meist synchrones Feedbackwerkzeug verstanden, welches es den Zuhörern ermöglicht, dem Vortragenden insbesondere Fragen zu stellen oder dessen Vortragsstil zu bewerten. Je nach System kann der Vortragende auch Fragen an die Zuhörer stellen [7, 121, 165]. Der technische Zugriff erfolgt entweder hardwaregebunden, wie beispielsweise bei der Verwendung von Clickern, oder softwaregebunden. Die Benutzerschnittstellen im Softwarebereich werden über eine Webanwendung oder eine App realisiert. In beiden Fällen kommt der *Bring-Your-Own-Device*-Bewegung eine erhebliche Bedeutung zu [110]. Die Untersuchung zur Verwendung von Apps im Hochschulbereich zeigt zudem, dass sich diese gerade erst im Anfangsstadium befindet [256]. Der Einsatz eines ARS ermöglicht den Studierenden eine anonyme Kommunikation mit dem Dozenten. Laut Ramsden [175] trägt eben diese Kommunikation und Interaktion erheblich zur Verbesserung des Lernprozesses der Studierenden bei.

In der Lehrveranstaltung GdI2 wurde das ARS nuKIT eingesetzt (vgl. zur genaueren Beschreibung Abschn. 5.1). Tab. 2.2 gibt einen Überblick über die verschiedenen Funktionen von nuKIT und stellt diese anderen in der Hochschullehre verfügbaren ARS gegenüber. Die Tabelle sowie die nachfolgenden Ausführungen basieren insbesondere auf den Ausführungen von Weber in [243]. Dabei werden insbesondere die Merkmale „Art der Anwendung“ (I), „Dozentenfunktionen“ (II), „Studierendenfunktionen“ (III), „Zusatzfunktionen“ (IV) sowie „Kosten“ (V) nach [243] betrachtet. Die

2 Moodle Internetpräsenz: https://moodle.de
3 Ilias Internetpräsenz: http://www.iliasnet.de

Tab. 2.2. Überblick über verschiedene Audience Response Systeme. Die einzelnen ARS werden anhand der Kriterien „Art der Anwendung“ (I), „Dozentenfunktionen“ (II), „Studierendenfunktionen“ (III), „Zusatzfunktionen“ (IV) sowie „Kosten“ (V) gegenübergestellt [243].

	I		II								III					IV		V
	Hardwarebasiert	**Softwarebasiert**	**Installation**	**PowerPoint Add-In**	**Single-Choice-Frage**	**Multiple-Choice-Frage**	**Freitext Frage**	**Rating/Skala**	**Bildfrage**	**Surveys**	**Vorschlag von Fragen**	**Anonyme Fragen**	**Bewertung Fragen**	**Beantwortung Fragen**	**Dozentenfeedback**	**Wettbewerb**	**SMS-Abstimmung**	**Kostenpflichtig**
nuKIT		x	x		x	x	x			x		x			x			
LIM		x			x	x					x	x	x		x			
ARSnova		x			x	x	x	x	x	x		x			x			
Tweedback		x			x							x	x	x	x			
SMILE		x			x	x	x				x	x	x	x	x			
PINGO		x			x	x												
FreeQuizDome		x	x		x	x	x	x	x									
mVote		x			x	x	x											
Kahoot!		x			x		x		x						x	x		
StuReSy	x	x	x		x	x	x											
LARS		x			x	x	x			x								
invote		x			x		x			x							x	
eduVote		x	x	x	x													x
Poll Everywhere		x		x	x	x	x	x	x							x	x	x
GoSoapBox		x			x		x			x		x	x	x	x			x
Mentimeter		x		x	x		x	x	x	x								x
Letsfeedback		x			x	x	x			x		x	x					x
Turning Techno.	x		x	x	x	x	x	x				x				x		x

Teilnehmerzahl aller hier betrachteten ARS ist unbeschränkt. Im Folgenden werden die wichtigsten Aspekte der einzelnen ARS kurz beschrieben. Weitere Einzelheiten sind Tab. 2.2 sowie [243] zu entnehmen.

nuKIT wurde am KIT entwickelt und basiert auf dem ursprünglichen Kommunikationswerkzeug NUKATH (vgl. Abschn. 5.1.2) [28, 57, 165]. Das softwarebasierte Werkzeug bietet den Studierenden entweder über eine App oder eine Webanwendung die Möglichkeit, Fragen zu stellen oder die Vortragsgeschwindigkeit des Dozenten zu bewerten. Der Dozent kann seinerseits beliebige Fragen an die Studierenden stellen. Zudem bietet nuKIT die Möglichkeit, einen sogenannten Survey anzulegen, welcher als Selbsttest verwendet und auf den unabhängig von Vorlesungen zugegriffen werden kann (vgl. Abschn. 5.1).

Der *Live Interest Meter (LIM)* ist eine Entwicklung des *Forschungszentrum Informatik (FZI)* Karlsruhe. Auch dieser bietet den Studierenden die Benutzerschnittstelle als App oder Webanwendung [187, 188, 189]. Der LIM unterscheidet sich von nuKIT insbesondere durch die Integration von statistischen Auswertungen wie beispielsweise die Anzeige des zeitlichen Verlaufs der Geschwindigkeitsbewertungen in der Benutzeranwendung. Zudem können den Dozenten Fragen vorgeschlagen werden und Studierende können die Fragen anderer Studierende einsehen und über ein Sternesystem bewerten. Im Vergleich zu nuKIT bietet der LIM allerdings keine Surveyfunktion.

Die Open Source Software *ARSnova* wird an der Technischen Hochschule Mittelhessen entwickelt und als Webanwendung angeboten [217]. Im Vergleich zur aktuellen nuKIT-Version (Stand des *WS*15) kann sich der Dozent plattformunabhängig über die Webanwendung einloggen. Zu den ebenfalls von nuKIT zur Verfügung stehenden Funktionen bietet ARSnova die Möglichkeit von rasterbasierten Bildfragen. Zudem können Studierende ihren eigenen Lernstand bezogen auf die beantworteten Fragen einsehen.

Tweedback ist ebenfalls ein webbasiertes ARS, welches von der Universität Rostock entwickelt wurde [234, 239]. Zudem wird Tweedback für die Kopplung an Smart Watches erprobt [41]. Im Vergleich zu den bisher beschriebenen ARS bietet Tweedback allerdings nur die Möglichkeit der Single-Choice-Fragen des Dozenten. Ähnlich wie LIM können die Fragen der Studierenden von anderen Studierenden, insofern freigegeben, bewertet werden. Zudem können die Fragen auch durch die Studierenden selbst beantwortet werden. Ein weiterer Unterschied besteht in der technischen Umsetzung; zur Verwendung des ARS muss für jede Veranstaltung eine neue Session angelegt werden.

Das ARS *Smartphones in der Lehre (SMILE)* ist ein Produkt der Universität Freiburg [2, 242]. Das ARS wird den Studierenden als App und Webanwendung angeboten. Der Frage-Antwort-Prozess des ARS SMILE entspricht in der Funktionsweise einem Foreneintrag, auf den alle Studierende zugreifen und den alle beantworten können.

Das von der Universität Paderborn entwickelte ARS ist das *Peer Instruction for very large Groups (PINGO)* [180, 233]. Dieses als Webanwendung verfügbare ARS bietet nur die Möglichkeiten der Fragestellungen seitens des Dozenten. Hierbei stehen dem Dozenten allerdings verschiedenen Auswertungsmöglichkeiten zur Verfügung wie beispielsweise Wiederholungsfragen und deren statistische Auswertung. Um PINGO von Lehrenden verwenden zu können, muss eine Session angelegt werden.

Ähnlich wie PINGO bietet das ARS *FreeQuizDome* der Universität Bielefeld nur Interaktionsfunktionen auf Dozentenseite an [209, 210]. Der Zugriff ist ohne vorherigen Login möglich. Es sind mehrere verschiedene statistische Auswertungsmöglichkeiten der Studierendenantworten möglich. Der Dozent kann außerhalb der Präsenzveranstaltung Studierende über E-Mail zu weiteren Fragen einladen.

Das ARS *mVote* entstammt der Universität Göttingen [228]. Die als Webanwendung angebotene Software ermöglicht lediglich das Fragestellen durch den Dozenten. Zudem können Studierende erst auf Fragen zugreifen, wenn diese durch den Dozenten freigeschaltet worden sind. Wiederholungsfragen inklusive statistischer Vergleiche werden von mVote angeboten.

Kahoot! ist eine ARS-Webanwendung sowie App der Technisch-Naturwissenschaftlichen Universität Norwegen vorwiegend für Schulen entwickelt [238]. Die Grundlage der Fragestellung basiert auf einem Quizsystem, in dem jeder Teilnehmer Punkte sammeln kann. Demzufolge sind die Teilnehmer nicht anonym.

Das ARS-Werkzeug *Student Response System (StuReSy)* bietet ebenfalls insbesondere Fragefunktionen des Dozenten an [222, 229]. Allerdings hebt es sich durch die Tatsache von den anderen betrachteten ARS ab, dass sowohl mobile Endgeräte als auch Clicker Systeme verwendet werden können.

Ein weiteres ARS bietet die Frankfurt University of Applied Science mit dem Werkzeug *Live Audience Response System (LARS)* an [72]. Mit Hilfe dieses Tools können einerseits Fragen während der Präsenzveranstaltung von den Dozenten gestellt werden; andererseits besteht auch die Möglichkeit der Surveyfunktionen. Antworten der Studierenden können anonymisiert ausgewertet werden.

Eine Besonderheit im Vergleich zu den bisher beschriebenen ARS bietet das System *invote* der Technischen Universität Dresden sowie der Netzmanufaktur GmbH [157, 200]. Neben der Möglichkeit auf die Dozentenfragen über eine Webanwendung zu antworten, steht den Studierenden auch eine Anbindung an die SMS-Technologie zur Verfügung.

Die zusätzlichen in Tab. 2.2 enthaltenen softwarebasierten ARS-Technologien sind kostenpflichtig und deshalb für die Hochschullandschaft weniger interessant [206]. Hierzu gehören die Werkzeuge *eduVote* [59, 212], das englischsprachige *Poll Everywhere* [171, 208], *GoSoapBox* [42, 76], *Mentimeter* [144, 151] sowie *Letsfeedback* [143], welches allerdings erst bei Nutzung eines Premium Zugangs kostenpflichtig ist. Das letzte genannte ARS ist das hardwarebasierte Clickersystem *Turning Technologies* (Turning Techno.) [108]. Aufgrund der Notwendigkeit spezieller Clickergeräte ist dieses ebenfalls eher ungeeignet für den Einsatz in der Hochschule.

Die verschiedenen ARS bieten viele ähnliche Funktionen, wie bereits Tab. 2.2 zeigt. Trotzdem unterscheiden sie sich in einigen Punkten. Im Rahmen der Lehrveranstaltung GdI2 wurde Wert auf die Anonymität bei den Fragestellungen gelegt. Zudem sollte dem Dozenten die Möglichkeit gegeben werden, selbstständig über die Auswahl sowie das Beantworten von Fragen zu entscheiden, um bei einer Vielzahl an Fragen den Vorlesungsablauf selbst bestimmen zu können. Diese Gefahr besteht bei den ARS, welche studentische Fragen an alle Studierenden veröffentlichen. Zudem sollte so ebenfalls die Anonymität der Studierenden weiter geschützt werden. Dieser Aspekt wurde von den Studierenden in den Evaluationen als besonders wichtig bewertet (vgl. Abschn. 6.5). Trotz der vielfältigen Möglichkeiten ist es wichtig, die Balance zwischen einer angemessenen Auswahl an Möglichkeiten und einer übersichtlichen Gestaltung zu bewahren. Diese Eigenschaft war bei der Entwicklung der nuKIT-Tools ein ausschlaggebendes Kriterium.

2.4.5 Asynchrone kontextsensitive Kommunikation

Schulmeister bezeichnet in [203] den Diskurs einerseits als Herausforderung im eLearning, aber andererseits auch als wichtigstes Lernmittel, als *„Königsdisziplin der Wissenschaft und des wissenschaftlichen Lernens"*. Die Grundvoraussetzung zum Entstehen eines Diskurses ist die Kommunikation (zur Auseinandersetzung mit dem Begriff „Diskurs", vgl. [203]). Im Rahmen der Kommunikation definiert Kienle in [123] „Kontext" als

> Ausschnitt der Umwelt, der menschliche Individuen während der Interaktion in ihren Handlungen beeinflusst und zur Verständigungserleichterung und -sicherung herangezogen werden kann.

Als Interaktion wird einerseits die Beobachtung und andererseits die Diskussion verstanden. Um die kontextsensitive Kommunikation zu ermöglichen (vgl. hierzu auch [14]; auch kontext-orientiert genannt, vgl. [123]), wurde im Rahmen der Lehrveranstaltung GdI2 das im Zusammenhang mit dieser Arbeit entwickelte eLearning Werkzeug *interaktiver Aufgabenpool (IAP)* eingesetzt.

Die Lernformen des *computergestützten kollaborativen Lernens* (*Computer Supported Collaborative Learning (CSCL)*) beschäftigen sich mit eben dieser Interaktion. Kienle [123] versteht unter kollaborativem Lernen (in der vorliegenden Arbeit mit kooperativem Lernen gleichgesetzt, vgl. auch [10]) eine Lernform, bei der die Interaktion der Lernenden im Mittelpunkt steht. Zudem definiert sie *CSCL* als eine Lernform, welche den *„Computereinsatz zur Unterstützung der Interaktion zwischen den Lernenden"* verwendet. Die Wichtigkeit dieses Forschungsbereichs zeigt sich auch durch die Existenz einer gleichnamigen Konferenzreihe „International Conference on Computer Supported Collaborative Learning", welche seit 1995 jährlich stattfindet [109].

Tab. 2.3 stellt den weiten Bereich der CSCL anhand einer kleinen Auswahl von Werkzeugen vor, welche insbesondere die kontextsensitive Kommunikation unterstützen, welches ebenfalls eine der Hauptaufgaben des IAP darstellt. Dabei werden die Hauptkategorien „Plattform" (I), „Kommunikation" (II), „Lernmaterial" (III) als Ausgangspunkt zur Kommunikation, „Zugriffsart" (IV) sowie „Kosten" (V) herangezogen. Die einzelnen Merkmale der Kategorien sind der Tab. 2.3 zu entnehmen. Die Ausprägung des „Funktionsumfangs" erstreckt sich von „niedrig" (1) über „mittel" (2) nach „hoch" (3). Bei der „Dokumentenart" der Lernmaterialien kann zwischen beliebigen Textdokumenten (0), PDF-Dateien (1), HTML-Dokumenten (2), Skripten (3), Items (4) oder Artefakten (5) unterschieden werden. Die Voraussetzung, um als „Wissensarchiv" gekennzeichnet zu werden, ist der vorgegebene Zweck, die Diskussionsbeiträge für nachfolgende Nutzergruppen zu verwenden. Im Folgenden werden die in Tab. 2.3 gelisteten Tools erläutert.

Der *interaktive Aufgabenpool (IAP)* ermöglicht eine asynchrone kontextsensitive Kommunikation. Er besteht aus einem Forum mit mehreren vordefinierten Themenkategorien, welche einzelnen Threads zu jeweils einer Übungsaufgabe entsprechen und

Tab. 2.3. Überblick über kontextsensitive Kommunikationswerkzeuge. Die Tools werden nach den Kriterien „Plattform“ (I), „Kommunikation“ (II), „Lernmaterial“ (III), „Zugriffsart“ (IV) und „Kosten“ (V) verglichen. Der „Funktionsumfang“ wird unterteilt in „niedrig“ (1), „mittel“ (2) und „hoch“ (3). Die „Dokumentenart“ wird in beliebige Textdokumente (0), PDF-Dateien (1), HTML-Dokumente (2), Skripte (3), Items (4) oder Artefakte (5) unterschieden. % bedeutet, dass die Informationen nicht verfügbar, – , dass diese irrelevant sind und (x), dass das Kriterium nur eingeschränkt erfüllt ist.

	I				II					III					IV		V
	Eigenständige Software	**Funktionsumfang**	**Verknüpfungen möglich**	**Separater Diskussionsbereich**	**Strukturerhaltend**	**Asynchson**	**Ortsunabhängig**	**Wissensarchiv**	**Verknüpfungen fest vorgegeben**	**Offline**	**Online**	**Systemintegration**	**Dokumentenart**	**Fest vorgegeben**	**Anonym**	**Passwortgeschützt**	**Kostenpflichtig**
IAP		1	x	x	x	x	x	x	x	x	x		1	x	x	x	
CSCS	(x)	1	x	%	x	x	x		(x)		x	x	3	x	%	%	%
KOLUMBUS	x	1	x	x	x	x	x	(x)	(x)		x	x	4	x		x	
Pol	x	1	x	x	x	x	x	x	(x)		x	x	%	x	%	%	
CaMILE	x	1	x	x	x	x	x			(x)	x		2			x	
BRIO	x	1	x			x	x	x			x		2			x	
WebAnn		1	x		x	x	x	x			x		2	x		x	
Pink		1	x			x	x	x			x	x	5	x	%	%	
ScholionWB+	x	3	x	x		x	x	x			x	x	0	x		x	
Knowledge Forum	x	2	x	x		x	x				x	x	0			x	x
Hyperwave	x	3	(x)	x		x	x				x	x	0			x	x
BSCW	x	3				x	x			–	–	–	–	–		x	x
Ilias	x	3		x	x	x	x			–	–	–	–	–	x	x	x
Web 2.0	%	3		x	x	(x)	x			–	–	–	–	–	x	x	

durch eine bidirektionale Verlinkungsstruktur mit dem „Kontext“, den entsprechenden Aufgaben in einer oder mehreren PDF-Dateien verbunden sind (vgl. zur genaueren Beschreibung Abschn. 5.2). Hervorzuheben ist, dass die technische Umsetzung des IAP keine speziell für dieses Tool entwickelte Software verlangt.

Kollaborationsskripte dienen dazu, durch gezielte Anleitungen in der Wissensentwicklung und im Wissensaustausch das Gruppenlernen zu unterstützen und zu verbessern und den verbalen Austausch zu strukturieren [135, 181]. *Computergestützte Kollaborationsskripte*, abgeleitet vom englischen *Computer Supported Collaboration Scripts (CSCS)*, sind Kollaborationsskripte, deren Koordination computergestützt erfolgt. Dadurch werden die CSCS allerdings an die Lernplattform sowie den Lernkontext gebunden [135].

Im Rahmen des CSCL entwickelte Kienle und Herrmann in [95, 123] das Werkzeug *KOLUMBUS*, welche das enthaltene Lehrmaterial in kleine Einheiten, sogenannte „Items" unterteilt. Diese Einheiten können mit kommunikativen Beiträgen in Form von Annotationen versehen werden (auch „shared annotations" genannt, vgl. [170]). Dadurch entsteht eine Verlinkung zwischen Inhalt und Kommunikation. Die Annotationen können als Diskussionsbaum angezeigt werden.

Auf dem Konzept der „shared annotations" aufbauend beschreibt van der Pol [170] das Konzept der „anchored discussion". *Pol* bietet dem Nutzer eine online-Diskussionsplattform an, welche die zu diskutierenden Artikel direkt anzeigt. Die entsprechenden Fragen werden einerseits im vorhandenen Artikel „verankert" angezeigt; andererseits wird der Frage-Antwort-Prozess auch unabhängig vom Text dargestellt.

Ein weiteres Beispiel der anchored discussion ist das von Guzdial und Turns in [85] entwickelte System *CaMILE*. CaMILE ermöglicht den Nutzern insbesondere, Webseiten zu diskutieren und Verlinkungen zu anderen Webseiten oder Dokumenten zu setzen. Innerhalb einer Webseite kann ein „Anker" zum Diskussionsbereich gesetzt werden, in welchem die Nutzer ihre Kommentare setzen können. Eine Rückkopplung zur Webseite ist nicht vorhanden.

Röscheisen et al. [191] entwickelten das System *BRIO*, welches den Nutzern ebenfalls die Möglichkeit bietet, Webseiten zu annotieren. Die Annotationen werden in einem sogenannten abonnierbaren „Set" gespeichert. Ein Set kann sich auf verschiedene Eigenschaften beziehen, beispielsweise ein spezielles Thema oder eine Webseite. Über eine Passwortabfrage kann der Zugriff auf die einzelnen Sets kontrolliert werden. Ein weiteres Werkzeug zur Annotation von Webseiten ist das von Davis und Huttenlocher [49] entwickelte *CoNote*, welches in dieser Arbeit allerdings nicht weiter betrachtet wird.

WebAnn ist ein weiteres Werkzeug basierend auf den anchored discussions, welches es den Nutzern ermöglicht, einzelne Stellen von online Dokumenten zu kommentieren und zu diskutieren. Die Anzeige der Kommentare sowie des Dokuments erfolgt hierbei in zwei Spalten nebeneinander. Diese Kommentare sind allen Nutzern öffentlich zugänglich [33, 148].

Das Diskussionswerkzeug *Pink* unterstützt den kontextsensitiven Austausch über einzelne Textstücke oder Webseiten anhand von Annotationen. Der Zugriff erfolgt im Rahmen einer Client-Server-Architektur über den Webbrowser. Die Verlinkungen zwischen den Textstücken und den Diskussionsthreads können von den Nutzern selbst erstellt werden. Zu jeder Verlinkung zu einem Textfragment wird ein separater Thread erstellt, in dem andere Nutzer auch partizipieren können [216].

Die webbasierte von Auinger et al. in [13, 14] entwickelte Wissenstransferumgebung *ScholionWB+* bietet neben dem Kursmaterial u. a. verschiedene Möglichkeiten zur asynchronen Kommunikation, darunter Foren, E-Mails, Text-basierte Chats oder Präsentations-Werkzeuge. Zusätzlich zur Möglichkeit verschiedenartige Anmerkungen einzufügen, sind auch Verknüpfungen zwischen internem oder zu externem Material möglich, so dass beispielsweise auch in Foren Links zu Kursmaterial eingebettet werden können.

Knowledge Forum (ehemals *Computer Supported Intentional Learning Environments (CSILE)*) ist ein netzwerkbasiertes Lernwerkzeug, welches einerseits für den individuellen Lernbereich aber andererseits auch für das kollaborative Lernen eingesetzt werden kann. Das kollaborative Lernen geht dabei von einer leeren „knowledge Base" aus, die die beteiligten Nutzer durch das Hinzufügen von Texten und Ideen füllen und über Verweise verknüpft werden können. Die Annotationen werden in einer dem System zugeordneten Datenbank gespeichert. Der Zugang zu dem System ist passwortgeschützt [107, 195, 196].

Hyperwave ist eine Kommunikationsplattform, welche neben dem Dokumentenmanagement auch die Kollaboration durch eine E-Mail Integration unterstützt. Projektbezogene E-Mails werden im projektbezogenen Arbeitsbereich gespeichert und dadurch zentral zugänglich gemacht [101].

Basic Support for Cooperative Work (BSCW) ist eine komplexe webbasierte Software zur Kooperation im Netz. Der Arbeitsbereich steht allen Nutzern gemeinsam zur Verfügung; über diesen können unter anderem Dokumente ausgetauscht werden. Zur Kommunikation sind u. a. Foren, Blogs oder der Austausch über Webseiteordner integriert. Eine spezielle Verknüpfung von vorhandenen Dokumenten sowie Nutzerdiskussionen ist nicht vorhanden. BSCW bietet noch viele weitere Funktionen wie Termin-, Projekt-, Aufgaben- und Kontaktverwaltung [161].

Ilias wird als Vertreter der Gruppe der Lernplattformen aufgeführt. Die Funktionen eines LMS sind unter Abschn. 2.4.3 beschrieben.

Das *Web 2.0* beschreibt eine Reihe von Anwendungen des Internets, die auf der *„kollektive[n] Intelligenz der Nutzer"* aufbaut, um Wissen zu generieren. Hierzu gehören insbesondere „Weblogs", „Podcasts", „Wikis" oder auch „Social Bookmarks" [11]. Je nach Einsatzbereich können diese Werkzeuge ebenfalls als kontextsensitive Kommunikationswerkzeuge im Lehrbereich eingesetzt werden.

Der IAP unterscheidet sich von den anderen Werkzeugen insbesondere durch seine Softwareunabhängigkeit sowie seinen reduzierten Funktionsumfang. Somit grenzt sich dieses Werkzeug deutlich von komplexen Lernplattformen ab, die teilweise auch kontext-orientierte Kommunikation ermöglichen, aber ohne die LMS-Plattform nicht verwendet werden können. Im Vergleich zu den Methoden der „anchored discussion" hat der IAP den Vorteil, dass eine Kategorisierung innerhalb eines Threads durch einzelne Fragen möglich ist, welches dessen Einsatz als Wissensarchiv betont. Ein weiterer wichtiger Unterschied ist die Vorgabe der Verknüpfungen, welche insbesondere den Aspekt der Strukturerhaltung betont und die langfristige Verwendung als Wissensarchiv vereinfacht.

Tab. 2.4. Überblick über Web Based Training Tools mathematischer Objekte. Die einzelnen WBT Werkzeuge mathematischer Objekte werden anhand der Kategorien „Zugriff“ (I), „Anwendung“ (II), „Funktionen“ (III), „Ausgabe“ (IV), „Anwender“ (V) und „Verfügbarkeit“ (VI) verglichen. Die Eigenschaft „Fachbereich“ wird anhand der Ausprägungen schmal (0), mittel (1) sowie breit (2) beschrieben; die „Variabilität“ reicht von niedrig (0) über mittel (1) nach hoch (2).

	I			II			III					IV				V		VI	
	online	offline	App	Objekte	Fachbereich	Variabilität	Erklärungen	Beispiele	integriertes Forum	Tutorial	Aufgabenerstellung	Text	Bilder	PDF	Animationen	Lehrerorientiert	Lernerorientiert	Open Source	kostenpflichtig
XWizard	x	x		>10	0	2	x	x	(x)		x	x	x	x	x	x	x	x	
w3schools	x			>10	0	2	x	x	x	x		x	x				x		
Detexify	x		x	1	0	0	x					x					x	x	
Codecademy	x		x	>10	0	2	x	x	x	x		x					x		
Calc101	x			8	0	1	x	x				x	x				x		(x)
FMT	x			>50	1	2	x	x		x		x	x	x	x	x	x		
h-schmidt	x			3	2	0	x	x				x	x		x		x		
PLANETCALC	x			>50	2	0	x	x	x			x					x	x	
Brünner	x			>50	1	1	x	x				x	x				x		
NetteLeut(h)e	x			36	1	0						x					x		
reg101	x			1	0	1			x			x					x		
CCT	x			4	0	0	x	x				x	x			x	x		
FSM&Regex	x			3	0	0	x	x				x	x		x	x	x		
matheretter	x			>50	0	2	x	x	(x)	x	x	x	x				x	x	(x)

2.4.6 Web Based Training mathematischer Objekte

Der XWizard, zu dessen konzeptueller Entwicklung diese Arbeit beigetragen hat, ist ein Lernwerkzeug zur Darstellung mathematischer Objekte der theoretischen Informatik, auf welches insbesondere über eine Webanwendung zugegriffen werden kann (vgl. auch Kap. 5 sowie [128]). Eine Downloadversion ist ebenfalls erhältlich, spielt allerdings bei der Evaluation nur eine geringfügige Rolle (vgl. Kap. 6), weshalb die folgende Eingliederung in den Stand der Forschung vor allem auf die Webanwendung ausgerichtet ist. Der XWizard stellt ein internetgestütztes Lernprogramm dar und wird folglich dem Bereich des WBT zugeordnet [11].

In Tab. 2.4 wird eine Übersicht einer Auswahl solcher internetgestützter mathematischer Lernsoftware gegeben, welche mit den Funktionen des XWizards verglichen werden können. Dabei ist allerdings zu beachten, dass sich diese Werkzeuge in ihrem Funktionsumfang deutlich voneinander unterscheiden. Der Vergleich wird demnach anhand der Kategorien „Zugriff“ (I), „Anwendung“ (II), „Funktionen“ (III), „Ausgabe“

(IV), „Anwender“ (V) sowie „Verfügbarkeit“ (VI) geführt. Die erste Kategorie wird nach online bzw. offline Zugriff oder der Möglichkeit des Zugriffs über eine App aufgeschlüsselt. Unter dem Begriff Anwendung wird die Anzahl verschiedener mathematischer Objekte, die Kennzeichnung der Bereichsbreite bezogen auf die Anzahl an Fachbereichen sowie die Funktionsvariabilität eines einzelnen Objekts untersucht. Für den Anwender insbesondere von Bedeutung sind die Funktionen, die das Werkzeug liefert. Hierbei wird zwischen eingehenden Erklärungen des Codes, vorhandenen Beispielen, integrierten Foren und einführenden Tutorials sowie der Möglichkeit für den Nutzer, zufällige Aufgaben zu erzeugen, unterschieden. Die Ausgabe kann durch reinen Text, Bilder, PDF oder auch Animationen erfolgen. Die Anwenderorientierung wird in Kategorie V nach Lehrer- oder Lernerorientierung unterschieden. Abschließend wird eine Übersicht bezüglich der Verfügbarkeit gegeben. Bei der Beschreibung der verschiedenen Werkzeuge wird der Fokus im Folgenden insbesondere auf den jeweiligen Anwendungsbereich gelegt.

Der am KIT entstandene *XWizard* bietet verschiedene Darstellungsmöglichkeiten einzelner Objekte im Bereich der theoretischen und technischen Informatik sowie die Möglichkeit, verschiedene Algorithmen auf diese anzuwenden (vgl. zur genaueren Beschreibung Abschn. 5.3) [128]. Hervorzuheben ist die hohe Variabilität der einzelnen Objekte. Es existiert eine Verlinkung zu den Foren des IAP.

W3Schools ist eine Web-Entwickler-Seite, welche neben zahlreichen Tutorials auch verschiedene Eingabemasken für die Web-Programmierung mit u. a. HTML, CSS und JavaScript bietet und eine entsprechende Voransicht erzeugt [177].

Detexify ist eine Webanwendung, welche die Suche nach LaTeX-Symbolen unterstützt und vereinfacht. Nach Malen eines beliebigen Symbols in eine Eingabemaske wird der entsprechende LaTeX-Code ausgegeben. Eine kostenpflichtige Android-App ist ebenfalls verfügbar [122].

Das WBT Werkzeug *Codecademy* ist eine webbasierte Lernsoftware für verschiedene Programmiersprachen u. a. HTML, CSS, JacaScript, Python, SQL, PHP und Ruby. Zur Verwendung muss jeder Nutzer ein Profil anlegen. Innerhalb diesem kann er verschiedene Tutorials belegen und Punkte sammeln [43].

Calc101 ist ein online Werkzeug zur automatischen Berechnung algebraischer Funktionen wie Integralrechnung oder lineare Gleichungssysteme [40]. Einige der angebotenen Funktion sind allerdings nur über ein kostenpflichtiges Passwort zu erreichen.

Die Webseite *Free Mathematics Tutorials* (FMT) bietet allen Nutzern eine breite Vielfalt an Berechnungshilfen und Erklärungen insbesondere in den Bereichen der Mathematik, Statistik, Physik und den Ingenieurwissenschaften. Diese umfassen ausführliche Erklärungen, Tutorials und Arbeitsmaterial. In ausgewählten Bereichen werden ebenfalls entsprechende Solver bereitgestellt [50].

h-schmidt ist eine Sammlung von drei verschiedenen Tools, einem „IEEE 754 Converter“ der Zahlendarstellung, einem NMEA to KML converter für Geodaten sowie ein „Mandelbrot Applet“ [202]. Alle drei Anwendungsbereiche liefern einen Konverter.

Der *PlanetCalc* bietet 466 verschiedene Rechner aus unterschiedlichen Bereichen wie u. a. „Gesundheit“, „Finanzierung“, „Mathematik“ oder auch „Computer“ an. Eine thematische Überschneidung mit dem XWizard ist bei den Rechnern zu Kodierungsarten, regulären Ausdrücken und Verschlüsselung zu finden. Allerdings handelt es sich hierbei lediglich um jeweils eine einzelne Berechnungsmethode ohne weitergehende Verknüpfungen untereinander. Registrierte Benutzer können zudem weitere Rechner ergänzen oder anfordern [168].

Brünner [31] bietet auf seinen *Mathematik-Seiten (Brünner)* ebenfalls viele verschiedene Rechner insbesondere aus dem Bereich der Mathematik und Stochastik.

Die Webanwendung *NetteLeut(h)e* stellt 36 Umwandlungstools für verschiedene Arten von Eingabetexten zur Verfügung, insbesondere im Rahmen der Kodierung. Es besteht pro Tool nur die Möglichkeit der Kodierung bzw. der Dekodierung. Die Funktionsvariabilität wird folglich als gering eingestuft. Durch die wenigen angebotenen Funktionen bleibt die Webanwendung für den Nutzer sehr übersichtlich [156].

Über *regular expressions 101 (reg101)* können Nutzer interaktiv regulärer Ausdrücke erstellen [178].

Das Werkzeug *Compiler Construction Toolkit* (CCT) stellt insbesondere die Umwandlung von regulären Ausdrücken zu nichtdeterministischen endlichen Automaten, von nichtdeterministischen in deterministische endliche Automaten sowie Grammatikberechnungen zur Verfügung. Dabei werden die Sprachen PHP, Javascript, Python und Go unterstützt [87].

Zuzak bietet mit seinen drei Webanwendungen *FSM2Regex*, *FSM Simulator* und *Regular Expressions Gym* – zusammengefasst zu *FSM&Regex* – die Möglichkeit, endliche Automaten zu simulieren, reguläre Ausdrücke zu vereinfachen und reguläre Ausdrücke und endliche Automaten ineinander umzuwandeln [257, 258, 259]. Weitere Anwendungsfelder sind laut Autor geplant.

Neben vielen Videos und Programmen bietet *matheretter* eine interaktive Formelsammlung an, welche die Themengebiete Algebra, Analysis und Geometrie enthält, inklusive einem Zahleninverter [158]. Der Lernzugang inklusive Übungsaufgaben und Videos ist kostenpflichtig.

Dieser Einblick von Web Based Training Methoden beschränkt sich auf eine Auswahl aus dem Bereich der mathematischen Objekte. Allerdings unterscheiden sich auch diese gezeigten Werkzeuge insbesondere in ihrem Anwendungsbereich, der Anwendungsvariabilität und der vorhandenen Anzahl an Funktionen. Der XWizard verfügt, im Vergleich zu den anderen beschriebenen Werkzeugen insbesondere über mehrere verschiedenen Ausgabeformen. Insbesondere die Möglichkeit, PDFs zu erstellen, vereinfacht den Lernenden sowie Lehrenden den Export verschiedener Anwendungen oder Beispiele. Zudem bietet der XWizard eine Sammlung an verschiedenen Objekten des Fachbereichs theoretische Informatik mit einer hohen Variabilität, wie es sonst lediglich für den Bereich der Mathematik aufgezeigt werden konnte.

2.5 Zusammenfassung

Da sich die vorliegende Arbeit mit universitären Lehrveranstaltungen auseinandersetzt, definiert Kap. 2 die Begriffe „Lehren“ und „Lernen“ und geht auf die wichtigsten Lerntheorien ein. Neben den Theorien des „Behaviorismus“, des „Kognitivismus“ und des „Konstruktivismus“ (vgl. Tab. 2.1) wird mit dem „Konnektivismus“ die neuste Lerntheorie vorgestellt; gemäß diesem unterliegt das Wissen aufgrund der Schnelllebigkeit der heutigen Gesellschaft ständigen Veränderungen und Erneuerungen.

Außerdem beschreibt Kap. 2 die historische Entwicklung der Hochschullehre. Während die Universitäten des Mittelalters als Kernaspekt den Bildungsauftrag sahen, gilt für die moderne Universität seit der Gründung der Universität Berlin im Jahre 1810 durch Wilhelm von Humboldt die *„Einigung von Forschung und Lehre“* [254]. Allerdings erschweren die zunehmenden Studierendenzahlen seit der zweiten Hälfte des 20. Jahrhunderts die praktische Umsetzung dieses Verständnisses. Neben dieser Problematik stellt der „Shift from teaching to learning“ eine weitere Herausforderung an die Hochschullehre.

Durch die Fortentwicklung der Informations- und Kommunikationstechnologien haben sich neue Möglichkeiten ergeben, mit diesen Herausforderungen umzugehen. Abschn. 2.4 beschreibt die historische Entwicklung des digitalen Lehren und Lernens und gibt insbesondere verschiedene Definitionsansätze für den dadurch entstandenen Begriff des *electronic learnings (eLearning).* Abb. 2.5 zeigt eine Übersicht der verschiedenen Formen des eLearnings, zu denen insbesondere auch das Blended Learning zählt.

Abschließend gliedert das Kap. 2 die im Rahmen dieser Arbeit entwickelten digitalen Werkzeuge „nuKIT“, „interaktiver Aufgabenpool“ sowie „XWizard“ in den Stand der Technik ein.

3 Qualitätsanalyse für die universitäre Lehre

Der „Qualitätspakt Lehre“ ist ein Bund-Länder-Programm, welches zum Ziel hat, die Studienbedingungen in Deutschland zu verbessern und die Qualität der Lehre zu erhöhen. Hierfür werden von 2011 bis 2020 vom Bund zwei Milliarden Euro an die Hochschulen vergeben [37]. Es stellt sich allerdings die Frage, was sich überhaupt hinter dem Begriff „Qualität“ verbirgt und wie diese gemessen werden kann. Bereits Christopher Ball hat sich 1985 in seinem Artikel „What the hell is quality“ diese Frage gestellt [16]. Um darauf eine Antwort zu finden, wird der Begriff der Qualität im Folgenden sowohl im Allgemeinen als auch im Speziellen bezogen auf das Hochschulsystem diskutiert. Anschließend werden verschiedene Methoden zur Analyse der Qualität im Hochschulsystem vorgestellt und die dieser Arbeit zugrunde liegende Metrik beschrieben.

3.1 Definition des Begriffs Qualität

Qualitätsmessung wird typischerweise betrieben, wenn das Niveau oder die Güte eines Produktes oder eines Verfahrens analysiert werden soll. Der Begriff Qualität wird jedoch – je nach Bezugssystem und Einsatzgebiet – verschieden definiert. Grundsätzlich leitet sich der Wortstamm vom lateinischen *qualitas* ab, was „Beschaffenheit“ oder „Eigenschaft“ bedeutet. Das *Deutsche Institut für Normung (DIN)* definiert Qualität im Rahmen des Qualitätsmanagements in seiner Norm DIN EN ISO 9000:2015-11 [54] als

> Grad, in dem ein Satz inhärenter *Merkmale* (3.10.1) eines *Objekts* (3.6.1) *Anforderungen* (3.6.4) erfüllt.

Inhärente Merkmale (vom lateinischen inhaerere: an etwas kleben) beschreiben nach dem DIN Merkmale, die *„einem Objekt (3.6.1) innewohnend“* sind [54]. Die Qualität ist folglich der Grad, in dem diese Merkmale als *„kennzeichnende Eigenschaft“* die Anforderungen erfüllen. Da DIN 55350-11:2008-05 die Beschaffenheit als *„Gesamtheit der inhärenten Merkmale einer Einheit sowie der zu diesen Merkmalen gehörenden Merkmalswerte“* beschreibt [52], kann unter Qualität der Grad verstanden werden, in dem die Beschaffenheit eines Objekts die Anforderungen erfüllt [30] bzw. nach DIN 55350-11:2008-05 die *„Realisierte Beschaffenheit bezüglich Anforderung“* [52]. Unter einem Objekt wird ein Produkt, eine Dienstleistung, ein Prozess, eine Person, eine Organisation, ein System oder eine Ressource verstanden [54], was bedeutet, dass das Objekt nicht die materiellen Eigenschaften erfüllen muss [30]. Eine Anforderung wird vom DIN definiert als *„Erfordernis oder Erwartung, das oder die festgelegt, üblicherweise vorausgesetzt oder verpflichtend ist“* [54]. Demnach ist das Festlegen der Anforderungen für die Qualität eines Objektes ausschlaggebend.

https://doi.org/10.1515/9783110483048-067

Eine detailliertere Betrachtung der Definition von Qualität ist also unabdingbar mit dem Objekt und dem Einsatzgebiet zu verknüpfen, von dem und in dem die Qualität beurteilt werden soll. Zudem ist weiterhin von Interesse, wer die benötigten Anforderungen definiert oder wodurch diese definiert werden. Harvey und Green [91] benennen Qualität folglich als „*relativen Begriff*", relativ zum Verwender sowie zum Kontext. Die folgenden Ausführungen beschränken sich auf den Kontext Hochschule. Für weitere Details im allgemeinen Kontext sei auf die Arbeit von Harvey und Green in [91] verwiesen.

3.2 Qualität im Hochschulsystem

Der Qualitätsbegriff wird in der Literatur der Hochschullehre zwar an vielen verschiedenen Stellen betrachtet, allerdings existiert kein einheitliches Qualitätsverständnis. Demnach werden an dieser Stelle verschiedene Qualitätsdefinitionen und -ansichten vorgestellt, um Unterschiede und Gemeinsamkeiten aufzeigen zu können.

Qualitätsdefinitionen in der Literatur

Der Wissenschaftsrat der Bundesregierung sowie der Regierungen der Länder sieht die Qualität der Lehre an den Kontext sowie an die Erfüllung der zu erreichenden Ziele gebunden. Das Verständnis über die Lehrqualität kann durch Studierende, Arbeitgeber, Hochschullehrer, Staat, Geldgeber oder die Öffentlichkeit unterschiedlich bewertet und eingeordnet werden. Dennoch geht der Wissenschaftsrat davon aus, dass sich die verschiedenen Erwartungen der einzelnen Parteien an die Lehrqualität nicht ausschließen müssen [250].

Kromrey [137] betont, dass es „*eine Qualität*" nicht gibt, da sich verschiedene Eigenschaften eines Objekt in ihrem Qualitätsniveau sehr stark unterscheiden können – so kann eine Eigenschaft eine hohe Qualität aufweisen, dafür eine andere nicht hinreichend sein. Zudem können die Perspektiven unterschiedlich sein, welche wiederum Auswirkung auf die zugrunde gelegten Vergleichsmaßstäbe haben. Da es sich bei der Lehrqualität um eine Dienstleistung handelt, gestaltet sich eine objektive Messung einzelner Qualitätskriterien als schwierig. Eine kontextunabhängige Messung der Lehrqualität ist laut Kromrey ebenfalls nicht möglich. So beschreibt er Qualität nicht als objektive sondern als relationale Eigenschaft, welche kontext- und adressatenabhängig ermittelt werden muss [137].

Heid kritisiert in [92] die Auffassung einiger Autoren, dass Qualität

> eine beobachtbare Eigenschaft des Objektes, um dessen Qualität es jeweils gehe

sei. Heid definiert Qualität auf Basis einer subjektiven Perspektive, so dass Qualität

> *keine beobachtbare Eigenschaft oder Beschaffenheit eines Objektes*, sondern das *Resultat einer Bewertung der Beschaffenheit eines Objektes ist.*

Nach Gomez et al. [77] hat das lehrbezogene Qualitätsmanagement die Aufgabe, die Definition der Qualität sowie die entsprechenden Kriterien und Standards festzulegen. So definiert das KIT [117] die Veranstaltungsqualität ziemlich allgemein als

> die Erfüllung der Lernbedürfnisse der Studierenden in einer Veranstaltung unter inhaltlicher Berücksichtigung der gesellschaftlichen Anforderungen an den Kompetenzerwerb für Forschung, Lehre und Wirtschaft.

Die Hochschulrektorenkonferenz stellt in ihrem Strategiepapier [99] den Lernerfolg in den Mittelpunkt und nennt als Voraussetzung guter Lehre die Beschaffenheit der Lernumgebung mit Studierendenzentriertheit, der Kommunikation zwischen Studierenden und Dozenten sowie die Struktur des Prüfungswesens. Die Qualität

> zeigt sich an den Lernfortschritten der Studierenden und in der Qualität der erreichten Lernergebnisse.

In Biggs et al. [26] wird gute Lehre mit Hilfe zweier Studierendengruppen gemessen, den „*akademischen Studierenden*" sowie den „*nicht-akademischen*":

> Good teaching is getting most students to use the level of cognitive processes needed to achieve the intended outcomes that the more academic students use spontaneously.

Zudem messen Biggs et al. gute Lehre daran, inwiefern diese in der Lage ist, allen Studierenden den Zugang zum kognitiven Lernen zu ermöglichen, um die vorgegebenen Ziele zu erreichen.

In dieser Arbeit verwendete Qualitätsdefinition

Für die Qualitätsdefinition der vorliegenden Arbeit wird die Unterteilung der Hochschullehre in folgende drei Ebenen nach [89, 199] zugrunde gelegt:
1. *Hochschule*,
2. *Fakultät/Fachbereich* oder
3. *Lehrveranstaltung*.

Bei der Betrachtung der Hochschulebene, insbesondere bei den entsprechenden Rankings, werden viele über die Wissensvermittlung hinausgehenden Aspekte bewertet, wie etwa Studienbedingungen, internationale Ausrichtung oder Forschung [126, 137], denen in der vorliegenden Arbeit keine Bedeutung zukommt. Die Fakultätsebene beschäftigt sich insbesondere auch mit der Ausgestaltung von Studiengängen. Da sich diese Arbeit mit der Wissensvermittlung einer Lehrveranstaltung beschäftigt, wird nur diese Ebene bei der Definition der Qualität der Hochschullehre betrachtet.

Unter Betrachtung der in der Literatur vorhandenen Definitionen wird der vorliegenden Arbeit folgende Definition von „Lehrqualität" einer Lehrveranstaltung zugrunde gelegt, die sich insbesondere an dem vom Deutschen Institut für Normung vorgestellten Qualitätsbegriff orientiert:

> Die Qualität der Lehre beschreibt den Grad, inwiefern die durch den Kontext bestimmten und durch die Perspektive gewichteten Qualitätskriterien durch die Gesamtheit der Angebote einer Lehrveranstaltung erfüllt werden.

Die Lehre stellt das Objekt dar, dessen Qualität zu bewerten ist. Der durch die DIN vorgegebene Begriff der Anforderung wird hier durch die in der Literatur vielfach genannten Qualitätskriterien ersetzt, und die inhärenten Merkmale bzw. die Beschaffenheit durch die Gesamtheit der Angebote einer Lehrveranstaltung. Der Kontext beschreibt die durch die Umgebung vorgegebenen Einflussfaktoren. Die Perspektive auf die Lehrqualität kann beispielsweise von den Studierenden, den Hochschuldozenten, der Hochschule im Allgemeinen oder der Öffentlichkeit ausgehen. Der nachfolgende Abschnitt diskutiert verschiedene in der Literatur genannte Qualitätskriterien zur Bewertung der Lehrqualität.

3.2.1 Qualitätskriterien

Tab. 3.1 gibt eine Zusammenstellung verschiedener Bewertungskriterien. Diese baut u. a. auf Ausführungen von Klinger [126] auf, die verschiedene in der Literatur diskutierte Kriterien in „*Teacher Factors*" sowie „*Teaching and Learning Activities*" einteilen. Der hier aufgeführte Katalog basiert allerdings auf zusätzlichen Quellen und ergänzt zu den Kategorien „Dozent" und „Studierender" noch die Kategorien „Bewertungsobjekt" und „Wissenserwerb".

Ledic et al. [142] erarbeiteten im Rahmen des Forschungsprojektes *Assessing the Quality of University Teaching in Croatia* 15 verschiedene Qualitätskriterien aus der Literatur. Diese wurden von Studierenden und Dozenten einer idealen sowie einer realen Rangliste zugeordnet (vgl. auch [24]). Von Ramsden [175] wurde ebenfalls eine Liste wichtiger Eigenschaften guter Lehre aus Sicht des Dozenten aufgestellt, welche in Tab. 3.1 anhand der entsprechenden Merkmale eingeordnet ist [175]. Im Rahmen des *Teacher Accreditation Scheme (TAS)* werden in Großbritannien Lehrpersonen anhand verschiedener vordefinierter Leistungen bewertet, die auf unterschiedliche Qualitätskriterien guter Lehre schließen lassen [24, 126]. Webler [244] beschreibt 19 Kriterien zur Bewertung guter Lehre im Zusammenhang mit Planung sowie Durchführung von Lehrveranstaltungen (vgl. auch [24]). Reichmann untersucht anhand studentischer Befragungen an der Universität Graz in [179], welche Eigenschaften ein guter Hochschuldozent haben sollte. Die aus Sicht der Studierenden sechs wichtigsten Eigenschaften sind in Tab. 3.1 aufgelistet. In Biggs et al. [26] werden allgemeine Eigenschaften beschrieben, welche unabhängig vom Kontext auf die Lernumgebung aller Lehr-/Lernprozesse zutreffen sollen (vgl. auch [126]). Rindermann gliedert in seinem Bedingungsmodell des Lehrerfolgs die Merkmale guter Lehre in die Bereiche „*Rahmenbedingungen*", „*Dozent*", „*Studierende*" sowie „*Lehrerfolg*" [185]. Tergan et al. [220] beschreiben ein Evaluationsinstrument für eLearning Angebote, dessen Ebenen auf

Tab. 3.1. Kriterienkatalog zur Qualitätsbewertung. Die Tabelle gibt einen Überblick über mögliche Qualitätskriterien zur Bewertung der Qualität einer Lehrveranstaltung. Die Zusammenstellung basiert auf Forschungsergebnissen sowie Vorschlägen aus der Literatur (vgl. u. a. [22, 24, 26, 126, 142, 175, 179, 185, 220, 244]).

	Ledic et al. [142]	Ramsden [175]	TAS [24, 126]	Webler [244]	Reichmann [179]	Biggs et al. [26]	Rindermann [185]	Tergan et al. [220]	Becker et al. [22]
Dozent									
1. Motivation	x	x							x
2. Fachwissen	x				x		x		
3. Vorbereitung, Strukturierung der Lehrveranstaltung	x			x			x		
4. Wechsel der sozialen Organisationsform des Lernens				x					
5. Methodenverwendung				x					
6. Praxisbezug bzw. Praxiserfahrung				x	x		x	x	
7. realistische Lehrziele, an Vorkenntnisse angepasst	x			x			x		
8. fachliche Erklärung		x		x	x				
9. Rhetorik					x		x		
10. Teamarbeit, Studierende als Partner			x	x					
11. Hilfsbereitschaft, Respekt	x	x	x	x	x				
12. Toleranz, studentische Unterschiede, Chancengleichheit	x		x						
13. Anpassen an studentische Verständnisebene	x	x	x						
14. Anpassung an neue Anforderungen		x							
15. Erkennen von studentischen Verständnisproblemen		x							
16. Individualisierbarkeit	x								
17. Einforderung von Feedback, Reflexion	x	x	x						
18. (formatives) Feedback an Studierende		x				x	x		
19. Selbstkontrollmechanismen						x			
20. Verpflichtung zur Wissenschaftlichkeit			x	x					
Studierender									
21. Partizipation							x	x	
22. Motivation	x	x		x		x	x		
23. Beteiligung bei Planung und Durchführung				x					
24. Selbststudium	x	x							
25. Kooperation	x	x		x			x		
26. Interaktion				x	x	x	x		
27. Fleiß, Arbeitsbelastung							x		
28. Einstellungsänderung, Wecken von Interesse							x		
29. Vorinteresse							x		
30. Fähigkeiten							x		
31. Besuchszahl							x		
32. Fehlzeiten							x		
33. Störungen							x		
34. Besuchsgrund							x		

Bewertungsobjekt								
35. Veranstaltungstyp							x	
36. Thema							x	
37. Veranstaltungsqualität, Produktqualität							x	x
38. Interessantheit der Veranstaltung							x	
39. Effizienz								x
40. Wirtschaftlichkeit								x
41. Überschneidungen							x	
42. verfügbare Literatur	x			x				
43. Struktur der Lehrmaterialien, Gewichtung des Lehrstoffs	x	x		x				
44. Referate							x	
Wissenserwerb								
45. Lernerfolg						x	x	x
46. Tiefenlernen				x			x	
47. Kompetenzerwerb							x	
48. faire Prüfung	x	x		x			x	

dem von Kirkpatrick in [124] entwickelten und von Schenkel [198] erweiterten Konzept zur Qualitätsevaluation basieren. In [22] stellen Becker et al. vor allem die Lehrmotivation des Dozenten in den Mittelpunkt bei der Analyse „guter Lehre“.

Somit ergeben sich die in Tab. 3.1 aufgeführten 48 Kriterien, die allerdings keinen Anspruch auf Vollständigkeit aufweisen. Sie fungieren lediglich als eine Handreichung zur Auswahl der auf eine spezielle Lehrveranstaltung zugeschnittenen Kriterien. Zudem kann es je nach Interpretation der einzelnen Merkmale zur inhaltlichen Überschneidung zwischen verschiedenen dieser Merkmale kommen.

Die Kategorie *Dozent* umfasst insbesondere die Merkmale Motivation, Fachwissen, Vorbereitung und Strukturierung, die Frage nach den verwendeten Methoden, sowie Aspekte zur Durchführung der Lehrveranstaltung, dem Verhalten des Dozenten gegenüber den Studierenden sowie den Einsatz von Feedbacksystemen. Auf der Seite der *Studierenden* werden die Partizipation, die Motivation, die Beteiligung bei Planung und Durchführung, die Möglichkeit zum Selbststudium, die Kooperation und Interaktion sowie weitere Faktoren zur Arbeitseinstellung aufgelistet. Bei der Betrachtung des *Bewertungsobjekts* werden der Veranstaltungstyp, das Thema, die Produktqualität, die Interessantheit sowie Effizienz, Wirtschaftlichkeit, Überschneidungen, Literatur, Lehrmaterialien sowie das Angebot von Referaten in der Literatur erwähnt. Der *Wissenserwerb* umfasst die Kriterien Lernerfolg, Tiefenlernen, Kompetenzerwerb sowie das Bereitstellen einer fairen Prüfung. Zur detaillierteren Beschreibung der einzelnen Kriterien wird auf die jeweilige Literatur verwiesen.

Fazit. Die Auswahl der Qualitätskriterien muss unter Betrachtung des Kontexts erfolgen, da die Messung der Lehrqualität nur in Abhängigkeit der speziellen Lehr-Lern-Umgebung sowie der jeweiligen Perspektive aussagekräftig ist (vgl. Qualitätsdefinition S. 46, [137]). So beschreibt Kromrey in [137], dass beispielsweise Pflichtveranstaltungen einen anderen Anspruch haben als Lehrveranstaltungen, welche auf freiwilliger Basis besucht werden. Zudem kommen Fouskakis et al. in [71] zu dem Ergebnis, dass auch sozioökonomische Entwicklungen einen Einfluss auf die Wichtigkeit der zugrunde gelegten Qualitätsmerkmale haben. Die Festlegung eines starren Kriterienkatalogs zur Bewertung der Lehrqualität ist demnach nicht zielführend. Diese Auflistung stellt somit eine Ausgangslage für den Kriterienkatalog einer speziellen Lehrveranstaltung dar. Der Kriterienkatalog, welcher der Lehrveranstaltung GdI2 in Kap. 6 zugrunde gelegt wird, wird in Abschn. 3.3.1 vorgestellt.

3.2.2 Stand der Forschung der Qualitätsbewertung in der Hochschullehre

Die Qualitätsbewertung im Hochschulsystem kann gemäß der drei in Abschn. 3.2 genannten Ebenen *Hochschule, Fakultäten* sowie *Lehrveranstaltungen* unterteilt werden. Der nachfolgende Überblick der bestehenden Qualitätskonzepte beschränkt sich allerdings auf die Ebene der Lehrveranstaltung, welche den Kernaspekt der vorliegenden Arbeit darstellt. Im Folgenden wird der am KIT zur Anwendung kommende Lehrqualitätsindex auf Basis der Lehrveranstaltungsevaluierung als Beispiel einer Qualitätsbewertung deutscher Hochschulen vorgestellt. Zudem wird ein Einblick in die Qualitätsbewertung in der Anglo-amerikanischen Hochschullandschaft gegeben sowie das Konzept Teach-Q beschrieben. Hierbei wird insbesondere auf die Auswahl der verwendeten Qualitätskriterien Bezug genommen.

Lehrveranstaltungsevaluierung deutscher Hochschulen

Unter einer Evaluierung versteht „Der Göttinger Katalog Didaktischer Modelle" *„die Analyse von Wirkungen [...], die durch Unterricht herbeigeführt werden"* [69]. Sandberger [194] definiert die Evaluation vorrangig als *„ein Instrument der Hochschule zur Verbesserung ihrer Leistungsfähigkeit"*. Beiden gemeinsam ist jedoch das durch Kromrey [137] beschriebene Ziel des „Beitrag[s] zur Verbesserung von Qualität". Durch den Aufbau der Qualitätsmanagementsysteme sowie der seit 1998 gesetzlich vorgeschriebenen Evaluationen durch den § 6 HRG [38, 194] an den deutschen Hochschulen sowie § 5 Abs. 2, 2 LHG BW [140] wurden und werden verstärkt Lehrveranstaltungsevaluationen entwickelt sowie eine auf diesen basierende Gesamtbewertung umgesetzt (zur Beschreibung der Evaluationskriterien vgl. Abschn. 6.1.1).

LQI am KIT. Der *Lehrqualitätsindex (LQI)* des KIT [120] ist ein Bewertungsmodell zur Ermittlung der studentischen Zufriedenheit bezüglich der Lehrqualität, um dem „Shift from teaching to learning“ (vgl. Abb. 2.3) gerecht zu werden. Dieser wird für alle Lehrveranstaltungen des KIT gleichermaßen ermittelt und basiert auf den Evaluationsbögen der Vorlesungen (vgl. Anh. A.1) sowie der Übungen (vgl. Anh. A.2). Der LQI umfasst sechs Qualitätskriterien, die jeweils sechs Kernfragen der Evaluationsbögen zugeordnet sind [120]:

1. gesamte Note (vgl. Anh. A.1, Frage 1.26 bzw. Anh. A.2, Frage 1.24),
2. notwendiger Arbeitsaufwand (vgl. Anh. A.1, Frage 1.16 bzw. Anh. A.2, Frage 1.17),
3. Struktur der Lehrveranstaltung (vgl. Anh. A.1, Frage 1.17 bzw. Anh. A.2, Frage 1.9),
4. Engagement und Motivation des Dozenten (vgl. Anh. A.1 bzw. Anh. A.2, Frage 3.1),
5. Eingehen des Dozenten auf Fragen und Belange der Studierenden (vgl. Anh. A.1 bzw. Anh. A.2, Frage 3.2) sowie
6. Lernzuwachs (vgl. Anh. A.1 bzw. Anh. A.2, Frage 1.8).

Die über alle teilnehmenden Studierenden erzielten Mittelwerte der 5-stufigen Skala jeder der sechs Kernfragen fließt in die Berechnung des LQI ein. Dabei wird einer Frage der Wert 100 zugewiesen, wenn der Mittelwert m ein Ergebnis besser als 2,5 erzielt ($1 \leq m < 2{,}5$) und 0 bei $3{,}5 \leq m \leq 5$. Im Bereich $2{,}5 \leq m < 3{,}5$ nimmt der Wert linear von 100 bis hin zu 0 ab. Abschließend werden die sechs erzielten Einzelmaße gewichtet addiert, wobei der Frage (1) „gesamte Note“ eine Gewichtung von 0,5 zukommt; die verbleibenden fünf Fragen werden mit 0,1 gewichtet. Der so ermittelte LQI liegt folglich im Intervall [0; 100][1], wobei größere Werte einem höheren Qualitätsmaß entsprechen. Für die Lehrveranstaltung GdI2 werden die Ergebnisse des LQI der *WS*09 bis *WS*15 für die Vorlesung und der *WS*09 bis *WS*14 für die Übung in Abschn. 6.10.3 diskutiert.

Weitere deutsche Hochschulmetriken. Die Vorlesungsevaluation zur Bewertung der Lehrqualität findet zunehmend Zuspruch an deutschen Hochschulen im Rahmen des Qualitätsmanagements. Eine quantitative Gesamtbewertung vergleichbar mit dem LQI des KIT wird ebenfalls von einigen anderen deutschen Hochschulen eingesetzt, in vielen werden allerdings auch nur reine Befragungen ohne einen Gesamtindikator durchgeführt.

Die Ruprecht-Karls-Universität *Heidelberg* ermittelt ebenfalls auf Basis von fünf Kernfragen („Lernziele“, „Strukturiertheit der Veranstaltung“, „Vermittlung des Lehrstoffs“, „Eingehen auf Fragen und Belange der Studierenden“, „Lernzuwachs“) den sogenannten *Lehrveranstaltungsbewertungsindex (LVBI)*. Die fünf Fragen fließen in gleichem Maße in den Gesamtwert ein; dabei werden pro Frage – ähnlich wie bei der

1 Um eine Verwechslung der Dezimalschreibweise von dem üblichen Komma („ ,“) als Trennzeichen der Intervallgrenzen zu vermeiden, wird in der vorliegenden Arbeit einheitlich als Trennzeichen das Semikolon („;“) verwendet.

Berechnung des LQI – zwei Schwellwerte definiert und anhand dieser die prozentuale Qualität der Lehrveranstaltung gemessen [192].

Bei der Universität *Konstanz* basiert der *Lehr-Lern-Index (LLI)* auf sechs gleich gewichteten Kernfragen: „verständliche Erklärungen“, „Aufbau der Veranstaltung“, „Fragen der Studierenden“, „Praxis-/Forschungsbezug“, „Lernunterstützung“ sowie „Stoffbeherrschung der Studierenden“. Nach eigener Aussage basiert dieses Verfahren auf dem LQI des KIT [232].

An der Universität *Trier* berechnet sich der zur Bewertung der Qualität der Lehre herangezogene *Globalwert* auf Basis dreier Fragenkomplexe zu „Wissens- und Kompetenzerwerb“, „Vermittlung der Inhalte und Kompetenzen“ (jeweils vier Fragen) und „Lernklima“ (5 Fragen), die jeweils mit gleicher Gewichtung in den Globalwert einfließen. Die prozentuale Qualitätsbewertung der einzelnen Fragen erfolgt linear zwischen minimaler und maximaler Bewertung der 6-stufigen Skala [237].

Die Universität *Stuttgart* ermittelt einen *Globalindikator* auf Grundlage der Kriterien „Strukturierung/Klarheit“, „Organisation/Vorbereitung“, „Aktivierung/Motivierung“, „Kooperation“ sowie „Lernen“. In den Globalindikator fließen die Mittelwerte dieser Kriterien ein. Allerdings wird bei der Beschreibung explizit darauf hingewiesen, dass eine Vergleichbarkeit einzelner Lehrveranstaltungen über das reine studentische Feedback der Evaluationen nicht aussagekräftig ist [235].

Die Eberhard Karls Universität *Tübingen* setzt bei der Berechnung eines Gesamtindikators ebenfalls auf den Einsatz von Kernfragen, die jedoch nicht genauer spezifiziert wurden. Diese werden zur besseren Vergleichbarkeit einzelner Lehrveranstaltungen aggregiert. [236].

An der Gottfried Wilhelm Leibniz Universität *Hannover* wurde eine „Verfahrensbeschreibung für die Lehrveranstaltungsbewertung“ entwickelt, welche seit dem Jahr 2011 auf Basis von fünf ausgewählten Fragen der Lehrveranstaltungsevaluation einen *Indikator für gute Lehre* vorgibt. Allerdings wurde in der Literatur keine Aussage dazu gemacht, um welche Fragen es sich dabei handelt.

Im Auswertungsbericht aller Fragen wird bei den meisten Hochschulen auf ein Ampelsystem der Kernfragen gesetzt. Die Universität *Duisburg-Essen* verzichtet dabei auf ein Gesamtergebnis und setzt nur den Ist-Wert jeder Frage mit dem über einen Schwellwert berechneten Soll-Wert in Beziehung und veranschaulicht das Ergebnis durch das Ampelsystem graphisch [227].

Anglo-amerikanisches Hochschulsystem

In der anglo-amerikanischen Hochschullandschaft wird neben dem Einsatz verschiedener Evaluationsverfahren das Verfahren der *Peer Observation* zur Bewertung der Lehrqualität eingesetzt [250]. Bei einer Peer Observation wird eine Lehrperson durch eine andere Lehrperson im Rahmen des Lehrprozesses beobachtet und mit konstruktivem Feedback beraten [248]. Auf diesem Verfahren basieren weitere Methoden der Lehrveranstaltungsbewertung. Da dieses Verfahren aber auf einer qualitativen und keiner quantitativen Bewertung basiert und eine Vergleichbarkeit über mehrere Jahre so erschwert ist, wird es an dieser Stelle nicht weiter betrachtet.

Teach-Q

Das Teach-Q Modell stellt ein weiteres Verfahren zur Bewertung der Lehrqualität dar, welches auf die Bewertung von wirtschaftswissenschaftlichen Vorlesungen ausgerichtet ist [90]. Bei der Festlegung der Qualitätskriterien werden sowohl studenten- als auch dozentenbezogene Merkmale betrachtet, so dass sich neun Dimensionen ergeben, welchen insgesamt 33 Merkmale zugewiesen werden. Folgende Dimensionen sind im Teach-Q verankert: „Nachvollziehbarkeit der Vorlesungsinhalte", „Auftreten und Wirken des Dozenten", „Vorlesungsinhalte", „Praxisbezug der Vorlesung", „Beteiligungsmöglichkeiten der Studierenden", „Prüfungsvorbereitungen", „Arbeitsbedingungen", „Vortragsstil" sowie „Studentisches Verhalten während der Vorlesung". Die Qualitätsbewertung dieser Kriterien erfolgt in zwei Stufen. In einer „ex-ante-Messung" werden zu Semesterbeginn die Erwartungen der zwei Parteien erfasst. Die „ex-post-Messung" zu Semesterende ermittelt, inwiefern der Ist-Zustand mit den Erwartungen übereinstimmt. Hierbei wird die Gesamtqualität aus Sicht der Studierenden ermittelt sowie die Erwartungen und die Bewertungen der Studierenden mit denen des Dozenten verglichen. Im Rahmen der statistischen Analysen von Hansen et al. wurde hierzu in [90] ein Fragebogen erstellt. Ein anschließender „Dialogvorgang" im Rahmen einer Aussprache soll mögliche Abweichungen erklären und Lösungsvorschläge liefern.

Neben den hier aufgeführten Methoden, die Lehrqualität zu messen, sind in der Literatur noch eine Vielzahl anderer Verfahren oder Ansätze zu finden. Da sich diese allerdings entweder nicht mit der reinen Messung der Veranstaltungsqualität beschäftigen, lediglich lehrbezogenes Feedback ohne eine Gesamtbewertung einholen, die Auswahl der Qualitätskriterien in den Mittelpunkt stellen oder die Bewertung nur über Fragebögen erfolgt, werden sie an dieser Stelle nicht weiter ausgeführt. Für nähere Informationen wird auf die entsprechende Literatur verwiesen (vgl. u. a. [1, 4, 17, 89, 153, 174, 184, 190, 201, 249]).

In dieser Arbeit erfolgt keine detaillierte Betrachtung der Anreizstruktur für die Lehrenden oder Lernenden, welche diese zur Qualitätsverbesserung sowie zur Qualitätsbewertung animieren wie beispielsweise durch monetäre Anreize, Reputationsgewinne oder Lehrpreise (vgl. hierzu u. a. [172, 241]).

Kritik an den verwendeten Metriken

Problematisch bei der Verwendung der in der deutschen Hochschullandschaft beschriebenen Verfahren wie dem LQI oder einer dem LQI ähnelnden Metrik ist der von Kromrey in [137] angeführte Aspekt der Standardisierung der verwendeten Qualitätskriterien, welche veranstaltungsübergreifend und kontextunabhängig eingesetzt werden und so nicht an unterschiedliche Rahmenbedingungen angepasst werden können. Zudem fließen meist nur sehr wenige standardisierte Fragen in die Gesamtbewertung der Lehrveranstaltungsevaluationen ein, so dass nur ein sehr kleiner Ausschnitt betrachtet wird. Ein weiteres Problem ergibt sich aus der nicht immer gleich zu interpretierenden Rangfolge von „gut“ nach „schlecht“ bei der Beantwortung der Fragen. So gibt es einerseits Skalen bei denen die kleinste Bewertungsstufe eindeutig als gut angesehen wird und die größte als schlecht (oder umgekehrt). Andererseits gibt es aber auch Skalen, bei denen die Bewertung vom Kontext abhängt oder im Auge des Betrachters liegt. Ein hoher „Arbeitsaufwand“ (wie beispielsweise bei der Berechnung des LQI) kann etwa als gut angesehen werden, wenn er mit einem entsprechenden Lernerfolg belohnt wird, aber auch als schlecht, wenn er für sich betrachtet wird oder unter der Annahme, dass derselbe Lernerfolg auch mit weniger Aufwand möglich gewesen wäre.

Außerdem spiegelt die reine Verwendung von Fragebögen zur Qualitätsbewertung lediglich eine Momentaufnahme wider. Klinger rät in [126] dringend davon ab, die Bewertung der Lehrqualität nur über die Lehrveranstaltungsevaluation durchzuführen, wie es auch mittels dem Teach-Q durchgeführt wird. Kromrey [137] weist zusätzlich auf den relationalen Charakter der Qualität hin. So muss bei der Bewertung der Lehrveranstaltung GdI2 (vgl. Kap. 6) beachtet werden, dass dies eine Pflichtveranstaltung zur Einführung in das bei den Studierenden im Allgemeinen unbeliebte Themengebiet der Theoretischen Informatik ist. Als kritisch bei der Qualitätsbewertung einer Lehrveranstaltung ist ebenfalls der Bezugspunkt zu sehen. Durch die standardisierten Fragen ist teilweise unklar, ob sich die Antworten lediglich auf die reinen Präsenzveranstaltungen beziehen oder ob bei der Bewertung durch die Studierenden weitere vorlesungsbegleitende Angebote betrachtet werden. Zudem enthalten die standardisierten Fragebögen oft Fragen, welche im Rahmen der Vorlesung unverständlich oder irrelevant sind. Die gleiche Problematik zeigt sich bei der Durchführung einer Lehrveranstaltung von mehreren Lehrpersonen. Durch das Repräsentieren der Qualität einer ganzen Lehrveranstaltung durch Messung einiger weniger Kriterien gestaltet es sich für die Dozenten ebenfalls schwierig, die Gesamtmetrik als konstruktive Kritik zu erfassen. Der Wissenschaftsrat kritisiert außerdem die fehlende Rückkopplung im Sinne einer prozessbegleitenden systematischen Verbesserung der Lehrqualität [250].

3.3 In dieser Arbeit verwendetes Bewertungssystem

Das Bewertungssystem der vorliegenden Arbeit hat zum Ziel, die Qualitätsentwicklung der einzelnen digitalen Angebote sowie der gesamten Veranstaltung über mehrere Vorlesungszyklen zu ermitteln und so Aussagen über die Qualitätsveränderung sowie der einzelnen Einflussfaktoren treffen zu können. Hierfür wird eine Qualitätsberechnung beschrieben, welche die folgenden Voraussetzungen erfüllt:

- Qualitätsbewertung eines Gesamtkonzepts,
- Qualitätsentwicklung über mehrere Semesterzyklen,

- Auswahl kontextabhängiger Qualitätskriterien,
- Auswahl der Perspektive sowie
- Prozessorientierung.

Insbesondere ist das Ziel des Bewertungskonzepts nicht die Vergleichbarkeit verschiedener Lehrveranstaltungen, sondern eine gezielte Anpassung auf die Rahmenbedingungen einer Lehrveranstaltung, so dass eine prozedurale Qualitätsbewertung über mehrere Semester möglich ist und positive sowie negative Einflussfaktoren erkannt und entsprechende Maßnahmen angewendet werden können. Zudem können aus der Qualitätsbewertung auch allgemeine Erkenntnisse für die Qualitätsverbesserung von Lehrveranstaltungen abgeleitet werden.

Das beschriebene Verfahren liefert eine Vorgehensweise, die individuell auch auf andere Lehrveranstaltungen angepasst werden kann. Zur Bestimmung der Lehrqualität wird nach einem 5-stufigen Verfahren vorgegangen, welches in den nachfolgenden Abschnitten detailliert erläutert wird:

1. Stufe Auswahl der Einzelkomponenten und des Kriterienkatalogs,
2. Stufe Ermittlung und Evaluation der vorhandenen Daten anhand Methoden der deskriptiven Statistik (vgl. Kap. 6, Teil II bis IV) mit anschließender Quantifizierung der Qualitätskriterien,
3. Stufe Ermittlung der semesterabhängigen Nutzenwerte der Einzelkomponenten auf Grundlage der Quantifizierung der Qualitätskriterien,
4. Stufe Auswahl der Perspektive über Anpassung der Gewichtungen der Qualitätskriterien (Dozent im Vergleich zu Studierenden) und
5. Stufe Gesamtqualität der untersuchten Semester anhand einer Gegenüberstellung der Einzelkomponenten.

3.3.1 Stufe 1: Auswahl der Einzelkomponenten und des Kriterienkatalogs

Zur Bewertung der Lehrqualität einer Lehrveranstaltung sowie der anschließenden Analyse der verschiedenen Einflussfaktoren wird eine Lehrveranstaltung in ihre Einzelkomponenten unterteilt. Unter einer *Einzelkomponente* wird ein Lehrangebot im Rahmen einer Lehrveranstaltung verstanden, welches einerseits einen erheblichen Einfluss auf das Gesamtkonzept hat und andererseits auch als alleinstehende, abgeschlossene Einheit gesehen werden kann, wie beispielsweise eine Präsenzveranstaltung oder ein begleitendes Lernwerkzeug. Diese Einzelkomponenten werden anschließend anhand ausgewählter *Qualitätskriterien* (vgl. Tab. 3.1) untersucht. Außerdem kann das Gesamtkonzept zusätzlich durch weitere Kriterien analysiert und beschrieben werden. Im Folgenden werden die Einzelkomponenten sowie der Kriterienkatalog mit den Qualitätskriterien vorgestellt, welche für die Evaluation der Lehrveranstaltung GdI2 im Rahmen dieser Arbeit ausgewählt wurden.

Einzelkomponenten

Da sich die Lehrveranstaltung GdI2 im Bereich des Blended Learning bewegt, wird im Folgenden zwischen verschiedenen Präsenzveranstaltungen der Lehrumgebung sowie den einzelnen eLearning Werkzeugen unterschieden. Zudem wird das von den Studierenden erzielte Lernergebnis im Rahmen der Klausuren als weitere Einzelkomponente betrachtet. Somit ergeben sich für die Lehrveranstaltung GdI2 folgende Einzelkomponenten:

(1) Vorlesung, (vgl. Beschreibung in Abschn. 4.2 und Evaluation in Abschn. 6.2)
(2) Tutorium, (vgl. Beschreibung in Abschn. 4.3 und Evaluation in Abschn. 6.3)
(3) Saalübung (vgl. Beschreibung in Abschn. 4.4 und Evaluation in Abschn. 6.4)
sowie
(4) nuKIT-Tools, (vgl. Beschreibung in Abschn. 5.1 und Evaluation in Abschn. 6.5)
(5) IAP, (vgl. Beschreibung in Abschn. 5.2 und Evaluation in Abschn. 6.6)
(6) XWizard (vgl. Beschreibung in Abschn. 5.3 und Evaluation in Abschn. 6.7)
und
(7) Klausuren. (vgl. Beschreibung in Abschn. 4.6 und Evaluation in Abschn. 6.8)

Die Einzelkriterien (1) bis (3) beschreiben die Präsenzveranstaltungen der Lehrveranstaltung GdI2, welche in Kap. 4 genauer erläutert und herausgearbeitet werden. Die Punkte (4) bis (6) umfassen die in dieser Arbeit vorgestellten digitalen Werkzeuge des eLearnings, auf welche in Kap. 5 detailliert eingegangen wird und welche bereits in Abschn. 2.4.4 bis Abschn. 2.4.6 in den Stand der Forschung eingegliedert wurden. Das letzte Kriterium (7) befasst sich mit der Thematik der Klausuren. Die Prüfungsmodalitäten der Lehrveranstaltung GdI2 werden in Kap. 4 genauer erläutert. Folglich ergeben sich sieben Einzelkomponenten, welche es mit Hilfe der Qualitätskriterien in Kap. 6 zu analysieren gilt.

Kriterienkatalog

Das *Landeshochschulgesetz Baden-Württemberg (LHG BW)* legt keine Evaluationskriterien zur Bestimmung der Lehrqualität fest [140]. Auch die Literatur gibt keine standardisierten Evaluationskriterien an. Folglich wird der in dieser Arbeit verwendete Kriterienkatalog durch die Autorin ausgewählt, die im Rahmen ihrer wissenschaftlichen Tätigkeiten Teil des Übungsteams von Mitte des *WS*09 bis einschließlich *WS*15 war. So beschreibt Heid [92], dass die Auswahl der Qualitätskriterien subjektiv und eng mit dem entsprechenden Zweck verbunden sein soll und nicht nur von „außen" vorgegeben werden kann. Der in Tab. 3.1 aufgestellte Kriterienkatalog wird als Grundlage zur Auswahl der Qualitätskriterien verwendet, um einerseits die intersubjektive Nachvollziehbarkeit zu gewährleisten, aber auch andererseits den durch den speziellen Kontext gegebenen Bedingungen (vgl. Definition S. 46) gerecht zu werden. So wurde für die Qualitätsbewertung der Lehrveranstaltung GdI2 folgender Kriterienkatalog zusammengestellt:

(1) Partizipation (2) Akzeptanz Dozenten (3) Akzeptanz Studierende (4) Veranstaltungsqualität/Produktqualität (5) Interaktion/Zeit- und Ortsunabhängigkeit (6) Struktur der Lehrinhalte (7) Lernerfolg	Einzelkomponenten
(8) Selbststudium (9) Einschätzung durch Studierende	Gesamtkonzept

Die Kriterien (1) bis (7) werden zur Bewertung der Einzelkomponenten herangezogen, wohingegen sich die Kriterien (8) und (9) auf das Gesamtkonzept beziehen und keine reinen Qualitätskriterien darstellen, sondern insbesondere zur abschließenden Analyse der Qualitätsbewertung herangezogen werden. Im Folgenden werden die Kriterien näher erläutert.

(1) Partizipation. Das Qualitätskriterium der Partizipation (vgl. Tab. 3.1, Nr. 21, 31, 32) bezieht sich auf die Teilnehmerquote an der entsprechenden Einzelkomponente, d. h. an den Veranstaltungen *Vorlesung*, *Tutorium* und *Saalübung* sowie die Nutzung der angebotenen eLearning Werkzeuge *nuKIT*, *IAP* und *XWizard* bezogen auf die Anzahl Registrierungen, Logins oder die Anzahl an Beiträgen. Zudem werden die Teilnehmerquoten der *Klausuren* analysiert.

(2) Akzeptanz Dozenten. In das Kriterium der Akzeptanz durch die Dozenten fließen verschiedene Aspekte ein. Hierzu zählen beispielsweise die Motivation des bzw. der Dozenten (vgl. Tab. 3.1, Nr. 1), der Eingang auf Fragen (vgl. Tab. 3.1, Nr. 11, 13, 15), der Verweis auf Forschung, Theorie und Praxis (vgl. Tab. 3.1, Nr. 6), die Erklärungen des Dozenten (vgl. Tab. 3.1, Nr. 8), die Aussprache (vgl. Tab. 3.1, Nr. 9), die Zeiteinteilung (vgl. Tab. 3.1, Nr. 3, 9) sowie die Erreichbarkeit (vgl. Tab. 3.1, Nr. 10, 11) und die Verwendung und der Einsatz didaktischer Methoden (vgl. Tab. 3.1, Nr. 5).

(3) Akzeptanz Studierende. Die Akzeptanz durch die Studierenden lässt sich über die Merkmale Beliebtheit (vgl. Tab. 3.1, Nr. 28), Gründe zum Besuchen der Lehrveranstaltung (vgl. Tab. 3.1, Nr. 22, 34), Auslastung (vgl. Tab. 3.1, Nr. 31), Studierendenengagement (vgl. Tab. 3.1, Nr. 23) sowie Zeitinvestition (vgl. Tab. 3.1, Nr. 27) untersuchen. Insbesondere bei der Analyse der eLearning Werkzeuge werden die Verwendungshäufigkeit im Hinblick auf Mehrfachnutzer sowie regelmäßige Verwendung und die Verwendungsart untersucht.

(4) Veranstaltungsqualität/Produktqualität. Die Veranstaltungsqualität (vgl. Tab. 3.1, Nr. 37) wird beispielsweise über Raumbedingungen sowie Kriterien zur Durchführung (Hilfsmittel, inhaltlicher Anspruch, Arbeitsmaterialien, Geschwindigkeit, Anschaulichkeit, Vorkenntnisse, Veranstaltungsart, Bonuskonzept) evaluiert. Die Produktqualität beschreibt das entsprechende Qualitätskriterium der eLearning Werkzeuge und bewertet den Aufbau, das Design, das Gesamtkonzept sowie spezielle Eigenheiten der jeweiligen Werkzeuge.

(5) Interaktion/Zeit- und Ortsunabhängigkeit. Durch dieses Qualitätskriterium wird der Aspekt des „Shift from teaching to learning" in den Vordergrund gerückt. Die Mitarbeit sowie die Beteiligung an Diskussionen und Gruppenarbeit während der Präsenzveranstaltungen (vgl. Tab. 3.1, Nr. 25, 26) wird zur Analyse der Interaktion herangezogen. Als korrespondierende Merkmale werden hierzu bei den eLearning Werkzeugen die zeit- und ortsunabhängige Nutzung untersucht.

(6) Struktur der Lehrinhalte. Entsprechend den Qualitätskriterien Nr. 3 und 7 (vgl. Tab. 3.1) fließen Evaluationsfragen zur Struktur, Zielerreichung und den inhaltlichen Zusammenhängen ein.

(7) Lernerfolg. Dieses Qualitätskriterium umfasst einzelne Aspekte des „Wissenserwerbs" aus Tab. 3.1, Nr. 45 bis 48. Es werden Lernzuwachs, Klausurteilnahme und Klausurerfolg gemessen.

(8) Selbststudium. Zur Bewertung der Möglichkeit zum Selbststudium wird u. a. ein Index ermittelt, der sich über das Verhältnis der Anzahl zeit- und ortsunabhängiger Angebote sowie aller Angebote berechnet. Da allerdings der optimale Wert des Index unklar ist, wird dieser den anderen Einzelkomponenten neutral gegenübergestellt, um eine Interpretation der erzielten Ergebnisse zu erleichtern.

(9) Einschätzung durch Studierende. Die Einschätzung des Schwierigkeitsgrads durch die Studierenden zu Semesterbeginn, im Folgenden als „Ruf" der Veranstaltung bezeichnet, wird über die Durchfallquote der vorherigen Jahrgänge gemessen, da diese zwischen den Studierenden verschiedener Jahrgänge als Bewertungskriterium sehr verbreitet ist und von zukünftigen Studierenden als Schwierigkeitsgrad einer Lehrveranstaltung interpretiert werden könnte. So soll untersucht werden, ob beispielsweise eine geringe Durchfallquote dazu führt, dass Studierende nachfolgender Semester sich weniger intensiv mit der Lehrveranstaltung auseinandersetzen. Eine Betrachtung der Durchschnittsnote wäre in diesem Zusammenhang ebenfalls denkbar, allerdings wird im Folgenden davon ausgegangen, dass der Einfluss der Durchfallquote in einem Grundlagenfach, wie GdI2 eines ist, größer ist.

Fazit. Im Vergleich zum aufgestellten Kriterienkatalog in Tab. 3.1 werden zur Bewertung der Lehrveranstaltung GdI2 relativ wenige Kriterien aufgelistet. Dies bedeutet allerdings nicht, dass nur neun Kriterien des Kriterienkatalogs betrachtet werden. Vielmehr wurden einige *Kriterienkategorien* gebildet, die wiederum weitere Kriterien in sich vereinen. Dadurch wird einerseits der Schwerpunkt auf diese Kategorien gelegt und das Risiko reduziert, dass weniger wichtige Kriterien bei der Analyse überbewertet werden, und andererseits die abschließende Qualitätsanalyse übersichtlicher gehalten. Um einen abschließenden Vergleich der Einzelkomponenten zu gewährleisten, wurden die Qualitätskriterien über die Einzelkomponenten überwiegend gleich gehalten (mit Ausnahme der Einzelkomponente „Klausur").

Als Kriterienkategorien wurden die „Akzeptanz" der am Lehr-/Lernprozess beteiligten Hauptparteien „Dozenten" (2) und „Studierende" (3) gebildet (vgl. Abb. 2.1). Das im Kategorialmodell beschriebene „Thema" wird über die „Struktur der Lehrinhalte" (6) betrachtet. Die Lehr-/Lernwerkzeuge sowie die Lernmaterialien werden einerseits durch die Betrachtung der verschiedenen weiteren Einzelkomponenten einbezogen und andererseits durch die separate Bewertung der „Veranstaltungsqualität/Produktqualität" (4) je Einzelkomponente. Die „Interaktion" bei Präsenzveranstaltungen bzw. der komplementäre Aspekt der „Zeit- und Ortsunabhängigkeit" (5) bei den eLearning Angeboten zeigt die Bedeutung des „Shift from teaching to learning" und die Betonung der studentenzentrierten Lernunterstützung (vgl. Abb. 2.3). Die „Partizipation" (1) wurde als weiteres Qualitätskriterium aufgenommen, da die Teilnahme und Beteiligung eine Grundvoraussetzung für eine mögliche Wissensvermittlung ist und einen eindeutigen Indikator für die Akzeptanz der Angebote durch die Studierenden darstellt. Der „Lernerfolg" (7) stellt das Hauptziel bei der Wissensvermittlung dar und wird folglich als wichtiges Qualitätsmerkmal der Einzelkomponenten angeführt. Als zusätzliches Kriterium wird die Eignung der Lehrveranstaltung zum „Selbststudium" (8) analysiert, welche ebenfalls durch den Shift from teaching to learning inspiriert wurde. Die „Einschätzung durch Studierende" (9) stellt das letzte Bewertungskriterium auf Seiten der Studierenden dar, durch welches mögliche Verhaltensweisen dieser erklärt werden können.

3.3.2 Stufe 2: Quantifizierung der Qualitätskriterien durch statistische Datenanalyse

Bei der Verwendung der Daten wird besonderer Wert auf die Nutzung verschiedener Datensätze gelegt, wie es auch von Klinger [126] vorgeschlagen wird, so dass möglichen Verzerrungen durch einzelne Benutzergruppen weniger Gewicht zukommt und verschiedene Sichtweisen auf die einzelnen Qualitätskriterien und Einzelkomponenten gelegt werden.

So werden neben der Betrachtung der verschiedenen *Evaluationen* (vgl. auch Tab. 1.1 sowie Anh. A.1 bis Anh. A.5) weitere Datenquellen zur Analyse in Kap. 6

Tab. 3.2. Übersicht über die verwendeten Rohdaten. Den Rohdaten (vgl. Kap. 6) werden die entsprechenden Einzelkomponenten mit den dazugehörigen Qualitätskriterien zugewiesen. Der Tabelle unterliegen folgende Zuordnungen: 1-Vorlesung, 2-Tutorium, 3-Saalübung, 4-nuKIT-Tools, 5-IAP, 6-XWizard, 7-Klausuren, 8-Gesamtkonzept sowie E. (Evaluation), VL (Vorlesung) DB (Datenbank), Q2A (Question2Answer).

	Partizipation	**Akzeptanz Dozenten**	**Akzeptanz Studierende**	**Veranstaltungs-/ Produktqualität**	**Interaktion / Zeit- und Ortsunabhängigkeit**	**Struktur der Lehrinhalte**	**Lernerfolg**	**Selbststudium**	**Einschätzung durch Studierende**
Vorlesungs-E.	1	1	1	1	1	1, 2, 3	1	8	–
Übungs-E.	–	2	2	2		–	–	8	–
Tutorien-E.	–	2	–	2	2	–	–	–	–
eLearning-E.	4, 5, 6	3, 4, 5	3, 4, 5, 6	2, 3, 4, 5, 6	–	–	4, 5	–	–
XWizard-E.	6	–	6	6	–	–	–	–	–
Tutoriums-E.	–	–	2	2	–	–	2	–	–
Anwesenheitszahlen	1, 3, 4	4	1, 4	2	–	–	2	–	–
Anmeldezahlen	–	–	–	2	–	–	–	–	–
Anwesenheitslisten	2	–	2	–	–	–	–	–	–
VL-Aufzeichnung	–	–	1	–	–	–	–	–	–
Anzahl Angebote	–	2	–	–	–	–	–	8	–
Klausurdaten	7	–	1	2	–	–	2, 7	–	8
Zusatzbonus-Daten	–	–	–	2	–	–	–	–	–
nuKIT-DB	4	4	4	–	3, 4	–	3	–	–
Ilias	5	–	5	–	–	–	3	–	–
Q2A-System	5	5	5	5	5	–	3	–	–
XWizard-DB	6	6	6	6	6	–	3, 6	–	–

verwendet. Hierzu gehören die in Tab. 3.2 aufgelisteten Datenquellen. Die *Anwesenheitszahlen* beziehen sich dabei auf die jeweilige Präsenzveranstaltung, die *Anmeldezahlen* sowie die *Anwesenheitslisten* geben Auskunft über die Teilnehmerzahlen der Tutorien. Die *Vorlesungs-Aufzeichnung (VL-Aufzeichnung)* beschreibt die Anzahl der Zugriffe auf die angebotenen Aufzeichnungen. Unter der *Anzahl an Angeboten* ist die Summe aller im Rahmen der Lehrveranstaltung GdI2 verfügbaren Lernangebote zu verstehen. Neben den Klausurergebnissen werden im Rahmen der *Klausurdaten* auch die Bestehensquoten, die Anwesenheitszahlen sowie die Teilnehmerzahlen bei der Evaluation miteinbezogen. Die *Daten des Zusatzbonus* ergeben sich einerseits aus der Anzahl an besuchten Tutorien aller Studierenden sowie aus der Partizipation an der interaktiven Aufgabe (vgl. auch Abschn. 4.3.6). Die *nuKIT-Datenbank (DB)* liefert eine Vielzahl an Nutzerinformationen, die insbesondere bei der Analyse der nuKIT-Tools mit einfließen. Da die Lernplattform Ilias insbesondere im Rahmen des *interaktiven Aufgabenpools (IAP)* verwendet wurde, liefert diese Informationen zur Verwendung des IAP; dies gilt auch für das *Question2Answer (Q2A)*-System, welches ebenso Daten über das Analysewerkzeug Piwik (vgl. auch Abschn. 5.2.3) bereithält. Neben der reinen *XWizard-DB* werden weitere Nutzungsdaten zum XWizard durch das Analysewerkzeug Google Analytics (vgl. auch Abschn. 5.3.3) bereitgestellt.

Auf Grundlage der durchgeführten statistischen Analyse wird eine Quantifizierung der einzelnen Qualitätskriterien vorgenommen. Pro Einzelkomponente wird für jedes Semester a ein Bewertungsvektor $f(a) \in \mathbb{R}^k$ ermittelt, der die entsprechenden Bewertungen z_i mit $i \in \{1, \ldots, k\}$ der k Qualitätskriterien mit

$$f(a) = (z_1(a), \ldots, z_k(a))$$

enthält. Da sich die Datensätze $d_i(a)$ in ihrer Struktur sehr stark unterscheiden, ist eine einheitliche Bewertung dieser notwendig. Hierfür wird eine normalisierte Bewertung jedes Datensatzes i über alle a auf den Wertebereich [0; 1] mit 1 als bestem Wert vorgenommen. Die Skalierung erfolgt über die minimal sowie maximal absolut erreichbaren Werte (d_{min} bzw. d_{max}) eines Datensatzes d_i, so dass $z_i(a)$ wie folgt definiert wird:

$$z_i(a) = \begin{cases} \frac{d_i(a)-d_{min}}{d_{max}-d_{min}} & \text{wenn } d_{max} \text{ optimaler Wert ist} \\ 1 - \frac{d_i(a)-d_{min}}{d_{max}-d_{min}} & \text{wenn } d_{min} \text{ optimaler Wert ist} \end{cases}$$

Sofern es sich bei der Bewertung des Qualitätsmerkmals um eine Kriterienkategorie handelt, werden die zugrunde liegenden Rohdaten ebenfalls entsprechend der Berechnung normalisiert und anschließend der Mittelwert gebildet. Dieses einheitliche Vorgehen ermöglicht die Analyse der Qualitätsentwicklung über die Vergleichssemester und setzt insbesondere die Qualitätsveränderungen zueinander in Bezug.

3.3.3 Stufe 3: Ermittlung der semesterabhängigen Nutzenwerte der Einzelkomponenten

Die Qualität der Lehrveranstaltung wird anhand der in Stufe 1 ausgewählten Einzelkomponenten ermittelt, welche über die beschriebenen Qualitätskriterien bewertet werden. Diese lassen sich allerdings nicht direkt quantifizieren und vergleichen. So wird zur Qualitätsbewertung der Einzelkomponenten ein Ansatz aus der *Multiple Criteria Decision Analysis (MCDA)* herangezogen. MCDA gehört zum Fachgebiet des *Operation Research (OR)* und umfasst verschiedene Verfahren insbesondere zur Entscheidungsfindung bei multikriteriellen Alternativen. Hanne [88] geht von mindestens 100 verschiedenen Verfahren bei mehreren Tausend Veröffentlichungen im Bereich der MCDA-Forschung aus. Die Idee zur Qualitätsbewertung anhand eines MCDA-Verfahrens bei quantitativ schwer messbaren Kriterien ist nicht neu. So hat Tsaur et al. das Fuzzy MCDM zur Qualitätsbewertung des Service von Fluggesellschaften in [224] herangezogen. In [253] führen Wu et al. mit Hilfe von MCDM ein Universitätsranking durch, Tsinidou et al. untersuchen in [225] die Qualität von Bildungseinrichtungen und Büyüközkan et al. evaluieren in [39] die Qualität einer eLearning-Webseite.

Über den MCDA-Ansatz wird für jede Einzelkomponente entschieden, in welchem Semester der höchste Grad an Qualität erreicht wird, so dass folgende Fragestellung bei der Entscheidungsanalyse zugrunde gelegt wird:

> Welches Semester soll für die betrachtete Veranstaltungsform bzw. das betrachtete digitale Angebot ausgewählt werden, bzw. in welchem Semester erreichen die jeweiligen Einzelkomponenten auf Basis der Qualitätskriterien den höchsten Grad an Qualität?

Somit ergeben sich sieben Optimierungsprobleme für die sieben ausgewählten Einzelkomponenten. Jedes umfasst eine endliche Anzahl an Alternativen (maximal sieben für die sieben betrachteten Semester von *WS09* bis *WS15*) und wird mit maximal neun Qualitätskriterien bewertet, so dass eine endliche Menge an Alternativen und Kriterien zugrunde liegt und sich demnach auf den Bereich des *Multiple Attribute Decision Making (MADM)* (im Gegensatz zum *Multiple Objective Decision Making (MODM)*) eingrenzen lässt [88]. Zudem unterliegen die zugrunde liegenden Präferenzen, d. h. die einzelnen Semester, bei der Nutzenbewertung sowohl der Transitivität als auch der Vergleichbarkeit, so dass eine Methode der Nutzentheorie zugrunde gelegt werden kann. Eine Anwendung der Outranking-Verfahren, welche auf paarweisen Vergleichen basieren, ist folglich nicht nötig. Zur weiteren Abgrenzung der verschiedenen Ansätze und Methoden des MCDA vgl. [82, 88].

Als Ansatz fungiert das „Simple Additive Weighting“, d. h. die Maximierung der gewichteten Summe der k Attribute (hier die Qualitätskriterien) aller Alternativen $a \in A$ (die jeweiligen Semester). Somit ergibt sich als maximaler Qualitätswert nach [88]

$$\max_{a \in A} \sum_{i=1}^{k} \omega_i \cdot f(a) \text{ mit } \sum_{j=1}^{k} \omega_j = 1,\, \omega_j \geq 0$$

$\omega \in \mathbb{R}^k$ beschreibt den Gewichtungsvektor der k Qualitätskriterien der Alternative a, $f(a) \in \mathbb{R}^k$ den entsprechenden Bewertungsvektor der k Qualitätskriterien der Alternative a mit $f(a) = (z_1(a), \ldots, z_k(a))$ [88]. Das Argument des Maximums entspricht dem Semester mit der höchsten Qualität. Weitere Gedanken in dieser Richtung werden von Schiz in [199] angestellt.

Die Bewertungsvektoren der Qualitätskriterien des jeweiligen Semesters bezogen auf die Einzelkomponenten wurden auf Stufe 2 bereits ermittelt. Der Gewichtungsvektor ω beschreibt die Gewichtung der einzelnen Qualitätskriterien und ermöglicht so unterschiedliche Perspektiven auf die Qualitätsbewertung. Die Auswahl der Perspektive und folglich die Anpassung des Gewichtungsvektors wird auf Stufe 4 durchgeführt.

3.3.4 Stufe 4: Auswahl der Perspektive über Anpassung der Gewichtungen

Die Bewertung der Lehrqualität kann je nach Perspektive anderen Anforderungen und Bedingungen unterliegen. So wird die Qualität der Lehre definiert als der „*Grad, inwiefern die [...] durch die Perspektive gewichteten Qualitätskriterien [...] erfüllt werden*" (vgl. Definition S. 46). Die Lehrqualität einer Lehrveranstaltung kann gemäß Abschn. 3.2 aus der Sichtweise folgender Beteiligter erfolgen:
- Studierende,
- Hochschuldozenten bzw. Lehrpersonal,
- Hochschule im Allgemeinen bzw. Präsidialstab oder
- Öffentlichkeit.

Im Rahmen dieser Arbeit wird die Lehrqualität aus der Perspektive des Lehrpersonals mit dem Ziel der explorativen Forschung betrachtet. Im Gegensatz zur Sichtweise der Studierenden (vgl. auch [199]), bei denen oft lediglich die Durchfallquote oder das eigene Klausurergebnis als Qualitätskriterium herangezogen wird, unterliegen die ausgewählten Qualitätskriterien demnach der gleichen Wichtigkeit. Demnach fließen diese in gleichem Maße in die Berechnung der Nutzenwerte ein, so dass sich in Abhängigkeit der Anzahl verwendeter Qualitätskriterien $k_v(a)$ der Alternative a der Einzelkomponente v folgender Bewertungsvektor ergibt:

$$\omega_v(a) = \left(\frac{1}{k_v(a)}, \ldots, \frac{1}{k_v(a)}\right) \in \mathbb{R}^{k_v(a)}.$$

Über andere Gewichtungsvektoren kann das Ergebnis der Qualitätswerte der Einzelkomponenten verändert werden. Da für den vorliegenden Fall allerdings keines der betrachteten Qualitätskriterien als herausstehend angesehen wird und zudem unterschiedliche Gewichte dazu führen können, dass die Ergebnisse gezielt in eine Richtung gelenkt werden, wird allen Qualitätskriterien die gleiche Wertigkeit zugewiesen.

3.3.5 Stufe 5: Gegenüberstellung der Einzelkomponenten als Gesamtqualität

Als abschließende Gesamtbewertung werden die verschiedenen Einzelkomponenten über die untersuchten Semesterzyklen einander gegenübergestellt. Zur Interpretation dieser Ergebnisse werden auch die Qualitätskriterien des Gesamtkonzepts betrachtet. Als Voraussetzung dieser Analyse gilt das Aufrechterhalten gleicher Umgebungsbedingungen, wie der Lehrumgebung (vgl. Kap. 4). Hierdurch lassen sich einerseits Aussagen bezüglich der Qualitätsentwicklung der Einzelkomponenten treffen. Zudem ermöglicht die Darstellung aller Einzelkomponenten die Analyse möglicher Abhängigkeiten untereinander und deren Auswirkungen auf die Qualitätsentwicklung.

Die Berechnung der Semestermittelwerte über alle Einzelkomponenten ermöglicht eine abschließende Qualitätsbewertung.

3.4 Zusammenfassung

Die vorliegende Arbeit hat sich zum Ziel gesetzt, die ausgewählte Lehrveranstaltung GdI2 aufgeteilt in Einzelkomponenten und anhand der im vorherigen Abschnitt definierten Qualitätsmerkmale über die Vergleichssemester *WS09* bis *WS15* zu bewerten und dadurch weiterführende verallgemeinerbare Erkenntnisse für die Qualitätsverbesserung anderer universitärer Lehrveranstaltungen zu gewinnen.

Auf Basis der Definition des Begriffs Qualität wurde demnach im vorliegenden Kapitel eine Qualitätsmetrik vorgestellt, welche anhand einer 5-stufigen Vorgehensweise eine Qualitätsbewertung einer universitären Lehrveranstaltung vornimmt und die Lehrqualität über mehrere Semesterzyklen bewertet. Diese Qualitätsmetrik basiert auf der Bewertungen von Einzelkomponenten, welche durch Qualitätskriterien genauer beschrieben werden. Die Auswahl der Qualitätskriterien basiert auf einem Kriterienkatalog, welcher auf Basis einer Literaturrecherche zusammengestellt wurde.

Für die im Rahmen dieser Arbeit untersuchte Lehrveranstaltung GdI2 (vgl. auch Kap. 4) werden auf der ersten Stufe der Qualitätsmetrik als Einzelkomponenten die Veranstaltungsformen „Vorlesung“, „Tutorium“ und „Saalübung“ sowie die digitalen Angebote „nuKIT“, „IAP“ sowie „XWizard“ (vgl. zur genaueren Beschreibung Kap. 5) ausgewählt. Zudem fließen in die Qualitätsbewertung ebenfalls Ergebnisse der Einzelkomponente „Klausur“ ein. Die zweite Stufe der Lehrqualitätsbewertung umfasst die Quantifizierung der Qualitätskriterien anhand der deskriptiven Statistik, die dritte die Ermittlung der semesterabhängigen Nutzenwerte der Einzelkomponente anhand einer gleichgewichteten Mittelwertsbildung der Qualitätskriterien. Auf der vierten Stufe können die Gewichtungen angepasst werden, um verschiedene Perspektiven wie beispielsweise die der Dozenten, der Studierenden oder Öffentlichkeit zu erhalten. Diese drei Stufen werden für die ausgewählten Einzelkomponenten der Lehrveranstaltung GdI2 sukzessiv in Abschn. 6.2 bis Abschn. 6.8 durchgeführt. Die Evaluation schließt mit der graphischen Gegenüberstellung der Einzelkomponenten und der Analyse der Gesamtqualität in Abschn. 6.10.

4 Struktur und Entwicklung der Lehrumgebung

Für die Einbettung digitaler Systeme in eine vorhandene Lehrumgebung und eine anschließende Analyse der Qualitätsentwicklung ist es notwendig, die Struktur sowie den Entwicklungsprozess dieser Lehrumgebung kritisch zu betrachten. Da es sich bei der dieser Arbeit zugrunde liegenden Lehrveranstaltung *Grundlagen der Informatik II (GdI2)* um eine reale Forschungsumgebung handelt, unterlag diese während der betrachteten Vorlesungszyklen vom *WS*09 bis zum *WS*15 ständigen Veränderungen, Neueinführungen oder Abschaffungen einzelner Teilkonzepte. Diese hatten zum Ziel, die Lehrqualität zu erhöhen oder das Lehrkonzept an neue bzw. veränderte Anforderungen anzupassen. Ein labormäßiger Versuchsaufbau mit offensichtlicher Verschlechterung der Lernbedingungen war den Studierenden gegenüber moralisch nicht vertretbar. Demzufolge muss das Lehrkonzept kritisch diskutiert, bestehende Probleme beschrieben und untersucht werden, inwiefern einzelne Gestaltungselemente verändert wurden. Nur durch eine ganzheitliche Betrachtung der Lehrumgebung lässt sich eine fundierte Beurteilung über die Qualität des verwendeten Gesamtkonzepts stellen.

So wird in diesem Kapitel die Lehrumgebung der Lehrveranstaltung GdI2 insbesondere im Hinblick auf den stattgefundenen Entwicklungsprozess beschrieben. Eine Übersicht zu den wichtigsten Änderungen wurde bereits in Tab. 1.2 gegeben. Nach Betrachtung der Randfaktoren in Abschn. 4.1 wird die Vorlesung mit den Komponenten Vorlesungsaufzeichnung und nuKIT-Tools in Abschn. 4.2 beleuchtet. Anschließend werden die Einzelkomponenten Tutorium (Abschn. 4.3) und Saalübung (Abschn. 4.4) beschrieben. Abschließend werden die verwendeten Lernmaterialien in Abschn. 4.5 sowie die Wissensüberprüfung in Abschn. 4.6 erläutert.

4.1 Eigenschaften der Lehrumgebung

Die Lehrveranstaltung GdI2, die innerhalb der Fakultät für Wirtschaftswissenschaften am KIT angeboten wird [63, 64], gehört im Bachelorstudiengang *Wirtschaftsingenieurwesen (WiIng)* sowie im Bachelorstudiengang *Technische Volkswirtschaftslehre (TVWL)* zu den Grundlagenvorlesungen [63, 64]. Im Bachelorstudiengang Mathematik kann GdI2 ebenfalls belegt werden; mit dem Profil *Wirtschaftsmathematik (WiMa)* ist es hierbei auch als Pflichtveranstaltung gelistet [115]. Der Studiengang *Informationswirtschaft (InfoWirt)* hat zwar Fächerüberschneidungen mit den Studiengängen WiIng und TVWL, diese beziehen sich aber nicht auf die Veranstaltung GdI2. Die folgenden Eigenschaften sprechen für eine Eignung der Lehrveranstaltung GdI2 als Testumgebung.

https://doi.org/10.1515/9783110483048-088

4.1.1 Organisatorische Rahmenbedingungen

Um die Lehrveranstaltung in Kap. 6 analysieren und kausale Zusammenhänge erkennen zu können, ist das Aufrechterhalten gleicher Umgebungsbedingungen besonders wichtig. Hierzu gehören insbesondere äußere Rahmenbedingungen wie Adressatenkreis, Dozent, Organisationseinheit, Anzahl der Leistungspunkte, Anzahl der *Semesterwochenstunden (SWS)* von Vorlesung und Übung, Vortragssprache, Termine der Vorlesung sowie Prüfungsordnung. Diese lassen sich für die untersuchten Semester (*WS*09 bis *WS*15) wie folgt beschreiben (vgl. [115]):

- *Adressatenkreis*: Die Vorlesung GdI2 war während des Untersuchungszeitraums an die Bachelor-Studierenden des WiIngs, der TVWL sowie der WiMa gerichtet.
- *Dozent*: Der Dozent der Vorlesung GdI2 liest diese bereits seit dem *WS*91 (mit Ausnahme einzelner Forschungssemester, welche allerdings nicht in den Untersuchungszeitraum fallen). Durch die Fachkompetenz sowie die gesammelte Erfahrung gewährleistet der Dozent einen weitgehend gleichbleibenden Ablauf, wobei insbesondere auf die regelmäßige inhaltliche Aktualisierung der Vorlesungsinhalte geachtet wird.
- *Organisationseinheit*: GdI2 wurde im *WS*09 bis zum *WS*15 von dem Institut für *Angewandte Informatik und Formale Beschreibungsverfahren (AIFB)* angeboten.
- *Leistungspunkte*: Die Leistungspunkte für die Veranstaltung GdI2 sind mit einem Wert von fünf während der Vorlesungszyklen konstant geblieben.
- *SWS/Vorlesungsintervalle*: Da die Vorlesung nur drei SWS umfasst, fand die Mittwochsveranstaltung in der ersten Semesterhälfte wöchentlich statt und entfiel in der zweiten oder wurde als Ersatztermin für ausgefallene Vorlesungen verwendet. Diese Vorgehensweise wurde während der Vergleichssemester beibehalten.
- *Vortragssprache*: Die Vortragssprache ist deutsch.
- *Vorlesungszeiten*: Die Vorlesungszeiten sind während der Untersuchungszyklen gleich geblieben. (GdI2 wurde immer montags von 11.30 Uhr bis 13.00 Uhr und mittwochs von 8.00 Uhr bis 9.30 Uhr gelesen.)
- *Prüfungsordnung*: Das Prüfungskonzept der Lehrveranstaltung GdI2 sieht vor, dass die Studierenden das Fach mit einer 90-minütigen Klausur abschließen. Diese Klausur wird am ersten Montag nach Vorlesungsende des entsprechenden Wintersemesters als Hauptklausur angeboten und am ersten Montag des darauffolgenden Sommersemesters als Nachklausur (vgl. Abschn. 4.6). Für die Abschlussklausur können die Studierenden einen Bonus erwerben, der durch ein Bonuskonzept inklusive einer Bonusklausur definiert wird. Die Art der jeweiligen Prüfungsform hat sich nicht geändert, jedoch wurde die Form des Bonuskonzepts im *WS*14 an die sich verändernden Umstände angepasst (vgl. Abschn. 4.3.6).

Tab. 4.1. Prozentuale Zusammensetzung der Hörerschaft von GdI2. Die Werte wurden im Zuge der Vorlesungsevaluation (vgl. Anh. A.1, Frage 4.5) der verschiedenen Wintersemester sowie der Abschlussklausuren (Hauptklausur) gewonnen. Zudem sind die Differenzen zwischen den Daten auf Basis der Klausur und auf Basis der Evaluation angegeben. Die Abweichungen der Gesamtsumme von 100 % sind rundungsbedingt.

	Studiengang (in %)	*WS*09	*WS*10	*WS*11	*WS*12	*WS*13	*WS*14	*WS*15
Evaluation	WiIng	85,5	90,7	92,0	90,7	90,9	90,8	95,3
	TVWL	–	2,6	1,2	2,3	3,1	4,3	1,6
	InfoWirt	–	0,3	0,4	0,2	–	0,2	–
	WiMa	13,2	6,3	6,0	6,8	5,9	4,8	2,6
	Sonstiges	1,3	–	0,4	–	–	–	0,6
Klausur	WiIng	87,6	90,5	91,1	90,6	91,4	90,2	96,0
	TVWL	3,2	2,7	2,3	2,8	4,9	5,5	1,9
	InfoWirt	–	–	–	–	–	–	–
	WiMa	9,2	6,8	6,2	6,6	3,7	4,4	1,4
	Sonstiges	–	–	0,4	–	–	–	0,7
Differenz	WiIng	2,1	-0,2	-0,9	-0,1	0,5	-0,6	0,7
	TVWL	3,2	0,1	1,1	0,5	1,8	1,2	0,3
	InfoWirt	–	-0,3	-0,4	-0,2	–	-0,2	–
	WiMa	-4,0	0,5	0,2	-0,2	-2,2	-0,4	-1,2
	Sonstiges	-1,3	–	–	–	–	–	0,1

Fazit. Während der zugrunde liegenden Untersuchungsperioden (*WS*09 bis *WS*15) sind die beschriebenen Rahmenbedingungen der Vorlesung weitgehend konstant geblieben. Ausgenommen hiervon sind vereinzelte Veränderungen wie beispielsweise die Vertretung des Dozenten durch andere Lehrbeauftragte. Zudem hat sich der Vorlesungsinhalt marginal verändert, so dass die Vergleichbarkeit zwischen den Semestern gewährleistet ist (lediglich ein Unterabschnitt wurde zum *WS*14 ersatzlos gestrichen).

4.1.2 Zusammensetzung der Hörerschaft

Da GdI2 als Grundlagenvorlesung angeboten wird, ergeben sich pro Semester Studierendenzahlen zwischen 500 und 700, die für die Vorlesung eingeschrieben sind (vgl. Tab. 4.3 und Diskussion auf Seite 70). Tab. 4.1 gibt einen Überblick über die prozentuale Zusammensetzung der Studierenden anhand der repräsentativen Stichprobe des jeweiligen Semesters auf Basis der Vorlesungsevaluation (vgl. Vorlesungsevaluation, Anh. A.1, Frage 4.5) sowie auf Basis der Abschlussklausur (Hauptklausur). Die folgenden Beschreibungen basieren auf den Daten der Evaluation. Hierbei wird ersichtlich, dass die Studierenden des WiIng zwischen 85 % und 95 % der Hörerschaft einnehmen. Die Anzahl der WiMa hat während des Untersuchungszeitraums von über 13 % im *WS*09 auf unter 3 % im *WS*15 abgenommen, wohingegen die Anzahl Studierender der TVWL im *WS*13 und *WS*14 leicht angestiegen ist. Der Studiengang der TVWL unterscheidet sich vom Studiengang der WiIng im Kernprogramm vor allem durch das Fehlen der Ingenieursfächer (Stoffumwandlung und Bilanzen, Werkstoffkunde, Technische Mechanik sowie Elektrotechnik) sowie die Integration der technischen Fächer (Privatrecht, Verfassungs- und Verwaltungsrecht, Physik sowie Anorganische Chemie) [63, 64, 65]. Folglich besitzen die beiden Studierendengruppen insbesondere im Bachelor vergleichbare Studienbedingungen. GdI2 wird sowohl für Studierende des WiIngs als auch für Studierende der TVWL im dritten Semester als Grundlagenvorlesung angeboten. Dies hat für die ausgewählte Lehrumgebung den Vorteil, dass die Studierenden einerseits bereits für zwei Semester universitäre Erfahrungen sammeln konnten, aber andererseits durch die Pflichtveranstaltungen in ihrer eigenen Studiengestaltung soweit eingeschränkt sind, dass der Großteil der Studierenden die gleichen Veranstaltungen besucht und sich somit vergleichbare Rahmenbedingungen ergeben. Die Differenzen zwischen den Ergebnissen auf Basis der Evaluation und auf Basis der Klausur liegen im unteren einstelligen Bereich. Das Semester mit den größten Unterschieden ist *WS*09. Mit Ausnahme dieses Semester zeigen die Unterschiede in den Datensätzen die Belastbarkeit der Evaluationsergebnisse.

Fazit. Die breite Masse der Hörer der Vorlesung GdI2 setzt sich demnach aus den Studierenden des WiIng sowie der TVWL zusammen, die aufgrund der Studienbedingungen gemeinsam eine große homogene Grundgesamtheit darstellen und mit Ausnahme des *WS*09 zwischen 93 % und 97 % der Hörerschaft einnehmen.

4.1.3 Motivation der Hörerschaft

Der Großteil der Hörerschaft von GdI2 belegte die Vorlesung vor allem als Pflichtveranstaltung. Dies verdeutlichen die Prozentwerte der Tab. 4.2[1] der Vorlesungsevaluation

Tab. 4.2. Übersicht über die Gründe zum Besuchen der Lehrveranstaltung GdI2. Die prozentualen Angaben entstammen der Vorlesungsevaluation (vgl. Anh. A.1, Frage 1.2), wobei diese Frage erst seit dem *WS*11 hinzugefügt wurde. Hervorzuheben ist die sukzessive Verschiebung der Gründe weg von der reinen „Pflicht/Wahlpflicht"-Veranstaltung hin zum „persönlichen Interesse", zur „Vertiefung" und zum „Studium Generale".

Grund (in %)	*WS*09	*WS*10	*WS*11	*WS*12	*WS*13	*WS*14	*WS*15
Pflicht/Wahlpflicht	–	–	97,1	93,8	89,2	80,0 (83,6)	79,9 (77,3)
persönliches Interesse	–	–	0,7	0,5	2,0	4,3 (4,5)	5,1 (4,9)
Wiederholung/ Vertiefung	–	–	0,7	1,8	3,4	9,5 (9,9)	9,2 (8,9)
Studium Generale	–	–	1,5	3,9	5,4	6,2 (6,5)	5,8 (5,6)
Stichprobengröße	0	0	410	387	295	445	449

von GdI2 zu der Frage „Warum besuchen Sie diese Lehrveranstaltung?" (vgl. Anh. A.1, Frage 1.2). Diese Frage wurde dem Evaluationskatalog erst im *WS*11 zugefügt, sodass für zurückliegende Semester keine Daten vorliegen. 97,1 % aller Antworten beziehen sich im *WS*11 auf den Grund der Pflicht- bzw. Wahlpflichtveranstaltung. Weder das persönliche Interesse noch der Zweck der Wiederholung bzw. Vertiefung erreichten Werte von über 1 %. Diese Zahlen des *WS*11 stellen die Dozenten vor die Herausforderung, durch spezielle Veränderungen bzw. ausgewählte Methoden die Motivation der Studierenden zu erhöhen. Im weiteren zeitlichen Verlauf wird ersichtlich, dass sich die Verteilung der Gründe hin zu interessengeleiteten verschiebt, so dass der angegebene Grund der Pflicht- bzw. Wahlpflichtveranstaltung im *WS*15 auf 79,9 % fällt. In Kap. 6 werden die Gründe für dieses Umdenken genauer evaluiert.

4.2 Die Vorlesung als primäre Lehrumgebung

Im akademischen Umfeld ist es weit verbreitet, dass die primäre Wissensvermittlung anhand einer Vorlesung, üblicherweise im Wesentlichen in Form eines Vortrags durch den Dozenten, erfolgt [226]. Die Vorlesung der Lehrveranstaltung GdI2 wurde in allen Vergleichssemestern von demselben Dozenten angeboten und gehalten. Gelegentlich wurde der Dozent in der Vorlesung von einem Mitarbeiter des Lehrstuhls vertreten. Die Durchführung der Vorlesung ist durch die mündliche Weitergabe des Vorlesungsstoffes geprägt, welche durch die Präsentation von annotierbaren Folien, d. h. Folien welche vom Dozenten während der Vorlesung mit Anmerkungen versehen werden können, unterstützt wird. Zudem wird innerhalb der Vorlesung das digitale Kommunikationswerkzeug nuKIT verwendet. Von der Vorlesung selbst werden im Nachhinein Video- und Audio-Aufzeichnungen angeboten. Diese didaktischen Elemente werden im Folgenden genauer erläutert.

4.2.1 nuKIT

Das digitale Kommunikationswerkzeug nuKIT, welches seitens des Dozenten während der Vorlesung eingesetzt wurde, ermöglicht eine digitale Kommunikation zwischen dem Dozenten und den Studierenden während der Vorlesung. Die Studierenden können dem Dozenten entweder über eine Webanwendung oder über eine App Fragen stellen sowie die Vortragsgeschwindigkeit bewerten. Der Dozent bekommt das Geschwindigkeitsfeedback sowie die gestellten Fragen auf seinem Rechner angezeigt.

1 Da sich die Prozentangaben der *WS*14 und *WS*15 auf die Anzahl aller erfassten Fragebögen beziehen, ergeben die Originalwerte – in Klammern dargestellt – keine 100 %. Zur besseren Vergleichbarkeit werden für diese Semester die Werte entsprechend der *WS*11 bis *WS*13 auf die Anzahl abgegebener Antworten herauf- bzw. heruntergerechnet.

Er kann über nuKIT auch selbst Fragen (vornehmlich Multiple-Choice-Fragen) an die Studierenden stellen, die ebenfalls auf digitalem Wege beantwortet werden können. Auf die detaillierte Funktionsweise, die verschiedenen Einsatzmöglichkeiten sowie die Entwicklungsschritte des Werkzeugs seit dem *WS09* wird in Kap. 5 sowie in Kap. 6 genauer eingegangen.

4.2.2 LogiFlash

Im Rahmen der Vorlesung wurde das Lernmodul *LogiFlash* verwendet, auf welches über Webanwendung zugegriffen werden kann[2]. LogiFlash ist im Rahmen des Verbundprojekts *Wissenswerkstatt Rechensysteme (WWR)* entstanden, welches die Entwicklung digitaler Lehr- und Lernmodule im Themengebiet der Informatik zur Aufgabe hatte. LogiFlash ermöglicht den Nutzern die graphische Veranschaulichung eines Schaltkreisentwurfs inklusive Schaltkreissimulation. Zudem bietet LogiFlash die Möglichkeit, interaktive Aufgaben gekoppelt mit einer automatisierten Lösungskontrolle zu erstellen [48]. Eine Evaluation der Nutzung dieses Werkzeugs durch den Dozenten in und durch die Studierenden außerhalb der Vorlesung ist nicht erfolgt.

4.2.3 Vorlesungsaufzeichnung

Die Vorlesung wurde regelmäßig – mit Ausnahme einzelner Veranstaltungen mit technischen Problemen – aufgezeichnet und den Studierenden zeitnah zur Verfügung gestellt. Die Aufzeichnung enthält hierbei als Videoelement die annotierten Folien, die durch die Tonaufnahmen der Erklärungen des Dozenten ergänzt werden. Die Verwendung annotierter Folien wird seitens des Dozenten bewusst zum einfacheren Nachvollziehen bei der Aneignung des Inhalts durch die Aufzeichnung eingesetzt. Die Vorlesungsaufzeichnung wird von den Studierenden insbesondere in den Evaluationen gelobt. Das große Interesse der Studierenden an den Aufzeichnungen führt allerdings ebenfalls zu geringeren Teilnehmerzahlen der Vorlesung und führt für den abwesenden Teil der Studierenden zu einer Blended Learning Veranstaltung (vgl. Abschn. 6.2.3, zum Blended Learning vgl. Abschn. 2.4.2).

4.3 Das Tutorium als vorlesungsbegleitende Veranstaltung

Der Übungsbetrieb im Umfang von einer SWS bestand im gesamten Untersuchungszeitraum *WS09* bis *WS15* aus im zweiwöchigen Rhythmus angebotenen Tutorien. Die hohen Anmeldezahlen für die Tutorien (zwischen 498 im *WS09* und 651, vgl. Tab. 4.3)

2 Zugriff über http://tiweb.hsu-hh.de/LogiFlash

Tab. 4.3. Anmeldezahlen für die Tutorien. Die Tabelle gibt einen Überblick über die Anzahl der Tutorien sowie der Studierenden, die sich in den entsprechenden Semestern für ein Tutorium angemeldet haben.

	*WS*09	*WS*10	*WS*11	*WS*12	*WS*13	*WS*14	*WS*15
Tutorienanzahl	40	40	40	40	40	38	38
Anmeldungen	498	523	573	577	518	651	605

sowie der Schwierigkeitsgrad des Stoffes sprechen für die Verwendung von Tutorien mit kleiner Gruppengröße, verstärkter Interaktivität sowie dem Angebot verschiedener Termine. Daraus ergaben sich jeweils sechs Tutorienzyklen à zwei Wochen (im Folgenden A- und B-Woche genannt), von denen ein Zyklus aus 40 (einmal 38), eine Woche also aus 20 (bzw. 19) Tutorien bestand, die von ebenso vielen Tutorinnen bzw. Tutoren gehalten wurden, so dass jede Tutorin bzw. jeder Tutor genau einen Termin pro Woche übernahm. Ohne Betrachtung von unvermeidbaren Wechseln zwischen den Tutorinnen bzw. Tutoren aufgrund von beispielsweise Krankheit blieb die Zuweisung zwischen Tutorin bzw. Tutor und Termin das Semester über konstant.

Von Seiten der Übungsleitung müssen im Rahmen von Tutorien weitere Gestaltungselemente berücksichtigt werden. So muss entschieden werden,
- wie die Tutorienart ausgestaltet sein soll (4.3.1),
- wann genau die einzelnen Tutorien stattfinden sollen (4.3.2),
- wie die Anmeldung sowie die Zuordnung der Studierenden zu den Tutorien definiert ist (4.3.3),
- welche Tutorinnen/Tutoren für das entsprechende Semester eingestellt werden (4.3.4),
- inwiefern es sinnvoll ist, Anwesenheitslisten zu führen (4.3.5),
- ob ein Bonuskonzept angeboten werden soll und wie dieses aussehen soll (4.3.6) und
- welche Übungselemente wie beispielsweise Lernplattform oder Übungsaufgaben integriert werden sollen (4.5).

Diese Aspekte werden für die GdI2 Tutorien entlang der Untersuchungszeiträume *WS*09 bis *WS*15 nachfolgend genauer beschrieben und erörtert. Zudem gibt Abb. 1.2 für einige dieser Elemente einen Überblick über den Einführungszeitpunkt, die bisherige Dauer der Verwendung und das Zusammenspiel der verschiedenen Komponenten.

4.3.1 Tutorienart

Die Durchführung von Tutorien kann, je nach Lernziel, von unterschiedlichen didaktischen Elementen geprägt sein. Einerseits kann das reine Präsentieren im Sinne des

Frontalunterrichts im Vordergrund stehen und andererseits die Integration der Studierenden in den Lehrprozess durch verschiedene interaktive Komponenten, wie beispielsweise Gruppenarbeit, Diskussion und Präsentation durch Studierenden, so dass insbesondere die beiden Lerntheorien „Kognitivismus" und „Konstruktivismus" verschiedenen stark in die Tutorien einfließen (vgl. Abschn. 2.2). Diese Elemente wurden bei den Tutorien der Vorlesung GdI2 unterschiedlich stark in zwei verschiedene Tutoriumskonzepte integriert, welche im Folgenden *klassische Tutorien* sowie *interaktive Tutorien* genannt werden.

Klassische Tutorien. Der Grundgedanke der klassischen Tutorien beruht auf einer Kombination von vorlesungstypischem Frontalunterricht mit interaktiven Elementen. Vom Übungsteam vordefinierte Übungsaufgaben (vgl. Abschn. 4.5) zum Inhalt der Vorlesung werden von den Tutorinnen und Tutoren im Frontalunterricht vorgestellt und teilweise gelöst. Als interaktives Element werden einzelne Teilaufgaben von den Studierenden in Gruppenarbeit bearbeitet, begleitet durch die fachliche Unterstützung der Tutorin bzw. des Tutors. Die Tutorin bzw. der Tutor selbst präsentiert abschließend – wieder im Frontalunterricht – eine vorgegebene Lösung der gestellten Aufgaben.

Interaktive Tutorien. Auch in dieser Lehrform stellt die Tutorin bzw. der Tutor vordefinierte Übungsaufgaben im Frontalunterricht vor. Die weitere Bearbeitung der Übungsaufgaben ist jedoch durch die aktive Teilnahme der Studierenden geprägt. Die Übungsaufgaben werden, wie auch bei den klassischen Tutorien, in Gruppenarbeit bearbeitet. Anschließend trägt aber nicht die Tutorin oder der Tutor, sondern ein Studierender die erarbeitete Lösung vor. Hierbei wird er einerseits durch die Tutorin bzw. den Tutor, andererseits durch die Diskussionsbereitschaft der anderen Studierenden unterstützt. Das Ziel der interaktiven Tutorien ist, interessierten Studierenden die Möglichkeit zu geben, durch eigene Beteiligung und rege Diskussion einen tieferen Einblick in die Themengebiete zu erhalten.

Zwischenfazit. Durch das Angebot zweier unterschiedlicher Arten von Tutorien sollte den Studierenden die Möglichkeit gegeben werden, den für jeden besten Tutorientyp auszuwählen und entsprechend unterstützt zu werden. Zudem sollten so Tutoriengruppen mit gleichem Interesse gebildet werden. Allerdings zeigt die Evaluation in Abschn. 6.8.4, dass Studierende, die an interaktiven Tutorien teilnehmen, besser in den Abschlussklausuren abschneiden als Studierende, die sich für die klassischen Tutorien entscheiden. Ob der Grund hierfür allerdings in den interaktiven Tutorien liegt, oder aufgrund der Tatsache, dass sich „bessere" Studierende vermehrt für die interaktiven Tutorien entscheiden, konnte nicht geklärt werden. Im Rahmen der Umgestaltung des Bonuskonzepts wurden seit dem *WS*14 nur noch reine interaktive Tutorien angeboten.

Interaktive Tutorien mit Bonus. Der Ablauf der Tutorien ist hier derselbe wie beim bereits vorgestellten Modell der interaktiven Tutorien, jedoch wird sowohl die Anwesenheit im Tutorium als auch das Vorstellen einer Übungsaufgabe mit dem Erhalt eines Bonus verknüpft, sodass die Studierenden einen Anreiz erhalten, einerseits eine Übungsaufgabe vorzustellen und andererseits das Tutorium zu besuchen.

Das Konzept der interaktiven Tutorien mit Bonus (im Folgenden Zusatzbonus genannt) wurde im *WS*14 erstmalig eingeführt. In diesem Zug wurden alle angebotenen Tutorien als „interaktive" Tutorien klassifiziert, sodass jeder Studierende die Möglichkeit hat, diesen Zusatzbonus zu erhalten. Um den Zusatzbonus zu erhalten, muss der Studierende sowohl eine Aufgabe in den interaktiven Tutorien vorstellen als auch mindestens vier (von insgesamt sechs) Tutorienterminen besuchen, und zwar in dem Tutorium, zu dem er sich angemeldet hat. Dieser Zusatzbonus wurde ab dem *WS*14 auf die Bonusklausur angerechnet. Um die Bonusklausur zu bestehen, benötigt der Studierende zwei von drei korrekt gelöste Aufgaben in der Bonusklausur (vgl. Abschn. 4.3.6). Der Zusatzbonus ersetzt eine der zwei korrekt zu lösenden Aufgaben, und stellt somit indirekt einen Klausurbonus dar. Durch dieses Verfahren sollte einerseits erreicht werden, dass die Studierenden sich an die Zuteilung zu den Tutorien halten und sich andererseits interaktiver an diesen beteiligen. Jedoch muss an dieser Stelle betont werden, dass der Erhalt des Zusatzbonus auch durch eine richtig gelöste Aufgabe in der Bonusklausur kompensiert werden kann, so dass der Nicht-Erhalt des Zusatzbonus kein Ausschlusskriterium für den Erhalt des Klausurbonus ist.

Gegenüberstellung der Tutorienarten

Die verschiedenen Tutorienarten werden im Folgenden anhand der Anmeldezahlen sowie der Besucherzahlen gegenübergestellt.

Anmeldezahlen. Eine Übersicht über die Verteilung der interaktiven Tutorien im Vergleich zu den klassischen Tutorien liefert Tab. 4.4. Die dritte bzw. vierte Spalte verdeutlicht den prozentualen Anteil der interaktiven bzw. klassischen Tutorien. Hierbei ist ersichtlich, dass der Anteil interaktiver Tutorien in den Jahren *WS*09 bis *WS*13 leicht zugenommen hat, jedoch immer unter dem der klassischen lag. Ab dem *WS*14 fanden nur interaktive Tutorien mit Bonus statt. Im Gegensatz zu den Werten aus dem *WS*09 und *WS*10 lag die durchschnittliche Anzahl angemeldeter Studierender vom *WS*11 bis *WS*13 bei den interaktiven Tutorien mit Werten von 11,50, 10,25 und 10,11 deutlich unter denen der klassischen Tutorien, die sich zwischen 15,27 und 17,21 Studierende pro Tutorium bewegen. Unter Betrachtung der prozentualen Verteilung der Tutorien auf interaktive bzw. klassische, der Anzahl aller Studierenden sowie der durchschnittlichen Anmeldezahlen für interaktive bzw. klassische Tutorien ergeben sich zudem die prozentualen Werte der angemeldeten Studierenden verteilt auf interaktiv und klassisch mit 28%, 35%, 28%, 28% und 35% für die interaktiven Tutorien bzw. 72%, 65%, 72%, 72% und 65% für die klassischen Tutorien. Trotz der Erhöhung des Anteils der interaktiven Tutorien von *WS*09 bis *WS*13 um insgesamt 20% hat sich

Tab. 4.4. Durchschnittliche Anmeldedaten der interaktiven und klassischen Tutorien. Die Spalte „Anzahl Tutorien" gibt einen Überblick über die prozentuale Verteilung der Tutorien in den *WS*09 bis *WS*15. Die Spalte der „Anzahl angemeldeter Studierender" zeigt, dass die interaktiven Tutorien seit dem *WS*11 deutlich weniger Anmeldungen pro Tutorium (Tut.) aufweisen als die klassischen. Insgesamt liegt die Anzahl Studierender der interaktiven Tutorien deutlich unter der der klassischen. Die Daten entstammen dem Anmeldesystem YouSubscribe (vgl. Abschn. 4.3.3).

	Anmeldungen	Anzahl Tutorien		Anzahl angemeldeter Studierender			
		interaktiv	klassisch	interaktiv		klassisch	
		in %	in %	pro Tut.	in %	pro Tut.	in %
*WS*09	498	25	75	13,80	28	12,00	72
*WS*10	523	37,5	62,5	12,13	35	13,64	65
*WS*11	573	35	65	11,50	28	15,85	72
*WS*12	577	40	60	10,25	28	17,21	72
*WS*13	518	45	55	10,11	35	15,27	65
*WS*14	651	100	–	17,11	100	–	–
*WS*15	605	100	–	15,92	100	–	–

der prozentuale Anteil der Studierenden, die sich im Vorhinein für ein interaktives Tutorium entscheiden, nicht stark verändert, obwohl die sukzessive fallenden Absolutwerte der Studierenden pro interaktivem Tutorium freie Plätze offerieren. Dies lässt den Schluss zu, dass sich der Anteil der Studierenden, die sich für ein interaktives Tutorium anmelden, trotz einem erhöhtem Angebot konstant zwischen 28% und 35% der Hörerschaft liegt. Da ab dem *WS*14 nur interaktive Tutorien mit Bonus angeboten wurden, beträgt hier der Anteil Studierender 100%. Der hohe Durchschnittswert angemeldeter Studierender im *WS*14 beruht auf der Tatsache, dass in diesem Semester einerseits nur 38 Tutorien angeboten wurden (vgl. Tab. 4.7), und zudem im Vergleich zu den vorherigen Jahren eine deutlich höhere Anzahl an Anmeldungen vorlag.

Besucherzahlen. Die Durchschnittswerte der tatsächlichen Besucherzahl der *WS*11 bis *WS*15[3] bzw. der Auslastung[4] eines Tutoriums sind in Tab. 4.5 dargestellt. Die hier beschriebenen Durchschnittswerte beruhen auf der tatsächlichen Anzahl anwesender Studierender, und spiegeln nicht wider, wie viele der anwesenden Studierenden an dem ihnen zugewiesenen Tutorium teilgenommen haben. Auf diese Fragestellung wird detailliert in Kap. 6 eingegangen.

Die Anwesenheitswerte liegen deutlich unter denen angemeldeter Studierender. Für die interaktiven Tutorien (ohne Bonus) ergeben sich hierbei absolute Werte zwischen 5,54 und 6,56, wobei sich diese Werte nur aus der Stichprobe ergeben, die durch die vorliegenden Anwesenheitslisten (vgl. Abschn. 4.3.5) definiert wird. Der pro-

3 Datensätze zu den Semestern *WS*09 und *WS*10 liegen nicht vor.

4 Die Auslastung errechnet sich aus dem Quotient der durchschnittlichen Anzahl (ø) Anwesender und der durchschnittlichen Anzahl angemeldeter Studierender.

Tab. 4.5. Durchschnittliche Besucherzahlen der interaktiven und klassischen Tutorien mit Auslastung. Die Tabelle gibt einen Überblick über die in den Tutorien durchschnittlich anwesenden Studierenden (ø-Anwesende). Die Absolutwerte geben die durchschnittliche Anzahl Studierender in dem entsprechenden Semester an, die prozentualen Werte sind die durchschnittliche Auslastung der entsprechenden Tutorien. Die Spalte durchschnittlich Fehlende (ø-Fehlende) ist lediglich das passende Korrelat zur Spalte der durchschnittlich Anwesenden und ist zur besseren Lesbarkeit zusätzlich aufgeführt. Bei der Anzahl Anwesender ist jedoch die Anzahl der vorhandenen Tutoriendaten zu beachten, welche in der Spalte „Datengrundlage" prozentual aufgeführt ist.

	Datengrundlage		ø-Anwesende				ø-Fehlende			
	int.	klass.	interaktiv		klassisch		interaktiv		klassisch	
	in %	in %	abs.	in %	abs.	in %	abs.	in %	abs.	in %
*WS*11	21	62	6,56	48	12,41	82	4,94	52	3,44	18
*WS*12	75	67	5,54	54	14,46	81	4,71	46	2,75	19
*WS*13	100	100	5,93	66	12,34	85	4,18	34	2,93	15
*WS*14	100	–	12,24	72	–	–	4,87	28	–	–
*WS*15	100	–	11,53	73	–	–	4,39	27	–	–

zentuale Anteil verwendeter Listen zur Gesamtzahl aller Listen des jeweiligen Tutorientyps pro Semester kann der Spalte „Datengrundlage" entnommen werden. Hierbei muss dem Wert 6,56 Studierende pro Tutorium des Semesters *WS*11 genauere Betrachtung geschenkt werden, da sich dieser nur auf eine Datengrundlage von 21% der interaktiven Tutorien stützt, welche drei zugehörigen Anwesenheitslisten entspricht. Durch die Gegenüberstellung des entsprechenden prozentualen Wertes von 57%, also der durchschnittlichen Auslastung der interaktiven Tutorien im *WS*11 mit der Auslastung der Tutorien in den Jahren *WS*12 (54% bei einer Stichprobe von 75% der Listen) und *WS*13 (59% auf Grundlage aller Listen) ist erkennbar, dass dieser Wert zwischen denen der anderen beiden Jahre liegt und folglich als aussagekräftig angenommen werden kann. Die analogen Werte der klassischen Tutorien liegen, wie bereits bei den Anmeldedaten, deutlich über denen der interaktiven und belaufen sich in den Semestern *WS*11, *WS*12 und *WS*13 auf 12,41, 14,46 und 12,34 bzw. 78%, 84% und 81%.

Die Anzahl an fehlenden Studierenden (vgl. Tab. 4.5, letzte Spalte) beläuft sich durchschnittlich auf Werte zwischen 2,75 und 3,44 bzw. 16 % und 22 % pro klassischem Tutorium, bezogen auf die jeweiligen Anmeldezahlen. Bei den interaktiven Tutorien sind die Verluste an Studierenden noch höher, diese belaufen sich auf 4,94 bzw. 43 % (*WS*11), 4,71 bzw. 46 % (*WS*12), und 4,18 bzw. 41 % (*WS*13). Die prozentualen Anwesenheits- sowie Fehlzahlen der *WS*14 und *WS*15 liegen zwischen denen der klassischen sowie interaktiven der *WS*11 bis *WS*13. In Abschn. 6.3.3 wird diese Thematik noch tiefgehender behandelt.

Tab. 4.6. Tutorienzeiten während der Untersuchungsperioden. Im *WS*11 fanden die Tutorien über die gesamte Spanne der Vorlesungsblöcke verteilt statt. Aufgrund ungleichmäßiger Auslastungen zwischen den Tutorien und beschränkten Raumressourcen wurden die Tutorien in den folgenden Semestern nur in Randblöcken (8.00 Uhr und 17.30 Uhr bzw. freitags 15.45 Uhr) angeboten. Die ein bzw. zwei Tutorien, welche dem Vorlesungsblock um 15.45 Uhr zugeordnet werden, beziehen sich auf Tutorien, die freitags stattgefunden haben.

	8.00 Uhr	9.45 Uhr	11.30 Uhr	14.00 Uhr	15.45 Uhr	17.30 Uhr	Anzahl Gesamt
*WS*11	4	2	2	5	3	4	20
*WS*12	8	–	–	–	1	11	20
*WS*13	7	–	–	–	2	11	20
*WS*14	9	–	–	–	1	10	19
*WS*15	8	–	–	–	1	9	19

Fazit. Die Gegenüberstellung der Werte der interaktiven sowie der klassischen Tutorien über die Jahre *WS*11 bis *WS*13 liefert durchweg vergleichbare Werte. Die interaktiven Tutorien besitzen eine niedrigere Auslastung als die der klassischen, welche sich um eine Auslastung von 80 % erstreckt (vgl. Tab. 4.5). Dies lässt die Vermutung aufkommen, dass die klassischen Tutorien seitens der Studierenden beliebter waren als die interaktiven. Die weiterführende Evaluation der klassischen Tutorien im Vergleich zu den interaktiven Tutorien bestärkt diese Vermutung (vgl. Abschn. 6.3.3). Zudem weisen die klassischen Tutorien eine stärkere Varianz auf, die darauf schließen lässt, dass sich Studierende, die sich nicht an die Zuteilung zu den Tutorien halten, verstärkt die klassischen Tutorien besuchen. Dieses Verhalten führt zu sehr kleinen interaktiven und zu überlasteten klassischen Tutorien, was sich als permanentes Problem in den Vergleichssemestern herausstellte. Auch um eine Stabilität beim Besuch der Tutorien seitens der Studierenden zu erzielen, wurde im *WS*14 das Tutoriumskonzept „interaktive Tutorien mit Bonus" eingeführt. In den Evaluationen in Abschn. 6.3.3 wird gezeigt, dass dadurch eine gleichmäßige Auslastung beim Besuch der Tutorien erzielt werden konnte.

4.3.2 Tutorienzeiten

Die Auswahl der Tutorienzeiten ist ein wichtiges Kriterium, um Über- bzw. Unterbelegung der Tutorien durch die Studierenden zu vermeiden und eine gleichmäßige Auslastung zu erreichen. Bei dem Angebot inhaltlich gleicher Tutorien (pro Woche 19 oder 20, vgl. Tab. 4.6) lassen sich theoretisch entsprechend viele zeitlich unterschiedliche Termine anbieten, was erstrebenswert wäre, um den Studierenden eine breite Vielfalt an Terminen zur Auswahl zur Verfügung zu stellen. Durch die räumliche Ressourcenbeschränkung der Universität können jedoch Paralleltermine sowie Termine, die früh morgens (8.00 Uhr) oder am späten Nachmittag (montags bis donnerstags 17.30 Uhr, freitags 15.45 Uhr) stattfinden, nicht gänzlich vermieden werden. Tab. 4.6

gibt einen Überblick über die zeitliche Verteilung der Tutorien einer Vorlesungswoche unabhängig vom Wochentag, wobei Paralleltermine einzeln betrachtet werden, so dass die Gesamtsumme der Anzahl aller Tutorien pro Woche entspricht (vgl. auch Tab. 4.3). Im *WS*11 wurden allerdings insbesondere solche Tutorien verstärkt besucht, welche entweder als Lückenfüller im Stundenplan fungierten oder in einem der mittleren Blöcke lagen (zwischen 9.45 Uhr und 15.45 Uhr). Tutorien, die in den Randzeiten angeboten wurden, wiesen geringere Besucherzahlen auf. Die räumliche Ressourcenbeschränkung verhinderte allerdings ein Angebot aller Tutorien in den von den Studierenden beliebten Blöcken. Ab dem *WS*12 wurden nur noch Tutorien in den Randzeiten angeboten, d. h. montags bis donnerstags 8.00 Uhr und 17.30 Uhr sowie freitags 8.00 Uhr und 15.45 Uhr). Tab. 4.6 zeigt diese Umstellung der Tutorienzeiten.

Die in Abschn. 6.3.3 durchgeführte Evaluation dieser Umstellung zeigt allerdings, dass sich weder das Problem der gleichmäßigen Auslastung noch das Einhalten der Tutorienzuteilung durch das Verschieben der Tutorienzeiten beheben lässt. Da die Verschiebung der Randzeiten jedoch das Problem der Ressourcenbeschränkung entschlackt, wurde die Umstellung auf die Randtermine für die folgenden Semester trotzdem beibehalten.

4.3.3 Tutorienanmeldung mittels YouSubscribe

Für GdI2 findet seit dem *WS*09 die Ressourcenallokation der Tutorien an die Studierenden nicht mehr nach dem „First-Come-First-Serve-Prinzip" über online- oder offline-Listen statt, wie es beispielsweise von der am KIT eingesetzten elearning-Plattform ILIAS durch den Beitritt zu beschränkten Kurse angeboten wird [104], sondern über den am KIT entwickelten Service YouSubscribe [58]. YouSubscribe bietet den Studierenden die Möglichkeit, sich innerhalb eines vordefinierten Anmeldezeitraums für einzelne Lehrangebote anzumelden. Bei der Anmeldung haben die Studierenden die Möglichkeit, verschiedene Termine gemäß ihrer Präferenzen durch ein 5-Sterne-System zu bewerten. Nach Ablauf des Anmeldezeitraums wird das sich ergebende Optimierungsproblem der Zuteilung der Studierenden auf die vorgegebenen Termine unter Beachtung einzelner Nebenbedingungen mittels eines Algorithmus auf Basis der linearen Optimierung gelöst. Die Zielfunktion des Optimierungsproblems beschreibt die Gesamtzufriedenheit der Studierenden. Dem Dozenten wird bei der Zuteilung der Studierenden auf die Tutorien als Qualitätsparameter lediglich dieser Zufriedenheitsindex ausgegeben. Die genaue Beschreibung des Optimierungsproblems sowie des Lösungsalgorithmus kann [58] entnommen werden.

Die Anmeldebedingungen für die Vorlesung GdI2 der *WS*09 bis *WS*15 werden durch Tab. 4.7 aufgezeigt. Die Tutorien starteten jeweils in der dritten Vorlesungswoche Ende Oktober/Anfang November. Der Anmeldezeitraum lag immer in den ersten zwei Vorlesungswochen und umfasste eine Dauer von neun bis zehn Tagen, mit der Ausnahme des *WS*12, währenddessen er nur vier Tage betrug. Die Anmeldezahlen

Tab. 4.7. Daten zur Tutorienanmeldung von GdI2. Die Tabelle liefert einen Überblick über die Daten der Tutorienanmeldung der Untersuchungszeiträume (U-ZR) *WS*09 bis *WS*15. Die Dauer des Anmeldezeitraums für die Tutorien ist für das *WS*12 mit 4 Tagen ein Ausreißer. In den anderen Jahren bewegen sich diese zwischen neun und zehn Tagen. Die Größe der Tutorien variiert zwischen mindestens vier Teilnehmern (*WS*09) bis maximal 20 Teilnehmer (*WS*11 und *WS*15). Der prozentuale Zufriedenheitsindex (*Z*) zeigt eine hohe Zufriedenheit der Studierenden.

U-ZR	Anmeldezeitraum	Tutorienstart	Anzahl	Größe	Anmeldungen	*Z* (%)
*WS*09	19. – 28. Oktober	02. November	40	4 – 15	498	–
*WS*10	18. – 27. Oktober	01. November	40	5 – 17	523	–
*WS*11	17. – 26. Oktober	31. Oktober	40	6 – 20	573	100,00
*WS*12	22. – 25. Oktober	29. Oktober	40	10 – 18	577	96,31
*WS*13	21. – 29. Oktober	04. November	40	5 – 18	518	n. a.
*WS*14	20. – 29. Oktober	03. November	38	8 – 18	651	99,39
*WS*15	19. – 28. Oktober	02. November	38	6 – 20	605	100,00

für die Tutorien stiegen über die Jahre von 498 auf 651 im *WS*14 an. Da die Anzahl an Tutorien über die Jahre stabil zwischen 38 und 40 gehalten wurde (vgl. Tab. 4.3), stieg parallel mit den Anmeldezahlen auch die maximale Teilnehmerzahl auf bis zu 20 an. Die Mindestteilnehmerzahl eines Tutoriums schwankt relativ stark und ist vor allem auf die Aufrechterhaltung eines hohen Zufriedenheitsindexes *Z* zurückzuführen. Das ist unter anderem dadurch ersichtlich, dass der Zufriedenheitsindex im *WS*12 am niedrigsten lag, da hier mit einer hohen Teilnehmeruntergrenze von zehn eine sehr strikte Nebenbedingung gewählt wurde. Nichtsdestotrotz liegen alle Zufriedenheitswerte über 96 %, so dass der Großteil der Studierenden bei der Zuteilung ein Wunschtutorium erhalten hat. (Der Zufriedenheitsindex des *WS*13 ist nicht verfügbar.)

YouSubscribe wurde über die Jahre schrittweise verbessert (vgl. [58]). Seit dem *WS*12 werden die Studierenden über das zugewiesene Tutorium per E-Mail informiert. Zudem wird seit dem *WS*12 darauf geachtet, dass Studierende keine parallel stattfindenden Termine verschiedener Veranstaltungen zugewiesen bekommen. Seit dem *WS*13 werden bei der Anmeldung neben den zeitlichen und räumlichen Informationen auch die Tutorennamen eingeblendet.

Fazit. Die Zuteilung der Studierenden zu den Tutorien in einer großen Lehrveranstaltung stellt ein Problem dar, welches durch den Einsatz eines digitalen Anmeldesystems bewerkstelligt werden kann. Im Rahmen der Lehrveranstaltung GdI2 wird hierfür das am KIT entwickelte System YouSubscribe verwendet. Anhand eines Zufriedenheitsindex wird die Gesamtzufriedenheit der Studierenden bei der Zuteilung zu den Tutorien bewertet. Trotz der Verwendung des Zuteilungsverfahrens sowie des hohen Zufriedenheitsindex im Rahmen der GdI2-Tutorien wurde die Zuteilung zu den Tutorien von den Studierenden bis zum *WS*13 nur sehr begrenzt eingehalten (vgl. Abb. 6.19).

4.3.4 Tutorenauswahl

Die Tutorenbewerberinnen und -bewerber für GdI2 waren im Untersuchungszeitraum ausschließlich Studierende, die die Vorlesung selbst, meist im vorangehenden Wintersemester, besucht haben. Die Grundlage zur Tutorenauswahl bildete ein kurzes Vorstellungsgespräch, welches zwischen Mai und Juli des jeweiligen Jahres erfolgte. Seit dem *WS*12 wurden die Vorstellungsgespräche dahingehend erweitert, dass jeder Studierende eine 5-minütige Kurzpräsentation über eine von ihm im Vorhinein ausgewählte Aufgabe des Übungsstoffes vorstellen musste. So sollte dem Übungsteam die Möglichkeit gegeben werden, sich nicht nur an dem Lebenslauf sowie dem Notenauszug, sondern vor allem auch an der Fähigkeit der Wissensvermittlung für bestimmte Tutorinnen und Tutoren zu entscheiden.

Die Veränderung der Auswahlkriterien sollte ein vergleichbares Qualitätsniveau der Tutorien ermöglichen. Der Unterschied in der Bewertung einzelner Tutorinnen und Tutoren durch die Studierenden wird in Abschn. 6.3.2 ermittelt. Um den Einfluss einer speziellen Tutorin bzw. eines speziellen Tutors zu messen, wird in Abschn. 6.8.6 zudem untersucht, ob sich statistisch signifikante Unterschiede zwischen den Klausurergebnissen der Studierenden im Hinblick auf das von ihnen besuchte Tutorium ergeben.

4.3.5 Anwesenheitslisten

Wie in Abschn. 4.3.2 beschrieben, wurden vor allem zu Beginn des Untersuchungszeitraums viele verschiedene Tutoriumszeiten angeboten. Das führte immer wieder zu ungleichmäßigen Auslastungen der Tutorien und barg die Gefahr ungleicher Bedingungen für die Besucher der verschiedenen Tutorien. Da der Besuch der Tutorien von GdI2 keine Prüfungsvoraussetzung darstellt, stellt sich die Frage, wie die Studierenden dazu bewegt werden können, nur die durch das Anmeldeverfahren zugewiesenen Tutorien zu besuchen und sich nicht frei zwischen der Vielzahl an angebotenen Terminen zu entscheiden. Um dieser Problematik entgegenzutreten, wurden Anwesenheitslisten geführt. Es wird zwischen *offline*- und *online-Listen* unterschieden.

Offline. Die offline-Listen sind papierbasierte Listen mit den Namen der für das jeweilige Tutorium angemeldeten Studierenden. Diese werden an die Tutorinnen und Tutoren ausgegeben, um die Anwesenheit überprüfen zu können. Zudem werden nicht angemeldete Studierende gebeten, sich in den Listen nachzutragen, sodass sowohl die Auslastung als auch die Zusammensetzung der Tutorien im Hinblick auf angemeldete versus unangemeldete Studierende eines Tutoriums bekannt ist.

Tab. 4.8. Übersicht über die Anzahl an Anwesenheitslisten pro Semester. Für jedes untersuchte Semester ist die Anzahl an offline- sowie online-Listen angegeben. Die erste Zeile beschreibt die Gesamtanzahl ausgegebener Listen, die zweite enthält die entsprechende Anzahl der Listen, die nach Semesterende an die Übungsleitung zurückgegeben wurden. Bis zum *WS*12 wurden keine online-Listen geführt.

Offline/Online	*WS*09	*WS*10	*WS*11	*WS*12	*WS*13	*WS*14	*WS*15
Ausgegebene Listen	40/–	40/–	40/–	40/–	40/40	38/38	38/38
Zurückerhaltene Listen	n. a.	n. a.	19/–	28/–	18/40	38/38	36/38

Online. Online-Listen werden parallel zu offline-Listen geführt und digital gespeichert. Im Vergleich zu den offline-Listen werden jedoch in den online-Listen die Studierenden über die zwischengeschaltete Stelle der Tutorin bzw. des Tutors anonymisiert, da nicht der Name eines Studierenden sondern lediglich der prozentuale Anteil angemeldeter an der Gesamtanzahl anwesender Studierender von Interesse ist. Die Daten werden durch die Tutorin bzw. den Tutor erhoben und notiert. Um den prozentualen Anteil angemeldeter Studierender zu ermitteln, können die offline-Listen als Zwischenstufe herangezogen werden.

Die Verwendung der Anwesenheitslisten hat sich im Untersuchungszeitraum verändert. Tab. 4.8 gibt einen Überblick über die Art der verwendeten Anwesenheitslisten – offline oder online –, deren an die Tutorinnen und Tutoren ausgegebene Anzahl sowie die Anzahl der von der Übungsleitung zurückerhaltenen Listen. Im Folgenden werden diese Daten im Detail erläutert.

WS09/WS10. In den *WS*09 und *WS*10 wurden nur offline-Listen geführt. Allerdings liegen diese Listen nicht vor, so dass eine Auswertung erst ab *WS*11 durchgeführt werden kann.

WS11/WS12. Während der *WS*11 und *WS*12 wurden nur offline-Listen geführt. Bei der Führung der offline-Listen wurden von den Tutorinnen und Tutoren folgende Probleme seitens der Studierenden beschrieben (vgl. Anh. A.6, Frage 17 bzw. 19).
- Studierende, die zu spät kommen, tragen sich nicht immer in den Listen nach.
- Studierende, die unangemeldet in einem Tutorium sind, tragen sich teilweise nicht in die Listen ein.

Folgende Probleme, die durch die Ausgestaltung des Übungskonzeptes durch mehrere Tutorinnen und Tutoren verursacht wurden, traten auf und erschwerten eine Datenauswertung.
- Die Listen wurden in den Tutorien nicht oder nur zeitweise ausgelegt, da diese vergessen oder seitens der Tutorinnen und Tutoren für nicht sinnvoll erachtet wurden.

- Einige Listen sind verloren gegangen und konnten somit nach Semesterende nicht bei dem Übungsteam abgegeben werden, wie aus Tab. 4.8 ersichtlich wird.
- Bei Vertretung einer Tutorin oder eines Tutors mussten die zugehörigen Listen an die entsprechende Tutorin bzw. den entsprechenden Tutor weitergegeben werden, was ein organisatorisches Problem darstellte.

WS13. Aufgrund der beschriebenen Probleme wurden für das *WS*13 zusätzlich zu den offline-Listen auch zentral gespeicherte online-Listen eingeführt, so dass jede Tutorin bzw. jeder Tutor Zugang zu allen Listen hatte. Die Daten der Listen enthielten im *WS*13 lediglich die Anzahl anwesender Studierender und keine genauere Spezifizierung über an- bzw. unangemeldete Studierendenzahlen und wurden von den Tutorinnen und Tutoren zuverlässiger geführt als die offline-Listen (vgl. Tab. 4.8). Dies lag unter anderem daran, dass die Übungsleiter diese jederzeit einsehen und bei fehlenden Daten direkt nachfragen konnten.

WS14/WS15. Die offline-Listen wurden ab dem *WS*14 darauf reduziert, dass nur angemeldete Studierende sich eintragen sollten und zusätzlich die Gesamtanzahl anwesender Studierender notiert wurde. Diese Daten wurden in die online-Listen übertragen, sodass die offline-Listen lediglich als „Zwischenspeicher" fungierten. Im *WS*14 und *WS*15 war die Anwesenheit der Studierenden in den zugewiesenen Tutorien Voraussetzung zur Erreichung des Zusatzbonus (vgl. Abschn. 4.3.6), so dass das Pflichtbewusstsein sowohl von Seiten Studierender als auch von Seiten Tutorinnen und Tutoren erhöht wurde.

Fazit. Es fällt auf, dass die online-Listen nahezu vollständig sind, wohingegen der Rücklauf der ausgegebenen offline-Listen in den *WS*11 bis *WS*13 um 50% schwankt. Der hohe Rücklauf der offline-Listen im *WS*14 und *WS*15 ist auf die Voraussetzung der Daten zur Ermittlung des Zusatzbonus zurückzuführen. Aufgrund der fehlenden Anwesenheitslisten ist keine Auswertung der Teilnehmerzahlen der Tutorien in den *WS*09 und *WS*10 möglich. In den Semestern *WS*11 bis *WS*13 werden die vorhandenen Anwesenheitslisten als repräsentative Stichprobe bei der Evaluierung der Anwesenheitszahlen verwendet (vgl. Abschn. 6.3.1, Abschn. 6.3.3). Bei der Auswertung der *WS*11 bis *WS*13 hat sich gezeigt, dass das Ziel der gleichmäßigen Auslastung der Tutorien allein durch die Einführung von Anwesenheitslisten nicht erreicht wurde. Die Einhaltung der Zuteilung der Studierenden durch die Tutorien nahm tendenziell im Laufe des Semesters immer stärker ab. Erst ab dem *WS*14 ist der Anteil unangemeldeter Studierender deutlich reduziert. In Abschn. 6.3.3 wird untersucht, auf welche Ursache diese Entwicklung zurückzuführen ist.

Tab. 4.9. Übersicht über die Daten zur Bonusklausur. Während der Untersuchungssemester *WS*09 bis *WS*15 hat die Bonusklausur stets Mitte Januar stattgefunden. Der Anmeldezeitraum hierfür umfasste jeweils circa einen Monat. Die Angabe der Teilnehmer-Quote (TN-Quote, in %) berechnet sich aus dem Verhältnis der TN sowie der Anzahl Anmeldungen zur Bonusklausur (AN). Die Bestehens-Quote (BS-Quote) wird ebenfalls in % angegeben. Die Datumsangaben des Monats Dezember beziehen sich auf das Referenzjahr des Semesters, die des Monates Januar auf das Folgejahr.

	Bonusklausur	Anmeldezeitraum	AN	TN	TN-Quote	BS-Quote
*WS*09	16. Januar	1. Dezember – 01. Januar	443	375	84,7	33,9
*WS*10	15. Januar	1. Dezember – 03. Januar	451	379	84,0	43,8
*WS*11	14. Januar	1. Dezember – 08. Januar	556	467	84,0	25,1
*WS*12	19. Januar	1. Dezember – 07. Januar	605	464	76,7	29,5
*WS*13	18. Januar	1. – 31. Dezember	456	351	77,0	51,9
*WS*14	17. Januar	1. – 31. Dezember	534	469	87,8	79,1
*WS*15	19. Januar	1. – 31. Dezember	505	446	88,3	83,2

4.3.6 Bonuskonzept

Das bereits in Abschn. 4.3.1 beschriebene Bonuskonzept beruht auf einer sogenannten Bonusklausur vor der Abschlussklausur, die bei erfolgreicher Teilnahme zu einer Notenverbesserung um eine Notenstufe führt (je nach Notenstufe entspricht das 0,3 oder 0,4 Notenpunkten). Dieses Bonuskonzept wurde eingeführt, nachdem das Erreichen eines Bonus über die Abgabe von Übungsblättern zu unkontrolliertem Abschreiben geführt hat. Diese Vorgehensweise wurde jedoch vor dem *WS*09 letztmalig angewandt, so dass es im Folgenden nicht weiter betrachtet wird. Ab dem *WS*14 kann darüber hinaus die Teilnahme an den Tutorien das Bestehen der Bonusklausur durch einen Zusatzbonus erleichtern. Die Vergabe des Bonus gestaltet sich wie folgt:

1. *Bonusklausur*: Die Bonusklausur wird jedes Jahr im Januar nach circa zwei Dritteln des Semesters angeboten (vgl. Tab. 4.9); sie bildet die Basis des Konzepts. Um die Bonusklausur zu bestehen, muss der Studierende zwei der drei gestellten Aufgaben richtig gelöst haben.
2. *Teilnahme an den Tutorien*: Durch eine erfolgreiche Teilnahme an den Tutorien kann eine der zwei richtig zu lösenden Aufgaben der Bonusklausur kompensiert werden. Dieser sogenannte „Zusatzbonus" basiert auf dem in Abschn. 4.3.1 vorgestellten Tutoriumskonzept „Interaktive Tutorien mit Bonus". Er gilt als erreicht, wenn der Studierende bei vier von sechs Terminen des ihm zugewiesenen Tutoriums anwesend war und eine der im Vorhinein als interaktiv klassifizierten Aufgaben vorgestellt hat.

Die Ziele, die dem Bonuskonzept zugrunde liegen, sind

- den Studierenden schon während des Semesters einen Anreiz zu geben, sich mit dem Vorlesungsstoff auseinanderzusetzen,

- den Studierenden eine Testklausur vor der eigentlichen Klausur zur Verfügung zu stellen,
- die Studierenden, die sich regelmäßig an den Tutorien beteiligen, zu belohnen bzw. eine erfolgreiche Teilnahme der Studierenden an den Tutorien zu testen und
- die Studierenden speziell durch den Zusatzbonus dazu zu bewegen, das ihnen zugewiesene Tutorium zu besuchen (nur im *WS*14 und *WS*15).

Die TN-Quote an der Bonusklausur liegt, wie Tab. 4.9 zeigt, zwischen knapp 77 % und 88 %. Da eine nicht erfolgreiche Teilnahme an der Bonusklausur für die Studierenden keine Nachteile gegenüber der Option der Nichtteilnahme bedeutet, liegt die BS-Quote der Bonusklausur bis zum *WS*13 bei maximal 53 %. Die *WS*14 und *WS*15 bilden im Vergleich zu den anderen Semestern eine Ausnahme, da in diesen Semestern der Zusatzbonus den Erhalt des Klausurbonus vereinfachte. Die folglich hohe Bestehensquote von um die 80 % spiegelt diese Vereinfachung wider.

Fazit. Das GdI2-Bonuskonzept besteht aus einer Bonusklausur, durch welche ein Bonus in Form einer Notenverbesserung für die Abschlussklausur erzielt werden kann. Seit dem *WS*14 kann für die Bonusklausur noch ein sogenannter Zusatzbonus erreicht werden, welcher durch aktive Teilnahme an den Tutorien vergeben wird. In den Evaluationen in Kap. 6 wird untersucht, inwiefern sich das Angebot des Bonus auf das Lernverhalten der Studierenden auswirkt. Zudem wird die Akzeptanz durch die Studierenden gegenüber dem Zusatzbonus bewertet und dessen Einfluss auf die Abschlussklausur analysiert.

4.4 Die Saalübung als Erweiterung des Übungskonzepts

Da die in Abschn. 2.3.4 genannten Vorteile der Saalübung von dem Übungsteam als erstrebenswert eingeschätzt wurden, wurde das Übungskonzept im *WS*11 um zwei Saalübungen erweitert. Die erste Saalübung fand nach der ersten Semesterhälfte statt, die zweite wurde am Semesterende angeboten. Die genauen Termine der Saalübungen sind der Tab. 4.10 zu entnehmen. Ziel der Übungen war es, einen Überblick über den bisher gelesenen Stoff zu geben, sowie allen Studierenden gleichermaßen an den

Tab. 4.10. Termine der Saalübungen. Die erste Datenzeile gibt den ersten Termin der Saalübung des entsprechenden Semesters an, die zweite Zeile den zweiten. Sofern bei den Datumsangaben keine Jahre genannt sind, bezieht sich das Jahr auf das Jahr des Semesters. Abweichende Jahresangaben sind in Klammern angegeben.

	***WS*11**	***WS*12**	***WS*13**	***WS*14**	***WS*15**
1. Saalübung	05. Dez.	10. Dez.	15. Jan. (14)	01. Dez.	14. Dez.
2. Saalübung	06. Feb. (12)	06. Feb. (13)	05. Feb. (14)	04. Feb. (15)	03. Feb. (16)

Erfahrungen sowie der fachlichen Kompetenz des Übungsteams teilhaben zu lassen. Zudem sollte das Autoritätsgefälle zwischen Studierenden und Übungsteam reduziert werden, um etwaige Hemmnisse in der Kommunikation zwischen Studierenden und Dozenten zu reduzieren bzw. zu überwinden.

Seit dem *WS*11 werden neben den Präsenzveranstaltungen Vorlesung und Tutorium noch die Saalübungen angeboten. Abschn. 6.4 bewertet die Saalübungen anhand der in Kap. 3.3.1 ausgewählten Qualitätskriterien.

4.5 Ergänzende Lernmaterialien

Im Rahmen des Übungskonzeptes von GdI2 wurde eine umfangreiche Infrastruktur aus Übungsmaterialien und digitalen Systemen aufgebaut. Um die Hintergrundinformationen der in Kap. 6 durchgeführten Evaluationen zu erhalten, werden die wichtigsten ihrer Elemente im Folgenden beschrieben. Als Einzelkomponenten werden in Abschn. 6.6 der *interaktive Aufgabenpool (IAP)* (Abschn. 4.5.5 sowie Abschn. 4.5.6), in Abschn. 6.7 der XWizard (vgl. Abschn. 4.5.7) sowie die Klausuren in Abschn. 6.8 (Abschn. 4.6) evaluiert. Die Tutoriumsfolien (Abschn. 4.5.2), die Tutoriumsaufgaben (Abschn. 4.5.3) sowie der Tutoriumsaufbau (Abschn. 4.5.4) fließen in die Evaluation der Einzelkomponente Tutorium (Abschn. 6.3) ein. Abschn. 4.5.1 beschreibt die benötigte Lernplattform und Abschn. 4.5.8 die Thematik der Sprechstunden. Beide Aspekte werden nur zur Vollständigkeit kurz beschrieben und in Kap. 6 nicht weiter evaluiert.

4.5.1 Lernplattform

Zur Bereitstellung von Vorlesungs- und Übungsmaterialien sowie zur Veröffentlichung von organisatorischen Ankündigungen und Abläufen wurde für die Lehrveranstaltung GdI2 eine gemeinsame Lernplattform verwendet. In den *WS*09 bis *WS*13 wurde der *Vorlesungsarbeitsbereich (VAB)* der Lernplattform des am KIT entwickelten KIM-Studierendenportals verwendet [5, 139], seit dem *WS*14 wird der VAB innerhalb des KIT durch Ilias realisiert. Die Lernplattform enthält für GdI2 neben den üblichen Unterlagen (Vorlesungsfolien, Tutoriumsaufgaben, Literaturlisten, etc.) eine Vielzahl an Altklausuren zum Üben sowie die Links zu den Vorlesungsaufzeichnungen. Zudem wird den Studierenden ein Überblick über die weiteren digitalen Lernelemente (Kommunikationstool nuKIT vgl. Abschn. 5.1, interaktiver Aufgabenpool vgl. Abschn. 5.2, XWizard vgl. Abschn. 5.3 sowie Diskussionsplattformen vgl. Abschn. 4.5.6) gegeben. Die Lernplattform wird auch zur Bekanntgabe aktueller Neuigkeiten genutzt.

4.5.2 Tutoriumsfolien

Zur Durchführung eines Tutoriums werden der Tutorin bzw. dem Tutor durch die Übungsleitung PowerPoint-Folien zur Verfügung gestellt, die (seit dem dritten Tutoriumszyklus von *WS*11) sowohl kurze *Einführungsaufgaben* zu den verschiedenen Themengebieten enthalten als auch Musterlösungen zu den Anwesenheitsaufgaben. Die Einführungsaufgaben haben zum Ziel, den Studierenden für die nachfolgenden Aufgaben das benötigte Wissen kurz zu erläutern und somit allen Studierenden, unabhängig vom vorhandenen Vorwissen, die Möglichkeit zu bieten, an der Bearbeitung der Aufgaben aktiv teilzunehmen. Zudem hat jede Tutorin bzw. jeder Tutor die Möglichkeit, auf die Tafel sowie den Overheadprojektor zurückzugreifen.

4.5.3 Tutoriumsaufgaben

Für jeden Tutorienzyklus (insgesamt sechs Zyklen pro Semester) wurden für die *WS*09 bis *WS*14 sowohl ein sogenanntes *Anwesenheitsübungsblatt* als auch ein sogenanntes *Heimübungsblatt* angeboten. Das Anwesenheitsübungsblatt enthält Aufgaben, die während des Tutoriums bearbeitet und gelöst werden (vgl. Abschn. 4.3.1). Das Heimübungsblatt enthält weitere Übungsaufgaben, die den Schwierigkeitsgrad der Anwesenheitsübungsblätter übersteigen und im Selbststudium erarbeitet werden können. Seit dem *WS*15 werden die Anwesenheits- sowie Heimübungsaufgaben gesammelt als ein Übungsblatt herausgegeben, um die Heimübungsaufgaben stärker hervorzuheben. Der Einsatzbereich der zwei Aufgabentypen ändert sich dadurch nicht.

4.5.4 Tutoriumsaufbau

Der Aufbau eines Tutoriums lehnt sich an die Grundidee der Sandwich-Methode an. Ziel dieser Methode ist es, eine abgeschlossene Lehrphase in eine aktive Phase der Vor- sowie der Nachbereitung einzugliedern [146] (vgl. Abb. 4.1). Zudem sollen sich in den GdI2-Tutorien aktive und passive Lernelemente abwechseln, um die Aufmerksamkeit der Studierenden aufrecht zu erhalten. Aus diesem Grund werden seit dem *WS*11 neben dem Übungselement der Tutoriumsaufgaben noch sogenannte *Multiple-Choice-Relax-Aufgaben (MCRA)* in die Tutorien integriert. Der Name MCRA leitet sich aus der Art der Aufgaben, nämlich einer Mutiple-Choice-Aufgabe, ab. Zudem schließen die MCRA einen neuen Wissensblock, so dass diese Phasen lediglich zur Wiederholung und zur Festigung des gerade Gelernten eingesetzt werden und keinen neuen Wissenstransfer verlangen. Dadurch soll den Studierenden die Möglichkeit gegeben werden, nach einer abgeschlossenen Einheit etwas zu „verschnaufen“, also zu „relaxen“.

Die MCRA wird in Anlehnung an die „Ampelmethode“ [240] durchgeführt. Die Fragestellung wird durch eine PowerPoint-Folie seitens der Tutorin bzw. des Tutors

	Inhalt	Sozialform	Lernziel	Arbeitsphase
	Einleitung	Plenum	Überblick geben	
1	Einführungsaufgabe	Plenum	Vorwissen generieren	Vorbereitende Phase
	Anwesenheitsaufgabe 1		Beispielhafte Anwendung vorstellen	
2	Anwesenheitsaufgabe 2	Kleingruppe	Gelerntes selber anwenden	Vertiefung
		Plenum / Einzelperson / Kleingruppe	Eigene Lösung überprüfen	
3	MCRA	Plenum	Zusammenfassung / Wiederholung	Nachbereitende Phase
	Wiederholung der Abschnitte 1-3			
	Abschluss	Plenum		

Abb. 4.1. Typische Struktur eines GdI2-Tutoriums. Die beispielhafte Struktur eines GdI2-Tutoriums des *WS*15 zeigt die Gliederung in drei Abschnitte, die aus der Einführungsaufgabe sowie der ersten Anwesenheitsaufgabe im Plenum, aus der zweiten Anwesenheitsaufgabe in Einzel- oder Kleingruppenarbeit sowie aus der MCRA bestehen (in Anlehnung an [146]).

vorgestellt. Die Studierenden können der Aussage durch ein „grünes Kärtchen" zustimmen und die Aussage durch ein „rotes Kärtchen" ablehnen. Ziel des Einsatzes der Ampelmethode ist, den Studierenden die Möglichkeit zu geben, den eigenen Wissensstand zu überprüfen sowie der Tutorin bzw. dem Tutor formatives Feedback zugeben. Außerdem soll „abgehängten" Studierenden der Wiedereinstieg in den folgenden Themenbereich aufgezeigt und erleichtert werden.

Das Meinungsbild der Studierenden sowie der Tutorinnen und Tutoren gegenüber den MCRA ist ambivalent und wird in Abschn. 6.3.4 genauer analysiert.

4.5.5 Interaktiver Aufgabenpool

Der *interaktive Aufgabenpool (IAP)* ist eine Zusammenstellung digitaler Aufgaben, welche jeweils einzeln bidirektional mit dem zugehörigen Thread eines Forums verknüpft sind. Dieser wird den Studierenden als zusätzliches fakultatives Lernmaterial zur Verfügung gestellt. Im *WS*11 wurde er das erste Mal in seiner Ursprungsversion veröffentlicht (allerdings mit einem kleineren Aufgabenumfang), seit dem *WS*13 wurde die digitale Version durch ein 2-bändiges Übungsbuch ergänzt [132, 133], welches insgesamt 200 Übungsaufgaben enthält und im Folgenden als Aufgabensammlung bezeichnet wird. Diese Aufgabensammlung wurde in den Jahren *WS*09 bis *WS*13 aufgrund häufiger Nachfrage seitens der Studierenden nach mehr Übungsaufgaben entwickelt. Das Grundgerüst der Aufgaben wurde von den Tutorinnen und Tutoren der einzelnen Semester erstellt und von dem Übungsteam überarbeitet und angepasst. Eine Besonderheit des IAPs ist die bidirektionale Verbindung jeder Aufgabe mit einem zugehörigen Diskussionszweig eines entsprechenden Frage-Antwort-Forums. Im

Laufe des Untersuchungszeitraums wurden unter anderem die Tutorien sowie die Klausuren in den IAP integriert. Weitere Einzelheiten zum IAP werden in Abschn. 5.2 erläutert.

Die Evaluationsergebnisse in Abschn. 6.6 sehen den IAP durchweg positiv. Zudem schneiden Studierende, welche den IAP und insbesondere die bidirektionalen Foren verwenden, statistisch signifikant in der Abschlussklausur besser ab als Studierende, welche nicht auf die Foren zurückgreifen (vgl. Abschn. 6.8.7).

4.5.6 Diskussionsplattformen

Einen wichtigen Stellenwert des Übungskonzepts nimmt die Verwendung verschiedener Diskussionsplattformen ein, die von Studierenden genutzt werden können, um zeit- und ortsunabhängig Fragen zu verschiedenen Themengebieten zu stellen. Die Diskussionsplattformen haben sich im Verlauf der Untersuchungssemester immer weiter entwickelt. Abb. 4.2 gibt einen Überblick über die verschiedenen Foren, die wie folgt unterschieden werden können:

Diskussionsplattform organisatorische Angelegenheiten. Die Diskussionsplattform existierte bereits im *WS*09 und wurde – solange die Plattformen „Tutorium“, „Klausur“ und „Aufgabensammlung“ noch nicht existierten – auch für inhaltliche Fragestellungen verwendet. Diese Diskussionsplattform war bis zum *WS*14 in der verwendeten Lernplattform integriert, wo sie jedes Semester neu aufgesetzt wurde. Ab dem *WS*15 wurde diese ausgegliedert in das im *WS*14 neu eingeführte *Question2Answer (Q2A)*-System (vgl. Abschn. 5.2.3).

Diskussionsplattform Tutoriumsaufgaben. Da sich die Zuordnung der Übungsaufgaben zu vordefinierten Threads bei der Verwendung des Forums der Aufgabensammlung als vorteilhaft (vgl. Abschn. 4.5.5) sowohl für Studierende als auch Forenmoderatoren herausstellte, wurde zum *WS*12 aus dem Forum für organisatorische Angelegenheiten das Themengebiet der Tutoriumsaufgaben (sowie Klausuraufgaben, siehe nachfolgender Absatz) ausgegliedert. Demnach wurde zum *WS*12 die Diskussionsplattform zu den Tutoriumsaufgaben in Ilias zusätzlich angeboten. Auch hier erfolgt eine Archivierung der Beiträge sowie eine Integration dieser in das Forum des folgenden Semesters.

Diskussionsplattform Klausuraufgaben. Die Diskussionsplattform zu Klausuraufgaben wurde im *WS*12 ebenfalls ausgegliedert. Der Aufbau gleicht der der Tutoriumsaufgaben. In diesem Forum kann über die seit dem *WS*07 durchgängig veröffentlichten Klausuren diskutiert werden.

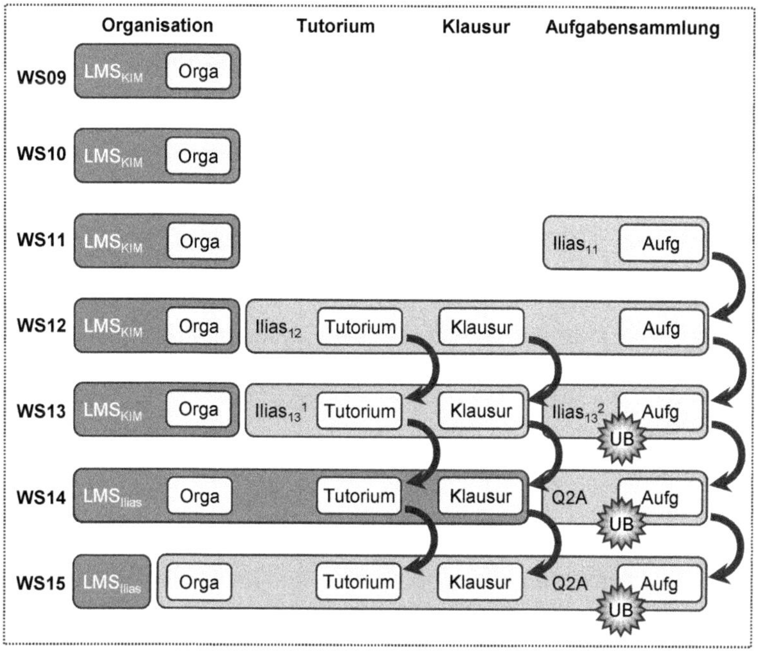

Abb. 4.2. Entwicklung der GdI2-Forenstruktur. Die Abbildung zeigt die Entwicklung der vier Diskussionsforen „Organisation" (Orga), „Tutorium", „Klausur" sowie „Aufgabensammlung". Das Forum für organisatorische Angelegenheiten bestand bereits im *WS*09. Im *WS*11 wurde das Forum für die Aufgabensammlung neu eingeführt. Seit dem *WS*12 werden auch die Bereiche Tutorium und Klausur in separate Foren ausgegliedert. Die äußeren graphischen Abtrennungen verdeutlichen die unterschiedlichen Plattformen. Die dunkelgrauen Bereiche entsprechen den jeweiligen lehrveranstaltungsbegleitenden Lernplattformen KIM-Studierendenportal bzw. Ilias, wohingegen die hellgrauen Boxen separate, ausgegliederte Plattformen auf Ilias bzw. als separates Q2A-Forum darstellen, auf welche teilweise unbeschränkt (UB) zugegriffen werden kann.

Diskussionsplattform Aufgabensammlung. Durch die Einführung des IAP wurde zum *WS*11 ein separates Diskussionsforum angelegt, welches jeder Aufgabe des IAP, die zu diesem Zeitpunkt nur aus der Aufgabensammlung bestand, einen eigenen, im Vorhinein angelegten Thread zuordnet. Dieses Diskussionsforum wurde zuerst in Ilias umgesetzt, da in den Foren des KIM-Studierendenportals die Verknüpfung zwischen Aufgabe und Thread nicht möglich war, und zum *WS*14 auf eine Q2A-Plattform migriert. Die Beiträge werden konserviert und als Wissensarchiv in die Plattform der darauffolgenden Semester übernommen. Ab dem *WS*13, d. h. seit der Veröffentlichung der Aufgabensammlung als Buch, kann auf die Diskussionsplattform ohne vorherige Anmeldung auch von Nicht-KIT-Studierenden zugegriffen werden (vgl. Kennzeichnung UB in Abb. 4.2). Mit Ausnahme des *WS*14, in dem nur Fragen gestellt, aber keine Fragen beantwortet werden konnten, konnten im Rahmen der anonymen Nutzung sowohl Fragen gestellt als auch beantwortet werden (*WS*13 und *WS*15). Ein lesender

Zugriff war uneingeschränkt möglich. Dies hat zur Folge, dass im *WS*13 drei parallele Systeme betrieben wurden, welche aber untereinander verlinkt sind, so dass es für den Benutzer unbemerkt blieb. Das Forum inklusive der Vernetzung zum IAP wird in Abschn. 5.2 genauer beschrieben.

Fazit. Die Struktur der im Rahmen der Lehrveranstaltung GdI2 verfügbaren Foren hat sich seit dem *WS*09 erheblich gewandelt (vgl. Abb. 4.2). So wurden zusätzlich zur Diskussionsplattform für organisatorische Angelegenheiten auch die Plattformen zu den Tutoriums- und den Klausuraufgaben sowie zu den Aufgaben der Aufgabensammlung angeboten. In Abschn. 6.6 wird die Akzeptanz der verschiedenen Foren untersucht. Hierbei zeigt sich, dass insbesondere Anreize wie Saalübungen oder Klausuren die Anzahl an Beiträgen zunehmen lassen (vgl. Abb. 6.70, Abb. 6.71).

4.5.7 XWizard

Der XWizard (abgeleitet von eXercise Wizard) ist ein eLearning-Werkzeug zur graphischen Veranschaulichung mathematischer Objekte insbesondere der in GdI2 verwendeten Modelle, Algorithmen und Verfahren [130, 131]. Dieses Werkzeug, welches sowohl als Downloadversion[5] als auch als Webanwendung (vgl. [128]) zur Verfügung steht, bietet den Studierenden und Dozenten eine Vielzahl verschiedener Übungsmöglichkeiten, von der Erstellung eigener Übungsaufgaben, über die Kontrolle eigener Lösungsvorschläge bis hin zur Bearbeitung sogenannter Miniaufgaben (vgl. Abschn. 5.3.2). Der XWizard wurde den Studierenden erstmalig im *WS*14 zur Verfügung gestellt und wird seitdem kontinuierlich weiterentwickelt. Die Struktur sowie die technische Umsetzung werden in Abschn. 5.3 detailliert beschrieben.

Der XWizard wird von den Studierenden unterschiedlich bewertet. Die Studierenden kritisieren insbesondere den benötigten Einarbeitungsaufwand (vgl. Abschn. 6.7).

4.5.8 Sprechstunden

Die Möglichkeit des persönlichen Kontakts zwischen dem Übungsteam und den Studierenden stellt eine wichtige Komponente des Übungskonzeptes dar. Aufgrund der Vielzahl an Studierenden lassen sich nicht immer alle inhaltlichen sowie organisatorischen Fragen während der angebotenen Veranstaltungen (Vorlesung, Tutorium, Übung) klären. Zudem treten viele Fragen der Studierenden erst bei der Nachbereitung des Vorlesungsstoffes auf.

5 abrufbar über https://sourceforge.net/projects/easyagentsimulation

Es werden deshalb neben Vorlesung, Tutorium und Saalübung weitere Möglichkeiten angeboten, das Lehrteam oder die Tutorinnen und Tutoren zu einem persönlichen Gespräch zu erreichen:

- *Sprechstunde des Dozenten und des Übungsteams*: Der Dozent und jeder Übungsleiter bietet in der Woche einen festen Sprechstundentermin an. Zudem können weitere Termine nach Absprache vereinbart werden.
- *Tutorensprechstunde*: Die Tutorensprechstunde wurde bis einschließlich des *WS*11 zu einem festen Termin einmal in der Woche von Tutorinnen und Tutoren angeboten. Durch die Einführung verschiedener Foren (vgl. folgender Abschnitt) hat das Interesse der Studierenden abgenommen und die Sprechstunde wurde wenig oder gar nicht mehr besucht. Deswegen wurde diese ab dem *WS*12 nicht mehr angeboten.
- *Fragewoche*: In der letzten Woche vor der Hauptklausur finden regulär keine Tutorien mehr statt. Diese Woche wird als Fragewoche genutzt, d. h. dass jede Tutorin und jeder Tutor für die Studierenden aus Woche-A und Woche-B zur üblichen Zeit eine Fragestunde anbietet. Die Fragen können den Tutorinnen und Tutoren entweder im Vorhinein per E-Mail zugeschickt oder direkt vor Ort gestellt werden.

Das Angebot der verschiedenen Sprechstunden wurde seitens der Studierenden nur wenig und mit Zunahme sonstiger, insbesondere digitaler Angebote, noch weniger in Anspruch genommen. Die Evaluation in Kap. 6 beschränkt sich deshalb lediglich auf die Partizipation an der Fragewoche (vgl. Abschn. 6.3.1). In den Evaluationen in Kap. 6 zeigt sich, dass die Studierenden lieber auf zeit- und ortsunabhängige Angebote zurückgreifen, in denen sie anonym Fragen stellen können.

4.6 Wissensüberprüfung

Die Leistungsbewertung der GdI2-Studierenden erfolgt gewöhnlich über eine schriftliche Wissensüberprüfung gemäß Prüfungsordnung der WiIngs [113]. Diese Prüfung dauert 90 Minuten und ist auf eine Maximalpunktzahl von 90 festgesetzt. Die Abschlussnote ergibt sich aus einer vorgegebenen Notenskala, die nicht angepasst wird (vgl. Anh. A.13, [106]). Die Terminierung der Prüfung ist ebenfalls fest vorgegeben; so findet der erste Termin der Abschlussprüfung, im Folgenden *Hauptklausur* genannt, am Ende des Wintersemesters statt, in dem die Lehrveranstaltung angeboten wird. Ein zweiter Alternativtermin, im Folgenden als *Nachklausur* bezeichnet, ist nach Vorlesungsende des Sommersemesters angesetzt (als Prüfungsleistung aber gleichwertig zur Hauptklausur). Die Zulassungsvoraussetzungen sowie der Prüfungsablauf der beiden Klausuren sind identisch. Die Dozenten beabsichtigen den Schwierigkeitsgrad der Prüfungen immer auf gleichem Niveau zu halten. Die Ergebnisse der Untersuchung des Schwierigkeitsgrads werden in Abschn. 6.8 vorgestellt. Tab. 4.11 und Tab. 4.12 geben einen Überblick über die Haupt- bzw. Nachklausur anhand Klausurdatum, An-

Tab. 4.11. Übersicht über die Daten zur Hauptklausur. Die Angabe der Teilnehmer-Quote (TN-Quote, in %) berechnet sich aus dem Verhältnis der TN sowie der Anzahl aller Anmeldungen (AN). Die Bestehens-Quote (BS-Quote) wird ebenfalls in % angegeben. ø beschreibt den Notendurchschnitt aller bestandenen Klausuren. Die Datumsangaben des Monats Dezember beziehen sich auf das Referenzjahr des Semesters, die der Monate Januar und Februar auf das Folgejahr.

	Hauptklausur	Anmeldezeitraum	AN	TN	TN-Quote	BS-Quote	ø
*WS*09	15. Februar	04. Januar – 01. Februar	449	402	89,5	91,3	2,4
*WS*10	14. Februar	03. – 31. Januar	469	406	86,6	87,9	2,8
*WS*11	13. Februar	28. Dezember – 30. Januar	573	517	90,2	97,1	2,4
*WS*12	11. Februar	27. Dezember – 28. Januar	620	564	91,0	96,5	2,3
*WS*13	17. Februar	01. Januar – 03. Februar	505	432	85,5	88,4	2,8
*WS*14	16. Februar	01. Januar – 02. Februar	543	458	84,3	87,8	2,9
*WS*15	15. Februar	11. Januar – 01. Februar	498	423	84,9	88,7	2,7

Tab. 4.12. Übersicht über die Daten zur Nachklausur. Die Nachklausur wurde stets auf das Ende des darauffolgenden Semesters terminiert. Teilnehmer-Quote (TN-Quote) und Bestehens-Quote (BS-Quote) werden in % angegeben. Die TN-Quote ist der Quotient aus der Teilnehmerzahl (TN) und der Gesamtanmeldezahl (AN). ø gibt die Durchschnittsnote an. Alle Datumsangaben beziehen sich auf das Jahr nach dem Referenzjahr.

	Nachklausur	Anmeldezeitraum	AN	TN	TN-Quote	BS-Quote	ø
*WS*09	19. Juli	01. Juni – 05. Juli	94	66	70,2	71,2	3,1
*WS*10	18. Juli	01. Juni – 04. Juli	100	69	69,0	72,5	3,6
*WS*11	23. Juli	01. Juni – 09. Juli	72	43	59,7	74,4	3,3
*WS*12	22. Juli	01. Juni – 08. Juli	88	52	59,1	57,7	3,4
*WS*13	21. Juli	01. Juni – 07. Juli	82	43	52,4	86,0	3,2
*WS*14	20. Juli	01. Juni – 06. Juli	149	111	74,5	82,9	3,4
*WS*15	25. Juli	13. Juni – 11. Juli	141	106	75,2	63,2	3,3

meldezeitraum, Anmelde- (AN) und Teilnehmerzahlen (TN) sowie Teilnehmer- (TN-Quote) und Bestehensquote und den Notendurchschnitt.

Hauptklausur. Tab. 4.11 zeigt, dass die Hauptklausur immer Mitte Februar stattfand mit einer Anmeldedauer von circa einem Monat. Die prozentuale TN-Quote der Hauptklausur errechnet sich aus dem Quotient der TN sowie der AN. Diese Quote schwankt in den untersuchten Semestern zwischen knapp 85 % und etwas über 90 %. Die Bestehensquote erreichte im Jahr *WS*11 mit 97,1 % ihren Höhepunkt. Dieser Anstieg von knapp 10 % wird unter anderem dem Einsatz des IAP zugeschrieben (vgl. Abschn. 6.8.2). Der Rückgang der Bestehensquote wird ebenfalls in den Evaluationen diskutiert. Der Notendurchschnitt ohne Einbezug der durchgefallenen Studierenden (ø) ist in der letzten Spalte der Tabelle dargestellt. Auch dieser erreichte in den Jahren *WS*11 und *WS*12 seinen Höhepunkt.

Nachklausur. Die Übersichtsdaten der Tab. 4.12 zeigen die entsprechenden Werte für die Nachklausur. Diese hat jeweils Mitte Juli stattgefunden. Der Anmeldezeitraum betrug ebenfalls etwas mehr als einen Monat. Die Anmelde- sowie Teilnehmerzahlen liegen deutlich unter denen der Hauptklausur, da der Studienplan eine Teilnahme an der Hauptklausur als Regelfall vorsieht. So setzen sich die Teilnehmer der Nachklausur zusammen aus

- *Durchfallern*, die die Klausur wiederholt schreiben,
- *Klausurschiebern*, welche für die Festigung des gehörten Wissens mehr Zeit einplanen oder
- *Sonstigen*, welche aus unbekannten Gründen nicht an der Hauptklausur teilnehmen.

Die deutlich niedrigere TN-Quote über den gesamten Untersuchungszeitraum lässt zudem vermuten, dass die für die Nachklausur angemeldeten Studierenden unentschlossener oder unsicherer in ihrer Studienplanung oder Prüfungsvorbereitung sind. Auch dieser Umstand könnte bei der niedrigeren Bestehensquote sowie dem schlechteren Notendurchschnitt der Nachklausur im Vergleich zur Hauptklausur eine Rolle spielen.

Fazit. Die Betrachtung bzw. der Vergleich der Klausurergebnisse innerhalb der verschiedenen Jahrgänge sowie jahrgangsübergreifend ist ein wichtiger Bewertungsmaßstab, um den Erfolg der Wissensvermittlung zu messen. In den Evaluationen (vgl. Kap. 6, insbesondere Abschn. 6.8) werden die Klausurergebnisse als Vergleichsparameter herangezogen, um den statistischen Einfluss verschiedener Maßnahmen wie beispielsweise den IAP zu messen.

4.7 Zusammenfassung

Die Lehrveranstaltung GdI2 unterlag während des Untersuchungszeitraums *WS09* bis *WS15* ständigen Veränderungen, insbesondere Neueinführungen oder Abschaffungen verschiedener Teilkonzepte. Hiermit wurde das Ziel verfolgt, die Lehrqualität zu verbessern. Diesem stetigen Streben nach Verbesserung der Lehrbedingungen wurde dabei ein höherer Stellenwert beigemessen als der reine Forschungsaspekt, sodass eine strenge Methodik im Sinne eines labormäßigen Versuchsaufbaus innerhalb der realen Forschungsumgebung teilweise zugunsten eines pragmatischeren Vorgehens aufgegeben werden musste, um mögliche Nachteile für die Studierenden zu vermeiden. Im Folgenden werden einige der wichtigsten Veränderungen und Probleme sowie deren Lösungsansätze kurz zusammengefasst.

Tutorien oder Saalübung. Die Frage, welche vorlesungsbegleitende Veranstaltung sich für die Vorlesung GdI2 eignet, wurde in den *WS*09 bis *WS*10 durch das ausschließliche Angebot von Tutorien beantwortet. Seit dem *WS*11 wird das Übungskonzept um zwei Saalübungen erweitert, um die Nachteile des Angebots reiner Tutorien zu kompensieren. Die Evaluationen zeigen, dass den Saalübungen durch die Studierenden ein hoher Zuspruch zuteilwird (vgl. Abschn. 6.4).

Tutorientypen. Innerhalb der Untersuchungsjahre hat sich die Frage gestellt, inwiefern Studierende aktiver in die Tutorien integriert werden können. Bis zum *WS*13 wurden beide Tutorientypen – die interaktiven und die klassischen Tutorien – angeboten. Da allerdings eine angemessene Durchführung der Tutorien durch den häufigen Wechsel der Studierenden zwischen den Tutorien erschwert wurde, wurden ab dem *WS*14 lediglich interaktive Tutorien mit Zusatzbonus angeboten. Die Evaluation in Abschn. 6.3.5 zeigt, dass dadurch die Interaktion in den Tutorien verbessert werden kann.

Tutorienanmeldung. Eine wichtige Anforderung der Vorlesung GdI2 während der untersuchten Semester war unter anderem, die durch das Anmeldeverfahren berechnete Verteilung der Studierenden auf die Tutorien einzuhalten. Durch das Einhalten der Tutorienzuweisungen sollte die räumliche Ressourcenbeschränkung nicht überschritten werden, um einen geregelten Ablauf des Tutoriums zu ermöglichen. Die Einhaltung der zugewiesenen Tutorien stellte trotz Anwesenheitslisten, veränderten Tutorienzeiten und hohem Zufriedenheitsindex bei der Tutorienverteilung bis zum *WS*13 ein Problem dar. Erst durch das im *WS*14 neu eingeführte interaktive Tutoriumskonzept mit Bonus wurde das Ziel erreicht, dass der Großteil der Studierenden die ihnen zugewiesenen Tutorien besucht (vgl. Abschn. 6.3.1).

Auswahl der Tutorinnen bzw. der Tutoren. Die Auswahl der Tutorinnen und Tutoren stellt ein wichtiges Kriterium dar, um eine hohe sowie gleichmäßige Qualität der Tutorien zu gewährleisten. Folglich stellt sich die Frage, ob der Besuch des Tutoriums bei einer speziellen Tutorin bzw. einem speziellen Tutor Einfluss auf die am Semesterende erzielte Klausurnote haben könnte. Da sich die Studierenden lediglich ab dem *WS*14 größtenteils an die ihnen zugewiesenen Tutorien gehalten haben, ist eine Evaluation nur ab diesem Semester möglich. Eine entsprechende Analyse wird in Abschn. 6.8.6 durchgeführt.

Bonuskonzept. Das Bonuskonzept verfolgt das Ziel, die Studierenden frühzeitig im Semester zu motivieren, sich mit dem Vorlesungsstoff auseinanderzusetzen. In Kap. 6 zeigt sich, dass Studierende sehr stark auf verschiedene Anreize reagieren und dadurch motiviert werden können.

Zeit- und ortsunabhängige Angebote. Die in der Lehrumgebung GdI2 verwendeten zeit- und ortsunabhängigen Angebote „Vorlesungsaufzeichnung“, „nuKIT-Tools“, „IAP“, verschiedene bidirektional-verlinkte „Foren“ sowie der „XWizard“ wurden sukzessive in die Lehrumgebung eingegliedert. Kap. 6 analysiert diese im Hinblick auf die Partizipation der Studierenden sowie deren Akzeptanz, die Akzeptanz durch den Dozenten, die Qualitätsbewertung, die Zeit- und Ortsunabhängigkeit sowie den Lernerfolg. Es zeigt sich, dass Studierende ein großes Interesse an solchen Angeboten haben, jedoch ein Überangebot auch negative Auswirkungen haben kann.

Die hier beschriebenen Aspekte der Lehrumgebung GdI2 werden in Kap. 6 detailliert diskutiert und analysiert. Hierbei werden insbesondere die Einzelkomponenten „Vorlesung“ (vgl. Abschn. 4.2), „Tutorium“ (vgl. Abschn. 4.3), „Saalübung“ (vgl. Abschn. 4.4) und „Klausuren“ (vgl. Abschn. 4.6) evaluiert. Zudem werden die im Rahmen dieser Arbeit entwickelten digitalen Systeme „nuKIT-Tools“ (vgl. Abschn. 4.2.1), „IAP“ (vgl. Abschn. 4.5.5 sowie Abschn. 4.5.6) und „XWizard“ (vgl. Abschn. 4.5.7) als Einzelkomponenten in die Evaluation eingebettet. Im nachfolgenden Kap. 5 werden diese drei Komponenten in ihrer Struktur und technischen Umsetzung beschrieben.

5 Digitale Angebote

Die fortwährende Weiterentwicklung der Informations- und Kommunikationstechnologien hat auch Einzug in die Hochschullehre gehalten. So hat sich seit Mitte der 90er Jahre der Bereich des eLearning entwickelt, so dass verstärkt digitale Systeme im Lehr- und Lernbereich eingesetzt wurden und werden (vgl. Abschn. 2.4). Auch im Rahmen der Lehrveranstaltung GdI2 sind unter didaktischer und konzeptioneller Mitarbeit der Autorin dieser Arbeit verschiedene digitale Werkzeuge entwickelt und sukzessive in das Lehrkonzept eingegliedert worden. Hierzu gehören insbesondere die drei eigenständigen Werkzeuge

- das Audience-Response-System *nuKIT*, ehemals *NUKATH-Tools*, welches zur digitalen Kommunikation über eine Webanwendung oder App zwischen Dozenten und Studierenden inner- und außerhalb von Präsenzveranstaltungen eingesetzt werden kann,
- der *interaktive Aufgabenpool (IAP)* zur asynchronen kontextsensitiven Kommunikation, der aus einer Sammlung verschiedener Übungsaufgaben besteht, welche wiederum bidirektional mit einem Frage-Antwort-Forum verbunden sind, sowie
- der *XWizard*, ehemals *Info-II-Generator*, welcher die webbasierte Darstellung verschiedener mathematischer Komponenten ermöglicht.

Diese drei Werkzeuge (zur Eingliederung in den Stand der Technik, vgl. Abschn. 2.4.4 bis Abschn. 2.4.6) sind jedoch nicht auf den Einsatzbereich von GdI2 beschränkt, sondern die zugrunde liegenden Hauptgedanken bzw. Implementierungen können auch auf beliebige andere Lehrveranstaltungen übertragen werden, weshalb im Folgenden die Struktur sowie die technische Umsetzung der Werkzeuge genauer erläutert wird. Im Rahmen der Evaluation der Lehrveranstaltung GdI2 in Kap. 6 werden diese Werkzeuge als Einzelkomponenten (vgl. Abschn. 3.3.1) betrachtet und deren Qualitätsentwicklung über die Vergleichssemester *WS*09 bis *WS*15 ermittelt.

5.1 nuKIT

Die nuKIT-Tools sind eine Aggregation einzelner Werkzeuge, welche in der Hochschullehre als Kommunikationsplattform zwischen Studierenden und Dozenten verwendet werden können [165]. Sie ermöglichen den Studierenden beispielsweise über eine Smartphone-App oder eine Webanwendung, interaktiv sowie anonym in der Präsenzveranstaltung Fragen zu stellen und die Vortragsgeschwindigkeit des Dozenten zu bewerten. Der Dozent kann den Studierenden seinerseits ebenfalls Fragen stellen. Weitere Funktionalitäten werden in den nachfolgenden Abschnitten erläutert.

https://doi.org/10.1515/9783110483048-118

5.1.1 Ziele

Das Primärziel bei der Entwicklung der nuKIT-Tools war, ein Werkzeug anzubieten, welches eine Kommunikation insbesondere in großen Lehrveranstaltungen (vgl. Abschn. 2.3.3) ermöglicht, um die Interaktivität zu fördern und dem „Shift from teaching to learning" (vgl. Abschn. 2.3.1, Abb. 2.3) gerecht zu werden. Daraus ergaben sich folgende Unterziele (vgl. auch [165]):

1. Leichtgewichtiges Kommunikationswerkzeug, welches innerhalb einer Lehrveranstaltung verwendet werden kann und auf Studierendenseite lediglich ein mobiles Endgerät wie beispielsweise einen Rechner oder ein Smartphone erfordert,
2. Generische Plattform, die an keine spezielle Lernplattform gebunden ist und parallel in verschiedenen Kursen verwendet werden kann,
3. Stabile und sichere Plattform, die einfach aufzusetzen und zu verwenden ist,
4. Möglichkeit für Studierende, auf anonyme Weise während einer Präsenzveranstaltung Feedback zu geben und Fragen zu stellen,
5. Präsentationswerkzeug, welches mit anderen beliebigen Präsentationswerkzeugen wie beispielsweise PowerPoint-Präsentationen kombiniert werden kann,
6. Möglichkeit für Dozenten, mit einem leichtgewichtigen Werkzeug *Single-Choice (SC)*, *Multiple-Choice (MC)* oder *Freitext (FT)*-Fragen während der Veranstaltung zu stellen, welche entweder im Vorhinein vorbereitet oder spontan erstellt und während der Veranstaltung direkt ausgewertet werden können sowie
7. Möglichkeit für Studierende, in vordefinierten Perioden Selbsttests unabhängig von Präsenzveranstaltungen zu bearbeiten.

Diese Zielbeschreibungen beziehen sich auf die im Rahmen dieser Arbeit entstandenen nuKIT-Tools, welche allerdings auf dem Vorgängerwerkzeug NUKATH basieren. Zur Abgrenzung zwischen nuKIT und NUKATH wird im Folgenden der Werdegang von NUKATH zu nuKIT kurz beschrieben.

5.1.2 Von NUKATH zu nuKIT

Die Hauptidee sowie die Grundstruktur der nuKIT-Tools entstammen dem softwaregestützten Kommunikationswerkzeug NUKATH (Notebook University Karlsruhe (TH)), welches im Rahmen des durch das *Bundesministerium für Bildung und Forschung (BMBF)* finanzierte Projekt „Notebook University" von Mai 2002 bis Dezember 2003 entwickelt wurde. Es hatte zum Ziel, die vorhandenen mobilen Technologien in den Präsenzveranstaltungen zu nutzen [28, 57]. Im Rahmen des Teilprojekts *Anwendungen mobiler Systeme im Umfeld universitären Lebens und Arbeitens (AMSULA)* wurde der Frage nachgegangen, welche Möglichkeiten sich durch Drahtlosnetzwerke einerseits und die Verwendung mobiler Endgeräte andererseits ergeben [51].

Die Entwicklung dieser neuen Technologie fiel allerdings in die Phase der Ernüchterung bzw. Aufklärung nach der e-Learning Euphorie der 1990er Jahre (vgl. Abb. 2.4), so dass sich in den darauffolgenden Jahren bei regelmäßigem Einsatz und unveränderter Software nur ein geringer Anklang von NUKATH verzeichnen ließ. Dies bestätigen auch die Umfrageergebnisse der Untersuchungen von [51], dass die „Kommunikation zwischen Dozenten und Studenten" nicht intensiver sei. Ein weiterer Grund hierfür könnte auch die zu diesem Zeitpunkt noch relativ geringe Verbreitung mobiler Endgeräte unter den Studierenden sein.

Mit der Zunahme der Verbreitung mobiler Endgeräte wie beispielsweise Smartphones, Laptops oder Tablets zeigte sich eine positive Entwicklung der Akzeptanz von NUKATH, so dass diese im Jahre 2011 einen Aufschwung sowohl bei der Verwendung als auch bei der Nachfrage seitens verschiedener Dozenten erfuhren. Hierdurch wurden allerdings auch einige Defizite der ursprünglichen Software offensichtlich, etwa fehlende Schnittstellen mit den neuen Technologien der mobilen Anwendungen. Zudem machte es ein zu spezieller Design-Ansatz kompliziert, die Plattform verschiedenen Kursen zur Verfügung zu stellen und den unterschiedlichen Anforderungen der einzelnen Dozenten gerecht zu werden. Deshalb werden die nuKIT-Tools *(networked university KIT)* seit 2011 unter Initiative der Autorin insbesondere hinsichtlich didaktischer sowie konzeptioneller Beteiligung weiterentwickelt und an die technologischen Veränderungen angepasst. Hierbei stehen vor allem die Entwicklung einer mobilen App, die Erweiterung der Webanwendung sowohl für Studierende als auch Dozenten und die Verbesserung einiger technischer Aspekte der Plattform wie Sicherheit, Anonymität, Stabilität sowie Benutzerfreundlichkeit im Mittelpunkt. Zudem wurde die Funktion der Überprüfung des eigenen Wissens außerhalb der Präsenzveranstaltungen über sogenannte Surveys integriert [165].

Den Ausgangspunkt der folgenden Beschreibungen bilden nicht die historischen NUKATH-Tools, sondern die weiterentwickelten nuKIT-Werkzeuge.

5.1.3 Struktur von nuKIT

Die nuKIT-Tools bieten den Studierenden die Möglichkeit, während der Präsenzveranstaltung anonym und digital über eine App oder Webanwendung Fragen an den Dozenten zu stellen sowie dessen Vortragsgeschwindigkeit zu bewerten. Dieser kann ebenfalls digital Fragen an die Studierenden senden. Eine Beantwortung der Fragen durch die Studierenden sowie eine Anzeige der Ergebnisse ist ebenfalls möglich. Zudem kann der Dozent einen Fragenkatalog, einen sogenannten Survey, erstellen, den die Studierenden auch außerhalb der Vorlesung einsehen und bearbeiten können und dessen Ergebnisse dem Dozenten als formatives Feedback zur Verfügung stehen.

Zur Einordnung sowie detaillierten Beschreibung dieser Funktionen werden die nuKIT-Tools nach [165] in drei Bereiche untergliedert,

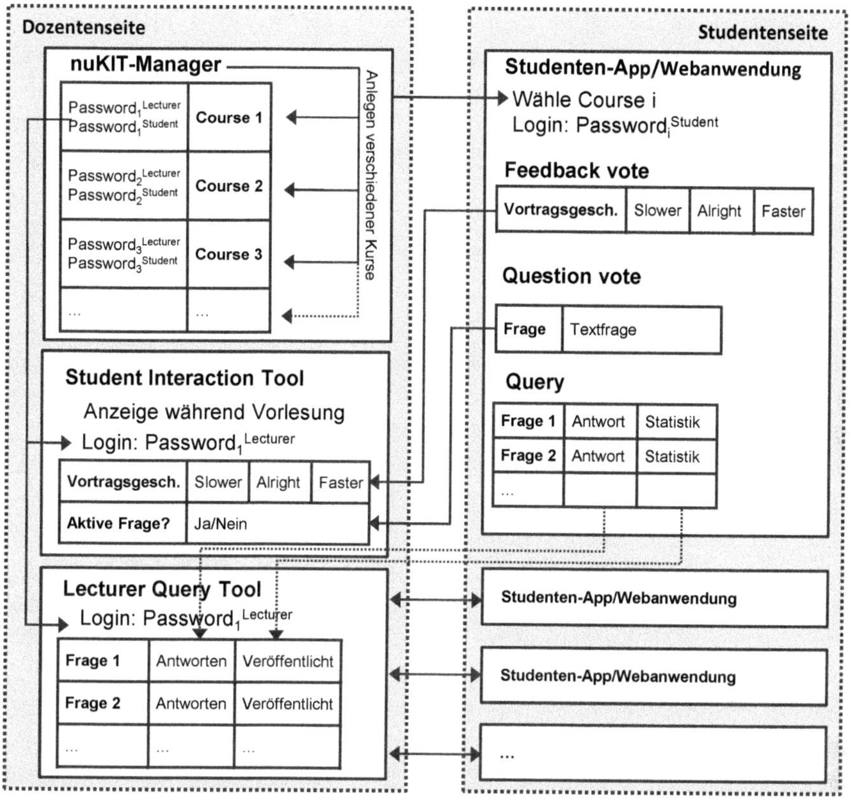

Abb. 5.1. Layout der nuKIT-Tools. Die Dozentenseite enthält als Verwaltungssystem den Manager. Über ein Passwort kann der Dozent auf den kurseigenen Bereich des *SIT* und *LQT* zugreifen. Das *SIT* zeigt dem Dozent Geschwindigkeitsfeedback sowie studentische Fragen an; das *LQT* stellt das Fragewerkzeug des Dozenten dar. Die Studentenseite besteht aus Studenten-App und Webanwendung mit den Funktionalitäten Vortragsgeschwindigkeit bewerten (Feedback vote), Fragen stellen (Question vote) und Fragen beantworten (Query) [165].

- die *Dozentenseite*, welche den nuKIT Manager (*Manager*), das Student Interaction Tool (*SIT*) und das Lecturer Query Tool (*LQT*) enthält,
- die *Studentenseite*, welche die Interaktion über Studenten-App oder Webanwendung ermöglicht, und
- die *Serverseite*, die für die Kommunikation zwischen Dozentenseite und Studentenseite sowie die Verwaltung der Datenbank zuständig ist.

Abb. 5.1 gibt einen Überblick über die Dozenten- sowie die Studentenseite. Die Grobstruktur von nuKIT stammt, wie bereits erwähnt, teilweise vom Vorgänger NUKATH ab. Die größten Veränderungen bezüglich der Struktur sind die Erweiterung der Studentenseite um eine App, ein passwortgeschützter Zugang sowohl auf Studenten- als auch auf Dozentenseite sowie das Angebot der Surveys. Zudem wird die Dozentenseite durch einen Zugang über die Webanwendung erweitert, welcher allerdings nicht während des Evaluationszeitraums zur Verfügung stand. Im Folgenden wird die aktuelle Struktur der nuKIT-Tools aufgezeigt. Für eine Übersicht der und zur besseren Abgrenzung zur ursprünglichen NUKATH-Struktur sei an dieser Stelle auf [28] verwiesen.

Dozentenseite

Die Dozentenseite beinhaltet, wie in Abb. 5.1 links ersichtlich, drei Hauptteile, die als separate Programme implementiert sind, das *SIT*, das *LQT* sowie den *Manager* [165].

Lecturer Query Tool. Das *LQT* ist eines der zwei Dozententools, welche die Kommunikation während der Vorlesung ermöglichen und dadurch die wesentliche Eigenschaft von nuKIT beschreiben. Sobald sich ein Dozent über das Dozentenpasswort in das LQT einloggt, werden die kurseigenen Daten, wie beispielsweise der Fragenkatalog, aus der Datenbank geladen. Abb. 5.2 zeigt die Ansicht des *LQT* der Veranstaltung GdI2. Das *LQT* hat zum Ziel, die Kommunikation innerhalb der Präsenzveranstaltung durch gezielte Fragen des Dozenten an die Studierenden zu erhöhen. Diese Fragen können durch die Studierenden sofort elektronisch über Clients der Studierendenseite beantwortet werden. Hierfür kann der Dozent bereits vor Veranstaltungsbeginn SC-, MC- oder FT-Fragen (free) anlegen und während der Präsenzveranstaltung über die Questioning-Funktion (vgl. Abb. 5.2 (a)) veröffentlichen. Der Fragenkatalog (Question Catalog) wird in der Datenbank (vgl. Abschn. 5.1.4) gespeichert, so dass sich der Dozent von verschiedenen Endgeräten einloggen und auf die entsprechenden Fragen zugreifen kann. Sobald die Fragen von dem Dozenten veröffentlicht sind, können die Studierenden durch die Studentenwerkzeuge auf die Fragen zugreifen und diese beantworten. Die von den Studierenden abgegebenen Antworten werden in Echtzeit an das *LQT* zurückgegeben und ausgewertet. Der Dozent hat nun bei SC- oder MC-Fragen die Möglichkeit, eine Antwortstatistik zu veröffentlichen, welche sowohl auf dem Endgerät des Dozenten als auch auf den Werkzeugen der Studierendenseite angezeigt werden kann.

Eine weitere Funktionsweise des *LQT* ist der Einsatz außerhalb der Vorlesung über die sogenannten Surveys (vgl. Abb. 5.2 (b)). Ein Survey setzt sich aus einer beliebigen Anzahl an Fragen zusammen, deren Start- und Endzeitpunkt der Dozent frei festsetzen kann. Während dieses Zeitintervalls haben die Studierenden die Möglichkeit, die freigeschalteten Fragen zu beantworten und erhalten, je nach Survey-Konfiguration des Dozenten, Feedback zu deren Richtigkeit sowie weiterführende Hinweise und Tipps zu den einzelnen Fragen. Zudem können die Studierenden auf die kumulierte Gesamtstatistik aller Studierenden zugreifen. Der Dozent kann die Survey-Ergebnisse ebenfalls während der Laufzeit einsehen. Der Einsatzbereich der Surveys ist sehr flexibel; diese können beispielsweise zur Lernunterstützung vor der Klausur oder als formatives Feedback parallel zur Lehrveranstaltung eingesetzt werden. So lassen sich Rück-

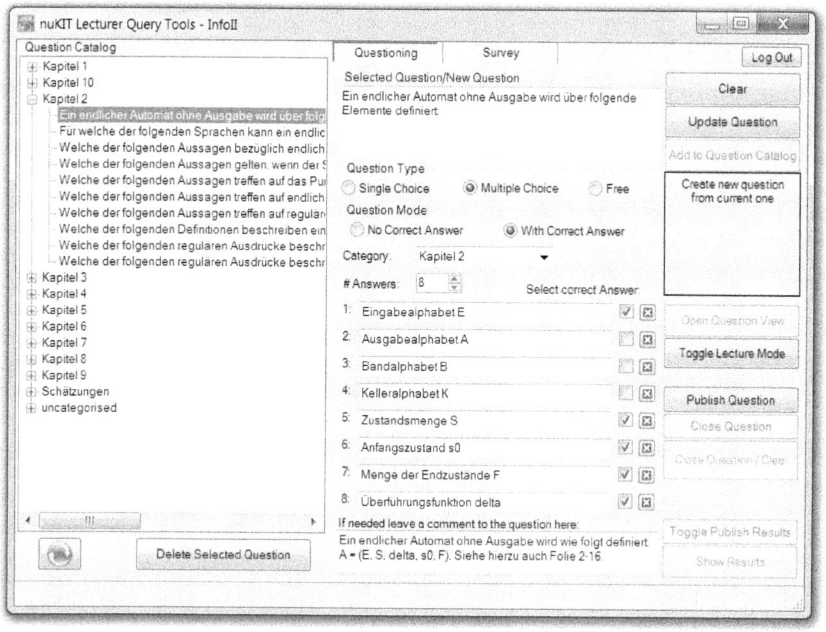

a) Fragestellung in Präsenzveranstaltung

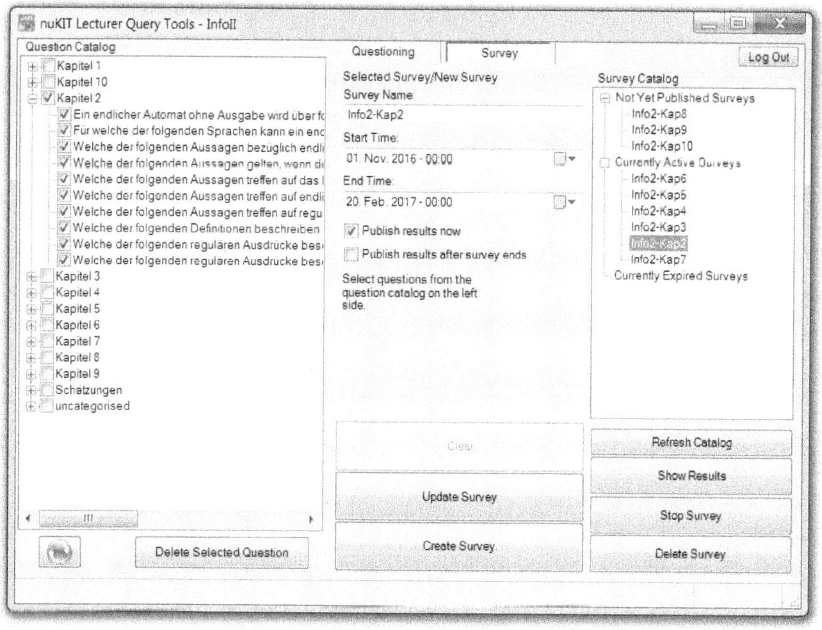

b) Erstellung der Surveys

Abb. 5.2. Screenshot des Lecturer Query Tools. Der Screenshot des *LQT* entstammt dem Kurs GdI2 und zeigt a) die Ansicht zur Fragestellung während der Vorlesung und b) die Ansicht zur Erstellung der Surveys an. In beiden Ansichten können Fragen aus dem „Question Catalog" – jeweils rechts dargestellt – ausgewählt werden.

a) Standardansicht b) Präsentationsmodus

Abb. 5.3. Screenshot des Student Interaction Tools. Das *SIT* kann dem Dozenten entweder in a) Standardansicht oder im b) Präsentationsmodus angezeigt werden. Vorhandene Studierendenfragen werden durch die Blaufärbung des Fragezeichens hervorgehoben; das Balkendiagramm zeigt die relative Bewertung der Vortragsgeschwindigkeit an.

schlüsse auf den Lernfortschritt der Studierenden ziehen und mögliche Anpassungen für die nachfolgenden Lehrveranstaltungen vornehmen.

Student Interaction Tool. Das *SIT* ist die zweite Benutzerschnittstelle der Dozentenseite zur digitalen Kommunikation mit den Studierenden. Die Studierenden können dem Dozenten Fragen stellen sowie dessen Vortragsgeschwindigkeit bezüglich der Eigenschaften „too slow“, „alright“ und „too fast“ bewerten.

Abb. 5.3 (a) zeigt die Standardeinstellung des *SIT* . Die durch die Studierenden gestellten Fragen werden in der Datenbank gespeichert und dem Dozenten in Echtzeit über die Blaufärbung des Fragezeichens angezeigt. Diese dezente Veranschaulichung ermöglicht es dem Dozenten, den Zeitpunkt der Beantwortung in seinen Vortrag nach eigenem Ermessen einzuarbeiten. Das Feedback zur Vortragsgeschwindigkeit wird an den Dozenten über die Anzeige eines seitlichen Balkendiagramms weitergeleitet. Im Präsentationsmodus (vgl. Abb. 5.3 (b)) wird das *SIT* vor der eigentlichen Präsentation halbtransparent angezeigt, so dass auch Studierende während der laufenden Präsentation einen Einblick in das studentische Feedback haben.

nuKIT Manager. Mit dem Verwaltungswerkzeug *Manager* können neue Kurse angelegt oder existierende geändert werden. Ein entsprechender Screenshot des *Manager* ist in Abb. 5.4 dargestellt. Abb. 5.4 (a) zeigt den Reiter „Manage Course“ mit einer Übersicht der verschiedenen Kurse. Die Passwortverwaltung erfordert beim Anlegen eines neuen Kurses (vgl. Abb. 5.4 (b)) sowohl ein Dozentenpasswort ($Password_{Lecturer}$) als auch ein Studentenpasswort ($Password_{Student}$). Das $Password_{Lecturer}$ verwaltet und gewährt den Dozentenzugriff auf das *SIT* und das *LQT* des entsprechenden Kurses. Das $Password_{Student}$ bewilligt den Studierenden den Zugriff auf den Kurs über die Studenten-App bzw. die Webanwendung.

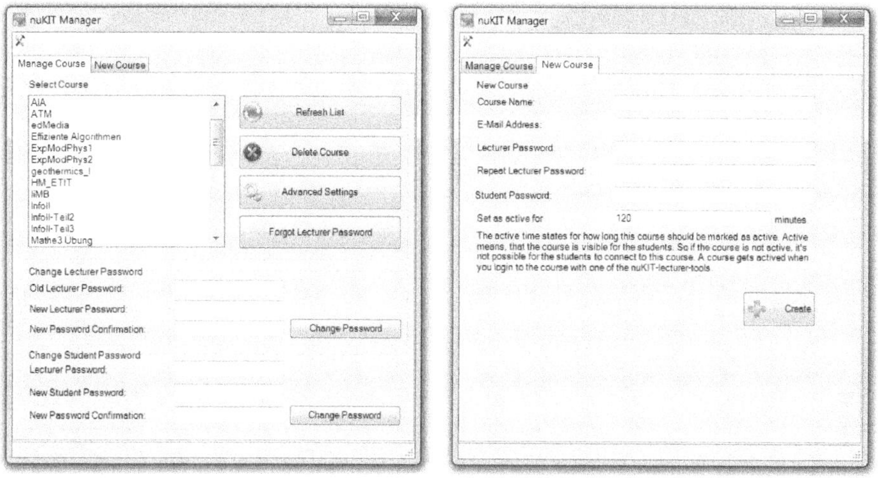

a) Reiter Manage Course **b) Reiter New Course**

Abb. 5.4. Screenshot des nuKIT-Managers. a) Der Reiter „Manage Course“ enthält eine Kursübersicht, so dass sich die Passwörter der Kurse ändern lassen. b) Der Reiter „New Course“ bietet die Möglichkeit, einen neuen Kurs anzulegen und im Zuge dessen den Kursnamen sowie die Passwörter zu setzen.

Studentenseite

Die nuKIT-Tools bieten zwei Benutzerschnittstellen (vgl. Abb. 5.1, rechts), die Android-App, die im Google Play Store[1] angeboten wird und die Webanwendung, auf welche über die nuKIT-Webseite[2] zugegriffen werden kann [165]. Beide Schnittstellen beinhalten nahezu die gleichen Funktionalitäten. Zur Verwendung der Tools müssen sich die Studierenden zuerst über das $Password_{Student}$ in den gewünschten Kurs einloggen. Der benötigte Benutzername kann beliebig gewählt werden, sodass die Tools vollständig anonym[3] verwenden werden können. Der Login-Vorgang ist für die Studierenden allerdings nur dann möglich, wenn sich der Dozent in mindestens eins der Dozententools *LQT* oder *SIT* eingeloggt hat. So kann dieser den elektronischen Frage- und Feedbackprozess selbstständig steuern. Auf die Surveys kann unabhängig davon während des festgesetzten Zeitintervalls jederzeit zugegriffen werden.

Abb. 5.5 gibt einen Überblick über das Layout der nuKIT-App und Abb. 5.6 zeigt die Webanwendung, die bis Ende des *WS*15 verwendet wurde. Die aktualisierte Webanwendung wird in Abschn. 5.1.6 kurz beschrieben. Sowohl die Android-App als auch die Webanwendung bieten die Interaktionsmöglichkeiten „Vote“, „Question“ und

1 nuKIT im Google Play Store: https://play.google.com/store/apps/details?id=edu.kit.aifb.nukit

2 nuKIT Webanwendung: http://141.52.223.202/nukit

3 Die vollständige Anonymität und insbesondere die Einhaltung der datenschutzrechtlichen Vorgaben wurden in diesem Zusammenhang mit dem Datenschutzbeauftragten des KIT abgestimmt.

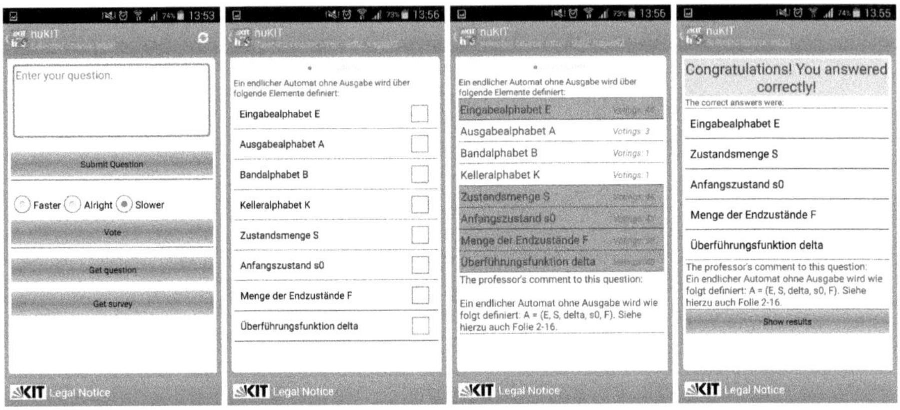

a) Startseite b) Surveyfrage c) Surveyantwort d) Ergebnis Dozentenfrage

Abb. 5.5. nuKIT-App. a) Dieser Screenshot zeigt die Übersichtsseite der App nach dem Login. Die Studierenden können Fragen stellen, die Vortragsgeschwindigkeit des Dozenten bewerten, auf die durch den Dozenten gestellten Fragen über den Button „Get Question" zugreifen sowie die Surveys aufrufen. In b) ist beispielhaft eine MC-Frage eines Surveys abgebildet. c) Die Darstellung der richtigen Antworten wird durch die Hinterlegung verdeutlicht. Zudem wird die kumulierte Anzahl der Votings pro Antwortmöglichkeit angezeigt. Wenn vorhanden werden noch Hinweise oder weiterführende Erklärungen angezeigt. d) Dieser Screenshot zeigt die Beantwortung der Frage innerhalb der Lehrveranstaltung nach Freigabe der richtigen Ergebnisse und dem Abgleich mit den eigenen abgegebenen Antworten an.

„Multiple-Choice-Question" während der Präsenzveranstaltung sowie die Verwendung der „Surveys".

Vote. Die Studierenden haben die Möglichkeit, die Präsentationsgeschwindigkeit des Dozenten mit Hilfe der 3-stufigen Skala „faster", „alright" und „slower" zu bewerten. Eine Stimmabgabe wird direkt an das *SIT* weitergeleitet und beim Dozenten angezeigt. Dadurch kann jeder Studierende dem Dozenten anonym Rückmeldung bezüglich der Vortragsgeschwindigkeit geben. Nach Abgabe einer Geschwindigkeitsbewertung wird der jeweilige Nutzer für einen voreingestellten Zeitraum für die Stimmabgabe geblockt. Nach Ablauf dieses Zeitraums kann der Nutzer erneut Feedback geben.

Question. Wenn während der Präsenzveranstaltung bei den Studierenden Unklarheiten oder Fragen auftreten, können diese die „Question" Funktion verwenden, um entweder über die App (vgl. Abb. 5.5) oder die Webanwendung (vgl. Abb. 5.6) die Frage an den Dozenten zu schicken. Das Vorliegen von mindestens einer Frage wird auf der Dozentenseite durch Blaufärbung des Fragezeichens in Abb. 5.3 angezeigt, so dass der Dozent diese in Reihenfolge ihres Eingangs aufrufen kann.

a) Startansicht nach Login

b) Anzeige der Surveys

Abb. 5.6. nuKIT-Webanwendung. a) Benutzeroberfläche nach dem Login mit den Interaktionsmöglichkeiten „Ask Question" und „Voting". Im Gegensatz zur App wird eine durch den Dozenten gestellte Frage auf der gleichen Oberfläche angezeigt. Auch zu den Surveys gelangt man über diese Oberfläche. b) Anzeige der einzelnen Fragen eines Surveys.

Multiple-Choice-Question. Die dritte Möglichkeit, mit dem Dozenten in Interaktion zu treten, muss vor Verwendung durch die Studierenden vom Dozenten über das *LQT* freigeschaltet werden. Indem der Dozent eine Frage zur Beantwortung an die Studierenden schickt, wird diese Funktion auf der App (vgl. Abb. 5.5 (b)) bzw. Webanwendung (vgl. Abb. 5.6 (a)) angezeigt. Die Studierenden können durch Anklicken der jeweiligen Antwortmöglichkeiten an der Frage teilnehmen. Die Antworten werden an das *LQT* weitergeleitet und es wird eine kumulierte Auswertung aller Antworten angezeigt. Diese Auswertung kann vom Dozenten an die Studierenden weitergeleitet werden (vgl. Abb. 5.5 (c)). Zusätzlich erhält der Studierende in der App-Anwendung Feedback zu seinen abgegebenen Antworten (vgl. Abb. 5.5 (d)).

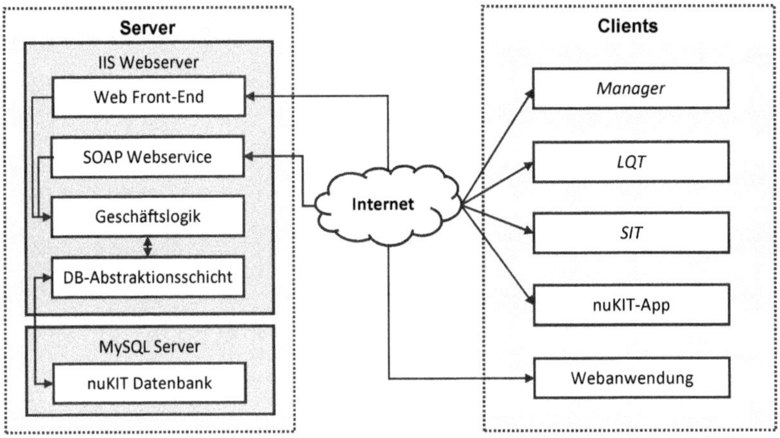

Abb. 5.7. nuKIT Client-Server-Architektur. Serverseitig muss zwischen dem IIS Webserver mit dem Web Front-End sowie den Webservices und dem MySQL Server mit der Datenbank unterschieden werden. Die Clientseite stellt das *LQT*, das *SIT* sowie den *Manager* und die beiden Studierendenwerkzeuge der App und Webanwendung bereit [165].

Survey. Der Dozent kann über das *LQT* einen Survey anlegen und freischalten. Anschließend kann auf den Survey während des definierten Zeitraums unabhängig von der Präsenzveranstaltungen über die App bzw. die Webanwendung zugegriffen werden. Je nach Einstellung durch den Dozenten ist entweder nur die Beantwortung der Fragen möglich, wie in Abb. 5.5 (b) und Abb. 5.6 (b) dargestellt, oder es können zusätzlich die richtigen Lösungen sowie der Antwortstatus aller Studierenden (vgl. Abb. 5.5 (c)) eingesehen werden.

Sowohl die App als auch die Webanwendung können von beliebig vielen Studierenden parallel verwendet werden. So wurden die nuKIT-Werkzeuge bereits mehrfach in großen Veranstaltungen wie beispielsweise der Vorlesung zu GDI2 eingesetzt. Voraussetzung hierfür ist allerdings eine stabile Internetverbindung.

5.1.4 Technische Umsetzung

Die technische Umsetzung der nuKIT-Werkzeuge basiert auf einer Client-Server-Architektur (vgl. Abb. 5.7) [165]. Dabei stellte sich die ursprünglich für die NUKATH-Tools vorgesehene Two-Tier-Architektur [28] jedoch als nachteilig heraus, da nicht von jedem beliebigen Rechner auf die gleiche Vorlesung mit den zugehörigen Daten zugegriffen werden konnte. Folglich wurde für nuKIT die Datenspeicherung auf einen separaten Server ausgelagert, wodurch eine Three-Tier-Architektur entstand.

Die Clientseite setzt sich aus den Dozententools *LQT*, *SIT* und *Manager* sowie den Studierendenwerkzeugen nuKIT-App und Webanwendung zusammen. Auf der Serverseite befindet sich der Microsoft *Internet Information Services (IIS)* Webserver mit dem Web-Front-End, zuständig für die Webanwendung, dem SOAP Webservice[4], der Geschäftslogik und der *Datenbank (DB)*-Abstraktionsschicht, sowie der MySQL Server, welcher die nuKIT Datenbank verwaltet. Im Folgenden werden die einzelnen Teilbereiche der nuKIT Architektur in Anlehnung an [165] detaillierter beschrieben.

IIS Webserver

Programme auf dem IIS Webserver verwenden das Microsoft .NET Framework und sind in C# programmiert.

Web Front-End. Das Web Front-End stellt die Webanwendung bereit, auf welche Studierende über einen Browser der Clientseite zugreifen können. Die serverseitige Programmierung zum Erstellen der Webanwendung verwendet die ASP.NET Programmiersprache von Microsoft, welches sich dem .NET-Framework untergliedert. Der Webbrowser kommuniziert mit dem Web Front-End über die Webservermethoden `doGet()` und `doPost()`. Die vom Web Front-End erzeugte *HTML (Hypertext Markup Language)* Seite wird über das *HTTP (Hypertext Transfer Protocol)* an den Browser zurückgeschickt.

SOAP Webservice. Die Schnittstelle zwischen den Anwendungen der Client- und der Serverseite wird, mit Ausnahme der Webanwendung, über den SOAP Webservice bereitgestellt. Die Kommunikation erfolgt über das leichtgewichtige Netzwerkprotokoll SOAP und verwendet zur Darstellung der Daten *XML (Extensible Markup Language)*. SOAP eignet sich dazu, strukturierte Informationen in einer dezentral verteilten Umgebung auszutauschen. Der Transport der SOAP-Nachrichten an sich erfolgt über das Transportprotokoll HTTP. Der Vorteil hiervon ist die Kompatibilität innerhalb des Internets, so dass diese nicht von Firewalls abgefangen werden. Ein weiterer Grund für die Nutzung von SOAP ist die Sicherstellung der Kommunikation zwischen dem Server und verschiedenen strukturell unterschiedlichen Anwendungen auf Clientseite, wie beispielsweise der Java-basierten Android-App und den C#-basierenden Dozententools.

Geschäftslogik. Als Geschäftslogik wird die logische Einheit der Serverseite bezeichnet, welche für die Verarbeitung von Datenanfragen sowie die Bereitstellung der geforderten Daten zuständig ist; sie interpretiert Anfragen (z.B. Fragen, Votings, etc.), die über den SOAP Webservice bzw. vom Web Front-End eingehen. Dabei entscheidet die Geschäftslogik beispielsweise über eine Datenbankanfrage und liefert die geforderten Daten über den SOAP Webservice an die entsprechende Einheit zurück oder aktualisiert einzelne Werte in der Datenbank.

4 Die Abkürzung SOAP ist ursprünglich abgeleitet von *Simple Object Access Protocol (SOAP)*.

Die Geschäftslogik schaltet einen Kurs „aktiv", d. h. für Studierende zugänglich, sobald sich ein Dozent in mindestens eines der beiden Kommunikationswerkzeuge *LQT* bzw. *SIT* einloggt. Dieser bleibt solange aktiv, bis sich der Dozent aus den Tools ausloggt, oder bis die vom Dozenten voreingestellte Online-Bearbeitungsdauer erreicht ist. Der Default-Wert einer Standard-Präsenzveranstaltung umfasst 90 Minuten. Der Geschäftslogik kommt ebenfalls die vermittelnde Aufgabe zwischen DB-Abstraktionsschicht und dem SOAP-Webservice zu.

DB-Abstraktionsschicht. Die Datenbankabstraktionsschicht bildet die Schnittstelle zum MySQL Server der Datenbank. Vordefinierte SQL-Anfragen ermöglichen den Abruf einzelner Daten aus der bzw. das Schreiben von Daten in die Datenbank, sobald dies durch eine Anfrage über die Geschäftslogik gefordert wird. Zudem werden auch die durch das *LQT* erstellten Dozentenfragen in der Datenbank gespeichert, so dass jeder Dozent von verschiedenen Rechnern auf die Inhalte seines eigenen Kurses zugreifen kann.

MySQL Server

Mit der Umstellung von NUKATH zu nuKIT wurde eine zentrale MySQL-Datenbank integriert, welche auf einem separaten Server gehostet wird. Die Integration einer zentralen Datenbank ermöglicht einerseits einen Endgeräte-unabhängigen Zugriff der Dozenten auf die Kurse. Zudem ermöglicht die Speicherung anonymer Nutzerdaten eine wissenschaftliche Auswertung der Benutzerstatistiken der nuKIT Werkzeuge (vgl. Abschn. 6.5).

nuKIT Datenbank. Die Datenbank speichert alle Kommunikationsvorgänge zwischen Dozenten und Studierenden. Um den datenschutzrechtlichen Anforderungen gerecht zu werden, werden die personenbezogenen Daten anonymisiert – in Sinne von § 3 Abs. 6 LDSG BW[5] – gespeichert [141]. Hierzu wird, wenn die nuKIT-Tools über die Webanwendung oder die nuKIT-App verwendet werden, auf dem mobilen Endgerät des Studierenden ein Cookie gespeichert, welcher einen eindeutigen, jedoch zufällig erzeugten 32 Zeichen langen String enthält. Diese Zeichenfolge wird erzeugt, sobald das entsprechende Endgerät zum ersten Mal die entsprechende Clientanwendung besucht. Dieser Identifikator wird durch den ausgewählten Kursnamen ergänzt und unter Verwendung der Hashfunktion *Secure Hash Algorithm-512 (SHA-512)* verschlüsselt, der derzeit eine hohe Sicherheit zugesprochen wird [162]. So wird die Anonymisierung bewahrt, und ein wiederkehrender Studierender dennoch als solcher erkannt und in der Datenbank gespeichert.

Die einzelnen Tabellen sowie die zugehörigen *Primärschlüssel (PK)* und *Fremdschlüssel (FK)* der relationalen Datenbank sind in Abb. 5.8 dargestellt. Für jede Veran-

5 *Landesdatenschutzgesetz Baden-Württemberg (LDSG BW)*

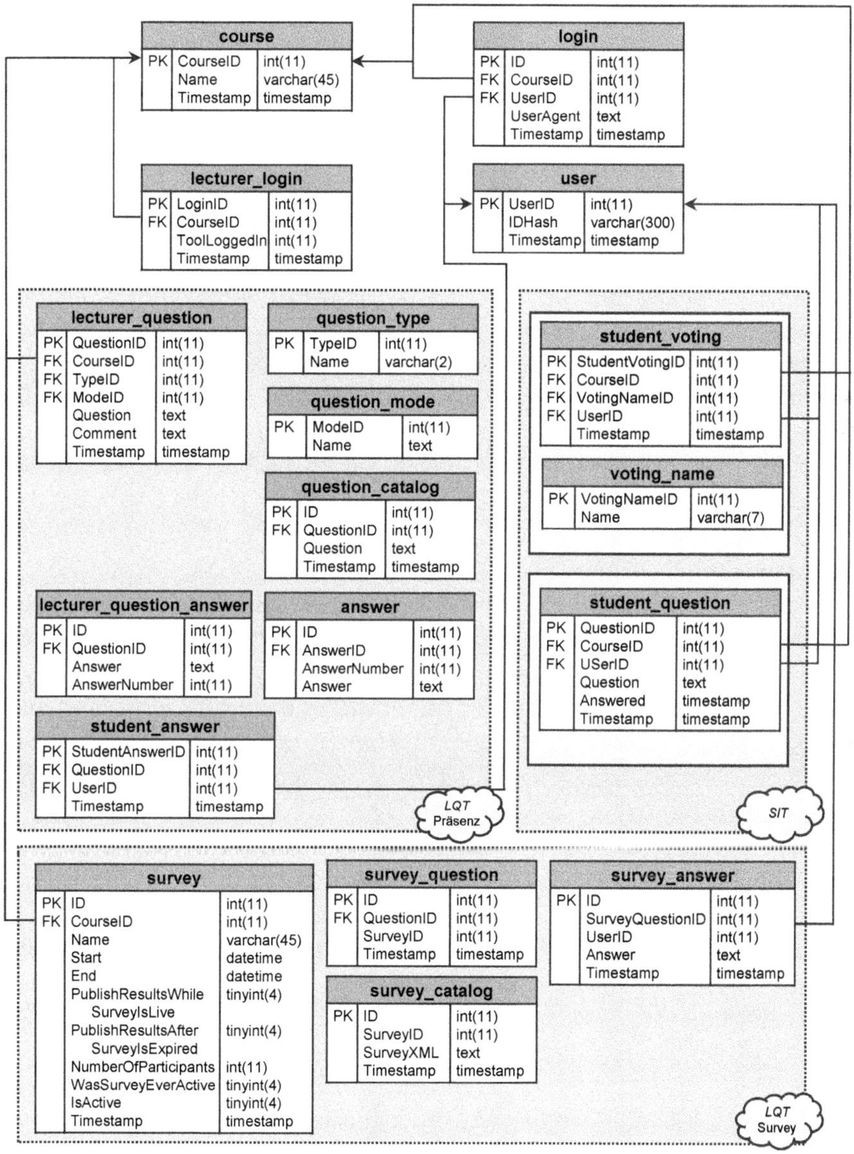

Abb. 5.8. Überblick über das nuKIT-Datenbankschema. Das Datenbankschema gibt einen Überblick über die einzelnen Tabellen der Datenbank mit den zugehörigen Attributen inklusive Primär- (PK) und Fremdschlüssel (FK). Diese sind nach der Zugehörigkeit zum *SIT*, *LQT* für die Präsenzveranstaltung sowie zum *LQT* für die Surveys sortiert. Die Tabellen `course`, `login`, `lecturer_login` sowie `user` werden übergeordnet verwendet. Die Verbindungen zwischen den einzelnen Tabellen sind zur besseren Lesbarkeit nur beispielhaft dargestellt.

staltung (course) werden die Loginzeitpunkte der Dozenten (lecturer_login) und Studierenden (login) gespeichert. Beim Dozentenlogin wird zudem gespeichert, in welches Tool der Dozent sich einloggt (ToolLoggedIn). Die Studierenden bekommen eine UserID zugewiesen, welche wiederum mit dem berechneten Hashwert (IDHash) verbunden ist.

Der mittlere Teil der Abb. 5.8 stellt links das Datenbankschema der Daten dar, die sich durch die Verwendung des *LQT* in der Präsenzveranstaltung ergeben. Hierfür werden die verschiedenen Dozentenfragen (lecturer_question) der Kurse gespeichert und über das Attribut CourseID zugeordnet. Diesen wird der Fragetyp (question_type) SC-, MC- oder FT-Frage sowie die Art (question_mode) „mit richtiger Antwort" oder „ohne richtige Antwort" zugewiesen. Alle aktuellen Fragen einer Veranstaltung werden in der Tabelle question_catalog zusammengefasst. Die durch den Dozenten vorgegebenen Antworten zu den angelegten Fragen sind in der Tabelle lecturer_question_answer enthalten. Sobald die Frage von dem Dozenten gestellt wird, werden die Antworten der Studierenden in der Tabelle answer abgelegt und über student_answer den jeweiligen Fragen (QuestionID) und Studierenden (UserID) zugeordnet.

Die Kommunikation über das *SIT* wird auf der rechten mittleren Seite als Datenbankschema beschrieben. Die Tabelle student_voting speichert die Vortragsgeschwindigkeitsbewertungen und ordnet diese über das Attribut CourseID dem Dozenten bzw. dem entsprechenden Kurs zu. Die Art der Geschwindigkeitsbewertung („Faster", „Alright", „Slower") wird in der Tabelle voting_name gespeichert. Sobald von einem Studierenden eine Frage gestellt wird, werden die zugehörigen Informationen in der Tabelle student_question abgelegt.

Der untere Teil der Abb. 5.8 stellt die Datenbankstruktur bei Verwendung der Surveys dar. Die Metadaten eines Surveys wie beispielsweise Name, Start und End werden in der Tabelle survey beschrieben. Der PK ID ordnet dieser die zugehörigen Fragen aus der Tabelle survey_question zu. Die Tabelle survey_catalog speichert den kompletten Survey als XML-Datei. Die Antworten eines Studierenden (UserID) werden in der Tabelle survey_answer abgelegt.

Clients

Die Clientseite (vgl. Abb. 5.7) enthält die Anwendungen *LQT*, *SIT*, *Manager* sowie die nuKIT-App und die Webanwendung. Die Tools der Dozentenseite *LQT*, *SIT* und *Manager* verwenden das .NET Framework und sind in C# geschrieben; die Android-App basiert auf Java.

Manager. Der *Manager* ist der administrative Teil der Clientanwendungen. Über diesen können neue Kurse mit zugehörigen Passwörtern erstellt werden; der Kursname muss eindeutig sein, da dieser serverseitig als PK fungiert. Mit dem *Manager* können Kurse gelöscht und Passwörter verändert sowie neu beantragt werden. Das Dozentenpasswort schützt dabei vor einer Manipulation von außen. Falls die Funktion „Forgot Lecturer Passwort" ausgewählt wird, setzt der Server ein neues zufälliges Passwort und informiert den Dozenten über E-Mail. Zudem können weitere kursspezifische Einstellungen wie die Online-Bearbeitungsdauer eingestellt werden. Die vorgenommenen Änderungen werden in einer Statusleiste angezeigt, so dass die erfolgreiche Ausführung vorgenommener Änderungen überprüft werden kann.

Lecturer Query Tool. Mit Hilfe des *LQT* kann der Dozent den Studierenden Fragen stellen. Eine neu erstellte Frage wird dem Fragenkatalog der Datenbank hinzugefügt. Sobald der Dozent den „Publish Question" Button auswählt, wird die ausgewählte Frage an den Server gesendet. Die Antworten der Studierenden werden in der Datenbank gespeichert und per pull-Abfrage an das *LQT* des entsprechenden Kurses weitergeleitet. Diese werden auf der Dozentenseite als Säulendiagramm dargestellt, welches über einen gesonderten Thread aktualisiert wird, um die Verarbeitungsgeschwindigkeit nicht zu beschränken. In der Präsenzveranstaltung kann immer nur eine Frage parallel gestellt werden.

Entgegen dessen können außerhalb der Präsenzveranstaltung die Surveys geschaltet werden. Die Surveys werden aus dem gleichen Fragenkatalog erstellt wie die Einzelfragen der Präsenzveranstaltung. Die ausgewählten Fragen werden an den Server gesendet und in der DB gespeichert, so dass diese beim Abruf der App bzw. Webanwendung ausgelesen werden können.

Student Interaction Tool. Das *SIT* stellt auf Dozentenseite die Bewertungen der Vortragsgeschwindigkeit sowie die Fragen der Studierenden graphisch dar. Neue Fragen werden durch Blaufärbung des Fragezeichens in Abb. 5.3 angezeigt, Geschwindigkeitsbewertungen über ein Balkendiagramm. Um das Echtzeitverhalten zu erreichen und die Antwortgeschwindigkeit der *graphischen Benutzeroberfläche (GUI)* nicht zu verringern, erfolgt die Kommunikation des *SIT* in einem separaten Thread, welcher den Server regelmäßig bezüglich neuer Fragen oder Geschwindigkeitsbewertungen anfragt.

Sobald der Dozent die in der Warteschlange stehenden Fragen durch Anklicken des Fragezeichens öffnet, wird die Länge der Warteschlange angezeigt und die älteste Frage geladen. Zusätzlich kann auch die gesamte Warteschlange angezeigt und beantwortet werden. Sobald eine Frage durch den Dozenten als beantwortet gekennzeichnet wird, wird diese aus der Warteschlange gelöscht. Unbeantwortete Fragen werden der Warteschlange hinten angefügt und können erneut aufgerufen werden. Eine Statusleiste gibt wie beim *LQT* ebenfalls Auskunft über den Erfolg durchgeführter Aktionen.

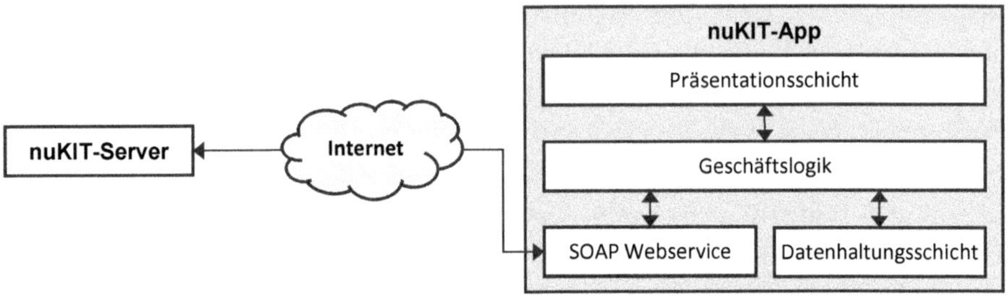

Abb. 5.9. nuKIT App-Architektur. Die Architektur der nuKIT-App umfasst die Präsentationsschicht, die Geschäftslogik sowie die Datenhaltungsschicht. Über den SOAP Webservice kommuniziert die App mit dem nuKIT-Server [165].

App. Die Android-basierte nuKIT-App bietet den Studierenden, wie die Webanwendung auch, die Möglichkeit, auf die nuKIT-Tools zuzugreifen. Die nuKIT-App ist für alle mobilen Endgeräte ab der Android-Version 2.1[6] erhältlich.

Die Architektur der App [165] (vgl. Abb. 5.9) beinhaltet die Präsentationsschicht, welche die Funktionen der App für den Anwender graphisch darstellt. Die GUI einer einzelnen Bildschirmseite wird unter Android als „Activity" bezeichnet und in XML beschrieben. Die Android-App setzt sich aus sieben verschiedenen Activities zusammen (Einloggen, Feedback, SC-Fragen, MC-Fragen, FT-Fragen, Abstimmergebnisse, Richtigkeit). Die Geschäftslogik ist auch hier für die Datenverarbeitung zuständig. Diese umfasst die Auswertung der vom SOAP Webservice erhaltenen Daten sowie die Anpassung der einzelnen Activities. Die benötigten Daten, wie beispielsweise gespeicherte Benutzernamen oder bereits besuchte Kurse, werden über die Datenhaltungsschicht zur Verfügung gestellt. Der SOAP Webservice stellt die Kommunikationsschnittstelle mit dem nuKIT-Server dar.

Nach dem Start der App fordert die Activity „Einloggen" den Anwender auf, einen Kurs aus der Liste aller aktiven Kurse auszuwählen, einen frei wählbaren Benutzernamen einzugeben und mit dem Studentenpasswort des Kurses zu bestätigen. Die eingegebenen Daten werden auf dem mobilen Endgerät gespeichert. Die Liste aller aktiven Kurse wird als Ergebnis einer Webservice-Anfrage zurückgegeben. Alle Webservice-Anfragen werden als asynchrone Aufrufe interpretiert. Die Activity „Feedback" bietet die Möglichkeit, Fragen zu stellen und dem Dozenten Feedback zur Vortragsgeschwindigkeit zu geben (vgl. Abb. 5.5 (a)). Die Weitergabe gestellter Fragen oder abgegebener Geschwindigkeitsbewertungen vom Server an die Dozententools erfolgt über ein pull-Verfahren im Sekundenrhythmus. Als weiteres Interaktionswerkzeug hat der Studierende die Möglichkeit, Dozentenfragen über die Activities „SC-Fragen", „MC-Fragen" oder „Freitextfragen" zu beantworten, welche er über eine Pull-Anweisung vom Ser-

6 Wegen Inkompatibilitäten mit den Anforderungen des Google Play Store wird die App seit dem *WS*16 nur noch für Android-Versionen 4.0 und größer angeboten.

ver abrufen kann. Die entsprechende Activity für eine MC-Frage zeigt der Screenshot in Abb. 5.5 (b). Mit dem Senden der Antworten werden diese lokal auf dem mobilen Endgerät gespeichert, so dass die gewählten Antworten bei einer erneuten Anzeige der Frage als ausgewählt erscheinen und ein Abgleich mit den richtigen Ergebnissen stattfinden kann (vgl. Activity „Richtigkeit" Abb. 5.5 (d)). Die letzte Activity „Abstimmergebnisse" ermöglicht den Studierenden einen Überblick über alle abgegebenen Votings (vgl. Abb. 5.5 (c)).

Webanwendung. Neben der Android-App haben die Studierenden die Möglichkeit, über jedes beliebige mobile Endgerät (sowohl über kleinere Smartphone-Bildschirme als auch über Laptops) mittels eine Webanwendung die nuKIT-Tools zu verwenden. Die angebotenen Funktionen entsprechen denen der Android-App und sind in Abb. 5.6 dargestellt. Die Webanwendung wird über das Web Front-End des IIS-Webservers zur Verfügung gestellt (vgl. Abb. 5.7).

5.1.5 Anwendung der nuKIT-Tools

Die nuKIT-Tools können prinzipiell in jeder Veranstaltung mit Vortragscharakter eingesetzt werden. Im Hinblick auf den Einsatzbereich innerhalb einer Universität gehört hierzu vor allem die Vorlesung; aber auch der Einsatz bei einer Tagung oder Konferenz ist möglich. Interessant ist auch die Anwendung bei räumlich verteilten Veranstaltungen wie Teleseminaren oder Televorlesungen, da dies die Interaktion deutlich vereinfachen bzw. ermöglichen kann.

Die nuKIT-Tools wurden (zuerst als NUKATH-Tools) seit dem *WS*03 in der Vorlesung GdI2 sowie bei Teleseminaren mit der Universität Mannheim eingesetzt. Nach der Umstellung auf nuKIT werden die Tools seit dem *WS*12 in verschiedenen Veranstaltungen des KIT verwendet (vgl. Abschn. 5.1.2). Tab. 5.1 gibt einen Überblick über die Verwendung der Tools innerhalb des KIT vom *WS*12 bis zum *WS*15. Die einzelnen Vorlesungsnamen ergeben sich aus der Benennung des Kurses durch den jeweiligen Dozenten; die `CourseID` wird separat durch die nuKIT-Tools als fortlaufende ID vergeben. Die Tabelle führt nur solche Kurse auf, die die folgenden von Weber in [243] beschriebenen Kriterien erfüllen:

1. Die Login-Daten verzeichnen mindestens einen Benutzer.
2. Während des Benutzungszeitraums haben insgesamt mindestens zehn verschiedene Logins stattgefunden.
3. Die nuKIT-Tools wurden an mindestens zwei zeitlich unterschiedlichen Veranstaltungen mit Aktivitätscharakter eingesetzt.
4. Der Kurs wurde nicht für Testzwecke angelegt.

Tab. 5.1. Verwendung der nuKIT-Tools am KIT. Die Tabelle zeigt die verschiedenen Kurse der Semester *WS*12 bis *WS*15, in welchen die nuKIT-Tools verwendet wurden. Die `CourseID` bezieht sich auf die durch die Datenbank gesetzte fortlaufende ID. Der Name ist der durch den Dozenten vergebene Kursname (in Anlehnung an [243]).

CourseID	Name	Zeitraum	
2	InfoII	*WS*03 bis *WS*11 (NUKATH), *WS*12, *WS*13, *WS*14, *WS*15 (nuKIT)	GdI2
37	InfoII(2)	*WS*13	GdI2
48	InfoII-Teil2	*WS*14, *WS*15	GdI2
49	InfoII-Teil3	*WS*14, *WS*15	GdI2
4	aia	*WS*12, *WS*13	
5/24	IiMB-WS2012-13/IiMB	*WS*12, *WS*13, *WS*14, *WS*15	
8	Mathe3 Übung	*WS*12	
9	Statistik I	*WS*12	
10	StochastikLAUebung	*SS*13	
16/18	OR1	*SS*13	
23	ModPhys2-Test	*WS*13	
25	OR2	*WS*13	
29	SI	*WS*13	
38	ExpModPhys1	*SS*14	
45	TVT	*WS*14	
46	ExpModPhys2	*WS*14	
47	HM ETIT	*SS*15, *WS*15	

Somit reduziert sich die Anzahl der verwendeten Kurse von 50 auf 19, wobei sich die Kurse (2, 37, 48, 49), (5, 24) und (16, 18) auf die jeweils gleiche Vorlesung beziehen, sodass 14 verschiedene Kurse übrig bleiben (Stand November 2015).

Da sich die vorliegende Arbeit lediglich auf die Eingliederung der nuKIT-Tools in die Lehrveranstaltung GdI2 bezieht, werden in den Evaluationen (vgl. Abschn. 6.5) lediglich die Daten dieses Kurses[7] beispielhaft betrachtet.

Eine detaillierte Analyse der Verwendung der nuKIT-Tools in den anderen beschriebenen Kursen aus Tab. 5.1 gestaltet sich insofern als schwierig, als keine taggenauen Anwesenheitszahlen der Studierenden dieser Kurse vorhanden sind. Von Pfeiffer-Bohnen et al. [165] wurde diesbezüglich lediglich die Verwendung der Werkzeuge in den Kursen 5/24 und 4 für die erste Hälfte des *WS*12 durchgeführt. Der Kurs 5/24 hat eine deutliche Interaktion über die Werkzeuge gezeigt bei einer Studierendenzahl zwischen 300 und 500, wohingegen Kurs 4 mit einer Teilnehmerzahl von meist weniger als 10 Studierenden nur eine unregelmäßige Verwendung der Werkzeuge erkennen ließ. Diese Entwicklung zeigt sich auch im Hinblick auf die Verwendung der nuKIT-Tools in den nachfolgenden Semestern; während nuKIT vom Kurs 5/24 regelmä-

7 GdI2 umfasst die unter `CourseID` gespeicherten Veranstaltungen 2 sowie 37 im *WS*13. Die Kurse 48 und 49 wurden im *WS*14 für die Bereitstellung der Surveys verwendet, siehe Tab. 5.1.

ßig zum Einsatz kam, wurden die Werkzeuge in Kurs 4 nur bis zum *WS*13 eingesetzt. Daraus kann gemutmaßt werden, dass sich der Einsatz der Werkzeuge eher für große Lehrveranstaltungen als für kleine eignet.

Weiterführende Analysen in [243] zeigen, dass die Kurse 9, 23, 38 45, 46 sowie 47 (bis *SS*15) mehr als zehn Dozentenfragen in dem jeweiligen verwendeten Semester aufweisen. Auch die Verwendung des Geschwindigkeitsfeedback zeigt Werte im mittleren bis oberen zweistelligen (Kurs 8, 9, 10, 38) bis dreistelligen Bereich (Kurs 16/18, 23, 25, 29, 47). Kurs 5/24 weist sogar Werte bis zu 3.267 Votings pro Semester auf. Die Anzahl an Fragen durch die Studierenden deutet in den betreffenden Semestern ebenfalls auf eine rege Interaktion hin. Aufgrund der fehlenden Anwesenheitszahlen können allerdings keine detaillierteren Bewertungen durchgeführt werden. Zur Darstellung der allgemeinen Nutzungsdaten über alle Kurse hinweg sei auf [243] verwiesen.

5.1.6 Erweiterungen nach *WS*15

Die nuKIT-Tools unterliegen einer ständigen Anpassung an die von Dozenten und Studierenden vorgeschlagenen Verbesserungen sowie an die sich weiterentwickelnden technischen Voraussetzungen. Die Grundfunktionalitäten der Tools bleiben dabei allerdings erhalten. Die im Folgenden beschriebene Neugestaltung der Webanwendung der nuKIT-Tools stand den Dozenten und Studierenden nicht während des Untersuchungszeitraums zur Verfügung, sodass diese keinen Einfluss auf die in Kap. 6 analysierten Daten haben.

- Das Design der Webanwendung wurde und wird grundlegend überarbeitet und an das Layout der App (vgl. Abb. 5.5) sowie dem Corporate-Design des KIT [116] angepasst. Die Webanwendung soll für die Studierenden so ansprechender sein.
- Die Webanwendung wird speziell für die Verwendung mit mobilen Endgeräten optimiert. Durch diese Umstellung soll die Lücke zwischen existierender Android-App und anderen Betriebssystemen geschlossen werden.
- Die Webanwendung wird in eine allgemeine nuKIT-Webseite eingebunden. Die Außendarstellung sowie der Einstieg zur Verwendung der nuKIT-Tools soll dadurch verbessert werden. Die Webseite bietet unter anderem eine Kurzbeschreibung der Tools sowie die Möglichkeit des Zugriffs auf „Frequently Asked Questions" oder das Impressum ohne vorherige Registrierung.
- Die Webseite integriert zusätzlich die Dozententools, sodass diese unabhängig vom Betriebssystem und mobilem Endgerät verwendet werden können.

Abb. 5.10 zeigt die nuKIT-Webseite mit der überarbeiteten Webanwendung (Stand April 2017). Die Funktionen des *LQT* werden unter der Kategorie „Beantworten" dargestellt. Die Kategorien „Fragen" sowie „Bewerten" bieten den Studierenden die Möglichkeit, die Feedback-Werkzeuge des *SIT* zu nutzen. Die Statistik zur Bewertung der Vortragsgeschwindigkeit wird, im Gegensatz zur Android-App, direkt auf der Webseite ange-

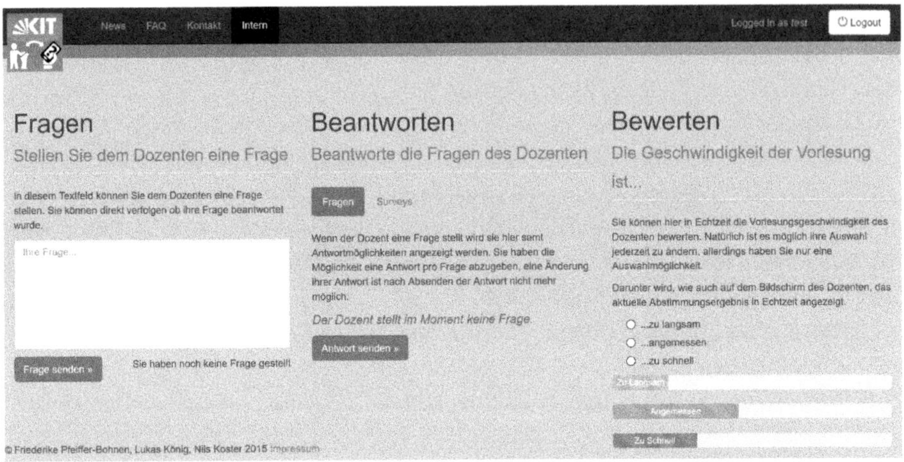

Abb. 5.10. Screenshot der nuKIT-Webseite mit der überarbeiteten Webanwendung. Die Kategorie „Fragen" und „Bewerten" umfasst die Funktionen des *SIT*, die Kategorie „Beantworten" die des *LQT*.

zeigt. Der Zugriff zur Startseite der Dozententools ist passwortgeschützt (vgl. Abb. 5.10 rechts oben).

5.2 Der interaktive Aufgabenpool

Als *interaktiver Aufgabenpool (IAP)* wird eine Übungsplattform bezeichnet, die ursprünglich durch maßgebliche Mitwirkung der Autorin speziell für die Lehrveranstaltung GdI2 erdacht und entwickelt wurde. Prinzipiell kann der IAP aber auch für andere Veranstaltungen adaptiert werden. Er basiert auf einer kursspezifischen Aufgabensammlung, die bidirektional mit einem oder mehreren Foren verbunden ist [164], so dass zu jeder Aufgabe ein Thread in einem Forum existiert, auf welches aus der Aufgabe heraus über eine Verlinkung zugegriffen werden kann. Zusätzlich verweist ein Link von jedem Thread zu der zugehörigen Aufgabe. Diese Verlinkung gewährleistet, dass die Struktur des Forums aufrechterhalten wird und als Wissensarchiv fungiert. Zudem erleichtert sie sowohl den Frage- als auch den Antwortprozess. Den Studierenden wird die Möglichkeit geboten, sich zeit- und ortsunabhängig mit dem Vorlesungsstoff auseinanderzusetzen und in dem Wissensarchiv entweder weitere Informationen aus vorher gestellten Fragen einzusehen oder selbst Fragen zu den einzelnen Aufgaben zu stellen und zu diskutieren. Der interaktive Aufgabenpool benötigt lediglich Standard-Internettechnologie, so dass er einfach umzusetzen ist.

5.2.1 Ziele

Das Hauptziel bei der Erstellung des IAP war, den Studierenden eine große Auswahl an Übungsaufgaben zur Verfügung zu stellen, und ihnen dabei trotzdem die Möglichkeit zu geben, sich gezielt über einzelne Aufgaben auszutauschen und Fragen zu stellen. Dadurch ergaben sich folgende Ziele [164]:

- den Studierenden die Möglichkeit bieten, anhand einer Vielzahl an Übungsaufgaben den Vorlesungsstoff zu vertiefen,
- ein kursbegleitendes strukturiertes Frage- und Antwortsystem zur Verfügung stellen, welches zeit- und ortsunabhängig genutzt werden kann,
- ein Wissensarchiv aufbauen, welches in Themen gegliederte Fragen und Antworten enthält, folglich auch nachfolgenden Studierenden zur Verfügung steht und dadurch die Anzahl an neu aufkommenden Fragen in den kommenden Semestern reduziert,
- ein leichtgewichtiges Frage-Antwort-Werkzeug anbieten, welches es sowohl den Studierenden als auch den Dozenten ermöglicht, während des Semesters Fragen und Antworten zu verfolgen und dadurch Aussagen zum Wissensstand der Studierenden abzuleiten,
- ein System entwickeln, welches leicht erweitert, verändert und angepasst werden kann (sowohl im Hinblick auf die Aufgaben als auch die technischen Komponenten wie Foren) und nur wenig Konzipierungsaufwand erfordert,
- eine Struktur für den Frage-Antwort-Prozess vorgeben, um die Bearbeitungszeit zu reduzieren, sowie
- ein auf andere Kurse erweiterbares Konzept entwickeln.

5.2.2 Struktur des IAP

Die zweigeteilte Struktur des IAP ist in Abb. 5.11 dargestellt. Die Teile *Aufgabenpool* und *interaktives Forum* sind durch verschiedenartige Hyperlinks miteinander verbunden. Im Folgenden wird der IAP detailliert beschrieben. Auf Veränderungen seit der Einführung des IAP im *WS*11 wird an ausgewählten Stellen explizit eingegangen. Sofern keine Erwähnung des Veränderungsprozesses erfolgt, ist die Version des *WS*15 zugrunde gelegt. Für einen Vergleich zur Ursprungsversion wird auf [164] verwiesen.

Aufgabenpool

Als Aufgabenpool wird eine digitale Sammlung von *n* Übungsaufgaben bezeichnet (vgl. Abb. 5.11, rechter Teil), die jederzeit flexibel verändert werden kann. Ein Aufgabenpool existiert typischerweise in zwei verschiedenen Versionen – eine Version ohne und eine mit Lösungen. Jede Aufgabe wird mit einem Primärschlüssel gekennzeichnet, so dass eine eindeutig Zuordnung zwischen Aufgabe und zugehörigem Thread möglich ist. Im Rahmen des IAP ermöglicht eine bidirektionale Verlinkungstechnolo-

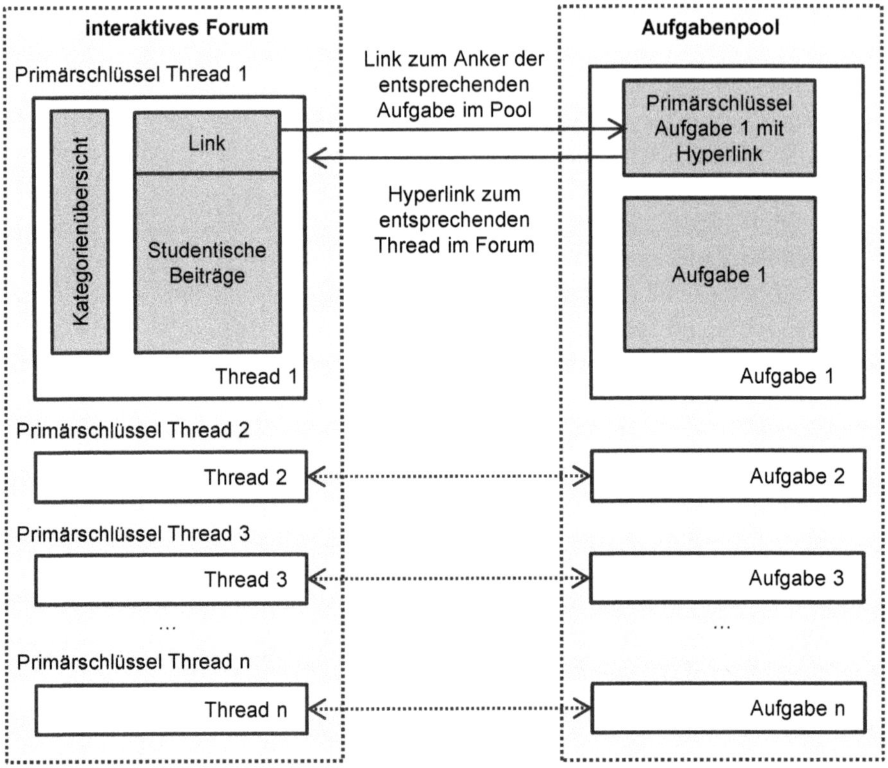

Abb. 5.11. Interaktiver Aufgabenpool. Der interaktive Aufgabenpool besteht aus den zwei Teilen „interaktives Forum" (links) sowie „Aufgabenpool" (rechts). Jede Aufgabe des Pools ist bidirektional mit einem Thread des Forums verbunden. Die eindeutige Zuweisung wird über die Verwendung eindeutiger Schlüssel gewährleistet [164].

gie dem Nutzer den einfachen und schnellen Wechsel zwischen Aufgabe und Forum sowie umgekehrt. Durch die Einbettung der Verlinkung wird eine Zuordnung der Fragen und dazugehörigen Antworten erleichtert sowie gewährleistet.

Interaktives Forum

Unter dem interaktiven Forum wird eine online-Plattform verstanden, welche den Nutzern Frage-Antwort-Prozesse ermöglicht. Dieses enthält zu jeder Aufgabe des Aufgabenpools einen vordefinierten Thread (vgl. Abb. 5.11, linke Abbildung), der durch einen Primärschlüssel gekennzeichnet ist. Aus dem jeweiligen Thread heraus kann über einen eingebetteten Link direkt auf die zugehörige Aufgabe (mit Lösung) zugegriffen werden. Auf die Aufgabenpoolversion ohne Lösung muss im Fall des IAP für GdI2 manuell zugegriffen werden, da eine Verlinkung lediglich zum Aufgabenpool mit Lösung aufgebaut wurde. Um die Struktur des Forums aufrechtzuerhalten, ist es den Studierenden nicht möglich, eigene Threads anzulegen; sie können lediglich einzelne Einträge innerhalb eines Threads erstellen und benennen. Zudem ist es ihnen erlaubt, auf die Fragen anderer Studierenden zu antworten.

Auf das Forum kann anonym zugegriffen werden; auch Fragen können anonym gestellt werden. Dabei ist es wichtig, dass die Frage der richtigen Kategorie zugewiesen wird, um die Struktur des Forums zu bewahren. Bei Verwendung der Verlinkungsfunktion wird man allerdings direkt zum richtigen Thread weitergeleitet. Der Fragesteller kann sich zudem per E-Mail informieren lassen, wenn die von ihm gestellte Frage beantwortet wurde. Die Beantwortung einer Frage oder das Verfassen eines Kommentars kann unangemeldet sowie angemeldet erfolgen – im Gegensatz zur Startversion des *WS*11, in dem nur ein anonymer Zugriff möglich war. Dadurch soll den Studierenden einerseits ermöglicht werden, die Antworten verschiedenen Personengruppen wie „Übungsleiterinnen und Übungsleitern“, „Tutorinnen und Tutoren“ oder „Studierenden“ zuzuordnen. Außerdem können Studierende Punkte für ihr Punktekonto sammeln, indem sie beispielsweise eine „beste Antwort“ verfassen. Eine Antwort kann von anderen Nutzern des Forums als „Beste Antwort“ markiert werden. Zudem erhält ein Studierender Punkte, wenn dieser eine Frage im nicht anonymen Modus stellt. Durch dieses Punktesystem (seit dem *WS*14) soll vor allem die Qualität der Antworten erhöht werden, weil jeder Studierende versucht, die „Beste Antwort“ zu schreiben. Zusätzlich zur Bewertung der Antworten haben die Studierenden die Möglichkeit, Fragen zu bewerten, indem eine Frage als positiv oder negativ bewertet wird. Dies erleichtert den Studierenden die Auswahl beim lesenden Zugriff.

Eine Kategorieübersicht (vgl. Abb. 5.11) ermöglicht den Nutzern die gezielte Auswahl einzelner Themen.

5.2.3 Technische Umsetzung

Abb. 5.12 beschreibt die technische Umsetzung des IAP (Stand: 04.02.2016[8]) mit den zwei Hauptbereichen Aufgabenpool und Forumsplattform. Seit dem *WS*14 stellt das *Question2Answer (Q2A)*-System die Forumsplattform für den Aufgabenpool. Das Statistikwerkzeug Piwik [167] vervollständigt die Übersicht.

Aufgabenpool

Der Aufgabenpool besteht in seiner Version vom *WS*15 aus drei verschiedenen Teilbereichen (vgl. Abb. 4.2 sowie Abb. 5.12). Der erste Teil des Aufgabenpools ist die GdI2-Aufgabensammlung, eine Zusammenstellung verschiedener zusätzlicher Übungsaufgaben. Seit dem *WS*12 wurde der Aufgabenpool durch die Integration der Klausuren sowie der für die Vorlesung GdI2 zur Verfügung gestellten Übungsblätter erweitert. Der Aufgabenpool ist folglich der Oberbegriff für die Gesamtheit aller in den IAP inte-

8 Die Kategorie des im September 2016 veröffentlichten begleitenden Lehrbuchs [134] wird hier nicht betrachtet.

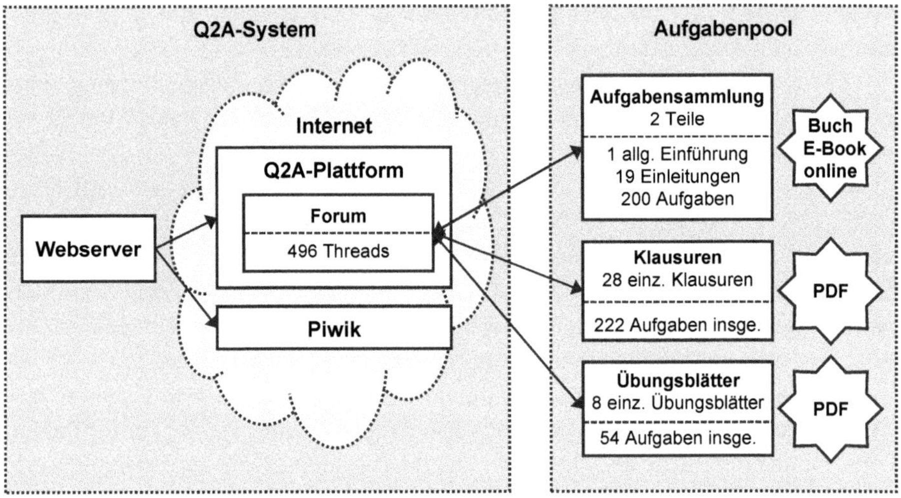

Abb. 5.12. Technische Umsetzung des IAP. Der IAP umfasst auf der Seite des Aufgabenpools 476 Aufgaben aus Aufgabensammlung, Tutorien und Klausuren. Die zugehörigen Threads sind auf der Forumsplattform des Q2ASystems integriert.

grierten Aufgaben – im Gegensatz zur Aufgabesammlung (vgl. nachfolgender Absatz). Jede Aufgabe wird durch den Primärschlüssel eindeutig gekennzeichnet, welcher in der Kopfzeile jeder Aufgabe angezeigt wird. Die im Folgenden verwendeten Zahlen der drei Teilbereiche stellen den Stand vom 04.02.2016 dar.

Aufgabensammlung. Die Aufgabensammlung ist auf Bitte der Studierenden im *WS*11 entstanden, welche sich weitere vorlesungs- und tutoriumsunabhängige Aufgaben wünschten. Die Aufgaben wurden mit Unterstützung der GdI2-Tutorinnen und Tutoren erstellt, um den geforderten Ansprüchen an Schwierig- und Verständlichkeit gerecht zu werden. Im Rahmen eines mehrstufigen Überarbeitungsprozesses des Lehrpersonals unter Mitarbeit der Autorin dieser Arbeit wurden diese digitalisiert und in die drei Schwierigkeitskategorien „leicht", „mittel" und „schwierig" eingeteilt.

Die Aufgabensammlung stellte die Ausgangsbasis zur Entwicklung des IAP dar. Angegliedert an den Lehrstoff der Vorlesung umfasst sie zwei Teile, welche jeweils als eigenständiges Buch angeboten werden [132, 133]. Sie sind für Studierende des KIT als E-Book über die Universitätsbibliothek erhältlich[9]. Zudem ist eine eingeschränkte Version als PDF über die Verlinkungsfunktion aufrufbar[10]. Die Aufgabensammlung besteht aus einer allgemeinen Einführung sowie 19 verschiedenen Einleitungen zu

9 KIT Universitätsbibliothek: https://www.bibliothek.kit.edu
10 Aufgabensammlung: http://info2.aifb.kit.edu/secure/Aufgabenpool.pdf

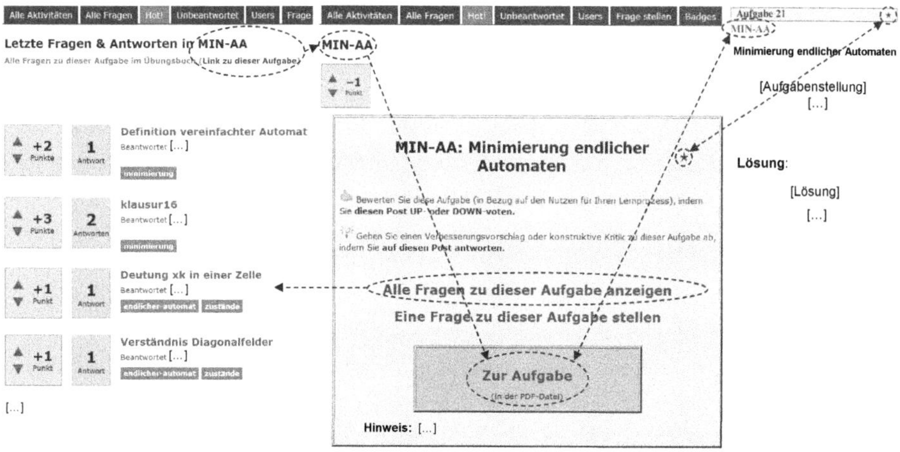

Abb. 5.13. Screenshots der Umsetzung des IAP. Die rechte Grafik zeigt die beispielhafte Aufgabe MIN-AA mit dem Schwierigkeitsgrad „leicht". Die bidirektionale Verlinkung des Primärschlüssels leitet zur Übersichtsseite der entsprechenden Aufgabe des Q2A-Systems weiter (und auch wieder zurück; mittlere Grafik), welche die Möglichkeit bietet, zu allen Fragen der Aufgabe zu gelangen, eine Frage zu stellen oder die Aufgabe zu bewerten. Die linke Grafik zeigt beispielhaft eine Übersicht aller bisher gestellten Fragen zur Aufgabe MIN-AA. Es ist ersichtlich, dass die Aufrufe der einzelnen Fragen je nach Interesse der Studierenden sehr stark variieren können.

den einzelnen Kapiteln der Vorlesungsinhalte (Band 1: 10 Kapitel; Band 2: 9 Kapitel). Jeder Teil umfasst je 100 verschiedene Aufgaben.

Der Primärschlüssel der Aufgaben hat die Form ABC-AA. Der erste Teil des Schlüssels ABC setzt sich aus den ersten drei Buchstaben des Kapitelnamens zusammen; der zweite Teil AA entspricht einer fortlaufenden alphabetischen Nummerierung der Aufgaben. Eine beispielhafte Aufgabe mit Primärschlüssel und Schwierigkeitsgrad ist in Abb. 5.13, rechts dargestellt. Als ergänzendes Element enthält jedes der 19 verschiedenen Kapitel einen QR-Code-Link auf einen Mitschnitt der Vorlesungsaufzeichnung zu den Inhalten des jeweiligen Kapitels. Die Aufgabensammlung wird auf einer separaten Webseite „das-info-buch"[11] als eigenständiges Konzept beschrieben.

Klausuren. Der zweite Teil des Aufgabenpools umfasst die den Studierenden zur Verfügung gestellten Altklausuren. Diese setzen sich aus 26 einzelnen als PDF digital abrufbaren Klausuren zusammen, so dass sich insgesamt 202 Aufgaben ergeben (Stand: 04.02.2016). Der zugehörige Primärschlüssel der Form YYYY-T-NR kennzeichnet mit YYYY das Klausurjahr, mit T den Klausurtyp (H für Haupt-, N für Nach- und B für Bonusklausur) sowie mit NR die laufende Nummer der jeweiligen Aufgabe.

11 das-info-buch: http://www.dasinfobuch.de

Übungsblätter. Die Übungsblätter der Tutorien wurden als dritter Teil in den Aufgabenpool integriert. Diese setzen sich aus acht verschiedenen PDF-Dateien zusammen mit insgesamt 56 Aufgaben. Die Kennzeichnung über den Primärschlüssel erfolgt über die Form `TT/TTT-X-Y`, wobei `TT` bzw. `TTT` den Aufgabentyp (`AU` für Anwesenheitsübung, `HU` für Heimübung, `SAA` für Saalübung) und `X` die Nummer des Übungsblattes mit der laufenden Aufgabennummer `Y` kennzeichnet.

Verlinkungstechnologie. Alle einzelnen Teile des Aufgabenpools wurden mit Hilfe von LaTeX erstellt und in eine PDF-Datei umgewandelt. Um die bidirektionale Verlinkung zwischen PDF-Datei und Forum zu ermöglichen, wurde das `hyperref`-Package [45] verwendet. Über die Befehle `\href` und `\hypertarget` lassen sich sowohl die Hyperlinks erstellen, welche auf die einzelnen Primärschlüssel gelegt werden, als auch die Einbettung der Ankertechnologie, welche den Sprung an die richtige Stelle innerhalb des Aufgabenpools gewährleistet. Diese Struktur sichert die richtige Zuweisung der Fragen zu den einzelnen Threads und stellt einen Kompromiss zur Fragestellung dar, ob dem Studierenden oder dem Dozenten das Recht unterliegt, einen Diskussionszweig zu eröffnen [150].

Die Kennzeichnung der Aufgaben durch einen eindeutigen Schlüssel erleichtert zudem die manuelle Navigation bei Verwendung einer gedruckten Version des Aufgabenpools. Die Verwendung von Ankern kann auch vermieden werden, indem jede Aufgabe in einer separaten Datei angelegt und zur Verfügung gestellt wird.

Q2A-System

Das interaktive Forum des IAP basiert seit dem *WS*14 auf dem von Greenspan entwickelten frei zugänglichen Q2A-System [83]. Zum *WS*15 wurden die Foren zu den Klausuren sowie den Tutorien ebenfalls in das Q2A-System eingegliedert (vgl. Abb. 4.2). Zudem wurde das Forum „Organisation" als separater Thread eingefügt, jedoch nicht der Struktur des IAP untergliedert. Den nachfolgenden Ausführungen ist die Version des *WS*15 zugrunde gelegt; zum Vergleich auf den Entwicklungsverlauf des interaktiven Forums sei an dieser Stelle auf [164] verwiesen. Ein Überblick über die technische Umsetzung enthält der linke Teil der Abb. 5.12.

Webserver. Das Q2A-System des interaktiven Forums ist auf einem Webserver installiert, eingebettet in eine WordPress Internetpräsenz[12] [160]. Dieser stellt die über jeden Browser zugängliche Q2A-Plattform[13] bereit und integriert das Analysewerkzeug Piwik[14] [167]. Durch die Verwendung eines speziellen Plugins ist eine Benutzerauthentifizierung der KIT-Studierenden über die standardmäßigen KIT-Zugangsdaten möglich. Eine anonyme Nutzung des Forums ist mit Einschränkung ebenfalls möglich.

---

12 WordPress Internetpräsenz http://info2.aifb.kit.edu/wp

13 Q2A-Plattform: http://info2.aifb.kit.edu/qa

14 Piwik Internetpräsenz: http://piwik.org

Q2A-Plattform. Die Q2A-Plattform stellt den interaktiven Teil des IAP dar. Zu jeder durch den Aufgabenpool zur Verfügung gestellten Aufgabe bzw. Diskussionsbereich (beispielsweise Einleitungen zu den Kapiteln der Aufgabensammlung) enthält die Plattform einen durch den Administrator vordefinierten Thread. Daraus ergeben sich 478 verschiedene Threads (vgl. Abb. 5.12). Zur besseren Navigation wurde in der Übersichtsansicht eine Gruppierung der Threads in einzelne Kapitel, Klausuren sowie Übungsblätter vorgenommen. Innerhalb jedes Threads können beliebig viele Fragen zur zugehörigen Aufgabe gestellt werden. Eine beispielhafte Darstellung der Fragenübersicht zur Aufgabe „MIN-AA" zeigt Abb. 5.13, linke Grafik. Über den zu diesem Thread eingefügten Hyperlink „(Link zu dieser Aufgabe)" kann der Benutzer auf die Startseite der entsprechenden Aufgabe zugreifen (Abb. 5.13, Mitte), um von dort entweder erneut zur Übersichtsseite aller Fragen dieser Aufgabe, zum Eingabeformular der Fragestellung oder zur Aufgabe direkt zu gelangen. Der eingeloggte Benutzer hat die Möglichkeit, Aufgaben oder Fragen zu bewerten, indem Plus- oder Minuspunkte für die Aufgabe vergeben werden, auf Fragen zu antworten und so Punkte für das eigene Punktekonto zu sammeln. So wird eine hochwertige Qualität des Forums angestrebt. Dennoch haben auch Nutzer, die befürchten, sich durch „dumme" Fragen zu blamieren oder bloßzustellen, die Möglichkeit, Fragen anonym zu stellen.

Die Q2A-Plattform bietet die Möglichkeit, zwischen verschiedenen Ansichten zu wechseln (vgl. Abb. 5.13, Kopfzeile der linken und mittleren Grafik). Die Ansicht „Alle Aktivitäten" liefert eine ungefilterte zeitliche Auflistung aller Beiträge; zudem ist die Möglichkeit gegeben, nach allen Fragen sowie nach unbeantworteten oder beliebtesten Fragen, Fragen mit den meisten Bewertungen, Antworten oder Aufrufen zu filtern.

Piwik. Piwik ist eine frei zugängliche Analyseplattform, welche für jede beliebige Webseite eingerichtet werden kann. In einer MySQL-Datenbank werden Informationen gespeichert, die von Statistiken zu Seitenaufrufen über Angaben zu Herkunftsländern bis zu Daten im Bereich des elektronischen Handels reichen [167]. Neben den durch die Verwendung des Q2A-Systems gespeicherten Daten wie Anzahl Fragen, Antworten oder Aufrufe einer Frage speichert die Statistiksoftware Piwik weitere Daten, die zur Evaluation des IAP in Abschn. 6.6 genutzt wurden, wie etwa Besuchszahlen, Besuchszeit, Absprungrate, etc.

5.2.4 Anwendung des IAP

Die Grundstruktur des IAP ist nicht nur auf die universitäre Lehre beschränkt, sondern kann überall eingesetzt werden, wo ein Frage-Antwortsystem auf einen festgelegten Aufgabenbereich angeboten werden soll. Durch die digitale Struktur ist auch die Größe des Benutzerkreises beliebig. Allerdings ist zumindest zu Beginn eine Moderation der Foren erforderlich.

Der IAP wurde seit dem *WS*11 in der Vorlesung GdI2 eingesetzt, zuerst durch die Integration in die Lernplattform Ilias und seit dem *WS*14 bzw. *WS*15 durch die oben beschriebene Form des Q2A-System. Die Analyse zur Verwendung des IAP in Abschn. 6.6 basiert auf den Daten der *WS*11 bis *WS*15 der Lehrveranstaltung GdI2. So wird u. a. untersucht, inwiefern sich das Speichern beliebig langer Forenthreads als sinnvoll erwiesen hat.

5.2.5 Erweiterungen nach *WS*15

Durch die stetige Verwendung des IAP im Verlauf der Vorlesung ändern sich sowohl die Anzahl der Aufgaben – vor allem die der Klausuren und Übungsblätter – während und nach dem Semester, sowie die Anzahl an Foreneinträgen. Diese Flexibilität zeichnet die Struktur des IAP aus.

5.3 XWizard

Der *XWizard* (abgeleitet von *eXercise* Wizard) ist ein digitales Werkzeug, welches sowohl Lehrenden als auch Lernenden die Möglichkeit bieten soll, mathematische Objekte zu erstellen und zu visualisieren und mit Hilfe verschiedenster Algorithmen zu bearbeiten. Der XWizard wurde im Laufe des *WS*12 im Rahmen der Vorlesung GdI2 als *Very Fast PDF generator (VFP)* von Lukas König projektiert [128, 130, 131]. Seitdem wird er unter didaktischer und beratender Mitarbeit der Autorin kontinuierlich weiterentwickelt. Das ursprüngliche Einsatzgebiet bezog sich zuerst insbesondere auf die Erstellung von Übungsaufgaben sowie die Überprüfung von Lösungsalternativen bei Klausurkorrekturen. Demnach war der XWizard in erster Linie für die Verwendung durch Dozenten gedacht. Das Werkzeug wurde jedoch im Laufe des *WS*14 ebenfalls den GdI2 Studierenden zur Verfügung gestellt, damit sie ihrerseits einen Lernnutzen daraus ziehen können. Für das *WS*15 erfolgte eine grundsätzliche Überarbeitung inklusive der Eingliederung der Funktionen in eine Webanwendung (statt wie bisher nur einer Downloadversion) sowie die Anpassung der Funktionalitäten an den Adressatenkreis „Studierende“. Die im Folgenden beschriebene Version des XWizards bezieht sich auf den Stand zum Ende des *WS*15.

5.3.1 Ziele

Die Ziele der Dozenten bei der Verwendung des XWizards unterscheiden sich von denen der Studierenden [130, 131]. Das Primärziel der Dozenten ist die Unterstützung bei der Erstellung sowie Korrektur von Übungsaufgaben. Diesem Primärziel liegen folgende Teilziele zugrunde:

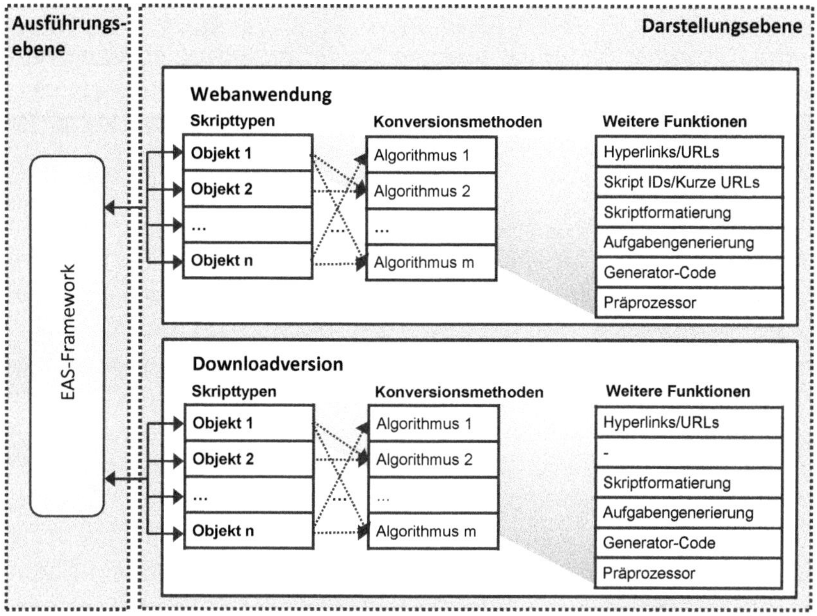

Abb. 5.14. Vereinfachte Darstellung der XWizard-Architektur. Der XWizard kann über eine Webanwendung oder eine Downloadversion genutzt werden. Beide Versionen basieren auf der Verwendung von Skripten und Konversionsmethoden (in Anlehnung an [128, 130, 131]).

- den Zeitaufwand bei der Erstellung standardisierter Aufgaben zu minimieren,
- die Richtigkeit eines Lösungsvorschlags automatisiert zu prüfen,
- Standardaufgaben für Übungen oder Klausuren zu generieren,
- bei der Erstellung von Aufgaben durch verschiedene Anwender einheitliche Darstellungsformate sowohl in Schrift als auch als Grafik zu erhalten sowie
- von Studierenden vorgeschlagene Lösungen automatisiert überprüfen zu können sowohl während Klausurkorrekturen als auch innerhalb der Übungsphase.

Auf Seite der Studierenden besteht das Primärziel bei der Verwendung des XWizards in der Unterstützung des Selbststudiums bei der Erarbeitung verschiedenster Algorithmen des Vorlesungsstoffs. Dadurch lassen sich folgende Unterziele ableiten:
- das Selbststudium zu ermöglichen sowie
- die Eigeninitiative der Studierenden zu fördern und zu unterstützen.

5.3.2 Struktur des XWizards

Eine vereinfachte Übersicht der Struktur des XWizards ist in Abb. 5.14 dargestellt. Die *Darstellungsebene* zeigt auf der rechten Seite die zwei Benutzerschnittstellen – die

Webanwendung sowie die Downloadversion. Die zugrunde liegende Software ist in der *Easy Agent Simulation (EAS)* im Bereich der *Ausführungsebene* (links) eingebettet [127]. Die einzelnen Elemente des XWizards werden im Folgenden genauer erläutert und lehnen sich teilweise an die Beschreibungen der XWizard Handbücher in [130, 131] an.

Darstellungsebene

Der XWizard bietet als Benutzerschnittstellen die Downloadversion[15] [127] sowie die Webanwendung[16] [128]. Beide Schnittstellen bieten die gleichen Funktionalitäten, die im Folgenden beschrieben werden. Bei Verwendung des Begriffs XWizard sind meist beide Versionen gemeint. Wenn speziell eine der beiden Schnittstellen gemeint ist, wird dies explizit erwähnt.

Die Downloadversion benötigt im Vergleich zur Webanwendung neben dem Download dieser auf dem eigenen Rechner die Installation der Programme Java 8[17], LaTeX[18], Graphviz[19] sowie SumatraPDF[20]. Die Downloadversion erlaubt eine uneingeschränkte Rechenzeit; bei der Webanwendung besteht die Möglichkeit, dass rechenintensive Vorgänge vorzeitig abgebrochen werden. Die Downloadversion ist in der Sprache „Englisch" erhältlich; die Webanwendung bietet die Möglichkeit, zwischen „Deutsch" und „Englisch" zu wechseln. Beide Anwendungen basieren auf *Skripten* sowie *Konversionsmethoden* [130, 131]:
- **Skript.** Alle im XWizard dargestellten Objekte werden über Skripte definiert. Skripte bilden demnach das Gerüst des XWizard.
- **Konversionsmethode.** Jedes Objekt ist mit einigen Konversionsmethoden zur Anwendung von Algorithmen auf die durch Skripte definierten Objekte ausgestattet.

Skripttypen. Die verschiedenen Skripttypen stellen die Basisbeschreibungsmöglichkeit der verschiedenen Objekte dar (vgl. Abb. 5.14; die einzelnen Objekte werden unter Konversionsmethoden genauer beschrieben). Skripte beschreiben folglich die Semantik der Objekte, etwa eines endlichen Automaten oder einer Turingmaschine. Ein Skript besteht grundsätzlich aus drei Teilen (vgl. auch Abb. 5.15 unterer Teil):
- einer Präambel,
- einem Hauptteil und
- der zugehörigen Variablendeklaration.

---

15 Downloadversion frei erhältlich: https://sourceforge.net/projects/easyagentsimulation
16 Webanwendung aufrufbar: http://www.xwizard.de
17 Java online erhältlich: https://www.java.com/de/download
18 LaTeX online erhältlich: http://miktex.org/download
19 Graphviz online erhältlich: http://www.graphviz.org/Download.php
20 SumatraPDF online erhältlich: http://www.sumatrapdfreader.org/download-free-pdf-viewer.html

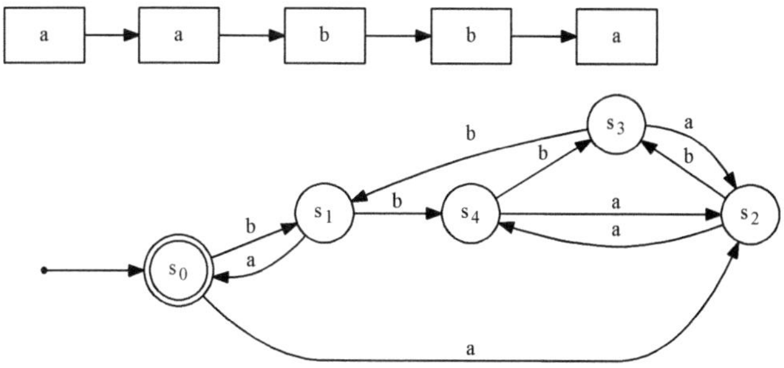


```
fsm:                                         } Präambel
(s0, a) | (s3, a) | (s4, a) => s2;           )
(s0, b) | (s3, b) => s1;                     |
(s1, a) => s0;                               } Hauptteil
(s1, b) | (s2, a) => s4;                     |
(s2, b) | (s4, b) => s3;                     )
--declarations--                             )
input=aabba;                                 |
s0=s0;                                       } Variablenzuweisung
F=s0;                                        |
--declarations-end--                         )
```

Abb. 5.15. Skript eines Endlichen Automaten mit PDF-Ausgabe. Der untere Teil der Abbildung zeigt das Skript eines Endlichen Automaten mit den drei Teilen Präambel, Hauptteil und Variablendeklaration, der obere Teil die durch Graphviz erzeugte PDF-Datei (in Anlehnung an [130, 131]).

Die Präambel beschreibt in einem Wort den Skripttyp, welcher in Abb. 5.15 beispielhaft als „Endlicher Automat“[21] charakterisiert ist. Der Hauptteil definiert das entsprechende Objekt, in diesem Fall mit den Zustandsübergängen[22] des entsprechenden Automaten. Die im Beispiel angegebene Variablenzuweisung (auch Variablendeklaration genannt) gibt weitere Informationen zu dem definierten Automaten sowie mögliche Darstellungsoptionen. Der Startzustand, beschrieben durch `s0`, wird mit dem spezifischen Zustand `s0` belegt; die Menge der Endzustände wird als `F = {s0}` beschrieben (die Syntax des Variablenzuweisung verzichtet auf die Mengenklammern). Als Testwort, definiert als `input`, wird `aabba` angegeben. Die hier beschriebene Variablenzuweisung zeigt nur eine kleine Auswahl möglicher Einstellungen; für weitere Informationen sei auf [130, 131] verwiesen.

---

21 aus dem Englischen *Final State Machine (FSM)*

22 Der Automat enthält die Zustandsmenge `S` mit den Zustandselementen `S = {s0, s1, s2, s3, s4}` sowie dem Eingabealphabet `E={a,b}`. Für weitere Information bezüglich der Definition eines Endlichen Automaten sei an dieser Stelle auf [132] verwiesen.

Bei der Interpretation des Skripts wird, je nach Objekttyp, durch die Verwendung von LaTeX oder Graphviz die zugehörige PDF-Datei erzeugt, welche das Objekt graphisch darstellt. Das zu dem Beispielskript ausgegebene PDF ist in Abb. 5.15 (oberer Teil) dargestellt.

Konversionsmethoden. Konversionsmethoden bieten die Möglichkeit, auf die verschiedenen Objekte Algorithmen anzuwenden (vgl. Abb. 5.14). Konversionsmethoden geben folglich Verfahren an, wie ein Objekt verändert werden kann. Diese werden auf das entsprechende Skript des Objekts angewendet, so dass das veränderte Objekt durch das abgewandelte Skript beschrieben wird. Beispielsweise kann durch Konversionsmethoden ein Endlicher Automat minimiert, simuliert oder auch umgewandelt werden.

Der XWizard bietet in seiner Version vom *WS*15 folgende wichtigste vorimplementierte Objekttypen inklusive Funktionen und Konversionsmethoden[23], welche sich in die Teilbereiche „Theoretische Informatik", „Praktische Informatik" sowie „Sonstige" untergliedern lassen [130, 131]. Die Beschreibungen beziehen sich auf die Struktur der Webanwendung; alle im Rahmen der Lehrveranstaltung GdI2 eingesetzten Objekttypen sind mit * gekennzeichnet. Zur näheren Erläuterung der mathematischen Modelle sei auf [134] verwiesen.

Theoretische Informatik.
- *(nicht)deterministische Endliche Automaten (EA)**: beispielhafte vorimplementierte EAs, Eingabe beliebiger EAs, schrittweise Simulation beliebiger Testwörter, Minimierung, Umwandlung eines nichtdeterministischen in den entsprechenden deterministischen EA, Umwandlung in den zugehörigen Kellerautomaten, Umwandlung in die entsprechende Turingmaschine, Chomsky-Grammatik sowie den äquivalenten regulären Ausdruck
- *(nicht)deterministische Kellerautomaten (KA)**: beispielhafte vorimplementierte KAs, Eingabe beliebiger KAs, schrittweise Simulation beliebiger Testwörter
- *(nicht)deterministische Turingmaschinen (TM)**: beispielhafte vorimplementierte TMs, Eingabe beliebiger TMs, schrittweise Simulation beliebiger Testwörter
- *Chomsky-Grammatiken**: beispielhafte vorimplementierte Grammatiken, Eingabe beliebiger Grammatiken, schrittweise Simulation beliebiger Testwörter, Visualisierung von Ableitungsbäumen, Umwandlung in λ-freie Grammatik, Chomsky-Normalform, Greibach-Normalform und Kellerautomaten
- *reguläre Ausdrücke**: beispielhafte vorimplementierte reguläre Ausdrücke, Angabe beispielhafter durch den regulären Ausdruck definierter Wörter, Vereinfachung regulärer Ausdrücke als Basisversion (im Aufbau: Stand: 03.03.2016)

23 Einzelne aufgeführte Funktionen oder Konversionsmethoden befinden sich noch im Entwicklungsprozess (Stand: 03.03.2016).

- *2-3-4-Bäume*: beispielhafte vorimplementierte 2-3-4-Bäume, Berechnung eines 2-3-4-Baums (B-Baum) zur Eingabe eines beliebigen Zahlenstrings, Umwandlung in den entsprechenden Rot-Schwarz-Baum
- *Rot-Schwarz-Bäume*: beispielhafte vorimplementierte Rot-Schwarz-Bäume, Berechnung einer Datenstruktur (Binärer Suchbaum) zur Eingabe eines beliebigen Zahlenstrings, Umwandlung in den entsprechenden 2-3-4-Baum
- *PAT-Bäume*: beispielhafte vorimplementierte PAT-Bäume, Berechnung einer Datenstruktur zur Eingabe beliebiger Zeichenketten

Praktische Informatik.
- *Binary Decision Diagram (BDD)**: beispielhafte vorimplementierte BDDs, Berechnung eines BDDs zur Eingabe beliebiger Boolescher Funktionen, graphische Darstellung der BDDs, schrittweise Simulation der Berechnung eines BDDs
- *logische Schaltkreise**: beispielhafte vorimplementierte Schaltkreise, Hinzufügen von Gattern und Leitungen (im Aufbau)
- *Huffman-Codes**: beispielhafte vorimplementierte Huffman Codes, Berechnung eines Huffman Codes zur Eingabe beliebiger zu codierender Texte
- *Zahlendarstellung**: beispielhafte vorimplementierte Zahlenangaben in Gleitpunkt-, Fixpunkt-, Komplement- und Exzess-q-Darstellung, Umwandlung von beliebigen Dezimalzahlen in diese Darstellungen und umgekehrt (im Aufbau)

Sonstige.
- Moore Automaton for Robot Behavior (MARB): beispielhafte vorimplementierte MARB [127], Eingabe beliebiger MARB
- *Taschenrechner*: beispielhafte Rechenoperationen, Berechnungen geläufiger mathematischer Operationen
- *XWizard-Eigenschaften*: Übersicht über die einzelnen Algorithmen und deren Skripte sowie deren Abhängigkeiten untereinander (vgl. Abb. 5.16)

Abb. 5.16 zeigt die Zusammenhänge zwischen den einzelnen Skripten bzw. Objekten und deren Aufbau aufeinander. Umwandlungen durch Konversionsmethoden werden mit einem durchgängigen Pfeil dargestellt; Konversionsmethoden, die auf denselben Skripttyp führen, sowie reine Text-Konversionsmethoden sind nicht dargestellt. Die verbleibenden zwei Pfeiltypen stellen die Standardumwandlungen zwischen den Skripten und dem Textsatzsystem LaTeX bzw. der Graphvisualisierungssoftware Graphviz dar (gepunktet). Jedes XWizard-Objekt wird letztlich durch diese beiden Programme dargestellt (gestrichelt). So kann der XWizard ebenfalls beliebigen *LaTeX-Code* interpretieren sowie Grafiken aus beliebigem *Graphviz-DOT-Code*, der aber nur durch den DOT-Prozessor interpretiert werden kann, erzeugen.

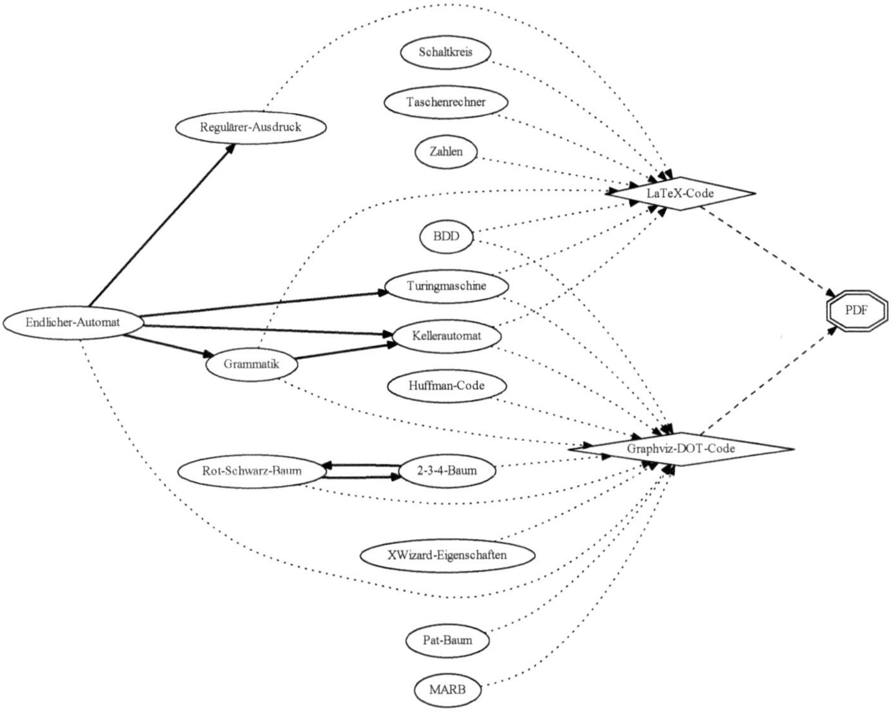

Abb. 5.16. XWizard Objekte. Der linke Teil der Abbildung stellt die im XWizard verfügbaren Objekte sowie deren Umwandlungen untereinander dar (durchgängiger Pfeil). Jedes Objekt wird auf das Textsatzsystem LaTeX oder die Graphvisualisierungssoftware Graphviz (oder beide) abgebildet (gepunktete Pfeile), und von diesen als PDF-Datei ausgegeben (in Anlehnung an [128], Stand 03.03.2016).

Weitere Funktionen. Neben den vorgestellten Funktionen und Konversionsmethoden bietet die Webanwendung sowie die Downloadversion entsprechend Abb. 5.14 weitere objektunabhängige Konversionsmethoden bzw. Veränderungsmöglichkeiten, die auf einzelne Objekte angewendet werden können.

- *URLs*: Hierzu gehört insbesondere die Erstellung von *URLs*. Zu jedem Skript kann eine eigenständige URL über den Button „Erstelle URL zu diesem Skript...“ erzeugt werden. Über diese kann auf das entsprechende Skript und die zugehörige PDF-Ausgabe zugegriffen werden. Da das komplette Skript vollständig in der URL gespeichert wird, wird das Objekt unabhängig von der Datenbank aufgerufen. Alternativ kann, da jedes Skript der Webanwendung über eine zugewiesene ID in der Datenbank gespeichert wird, über „Erstelle kurze URL (ID) zu diesem Skript...“ auch eine URL erstellt werden, die über diese ID auf das Skript zugreift (vgl. Abb. 5.20). Diese Funktion ist allerdings nur über die Webanwendung möglich.

- *Miniaufgaben*: Zu jedem Skript können über den Button „Erzeuge Aufgabe aus Skript" sogenannte Miniaufgaben generiert werden. Diesen können Antworten sowie weiterführende Erklärungen hinterlegt werden, so dass der Studierende bei Bearbeitung die Richtigkeit seiner Antwort überprüfen kann. Zudem kann das zur Aufgabe gehörende Skript verschlüsselt dargestellt und Konversionsmethoden ausgeschaltet werden. Auf die Funktion der Aufgabengenerierung kann nur über die Webanwendung zugegriffen werden. Im Rahmen der Lehrveranstaltung GdI2 werden den Studierenden solche Aufgaben als „Miniaufgaben" zur Selbstkontrolle zur Verfügung gestellt.

Für weitere Informationen bezüglich der Erzeugung von *Skript IDs*, der *Skriptformatierung*, der Darstellungsänderung mit Hilfe des *Generator-Codes* sowie der Verwendung von *Präprozessor* wird auf die Literatur verwiesen [130, 131].

Darstellung. Abb. 5.17 (a) und (b) zeigen zwei Screenshots der Webanwendung des XWizards, Abb. 5.17 (c) der Downloadversion. Die Webanwendung gliedert sich in den Ausgabereich der PDF-Datei, gefolgt vom Skriptbereich in Abb. 5.17 (a) und den Konversionsmethoden in Abb. 5.17 (b) am Beispiel des Endlichen Automaten aus Abb. 5.15. Im Skriptbereich können beliebige Veränderungen vorgenommen werden. Im Vergleich hierzu zeigt Abb. 5.17 (c) die Benutzeroberfläche der Downloadversion. Das linke Fenster beinhaltet die PDF-Ausgabedatei, das rechte oben den Skriptbereich, gefolgt von den verschiedenen Beispielen. Unterhalb dieser sind die einzelnen Konversionsmethoden des Endlichen Automaten aufgeführt.

Ausführungsebene

Die XWizard Software ist sowohl für die Webanwendung als auch die Downloadversion in das EAS-Framework [127] eingegliedert. Die Erstellung der einzelnen Skripte, die die Objekte beschreiben, erfolgt innerhalb dieses Frameworks auf der Softwareebene. Der nachstehende Abschn. 5.3.3 beschreibt die Struktur der Softwareebene detaillierter.

5.3.3 Technische Umsetzung

Abb. 5.18 zeigt, angelehnt an die Darstellung der technischen Umsetzung der nuKIT-Tools (vgl. Abschn. 5.1.4), die Client-Server-Architektur des XWizards. Durch die Integration einer Datenbank ist auch diese Architektur auf eine Three-Tier-Architektur ausgeweitet. Die Clientseite umfasst die Webanwendung. Alternativ kann man die Downloadversion als Stand-Alone Anwendung über SourceForge erhalten. Die Serverseite stellt der Apache Tomcat Webserver mit dem EAS-Framework, der Geschäftslogik sowie der DB-Abstraktionsschicht und dem MySQL Server mit Datenbank dar. Alle dem XWizard zugrunde liegenden Softwarebestandteile sind frei zugänglich.

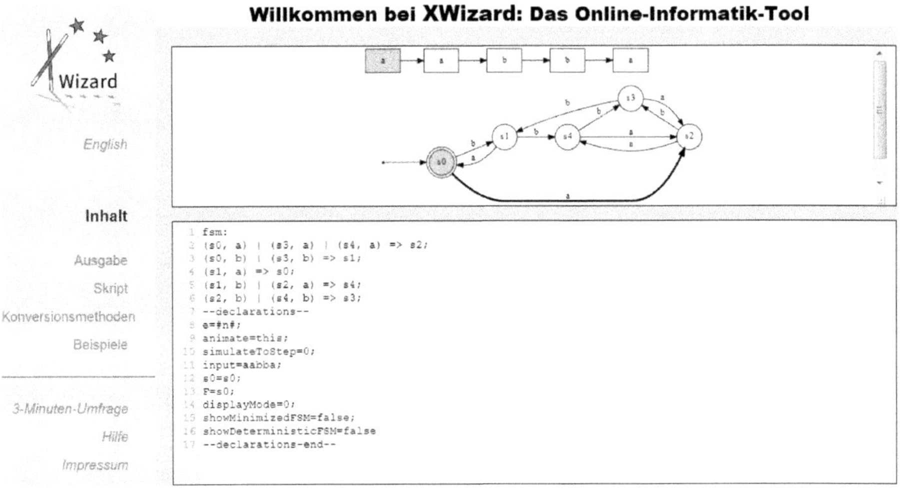

a) Ausgabe- und Skriptbereich der Webanwendung

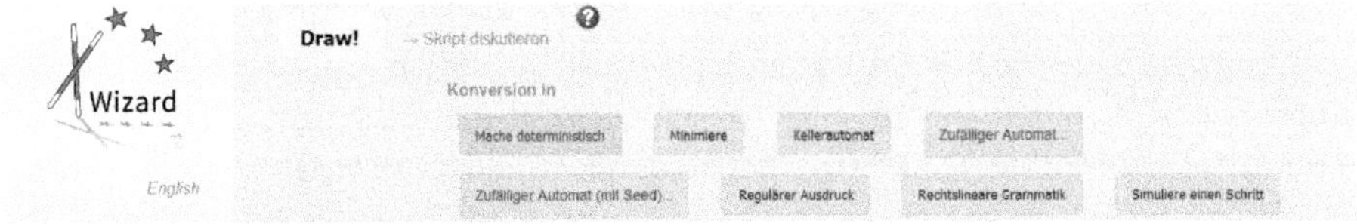

b) Konversionsmethoden der Webanwendung

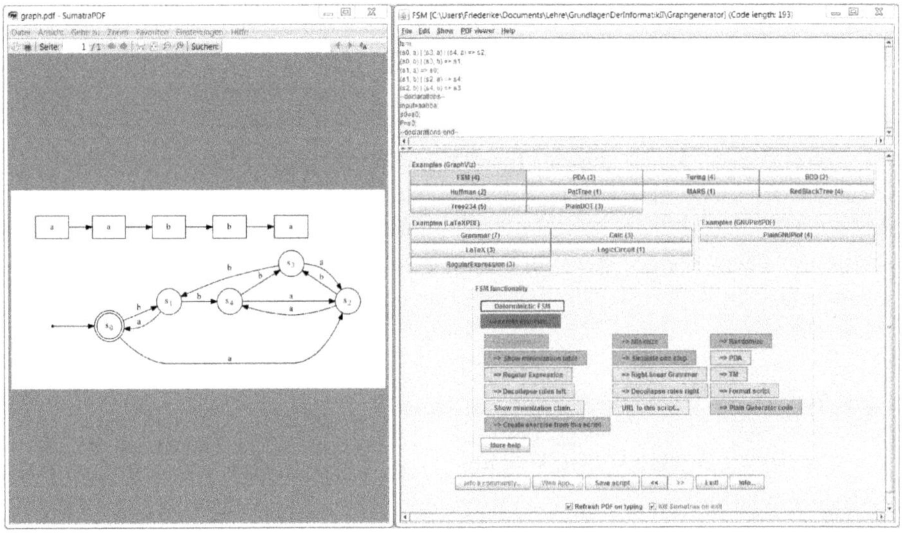

c) Downloadversion

Abb. 5.17. Darstellungsebene des XWizards als Webanwendung bzw. Downloadversion. Die Screenshots a) und b) zeigen die Webanwendung mit Ausgabe- und Skriptbereich sowie die Konversionsmethoden des EA aus Abb. 5.15. c) beschreibt die Downloadversion mit der PDF-Datei (links) sowie dem dazugehörigen Skript und den Konversionsmethoden.

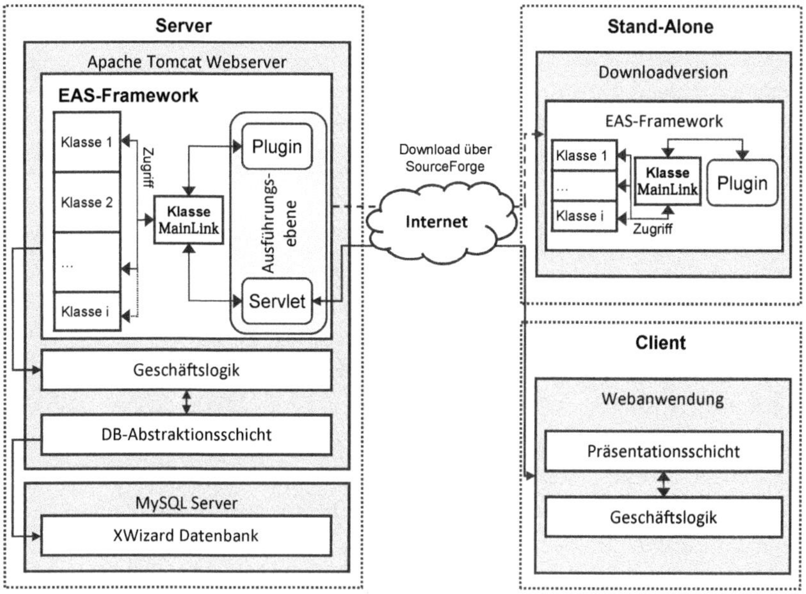

Abb. 5.18. XWizard Client-Server-Architektur. Als Clients bietet der XWizard die Downloadversion sowie die Webanwendung. Serverseitig sind der Apache Tomcat Webserver und der MySQL Server in die Architektur integriert.

Apache Tomcat Webserver

Die einzelnen Anwendungen des Apache Tomcat Webserver basieren auf Java [8]. Die Kommunikation zwischen dem Apache Tomcat Webserver und dem MySQL Server erfolgt über SQL-Befehle, welche von der Java-Datenbankschnittstelle generiert werden.

EAS-Framework. Das EAS-Framework ist ein Java-basiertes, frei zugängliches, über SourceForge[24] erhältliches Simulationsframework, erstellt von König [127, 129]. Die Kommunikation innerhalb des Frameworks wird über die Klasse `MainLink` verwaltet, welche auf die zur Darstellung der XWizard-Objekte benötigten Klassen zugreift. Auf der Ausführungsebene werden durch EAS entweder ein Servlet für die Webanwendung oder ein Plugin für die Downloadversion zur Verfügung gestellt. Beide Programme werden auf Basis derselben Klassen erstellt, sodass die Web- und die Downloadversion dieselben Funktionalitäten bieten.

Die Erstellung der PDFs zur Visualisierung der jeweiligen Skripte durchläuft die in Abb. 5.19 veranschaulichten Stufen. Das Hauptskript des Skriptbereichs wird in den entsprechenden PDF Prozessor Code umgewandelt, welcher, je nach Skript, entweder in LaTeX oder in Graphviz geschrieben ist. Anschließend wird daraus das zugehö-

24 EAS-Framework auf SourceForge: https://sourceforge.net/projects/easyagentsimulation

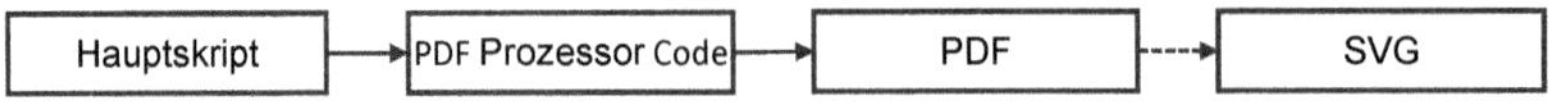

Abb. 5.19. Skriptumwandlung des XWizards. Die Erzeugung des PDFs aus dem Hauptskript durchläuft die Stufe des PDF Prozessor Codes. Je nach Client wird das PDF noch in das SVG-Format umgewandelt (in Anlehnung an [131]).

rige PDF durch externen Aufruf des jeweiligen Programms generiert. Dieses PDF wird bei der Downloadversion direkt angezeigt; bei der Webanwendung ist zusätzlich eine Umwandlung in das *Scalable Vector Graphics (SVG)*-Format nötig, welches auf XML basiert und die Einbettung in die Webseite ermöglicht.

DB-Abstraktionsschicht. Die Schnittstelle zwischen dem MySQL Server und dem EAS-Framework bildet die DB-Abstraktionsschicht. Entsprechende SQL-Anfragen rufen oder schreiben einzelne Daten aus der oder in die Datenbank, sofern die Anfragen von der Geschäftslogik (vgl. Abschn. 5.1.4) an die DB-Abstraktionsschicht weitergeleitet werden. Alle durch die Webanwendung erstellten Skripte werden mit den zugewiesenen IDs in der Datenbank gespeichert. Dies ermöglicht dem Dozenten, einzelne vordefinierte Skripte an die Studierenden weiterzugeben und zugehörige Miniaufgaben zu speichern und zu veröffentlichen. Alternativ können Skripte auch vollständig in der URL gespeichert werden, so dass kein Zugriff auf die Datenbank nötig ist (vgl. Abschn. 5.3.2 „URLs“).

MySQL Server

Die Webanwendung ist (im Gegensatz zur Downloadversion) mit einem MySQL Server verknüpft, welche die Datenbank für den XWizard bereithält. Durch die Anknüpfung der Webanwendung an eine zentrale Datenbank wird einerseits der Zugriff auf vordefinierte Skripte vereinfacht; zudem ermöglicht die Speicherung von Webseiten-Bewegungen eine wissenschaftliche Analyse der Daten, wie sie in Abschn. 6.7 vorgenommen wird.

XWizard Datenbank. Die Webanwendung des XWizards speichert alle Skripte in der XWizard Datenbank. Da jeder Vorgang des XWizards auf Skripten beruht, kann eine Anwendungsanalyse durchgeführt werden. Die Struktur der Datenbank ist in Abb. 5.20 wiedergegeben. Der obere Teil der Abbildung kennzeichnet die allgemeinen Tabellen `scripts` und `session_data`. Der Primärschlüssel (PK; Fremdschlüssel FK) wird für alle Tabellen über die Skript ID (`scriptID`) gewährleistet. Die Tabelle `scripts` speichert zudem das Skript (`script`). Unter `session_data` werden Informationen zur Session mit der entsprechenden `sessionID`, der zugehörigen `scriptID`, dem Vorgänger- (`sourceScriptID`) sowie Nachfolgerskript (`targetScriptID`), weitere Informationen zur `userInformation`, zum `cookieUserName` und `browserName` oder zum `mobileAccess` gespeichert.

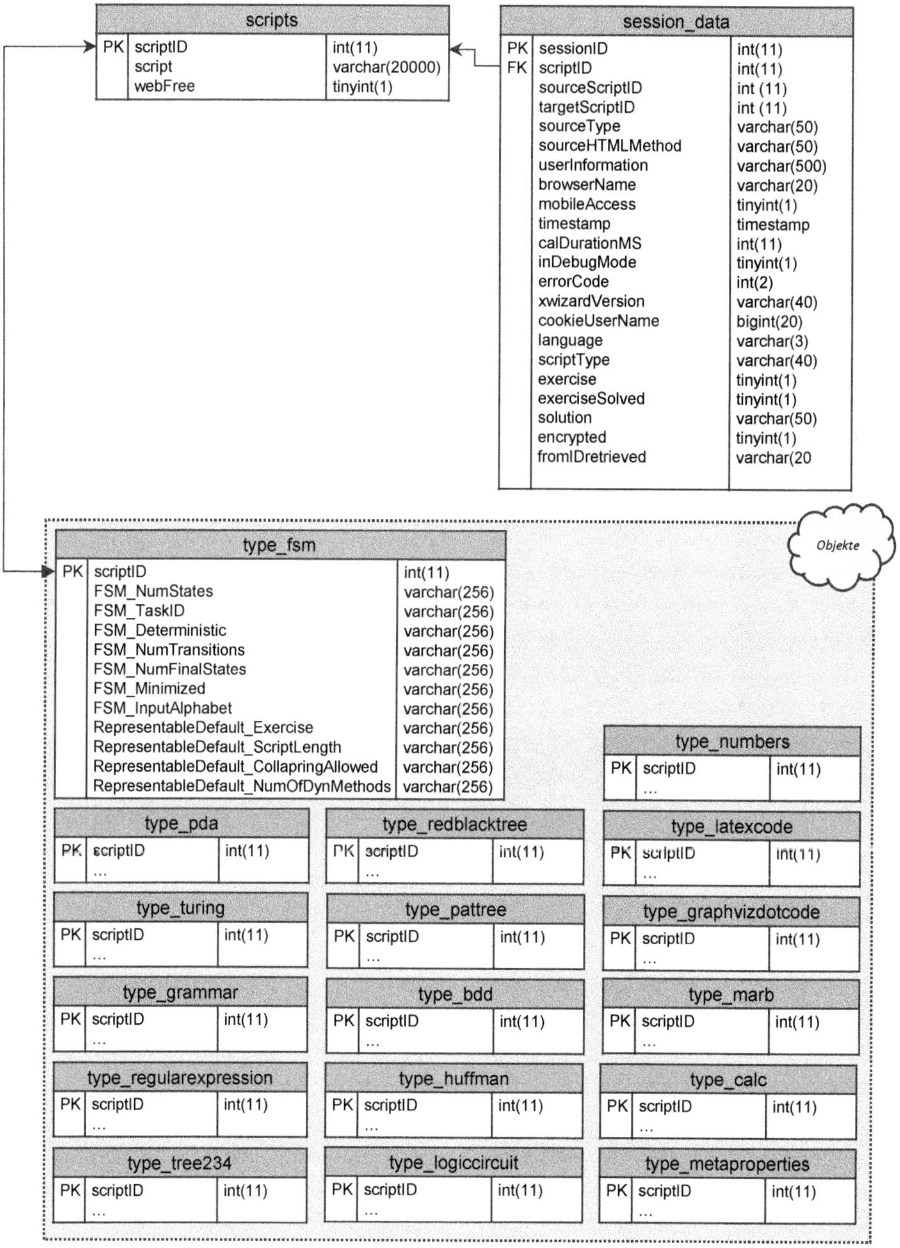

Abb. 5.20. Überblick über das XWizard-Datenbankschema. Das Datenbankschema beschreibt die einzelnen Tabellen der Datenbank. Für die beiden Haupttabellen `scripts` und `session_data` sowie beispielhaft für die Tabelle `type_fsm` des Objekts „Endlichen Automat" sind die zugehörigen Attribute inklusive Primär- (PK) und Fremdschlüssel (FK) gegeben. Die Verbindungen zwischen den einzelnen Tabellen sind zur besseren Lesbarkeit nur beispielhaft dargestellt.

Der untere Teil der Abbildung beschreibt – hier beispielhaft für den Endlichen Automaten (`type_fsm`) – für jedes Objekt eine Tabelle, in der die benötigten Informationen gespeichert werden. Diese Tabellen werden über den PK `scriptID` zugeordnet und definieren einzelne Eigenschaften der Objekte sowie zugehörige Konversionsmethoden.

Google Analytics. Zur weiteren Nutzeranalyse des XWizards wurde zusätzlich zur Datenbank das online Analysewerkzeug Google Analytics[25] verwendet. Google Analytics kann, unter Beachtung der datenschutzrechtlichen Bestimmungen, in beliebigen Webseiten integriert werden. Es liefert vielfältige Daten zu Sitzungen und Nutzern, wie beispielsweise die Besuchsdauer einer Seite [80] (vgl. Abschn. 6.7).

Downloadversion

Die Downloadversion (vgl. Abb. 5.18) stellt eine Abbildung des EAS-Frameworks auf dem lokalen Rechner dar. Folglich werden alle Rechenoperationen lokal durchgeführt mit dem Vorteil einer potentiell höheren Rechenleistung im Gegensatz zur Webanwendung. Vordefinierte Beispiele und Algorithmen werden über das EAS-Framework mitgeliefert. Der Zugriff auf die einzelnen Klassen erfolgt, wie auf dem Webserver auch, über die Klasse `MainLink`, welche durch ein Plugin ausgeführt wird.

Wie bereits beschrieben hat die Downloadversion keinen Zugriff auf die Datenbank. Dies hat den Vorteil, dass keine Internetanbindung zur Verwendung des XWizards vorhanden sein muss. Allerdings erfolgt auch keine Speicherung der Benutzeraktionen. Zudem können keine Aktionen genutzt werden, die eine Anbindung an die Datenbank erfordern, wie beispielsweise die Verwendung der Funktion „Erstelle kurze URL (ID) zu diesem Skript...“ (vgl. weitere Funktionen in Abschn. 5.3.2).

Webanwendung

Die Webanwendung stellt die Clientseite dar. Studierende haben die Möglichkeit, über jedes beliebige Endgerät auf die Webanwendung zuzugreifen. Die enthaltenen Funktionen decken sich mit denen der Downloadversion. Zusätzlich wird die Kommunikation in der Datenbank gespeichert; demnach sind auch Zugriffe über IDs auf erstellte Skripte oder Aufgaben möglich. Die graphische Darstellung der Webanwendung erfolgt über die Präsentationsschicht (vgl. Abb. 5.18); auch hier wird die Problemstellung bei der Bearbeitung über die Geschäftslogik analysiert und bewertet. Die Kommunikation erfolgt über die Webservermethoden `doGet()` und `doPost()`, sodass der Browser die aktualisierten Webseiten über HTTP im HTML-Format erhält.

25 Zugriff über https://analytics.google.com

5.3.4 Anwendung des XWizards

Der XWizard kann in vielen verschiedenen Lehrgebieten eingesetzt werden, in welchen die Darstellung mathematischer Objekte von Interesse ist. Hierzu ist allerdings eine vorherige Implementierung der Objekte sowie der benötigten Konversionsmethoden erforderlich. Die derzeit implementieren Objekte und Methoden stellen bereits wichtige allgemeingültige Konzepte der theoretischen Informatik dar, weshalb diese ohne weitere Anpassung von Interessierten dieses Fachgebiets verwendet werden können. Der Anwendungsbereich kann in „Studierende" und „Dozenten" unterteilt werden. Für Studierende ergeben sich insbesondere folgende Einsatzbereiche:
- eigene Aufgaben erstellen und durchrechnen,
- eigene Lösungen auf Richtigkeit überprüfen sowie
- Lösungswege schrittweise erklärt bekommen.

Auf Seite der Dozenten ergeben sich folgende Funktionen:
- Klausuraufgaben erstellen,
- Lösungen der Studierenden automatisiert überprüfen,
- den Studierenden kurze Übungsfragen in Form von Miniaufgaben bereitstellen und
- Einbindung von Skripten in die Lehrmaterialien.

Die beschriebene Version des XWizards inklusive der Webanwendung wurde seit dem *WS*15 in der Vorlesung GdI2 eingesetzt; allerdings war die Downloadversion bereits im *WS*14 für Studierende zugänglich. Einige der beschriebenen Objekte oder Konversionsmethoden sind erst im Laufe des *WS*14 und *WS*15 entstanden. Zudem wurde der XWizard bereits in der am KIT angebotene Vorlesung „Effiziente Algorithmen" eingesetzt.

Die Analyse und Evaluation des XWizards erfolgt in Abschn. 6.7 basierend auf den Daten des *WS*15 der Lehrveranstaltung GdI2.

5.3.5 Erweiterungen nach *WS*15

Da sich der XWizard dauerhaft im Entwicklungsprozess befindet, unterliegt er einer ständigen Umwandlung und Anpassung vor allem im Hinblick auf angebotene Objekte und Methoden. Beispielsweise war die Eingliederung der Objekte „logische Schaltkreise" und „Zahlendarstellung" zum *WS*15 noch nicht abgeschlossen (Stand 03.03.2016). Eine weitere in Umsetzung befindliche Neuerung ist die Anpassung der Kommunikation über Webservices, so dass eine Einbettung in beliebige HTML-Seiten wie beispielsweise den IAP möglich ist. Zudem ist es ebenfalls möglich, die Skripte beliebig zu verschachteln, so dass weitere Unterskripte entstehen, auf die ebenfalls Methoden angewendet werden können. Diese Verschachtelung ermöglicht die Integration von Animationen der Objekte. Da der XWizard in der Lage ist, eine universelle Turingmaschine zu simulieren, ist die so durch den XWizard entstandene Programmiersprache Turing-vollständig. Für weitere Informationen wird auf die Literatur verwiesen [130, 131].

5.4 Zusammenfassung

In der in Kap. 4 vorgestellten Veranstaltung GdI2 wurden insbesondere die drei digitalen Systeme „nuKIT", „IAP" sowie der „XWizard" integriert und verwendet. Die folgende Ausführung gibt eine kurze Zusammenfassung über die Funktionsweise sowie das Einsatzgebiet der Systeme.

nuKIT. Die nuKIT-Tools sind ein digitales Werkzeug, welches die elektronische Kommunikation zwischen den Studierenden und dem Dozenten insbesondere während der Vorlesung ermöglicht. Auch der Einsatz bei Televorlesungen oder auch bei Konferenzen oder anderen Vorträgen ist möglich. Mit Hilfe der Tools können die Studierenden dem Dozenten Fragen stellen oder die Vortragsgeschwindigkeit bewerten. Über eine Echtzeitanzeige wird dem Dozenten dieses Feedback angezeigt. Der Dozent kann den Studierenden ebenfalls online Fragen stellen. Die technische Umsetzung basiert auf einer Client-Server-Architektur, welche auf der Clientseite die Dozententools *LQT*, *SIT* und *Manager* enthält. Den Studierenden steht zur Kommunikation eine Webanwendung oder eine Android-App zu Verfügung.

IAP. Der IAP liefert ein Konzept für das Angebot eines Aufgabenpools, welches insbesondere die Verbindung mit einem interaktiven Forum beschreibt. Er umfasst eine Sammlung digitaler Übungsaufgaben, einen sogenannten Aufgabenpool, der bidirektional mit einem Frage-Antwort-Forum verknüpft ist. Zu jeder Aufgabe existiert ein vordefinierter Thread, in welchem Fragen zur zugehörigen Aufgabe gestellt werden können. Der Aufgabenpool der Lehrveranstaltung GdI2 setzt sich aus der Aufgabensammlung, den Altklausuren sowie den aktuellen Tutoriumsaufgaben zusammen. Das interaktive Forum ist in das Q2A-System integriert. Das leichtgewichtige Tool kann durch Standardinternettechnologie realisiert und folglich auf andere digitale Aufgabenpools übertragen werden.

XWizard. Der XWizard ist ein eLearning Werkzeug zur graphischen Veranschaulichung und Simulation mathematischer Objekte, welche insbesondere Konzepte der theoretischen Informatik im Rahmen der Lehrveranstaltung GdI2 umfassen. Zudem können auch verschiedene Algorithmen zur Transformation von Objekten angewendet werden. Der Zugriff kann entweder über die XWizard Webanwendung oder die Downloadversion erfolgen. Da der XWizard frei verfügbar ist, kann er auch für beliebige andere Themengebiete erweitert und eingesetzt werden. Der Adressatenkreis beschränkt sich hierbei nicht nur auf die Studierenden; ursprünglich wurde der XWizard zur Unterstützung der Lehrprozesse im Rahmen der Aufgabengenerierung oder der Korrekturen entwickelt.

Die drei digitalen Werkzeuge werden im Rahmen der Evaluation in Kap. 6 als Einzelkomponenten detailliert analysiert. Hierbei sind insbesondere die Partizipation der Studierenden sowie deren Akzeptanz, die Akzeptanz durch den Dozenten, die Qualitätsbewertung sowie die zeit- und ortsunabhängige Nutzung und der Lernerfolg von Interesse.

6 Evaluation

Die vom Institut AIFB angebotene Lehrveranstaltung GdI2 (vgl. Kap. 4) am KIT ist die Testumgebung, in die die im Rahmen dieser Arbeit entwickelten digitalen Systeme nuKIT, IAP und XWizard (vgl. Kap. 5) eingegliedert wurden. Im Folgenden wird untersucht, inwiefern diese Systeme erfolgreich integriert werden konnten und welche Qualitätsentwicklung des Gesamtkonzepts vom *WS*09 bis *WS*15 zu beobachten ist. Hieraus werde Schlüsse für den Einsatz der digitalen Lehr- und Lernmethoden sowie Hilfestellungen zur Strukturierung, Planung, Durchführung und Bewertung von universitären Lehrveranstaltungen gezogen. Das dieser Arbeit zugrunde liegende Bewertungssystem wurde in Kap. 3 vorgestellt; im Folgenden werden die Einzelkomponenten (vgl. Abschn. 3.3.1) anhand der ausgewählten Qualitätskriterien untersucht. Tab. 6.1 gibt einen Überblick über die Verwendung der Qualitätskriterien für die jeweiligen Einzelkomponenten.

Zur besseren Übersicht wird das Kapitel in fünf Hauptteile untergliedert:

- In Teil I (Abschn. 6.1) werden die der Evaluation zugrunde liegenden wichtigsten Datensätze beschrieben. Im Fokus stehen hierbei die verschiedenen im Zusammenhang mit dieser Arbeit durchgeführten studentischen Umfragen auf Basis von Evaluationsbögen sowie die verwendeten Datenbanken.
- Teil II (Abschn. 6.2 bis Abschn. 6.4) evaluiert und diskutiert die in Kap. 4 vorgestellten Präsenzveranstaltungen „Vorlesung“, „Tutorium“ und „Saalübung“ sowie die zugehörigen Konzepte der Lehrumgebung. Die in Kap. 4 benannten Evaluationsergebnisse werden tiefer gehend erläutert und die in Abschn. 4.7 beschriebenen Probleme werden aufgegriffen.
- Teil III umfasst Abschn. 6.5 bis Abschn. 6.7 und evaluiert die in Kap. 5 vorgestellten digitalen Angebote „nuKIT“, „interaktiver Aufgabenpool“ und „XWizard“.
- Der vierte Teil „Klausur“ (vgl. Abschn. 6.8) untersucht die Entwicklung der Klausuren sowie die statistische Signifikanz einzelner Konzepte der Teile II und III auf die Klausurergebnisse.
- Teil V (Abschn. 6.9 und Abschn. 6.10) bewertet die Qualitätskriterien des Gesamtkonzepts und greift die in Teil II bis IV gewonnenen Ergebnisse auf. Anhand dieser wird eine Gesamtevaluation durchgeführt. Die Ergebnisse werden mit denen des LQI verglichen. Zudem wird ein Vergleich mit anderen Lehrveranstaltungen über den LQI sowie den *Selbststudiumsindex (SSI)* gezogen.

In Abschn. 6.11 sowie Abschn. 6.12 werden die Erkenntnisse zusammengefasst sowie insbesondere im Hinblick auf deren Übertragbarkeit auf andere Lehrveranstaltungen betrachtet.

Die geklammerte Nummerierung der Qualitätskriterien in den Überschriften von Abschn. 6.2 bis Abschn. 6.9 bezieht sich auf die Nummerierung der Qualitätskriterien aus Abschn. 3.3.1 auf Basis des Kriterienkatalogs von Tab. 3.1.

https://doi.org/10.1515/9783110483048-162

Tab. 6.1. Zuordnung der Qualitätsmerkmale zu den Einzelkomponenten. Gemäß der in Abschn. 3.3.1 erarbeiteten Qualitätskriterien werden die Einzelkomponenten „Vorlesung", „Tutorium", „Saalübung", „nuKIT", „IAP", „XWizard", „Klausur" sowie das Gesamtkonzept evaluiert.

	Vorlesung	**Tutorium**	**Saalübung**	**nuKIT**	**IAP**	**XWizard**	**Klausur**	**Gesamtkonzept**
(1) Partizipation	X	X	X	X	X	X	X	–
(2) Akzeptanz Dozenten	X	X	X	X	X	X	–	–
(3) Akzeptanz Studierende	X	X	X	X	X	X	–	–
(4) Veranstaltungsqualität	X	X	X	–	–	–	–	–
(4) Produktqualität	–	–	–	X	X	X	–	–
(5) Interaktion	X	X	X	–	–	–	–	–
(5) Zeit- und Ortsunabhängigkeit	–	–	–	X	X	X	–	–
(6) Struktur der Lehrinhalte	X	X	X	–	–	–	–	–
(7) Lernerfolg	X	X	X	X	X	X	X	–
(8) Selbststudium	–	–	–	–	–	–	–	X
(9) Einschätzung durch Studierende	–	–	–	–	–	–	–	X

6.1 Teil I – Datenakquise

Die Grundlage der Evaluationen des vorliegenden Kapitels bilden eine Vielzahl verschiedener Daten, die über die *WS*09 bis *WS*15 gesammelt wurden (vgl. auch Tab. 3.2). Im Folgenden werden die wichtigsten Methoden zur Datenerhebung und -erfassung vorgestellt und beschrieben. Hierzu gehören einerseits mehrere Evaluationsbögen als auch die Datenauswertung der Datenbanken sowie der Klausurergebnisse. Hierdurch wird dem durch [126] dargelegten Aspekt Rechnung getragen, dass die Qualitätsbewertung nicht nur auf der Auswertung von Evaluationsbögen basieren sollte.

6.1.1 Evaluationsbögen

Im Laufe der Semester *WS*09 bis *WS*15 wurden im Zusammenhang mit GdI2 studentische Umfragen im Rahmen der „Vorlesung", „Übung" im Allgemeinen, des „Tutoriums", der „eLearning-Angebote", des „XWizards" sowie des „Tutoriumskonzepts" durchgeführt, welche auf im Folgenden vorgestellten Evaluationsbögen basierten. Die Ergebnisse dieser Umfragen werden in der vorliegenden Untersuchung als Datengrundlage verwendet.

Vorlesungsevaluation. Die vom Qualitätsmanagement des KIT[1] vorgegebenen Umfragen werden im Rahmen der gesetzlichen Vorgaben (vgl. § 6 HRG [38, 194], § 5 Abs. 2, 2 LHG BW [140] sowie Abschn. 3.2.2) jedes Semester zur Lehrveranstaltungsevaluation durchgeführt. Der Evaluationsbogen der Vorlesung, beispielhaft aus dem *WS*15, ist in Anh. A.1 zu finden; er untergliedert sich in die Teilbereiche „Lehrveranstaltung“, „Raumbedingungen“, „Dozent“ und „Fragen zum Studium“. Bei einer Abweichung der in der anschließenden Auswertung verwendeten Fragen zu dem vorgegebenen Fragebogen des *WS*15 wird speziell darauf hingewiesen.

Übungsevaluation. Die Übungsevaluation wurde ebenfalls vom Qualitätsmanagement des KIT bis zum *WS*14 vorgegeben und umfasst dieselben Teilbereiche „Lehrveranstaltung“, „Raumbedingungen“, „Dozent“ sowie „Fragen zum Studium“. Da allerdings der Begriff der „Übung“ in GdI2 nicht verwendet wurde, ist der Bezug des Fragebogens nicht eindeutig. So kommen als Bewertungsgegenstand das Übungskonzept als Abstraktum, die Übungsleitung, der Professor der Lehrveranstaltung, aber auch die konkreten Saalübungen oder Tutorien in Frage. Dies kann zu einem unterschiedlichen Verständnis bei der Beantwortung der Fragen führen und erschwert die Interpretation der Evaluationsergebnisse. Daher wird seit dem *WS*15 auf diese offizielle Evaluation verzichtet. Im Rahmen dieser Arbeit wird lediglich vereinzelt auf die Ergebnisse dieser Evaluation zurückgegriffen und sich dabei auf ausgewählte Fragen beschränkt. Der Bogen aus dem *WS*14 ist im Anh. A.2 einsehbar.

Tutoriumsevaluation. Der Fragebogen für die Evaluation der Tutorien wurde im Rahmen dieser Arbeit entwickelt, um – neben der Vorlesung – die Tutorien adäquat bewerten zu können und der beschriebenen Problematik der „Übungsevaluation“ zu begegnen. Diese beinhaltet vor allem die Bewertung der Tutorinnen und Tutoren, da diese Bewertung in der beschriebenen Übungsevaluation vernachlässigt wurde. Der Fragebogen aus dem *WS*15 ist an den „Fragebogen zur Evaluation studentischer Tutorien“ aus dem Fachbereich Psychologie der Universität Heidelberg angelehnt [231] und ist im Anh. A.3 einsehbar.

Evaluation der eLearning-Angebote. Die Evaluation der eLearning-Angebote wurde im Zusammenhang mit der intensiven Verwendung der in Kap. 5 vorgestellten Konzepte zusammengestellt und durchgeführt. Im Mittelpunkt stehen allgemeine Fragen zur Verbreitung mobiler Endgeräte; zudem werden insbesondere die nuKIT-Tools (vgl. Abschn. 5.1) sowie der IAP (Abschn. 5.2) evaluiert. Auf das XWizard Werkzeug (Abschn. 5.3) wurde in diesem Zusammenhang nur am Rande eingegangen. (Seit dem *WS*15 wurde zu diesem ein separater Online-Fragebogen angeboten, vgl. nächster Absatz.) Der entsprechende Fragebogen des *WS*15 ist in Anh. A.4 dargestellt. Im Ver-

1 Qualitätsmanagement des KIT: http://www.pst.kit.edu/qm

gleich zu den Fragebögen der vorhergehenden Semester wurden nur geringfügige Veränderungen an den Fragen vorgenommen; auf diese wird – falls notwendig – an den betreffenden Stellen hingewiesen.

Evaluation XWizard. Der Evaluationsbogen des digitalen Werkzeugs XWizard wurde in elektronischer Form dauerhaft seit dem *WS*15 über den für wissenschaftliche Zwecke frei verfügbaren Online-Dienst SoSci Survey[2] durchgeführt [213]. Diese Kurzevaluation umfasst zehn Fragen zur Verwendung des XWizards (vgl. Anh. A.5).

Evaluation des Tutoriumskonzepts. Der Fragebogen, der für die Tutorinnen und Tutoren der *WS*09 bis *WS*14 vom 15.09.2015 bis zum 10.10.2015 und für die des *WS*15[3] vom 07.10.2016 bis zum 15.10.2016 freigeschaltet war, wurde online über SoSci gestellt (vgl. Anh. A.6). In diesen Zeiträumen haben 53 verschiedene Tutorinnen und Tutoren den Evaluationsbogen vollständig ausgefüllt, so dass Daten zu 106 Tutorien vorliegen. Aufgrund der zeitlichen Distanz zu den früheren Semestern haben allerdings nur wenige Tutoren dieser Semester an der Evaluation teilgenommen (vgl. Abb. 6.18). Die inhaltlichen Fragen beziehen sich vor allem auf die Beteiligung der Studierenden an den klassischen bzw. den interaktiven Tutorien sowie den Einsatz verschiedener Unterrichtsmaterialien.

Bei der Durchführung der studentischen Befragungen müssen verschiedene Rahmenbedingungen unterschieden werden. Dies betrifft vor allem die in Tab. 6.2 beschriebenen Eigenschaften, welche auf den von Kromrey [137] vorgestellten zu klärenden Fragen bei der Planung eines Evaluationsvorhabens basieren. Im Folgenden werden die genannten Eigenschaften im Hinblick auf die im Rahmen der Arbeit durchgeführten Befragungsprojekte detailliert diskutiert.

Häufigkeit. Die Häufigkeit der durchgeführten Umfragen unterscheidet sich deutlich voneinander. Während die Umfragen zur Vorlesung und Übung – mit Ausnahme des Semesters *WS*15 – einmal pro Semester stattfanden, wurde der Fragebogen zu den eLearning Angeboten zum ersten Mal im Semester *WS*12 eingesetzt, allerdings danach kontinuierlich einmal pro Semester. Die Notwendigkeit einer Umfrage zum XWizard ergab sich durch die zeitliche Entstehung erst im *WS*15. Weiterführende Bewertungen zu den Tutorien (Tutorium und Tutoriumskonzept) fanden das erste Mal im *WS*14 Anwendung, wobei zu betonen ist, dass die Umfrage zum Tutoriumskonzept an alle Tutorinnen und Tutoren seit dem *WS*09 gerichtet war.

2 Zugriff auf SoSci Survey: https://www.soscisurvey.de

3 Bei der Tutorenevaluation im *WS*15 wurden für dieses Semester irrelevante Fragen aus dem Fragebogen gelöscht.

Tab. 6.2. Eigenschaften der Befragungsprojekte. Für jedes spaltenweise genannte Befragungsprojekt werden in den entsprechenden Zeilen die von Kromrey erarbeiteten Eigenschaften genannt und stichwortartig für die einzelnen Projekte aufgegliedert (in Anlehnung an [137]).

	Vorlesung	**Übung**	**Tutorium**	**eLearning Angebote**	**XWizard**	**Tutoriums-konzept**
Häufigkeit	*WS*09–15	*WS*09–14	*WS*14–15	*WS*12–15	*WS*15	*WS*14
Erhebungs-zeitpunkt	– vgl. detaillierte Beschreibungen –					
Befragte	Studierende	Studierende	Studierende	Studierende	Anwender	Tutor/innen
Teilnahme	freiwillig	freiwillig	freiwillig	freiwillig	freiwillig	freiwillig
Koordination	extern	extern	intern	intern	intern	intern
Durchführung	intern	intern	intern	intern	intern	intern
Form	offline	offline	offline	offline	online	online
Zweck	formativ/ summativ	formativ/ summativ	formativ/ summativ	formativ/ summativ	formativ	summativ

Erhebungszeitpunkt. Zur Vergleichbarkeit der Daten innerhalb der einzelnen Befragungsprojekte kommt dem Zeitpunkt der Erhebung eine wichtige Rolle zu. Tab. 6.3 erläutert detailliert, zu welchen Zeitpunkten die jeweiligen Erhebungen stattgefunden haben. Die Umfragen „Vorlesung“, „Übung“, „Tutorium“ und „eLearning“ fanden, falls diese durchgeführt wurden, einmal im Semester statt. Zur besseren Vergleichbarkeit der Daten wurde auf einen annähernd gleichen Erhebungszeitpunkt geachtet, so dass die Vorlesung (mit Ausnahme des Semesters *WS*09), die Tutoriumsevaluation als auch die Evaluation der eLearning Angebote vergleichbare Daten liefern. Die Erhebung der Übungsevaluation fand entweder in der zweiten Hälfte der Tutorienzyklen oder in einer der Saalübungen statt. Diese Abweichung von gleichbleibenden Erhebungsbedingungen muss bei der Auswertung der Evaluationen beachtet werden. Da die Umfrage zum XWizard sowie zum Tutoriumskonzept nur einmalig über einen vordefinierten Zeitraum innerhalb des Semesters *WS*15 stattgefunden hat, ist ein einheitlicher Erhebungszeitraum gegeben.

Sofern der Erhebungszeitpunkt der Umfragen, die miteinander verglichen werden, einheitlich gewählt wird, wird davon ausgegangen, dass keine Verzerrung der Ergebnisse zu erwarten ist (vgl. [245]). Eine mögliche Vor-Selektion der Studierenden durch den zeitlichen Einfluss wie beispielsweise die Evaluation vor der Bonusklausur betrifft die Umfragen folglich in gleicher Weise. Insofern sind einzig bei der Auswertung der Übungsevaluation die wechselnden Evaluationszeitpunkte zu beachten.

Tab. 6.3. Zeitpunkt der Umfrageerhebung. Die Erhebungszeitpunkte der sechs verschiedenen Umfragen sind über die Untersuchungssemester *WS*09 bis *WS*15 aufgeschlüsselt. Der Gedankenstrich „–" bedeutet, dass keine Umfrage stattgefunden hat. Die Evaluation der Vorlesung hat im *WS*09 in der Vorlesung (VL) und seit dem *WS*10 vor der Bonusklausur (BK; bzgl. der genauen Daten vgl. Tab. 4.9) stattgefunden, die Evaluation der Übung teilweise während der Tutorienzyklen (TZ; bzgl. der Tutorienzeiten vgl. Tab. 4.7) oder der Saalübung (SÜ; bzgl. der genauen Daten vgl. Tab. 4.10). Die Evaluation des Tutoriums fand immer in den TZ statt, die eLearning Evaluation während der 2. SÜ. Die Befragung zum XWizard sowie zum Tutoriumskonzept (Tut.-konzept) wurde online angeboten.

Einsatzgebiet	***WS*09**	***WS*10**	***WS*11**	***WS*12**	***WS*13**	***WS*14**	***WS*15**
Vorlesung	VL (18. Jan.)	BK	BK	BK	BK	BK	BK
Übung	4. /5. TZ	5. /6. TZ	2. SÜ	5. /6. TZ	1. SÜ	5. TZ	–
Tutorium	–	–	–	–	–	6. TZ	5. /6. TZ
eLearning	–	–	–	2. SÜ	2. SÜ	2. SÜ	2. SÜ
XWizard					14. Okt. 2015 – 08. März 2016		
Tut.-konzept					15. Sep. – 10. Okt. 2015		

Tab. 6.4. Stichprobengrößen der Umfrageprojekte der Erhebungszeiträume. Die Tabelle beschreibt die Anzahl an rückläufigen Umfragebögen der jeweiligen Befragungen (Zeilen). Sofern die Anzahl mit – gekennzeichnet ist, hat in dem entsprechenden Semester keine Evaluation zu diesem Thema stattgefunden.

Einsatzgebiet	***WS*09**	***WS*10**	***WS*11**	***WS*12**	***WS*13**	***WS*14**	***WS*15**
Anmeldezahlen	498	523	573	577	518	651	605
Vorlesung	82	330	454	452	342	445	449
Übung	32	189	276	320	61	340	–
Tutorium	–	–	–	–	–	271	322
eLearning Angebote	–	–	–	179	182	180	159
XWizard	–	–	–	–	–	–	26
Tutoriumskonzept	0	2	6	9	8	15	13

Befragte. Mit Ausnahme der Projekte „XWizard" sowie „Tutoriumskonzept" bezogen sich alle Umfragen auf die Studierenden der Veranstaltung GdI2, so dass von einer homogenen Grundgesamtheit ausgegangen werden kann, wie in Abschn. 4.1 beschrieben. Die XWizard-Umfrage richtete sich an alle Anwender der Webanwendung des Werkzeugs, die Umfrage bezüglich des Tutoriumskonzepts an alle Tutorinnen und Tutoren der *WS*09 bis *WS*14. Durch die Annahme der einheitlichen Erhebungszeitpunkte wird im Folgenden ebenfalls von einer gleichbleibenden Zusammensetzung der Grundgesamtheit ausgegangen (vgl. auch Abschn. 4.1.2). Tab. 6.4 zeigt zudem eine Aufschlüsselung der rückläufigen Umfragebögen der jeweiligen Projekte. Im Vergleich hierzu sind die Anmeldezahlen der Studierenden für die Tutorien aufgeführt (vgl. Tab. 4.3). Bei der Vorlesung liegt (mit Ausnahme des Semesters *WS*09, bei welchem die Befragung in einer wenig besuchten Vorlesung stattfand) die Teilnahmequote aller Studierenden bei Werten zwischen 60% und 80%. Da die Rücklaufquote der Übungsevaluation zwischen 6% und über 50% liegt, was sich durch die unterschiedlichen Erhebungszeitpunkte und nicht vollständig durchgeführte Evaluationen in den Tutorien (beispielsweise im *WS*09) erklären lässt, muss dies bei der Auswertung der Übungsevaluationen beachtet werden. Die Tutoriumsevaluation wurde im *WS*14 von 41,6% und im *WS*15 von 53,2% der angemeldeten Studierenden ausgefüllt. Die Rücklaufquote der eLearning Befragung liegt kontinuierlich zwischen 26% und 36%, so dass angenommen werden kann, dass sich die jeweilige Stichprobengruppe aus einer durch gleichbleibende Selektionskriterien bestimmte Studierendengruppe des entsprechenden Semesters zusammensetzt. Das Tutoriumskonzept wurde lediglich einmal evaluiert; allerdings wurden für diese Umfrage alle Tutorinnen und Tutoren der vorherigen Jahrgänge angesprochen. Es lässt sich eine geringere Rücklaufquote beobachten, je weiter das Untersuchungssemester in die Vergangenheit zurück reicht. So steigert sich die Rücklaufquote vom *WS*09 mit 0% über 10% (*WS*10), 30% (*WS*11), 45% (*WS*12), 40% (*WS*13) auf 79% im *WS*14 und fällt im *WS*15 leicht auf 68% ab. Außerdem muss mit einer Verfälschung der Daten wegen „Vergesslichkeit" der Tutorinnen und Tutoren weiter zurück liegender Semester gerechnet werden. Die Evaluation des XWizards bildet im Vergleich zu den anderen Befragungen eine Ausnahme, da diese lediglich einmal stattfand und hierbei auch kein Vergleich mit anderen Datensätzen möglich ist. Somit geht es bei der Auswertung der XWizard Evaluation lediglich um eine einmalige Einschätzung der Anwender. Da der Adressatenkreis der jeweiligen Befragungen mit Ausnahme der Übungsevaluation aufgrund der gleichbleibenden Größe sowie der einheitlichen Erhebungszeitpunkte in den Untersuchungssemstern gleichen Rahmenbedingungen unterliegt, wird davon ausgegangen, dass statistisch signifikante Veränderungen in den Umfrageergebnissen auf veränderte äußere Parameter zurückgeführt werden können.

Teilnahme. Die Teilnahme an den Evaluationen erfolgte bei jeder Evaluation auf freiwilliger Basis.

Koordination. Mit Ausnahme der vom Qualitätsmanagement des KIT vorgegebenen Fragebögen zur „Vorlesung" und „Übung" (vgl. Anh. A.1 und Anh. A.2) erfolgte die Planung und Ausgestaltung der weiteren Fragebögen (vgl. Anh. A.3 bis Anh. A.6) im Rahmen der Erstellung dieser Arbeit. Dabei wurden diese insbesondere bei den Formulierungen an die durch das KIT vorgegebenen Fragebögen angeglichen, um eine Einheitlichkeit zu gewährleisten und die Studierenden nicht durch anders gestaltete Fragebögen zu irritieren. Zudem wurde Wert auf folgende Punkte gelegt, wie von Webler [245] bei der Erstellung von Fragebögen empfohlen:
– Ausgeglichenheit zwischen verschiedenen Teilaspekten, um keine Vorbewertung vorzunehmen,

- Verwendung von validierten Fragen, d. h. Fragen, die von allen Studierenden gleich interpretiert werden und somit eine gesammelte statistische Auswertung zulassen,
- Vermeidung von Doppelfragen, d. h. Fragen, welche zwei unterschiedliche Aspekte abfragen, um eine einheitliche Basis bei der statistischen Auswertung zugrunde legen zu können ,
- Verwendung von präzisen Detailfragen, um unterschiedliche Interpretationen bei der Auswertung zu vermeiden,
- Erweiterung einer allgemeinen zustimmenden Frage, durch eine Frage nach den Gründen, warum nicht voll zugestimmt werden konnte ,
- gezielter Einsatz von Freitextfragen, um persönliches Feedback der Befragten zu erhalten,
- keine Abfrage von Informationen, welche die Befragten zu Spekulationen anregen, da sie über die mögliche Beobachtbarkeit innerhalb der Lehrveranstaltung bzw. des zu bewertenden Produktes hinausgehen,
- Verwendung von Likert-Skalen mit 5-stufigem Messniveau, welche einerseits eine teils-teils-Bewertung zulassen, aber andererseits auch nicht zu fein bzw. zu grob skaliert sind und zudem die Anwendung statistischer Verfahren für intervallskalierte Merkmale erlauben sowie
- Verwendung von konstanter Skalenpolung, um eine Verwirrung der Studierenden zu vermeiden und die Fehlerhäufigkeit zu reduzieren.

Durchführung. Unter Durchführung wird im Zusammenhang mit dieser Arbeit die Festlegung des Erhebungszeitpunkts bzw. -zeitraums sowie der Vorgang der Befragung innerhalb der entsprechenden Veranstaltung verstanden. Bei allen betrachteten Befragungen erfolgte die Durchführung bzw. die Anleitung durch das Dozententeam der Lehrveranstaltung GdI2, sodass hierbei eine Einheitlichkeit gewährleistet ist.

Form. Die Befragungsprojekte „Vorlesung“, „Übung“, „Tutorium“ sowie „eLearning“ erfolgten offline, d. h. durch das Ausfüllen des in Papierform vorliegenden Fragebogens während der oben beschriebenen Erhebungszeitpunkte. Somit konnten die Evaluationsbögen auch nur von den anwesenden Studierenden bearbeitet werden. Eine nachträgliche Teilnahme in digitaler Form war nicht möglich. Sowohl das Befragungsprojekt „XWizard“ als auch die Befragung zum „Tutoriumskonzept“ wurden online angeboten.

Zweck. Die Intention der durch das Qualitätsmanagement vorgegebenen Evaluationen im Zuge der Lehrveranstaltung bezieht sich in erster Linie auf die formative Evaluation [245]. Dies bedeutet, dass die Lehrveranstaltung während des stattfindenden Prozesses evaluiert wird und anhand der erzielten Umfrageergebnisse verbessert werden soll. In der Realität trifft dies bei GdI2 und dem Großteil der Lehrveranstaltungen jedoch nur zu, wenn man den Prozess als eine Folge wiederkehrender Veranstaltungen sieht (vgl. auch [138]). Bei Betrachtung eines einzelnen Semesters finden die Evaluationen meist zum Semesterende als summative Evaluation statt. Mit dieser Problematik beschäftigt sich das in [6] entwickelte Evaluationskonzept. Folglich können die Umfrageprojekte „Vorlesung", „Übung" und „Tutorium" sowohl als formativ als auch als summativ bezeichnet werden. Das Befragungsprojekt zum Thema „eLearning" ist mit der gleichen Begründung auch als formativ sowie summativ zu bezeichnen. Die XWizard-Evaluation findet während des Entwicklungsprozesses statt und ist demnach lediglich formativ, währenddessen die Befragung zum Tutoriumskonzept eine abschließende Befragung der Tutorinnen und Tutoren für *WS*09 bis *WS*14 darstellt und demnach als summativ gekennzeichnet wird.

Weitere äußere Einflussfaktoren wie Beliebtheit des Studienfachs oder zeitliche Lage der Lehrveranstaltung (vgl. [245]) können in der vorliegenden Untersuchung vernachlässigt werden, da diese Aspekte nur bei einem Vergleich der Lehrveranstaltung mit einer anderen oder bei Veränderungen im Untersuchungszeitraum zum Tragen kommen. Während der Lehrveranstaltung GdI2 wurden die Eigenschaften der Lehrumgebung, wie in Kap. 4.1 beschrieben, konstant gehalten.

6.1.2 Datenbanken

Neben den Ergebnissen der Umfragen werden bei den nachfolgenden Auswertungen die Datensätze der Datenbanken bzw. der Systemspeicher der nuKIT-Tools, des IAP, des XWizard sowie der Vorlesungsaufzeichnungen verwendet. Zu diesen wird im Folgenden eine kurze Übersicht gegeben.

nuKIT. Wie bereits in Abschn. 5.1.4 beschrieben, werden verschiedene Nutzungsdaten des digitalen Werkzeugs nuKIT in einer MySQL-Datenbank gespeichert. Die entsprechende Struktur dieser Datenbank ist in Abb. 5.8 dargestellt.

IAP. Im Vergleich zu nuKIT wurde für den IAP keine separate Datenbank integriert, da intern sowohl über Ilias als auch über das Q2A-System verschiedene Nutzungsdaten gespeichert werden. Zusätzlich wurde die Statistiksoftware Piwik[4] [167] für die Speicherung von Nutzungsdaten aufgesetzt (vgl. Abschn. 5.2.3).

4 Piwik Internetpräsenz: http://piwik.org

XWizard. Die Datenbank des XWizards basiert ebenfalls auf einer MySQL-Datenbank und wurde in Abschn. 5.3.3, Abb. 5.20 dargestellt. Außerdem wurde für den XWizard das online-Analysewerkzeug Google Analytics[5] eingerichtet.

Vorlesungsaufzeichnungen. Die Daten zur Vorlesungsaufzeichnung wurden durch das *Digitale Video- und Audioarchiv (DIVA)*[6] des KIT zur Verfügung gestellt. Hierbei ist jedoch zu beachten, dass die vorhandenen Daten aufgrund eines Systemwechsels des DIVA zum *WS*14 nur bedingt miteinander verglichen werden können. Bei den nachfolgenden Auswertungen wird an entsprechender Stelle darauf hingewiesen.

6.1.3 Klausurergebnisse

Neben den Daten der Evaluationsbögen sowie der Datenbanken werden für die Evaluationen auch die Leistungsüberprüfungen (vgl. Abschn. 4.6) der Studierenden im Fach GdI2 analysiert. Die Verwendung von Zensuren und die Bewertung der Lehrqualität anhand der Studierendennoten werden in der Literatur kontrovers diskutiert [105]. Zudem wird der Vergleich der Studierendenleistung eines Studienfaches über die Grenzen einer Universität hinaus als kritisch beurteilt [68]. Laut Pasternack [163] muss mit einer Noteninflation über mehrere Jahrzehnte gerechnet werden. Dennoch sollen, laut Rindermann in [186], zur Bewertung von Lehrveranstaltungen neben studentischen Befragungen auch quantitative Faktoren verwendet werden, so dass Klausurergebnisse als quantitative Maßstäbe diskutiert werden müssen.

Die Qualität der Datengrundlage „Klausurergebnisse" basiert nach Diekmann [56] im Allgemeinen auf folgenden Gütekriterien:

- *Objektivität*: Unter dem Kriterium der Objektivität wird die Unabhängigkeit von Personen verstanden. Im Zusammenhang mit dem Vergleich der einzelnen Noten innerhalb eines Jahrgangs sowie über die einzelnen Semester hinweg ist für GdI2 zu betonen, dass sowohl die Klausuraufgaben als auch die Korrekturrichtlinien von einem Dozententeam mit gleichbleibenden Stamm gestellt wurden, so dass daraus zwar nicht direkt die Objektivität folgt, allerdings im Rahmen der Vergleichbarkeit der Ergebnisse die gleichen Voraussetzungen bestehen.
- *Reliabilität*: Die Reliabilität misst die Verlässlichkeit bzw. die Genauigkeit der Ergebnisse, d. h. die Frage, ob bei einer wiederholten Korrektur die Bewertung gleich ausgefallen wäre. Durch die strikte Vorgabe fester Korrekturrichtlinien wird im Fach GdI2 versucht, die Reliabilität zu gewährleisten. Um diese den Studierenden offenzulegen, werden die Korrekturmaßstäbe im Rahmen einer Einsicht vorgelegt und ebenfalls die Möglichkeit geboten, die Klausuren auf eventuelle Fehlkorrekturen zu prüfen und dadurch die Reliabilität zu gewährleisten.

5 Google Analytics Internetpräsenz: https://analytics.google.com
6 Zugriff auf das DIVA über: http://www.bibliothek.kit.edu/cms/diva.php

- *Validität*: Die Validität beurteilt, ob ein entsprechendes Messinstrument wirklich das misst, wofür es eingesetzt wird. Die Klausur überprüft das Erreichen der Lernziele. Ausschlaggebend ist hierbei neben den organisatorischen Rahmenbedingungen wie Bearbeitungszeit auch die Zusammenstellung der Klausuraufgaben. Das GdI2-Dozententeam war bemüht, eine konstante Abdeckung der Lehrinhalte bei allen Klausuren zu gewährleisten und dadurch den Schwierigkeitsgrad der Klausuren gleich zu halten. Trotz der Betreuung durch einen festen Dozentenstamm stellt demnach der Schwierigkeitsgrad der Klausuren einen kritischen Störfaktor bei der Verwendung der Klausurergebnisse zur Beurteilung der Lehrqualität über die Jahre hinweg dar. Durch das zunehmende Angebot an Lehrmaterialien, wie beispielsweise die beschriebenen digitalen Angebote, ist es möglich, dass sich der Schwierigkeitsgrad „unbewusst" und „ungewollt" über die Jahre erhöht hat. Eine entsprechende Analyse wird in Abschn. 6.8 durchgeführt. Zudem muss beachtet werden, dass die Studierenden unterschiedliche Vorbildungen besitzen können. Allerdings hat sich gezeigt, dass insbesondere die besuchten Anfängervorlesungen durch die Einheitlichkeit der Studiengangsausrichtung sowie des festen Studienplans im Rahmen der Anfängervorlesungen nahezu identisch sind (vgl. Tab. 4.1).

Zusammenfassend kann gesagt werden, dass die vollständige Erfüllung der Gütekriterien für die Verwendung der Klausurergebnisse als kritisch betrachtet werden muss. Allerdings bezieht sich die Verwendung der Klausurergebnisse im Nachfolgenden nicht auf die Vergleichbarkeit unterschiedlicher Vorlesungen, sondern beschränkt sich auf ein einzelnes Fach, zu welchem in den beschriebenen Untersuchungsintervallen (*WS*09 bis *WS*15) die Rahmenbedingungen wie Lehrumgebung, Lehrinhalt, Umfang und Planung der Klausuren annähernd konstant gehalten werden konnten (vgl. Kap. 4), weshalb kritische Faktoren wie die Personenabhängigkeit keine Rolle spielen. Aufgrund der Einheitlichkeit der besuchten Anfängervorlesungen ist auch der Einfluss dieser zu vernachlässigen.

Bei der Auswertung der Klausurergebnisse wird vorrangig die Intervallskala der Punkte verwendet statt der schlecht zu interpretierenden Ordinalskala der Noten (vgl. [105]). Bei Verwendung der Noten sei jedoch darauf hingewiesen, dass die fest vorgegebene Verteilung dieser anhand der Punkte erfolgt (vgl. Anh. A.13). Einzelne Notenstufen, mit Ausnahme der Ober- und Untergrenzen (1,0 bzw. 4,0), umfassen eine Punktespanne von 3,5 bzw. 4,5 Punkten.

Trotz der aufgezeigten Schwächen sowie der in der Literatur diskutierten potentiellen Störfaktoren (vgl. [163]) werden, neben weiteren Daten, die Klausurnoten zur Beurteilung der Lehrqualität herangezogen, da sich die Verwendung von Noten als Leistungsbeurteilung in Schule und Universität, sicherlich auch aufgrund mangelnder Alternativen, durchgesetzt hat.

6.1.4 Sonstiges

Neben den bisher erwähnten Datensätzen finden bei der Evaluation noch weitere Rahmendaten zur Klausur, wie Anmelde- und Teilnehmerzahlen, Tutoriumsinformationen bezogen auf Anmelde- und Anwesenheitszahlen auf Basis der Anwesenheitslisten, sowie weitere Zahlen des Bonuskonzepts Anwendung (vgl. auch Tab. 3.2).

6.2 Teil II – Vorlesung

Die „Vorlesung" ist eine der am meisten verwendeten Formen der Präsenzveranstaltung im universitären Umfeld (vgl. auch Abschn. 2.3.3). Folglich ist die Qualitätsmessung sowie -entwicklung der Vorlesung zur Messung der Qualitätsentwicklung des Gesamtkonzepts unabdingbar. Um die Integration digitaler Systeme zu messen, wird zudem untersucht, ob und inwiefern Auswirkungen dieser auf die ursprünglichen Elemente wie etwa die Vorlesung bestehen. Im Folgenden wird die Analyse einer Vorlesung am Beispiel der GdI2-Vorlesung durchgeführt.

Die Rahmenbedingungen der Vorlesung GdI2 wurden bereits in Abschn. 4.2 beschrieben. Nachfolgend werden die in Abschn. 3.3.1 erarbeiteten Qualitätskriterien „Partizipation", „Akzeptanz Dozenten", „Akzeptanz Studierende", „Veranstaltungsqualität", „Interaktion", „Struktur der Lehrinhalte" sowie der „Lernerfolg" diskutiert. Die Nummerierung bezieht sich dabei auf den zugrunde liegenden Kriterienkatalog. Der Auswertung liegen folgende Datensätze zugrunde (vgl. auch Tab. 3.2):
- Vorlesungsevaluation der *WS*09 bis *WS*15 (vgl. Evaluationsbogen in Anh. A.1),
- Anwesenheitszahlen der Vorlesungen *WS*12 bis *WS*15,
- Daten der Vorlesungsaufzeichnung,
- Klausurdaten sowie die
- nuKIT-Nutzerdaten (vgl. Abschn. 5.1).

6.2.1 Partizipation (Qualitätskriterium 1)

Die Vorlesung findet in der ersten Semesterhälfte zweimal pro Woche und in der zweiten nur noch einmal wöchentlich statt (vgl. Abschn. 4.2). Eine Übersicht zu den Vorlesungszeiten mit der Anzahl an Vorlesungen pro Semester ist in Tab. 6.5 gegeben. Die Werte in Klammern beschreiben die Anzahl an Saalübungen, die als zusätzliche Präsenzveranstaltung im Rahmen der Vorlesungsreihe angeboten wurden (vgl. Abschn. 6.4). Mit Ausnahme des *WS*09 fanden, je nach Vortragsgeschwindigkeit des Dozenten sowie Anzahl der Unterbrechungen durch Fragen etc., pro Semester 24 oder

Tab. 6.5. Vorlesungszeiten. Die Vorlesungszeiten sind durch Beginn und Ende angegeben. Die Anzahl an gehaltenen Vorlesungen (VL) variieren semesterübergreifend leicht. Die Werte in Klammern geben zusätzlich angebotene Präsenzveranstaltungen im Rahmen der Saalübung (SÜ) an.

	*WS*09	*WS*10	*WS*11	*WS*12	*WS*13	*WS*14	*WS*15
Beginn	19.10.09	18.10.10	17.10.11	15.10.12	21.10.13	20.10.14	19.10.15
Ende	14.02.10	13.02.11	12.02.12	10.02.13	16.02.14	15.02.15	14.02.16
Anzahl VL (SÜ)	23	25	25(+2)	24(+2)	24(+2)	24(+2)	25(+2)

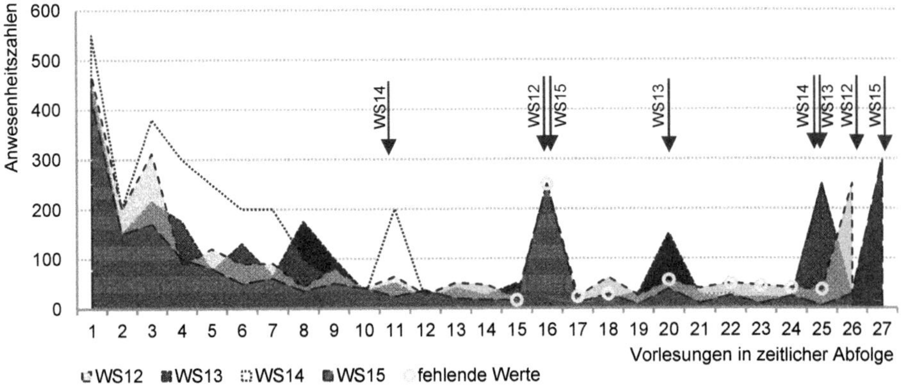

Abb. 6.1. Anwesenheitszahlen der WS12 bis WS15. Die Anwesenheitszahlen der *WS*12 bis *WS*15 wurden abgeschätzt, d. h. dass die Anzahl Studierender in der Vorlesung selbst begutachtet und anhand dessen geschätzt wurde. Die zwei Saalübungen je Semester sind anhand von Pfeilen mit entsprechender Semesterangabe gekennzeichnet. Entsprechende Daten der *WS*09 und *WS*10 liegen nicht vor.

25 Vorlesungen statt. Die Anwesenheitszahlen der Vorlesungstermine[7] ab dem *WS*12 sind Abb. 6.1 zu entnehmen. Die einzelnen Vorlesungen sind durchnummeriert und enthalten zudem die Saalübungen, welche durch Pfeile der jeweiligen Semester gekennzeichnet sind. In allen vier beschriebenen Semestern ist eine stetige Abnahme der Anwesenheitszahlen pro Vorlesung zu verzeichnen. Lediglich die zwei Saalübungen pro Semester führen zu einem sprunghaften Anstieg der Teilnehmerzahlen (vgl. hierzu auch Abschn. 6.4.1). Der Grund für die Abnahme der Teilnehmerzahlen muss allerdings nicht zwangsläufig ein Desinteresse der Studierenden bedeuten. Vielmehr liegt die Vermutung nahe, dass die Studierenden vermehrt auf die Möglichkeit der Vorlesungsaufzeichnung zurückgreifen, um die Vorlesung zeit- und ortsunabhängig an-

7 Die Teilnehmerzahlen wurden teilweise abgeschätzt. Folglich sind leichte Abweichungen zu den realen Zahlen möglich. Fehlende Teilnehmerzahlen (Ende *WS*12 und Mitte *WS*15) wurden linear interpoliert, sofern es sich nicht um Anwesenheitszahlen zu Beginn des Semesters bzw. zu Semesterende handelte. Diese wurden durch eine 10%-ige Degression geschätzt.

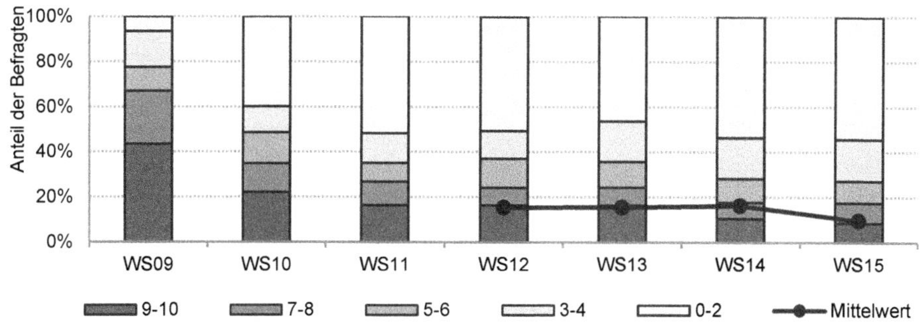

Abb. 6.2. Durchschnittliche Anzahl Vorlesungsbesuche. Die Balkendiagramme zeigen, wie viele Studierende in % von 10 Vorlesungen diese 0–2, 3–4, 5–6, 7–8 oder 9–10 Mal besucht haben (vgl. Frage 4.1, Anh. A.1). Die Besucherzahlen nehmen sukzessive ab, so dass im *WS*14 und *WS*15 weniger als 20 % die Vorlesung 7–10 Mal besuchten. Das Liniendiagramm stellt die durchschnittliche abgeschätzte Besucherzahl prozentual zu den für die Tutorien angemeldeten Studierenden dar (vgl. Abb. 6.1).

zuhören. Die Akzeptanz gegenüber der Vorlesungsaufzeichnung wird in Abschn. 6.2.3 genauer diskutiert.

Die beobachtete Abnahme der Teilnehmerzahlen der *WS*12 bis *WS*15 deckt sich mit den Ergebnissen der Vorlesungsevaluation (vgl. Frage 4.1, Anh. A.1) zur Fragestellung „Anzahl der Vorlesungsbesuche“, wie Abb. 6.2 zu entnehmen ist. Lediglich 16% besuchten im *WS*12 von 10 Vorlesungsterminen im Durchschnitt 9–10 mit abnehmendem Trend. Der durchschnittliche prozentuale Anteil Teilnehmer (Mittelwert) auf Basis der abgeschätzten Teilnehmerzahlen ohne Saalübungen zeigt einen ähnlichen Trend. Allerdings bezieht sich dieser Wert auf die Anmeldezahlen der GdI2-Tutorien; im Gegensatz hierzu hat die Evaluation der Vorlesung im Rahmen der Bonusklausur stattgefunden. Daraus kann die Annahme getroffen werden, dass die Diskrepanz zwischen Anmeldezahlen (vgl. Tab. 4.3) und Teilnehmerzahlen bei der Bonusklausur (vgl. Tab. 4.9) besonders solche Studierenden umfasst, welche sich gegen ein Hören der Vorlesung entschieden haben. Diese Diskrepanz umfasst mindestens 113 (*WS*12) und maximal 182 (*WS*14) Studierende. Dies hat zur Folge, dass die abgeschätzten Teilnehmerzahlen niedriger sind, als die Ergebnisse der Evaluation angeben. Dennoch muss betont werden, dass die Tendenz der beiden Datensätze gleich verläuft.

Die Ergebnisse der Evaluationsumfrage des *WS*09 sind nur mit Vorsicht zu betrachten, da diese Umfrage, im Gegensatz zu den anderen Evaluationsrunden, nicht vor der Bonusklausur stattgefunden hat, sondern in der Vorlesung selbst (vgl. Tab. 6.3). Dadurch ist die Auswahl der Stichprobe für den Aspekt der Anwesenheit in der Vorlesung nicht vergleichbar, da an dieser Umfrage nur Studierende teilgenommen haben, die auch tatsächlich in der Vorlesung anwesend waren. Zudem ist diese Stichprobe viel kleiner (vgl. Tab. 6.4).

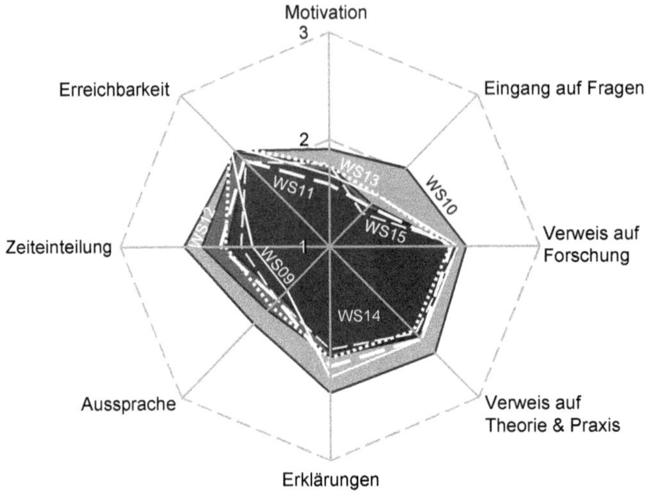

Semester	Mittelwert
WS09	1,96
WS10	2,21
WS11	1,94
WS12	2,00
WS13	1,98
WS14	1,92
WS15	1,90

Abb. 6.3. Akzeptanz durch den Dozenten. Die Akzeptanz durch den Dozenten wird anhand der Bewertung durch die Studierenden gemessen. Der Vorlesungsevaluation (vgl. Anh. A.1) sind die einzelnen Kriterien „Motivation“ (Frage 3.1), „Eingang auf Fragen“ (Frage 3.2), „Verweis auf Forschung“ (Frage 3.3), „Verweis auf Theorie & Praxis“ (Frage 3.4), „Erklärungen“ (Frage 3.5), „Aussprache“ (Frage 3.6), „Zeiteinteilung“ (Frage 3.7), „Erreichbarkeit“ (Frage 3.8) entnommen, von denen links der Mittelwert pro Kriterium und rechts der Mittelwert über alle Kriterien pro Semester wiedergegeben wird. Zur besseren Lesbarkeit sind die Linien im Diagramm mit dem zugehörigen Semester beschriftet.

Insgesamt zeigt sich eine leichte Abnahme der Teilnehmerzahlen der Vorlesungen insbesondere seit dem *WS*09 bis zum *WS*11. Im *WS*10 besuchten immerhin noch 60% der Befragten 30% bis 40% der Vorlesungen. Diese Tendenz deckt sich auch mit dem Trend des Mittelwertes der abgeschätzten Teilnehmerzahlen. Im *WS*11 bis *WS*13 sind die Besucherzahlen annähernd identisch, um im *WS*14 und *WS*15 erneut leicht abzufallen. Die Abnahme der Besucherzahlen könnte eine Auswirkung der verstärkten zeit- und ortsunabhängigen Angebote seit dem *WS*11 sein.

6.2.2 Akzeptanz Dozenten (Qualitätskriterium 2)

Die Akzeptanz des Dozenten gegenüber der Vorlesung wird anhand der Kriterien „Motivation“, „Eingang auf Fragen“, „Verweis auf Forschung“, „Verweis auf Theorie & Praxis“, „Erklärungen“, „Aussprache“, „Zeiteinteilung“ und „Erreichbarkeit“ bewertet. Diese wurden seitens der Studierenden im Rahmen der Vorlesungsevaluation analysiert. Abb. 6.3 benennt die Bewertungskriterien (vgl. Anh. A.1, Fragen 3.1 bis 3.8) und vergleicht die Entwicklung seit dem *WS*09 bis zum *WS*15 anhand des Mittelwerts der 5-stufigen Bewertungsskala pro einzelnem Kriterium (links) und insgesamt (rechts).

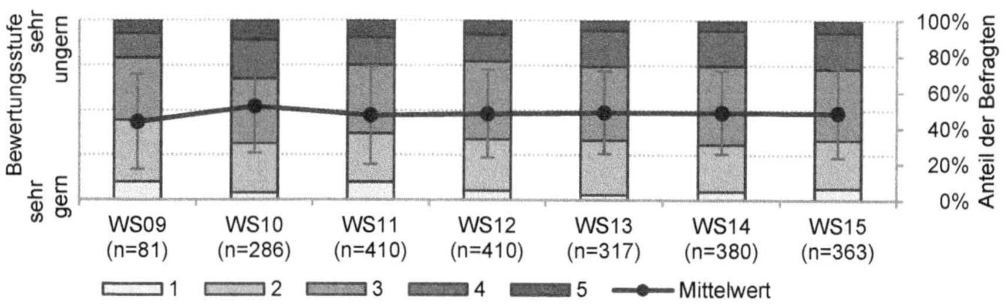

Abb. 6.4. Beliebtheitsgrad der Vorlesung GdI2. Die Auswertung zur Fragestellung „Wie gerne besuchen Sie diese Lehrveranstaltung?" aus der Vorlesungsevaluation (vgl. Anh. A.1, Frage 1.11) zeigt einen gleichbleibenden Beliebtheitsgrad seit dem *WS*09.

(Für eine bessere Übersichtlichkeit sind lediglich die Bewertungsstufen 1 bis 3 dargestellt, da 4 und 5 nicht vorkommen.)

Es zeigt sich, dass das *WS*10 in fast allen Bereichen am schlechtesten abschneidet. Nach einer Verschlechterung nach *WS*11 ist eine positive Tendenz vor allem seit dem *WS*12 zu erkennen; insbesondere von *WS*13 auf *WS*14 fand eine deutliche Verbesserung statt, die auch im *WS*15 weitergeführt werden konnte. Bei Betrachtung der einzelnen Kriterien zeigt sich, dass sich diese Verbesserung auf fast alle einzelnen Kriterien erstreckt mit Ausnahme des *WS*15. Das *WS*15 schneidet in den Bereichen „Erreichbarkeit" und „Erklärungen" besonders gut ab, wohingegen eine deutliche Verschlechterung des Kriteriums „Eingang auf Fragen" zu erkennen ist.

6.2.3 Akzeptanz Studierende (Qualitätskriterium 3)

Die Akzeptanz durch die Studierenden gegenüber der Vorlesung wird anhand der Kriterien „Beliebtheit", „Gründe zum Besuchen der Lehrveranstaltung" sowie „Auswirkungen der Vorlesungsaufzeichnung" gemessen.

Beliebtheit. Die Auswertung der Fragestellung „Wie gerne besuchen Sie diese Lehrveranstaltung?" der Evaluation (vgl. Abb. 6.4) zeigt einen Mittelwert inklusive Standardabweichung, der über die gesamten Evaluationssemester um den Mittelwert von 3 auf einer 5-Punkte Skala pendelt. Auch die prozentuale Verteilung der fünf verschiedenen Bewertungsstufen zeigt eine gleichbleibende Einschätzung der Vorlesung durch die Studierenden. Die Beliebtheit der Vorlesung ist als durchschnittlich anzusehen und ist insbesondere seit *WS*11 beinahe konstant.

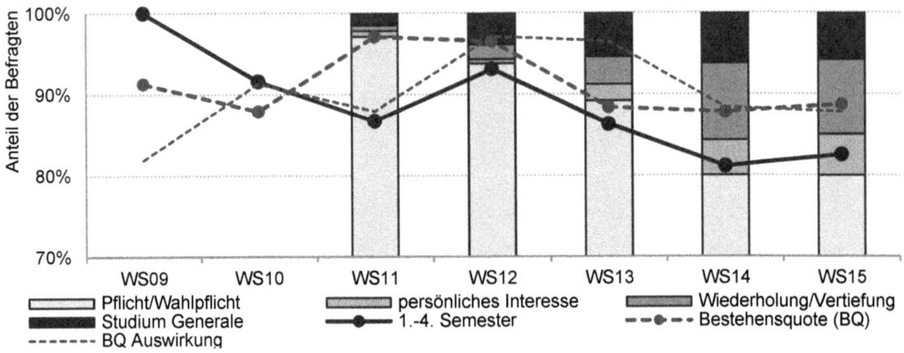

Abb. 6.5. Gründe zum Besuchen der Vorlesung GdI2. Das Balkendiagramm zeigt die Verschiebung der relativen Häufigkeit der Gründe, warum Studierende an der Vorlesung GdI2 partizipieren (vgl. Anh. A.1, Frage 1.2, erst ab *WS*11 im Fragebogen enthalten). Im Vergleich hierzu stellt das Liniendiagramm die Anzahl Studierender der Semester 1–4 dar (Frage 4.4) sowie die Bestehensquote der entsprechenden Semester. Zudem ist die Bestehensquote um ein Semester verschoben abgezeichnet (BQ Auswirkung). Zu beachten ist, dass die vertikale Achse erst ab 70 % abgebildet ist.

Gründe zum Besuchen der Lehrveranstaltung. Im Vergleich zur Konstanz des Beliebtheitsgrads zeigen sich bei Betrachtung der Gründe deutliche Verschiebungen über die Semester. Dies wird in Frage 1.2 (vgl. Anh. A.1, vgl. auch Tab. 4.2) analysiert, welche in Abb. 6.5[8] dargestellt ist. Frage 1.2 ist allerdings erst seit dem *WS*11 im Fragebogen integriert. Besonders hervorzuheben ist die Verschiebung von „Pflicht/Wahlpflicht“ zu „Wiederholung/Vertiefung“ sowie dem „persönlichen Interesse“. Auch das Besuchen der Lehrveranstaltung im Rahmen des „Studium Generale“ hat vom *WS*11 zum *WS*15 zugenommen. Eine Auswertung bezüglich der Fragestellung, wie die Gründe der Benutzergruppen „reale Vorlesung“ oder „Aufzeichnung“ sich unterscheiden, ist aufgrund der anonymisierten Daten nicht möglich. Es stellt sich zudem die Frage, ob Studierende, welche die Vorlesung zur Wiederholung oder Vertiefung hören, vermehrt Klausurwiederholer sind. Da die Vorlesung im Normalfall während des dritten Studiensemesters gehört wird, wird an dieser Stelle die Verteilung der Hörerschaft auf die Fachsemester herangezogen (vgl. Liniendiagramm Abb. 6.5, basierend auf Frage 4.4 der Vorlesungsevaluation). Es fällt auf, dass die Anzahl Studierender außerhalb der 1.–4. Semester mit Ausnahme eines erneuten starken Anstiegs im *WS*12 und eines leichten Ausschlags im *WS*15 kontinuierlich fallend ist. Der Anteil 1.–4. Semester-Studierender lag in diesem Semester bei 86,70% und ist im folgenden Jahr erneut auf 93,10% angestiegen, währenddessen aber der Anteil Pflichthörer weiter auf 93,80% gefallen ist. Im *WS*13 erreicht der Anteil Studierender der Semester 1–4 ein ähnli-

8 Zu beachten ist, dass die Auswertung seit dem *WS*14 nicht mehr auf 100 % umgerechnet wurde, wie das bis zum *WS*13 der Fall war, sondern als Basis die Anzahl aller Fragebögen zugrunde gelegt wurde. Für eine bessere Vergleichbarkeit wurden die Daten ab dem *WS*14 hochgerechnet.

ches Niveau wie im *WS*13 bei weiterer Abnahme der Pflichthörer. Der Anstieg des Grunds „Wiederholung/Vertiefung“ kann in diesen Semestern nicht durch eine Zunahme Studierender höherer Semester begründet werden. Für die *WS*14 und *WS*15 kann sowohl für den Grund „Wiederholung/Vertiefung“ als auch die Hörerschaft ab dem 5. Semester eine Zunahme verzeichnet werden. Demnach kann hierfür ein Zusammenhang nicht ausgeschlossen werden. Der Korrelationskoeffizient von Pearson [62] ergibt für den Zusammenhang zwischen Hörerschaft ab dem 5. Semester ($HS5$) und „Wiederholung/Vertiefung“ (Wdh) einen Wert von $Kor(HS5, Wdh) = 0{,}81$. Folglich ist eine positive Tendenz zwischen $HS5$ und Wdh zu erkennen.

Nun stellt sich die Frage, ob die Zunahme von $HS5$ aufgrund einer niedrigeren Bestehensquote (BQ) zustande gekommen ist. Die Auswirkung der Bestehensquote ist für das nachfolgende Semester zu betrachten (vgl. Abb. 6.5). Bei einer Korrelation zwischen BQ und $HS5$ bzw. Wdh müssten diese beiden Liniendiagramme einen ähnlichen Trend aufweisen. Der Korrelationskoeffizient von Pearson [62] liefert hierfür Werte von

$$Kor(BQ, HS) = 0{,}20 \text{ bzw.}$$

$$Kor(BQ, Wdh) = -0{,}50.$$

Eine Korrelation zwischen BQ und HS kann nicht bestätigt werden. Eine leicht negative Korrelation ist zwischen BQ und Wdh zu erkennen.

Allerdings zeigt auch die Zunahme des Grundes „persönliches Interesse“ als auch „Studium Generale“ das Interesse der Studierenden an der Lehrveranstaltung GdI2 außerhalb des Pflichtprogramms. Zudem zeigt die Zunahme der „Wiederholung bzw. Vertiefung“ unabhängig vom Grund, dass die Studierenden offenbar einen Nutzen im Partizipieren an der Lehrveranstaltung im Vergleich zum *WS*09, in welchem alle Studierenden trotz niedrigerer BQ aus dem 1.–4. Semester stammten, sehen.

Auswirkungen der Vorlesungsaufzeichnung. Abschn. 6.2.1 beschreibt bereits die fallenden Teilnehmerzahlen der Vorlesung. Nun stellt sich die Frage, ob diese Werte durch das Angebot der Vorlesungsaufzeichnungen entstanden sind. Tab. 6.6 zeigt die Anzahl durchschnittlicher Webseiten-Aufrufe pro Studierenden (ø-Aufrufe/Stud.) und zusätzlich pro Vorlesung (ø-Aufrufe/(VL & Stud.)). Zudem ist die Anzahl Aufrufe pro Studierendem bezogen auf die Vorlesung mit der kleinsten Anzahl an Aufrufen (Aufrufe/Stud. bzgl. VL_{min}) angegeben. Es ist zu beachten, dass die Werte der *WS*09 bis *WS*13 sich nur auf den Zeitraum der Vorlesungszeiten beziehen wohingegen für die *WS*14 und *WS*15 lediglich die kumulierten Werte bis zum Abrufdatum der Daten (Stand: 11.09.2016) zur Verfügung stehen.[9] So fließt für diese beiden Semester auch der Vorbereitungszeitraum bis zur Nachklausur mit ein. Eine Auswertung der Zugriffe hin-

9 Diese Veränderung in der Struktur der Datensätze war durch eine Systemumstellung der Plattform DIVA, die die Vorlesungsaufzeichnungen zur Verfügung stellt, bedingt.

Tab. 6.6. Durchschnittswerte zur Verwendung der Vorlesungsaufzeichnung. Die Tabelle gibt einen Überblick über die Eigenschaften „durchschnittliche Anzahl an Aufrufen pro Studierendem" (ø-Aufrufe/Stud.) und „pro Vorlesung und Studierendem" (ø-Aufrufe/(VL & Stud.)). Zum Vergleich hierzu ist die Anzahl Aufrufe pro Studierendem bezüglich der Vorlesung mit den wenigsten Aufrufen (VL_{min}) angegeben.

Semester	*WS*09	*WS*10	*WS*11	*WS*12	*WS*13	*WS*14	*WS*15
Anzahl VL	23	25	25	24	24	24	25
Anzahl Stud.	498	523	573	577	518	651	605
Summe der Abrufe	17.147	14.985	20.534	73.798	15.791	16.879	14.240
ø-Aufrufe/Stud.	34,43	28,65	35,84	127,90	30,48	25,93	23,54
ø-Aufrufe/(VL & Stud.)	1,50	1,15	1,43	5,33	1,27	1,08	0,94
Aufrufe/Stud. bzgl. VL_{min}	0,43	0,49	0,49	0,60	0,34	0,32	0,48

sichtlich Anzahl der vollständigen Downloads bzw. Anzahl der Streaming Versionen ist mit den verfügbaren Daten nicht möglich.

Unter der Annahme, dass lediglich die Studierenden von GdI2 auf die Vorlesungsaufzeichnungen zugreifen[10], zeigt die Anzahl an Aufrufen während der einzelnen Semestern eine hohe Beteiligung seitens der Studierenden. Das *WS*12 weist im Vergleich zu den übrigen Semestern eine überdurchschnittliche Beteiligung auf. Dieser hohe Wert wird im Folgenden genauer untersucht. Die durchschnittliche Anzahl an Aufrufen pro Vorlesung und Studierenden liegt mit Ausnahme des *WS*15 über Eins. Abb. 6.6 zeigt die Anzahl an Zugriffen auf die jeweiligen Vorlesungsaufzeichnungen der Semester *WS*09 bis *WS*15. Wie bereits angedeutet, verzeichnet das *WS*12 vereinzelt überdurchschnittlich viele Zugriffe auf die jeweiligen Webseiten der Vorlesungsaufzeichnungen des DIVA. Insbesondere die Werte der zweiten, dritten und fünften Vorlesung lassen die Vermutung aufkommen, dass es sich hierbei um keine reinen studentischen Zugriffe handelt, sondern dass diese durch Denial of Service-Angriffe oder durch fehlerhafte Skriptaufrufe entstanden sind. Da die Zugriffe auf die Webseiten des DIVA allerdings über einen Proxy-Server bearbeitet werden, ist eine entsprechende Analyse nicht möglich.

Allgemein zeigen sich bei allen Semestern vor allem in den ersten zwei Dritteln der Vorlesung Zugriffswerte zwischen 500 bis 1600; im *WS*12 ergeben sich Werte bis 1000 für den Großteil der Vorlesungen. Für das letzte Drittel des Semesters ist eine deutliche Abnahme der Zugriffe bei allen Vergleichssemestern zu beobachten. Die Zugriffszahlen fallen hierbei auf bis zu 200. Je später eine Vorlesung im Semester stattfindet, desto weniger wird diese von den Studierenden abgerufen. Zudem ist in allen Semestern ein leichter Einbruch für die Vorlesungen zu erkennen, welche nach dem

10 Die Vorlesungsaufzeichnungen sind zwar öffentlich zugänglich, allerdings erfolgt ein expliziter Hinweis auf deren Veröffentlichung nur im Rahmen der Vorlesung GdI2, sodass ein Zugriff von Dritter Seite kurz nach Veröffentlichung unwahrscheinlich ist.

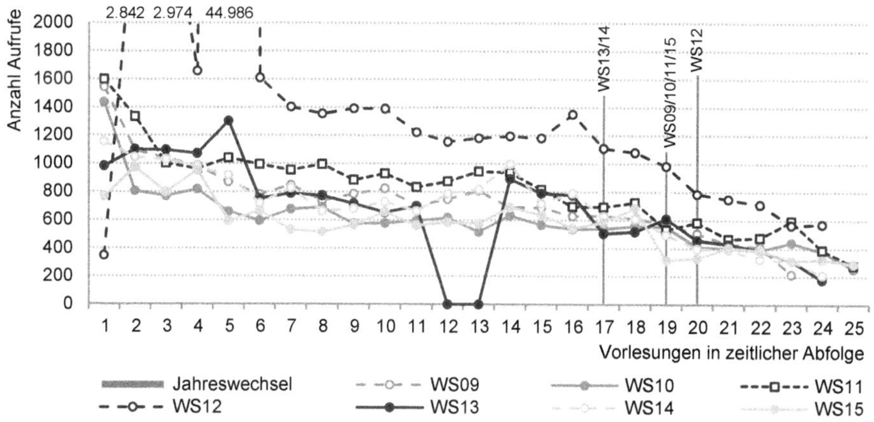

Abb. 6.6. Anzahl der Seitenaufrufe der Vorlesungsaufzeichnung pro Vorlesung. Für die *WS*09 bis *WS*13 wurde die Anzahl der Aufrufe während des Semesters gewertet. Die Daten der *WS*14 und *WS*15 beziehen sich auf den Zeitraum seit Verfügbarkeit bis zum Auslesen der Datensätze (Stand: 11.09.2016).

Jahreswechsel stattgefunden haben. Dies legt die Vermutung nahe, dass fehlende Zeit die Studierenden daran hindert insbesondere die späteren Vorlesungsaufzeichnungen zu besuchen. Allerdings zeigen die Werte der Vorlesung, welche am wenigsten aufgerufen wurde (VL_{min}), dass, unter der Annahme dass jeder der Aufrufe einem anderen Studierenden zugeordnet wird, 32% der Studierenden im *WS*14 und sogar 60% im *WS*12 die Webseite der Vorlesungsaufzeichnung aufgerufen haben (vgl. Tab. 6.6). Die Aufzeichnungen der Semester *WS*14 und *WS*15 schneiden im Vergleich zu den vorherigen schlechter ab. Ob dies allerdings tatsächlich auf ein geringeres Interesse seitens der Hörerschaft, welche sich in eben diesen Semester auch aus der größten Anzahl an Studierenden zusammensetzt, zurückgeführt werden kann, oder ob durch die Einführung des neuen Systems des DIVA interne Zähler teilweise zurückgesetzt wurden, kann an dieser Stelle nicht abschließend geklärt werden.

Die zeitliche Verteilung der Aufrufe der DIVA-Webseiten ist in Abb. 6.7 veranschaulicht. Eine zeitliche Aufschlüsselung ist allerdings lediglich für die Datensätze bis einschließlich *WS*13 verfügbar. Allen Semestern gemeinsam ist, dass einige Studierende eine neu freigeschaltete Vorlesung zeitnah abrufen. Andere Studierende nutzen aber auch die Zeitflexibilität und rufen die Vorlesungsaufzeichnungen mit einer größeren zeitlichen Verzögerung auf. Besonders auffallend ist semesterübergreifend die starke Nachfrage um den Jahreswechsel. Dies kann mit der anstehenden Bonusklausur erklärt werden, welche immer in der zweiten Januarhälfte stattfand (vgl. Tab. 4.9). Zum Ende des Semesters werden einheitlich über alle Jahre alle Vorlesungen aufgerufen, was erneut den Schluss zulässt, dass die geringere Teilnehmerzahl der späteren Vorlesungen auf einen Zeitmangel zurückzuführen ist.

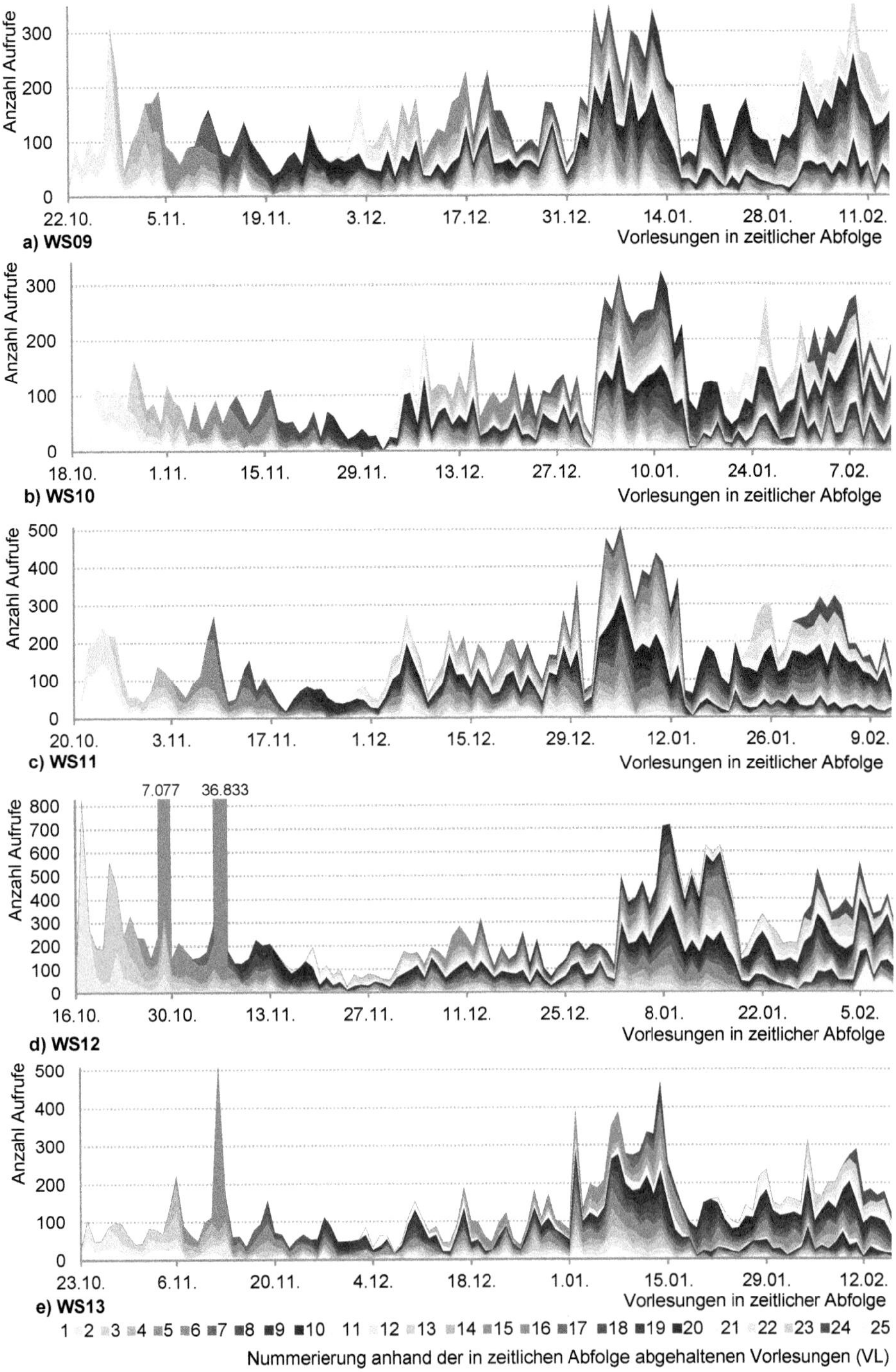

Abb. 6.7. Verwendung der Vorlesungsaufzeichnung im Zeitverlauf. Der zeitliche Verlauf der kumulierten Anzahl an Abrufen der Vorlesungsaufzeichnungen ist nur für a) *WS*09 bis e) *WS*13 verfügbar.

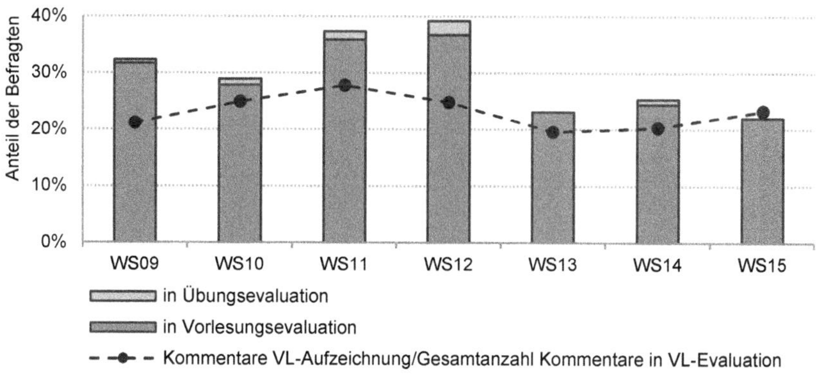

Abb. 6.8. Lob der Vorlesungsaufzeichnung in den Evaluationen. Die Vorlesungsaufzeichnung ist ein Angebot der GdI2 Vorlesung, welches seitens der Studierenden immer wieder gelobt wird. Die Abbildung gibt den prozentualen Anteil aller an der Vorlesungsevaluation (dunkelgrauer Balken) bzw. der Übungsevaluation (hellgrauer Balken) teilnehmenden Studierenden an, welche in den Freitextfragen die Vorlesungsevaluation als positives Angebot erwähnt haben (vgl. Anh. A.1, Anh. A.2 Freitextfragen). Beide Werte sind als gestapelte Balken zu interpretieren. Das Liniendiagramm beschreibt den Anteil dieser Kommentare an allen Kommentaren der jeweiligen Vorlesungsevaluation.

Trotz der an einigen Stellen unbefriedigenden Datenlage zeigt sich, dass die Studierenden ein großes Interesse an den Vorlesungsaufzeichnungen haben und dass die geringen Teilnehmerzahlen der Präsenzveranstaltungen im Zusammenhang mit der Verfügbarkeit der Vorlesungsaufzeichnungen stehen. Die hohen Zahlen der Webseiten-Besuche suggerieren, dass der Großteil der Studierenden die Vorlesungsaufzeichnungen als adäquates Mittel parallel zur Präsenzveranstaltung oder ersetzend verwendet. Knapp 40 % der Studierenden loben in den Vorlesungsevaluationen die Aufzeichnung explizit, wie Abb. 6.8 zeigt. Die Grafik gibt an, wie viele Studierende sich in der Vorlesungs- bzw. Übungsevaluation positiv zu den Vorlesungsaufzeichnungen geäußert haben. Die Grundgesamtheit bildet die Anzahl abgegebener Fragebögen. Das geringe Feedback in der Übungsevaluation lässt sich durch die Tatsache begründen, dass der Inhalt dieser Evaluation sich auf die Übung und nicht auf die Vorlesung bezieht. Folglich kann der Evaluationszeitpunkt der Übung an dieser Stelle vernachlässigt werden. Unter dem Aspekt, dass viele Studierende bei den Evaluationsbögen die Freitextfragen überspringen, und zudem die positiven Kommentare zur Vorlesungsaufzeichnung mindestens 20 % aller Kommentare ausmachen, zeigt sich, dass dies ein von den Studierenden geschätztes Lehrangebot ist. Erstaunlich ist allerdings der Rückgang der positiven Meinungen seit dem *WS*13. Diese Tendenz ist ebenfalls in Abb. 6.6 und auch in Abb. 6.7 erkennbar. Eine mögliche Erklärung hierfür ist das gestiegene Angebot an Übungsmöglichkeiten (vgl. u. a. Tab. 1.2).

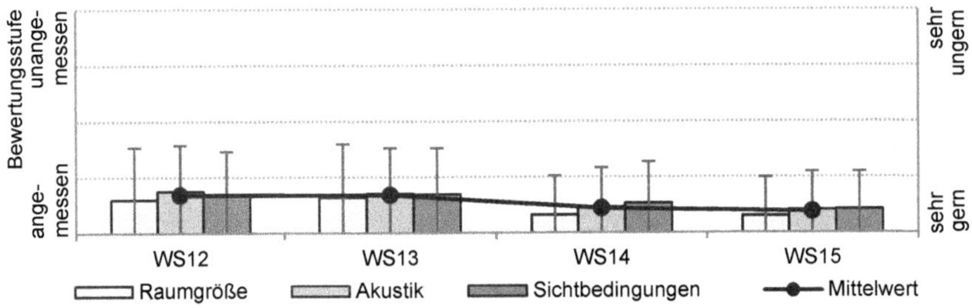

Abb. 6.9. Raumbedingungen der Vorlesung GdI2. Sowohl die „Raumgröße“ als auch die „Akustik“ und die „Sichtbedingungen“ werden von den Studierenden seit Beginn der entsprechenden Fragestellung in der Vorlesungsevaluation (vgl. Anh. A.1, Fragen 2.1 bis 2.3) als nahezu vollständig „angemessen“ bzw. „sehr gut“ bewertet.

6.2.4 Veranstaltungsqualität (Qualitätskriterium 4)

Die Qualitätsbewertung der Vorlesung wird im Folgenden zuerst anhand einzelner Kriterien zur Raumbedingung sowie zur Durchführung analysiert. Anschließend findet eine Gesamtbewertung statt, welche sich sowohl an organisatorischen als auch inhaltlichen Aspekten orientiert.

Raumbedingungen. Als wichtige Nebenbedingung zur erfolgreichen Durchführung einer Präsenzveranstaltung sind die Raumbedingungen zu nennen. Abb. 6.9 beschreibt hierzu das Ergebnis der Vorlesungsevaluation zur „Raumgröße“ (RG), „Akustik“ (AK) sowie den „Sichtbedingungen“ (SB). Alle drei Bewertungskriterien erreichen in allen Semestern einen Wert zwischen Stufe 1 und 2. Die Berechnung der paarweisen Korrelation nach Pearson [62] der drei Merkmale ergibt eine starke positive Korrelation mit $Kor(RG,SB) = 0{,}95$ bzw. $Kor(EG,AK) = Kor(AK,SB) = 0{,}97$. Der Mittelwert, dargestellt durch das Liniendiagramm, verbessert sich von 1,68 im *WS*12 und *WS*13 auf 1,38 im *WS*15.

Durchführung. Als weitere Randbedingungen werden verschiedene Durchführungskriterien betrachtet, welche in Abb. 6.10 beschrieben werden. Insbesondere die „Arbeitsmaterialien“ sowie die „Anschaulichkeit“ zeigen eine starke Verbesserung um jeweils fast eine halbe Bewertungsstufe der 5-Punkte-Skala seit dem *WS*09 bis zum *WS*15, welche sich ebenfalls auf die Kalkulation des Mittelwertes auswirkt. Die vier verbleibenden Merkmale „Hilfsmittel“, „inhaltlicher Anspruch“, „Geschwindigkeit“ sowie „Vorkenntnisse“ zeigen keinen eindeutigen Trend und pendeln um ihre jeweiligen Mittelwerte.

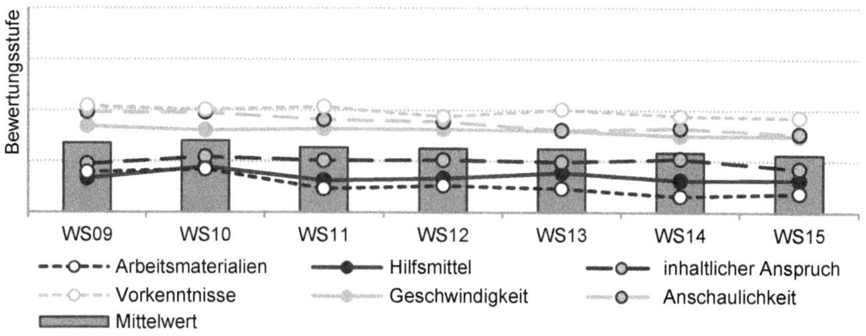

Abb. 6.10. Durchführungskriterien. Die einzelnen Kriterien zeigen keine eindeutige Korrelation. Lediglich für die Kriterien „Arbeitsmaterialien" und „Anschaulichkeit" ist eine hervorstechende Verbesserung zu erkennen (vgl. Anh. A.1, Fragen 1.12, 1.13, 1.18 bis 1.21).

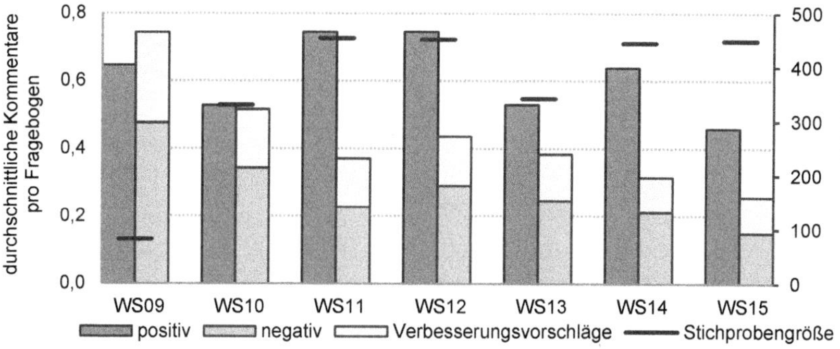

Abb. 6.11. Verteilung Freitextkommentare bei der Vorlesungsevaluation. Die Grafik zeigt die durchschnittliche Anzahl positiver (Frage 5.1) bzw. negativer (Fragen 5.2, 1.14) Kommentare zusammen mit denen der Verbesserungsvorschläge (Frage 5.3) der Freitextfragen pro Fragebogen der *WS*09 bis *WS*15 (vgl. Anh. A.1, Freitextfragen). Die zugrunde liegenden Stichprobengrößen sind durch die Striche mit Bezug zur rechten Achse dargestellt.

Gesamtbewertung. Die Gesamtbewertung der Lehrveranstaltung wird einerseits anhand der Freitextkommentare der Lehrevaluation und andererseits anhand der Benotung der Lehrveranstaltung durchgeführt. Die Freitextantworten der entsprechenden Fragen (5.1, 5.2, 5.3 und 1.14) wurden hierzu in die Gruppen „positiv", „negativ" sowie „Verbesserungsvorschläge" gegliedert. Das Ergebnis ist in Abb. 6.11 veranschaulicht. Es zeigt sich, dass insbesondere die positiven Kommentare in den *WS*11 und *WS*12 stark zugenommen haben; gleichzeitig haben auch die Anzahl der Verbesserungsvorschläge stark und die der negativen Kommentare leicht abgenommen. Die Anzahl positiver Kommentare pendelt schließlich zwischen 0,64 (*WS*14) und 0,46 (*WS*15) pro Fragebogen. Bedeutend ist aber sowohl der Abfall negativer Kommentare als auch der Verbesserungsvorschläge. Diese erreichen summiert im *WS*15 0,26 Kommentare pro Fragebogen wohingegen der Wert im *WS*09 bei 0,74 lag. Diese starke Reduzierung der

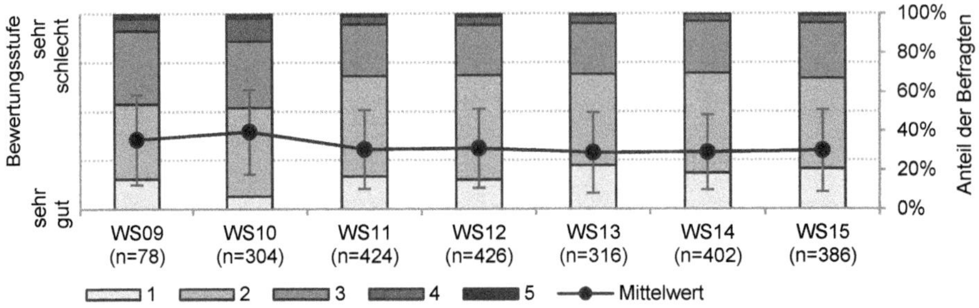

Abb. 6.12. Benotung der Lehrveranstaltung. Die Benotung der Lehrveranstaltung wurde im Rahmen der Vorlesungsevaluation (vgl. Anh. A.1, Frage 1.26) durchgeführt.

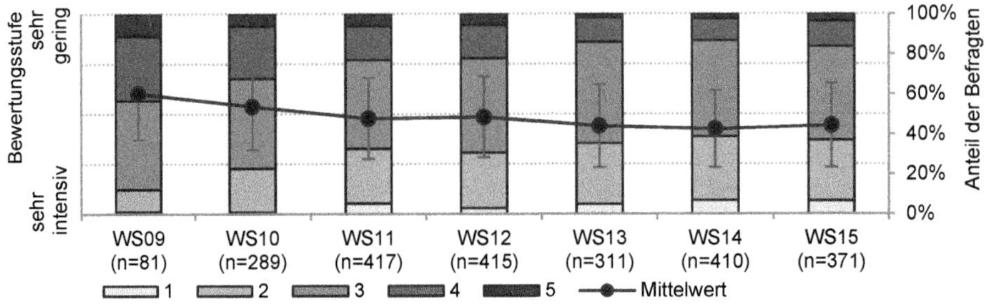

Abb. 6.13. Studentische Mitarbeit in der Vorlesung. Die Auswertung basiert auf Frage 1.5 der Vorlesungsevaluation „Wie beurteilen Sie die Mitarbeit Ihrer Studienkollegen/innen innerhalb dieser Lehrveranstaltung?"(vgl. Anh. A.1).

negativen Meinung der Studierenden gegenüber der Lehrveranstaltung zeigt eine positive Entwicklung innerhalb der Bezugssemester.

Ein ähnliches Bild zeigt die Benotung der Lehrveranstaltung durch die Studierenden (vgl. Abb. 6.12). Die Benotung auf einer 5-Punkte-Skala verbesserte sich von 2,42 im *WS*09 über 2,58 im *WS*10 auf 2,19 im *WS*15 bzw. 2,16 im *WS*14. Der größte Sprung ist ebenfalls vom *WS*10 zum *WS*11 zu verzeichnen.

6.2.5 Interaktion (Qualitätskriterium 5)

Die Interaktionsmöglichkeit zwischen Studierenden und Dozenten während der Vorlesung wird vor allem durch den Einsatz der nuKIT-Tools unterstützt. Diese werden den Studierenden im ganzen Beobachtungszeitraum angeboten, allerdings erst seit dem *WS*12 als zusätzliche App mit weiteren Funktionalitäten. Bezüglich einer detaillierten Diskussion zu nuKIT vgl. Abschn. 6.5.

Die Beurteilung der Mitarbeit während der Lehrveranstaltung durch die Studierenden selbst wird in Abb. 6.13 anhand der Ergebnisse der Vorlesungsevaluation zur Fragestellung „Mitarbeit" dargestellt. Der Mittelwert der 5-Punkte-Skala fällt von 3,41

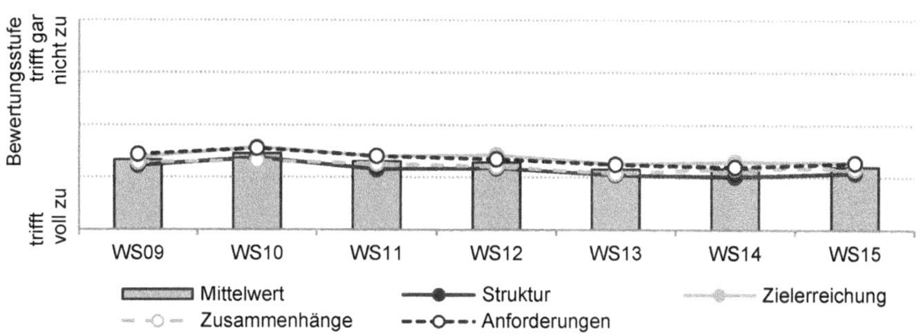

Abb. 6.14. Struktur der Lehrinhalte. Die einzelnen Bewertungskriterien zur Struktur der Lehrinhalte (vgl. Anh. A.1 Fragen 1.17, 1.10, 1.11 und 1.9) wurden in allen Semestern von den Studierenden bewertet. Das Balkendiagramm gibt den Mittelwert der vier Bewertungskriterien pro Semester an.

Tab. 6.7. Korrelation der Kriterien zur Struktur der Lehrinhalte. Die Kriterien „Struktur“, „Zielerreichung“, „Zusammenhänge“ und „Anforderungen“ zeigen paarweise eine positive Korrelation.

Korrelation	Struktur	Zielerreichung	Zusammenhänge	Anforderungen
Struktur	1,00			
Zielerreichung	0,94	1,00		
Zusammenhänge	0,84	0,85	1,00	
Anforderungen	0,98	0,91	0,87	1,00

im *WS*09 auf 2,70 im *WS*14 um dann wieder leicht auf 2,77 im *WS*15 anzusteigen. Auffallend ist ebenfalls die Zunahme der Studierenden, die die Mitarbeit als „sehr intensiv“ und „intensiv“ beurteilen. Während dies im *WS*09 lediglich 12 % waren, ist dieser Anteil auf 38 % im *WS*14 bzw. 37 % im *WS*15 angestiegen. Seit dem *WS*13 liegt der Anteil der „gering“ bis „sehr gering“ angebenden Studierenden zudem unter 20 %. Die positive Entwicklung der Mitarbeit der Studierenden kann u. a. durch den verstärkten Einsatz der nuKIT-Tools erklärt werden.

6.2.6 Struktur der Lehrinhalte (Qualitätskriterium 6)

Die Analyse der Struktur der Lehrinhalte wird anhand der von den Studierenden in jedem Semester per Evaluation bewerteten Kriterien „Struktur“, „Zielerreichung“, „Zusammenhänge“ und „Anforderungen“ in Bezug auf die Vorlesungen GdI2 vorgenommen. Das Ergebnis gibt Abb. 6.14 wieder. Der Verlauf der vier Liniendiagramme lässt eine positive Korrelation vermuten. Der Korrelationskoeffizient nach Pearson [62] (vgl. Tab. 6.7) untermauert diese Vermutung. Die paarweisen Korrelationskoeffizienten der Kriterien zeigen eine starke positive Korrelation der jeweiligen Mittelwerte. Das Balkendiagramm in Abb. 6.14 verdeutlicht die Entwicklung des Mittelwerts aller Kriterien. In allen Semestern liegt die Bewertung leicht unter dem Skalenpunkt „trifft zu“.

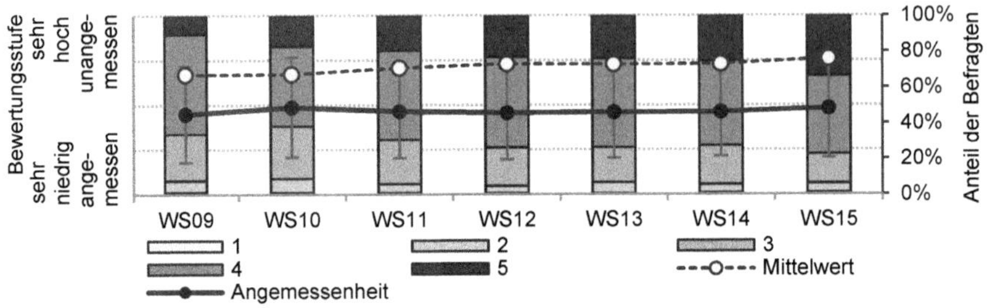

Abb. 6.15. Arbeitsaufwand der Vorlesung. Der Arbeitsaufwand wurde von den Studierenden im Rahmen der Befragung während der Vorlesung (vgl. Anh. A.1) evaluiert. Dargestellt sind die Antworten auf die Fragen „Wie hoch ist der notwendige Arbeitsaufwand für diese Lehrveranstaltung?“ (Frage 1.15) und „Der notwendige Arbeitsaufwand für die Lehrveranstaltung ist...“ (Frage 1.16).

Der größte Unterschied ist zwischen *WS*10 und *WS*13 mit einem positiven Trend von 2,45 auf 2,15 zu erkennen. Zum *WS*15 wächst dieser leicht auf 2,20 an. Die Bewertung der *WS*13 bis *WS*15 zeigt demnach eine leichte Verbesserung in der Bewertung der Struktur der Lehrinhalte.

6.2.7 Lernerfolg (Qualitätskriterium 7)

Bevor die Bewertung des Lernzuwachses durch die Vorlesung diskutiert wird, wird der durch die Vorlesung geforderte Arbeitsaufwand betrachtet. Hierzu gibt Abb. 6.15 wieder, wie hoch der Arbeitsaufwand der Lehrveranstaltung ist (Balken sowie gestrichelte Linie) und ob dieser angemessen ist (schwarze Linie). Der Arbeitsaufwand wurde im *WS*09 und im *WS*10 konstant mit leicht niedriger als dem Skalenpunkt „hoch“ bewertet (3,7). Mit dem *WS*11 und *WS*12 ist dieser bis knapp unter den Skalenpunkt „hoch“ gestiegen (3,9). Im *WS*15 erreichte der Arbeitsumfang das Bewertungskriterium „hoch“. Interessant hierbei ist zu beobachten, dass die Angemessenheit des Arbeitsaufwands trotz der Zunahme stabil geblieben ist (2,80 bis 2,86). Lediglich im *WS*10 und im *WS*15 wurde diese etwas schlechter mit 2,95 bzw. 2,93 bewertet. Insgesamt erreicht der hohe Arbeitsaufwand bei den Studierenden nur mittlere Akzeptanz. Da der Arbeitsaufwand allerdings im Rahmen dieser Arbeit nicht zur Messung der Qualitätsentwicklung der Lehrveranstaltung herangezogen wird, da dieser durch die fest vorgegebenen Lernziele definiert wird, fließt dieser nicht in die abschließende Bewertung ein.

Der Lernerfolg der Vorlesung wurde im *WS*09 und im *WS*10 über die Fragestellung „Die Veranstaltung fördert mein Interesse am Thema“ (Frage 1.9) evaluiert. Da diese Frage allerdings lediglich auf die Interessenveränderung abzielt, wurde diese mit dem *WS*11 durch die Frage „In dieser Lehrveranstaltung lerne ich viel“ (Frage 1.8) ersetzt. Die Mittelwerte beider Fragestellungen zeigt Abb. 6.16. Interessanterweise wird das Interesse (Frage 1.9) im *WS*09 und im *WS*10 schlechter bewertet als der Lernumfang

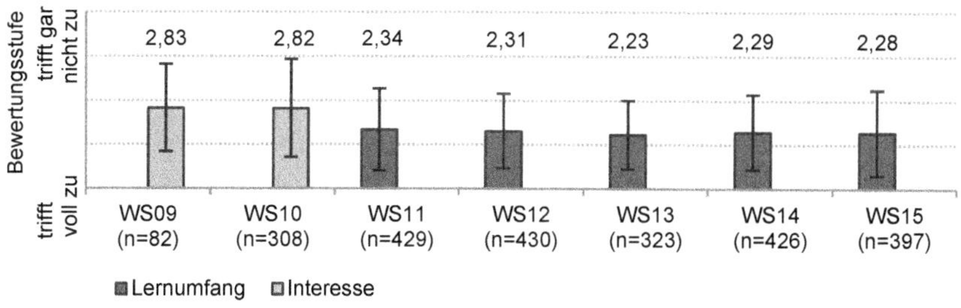

Abb. 6.16. Lernzuwachs durch und Interesse an der Vorlesung. Der Lernerfolg wurde im *WS*09 und *WS*10 über das Interesse am Thema gemessen und ab *WS*11 über den Lernumfang. Die Ergebnisse beider Fragestellungen sind als Balkendiagramm dargestellt (vgl. Anh. A.1, Frage 1.9 bzw. 1.8).

(Frage 1.8) ab dem *WS*11. Da beide Fragestellungen allerdings nicht auf den gleichen Inhalt abzielen, kann daraus nicht gefolgert werden, welchen Lernumfang die Studierenden im *WS*09 und im *WS*10 erfahren kann. Allerdings gilt für beide Fragestellungen, dass diese in den bewerteten Semestern fast identische Mittelwerte liefern. Das Interesse der Studierenden liegt hierbei mit einem Wert von 2,8 kurz vor dem mittleren Skalenpunkt. Der Lernzuwachs wird von den Studierenden mit 2,2 bzw. 2,3 bewertet und wird somit leicht unter dem Skalenpunkt „trifft zu" eingeordnet. Der von der Vorlesung gebotene Lernzuwachs kann als über die Semester konstant angesehen werden. Ob allerdings der Lernzuwachs auch den Anforderungen der Lehrveranstaltung entspricht, welcher über die Abschlussklausuren erfasst wird, wird in Abschn. 6.8 untersucht.

6.2.8 Zwischenevaluation

Zur Analyse der Einzelkomponente „Vorlesung" wird das in Abschn. 3.3 beschriebene Bewertungssystem zugrunde gelegt. Hierzu werden die analysierten Daten auf den [0;1]-Bereich mit 1 als Optimalwert normalisiert. Aus diesen wird für jedes Qualitätskriterium des Kriterienkatalogs der zugehörige Bewertungsvektor z berechnet. So ergibt sich beispielsweise für die Interaktion der Vorlesung aus dem Vektor (3,41; 3,15; 2,91; 2,94; 2,76; 2,70; 2,77), der die Beurteilung der Mitarbeit in der Vorlesung über die *WS*09 bis *WS*15 beschreibt (vgl. Abb. 6.13), der normalisierte Vektor $z_5 = (0{,}40; 0{,}46; 0{,}52; 0{,}52; 0{,}56; 0{,}58; 0{,}56)$. Der Normalisierung sind der Minimalwert von 1 sowie der Maximalwert von 5 entsprechend der Bewertungsskala zugrunde gelegt; der Optimalwert wird durch das Minimum erreicht.

Die Einzelkomponente Vorlesung wird in Abb. 6.17 durch die sich ergebenden Bewertungsvektoren der Qualitätskriterien über die Vergleichssemester beschrieben. Zudem ist der dazugehörende Mittelwert dargestellt. Bevor allerdings ein Resümee der Zwischenevaluation gezogen wird, werden für jedes Qualitätskriterium nachfolgend

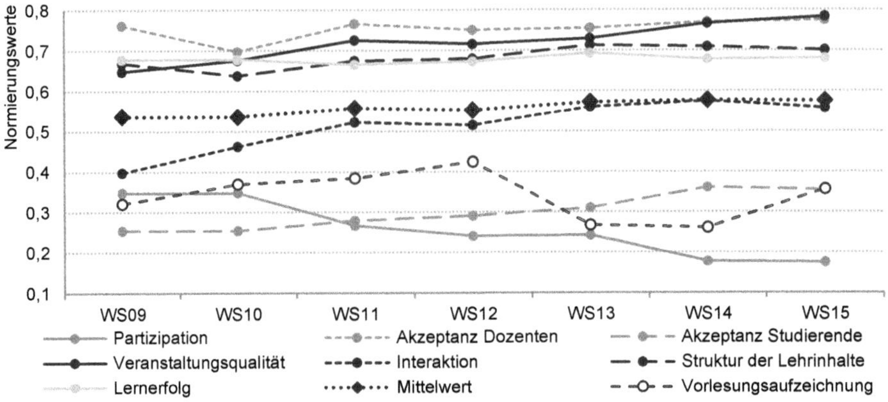

Abb. 6.17. Evaluation der Einzelkomponente Vorlesung. Die Gesamtevaluation der Vorlesung anhand des „Mittelwerts" als Nutzenwert über den ausgewählten Qualitätskriterien „Partizipation", „Akzeptanz Dozenten", „Akzeptanz Studierende", „Veranstaltungsqualität", „Interaktion", „Struktur der Lehrinhalte" sowie „Lernerfolg" zeigt eine leicht positive Qualitätsentwicklung. Die Abbildung der Normierungsskala ist auf den Bereich [0,1; 0,8] beschränkt.

die technischen Details der einfließenden Datensätze zusammengefasst; die Angabe des Bewertungsvektors z_i erfolgt in Abhängigkeit der Qualitätskriterien $i \in \{1, \ldots, k\}$.

Partizipation. Die Partizipation, definiert als die Anwesenheit in der Vorlesung, ist seit dem *WS*09 fallend. Da der Mittelwert der Teilnehmerzahlen nur für die *WS*12 bis *WS*15 verfügbar ist, beruht die Bewertung der Partizipation auf der Frage, wie viel Prozent der Studierenden 70 % der Vorlesungstermine besucht haben (vgl. Abb. 6.2 mit (67,10; 34,80; 26,70; 24,10; 24,30; 17,70; 17,50); in %). Da der Wert des *WS*09 allerdings im Rahmen der Vorlesung und nicht – wie bei den übrigen Vergleichssemestern – im Rahmen der Bonusklausur ermittelt wurde, wird der angrenzende Wert des *WS*10 auf das *WS*09 übertragen, so dass sich $z_1 = (0{,}35; 0{,}35; 0{,}27; 0{,}24; 0{,}24; 0{,}18; 0{,}18)$ ergibt, der in Abb. 6.17 dargestellt ist.

Akzeptanz Dozenten. Abb. 6.3 zeigt die Bewertung der Merkmale „Motivation", „Eingang auf Fragen", „Verweis auf Forschung", „Verweis auf Theorie & Praxis", „Erklärungen", „Aussprache", „Zeiteinteilung", „Erreichbarkeit" sowie deren Mittelwert. Bei Normalisierung sowie Mittelwertbildung der vorliegenden Kategoriengruppe ergibt sich der Bewertungsvektor $z_2 = (0{,}76; 0{,}70; 0{,}77; 0{,}75; 0{,}75; 0{,}77; 0{,}77)$ (vgl. Abb. 6.17). Nach einer Abnahme der Akzeptanz zum *WS*10 nimmt diese wieder zu und pendelt im Bereich von 0,75 und 0,77.

Akzeptanz Studierende. Die Bewertung der Akzeptanz durch die Studierenden wurde anhand der Kriterien „Beliebtheit", „Gründe zum Besuchen der Lehrveranstaltung" sowie „Auswirkungen der Vorlesungsaufzeichnung" untersucht. Da das Kriterium „Beliebtheit" des *WS*09 (vgl. Abb. 6.4) aufgrund des abweichenden Evaluationszeitpunkts separat betrachtet werden muss, und eine positive Tendenz der Beliebtheit zu erkennen ist, wird der Wert des *WS*10 auf das *WS*09 übertragen. Die Bewertung der Gründe wird als positiv betrachtet, wenn Studierende neben dem Pflichtbesuch auch andere Gründe für den Besuch der Vorlesung sehen. Demnach wird für die Bewertung der Prozentsatz zugrunde gelegt, welcher sich aus den Gründen zum Besuch der Vorlesung neben der reinen Pflichtveranstaltung ergibt (vgl. Abb. 6.5). Da eindeutig eine Zunahme der Interessen neben der Pflichtveranstaltung zu verbuchen ist, wird für die fehlenden Randwerte der *WS*09 und *WS*10 der Wert des *WS*11 übernommen. Für die Bewertung der Vorlesungsaufzeichnung fließt einerseits die prozentuale Anzahl an Zugriffen auf die Aufzeichnung mit den insgesamt wenigsten Zugriffen sowie der prozentuale Anteil an Kommentaren zur Aufzeichnung an den Gesamtkommentaren in der Vorlesungsevaluation mit ein (vgl. Tab. 6.6 und Abb. 6.8). Daraus ergibt sich ein gemittelter normalisierter Vektor der Vorlesungsaufzeichnung zu $(0{,}32; 0{,}37; 0{,}38; 0{,}42; 0{,}27; 0{,}26; 0{,}36)$. Da allerdings die Vorlesungsaufzeichnung nicht unmittelbar zur Akzeptanz der Präsenzveranstaltung „Vorlesung" durch die Studierenden gezählt wird, und vielmehr deren Auswirkung auf die Präsenzveranstaltung untersucht werden soll, wird diese bei der Bewertung separat betrachtet. Insgesamt ergibt sich die Akzeptanz durch die Studierenden somit als Mittelwert aus der „Beliebtheit" sowie den „Gründen zum Besuchen der Lehrveranstaltung" zu $z_3 = (0{,}25; 0{,}25; 0{,}28; 0{,}29; 0{,}31; 0{,}36; 0{,}35)$. Die Akzeptanz durch die Studierenden zeigt eine Zunahme seit dem *WS*09 bis zum *WS*15 um 0,1 Bewertungspunkte (vgl. Abb. 6.17).

Veranstaltungsqualität. In das Qualitätskriterium der Veranstaltungsbewertung fließen die Merkmale „Raumbedingungen", „Durchführung" sowie „Gesamtbewertung" ein (vgl. Abb. 6.9). Da die Werte zur Raumbedingung der *WS*12 und *WS*13 identisch sind und in den darauffolgenden Semestern eine positive Tendenz zu verzeichnen ist, werden diese für die fehlenden Werte der *WS*09 bis *WS*11 übernommen. In das Qualitätskriterium „Durchführung" fließen die untersuchten Parameter „Hilfsmittel", „inhaltlicher Anspruch", „Arbeitsmaterialien", „Geschwindigkeit", „Anschaulichkeit" sowie „Vorkenntnisse" unter Bildung des Mittelwerts ein (vgl. Abb. 6.10). Die Gesamtbewertung enthält die Benotung der Vorlesungsevaluation (vgl. Abb. 6.12) und den durchschnittlichen Anteil negativer Kommentare sowie solcher mit Verbesserungsvorschlägen (vgl. Abb. 6.11). Insgesamt ergibt sich daraus ein Bewertungsvektor von $z_4 = (0{,}65; 0{,}68; 0{,}73; 0{,}72; 0{,}73; 0{,}77; 0{,}78)$, der in Abb. 6.17 dargestellt ist. Die Veranstaltungsqualität zeigt einen positiven Verlauf in den untersuchten Semestern; insbesondere zum *WS*11 und zum *WS*14 sind deutliche Anstiege erkennbar.

Interaktion. Der Bewertungsvektor zur Interaktion berechnet sich aus dem Ergebnis der Mitarbeit in Abb. 6.13 zu $z_5 = (0{,}40; 0{,}46; 0{,}52; 0{,}52; 0{,}56; 0{,}58; 0{,}56)$, welcher eine Qualitätszunahme von 0,16 vom *WS*09 bis zum *WS*15 angibt (vgl. Abb. 6.17).

Struktur der Lehrinhalte. Zur Analyse der Struktur der Lehrinhalte wurden die Merkmale „Struktur", „Zielerreichung", „Zusammenhänge" sowie „Anforderungen" aus der Vorlesungsevaluation herangezogen (vgl. Abb. 6.14). Daraus ergibt sich der normalisierte Mittelwert mit $z_6 = (0{,}67; 0{,}64; 0{,}67; 0{,}68; 0{,}71; 0{,}71; 0{,}70)$. Die Bewertung der Lehrinhalte verweilt in den Untersuchungssemestern annähernd auf gleichem Niveau (vgl. Abb. 6.17).

Lernerfolg. Der durch die Studierenden bewertete Lernerfolg wurde durch die Evaluationen erst seit dem *WS*11 gemessen (vgl. Abb. 6.16). Im *WS*09 und *WS*10 wurde stattdessen die Fragestellung bezüglich dem Interesse am Thema gestellt. Da sowohl der Lernumfang als auch das Interesse am Thema durch die Lehrveranstaltung in den betroffenen Semestern fast identische Werte liefern, werden die fehlenden Datensätze des „Lernerfolg" aus den Durchschnittswerten der restlichen Semester ermittelt. So ergibt sich der Bewertungsvektor $z_7 = (0{,}68; 0{,}68; 0{,}67; 0{,}67; 0{,}69; 0{,}68; 0{,}68)$ (vgl. Abb. 6.17). Gemäß diesem bleibt der Lernerfolg vom *WS*09 bis zum *WS*15 stabil.

Resümee. Die Qualitätsentwicklung der Vorlesung GdI2 ist mit den beschriebenen Bewertungsvektoren in Abb. 6.17 dargestellt. Die „Partizipation" zeigt einen durchgängigen negativen Trend. Im Vergleich hierzu hat sich die Verwendung der Vorlesungsaufzeichnungen im *WS*13 und im *WS*14 reduziert und erreicht im *WS*15 ein leicht verbessertes Niveau im Vergleich zum *WS*09. Die Qualitätskriterien „Akzeptanz Studierende", „Veranstaltungsqualität", „Interaktion", „Struktur der Lehrinhalte" sowie der „Lernerfolg" haben über den gesamten Beobachtungszeitraum leicht zugenommen. Allerdings sind zwischenzeitliche Verschlechterungen der Qualität wie beispielsweise bei der Struktur der Lehrinhalte zum *WS*10 erkennbar. Die „Akzeptanz des Dozenten" ist über die Vergleichssemester auf einem annähernd konstantem Niveau geblieben, mit Ausnahme des *WS*10. So ergibt sich eine Gesamtbewertung der Vorlesung, die einen leichten positiven Trend aufweist mit dem Nutzenwert $1/7 \cdot \Sigma z_i = (0{,}54; 0{,}54; 0{,}56; 0{,}55; 0{,}57; 0{,}58; 0{,}58)$.

6.2.9 Zusammenfassung

Bei der Analyse der Qualitätsbewertung der Vorlesung von GdI2 hat sich gezeigt, dass das Angebot einer Vorlesungsaufzeichnung seitens der Studierenden positiv aufgenommen und rege genutzt wird. Die Zeitflexibilität wird seitens der Studierenden stark genutzt, so dass einige die Aufzeichnungen zeitnah zur realen Vorlesungen aufrufen und andere auf diese erst zu Semesterende zugreifen. Das Angebot der Vorlesungsaufzeichnung hat sich allerdings auch negativ auf die Anwesenheitszahlen der Präsenzveranstaltung Vorlesung ausgewirkt. Ob diese Entwicklung durchweg als negativ zu beurteilen ist, muss vom betroffenen Dozenten selbst entschieden werden. Allerdings konnte eine leichte Verschiebung der Gründe für den Besuch der Vorlesung beobachtet werden, sodass mehr Studierende aus persönlichem Interesse oder zur Wiederholung und Vertiefung offenbar an der Vorlesung partizipieren. Diese Entwicklung konnte u. a. auf den verstärkten Einsatz zusätzlicher Lernangebote zurückgeführt werden. Die Vorlesungsaufzeichnungen der Vorlesungen, welche zum Ende des Semesters stattgefunden haben, wurden deutlich weniger aufgerufen als solche in der ersten Hälfte des Semesters. Diese Entwicklung lässt die Frage offen, wie viel Zeit zur Wissensaneignung nach einer Vorlesung den Studierenden zugestanden werden sollte und welcher Zeitabstand für die Abschlussklausur optimal ist. Da insbesondere die Vorlesungsaufzeichnungen verstärkt in der zweiten Semesterhälfte aufgerufen werden, müsste weiter untersucht werden, ob sich diese Zugriffe mit einer Verschiebung der Abschlussklausur nicht ebenfalls verschieben würden. Die studentische Mitarbeit während der Vorlesung konnte durch das Angebot des Audience Response System nuKIT verbessert werden, so dass insbesondere für große Lehrveranstaltungen, in denen die Interaktion allein durch die Größe der Hörsäle als auch die Teilnehmerzahlen erschwert ist, der Einsatz eines solchen Systems als lohnenswert erscheint (vgl. Auswertungen zu nuKIT in Abschn. 6.5).

Insgesamt zeigt sich, dass das Angebot der Vorlesungsaufzeichnungen einen großen Einfluss auf die Teilnehmerzahlen an der Präsenzveranstaltung Vorlesung haben. Zudem konnte die Interaktion durch den Einsatz der nuKIT-Tools weiter verbessert werden. Die Gesamtbewertung hat sich im Beobachtungszeitraum deutlich verbessert; so konnte neben einer Verbesserung der Benotung dieser Präsenzveranstaltung die Anzahl negativer Kommentare sowie die Anzahl der Verbesserungsvorschläge reduziert werden. Der durch die Studierenden bewertete Lernzuwachs durch die Vorlesung hat sich allerdings im Beobachtungszeitraum nur geringfügig ins Positive verändert.

6.3 Teil II – Tutorium

Das Übungskonzept stellt neben der Vorlesung einen weiteren wichtigen Teil einer Lehrveranstaltung dar. Zur Bewertung der Qualitätsentwicklung eines Gesamtkonzepts sowie der Beurteilung einzelner Angebote muss das Übungskonzept deshalb separat betrachtet werden. Der Teil II dieser Evaluation führt demnach neben der Auswertung der Vorlesung eine Analyse des Übungskonzepts am Beispiel der Lehrveranstaltung GdI2 durch. Das Übungskonzept von GdI2 umfasst als Präsenzveranstaltungen die Tutorien (vgl. Abschn. 4.3) sowie die Saalübungen (vgl. Abschn. 4.4).

Die Analyse der Tutorien (zur Analyse der Saalübung vgl. anschließender Abschnitt) betrachtet die in Abschn. 3.3.1 beschriebenen Qualitätskriterien „Partizipa-

Tab. 6.8. Teilnehmerzahlen der Tutoriumsevaluation. Die Teilnehmerzahlen sind absolut pro Tutorium (Tut.), durchschnittlich (ø) sowie kumuliert über alle Tutorien (Σ) angegeben.

Tut.	1	2	3	4	5	6	7	8	9	10	11	12	13	14	15	16	17	18	19	Σ	ø
*WS*14	15	13	16	9	10	14	18	18	16	14	6	16	14	25	17	15	17	18	–	271	15,06
*WS*15	9	18	19	13	21	19	21	8	28	14	41	7	12	24	19	20	18	11	–	322	17,89

tion“, „Akzeptanz Dozenten“, „Akzeptanz Studierende“, „Veranstaltungsqualität“, „Interaktion“, „Struktur der Lehrinhalte“ sowie „Lernerfolg“. Die Nummerierung der betrachteten Qualitätskriterien ist von dem Kriterienkatalog übernommen. Folgende Datensätze werden in der anschließenden Analyse verwendet (vgl. auch Tab. 3.2):
- Übungsevaluation (vgl. Evaluationsbogen in Anh. A.2),
- Tutoriumsevaluation (vgl. Evaluationsbogen in Anh. A.3),
- Evaluation zu den Tutorientypen (vgl. Evaluationsbogen in Anh. A.6),
- eLearning-Evaluation (vgl. Evaluationsbogen in Anh. A.4) sowie
- Anwesenheitslisten.

Die „Evaluation der Übung“ wirft die Problematik auf, dass diese nicht speziell als „Tutoriumsevaluation“ konzipiert ist (vgl. auch Abschn. 6.1.1). Dies zeigen beispielsweise die Fragestellungen bezogen auf den „Dozenten“ (vgl. Anh. A.2, Fragen 3.1 bis 3.7). Für die Studierenden ist hier nicht eindeutig, wer durch die Evaluation bewertet werden soll, der Professor, das Übungsteam oder die jeweilige Tutorin bzw. der jeweilige Tutor. Im ersten Fall wären die Fragen bereits durch die Vorlesungsevaluation abgedeckt (vgl. Anh. A.1, Fragen 3.1 bis 3.8), im zweiten Fall wäre eine lehrveranstaltungsbezogene Evaluation schwierig, da die einzelnen Tutorien nicht von der Übungsleitung direkt, sondern von Tutorinnen und Tutoren durchgeführt worden sind. Eine Bewertung der von der Übungsleitung angebotenen Saalübung wäre in diesem Fall noch möglich; da es sich hierbei allerdings um eine Veranstaltung handelt, die erst seit dem *WS*11 und zudem nur zwei Mal pro Semester stattfand, ist auch dieser Bezug schwierig umzusetzen. Die dritte Variante der Bewertung der Tutorinnen und Tutoren wirft die Problematik auf, dass diese Bezugsperson eine Gruppe unterschiedlicher Personen darstellt. Ein weiteres Problem stellen die unterschiedlichen Evaluationszeitpunkte dar (vgl. Tab. 6.3), während der Tutorien (im *WS*09, *WS*10, *WS*12 und *WS*14) bzw. während der Saalübungen (im *WS*11 und *WS*13). Aufgrund dieser Aspekte werden nur vereinzelt Fragestellungen der Übungsevaluation ausgewertet und diskutiert, insbesondere bei solchen, bei denen der Evaluationszeitpunkt nur eine untergeordnete Rolle spielt.

Aufgrund dieser Problematik wird seit dem *WS*14 die Tutoriumsevaluation durchgeführt. Die Teilnehmerzahlen werden in Tab. 6.8 aufgeteilt auf die verschiedenen Tutorien dargestellt (vgl. kumulierte Werte in Tab. 6.4). Sowohl im *WS*14 als auch im *WS*15 fehlt jeweils der Datensatz eines Tutoriums, so dass nur 18 statt 19 Tutorien in die Analyse einfließen. Die Teilnehmerzahlen entsprechen – bis auf zwei Ausnah-

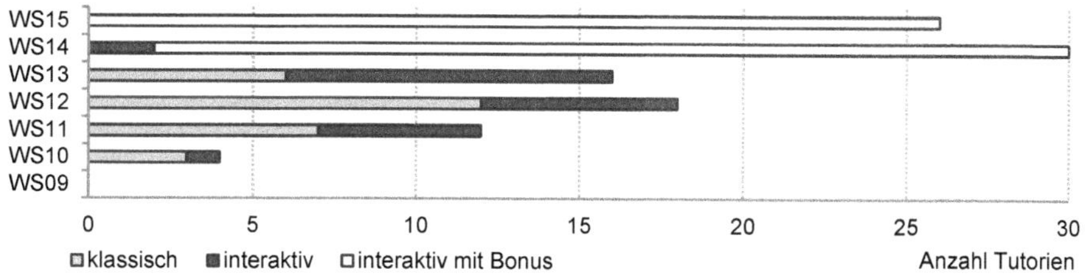

Abb. 6.18. Rücklaufquote der Tutorenevaluation. Die absolute Anzahl der Tutorien wird in Abhängigkeit des Semesters sowie der Tutorienart angegeben. Das interaktive Tutorium mit Bonus wurde erst ab dem *WS*14 eingeführt.

men im *WS*14 und vier im *WS*15 – den vorgegebenen Tutoriengrößen (vgl. Daten zur Tutorienanmeldung in Tab. 4.7), so dass eine vergleichende Auswertung der Tutoriumsevaluationen möglich ist.

Für die Diskussion der Auswertungsergebnisse der Evaluation „Tutoriumskonzept“, welche an die Tutorinnen und Tutoren gerichtet war (vgl. Abschn. 6.1.1), ist eine Verteilung der Evaluationsbögen auf die Tutorienarten sowie ein Vergleich der semesterabhängigen Rücklaufquoten nötig. Abb. 6.18 stellt sowohl die absolute Rücklaufquote pro Semester als auch die Verteilung auf die Tutorienart dar. Eine semesterbezogene Auswertung ist bei der ungleichen Datenlage der einzelnen Semester nicht sinnvoll, so dass die nachfolgenden Auswertungen lediglich unter der Bedingung „Tutorienart“ durchgeführt werden und kein Vergleich der einzelnen Semester erfolgt.

6.3.1 Partizipation (Qualitätskriterium 1)

Die Partizipation am Tutoriumskonzept setzt sich einerseits aus der Teilnahme der Studierenden an den Tutorien mit der Frage der Einhaltung der Tutorienanmeldungen und andererseits aus der Teilnahme an der Fragewochen zusammen.

Tutorien. Die Anwesenheitszahlen können den offline- bzw. online-Listen entnommen werden (vgl. Abschn. 4.3.5). Abb. 6.19 zeigt den prozentualen Anteil fehlender Studierender in Abhängigkeit aller angemeldeten Studierenden (dunkelgrauer Balken). Es wird davon ausgegangen, dass jeder Studierende pro Tutoriumszyklus diesen nur einmalig besucht und keine Doppelungen vorkommen. Zudem werden die anwesenden Studierenden unterschieden in die zwei Gruppen „angemeldet“ und „unangemeldet“. Erstere sind diejenigen, die das Tutorium besuchen, für welches sie sich angemeldet haben; unangemeldete solche, die ein anderes als das ihnen zugewiesene Tutorium besucht haben.

Für die *WS*09 und *WS*10 liegen keine Anwesenheitslisten vor. Für die *WS*11 und *WS*12 sind nicht alle Listen vorhanden, so dass die verfügbaren Listen als repräsenta-

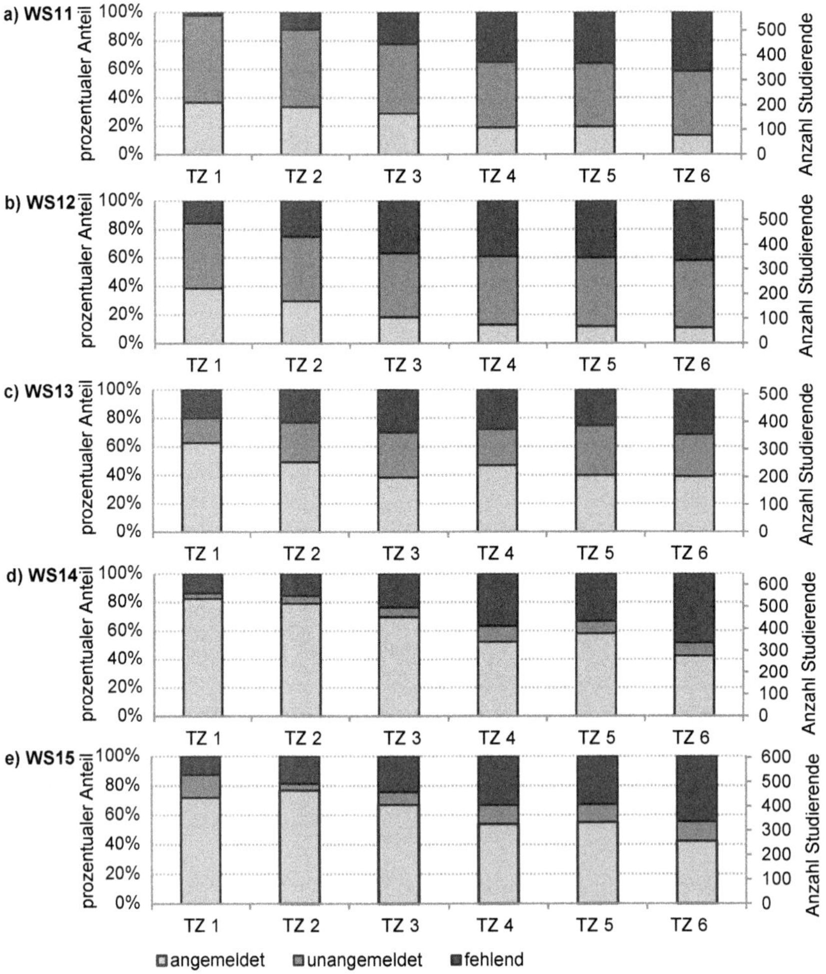

Abb. 6.19. Anwesenheitszahlen in den Tutorienzyklen. Teil a) bis e) zeigt anhand der primären Vertikalachse die prozentuale Verteilung aller für die Tutorien angemeldeten Studierenden des jeweiligen Semesters der Gruppe „angemeldeter" Studierende, d. h. solcher, die für das entsprechende Tutorium angemeldet waren, der Gruppe „unangemeldeter" Studierender, sowie derer, die in dem entsprechenden Tutoriumszyklus (TZ) kein Tutorium besucht haben. Die sekundäre vertikale Achse gibt die Hochrechnung auf die Absolutwerte an.

Tab. 6.9. Abnahme der Teilnehmerzahlen der Tutorien. Die Abnahme der Teilnehmerzahlen der Tutorien (Tut.) berechnet sich aus der Differenz der prozentualen Besucherzahlen des ersten Tutoriums sowie des fünften bzw. des sechsten Tutoriums.

	*WS*11	*WS*12	*WS*13	*WS*14	*WS*15
Abnahme der Studierendenzahlen Tut. 1–5 (in %)	33,79	24,49	5,41	19,69	20,00
Abnahme der Studierendenzahlen Tut. 1–6 (in %)	39,31	26,52	11,78	34,77	31,90

tive Stichprobe aller Tutorien zugrunde gelegt werden (vgl. Tab. 4.8). Da für das *WS*13 nur 18 offline-Listen ohne Angaben zur Anmeldung vorhanden sind, und die online-Listen in diesem Semester keine Aufsplittung in die Gruppen „angemeldete" bzw. „unangemeldete" aufweisen, wurden bei diesen Listen alle anwesenden Studierenden als „angemeldete" gewertet, sofern die Gesamtanzahl der für dieses Tutorium zugelassenen nicht überschritten wurde. Folglich ist der Wert „angemeldete" im *WS*13 als Obergrenze zu erachten und der reale Wert ist vermutlich deutlich niedriger.

Die Anwesenheit der Studierenden in den Tutorien verhält sich in allen untersuchten Semestern ähnlich (vgl. Abb. 6.19). Diese starten mit einer hohen Quote zwischen 80 % (*WS*13) und 87 % (*WS*15) – mit Ausnahme des Semesters *WS*11, in welchem die Anwesenheitsquote im ersten Tutoriumszyklus bei 98 % liegt. Über den Semesterverlauf lässt die Teilnehmerrate sukzessive nach, so dass diese am Semesterende zwischen 52% (*WS*14) und 59% (*WS*11), mit Ausnahme der 68% im *WS*13. So ergibt sich eine prozentuale Differenz der Besucherzahlen zwischen dem ersten Tutorium und dem vorletzten (5) bzw. dem letzten (6), welche in Tab. 6.9 zusammengefasst ist. Die Abnahme über den kompletten Zyklus bewegt sich – mit Ausnahme des *WS*13 – zwischen 27% und 39%. Das *WS*13 „verliert" also über das Semester gesehen die wenigsten Studierenden. Allerdings ist hierbei auch zu beachten, dass dieses Semester mit der geringsten Teilnehmerquote von 80% startet. Diese sukzessive Abnahme im Besuch der Tutorien könnte durch das Angebot der digitalen Systeme verursacht werden. Interessant ist allerdings der Unterschied des Studierendenschwunds zwischen dem fünften und sechstem Tutorium. Während dieser in den *WS*11 bis *WS*13 zwischen ca. 2% und 6% liegt, beläuft sich dieser im *WS*14 auf ca. 15% und im *WS*15 auf ca. 12%. Dies kann durch die Einführung des Zusatzbonus erklärt werden, welcher nur dann erreicht werden kann, wenn mindestens vier der sechs Tutorien besucht wurden.

Trotz des ähnlichen Verhaltens der Anwesenheitszahlen über die untersuchten Semester fällt auf, dass sich die Verteilung der Studierenden auf die zwei Gruppen „angemeldet" und „unangemeldet" über die Jahre verändert (vgl. Abb. 6.19). Im *WS*11 und *WS*12 liegt die Quote der angemeldeten Studierenden im ersten Tutorium unter 40% und fällt sukzessive auf unter 14%. Das *WS*13 weist eine ähnliche Tendenz auf, allerdings liegen die Prozentwerte hier deutlich über denen der *WS*11 und *WS*12. Die Prozentwerte dieses Semesters gelten aber lediglich als Obergrenze, wie bereits beschrie-

Tab. 6.10. Teilnehmerzahlen der Fragewoche. Die Teilnehmerzahlen der Fragewoche berechnen sich auf Basis der Tutorenevaluation (vgl. Anh. A.3, Frage 21). Hierbei wird der mittlere Wert einer Bewertungsklasse zugrunde gelegt. Zu beachten ist die unterschiedliche Anzahl an Tutorien (Tut.), welche als Datengrundlage zur Verfügung stehen. Die prozentuale Gesamtteilnehmerzahl berechnet sich aus den durch die Evaluation geschätzten Anwesenden der Fragewoche sowie der Anzahl für die Tutorien angemeldeter Studierende.

	*WS*09	*WS*10	*WS*11	*WS*12	*WS*13	*WS*14	*WS*15
Anzahl Tut. (Datengrundlage)	0	2	4	7	8	15	13
ø-Teilnehmerzahl	n. a.	(10,5)	(11,25)	9,5	14	9,7	8,4
Gesamtteilnehmer (in %)	n. a.	(80,31)	(78,53)	65,86	108,11	56,62	52,76

ben wurde. Demnach kann davon ausgegangen werden, dass sich die wirklichen Werte dieses Semesters in einem ähnlichen Bereich zu denen der *WS*11 und *WS*12 bewegen. Ab dem *WS*14 zeigt sich eine deutliche Veränderung des Studierendenverhaltens. Der Höchstsatz unangemeldeter Studierender erreicht im *WS*14 im vierten Tutoriumszyklus 11 % und im *WS*15 im ersten Zyklus 15 %. Die Einführung des Zusatzbonus ist als Grund für dieses veränderte Verhalten anzuführen, da dieser an den Besuch im zugewiesenen Tutorium gekoppelt ist. Die Studierenden benötigen folglich einen Anreiz, um das ihnen zugewiesene Tutorium zu besuchen. Der Anreiz der Anwesenheitslisten, welche ebenfalls im *WS*11 bis *WS*13 eingesetzt wurden, ist offensichtlich zu schwach, um die Studierenden anzuhalten, die zugeteilten Tutorien zu besuchen.

Fragewoche. Die Partizipation während der Fragewoche (letzte Vorlesungswoche, vgl. Abschn. 4.5) gibt Tab. 6.10 an. Wichtig hierbei ist anzumerken, dass die Anzahl der Tutorien, welche als Datengrundlage zur Verfügung stehen, für die *WS*09 bis *WS*11 aufgrund der Teilnehmerquote der Tutorinnen und Tutoren an der Tutorenevaluation (vgl. Abb. 6.18) unter 5 liegt, weshalb eine verlässliche Aussage hierzu nicht möglich ist. Die durchschnittliche Bewertung basiert auf den Tutorenantworten zur Fragestellung „Wie viele Studierende waren schätzungsweise in der Fragewoche am Ende des Semesters in deinem Tutorium anwesend?“ (vgl. Anh. A.3, Frage 21). Die durchschnittliche Teilnehmerzahl berechnet sich aus dem Durchschnitt einer Bewertungsklasse[11] multipliziert mit der relativen Verteilung des jeweiligen Semesters.

Die prozentuale Gesamtteilnehmerzahl weist auf einen Abwärtstrend hin. Allerdings fällt die Teilnehmerzahl des *WS*13 aus der Reihe. Der Grund für diesen hohen Wert von über 100 % konnte anhand der vorliegenden Daten nicht ermittelt werden. Der mit Ausnahme dieses Semesters erkennbare Abwärtstrend kann durch die Verbesserung der Forengestaltung und -betreuung seit dem *WS*11 begründet werden.

11 bei der Klasse „mehr als 19“ wurde 20 zugrunde gelegt

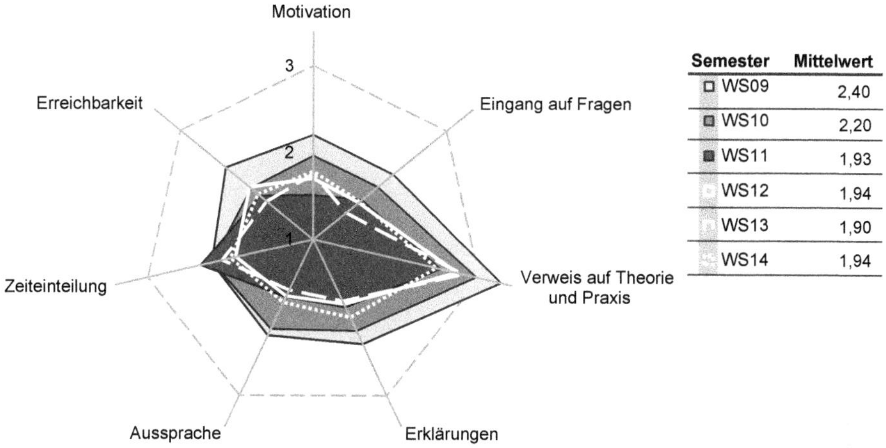

Abb. 6.20. Bewertung der Übungsleitung bzw. Tutor/innen. Die Datengrundlage zur Bewertung der aufgezeigten Kriterien liefert der Evaluationsbogen „Übung"(vgl. Anh. A.2, Fragen 3.1 bis 3.7), welcher allerdings nur bis zum *WS*14 eingesetzt wurde. Die 5-stufige Bewertungsskala bezieht sich auf die Antwortmöglichkeiten „sehr stark" bis „überhaupt nicht" bzw. „trifft voll zu" bis „trifft gar nicht zu". Die Mittelwerte (rechts dargestellt) der einzelnen Semester berechnen sich über den sieben verschiedenen Merkmalen.

6.3.2 Akzeptanz Dozenten (Qualitätskriterium 2)

Die Beurteilung der Akzeptanz durch das Übungsteam muss für zwei unterschiedliche Gruppen durchgeführt werden, für

- die Übungsleitung, d.h. die verantwortlichen akademischen Mitarbeiterinnen und Mitarbeiter sowie
- die Tutorinnen und Tutoren.

Aufgrund der bereits beschriebenen Gründe wie etwa des Evaluationszeitpunkts (in den *WS*11, *WS*13 in der Saalübung; in den *WS*09, *WS*10, *WS*12, *WS*14 im Tutorium) kann die Analyse der Übungsleitung durch die Übungsevaluation (vgl. Abb. 6.20) lediglich im Hinblick auf eine Tendenzentwicklung erfolgen. Dennoch sei an dieser Stelle angemerkt, dass die zwei Gruppen eng zusammenarbeiten, so dass sich die Motivation der Gruppen gegenseitig bedingen und beeinflussen. Abb. 6.20 zeigt die Bewertung hinsichtlich der Kriterien „Motivation", „Eingang auf Fragen", „Verweis auf Theorie und Praxis", „Erklärungen", „Aussprache", „Zeiteinteilung" und „Erreichbarkeit". Hierbei ist erkennbar, dass sich die Kriterien bis auf wenige Ausnahmen (beispielsweise „Zeiteinteilung" im *WS*11) von *WS*09 bis *WS*11 verbessern. Zwischen den Semestern *WS*11 bis *WS*14 sind kaum Veränderungen auszumachen. Dies zeigen auch die stabilen Mittelwerte der untersuchten Fragestellungen.

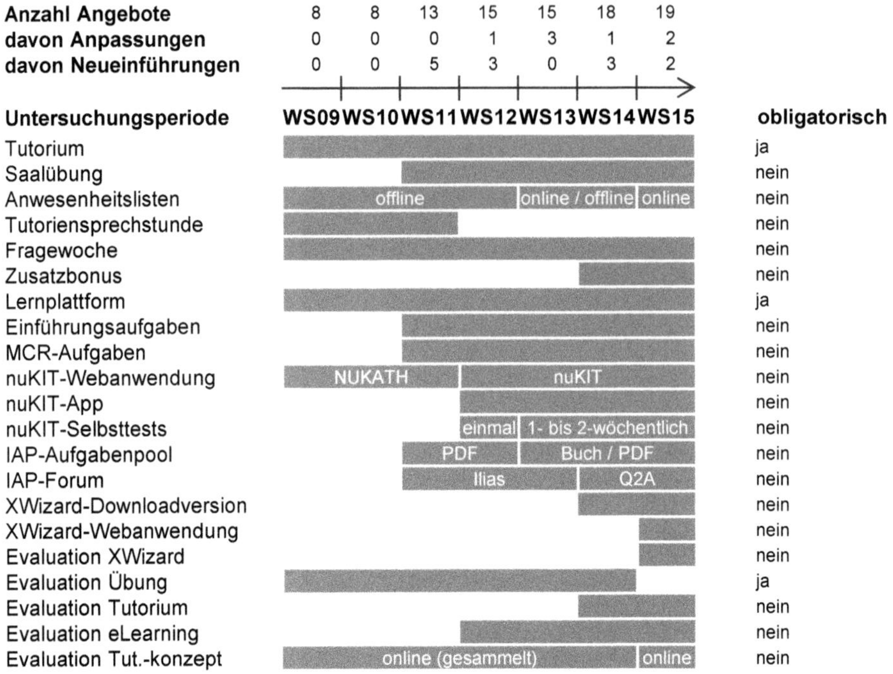

Abb. 6.21. Angebote innerhalb des Übungskonzepts. Die Abbildung zeigt das Engagement der Übungsleitung anhand der Bereitstellung verschiedenster Angebote. Neben dem Zeitstrahl geben die Zeilen eins bis drei einen Überblick über die „Anzahl Angebote“ absolut gesehen, die davon betroffenen „Anpassungen“ bestehender Angebote sowie die „Neueinführungen“ pro Semester.

Im Folgenden wird untersucht, ob die beobachtete Tendenz auch auf die beiden Gruppen separat betrachtet zutrifft.

Übungsleitung. Eine Evaluation der Übungsleitung durch spezielle Evaluationsbögen liegt nicht vor. Allerdings kann die Motivation an der Erstellung und Bereitstellung der verschiedenen Lehrmaterialien durch die Übungsleitung gemessen werden. Abb. 6.21 gibt einen Überblick über die Angebote des Übungskonzepts der Lehrveranstaltung GdI2. Es wird unterschieden in obligatorische sowie fakultative Angebote (vgl. rechte Spalte). Die oberen drei Zeilen benennen die Anzahl an Angeboten gesamt, die Anzahl Angebote, welche in dem jeweiligen Semester grundlegend überarbeitet wurde, d. h. die Anpassungen, sowie die Neueinführungen pro Semester. Vom *WS*10 zum *WS*11 ist ein Anstieg an Neueinführungen um mehr als 50 % zu verzeichnen. Zum *WS*12 und *WS*14 erhöht sich die Anzahl an Neueinführungen nochmal um drei, zum *WS*15 um zwei. Diese Zunahme an fakultativen Angeboten, welche vom *WS*10 zum *WS*15 mehr als 100 % beträgt, sowie die regelmäßige Anpassung und Überarbeitung einzelner Angebote, ist ein Indikator für die Motivation der Übungsleitung, insbesondere seit dem *WS*11.

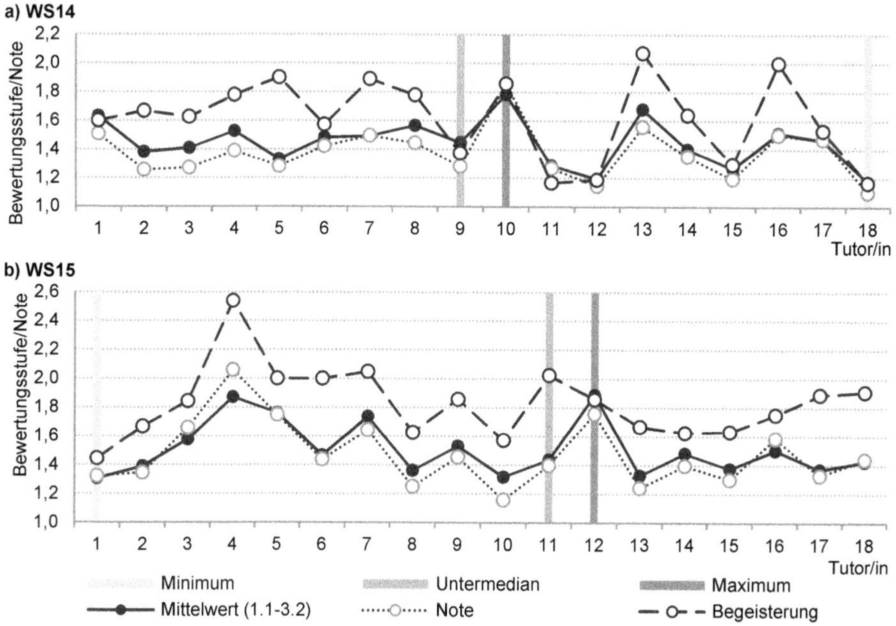

Abb. 6.22. Einzelergebnisse der Tutorienbefragung. In a) *WS*14 und b) *WS*15 werden die Ergebnisse der Tutorienbefragungen nach den einzelnen Tutorinnen und Tutoren verglichen. Hierzu ist der Mittelwert der Fragen 1.1 bis 3.2 (vgl. Anh. A.3) sowie nochmal separat die Durchschnittsnote jeder Tutorin bzw. jedes Tutors (Frage 3.1) und die Durchschnittsbewertung der Fragestellung „Wie gerne besuchen Sie dieses Tutorium?" (Begeisterung; Frage 1.1) abgebildet. Durch Balken ist das beste Tutorium (Minimum), das schlechteste (Maximum) sowie der Untermedian (der größte Wert der unteren Hälfte) bezogen auf den Mittelwert aller Fragen gekennzeichnet.

Tutor/innen. Da es sich bei den Tutorinnen und Tutoren jedes Semester um eine neue Gruppe verschiedener Studierender höherer Semester handelt, kann die Entwicklung der Akzeptanz einzelner Tutorinnen und Tutoren nicht durch eine Vergleichsanalyse der einzelnen Semester erfolgen. Eine Qualitätsbewertung der Tutorinnen und Tutoren ist nur innerhalb eines Semesters möglich. Da die benötigten Daten allerdings erst durch die im Rahmen dieser Arbeit entwickelte Tutoriumsevaluation eingeholt wurden (vgl. Anh. A.3), liegen diese erst seit dem *WS*14 vor. Abb. 6.22 veranschaulicht die Evaluationsergebnisse der verschiedenen Tutorinnen und Tutoren[12] der *WS*14 und *WS*15. Die dargestellten Liniendiagramme zeigen den Mittelwert der Einzelfragen pro Tutorium (durchgängige Linie), die Note des jeweiligen Tutoriums (gepunktete Linie)

---

12 Für *WS*14 liegen nur Daten von 18 Tutorinnen und Tutoren vor, da die entsprechende Evaluation von den Tutorinnen und Tutoren freiwillig durchgeführt wurde. Im *WS*15 wurde eins der 19 Tutorien von zwei Tutorinnen bzw. Tutoren der verbleibenden Tutorien gehalten, so dass ebenfalls nur 18 Tutorinnen und Tutoren evaluiert wurden.

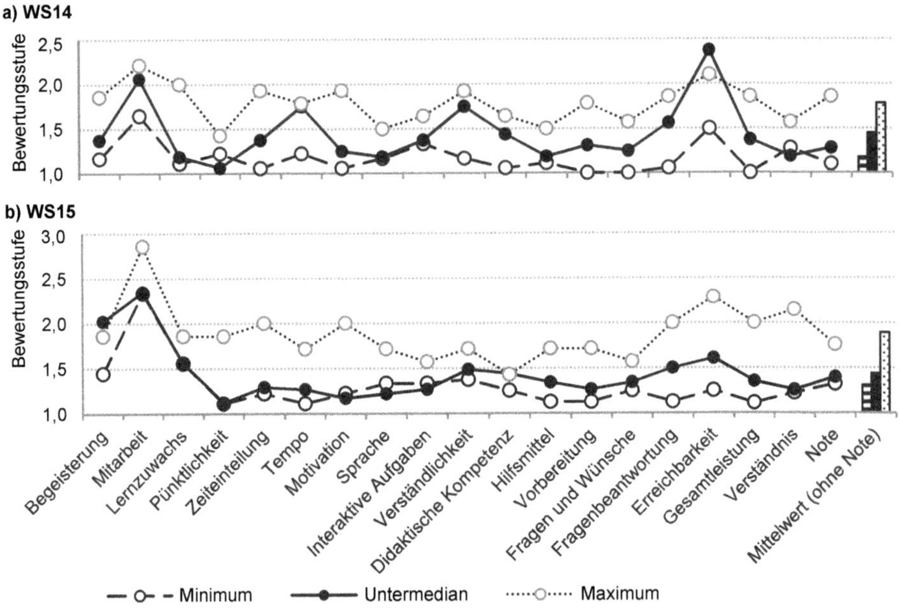

Abb. 6.23. Einzelfragen der Tutoriumsevaluation (Minimum, Maximum, Untermedian). Die einzelnen Fragen zur Berechnung des Mittelwerts entstammen der Tutoriumsevaluation (vgl. Anh. A.3, Fragen 1.1 bis 3.3). Das Balkendiagramm, auf der rechten Seite dargestellt, zeigt den entsprechenden Mittelwert.

sowie den Mittelwert der Bewertungen zur Frage „Wie gerne besuchen Sie dieses Tutorium?" (gestrichelte Linie). Sowohl für das *WS*14 als auch das *WS*15 ist eine positive Korrelation der drei Kurven erkennbar. Im *WS*14 bzw. *WS*15 liegen zwischen dem Mittelwert der besten sowie der schlechtesten Bewertung 0,61 bzw. 0,58 Bewertungspunkte, so dass sich der Unterschied zwischen den Tutorien auf etwas mehr als einen halben Bewertungspunkt beläuft. Im *WS*14 liegt der beste Mittelwert bei 1,17, im *WS*15 bei 1,31. Zwischen den zwei Jahrgängen sind keine eindeutigen Unterschiede erkennbar. Alle Mittelwerte der Tutoren bewegen sich zwischen der besten und zweitbesten Bewertungsstufe. Abb. 6.23 zeigt die Bewertungen der einzelnen Fragen des Minimums, des Untermedians[13] sowie des Maximums der *WS*14 und *WS*15. Besonders das Bewertungskriterium „Mitarbeit" sowie „Erreichbarkeit" schneidet in allen drei Fällen im Vergleich zu den anderen am schlechtesten ab. Die Bewertung der verbleibenden Kriterien bewegt sich mit Ausnahme des Untermedians des *WS*14 fast ausnahmslos in einem Bewertungsintervall eines halben Bewertungspunktes. Eine Begründung hierfür könnte der Halo-Effekt bieten [29], gemäß dessen mehrere Charakteristiken einer Person aufgrund des Gesamteindrucks ähnlich bewertet werden.

13 Als Untermedian wird der größte Wert der unteren Hälfte verstanden.

Tab. 6.11. Korrelation von Mittelwert, Note und Begeisterung der Tutorienbewertung. Die Korrelationskoeffizienten der Paarungen (Begeisterung, Note), (Begeisterung, Mittelwert) und (Mittelwert, Note) zeigen eine mittlere bis hohe Korrelation.

Korrelation	(Begeisterung, Note)	(Begeisterung, Mittelwert)	(Mittelwert, Note)
*WS*14	0,69	0,73	0,94
*WS*15	0,79	0,71	0,93

Der Einfluss des Milde-Härte-Fehlers bleibt an dieser Stelle aufgrund fehlender Kenntnisse der sozialen Beziehungen zwischen Tutorinnen bzw. Tutoren und Studierenden unberücksichtigt [29].

Die Rangfolge der drei Kurven „Mittelwert“, „Note“ und „Begeisterung“ der Abb. 6.22 ist in beiden Semestern bis auf wenige Ausnahmen gleich. Die Begeisterung schneidet schlechter ab als der Mittelwert; die Notenkurve liegt meist unterhalb der beiden anderen, wobei aufgrund der unterschiedlichen Achsen kein absoluter Vergleich möglich ist. Tab. 6.11 zeigt, dass insbesondere zwischen Mittelwert sowie Note eine starke Korrelation vorliegt. Allerdings zeigen auch die Korrelationspaare (Begeisterung, Note) sowie (Begeisterung, Mittelwert) eine im oberen Bereich mittlere Korrelation [62]. Es kann folglich die Behauptung aufgestellt werden, dass das Engagement der Tutorin bzw. des Tutors Einfluss auf die Begeisterung der Studierenden für das entsprechende Tutorium hat. Zudem stellt sich die Frage, ob der Besuch des Tutoriums einer speziellen Tutorin bzw. eines speziellen Tutors statistisch signifikant für die Note der Abschlussklausur ist. Diese Fragestellung wird in Abschn. 6.8 untersucht.

6.3.3 Akzeptanz Studierende (Qualitätskriterium 3)

Die Akzeptanz durch die Studierenden wird anhand der Kriterien „Gründe zum Besuch der Lehrveranstaltung“, „Auslastung“, „Studierendenengagement“ sowie „Zeitinvestition“ untersucht.

Gründe zum Besuch der Lehrveranstaltung. Tab. 6.12[14] zeigt ein ähnliches Bild wie das Ergebnis der entsprechenden Fragestellung der Vorlesungsevaluation (vgl. Tab. 4.2 und Abb. 6.5 bzw. Anh. A.1, Frage 1.2). Die Verschiebung der Gründe zu stärkerem persönlichen Interesse sowie Wiederholung und Vertiefung ist auch hier zu erkennen. Für eine Diskussion der Entwicklung sei auf Abschn. 6.2.3 verwiesen.

14 Da die Werte bis zum *WS*13 auf die Anzahl aller Fragebögen vor Datenweitergabe umgerechnet wurden, werden die entsprechenden Daten des *WS*14 auch auf 100 % berechnet. Die Originaldaten sind in Klammern dargestellt.

Tab. 6.12. Übersicht über die Gründe zur Teilnahme am Übungskonzept. Die prozentualen Angaben entstammen der Übungsevaluation (vgl. Anh. A.2, Frage 1.2), wobei diese Frage erst seit dem *WS*11 gestellt wurde. Hervorzuheben ist die sukzessive Verschiebung der Gründe von der reinen „Pflicht/Wahlpflicht"-Veranstaltung zu „persönlichem Interesse" und „Vertiefung".

Grund (in %)	*WS*09	*WS*10	*WS*11	*WS*12	*WS*13	*WS*14	*WS*15
Pflicht/Wahlpflicht	–	–	90,7	87,3	76,6	71,6 (85,3)	–
persönliches Interesse	–	–	1,3	0,4	2,1	5,5 (6,5)	–
Wiederholung/ Vertiefung	–	–	7,5	11,2	21,3	18,3 (21,8)	–
Studium Generale	–	–	0,4	1,1	0,0	4,7 (5,6)	–
Stichprobengröße	0	0	226	268	47	340	0

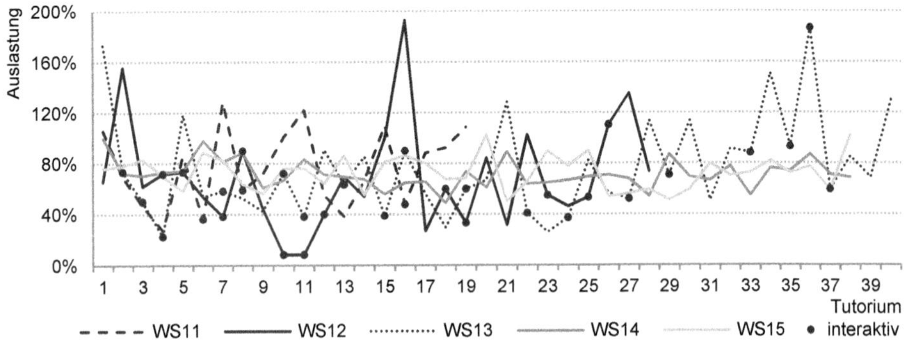

Abb. 6.24. Auslastung der Tutorien. Die Berechnung der Auslastung der einzelnen Tutorien basiert auf den Anwesenheitslisten. Fehlende Anwesenheitslisten resultieren in fehlenden Auslastungswerten, wie im *WS*11 und *WS*12 erkennbar. Interaktive Tutorien sind durch einen schwarzen Punkt gekennzeichnet.

Auslastung. Die Auslastung eines Tutoriums ist definiert als der prozentuale Anteil anwesender Studierender an der Anzahl für das entsprechende Tutorium angemeldeter. Die folgende Abb. 6.24 untersucht die durchschnittliche Auslastung der Tutorien der *WS*11 bis *WS*15 auf Basis der Anwesenheitslisten[15]. Die Daten werden über die 38 bzw. 40 verschiedenen Tutorientermine abgebildet und setzen sich aus der Auslastung der sechs einzelnen Termine zusammen, bei fehlenden Datensätzen entsprechend weniger. Die Liniendiagramme mit fehlenden Daten sind infolgedessen verkürzt, die der *WS*09 und *WS*10 sind aus dem gleichen Grund nicht dargestellt (vgl. Abschn. 4.3.5). Auffallend sind die großen Auslastungsunterschiede zwischen den einzelnen Tutorienterminen im *WS*11 bis *WS*13 im Gegensatz zu den *WS*14 und *WS*15. Es stellt sich al-

15 Enthalten die offline-Listen händisch notierte Gesamtzahlen der Studierenden und stimmen diese nicht mit der Summe aller Unterschriften eines Tutoriums überein, so wird das Maximum zwischen der Gesamtzahl und der Summe der Unterschriften gewählt.

Tab. 6.13. Auslastung der Tutorien nach Tutorienart. Die Auslastung der Tutorien (berechnet auf Grundlage der Anwesenheitslisten) zeigt für die *WS*11 bis *WS*13 einen deutlichen Unterschied in der Tutorienart, wobei die klassischen Tutorien eine stärkere Auslastung erfahren.

auf Basis aller 40 Tutorien	*WS*11	*WS*12	*WS*13	*WS*14	*WS*15
ø-Auslastung interaktiv	47,82	53,53	66,42	71,75	72,89
ø-Auslastung klassisch	82,35	81,09	84,88	–	–
ø-Auslastung gesamt	76,90	64,66	76,57	71,75	72,89
Standardabweichung interaktiv	9,31	29,24	34,90	10,09	9,56
Standardabweichung klassisch	29,33	44,72	38,53	–	–
Standardabweichung gesamt	29,95	43,36	38,07	10,09	9,56

so die Frage, warum die Studierenden die ihnen zugeteilten Tutorien nicht besuchen. Hierfür kommen folgende Gründe in Betracht:
- klassisches bzw. interaktives Tutorium,
- Zeitpunkt,
- Tutorin bzw. Tutor oder
- fehlender Anreiz.

Ein interaktives Tutorium ist in Abb. 6.24 durch einen schwarzen Punkt dargestellt. Alle anderen Termine sind klassisch mit Ausnahme der Termine der *WS*14 und *WS*15, welche alle interaktiv abgehalten wurden. Es fällt auf, dass die Auslastungen der interaktiven Tutorien im *WS*11 bis *WS*13 größtenteils unter der der klassischen Tutorien liegen. In Tab. 4.5 werden die Besucherzahlen und in Tab. 6.13 die durchschnittliche Auslastung der interaktiven denen der klassischen Tutorien gegenübergestellt. Es zeigt sich, dass die Auslastung der interaktiven Tutorien deutlich unter der der klassischen liegt. Der Unterschied beträgt im *WS*11 35 %, im *WS*12 28 % und im *WS*13 18 %. Diese großen Unterschiede zeigen sich auch durch die hohen Standardabweichungen gesamt. Die hohe Standardabweichung der klassischen Tutorien zeigt zudem eine schwankende Teilnehmerzahl dieser im Semesterverlauf. Die durchschnittliche Auslastung der *WS*14 und *WS*15, in welchen nur interaktive Tutorien angeboten wurden, liegt bei 72 % bzw. 73 % mit einer Standardabweichung von 7,10 % bzw. 9,56 %, welche auch durch die geringen Schwankungen dieser Liniendiagramme in Abb. 6.24 zu erkennen ist.

Im Vergleich hierzu bewerteten die Tutorinnen und Tutoren der *WS*09 bis *WS*15 die maximale Teilnehmerzahl der Tutorien in der Tutorenevaluation mit der Fragestellung „Wie hoch war die maximale Besucherzahl während der 6 Tutorien [...]“ (vgl. Anh. A.6, Fragen 11 und 14) wie in Abb. 6.25 angegeben. Hier zeigt sich ein ähnliches Bild. Die maximale Teilnehmerzahl der Tutorien „interaktiv mit Bonus“ konzentriert sich mit 75 % der Tutorien zwischen 14 und 25 Studierenden, die der „interaktiven“ liegen mit 40 % zwischen 10 und 17 deutlich niedriger, wobei beachtet werden muss, dass für 30 % der Tutorien keine Angabe (mehr) gemacht werden konnte. Die klassi-

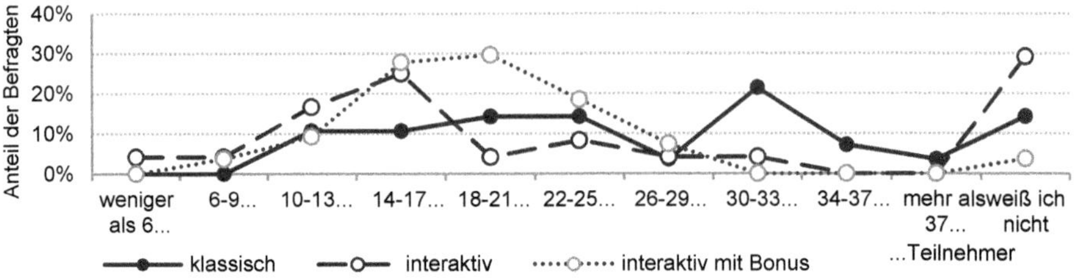

Abb. 6.25. Maximale Teilnehmerzahl der Tutorien. Die Abbildung zeigt die Gesamtheit aller Antworten der Tutorinnen und Tutoren der *WS*09 bis *WS*15 auf die Frage zur maximalen Besucherzahl der Tutorien in der Tutorenevaluation (vgl. Anh. A.6, Fragen 11 und 14). Die drei Liniendiagramme zeigen eine Unterteilung in „klassisch", „interaktiv" und „interaktiv mit Bonus".

schen Tutorien weisen eine breite Spanne der maximalen Auslastung auf, welche mit 21 % der Tutorien eine Teilnehmerzahl von 30 bis 33 deutlich zu viele Studierenden aufweist. Die hohen Teilnehmerzahlen der klassischen Tutorien deuten darauf hin, dass Studierende die Möglichkeit scheuen, die interaktiven Tutorien zu besuchen. Ein Einfluss der Art des Tutoriums auf die Auslastung kann folglich nicht widerlegt werden.

Als zweiter Grund für das Nicht-Einhalten der zugewiesenen Tutorien wurde der Zeitpunkt des Tutoriums genannt. Dieser Aspekt wurde seit dem *WS*12 dadurch untersucht, dass die Tutorienzeiten auf Randzeiten geändert wurden (vgl. Tab. 4.6). Allerdings zeigen die Auslastungen im *WS*12 und *WS*13 in Tab. 6.13 keine gravierenden Unterschiede zu den Beobachtungen im *WS*11. Auch die hohen Werte der Standardabweichung der entsprechenden Semester weisen eine große Streuung um den Mittelwert auf. Außerdem ist Abb. 6.19 vom *WS*11 zum *WS*12 kein Hinweis zu entnehmen, dass die Studierenden sich stärker an die vorgegebenen Tutorienzuteilungen gehalten haben. Lediglich das *WS*13 zeigt eine leichte Verbesserung des Anteils „angemeldeter" Studierender im Vergleich zu „unangemeldeten" Studierenden, wobei dies der Tatsache geschuldet sein kann, dass einige der Anwesenheitslisten des *WS*13 nur die Anzahl und nicht die Namen der Studierenden vermerkt haben, so dass alle anwesenden Studierenden auch als angemeldete gewertet wurden (vgl. Abschn. 6.3.1). Für diese Annahme spricht, dass sowohl die Kurve zur Auslastung (vgl. Abb. 6.24) als auch die Standardabweichungen (vgl. Tab. 6.13) im *WS*13 keine Verbesserung der Auslastungswerte zeigen. Durch die zeitliche Veränderung konnte nicht die beabsichtigte gleichmäßige Auslastung der Tutorien sowie die Einhaltung der zugewiesenen Tutorien erzielt werden. Folglich ist der Einfluss der zeitlichen Verteilung der Tutorien für die Studierenden nicht ausschlaggebend für die Nichteinhaltung der Tutorienanmeldung.

Als dritter Punkt wird der Einfluss der entsprechenden Tutorin bzw. des entsprechenden Tutors betrachtet, indem die Fluktuation der Anzahl Studierender in den beiden Tutorien einer Tutorin bzw. eines Tutors verglichen wird. Abb. 6.26 zeigt eben

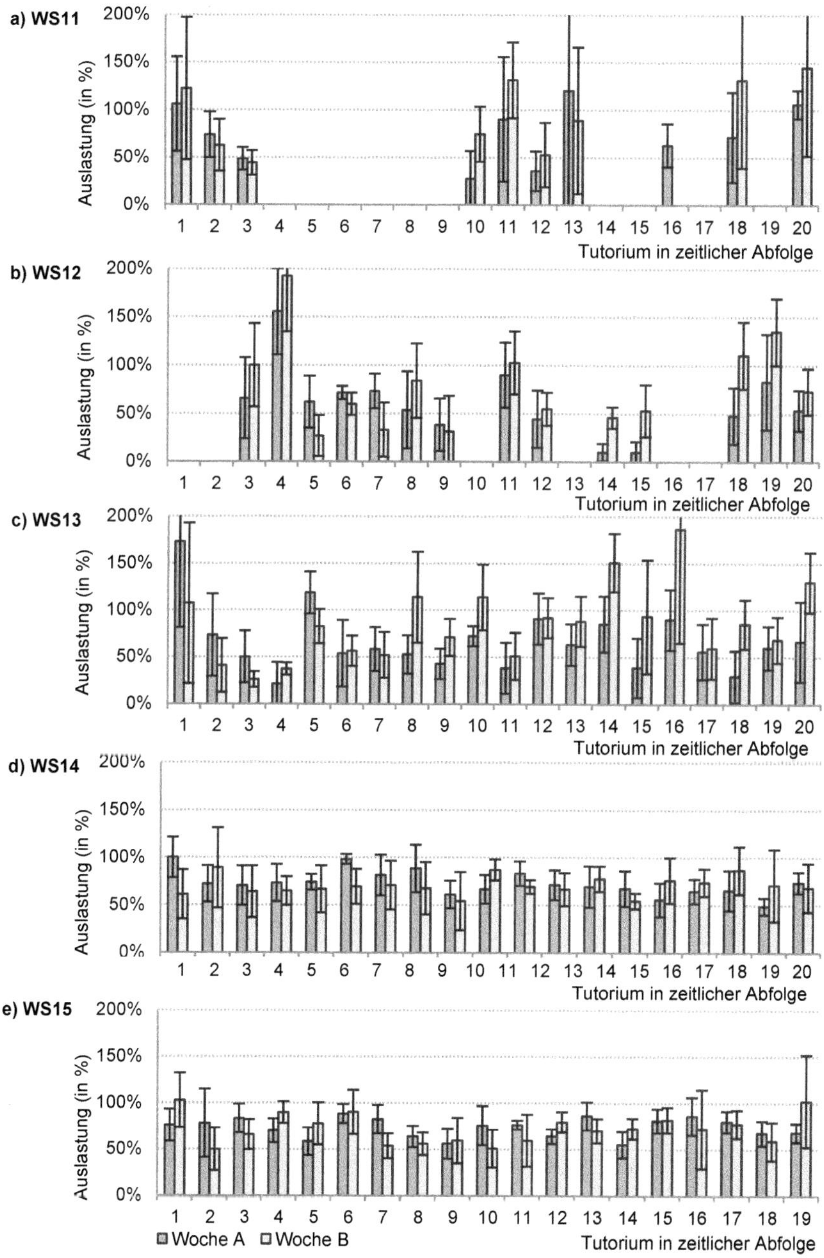

Abb. 6.26. Auslastung der einzelnen Tutorien. Die Auslastung der verschiedenen Tutorien einer Tutorin bzw. eines Tutors sind in Woche A und B aufgeteilt. Deutlich zu erkennen sind die gleichmäßige Auslastung sowie die geringe Fluktuation anhand der geringeren Standardabweichung im *WS*14 und *WS*15.

diese Werte anhand der durchschnittlichen Auslastung des Tutoriums der Woche A bzw. der Woche B jeder Tutorin bzw. jedes Tutors mit der entsprechenden Standardabweichung. Tutorien mit einer Auslastung von 0 % entsprechen denen mit fehlenden Datensätzen. Tutorien mit einer geringen Standardabweichung deuten auf eine geringe Fluktuation der Teilnehmerzahlen hin, Tutorien mit einer hohen Standardabweichung auf eine hohe. Obwohl die Tutorien der Woche A bzw. B als eigenständige Tutorien ausgewiesen sind, weisen die zwei entsprechenden Standardabweichungen mit wenigen Ausnahmen ähnliche Werte auf. Das *WS*11 zeigt von den vorhandenen Daten fünf Tutoriumspaare, deren Differenz der Standardabweichung den Wert 15 % übersteigt, das *WS*12 nur einen solchen mit einer Differenz von 16 %. Im *WS*13 sind es sieben, wovon drei unter 20 % liegen. Im *WS*14 und *WS*15 erreichen vier (wovon zwei unter 20 % liegen) bzw. drei Tutoriumspaare Werte über 15 %. Daraus kann die Annahme abgeleitet werden, dass das Verhalten der Studierenden, ein Tutorium vermehrt zu besuchen oder aber in ein anderes zu wechseln, von der jeweiligen Tutorin bzw. dem jeweiligen Tutor abhängt. Unbeachtet bei dieser Auswertung bleibt dabei die Möglichkeit, dass die Anzahl Studierender über das Semester hinweg zwar annähernd konstant bleibt, die Studierenden aber wechseln.

Der fehlende Anreiz (vierter Punkt) wird durch die Einführung des Zusatzbonus im *WS*14 kompensiert (vgl. Abschn. 4.3.6). Sowohl Abb. 6.24 als auch Tab. 6.13 zeigen die gleichmäßige Auslastung der Tutorien sowie die geringe Fluktuation durch die reduzierte Standardabweichung. Die Anzahl „unangemeldeter" Studierender (vgl. Abb. 6.19) konnte ebenfalls deutlich reduziert werden. Der Anreiz des Zusatzbonus hat die Studierenden offensichtlich dazu angehalten, das ihnen zugeteilte Tutorium zu besuchen.

Studierendenengagement. Das Studierendenengagement für die Übung wird anhand der Übungsevaluation (vgl. Anh. A.2, nur bis *WS*14 durchgeführt) Frage 1.3 ausgewertet. Abb. 6.27 stellt das dazugehörige Ergebnis dar. Da sich hier kein signifikanter Unterschied zwischen der Abhängigkeit der Frage von Saalübung oder Tutorium ergibt, ist eine Analyse der Frage möglich. Lediglich die Antwortmöglichkeit der „regelmäßigen Anwesenheit" sowie des „konsequenten Mitschreibens" stellt eine Abhängigkeit zu einer speziellen Veranstaltung dar. Da allerdings die Angebote Saalübung und Tutorium beides Übungsangebote sind und sich für die Studierenden in ihrem Angebot, d. h. dem Besprechen von Übungsaufgaben, nicht unterscheiden, kann davon ausgegangen werden, dass sich das Studierendenverhalten in diesen Veranstaltungen ähnelt. Die Anwesenheit erreichte in den *WS*09 und *WS*10 ihren Hochpunkt mit fast 90 %, die nachfolgenden Semester liegen etwas niedriger. Das Kriterium „konsequentes Mitschreiben" zeigt diese Tendenz noch stärker. Knapp 60 % der Studierenden schreiben in den *WS*09 und *WS*10 konsequent mit, in den späteren Semestern sind dies nur noch um die 30 %. Im Gegensatz hierzu steigt die regelmäßige Vor- und Nachbereitung über die Semester, mit Ausnahme des *WS*12 leicht an. All diese Beobachtungen können durch die Einführung des IAP begründet werden. Aufgrund der

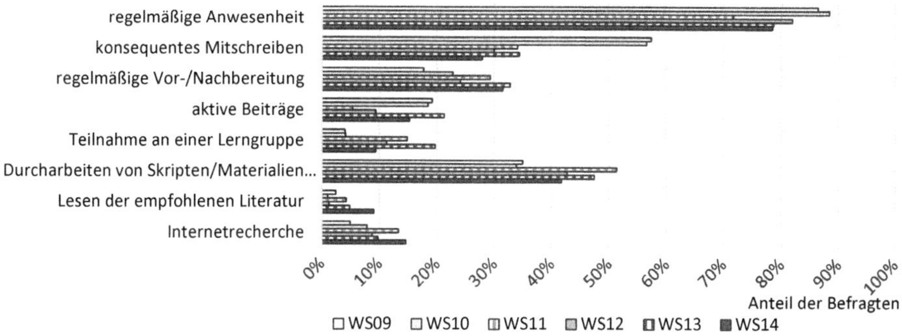

Abb. 6.27. Studierendenengagement für die Übung. Das Studierendenengagement wird durch die Übungsevaluation (vgl. Anh. A.2, Frage 1.3) gemäß den Merkmalen „regelmäßige Anwesenheit", „konsequentes Mitschreiben", „regelmäßige Vor-/Nachbereitung", „aktive Beiträge", „Teilnahme an einer Lerngruppe", „Durcharbeiten von Skripten/Materialien", „Lesen der empfohlenen Literatur" sowie „Internetrecherche" untersucht.

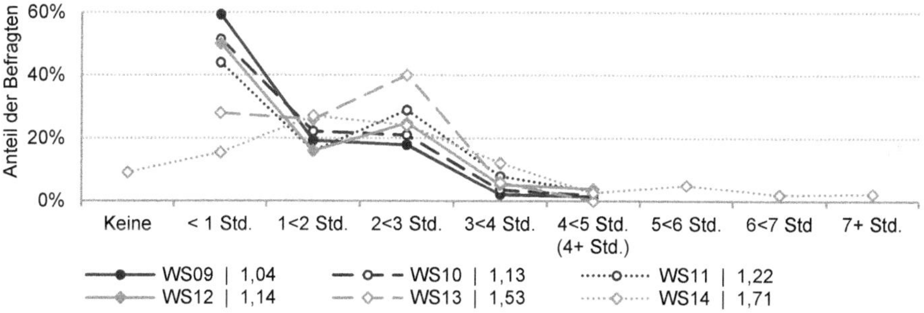

Abb. 6.28. Zeitinvestition für die Übung. Die Zeit der Vor- und Nachbereitung steigt mit zunehmender Semesterzahl sukzessive an (vgl. Anh. A.2, Frage 4.2).

Bereitstellung zusätzlichen Lernmaterials haben die Studierenden weniger Anreiz, die Übung zu besuchen sowie konsequent mitzuschreiben, wohingegen mehr Zeit in Vor- und Nachbereitung durch die zusätzlichen Lernmaterialien investiert wird. Ähnliches Verhalten zeigt sich auch bei der Zunahme der Teilnahme an einer Lerngruppe sowie der Durcharbeitung von Skripten und Materialien. Das Verhalten in Bezug zu den aktiven Beiträgen konnte mit den vorhandenen Informationen nicht weiter analysiert werden.

Zeitinvestition. Die Verschiebung des Studierendenengagements von „innerhalb" der Übungsveranstaltungen zu „außerhalb" zeigt sich auch durch die Zeitinvestition für die Lehrveranstaltung. Dies wird in Abb. 6.28[16] deutlich; Studierende der *WS*09 und

16 Zu beachten ist allerdings die geänderte Fragestellung im *WS*14.

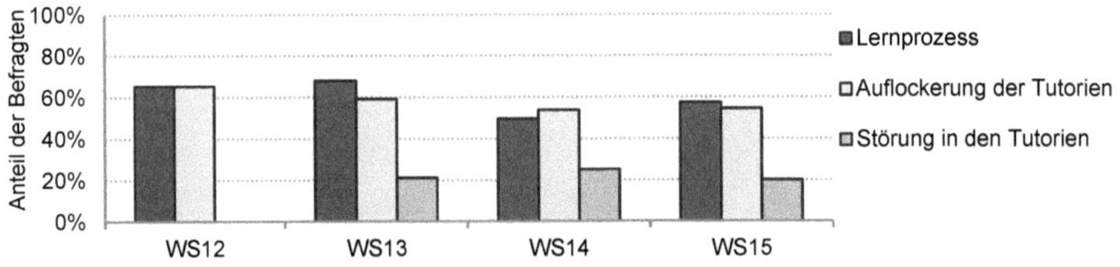

Abb. 6.29. Bewertung der MCRA durch die Studierenden. Die Bewertung erfolgt anhand der Merkmale „Lernprozess", „Auflockerung der Tutorien" sowie ab *WS*12 „Störung in den Tutorien" (vgl. Anh. A.4, Fragen 7.1 bis 7.3). Da die Fragestellung lediglich nach positiver bzw. negativer Meinung fragt, ist nur die prozentuale Zustimmung dargestellt.

*WS*10 haben demnach weniger Zeit für die Lehrveranstaltung investiert als Studierende späterer Semester. Zudem kann entlang des zeitlichen Verlaufs eine sukzessive Zunahme der Vor- und Nachbereitung festgestellt werden. Besonders hervorzuheben sind die *WS*13 und *WS*14. Diese sukzessive Zunahme kann durch das vergrößerte Übungsangebot erklärt werden.

Insgesamt zeigt sich, dass die Akzeptanz durch die Studierenden eng mit den von den Dozenten angebotenen Lernmitteln sowie vorhandenen Anreizen verknüpft ist.

6.3.4 Veranstaltungsqualität (Qualitätskriterium 4)

Im Rahmen der Qualitätsbewertung der Lehrveranstaltung werden neben einzelnen Konzepten auch die in den Tutorien verwendeten Übungsunterlagen analysiert. Die Bewertung erfolgt im Folgenden anhand der Kriterien „Multiple-Choice-Relax-Aufgaben", „Übungsmaterialien", „Tutorienart", „Bonuskonzept" sowie „Gesamtbewertung".

Multiple-Choice-Relax-Aufgaben. *(MCRA)* Die MCRA werden seit dem *WS*11 in den Tutorien eingesetzt (vgl. Abschn. 4.5). Die eLearning-Evaluation beinhaltet Fragen nach deren Nutzen für den Lernprozess, der Auflockerung und der Störung der Tutorien (vgl. Anh. A.4, Fragen 7.1 bis 7.3). Abb. 6.29 gibt die Zustimmung der Studierenden über die *WS*12 bis *WS*15 bezüglich der drei Merkmale an. In allen vier Semestern sind pro Merkmal ähnliche Prozentangaben zu erkennen. Die Zustimmung zum Nutzen für den Lernprozess liegt um 60%, im *WS*14 und *WS*15 leicht abnehmend. Eine Auflockerung der Tutorien sehen ebenfalls etwa 60 % der Studierenden als erfüllt an. Etwa 20 % der Studierenden empfinden die MCRA als störend. Die MCRA werden von den Studierenden unterschiedlich aufgenommen. Dennoch bewertet die Mehrheit die MCRA insbesondere auch im Hinblick auf den Lernprozess positiv.

Die Meinung der Tutorinnen und Tutoren zu den MCRA fällt im Vergleich zu der Meinung der Studierenden schlechter aus. Circa 80 % der Tutoren halten diese für

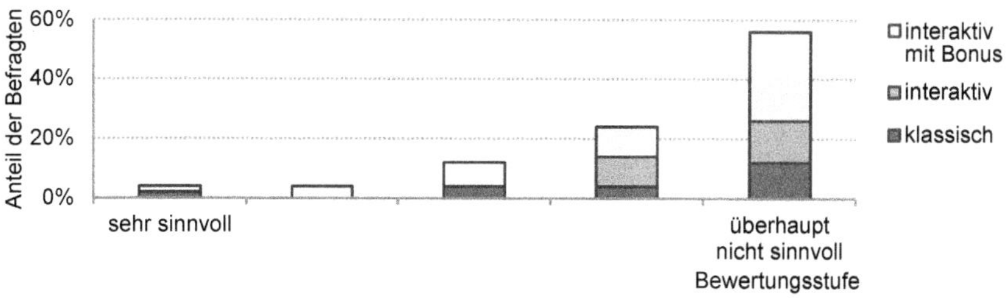

Abb. 6.30. Bewertung der MCRA durch die Tutorinnen und Tutoren. Die Bewertung der MCRA erfolgt über die Tutorenevaluation (vgl. Anh. A.6). Dargestellt ist die prozentuale Verteilung aller Antworten zur Frage 23 der Tutorinnen und Tutoren von *WS*09 bis *WS*15 untergliedert nach der Tutorienart.

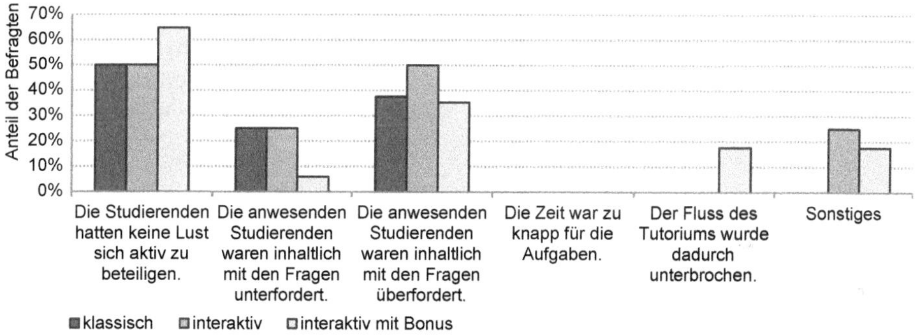

Abb. 6.31. Gründe für die schlechte Bewertung der MCRA. Die Auswertung basiert auf Frage 24 der Tutorenevaluation (vgl. Anh. A.6, Doppeltnennungen möglich); dabei wird in die drei verschiedenen Tutorientypen unterschieden.

nicht sinnvoll (vgl. Abb. 6.30). Lediglich 8% der Tutorinnen und Tutoren bewerten die MCRA als sinnvoll. Ein Einfluss der Tutorenart ist nicht zu erkennen. Abb. 6.31 gibt die prozentualen Tutorenangaben aufgesplittet auf den Tutorientyp bezüglich der Gründe an. Die prozentuale Berechnung basiert auf der Gesamtanzahl der Tutorinnen und Tutoren pro Tutorientyp. 50 % und mehr Tutorinnen und Tutoren der jeweiligen Tutorientypklassen geben an, dass die Studierenden keine Lust hatten, sich zu beteiligen; zwischen 35 % und 50 % der Studierenden waren von den Fragen überfordert. Diese Auswertung wirft die Frage auf, ob der Schwierigkeitsgrad der MCRA angepasst werden sollte, um so die Motivation der Studierenden zu erhöhen. Allerdings muss berücksichtigt werden, dass die Mehrheit der Studierenden in den MCRA einen Beitrag zum Lernprozess sieht. So stellten die Studierenden beispielsweise auf einer von Studierenden für Studierende angebotenen Webseite eine Sammlung aller MCRA als Vorbereitung für die Abschlussklausur zur Verfügung.

Allerdings wirkt sich der Tutorientyp bei der Teilnahme der Studierenden an den MCRA aus. Abb. 6.32 beschreibt das Ergebnis der Frage „Von 10 Multiple-Choice-Relax-Aufgaben, an wie vielen hat die Mehrheit der anwesenden Studierenden bei der Beant-

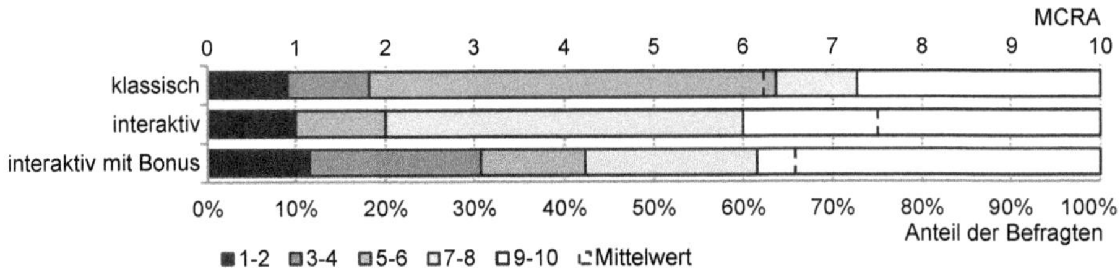

Abb. 6.32. Teilnahme der Studierenden an den MCRA. Die zugrunde liegende Fragestellung bezieht sich auf die Basis von zehn MCRA (vgl. Anh. A.6, Frage 25). Der Mittelwert ist als gestrichelte Linie mit dazugehöriger oberer horizontaler Achse dargestellt. Die Balken geben die Verteilung der Tutorenmeinungen auf die fünf verschiedenen Auswahlfelder an.

wortung der Fragen teilgenommen?". Hierbei wurden die Antworten „nicht verwendet" sowie „weiß ich nicht" nicht eingerechnet. Die interaktiven Tutorien erreichen mit einem Mittelwert von 7,5 MCRA (von 10) den besten Wert vor den interaktiven mit Bonus mit 6,8 und den klassischen mit 6,2. Dies deutet darauf hin, dass Studierende der interaktiven Tutorien motivierter sind als die der klassischen und sich die interaktiven Tutorien mit Bonus aus eben diesen zwei Gruppen zusammensetzen. In diesem Zusammenhang wird die Hypothese aufgestellt, dass diese zwei Studierendengruppen auch in den Abschlussklausuren unterschiedlich abschneiden. Eine statistische Begründung dieser Hypothese ist aufgrund der zahlreichen Studierendenwechsel zwischen den Tutorien in den *WS*09 bis *WS*13 nicht möglich gewesen (vgl. Abschn. 6.8.4).

Die MCRA erfreuen sich offensichtlich unterschiedlicher Beliebtheit. Vor allem die Tutorinnen und Tutoren, welche diese umsetzen müssen, äußern sich größtenteils negativ. Als Gründe hierfür nennen sie die Aspekte, dass die Studierenden keine Lust hatten, sich zu beteiligen oder diese inhaltlich entweder unter- oder überfordert waren. Allerdings zeigt sowohl die Beteiligung als auch die Meinung der Studierenden bezüglich „Lernprozess", „Auflockerung" sowie „Störung", dass dieses Angebot von der Mehrheit der Studierenden positiv aufgenommen wird.

Übungsmaterialien. Abb. 6.33 zeigt die Bewertung der verschiedenen Übungsmaterialien durch die Studierenden der *WS*09 bis *WS*14. Die „Übungsaufgaben" beziehen sich durch die Fragestellung der Evaluation auf den Beitrag der in den Übungsveranstaltungen zur Verfügung gestellten Aufgaben zum Verständnis des Vorlesungsstoffes, die „Lösungen" auf die Angemessenheit von deren Besprechung (vgl. Abschn. 4.5). Aufgrund der unterschiedlichen Evaluationszeitpunkte dieser Befragung (vgl. Tab. 6.3, im *WS*11 und *WS*13 in der Saalübung, sonst im Tutorium) können die Evaluationsergebnisse dieser beiden Fragen nicht vorbehaltlos miteinander verglichen werden. Die positive Tendenz dieser zwei Bewertungskriterien spiegelt sich allerdings auch in der Bewertung der Arbeitsmaterialien im Allgemeinen, zu denen unter anderem Literaturhinweise, Vorlesungsarbeitsbereich sowie Skripte zählen. Es zeigt sich eine sprunghafte Verbesserung zum *WS*11 von 2,3 auf 1,6. Dies weist auf die Akzeptanz

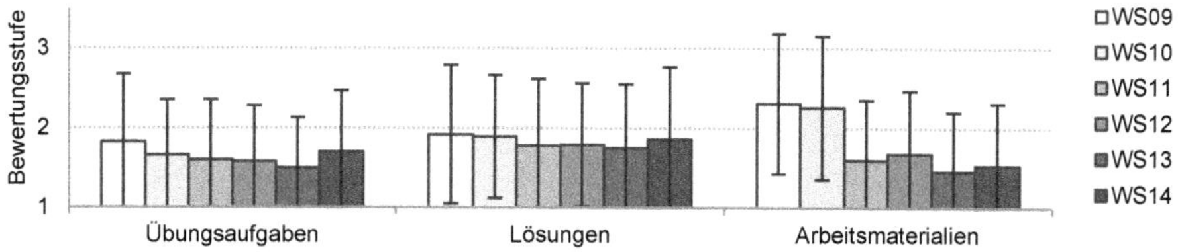

Abb. 6.33. Bewertung der Übungsmaterialien. Die Bewertung der Übungsmaterialien durch die Übungsevaluation (vgl. Anh. A.2, Fragen 1.11, 1.12 und 1.14) zeigt sowohl bei den Übungsaufgaben und Lösungen als auch bei den Arbeitsmaterialien eine fast durchgängige stetige Verbesserung bis zum *WS*13. Eine leichte Verschlechterung ist im *WS*14 zu erkennen. Die Bewertungsskala umfasst fünf Bewertungsstufen; es sind nur die besten drei dargestellt.

Tab. 6.14. Akzeptanz des Zusatzbonus. Der Zusatzbonus (ZB) konnte im *WS*14 und *WS*15 erlangt werden. Neben den absoluten Werten zu Anmeldezahlen der Tutorien (AZ), interaktiven Aufgaben (IA) und ZB zeigt die Tabelle den prozentualen Anteil angemeldeter Studierender für die Tutorien, welche die geforderte IA ablegten (IA/AZ) bzw. den ZB erlangten (ZB/AZ). Zudem wird der ZB in Abhängigkeit von der IA aufgezeigt (ZB/IA) sowie der Zusammenhang zur BK-Teilnahme (BK/ZB) und zur Erreichung des Bonus dargestellt (Bonus/ZB).

	AZ	IA	ZB	IA/AZ (in %)	ZB/AZ (in %)	ZB/IA (in %)	BK/ZB (in %)	Bonus/ZB (in %)
*WS*14	651	448	408	68,82	62,67	91,07	96,08	51,23
*WS*15	605	434	408	71,74	67,44	94,01	97,55	87,75

bezüglich des IAP (vgl. Abschn. 5.2 sowie Abschn. 6.6) hin, der zum *WS*11 eingeführt wurde. Mit der Einführung des entsprechenden Buchs im *WS*13 verbessert sich die Bewertung erneut leicht.

Tutorientyp. Die Unterscheidung des Tutorientyps bezieht sich vor allem auf den verstärkten Einsatz der Interaktivität. Aus diesem Grund wird die Bewertung der unterschiedlichen Tutorientypen unter dem Punkt „Interaktion“ durchgeführt.

Bonuskonzept. Das Bonuskonzept umfasst die Bonusklausur und seit dem *WS*14 auch den Zusatzbonus. Abschn. 4.3.6 zeigte für die Bonusklausur bereits eine hohe Teilnehmerzahl von ca. 77 % bis 88 % über die Vergleichssemester. Die Auswirkungen des Bonuskonzepts auf die Klausurteilnahme sowie die Teilnehmerquote unter der Bedingung der Anmeldezahlen wird im Abschnitt „Lernzuwachs“ untersucht. Die folgenden Ausführungen beschränken sich auf die Beurteilung sowie Akzeptanz des Zusatzbonus seit dem *WS*14.

Die erste Bedingung zum Erreichen des Zusatzbonus ist die Übernahme einer interaktiven Aufgabe in den Tutorien. Tab. 6.14 gibt die absolute sowie relative Anzahl aller Studierenden an, welche in den *WS*14 und *WS*15 eine interaktive Aufgabe vorgestellt haben. Demnach haben im *WS*14 69% und im *WS*15 72% der für die Tutorien

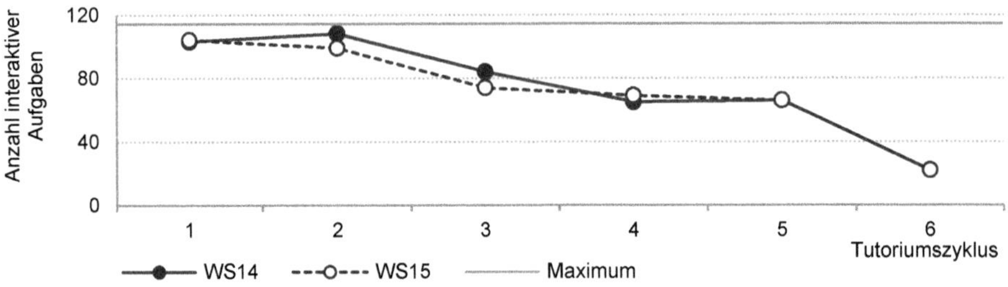

Abb. 6.34. Anzahl vorgestellter interaktiver Aufgaben pro Tutoriumszyklus. Die Verteilung der vorgestellten interaktiven Aufgaben ist sowohl für das *WS*14 als auch für das *WS*15 dargestellt. Die maximale Anzahl möglicher interaktiver Aufgaben pro Tutoriumszyklus ist durch „Maximum" gekennzeichnet.

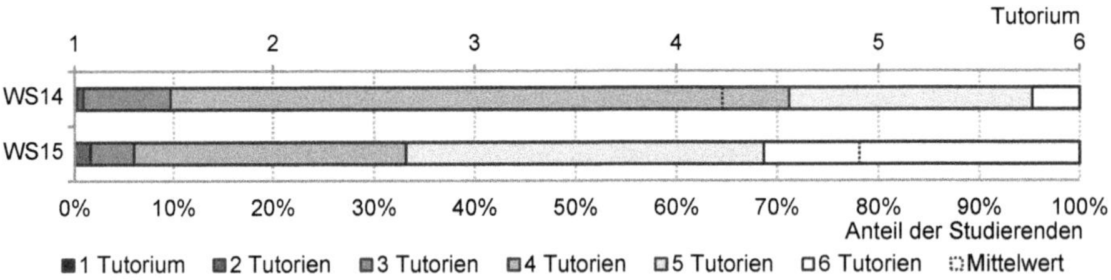

Abb. 6.35. Anzahl Tutoriumsbesuche der Teilnehmer an der interaktiven Aufgabe. Die Balken beschreiben den prozentualen Anteil der Studierenden, welche die Tutorien ein- bis sechsmal besucht haben.

angemeldeten eine interaktive Aufgabe vorgestellt. Abb. 6.34 zeigt die zeitliche Verteilung der interaktiven Aufgaben des Zusatzbonus. Es fällt auf, dass diese in den *WS*14 und *WS*15 fast identisch verteilt sind. Während des ersten und zweiten Tutoriumszyklus werden von den verfügbaren 114 interaktiven Aufgaben (Maximum) fast alle vorgestellt. Danach nimmt die Anzahl sukzessive ab. Offensichtlich haben im sechsten Tutorium fast alle Studierenden, die Interesse am Zusatzbonus haben, bereits eine Aufgabe vorgestellt.

Die zweite Bedingung für den Erhalt des Zusatzbonus ist der viermalige Besuch des entsprechenden Tutoriums. Dieses Kriterium ist in Abb. 6.35 abgebildet. Der Berechnung der Besuchszahlen liegen lediglich die Daten der Teilnehmer des Zusatzbonus zugrunde (vgl. Tab. 6.14, 448 im *WS*14, 434 im *WS*15). 90% der Teilnehmer am Zusatzbonus besuchen mindestens vier Tutorien. Im *WS*14 besuchen allerdings weniger als 30% mehr als vier Tutorien, im *WS*15 mehr als 60%. So ergibt sich für das *WS*14 ein Mittelwert von 4,2 Tutorien pro Studierendem, im *WS*15 ein von 4,9.

Gemäß Tab. 6.14 haben sowohl im *WS*14 als auch im *WS*15 mehr als 90% der Studierenden, die die interaktive Aufgabe vorgestellt haben, auch den Zusatzbonus erreicht. Fast alle Studierenden mit Zusatzbonus haben auch an der Bonusklausur teilgenommen (*WS*14 96% bzw. *WS*15 98%). Jedoch haben von diesen im *WS*14 nur 51%

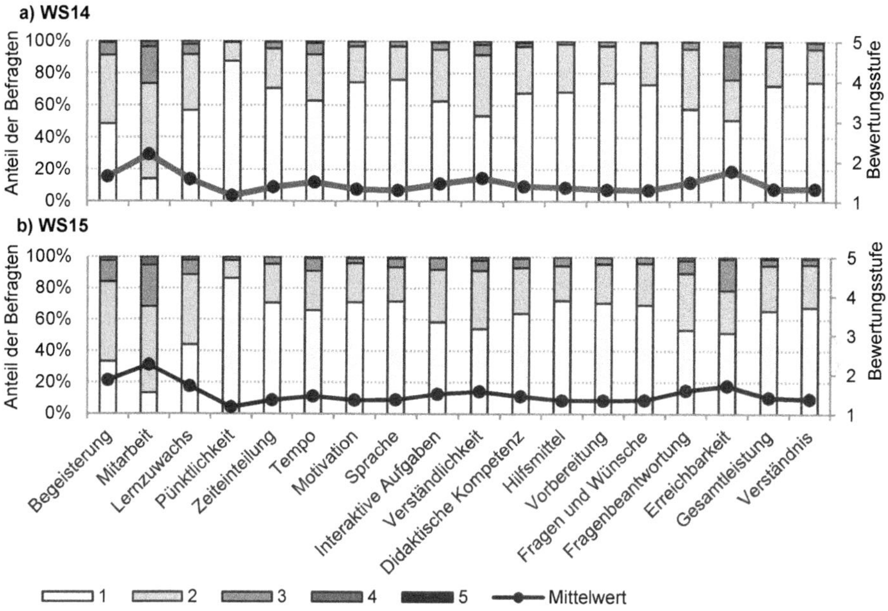

Abb. 6.36. Gesamtergebnisse der Tutorienbefragung. Die Ergebnisse beziehen sich auf die Gesamtmenge der Fragebögen aller Tutorien bezogen auf das *WS*14 bzw. *WS*15. Das Balkendiagramm stellt den prozentualen Anteil der einzelnen Antwortmöglichkeiten dar wohingegen das Liniendiagramm den Mittelwert der Fragen 1.1 bis 3.2 bezogen auf die Sekundärachse aufzeigt (vgl. Anh. A.3).

und im *WS*15 88 % den Bonus erreicht. Der Einfluss des Zusatzbonus wird demnach einerseits über die „Interaktion“ in den Tutorien und andererseits über den „Lernerfolg“ gemessen.

Gesamtbewertung. Die Qualität der Tutorien wird über einen Vergleich der Einzelbewertungen sowie der Gesamtleistung der Tutorinnen und Tutoren analysiert. Abb. 6.36 zeigt die entsprechenden Ergebnisse der Tutoriumsbefragung (vgl. Anh. A.3). Trotz der unterschiedlichen Tutorinnen und Tutoren in den beiden Semestern ähneln sich die Werte der einzelnen Kriterien sehr. Der Unterschied in der Bewertung ist lediglich in 5 der 18 Kategorien in mindestens einer Antwortmöglichkeit größer als 5 %. Bei der Antwortmöglichkeit „trifft voll zu“ haben vom *WS*14 zum *WS*15 die Kategorien „Begeisterung“ 15 Prozentpunkte verloren, der Lernzuwachs 13 Prozentpunkte, die Gesamtleistung 7 Prozentpunkte und das Verständnis ebenfalls 7 Prozentpunkte. Die Kategorie „Hilfsmittel“ erzielte einen Gewinn von 4 Prozentpunkten im *WS*15 und einen Verlust von 8 bezüglich der Bewertungsstufe „trifft zu“. Mit Ausnahme des Bewertungskriteriums „Begeisterung“ ist der Mittelwert in beiden Semestern besser als die zweite Bewertungsstufe. Dies zeigt eine gute bis sehr gute Qualität der Tutorien, die im *WS*14 und *WS*15 stabil geblieben ist.

Tab. 6.15. Besucheranteil in Abhängigkeit des Tutorientyps. Die durchschnittlichen Besucherzahlen pro Zyklus beziehen sich auf alle Tutorien. Der Anteil dieser an den klassischen sowie interaktiven Tutorien – ab den *WS*14 mit Bonus (m. B.) – ist in Zeile zwei und drei enthalten (in %).

	*WS*09	*WS*10	*WS*11	*WS*12	*WS*13	*WS*14	*WS*15
ø-Besucherzahlen/Zyklus	n. a.	n. a.	75,23	66,93	73,68	71,56	72,42
klassisch	n. a.	n. a.	77,84	79,65	71,78	0,00	0,00
interaktiv (ab *WS*14 m. B.)	n. a.	n. a.	22,16	20,35	28,22	100,00	100,00

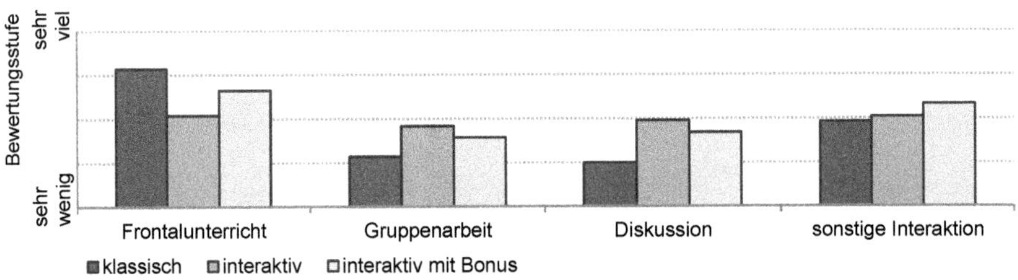

Abb. 6.37. Mittelwert verschiedener Gestaltungselemente in den Tutorien. Der Mittelwert ist auf Basis der 5-stufigen Bewertungsskala angegeben für die Elemente „Frontalunterricht", „Gruppenarbeit", „Diskussion" und „sonstige Interaktion" und basiert auf den Ergebnissen der Tutorenevaluation (vgl. Anh. A.6, Fragen 3 und 7).

6.3.5 Interaktion (Qualitätskriterium 5)

Die Tutorienart wurde im *WS*09 bis zum *WS*13 in „klassisch" und „interaktiv" unterschieden und ab dem *WS*14 nur noch als „interaktiv mit Bonus" angeboten (vgl. Abschn. 4.3.1). Durch die Erweiterung des klassischen Konzepts mit interaktiven Tutorien sollte den Studierenden die Möglichkeit geboten werden, sich verstärkt in den Tutorien zu beteiligen. Die Anmelde- (vgl. Tab. 4.4) sowie die Besucherzahlen (vgl. Tab. 4.5) der verschiedenen Tutorientypen wurden bereits in Abschn. 4.3.1 ausführlich diskutiert. Es hat sich gezeigt, dass die Anmeldedaten der interaktiven Tutorien pro Tutorium ab dem *WS*10 deutlich unter denen der klassischen liegen und sukzessive weiter abnehmen; die Fehlquote der interaktiven übersteigt die der klassischen um mindestens 19 % mit leicht fallender Tendenz. So ergeben sich der in Tab. 6.15 dargestellte durchschnittliche prozentuale Anteil aller Besucher an der Gesamtzahl angemeldeter Studierender sowie die prozentuale Verteilung dieser Besucher auf die interaktiven und die klassischen Tutorien. Die Tutorien ab dem *WS*14 stellen interaktive Tutorien mit Bonus dar. Der Bonus soll u. a. als Anreizsystem fungieren, um die Studierenden anzuhalten, das ihnen zugeteilte Tutorium zu besuchen (vgl. Abschn. 6.3.3).

Abb. 6.37 veranschaulicht den Einsatz der interaktiven Elemente „Frontalunterricht", „Gruppenarbeit", „Diskussion" und „sonstige Interaktion" der *WS*09 bis *WS*15 (vgl. Anh. A.6, Fragen 3 und 7) in Abhängigkeit der Tutorienart auf Basis der Tutorenevaluation (vgl. Anh. A.6, Fragen 3 und 7). Die Ergebnisse zeigen die charakteris-

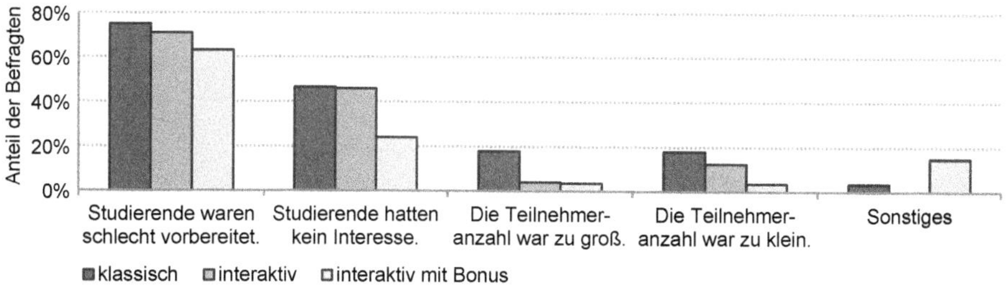

Abb. 6.38. Gründe für das Fehlen von Gruppenarbeit. Die Prozentangaben beziehen sich hierbei auf die Gesamtanzahl der Tutorien der jeweiligen Kategorie. Die Balken zeigen die prozentuale Zustimmung der Gründe für das Fehlen von Gruppenarbeit pro Tutorientyp (vgl. Anh. A.6, Fragen 4 und 8).

tischen Eigenschaften der jeweiligen Tutorienart; klassische Tutorien sind demnach überwiegend von Frontalunterricht geprägt mit wenig Gruppenarbeit und Diskussion, wohingegen die interaktiven Tutorien mehr Gruppenarbeit und Diskussion beinhalten. Die interaktiven Tutorien mit Bonus erreichen bei den ersten drei Gestaltungselementen einen Wert zwischen dem der interaktiven und dem der klassischen Tutorien. Der Aspekt „sonstige Interaktion" ist in allen Tutorientypen durchschnittlich vertreten, mit einer leichten Überlegenheit der interaktiven Tutorien mit Bonus.

Im Vergleich hierzu kennzeichnet Abb. 6.38 die Gründe, warum Gruppenarbeit in einzelnen Tutorien nur bedingt möglich war, aufgesplittet nach Tutorientyp. Sowohl die schlechte Vorbereitung als auch das Desinteresse der Studierenden werden für die Tutorienart „klassisch" sowie „interaktiv" annähernd auf gleichem Niveau beurteilt. Im Gegensatz hierzu wurden diese zwei Merkmale durch die Tutorinnen und Tutoren der Tutorien „interaktiv mit Bonus" deutlich besser beurteilt. Auch die Teilnehmerzahl wird in den interaktiven Tutorien mit Bonus sehr positiv bewertet. Dies lässt die Vermutung aufkommen, dass die niedrigen Teilnehmerzahlen der interaktiven Tutorien dadurch zustande kommen, dass die Studierenden die Möglichkeit scheuen, sich interaktiv zu beteiligen unter anderem auch, weil sie schlecht vorbereitet und ohne Vorwissen die Tutorien besuchen.

Diese Tendenz zeigt sich ebenfalls bei der Bereitschaft der Studierenden, sich aktiv an dem Tutorium durch das Vorstellen einer Aufgabe zu beteiligen (vgl. Abb. 6.39). Während in den klassischen Tutorien keine oder lediglich bis maximal drei Aufgaben in den sechs Tutoriumsterminen vorgestellt wurden, sind das bei den interaktiven mit bis maximal 15 deutlich mehr. Bei den interaktiven Tutorien mit Bonus werden in mehr als 70 % der Tutorien mindestens 10 Aufgaben von den Studierenden vorgestellt, was erneut durch den Anreiz „Zusatzbonus" zu begründen ist.

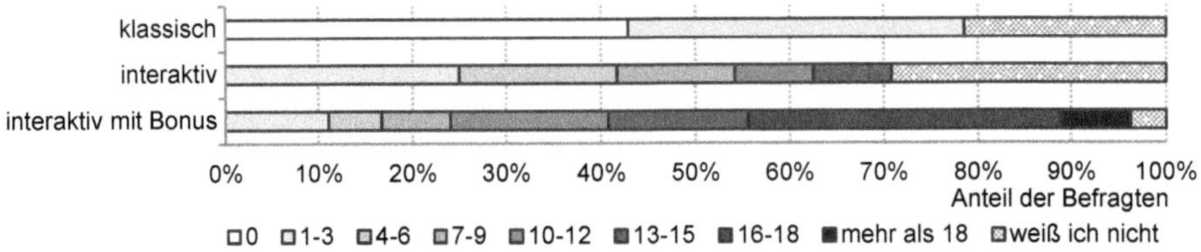

Abb. 6.39. Vorstellung von Aufgaben während des Tutoriums. Die Auswertung zur Fragestellung „In 6 Tutoriumsterminen [...], wie viele Aufgaben wurden von den Studierenden insgesamt vorgestellt?" (vgl. Anh. A.6, Fragen 512 und 9) zeigt deutlich den Unterschied zwischen den verschiedenen Tutorienarten bei der aktiven Beteiligung der Studierenden.

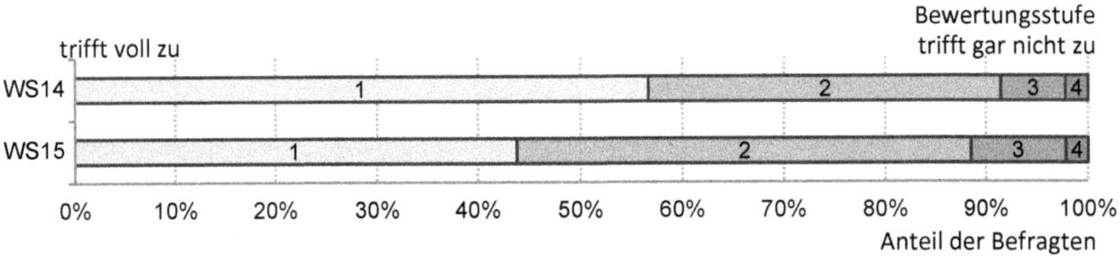

Abb. 6.40. Lernzuwachs durch die Tutorien. Die Auswertung des Lernzuwachses basiert auf der Fragestellung „In dieser Lehrveranstaltung lerne ich viel" der Tutoriumsevaluation (vgl. Anh. A.3, Frage 1.3) der *WS*14 und *WS*15. Die zwei Balken sind durch die entsprechende Stufe der Bewertungsskala gekennzeichnet. Der Maximalwert von 5 ist nie aufgetreten.

6.3.6 Struktur der Lehrinhalte (Qualitätskriterium 6)

Die Struktur der Lehrinhalte entspricht in ihren Grobzügen dem Aufbau der Struktur der Lehrinhalte der Vorlesung (vgl. Abschn. 6.2.6). Eine tiefer greifende Auswertung durch das Meinungsbild der Tutorien aus der Übungsevaluation (vgl. Anh. A.2, Frage 1.9) in Bezug auf die Tutorien ist aufgrund der Abhängigkeit der Fragestellung an einer Lehrveranstaltung nicht möglich.

6.3.7 Lernerfolg (Qualitätskriterium 7)

Der Lernerfolg der Tutorien wird anhand des „Lernzuwachses", der „Klausurteilnahme" sowie des „Klausurerfolgs" untersucht.

Lernzuwachs. Abb. 6.40 zeigt das Ergebnis der Frage zum Lernzuwachs in der Tutorienevaluation (vgl. Anh. A.3, Frage 1.3). Demnach sind im *WS*14 etwas mehr und im *WS*15 etwas weniger als 80 % der Studierenden der Meinung, dass die Aussage „In dieser Lehrveranstaltung lerne ich viel" zutrifft. Da die Tutoriumsevaluation erst seit dem *WS*14 durchgeführt wurde, ist eine vergleichbare Auswertung der vorherigen Semester nicht möglich.

Tab. 6.16. Aufschlüsselung der Klausurteilnehmer. Die Tabelle beschreibt den prozentualen Anteil der Studierenden, die an der Bonus-(BK), Haupt-(HK) oder Nachklausur (NK) teilgenommen haben unter der Bedingung, dass diese sich für den Tutoriumsbetrieb (Tut) des entsprechenden Semesters angemeldet haben.

	BK/Tut-Anmeldung (in %)	HK/Tut-Anmeldung (in %)	NK/Tut-Anmeldung (in %)
*WS*09	95,20	93,03	81,82
*WS*10	97,10	94,07	69,57
*WS*11	87,79	85,69	69,77
*WS*12	88,36	81,91	50,94
*WS*13	94,59	87,96	62,79
*WS*14	98,08	93,23	76,58
*WS*15	99,78	93,85	82,08

Klausurteilnahme. Tab. 6.16 analysiert die Zusammensetzung der Klausurteilnehmer insbesondere unter der Bedingung der Tutorienanmeldung. Im *WS*09 und im *WS*10 waren mehr als 95 % der Bonusklausurteilnehmer auch für die Tutorien angemeldet. Zum *WS*11 nimmt dieser Wert um fast 10 % ab. Zum *WS*13 steigt er wieder an, um im *WS*14 und *WS*15 fast 100 % zu erreichen. Der Grund für dieses Verhalten der Studierenden kann darin liegen, dass einige der Studierenden in den *WS*11 und *WS*12 die Tutorien nicht besuchen. Das Angebot des Zusatzbonus liefert den Studierenden offensichtlich den Anreiz, sich auch für die Tutorien anzumelden.

Ein vergleichbares Bild liefern die Teilnehmerquoten an der Hauptklausur unter der Bedingung der Tutorienanmeldung, allerdings sind die Werte leicht niedriger. Dies lässt sich dadurch erklären, dass einige der Klausurteilnehmer aus vorherigen Semestern stammen. Dabei kann es sich entweder um Klausurwiederholer oder um sogenannte Klausurschieber handeln, also Studierende, welche die Abschlussklausur erst in einem späteren Semester schreiben. Zudem kann davon ausgegangen werden, dass einige Studierende an der Hauptklausur teilnehmen, ohne sich für die Tutorien angemeldet zu haben. Die Analyse der Nachklausur weist denselben Trend auf, allerdings fällt der Einfluss der Klausurwiederholer, -schieber oder unangemeldeter Studierender deutlich höher aus. Aus welchem Grund die Studierenden die Abschlussklausuren schieben oder sich nicht für die Tutorien anmelden, kann hier nicht abschließend beantwortet werden.

Tab. 6.17 zeigt das Verhalten aller Tutoriumsteilnehmer im Hinblick auf das Angebot des Zusatzbonus sowie der Abschlussklausuren. Zur besseren Übersicht sind in Spalte zwei die Anmeldezahlen der Tutorien angegeben. Die Möglichkeit des Zusatzbonus haben im *WS*14 und *WS*15 etwa 70% der Tutoriumsteilnehmer genutzt. Im Zusammenhang mit dem Zusatzbonus steigt die Bestehensquote der Bonusklausur in den *WS*14 und *WS*15. Interessanterweise ist die Teilnehmerquote der Tutoriumsteilnehmer an der Bonusklausur über alle Semester mit circa 70 % relativ konstant. Überraschend ist auch die Tatsache, dass der prozentuale Anteil der Tutoriumsteil-

Tab. 6.17. Verhalten der Tutoriumsteilnehmer bezüglich Bonus- und Hauptklausur. Spalte fünf bis zehn geben den prozentualen Anteil Tutoriumsteilnehmer (Tut-Teilnehmer) unter der Bedingung (u.Bdg.) Bonus-(BK) bzw. Hauptklausur-(HK)Teilnehmer, Bonuserhalter oder HK-Bestehenden an. Die Angaben in Spalte zwei bis zehn sind Prozentangaben.

	Anmelde-zahlen Tut	Teilnehmerzahlen Zusatzbonus (in %)	Bestehens-quote BK der Tut-Teilnehmer (in %)	%-Anteil Tut-Teilnehmer u.Bdg. BK	%-Anteil Tut-Teilnehmer u.Bdg. HK	%-Anteil Tut-Teilnehmer u.Bdg. BK sowie HK	%-Anteil Tut-sowie BK-Teilnehmer u.Bdg. HK	%-Anteil Tut-Teilnehmer sowie Bonuserhalter u.Bdg. HK	%-Anteil Tut-Teilnehmer sowie Bonuserhalter u.Bdg. HK-Bestehenden
*WS*09	498	–	32,77	71,69	75,10	64,06	89,36	95,90	95,08
*WS*10	523	–	44,17	70,55	72,85	64,24	91,06	98,79	95,15
*WS*11	573	–	25,37	71,55	77,31	65,45	91,46	95,41	95,41
*WS*12	577	–	29,93	71,23	80,24	68,46	96,11	100,00	100,00
*WS*13	518	–	51,51	64,09	73,36	60,04	93,67	98,28	96,55
*WS*14	651	68,82	68,48	70,66	65,59	57,45	81,30	86,30	78,63
*WS*15	605	71,74	71,46	73,55	65,62	59,34	80,67	85,71	79,78

nehmer unter der Bedingung Hauptklausur durch die Einführung des Zusatzbonus fällt, anstatt zu steigen. Dies könnte daran liegen, dass die Studierenden die Klausur im Vergleich zu den Jahren zuvor schwerer einschätzen oder den eigenen Wissensstand besser (d. h. also geringer) einschätzen können. Der prozentuale Anteil Tutoriumsteilnehmer unter der Bedingung Bonus- sowie Hauptklausur fällt ebenfalls leicht, allerdings bereits mit dem *WS*13. Der Grund für den Abfall im *WS*13 kann durch den im Vergleich zu den anderen Semestern geringeren Prozentsatz Tutoriumsteilnehmer an der Bonusklausur erklärt werden. Ein ähnliches Bild zeigt sich auch für den Anteil Tutoriumsteilnehmer unter der Bedingung Bonusklausur sowie Hauptklausur. Der Anteil Studierender, die sich sowohl für die Tutorien angemeldet also auch an der Bonusklausur teilgenommen haben, unter der Bedingung der Hauptklausur beträgt vom *WS*09 bis *WS*13 um die 90%. Dies bedeutet, dass fast alle, die sich sowohl für die Tutorien angemeldet als auch an der Bonusklausur teilgenommen haben, letztendlich an der Hauptklausur teilnehmen. Dieser Prozentsatz nimmt durch die Einführung des Zusatzbonus ab. Da durch die Einführung des Zusatzbonus ab dem *WS*14 die Beteiligung an der Bonusklausur auf annähernd 100% steigt (vgl. Tab. 6.16), zeigt sich, dass der Zusatzbonus die Studierenden zwar animiert, an der Bonusklausur teilzunehmen, aber nicht, daraufhin auch die Hauptklausur zu belegen. Der Rückgang ist auch bei dem prozentualen Anteil Tutoriumsteilnehmer sowie Bonuserhalter unter der Bedingung Hauptklausur bzw. Hauptklausur-Bestehende zu beobachten. Aufgrund der Tatsache, dass durch den Zusatzbonus mehr Studierende, d. h. vor allem auch schwächere Studierende, den Bonus erhalten können, ist dieser Rückgang allerdings nicht über-

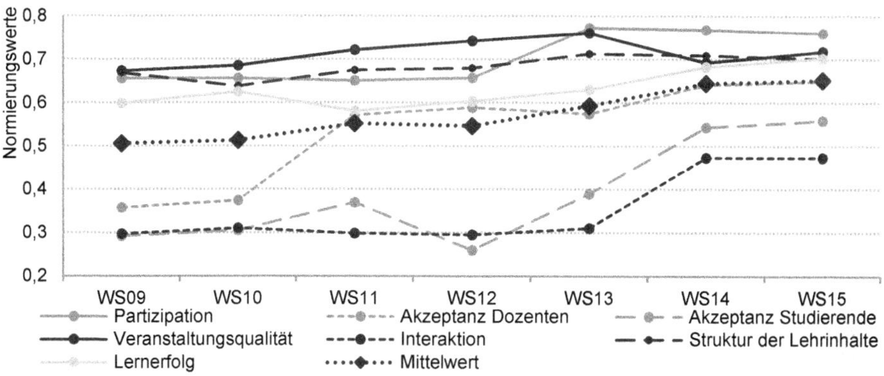

Abb. 6.41. Evaluation der Einzelkomponenten Tutorium. Die Analyse der Präsenzveranstaltung Tutorium ist anhand der ausgewählten Qualitätskriterien „Partizipation", „Akzeptanz Dozenten", „Akzeptanz Studierende", „Veranstaltungsqualität", „Interaktion", „Struktur der Lehrinhalte" sowie „Lernerfolg" dargestellt. Diese zeigen eine positive Qualitätsentwicklung. Die Normierungsskala ist auf den Bereich [0,2; 0,8] beschränkt.

raschend. Weitere Einflussfaktoren wie beispielsweise die Einführung des IAP sind nicht erkennbar, da sich die Semester *WS*09 bis *WS*13 sehr ähnlich verhalten.

Klausurerfolg. Die Frage, ob Tutoriumsteilnehmer in der Abschlussklausur besser abschneiden als andere, wird in Abschn. 6.8 untersucht. Zudem soll der Einfluss der Tutorienart auf die Klausurergebnisse gemessen werden. Eine Auswertung dieses Aspektes ist allerdings aufgrund ständig wechselnder Studierender in den *WS*09 bis *WS*13 nicht möglich gewesen (vgl. Abschn. 6.8.4).

6.3.8 Zwischenevaluation

Die Einzelkomponente „Tutorium" wird gemäß der Beschreibungen in Abschn. 6.2.8 und auf Grundlage des in Abschn. 3.3 erläuterten Bewertungssystems analysiert. Die sich ergebenden Bewertungsvektoren z_i, $i \in \{1, \ldots, k\}$ der k Qualitätskriterien sind in Abb. 6.41 dargestellt. Der aus den Qualitätskriterien berechnete Mittelwert ist ebenfalls als Liniendiagramm abgebildet. Die in die Bewertungsvektoren einfließenden Daten sind im Folgenden kurz zusammengefasst, bevor ein Resümee der Zwischenevaluation gegeben wird.

Partizipation. In die Bewertung der Partizipation fließen die Anwesenheitsquote des ersten Tutoriums und der prozentuale Schwund der Studierenden bis zum fünften sowie bis zum sechsten Tutorium ein (vgl. Abb. 6.19, Tab. 6.9). Als weiteres Kriterium wird der prozentuale Anteil der angemeldeten Studierenden an den anwesenden Studierenden über alle sechs Tutoriumszyklen betrachtet. Da die Daten ab dem *WS*13 starke Veränderungen zu den vorherigen Semestern zeigen, werden die fehlenden Werte der *WS*09 und *WS*10 aus dem Mittelwert der angrenzenden Semester *WS*11 und *WS*12 berechnet. Da für die anwesenden Studierenden des *WS*13 lediglich eine Obergrenze vorhanden ist, wird dieser Wert für die Auswertung durch den Mittelwert der *WS*11 und *WS*12 ersetzt. Die Teilnehmerzahlen an der Fragewoche fließen ebenfalls in die Evaluation ein (vgl. Tab. 6.10). Da der Wert des *WS*09 nicht verfügbar und für die *WS*10 und *WS*11 die vorliegende Datengrundlage nicht aussagekräftig ist, werden diese Werte durch den Mittelwert der verbleibenden Semester ersetzt. Da allerdings die Fragewoche nur ein Siebtel des Tutoriumszyklus ausmacht, wird durch diesen Gewichtungsfaktor ein Mittelwert mit dem Vektor zur Partizipation an den Tutorien gebildet, so dass sich $z_1 = (0{,}66; 0{,}66; 0{,}65; 0{,}66; 0{,}77; 0{,}77; 0{,}76)$ ergibt mit $z_1^{Tutorium} = (0{,}65; 0{,}65; 0{,}64; 0{,}66; 0{,}73; 0{,}80; 0{,}80)$ und $z_1^{Fragewoche} = (0{,}69; 0{,}69; 0{,}69; 0{,}66; 1{,}00; 0{,}57; 0{,}53)$ (vgl. Abb. 6.41). Die Partizipation zeigt folglich einen sprunghaften Anstieg zum *WS*13.

Akzeptanz Dozenten. Die Akzeptanz durch den Dozenten ermittelt sich aus der Gruppe „Übungsleiterinnen und Übungsleiter“ sowie „Tutorinnen und Tutoren“. Zur Bewertung des Übungsteams wird die absolute Anzahl der fakultativen Lernangebote gemessen sowie die Summe aus der Anzahl an Anpassungen und Neueinführungen (vgl. Abb. 6.21). Aufgrund fehlender Daten der Tutorenbewertung neben den *WS*14 und *WS*15 fließt in die Akzeptanzbeurteilung lediglich der Durchschnittswert der Übungsevaluation bezogen auf den Dozenten ein (vgl. Abb. 6.20). Der fehlende Wert des *WS*15 wird durch eine Mittelwertbildung der übrigen Werte ersetzt. Insgesamt ergibt sich $z_2 = (0{,}36; 0{,}37; 0{,}57; 0{,}59; 0{,}57; 0{,}64; 0{,}65)$. Abb. 6.41 zeigt den starken Anstieg der Akzeptanz durch den Dozenten zum *WS*11, dem Semester der Einführung des IAP, um 0,2 Skalenpunkte.

Akzeptanz Studierende. Die Akzeptanz der Studierenden wird anhand des Mittelwerts über den Kriterien „Gründe“, „Auslastung“, „Studierendenengagement“ sowie „Zeitinvestition“ gemessen. Wie bereits bei der Einzelkomponente „Vorlesung“ wird die Bewertung der Gründe als positiv gesehen, wenn Studierende neben dem Pflichtbesuch auch andere Gründe für den Besuch der Vorlesung angeben (vgl. Tab. 6.12). Aufgrund der anhaltenden Tendenzentwicklung werden für die fehlenden Randwerte die der angrenzenden Semester verwendet. Die Auslastung der einzelnen Tutorien wird evaluiert über die Spreizung zwischen dem Tutorium mit der maximalen sowie der minimalen Auslastung (vgl. Abb. 6.24). Da durch die Anpassung des Bonuskonzepts zum *WS*14 das Anreizsystem überarbeitet wurde, werden die fehlenden Datensätze der *WS*09 und *WS*10 durch den Mittelwert der *WS*11 bis *WS*13 berechnet. Das Studierendenengagement fließt durch den Mittelwert der in Abb. 6.27 aufgeführten Evaluationspunkte ein; da keine Tendenz erkennbar ist, wird der fehlende Wert des *WS*15 durch den Mittelwert aller Semester angenommen. Die Bewertung der Zeitinvestition basiert auf Abb. 6.28 und berechnet sich anhand der durchschnittlichen Zeitinvestition eines Studierenden; es werden die Klassenmittelwerte zur Mittelwertbildung zugrunde gelegt. Aufgrund der positiven Tendenz wird der fehlende Randwert durch den des *WS*14 ersetzt. Daraus ergibt sich $z_3 = (0{,}29; 0{,}31; 0{,}37; 0{,}26; 0{,}39; 0{,}54; 0{,}56)$ (vgl. Abb. 6.41). Nach einem Anstieg zum *WS*11 ist die Akzeptanz durch die Studierenden zum *WS*12 stark gefallen, um sich dann bis zum *WS*15 um 0,3 Skalenpunkte zu verbessern.

Veranstaltungsqualität. In die Veranstaltungsqualität fließen die Merkmale „Multiple-Choice-Relax-Aufgaben" sowie die „Übungsmaterialien" ein. Die MCRA ergeben sich aus dem Mittelwert der in Abb. 6.29 beschriebenen Datensätze „Lernprozess" sowie „Auflockerung". Der Datensatz des *WS*11, in dem die MCRA bereits eingesetzt wurden, wird über die vorhandenen Semester gemittelt. Da die Datenlage der Tutorenevaluation keine semesterbezogene Auswertung ermöglicht, können diese bei der Bewertung nicht berücksichtigt werden. Zur Bewertung der Übungsmaterialien werden die Ergebnisse der Übungsevaluation zu den Arbeitsmaterialien allgemein herangezogen (vgl. Abb. 6.33). Der Randwert des *WS*15 ergibt sich aufgrund der Tendenzentwicklung und des leichten Anstiegs im *WS*14 aus den zwei angrenzenden Werten. z_4 errechnet sich zu $z_4 = (0{,}67; 0{,}69; 0{,}72; 0{,}74; 0{,}76; 0{,}69; 0{,}72)$. Abb. 6.41 zeigt die Zunahme der Veranstaltungsqualität zum *WS*13 und eine darauffolgende Abnahme um 0,07 Skalenpunkte.

Interaktion. Da die Interaktion aufgrund der Datenlage (vgl. Abb. 6.18) lediglich unter der Bedingung der Tutorienart erfolgte und nicht nach Semester, werden die prozentualen Besucherzahlen der interaktiven (mit Bonus) sowie der klassischen Tutorien zur Aufsplittung nach Semester zugrunde gelegt (vgl. Tab. 6.15). Dadurch wird zwar der Grad der Interaktion innerhalb des gleichen Tutoriumstyps identisch bewertet, allerdings werden die Besucherzahlen der Tutorien pro Semester eingerechnet. Die fehlenden Daten der *WS*09 und *WS*10 werden unter Beachtung der gleichen Anzahl angemeldeter Studierender pro Tutoriumstyp (vgl. Tab. 4.4) gemittelt (vgl. Abb. 6.41). In die Bewertung fließen die Kriterien „Frontalunterricht", „Gruppenarbeit", „Diskussion", „sonstige Interaktion" (vgl. Abb. 6.37) sowie die Anzahl der interaktiven Aufgaben (vgl. Abb. 6.39) ein. Somit ergibt sich $z_5 = (0{,}30; 0{,}31; 0{,}30; 0{,}30; 0{,}31; 0{,}47; 0{,}47)$. Abb. 6.41 zeigt einen sprunghaften Anstieg der Interaktion im *WS*14.

Struktur der Lehrinhalte. Da die Struktur der Lehrinhalte im Allgemeinen der der Vorlesung entspricht, fließt der entsprechende Bewertungsvektor dieses Qualitätskriteriums der Vorlesung auch in die Bewertung der Tutorien ein, so dass $z_6 = (0{,}67; 0{,}64; 0{,}67; 0{,}68; 0{,}71; 0{,}71; 0{,}70)$ gilt.

Lernerfolg. In den Lernerfolg fließen die Teilnehmerquoten der Bonus- und Hauptklausur aller Tutoriumsteilnehmer sowie die Bestehensquote der Bonusklausur derselbigen Gruppe ein (vgl. Tab. 6.17). Aus diesen Merkmalen berechnet sich der in Abb. 6.41 dargestellte Vektor z_7 zu $z_7 = (0{,}60; 0{,}62; 0{,}58; 0{,}60; 0{,}63; 0{,}68; 0{,}70)$, der auf eine Zunahme des Lernerfolgs bis zum *WS*15 hindeutet.

Resümee. Alle Qualitätskriterien erreichen im *WS*15 ein höheres Qualitätsniveau als im *WS*09. Allerdings zeigt insbesondere die Akzeptanz durch die Studierenden durch die Nicht-Einhaltung der Tutoriumsanmeldungen den schlechtesten Wert im *WS*12. Dieser steigt im darauffolgenden Semester wieder an, um sich im *WS*14 nochmal durch die Anpassung des Bonuskonzepts um mehr als 0,1 Skalenpunkte zu verbessern. Die Partizipation erfährt zum *WS*13 aufgrund der hohen Teilnahme an der Fragewoche eine Zunahme und bleibt auf diesem Niveau durch die Einhaltung der Tutoriumsanmeldungen ab dem *WS*14. Die Akzeptanz durch den Dozenten steigt insbesondere durch die Einführung verschiedener Lernangebote ab dem *WS*11 stark an, so dass insgesamt eine Verbesserung um knapp 0,3 Skalenpunkte beobachtet werden kann. Die MCRA verschlechtern die Bewertung der Veranstaltungsqualität im *WS*14 und *WS*15; der Endwert liegt jedoch immer noch über dem Startwert des *WS*09. Die Einführung der interaktiven Tutorien mit Bonus erhöht den Grad der Interaktion seit dem *WS*14 deutlich um 0,16 Skalenpunkte. Die Bewertung der Struktur der Lehrinhalte entspricht der der Vorlesung. Der Lernerfolg fällt zum *WS*11 leicht ab. Insbesondere durch die interaktiven Tutorien mit Bonus kann der Lernerfolg aber zum *WS*14 deutlich angehoben werden. Insgesamt steigt die Qualität der Tutorien seit dem *WS*09 mit einem leichten Rückgang im *WS*12 kontinuierlich, so dass sie vom *WS*09 bis zum *WS*15 0,15 Skalenpunkte dazugewinnt. So ergibt sich die Gesamtbewertung des Tutoriums aus Abb. 6.41 mit dem Nutzenwert $1/7 \cdot \Sigma z_i = (0{,}51; 0{,}51; 0{,}55; 0{,}55; 0{,}59; 0{,}64; 0{,}65)$.

6.3.9 Zusammenfassung

Das Einhalten der Tutorienzuordnungen seitens der Studierenden stellte ein Hauptproblem bei der erfolgreichen Durchführung der Präsenzveranstaltung „Tutorium" dar. Weder die Verwendung von Anwesenheitslisten noch die Vereinheitlichung der Tutorienart konnte die Studierenden dazu bewegen, das ihnen zugewiesene Tutorium zu besuchen. Erst die Einführung des sogenannten Zusatzbonus, welcher den Studierenden den Erwerb des für die Abschlussklausur anrechenbaren Bonus erleichterte, erreichte das Ziel, die Anzahl unangemeldeter Studierender in den Tutorien deutlich zu reduzieren und dadurch eine vergleichbare Auslastung der Tutorien zu erzielen. Allerdings lässt auch durch die Einführung des Zusatzbonus die Anwesenheit der Studierenden in den Tutorien im Semesterverlauf sukzessive nach. Zudem wurde beobachtet, dass die Teilnehmerzahlen an der Fragewoche bis zum *WS*15 immer weiter abgenommen haben. Es bleibt zu beobachten, ob diese Form der Fragerunde durch den Einsatz der digitalen Werkzeuge wie den nuKIT-Tools oder dem IAP nicht überflüssig ist. Die Tutoriensprechstunden wurden in diesem Zusammenhang bereits abgeschafft. Der Zusatzbonus erzielt eine deutliche Zunahme an Interaktivität in den Tutorien.

Die Auswertungen zeigen zudem, dass das Engagement der Tutorin bzw. des Tutors Einfluss auf die Begeisterung der Studierenden hatte, das entsprechende Tutorium zu besuchen. Dennoch zeigt sich, dass der Besuch eines speziellen Tutoriums nicht statistisch signifikant für die erreichte Note in der Abschlussklausur war. Wie bereits bei der Vorlesungsevaluation erläutert, verschieben sich auch in der Übungsevaluation die Gründe zum Besuchen der Präsenzveranstaltung „Übung" von der Pflicht/Wahlpflicht zu stärkerem persönlichen Interesse sowie der Wiederholung und Vertiefung.

Durch das Angebot des zusätzlichen Übungsmaterials wie beispielsweise den IAP ergab sich zudem eine Verschiebung der Beteiligung von „innerhalb" der Lehrveranstaltung wie beispielsweise das konsequente Mitschreiben zu „außerhalb" wie etwa das Durcharbeiten von Skripten und Materialien. Allerdings wurden nicht alle angebotenen Übungsmaterialien von den verschiedenen Benutzergruppen gleich aufgenommen; so wurden die MCRA seitens der Tutoren zum Großteil als überhaupt nicht sinnvoll bewertet, wohingegen etwas mehr als die Mehrheit der Studierenden einen Beitrag zum Lernprozess sah.

Die Möglichkeit der Teilnahme an der Bonusklausur zum Erreichen eines Klausurbonus für die Abschlussklausur wurde vom Großteil der Studierenden wahrgenommen. Allerdings zeigt die Einführung des Zusatzbonus keine Auswirkungen auf die Teilnehmerquote an der Bonusklausur. Im Gegensatz hierzu fällt die Teilnehmerquote der Hauptklausur durch die Einführung des Zusatzbonus.

Insgesamt zeigt sich, dass die Studierenden den Anreiz „Klausurbonus" benötigen, um das ihnen zugewiesene Tutorium zu besuchen. Einer Abnahme der Besucherzahlen im Semesterverlauf konnte dieser trotzdem nicht entgegenwirken. Zudem ist die Akzeptanz einer solchen Übungsveranstaltung eng an die Angebote und Anreize gekoppelt. Durch die verschiedenen Angebote konnte dennoch eine Verbesserung der Qualität der Tutorien erzielt werden.

6.4 Teil II – Saalübung

Die Saalübung als weiterer Bestandteil des Übungskonzepts der Lehrveranstaltung GdI2 wird im Folgenden beispielhaft analysiert. Die Saalübungen werden seit *WS*11

Tab. 6.18. Teilnehmerzahlen der Saalübungen. Die Tabelle gibt eine Übersicht über die abgeschätzten Teilnehmerzahlen der Saalübungen *WS*11 bis *WS*15 in % sowie absolut in Klammern.

	***WS*11**	***WS*12**	***WS*13**	***WS*14**	***WS*15**
1. Saalübung	43,63 (250)	43,33 (250)	28,96 (150)	30,72 (200)	41,32 (250)
2. Saalübung	52,36 (300)	43,33 (250)	48,26 (250)	38,40 (250)	49,59 (300)

als vorlesungsbegleitende Veranstaltung (vgl. Abschn. 4.4) zweimal im Semester (vgl. Tab. 4.10) angeboten. Sie werden von dem GdI2-Übungsteam veranstaltet. Die zugrundeliegenden Qualitätskriterien sind dem in Abschn. 3.3.1 beschriebenem Kriterienkatalog zu entnehmen; die nachfolgende Nummerierung bezieht sich auf eben diesen Kriterienkatalog.

Die Evaluation basiert auf folgenden Datensätzen (vgl. auch Tab. 3.2):
- eLearning-Evaluation des *WS*13 (vgl. Evaluationsbogen in Anh. A.4),
- Vorlesungsevaluation (vgl. Evaluationsbogen in Anh. A.1) sowie
- Übungsevaluation (vgl. Evaluationsbogen in Anh. A.2).

Die Saalübung war im Rahmen der eLearning-Evaluation nur im Fragebogen des *WS*13 inkludiert (vgl. Anh. A.4, Frage 8.1 und 8.2). Der Grund für diese Vorgehensweise liegt darin, dass die Ergebnisse hauptsächlich positives Feedback enthielten und folglich im Zuge der Entschlackung des Evaluationsbogens sowie aufgrund der Ergänzung anderer noch nicht bewerteter Konzepte, wie beispielsweise des XWizards, ab dem *WS*14 wieder entfernt wurde.

6.4.1 Partizipation (Qualitätskriterium 1)

Die geschätzten[17] Teilnehmerzahlen der einzelnen Saalübungen sind in Tab. 6.18 dargestellt. Im Vergleich zu den Teilnehmerzahlen der Vorlesungen (vgl. Abschn. 6.1) wurden die Saalübungen mit ca. 40% bis 50% der Studierenden deutlich besser besucht. Geringere Besucherzahlen, wie beispielsweise zur ersten Saalübung im *WS*13 oder *WS*14 kamen durch nicht ausreichende Bekanntmachung des Termins zustande. Allerdings wurden die Saalübungen, im Gegensatz zur Vorlesung, aufgrund ihres interaktiven Charakters nicht als Aufzeichnung angeboten.

17 Aufgrund der großen Teilnehmerzahlen wurden diese abgeschätzt, d. h. dass die Anzahl Studierender in der Vorlesung selbst begutachtet und anhand dessen geschätzt wurde. Abweichungen zu den realen Teilnehmerzahlen nach oben oder unten sind möglich.

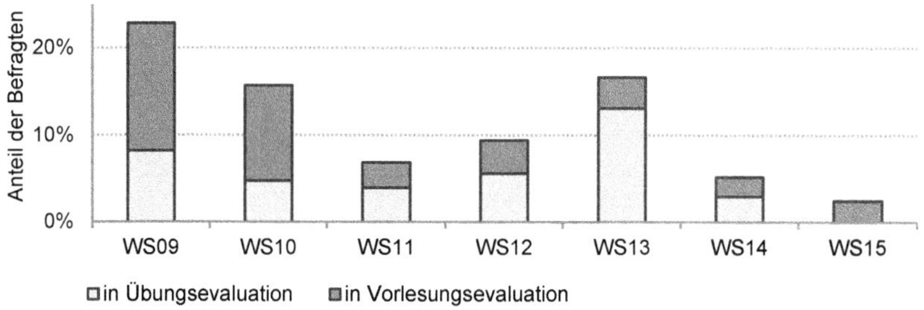

Abb. 6.42. Prozentualer Wunsch an weiteren Übungsmöglichkeiten. Im Rahmen der Übungs- bzw. Vorlesungsevaluationen äußerten die Studierenden bei den Freitextfragen den Wunsch nach weiteren Tutorien, Übungsaufgaben und Saalübungen (vgl. Anh. A.1, Anh. A.2, Freitextfragen).

6.4.2 Akzeptanz Dozenten (Qualitätskriterium 2)

Der Entstehungsprozess der Saalübung zeigt die hohe Motivation der Dozenten an der Ein- sowie Durchführung der Saalübung. Die Studierenden forderten sowohl in den durchgeführten Evaluationen als auch mündlich eine Steigerung der Frequenz der Tutorien. Abb. 6.42 zeigt, wie viel Prozent der an den jeweiligen Vorlesungs- bzw. Übungsevaluationen[18] teilnehmenden Studierenden „mehr Tutorien", „mehr Übungsaufgaben" oder „mehr Saalübungen" gefordert haben. Um diesem Wunsch gerecht zu werden, bietet das GdI2-Übungsteam seit dem *WS*11 zwei Saalübungen pro Semester an. Die Studierenden erhalten dadurch einerseits ein weiteres Übungsangebot; andererseits werden den Studierenden so die Vorteile einer Übung geboten (vgl. Vorteile einer Übung Abschn. 2.3.4). Im *WS*11 kann zumindest kurzfristig der Wunsch nach weiteren Übungs- und Tutorienmöglichkeiten erfüllt werden. Allerdings steigt dieser zum *WS*13 wieder an. Die Einführung des interaktiven Aufgabenpools im *WS*11 (vgl. Abschn. 5.2) kann ebenfalls als Grund der Abnahme des Wunsches an Übungsmaterial gesehen werden.

Eine weitere Tendenz zur Bewertung der Motivation der Übungsleitung kann anhand einzelner Kommentare aus den Freitextantworten zur Fragestellung „Folgendes könnte an der Saalübung verbessert werden" (vgl. Anh. A.4, Frage 8.2) gezogen werden. So zeigen positive Antworten der Studierenden auf diese negativ gestellte Frage wie beispielsweise „hohe Motivation der Übungsleiter", dass die Übungsleitung den Saalübungen gegenüber positiv gestimmt ist. Im Rahmen der Teilnahme an den Modulen zur Erreichung des Baden-Württemberg-Zertifikats [97] wurde die zweite Saalübung im *WS*12 hospitiert und hierbei besonders die Motivation der Dozenten durch den Hospitierenden gelobt.

Eine Beurteilung der Motivationsentwicklung im Hinblick auf die Zeitspanne der untersuchten Semester ist aufgrund fehlender Datensätze nicht möglich.

18 Im *WS*15 wurde keine Übungsevaluation durchgeführt.

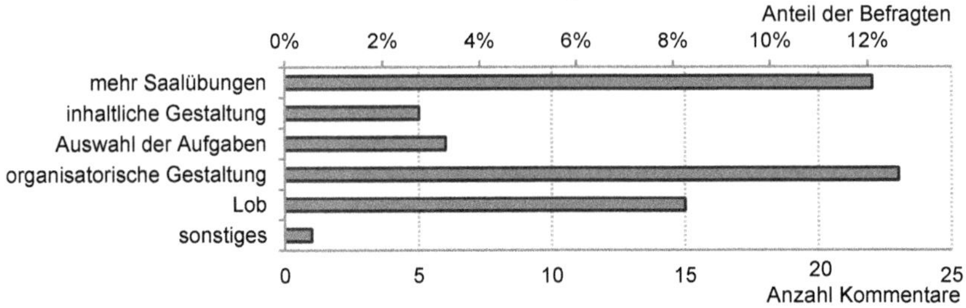

Abb. 6.43. Verbesserungsvorschläge an der Saalübung. Die absolute Anzahl der jeweiligen Verbesserungsvorschläge entstammt der Freitextfrage „Folgendes könnte an der Saalübung verbessert werden" aus dem *WS*13 zur eLearning-Evaluation (vgl. Anh. A.4, Frage 8.2). Die prozentualen Werte beziehen sich auf die Basis aller Fragenbögen.

6.4.3 Akzeptanz Studierende (Qualitätskriterium 3)

Durch die Einführung der Saalübung sowie des IAP (vgl. Abschn. 5.2) konnte vorerst der Wunsch nach weiteren Übungsmöglichkeiten gestillt werden (vgl. Abb. 6.42). Allerdings zeigt sich im Laufe der Folgesemester, dass die Studierenden die Saalübung nicht als vollständigen Ersatz weiterer Tutorien verstanden haben, da die Nachfrage nach weiteren Übungsmöglichkeiten zum *WS*13 erneut stetig anstieg. Der Grund für den erneuten Abfall im *WS*14 kann nicht abschließend geklärt werden. Abb. 6.43 zeigt eine Gliederung der studentischen Kommentare auf die Frage „Folgendes könnte an der Saalübung verbessert werden" aus dem *WS*13. Hierbei wird erneut der Wunsch nach weiteren Saalübungen sichtbar. Folglich stehen die Studierenden den Saalübungen positiv gegenüber. Auch die stets gleichbleibenden oder zunehmenden Teilnehmerzahlen zwischen erster und zweiter Saalübung aus Tab. 6.18 zeigen, dass seitens der Studierenden eine hohe Akzeptanz dem Angebot gegenüber besteht.

6.4.4 Veranstaltungsqualität (Qualitätskriterium 4)

Die Qualitätsbewertung der Saalübung durch die Studierenden kann ebenfalls über Abb. 6.43 analysiert werden. Lediglich fünf Rückmeldungen bzw. 2,75 % aller an der Evaluation teilnehmenden Studierenden zielen auf eine inhaltliche Veränderung der Saalübung ab, zudem verlangen 3,30 % der Studierenden andere Aufgaben. Die verbleibenden Kommentare sind in 51,39 % aller Kommentare zu dieser Frage entweder positiver Natur („Mehr Saalübungen", „Lob" wie etwa „Beste Vorbereitung überhaupt") oder betreffen in 31,94 % organisatorische Aspekte wie Hörsaal oder Sichtverhältnisse. Da die den Studierenden gestellte Frage allerdings auf Verbesserungsvorschläge ausgerichtet war, ist die von mehr als 8 % der an der Evaluation teilnehmenden Studierenden explizite Äußerung des Lobs ein Indikator für die positive Bewertung der Veranstaltungsqualität. Ebenfalls die geringen Verbesserungsvorschlä-

Tab. 6.19. Interaktion in der Saalübung. Die Tabelle zeigt die Anzahl an Logins, Fragen und Geschwindigkeitsbewertungen relativ zur Anzahl der anwesenden Studierenden in den zwei Saalübungen (SÜ) pro Semester (in %). Die Werte in Klammern geben die prozentuale Anzahl an anwesenden Studierenden an, die die jeweiligen Fragen gestellt bzw. die Votings abgegeben haben.

		*WS*11	*WS*12	*WS*13	*WS*14	*WS*15
1. SÜ	Login	n. a.	14,00	28,67	5,00	13,60
	Fragen (Nutzer)	n. a.	4,00 (2,00)	12,67 (8,67)	1,00 (1,00)	4,00 (2,80)
	Votings (Nutzer)	n. a.	11,60 (4,80)	10,67 (10,00)	0,50 (0,50)	1,60 (1,20)
2. SÜ	Login	n. a.	37,60	12,80	13,60	2,67
	Fragen (Nutzer)	n. a.	7,20 (5,60)	4,80 (3,20)	4,00 (2,80)	0,00 (0,00)
	Votings (Nutzer)	n. a.	8,80 (6,40)	0,40 (0,40)	0,80 (0,80)	2,00 (1,67)

ge zeigen die hohe Qualität der Saalübung im *WS*13. Für eine weiterführende Qualitätsbewertung der nachfolgenden Semester sind keine entsprechenden Datensätze vorhanden. Allerdings wurden die Struktur sowie die Durchführungsart nicht verändert. Lediglich die Auswahl der Aufgaben wurde entsprechend der Vorschläge ab dem *WS*14 angepasst.

6.4.5 Interaktion (Qualitätskriterium 5)

Das GdI2-Übungsteam bietet in den Saalübungen ebenfalls die Interaktion über die nuKIT-Tools an. Allerdings kommen lediglich die *SIT* zum Einsatz (vgl. Abschn. 6.5). Tab. 6.19 listet die Anzahl an Logins, Fragen und Votings prozentual zur Anzahl der anwesenden Studierenden. Die Daten basieren auf den Datensätzen der nuKIT-Datenbank (vgl. Abb. 5.8). Entsprechende Daten zum *WS*11 wurden nicht in der Datenbank gespeichert. Die Interaktion ist in den *WS*12 und *WS*13 am größten. Im *WS*12 loggten sich 14,00 % bzw. 37,60 % der Anwesenden in den Saalübungen ein; im Vergleich zur Anzahl anwesender wurden 4,00 % bzw. 7,20 % Fragen gestellt und 11,60 % bzw. 8,80 % Geschwindigkeitsbewertung abgegeben. Die Fragen wurden von 2,00 % bzw. 5,60 % der Anwesenden gestellt, die Votings von 4,80 % bzw. 6,40 % abgegeben. Die erste Saalübung des *WS*13 gibt ein ähnliches Bild, wohingegen bei der zweiten Saalübung des *WS*13 eine stark reduzierte Interaktivität zu verzeichnen ist. Für die *WS*14 und *WS*15 nimmt die Interaktion im Vergleich zu den vorherigen Semestern deutlich ab. Warum die Interaktivität in diesen Semestern nachgelassen hat, konnte nicht ermittelt werden.

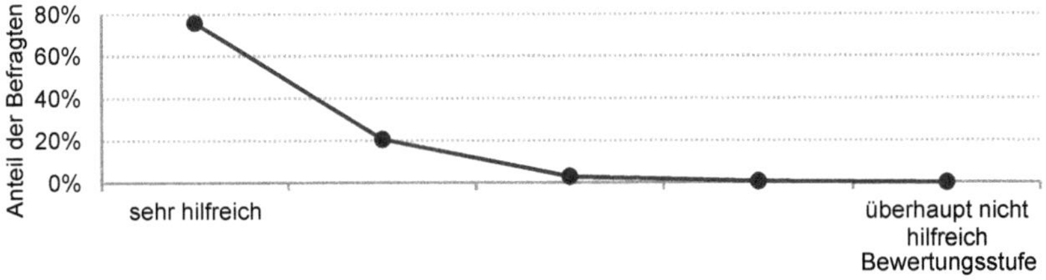

Abb. 6.44. Qualitätsbewertung der Saalübung. Mehr als 95 % der Studierenden des *WS*13 bewerten die Saalübungen mit der zweitbesten Bewertungsstufe, d. h. als „hilfreich" oder besser (vgl. Anh. A.4, Frage 8.1).

6.4.6 Struktur der Lehrinhalte (Qualitätskriterium 6)

Das Ziel der Saalübung ist, den Studierenden einen Überblick über die verschiedenen Themengebiete der Vorlesung zu geben und diese in Bezug zueinander zu setzen. Dabei liefert die erste Saalübung einen Überblick über den ersten Teil der Vorlesung und die zweite fasst den Inhalt der zweiten Hälfte zusammen. Im Rahmen der Analyse von GdI2 gliedert sich die Struktur der Lehrinhalte der Saalübung an die der Vorlesung an und eine separate Bewertung der Struktur der Lehrinhalte kann entfallen.

6.4.7 Lernerfolg (Qualitätskriterium 7)

Der durch die Saalübung erzielte Lernerfolg kann in den direkten sowie den indirekten Lernerfolg unterteilt werden. Der direkte bezieht sich auf den Wissenszuwachs aus der Saalübung selbst, der indirekte auf die Motivation der Studierenden, sich mit den Themengebieten der Vorlesung zu beschäftigen. Zur Messung des direkten Lernerfolgs wird die eLearning-Evaluation aus dem *WS*13 herangezogen (vgl. Anh. A.4, Frage 8.1). Das Ergebnis gibt Abb. 6.44 wieder. Demnach bewerten 76 % der Studierenden die Saalübung als „sehr hilfreich" und 21 % als „hilfreich" mit einem Mittelwert von 1,28. Zudem zeigen Kommentare wie „Müsste öfter stattfinden, hat sehr viel gebracht, [...]" den Lernerfolg der Saalübungen.

Der indirekte Lernerfolg, d. h. der Anreiz der Saalübung zur Beschäftigung mit den Lehrinhalten der Lehrveranstaltung, kann nicht allein durch die Beurteilung der Saalübung analysiert werden, sondern benötigt die Untersuchung anderer den Studierenden zur Verfügung gestellten Lernmethoden. Nach Analyse der nuKIT-Tools (vgl. Abschn. 6.5) sowie des XWizards (vgl. Abschn. 6.7) ist kein merklicher Einfluss der Saalübung auf die Verwendung dieser Werkzeuge zu erkennen. Allerdings zeigt die Verwendung des IAP (vgl. Abschn. 6.6, Abb. 6.70) eine deutliche Reaktion auf die erste Saalübung vor allem im *WS*11, *WS*12 und *WS*15. In diesen Semestern fand die Saalübung zwischen dem 5. und 14. Dezember statt (vgl. Tab. 4.10). Ein früherer Termin (*WS*14) oder ein späterer Termin (*WS*13) scheinen den indirekten Lernerfolg der Saal-

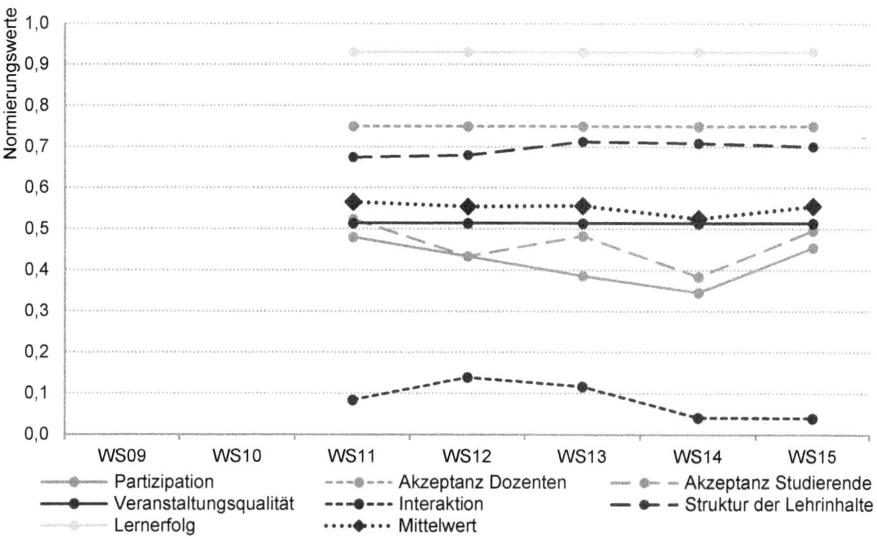

Abb. 6.45. Evaluation der Einzelkomponente Saalübung. Die einzelnen Qualitätskriterien der Präsenzveranstaltung Saalübung „Partizipation", „Akzeptanz Dozenten", „Akzeptanz Studierende", „Veranstaltungsqualität", „Interaktion", „Struktur der Lehrinhalte" und „Lernerfolg" sowie der sich ergebende „Mittelwert" als Nutzenwert zeigen keinen eindeutigen Trend der Qualitätsentwicklung.

übung zu schmälern. Folglich kann durch angemessene zeitliche Planung der Saalübung der indirekte Lernerfolg vergrößert werden.

6.4.8 Zwischenevaluation

Abb. 6.45 stellt die Bewertungsvektoren z_i in Abhängigkeit der Qualitätskriterien $i \in \{1, \ldots, k\}$ der Einzelkomponente „Saalübung" dar. Diese wurden gemäß dem in Abschn. 3.3 beschriebenen Bewertungssystem berechnet und mit 1 als Optimalwert auf den Bereich [0;1] normalisiert (vgl. zur genaueren Beschreibung auch Abschn. 6.2.8). Die technischen Details der zugrunde liegenden Daten werden nachfolgend kurz erläutert, bevor ein abschließendes Resümee gezogen wird.

Partizipation. Die Partizipation wird durch den Mittelwert der prozentualen Teilnehmerzahlen der ersten und zweiten Veranstaltung gemessen (vgl. Abb. 6.18), so dass sich z_1 ergibt zu $z_1 = (0{,}00; 0{,}00; 0{,}48; 0{,}43; 0{,}39; 0{,}35; 0{,}45)$. Im Vergleich zur Partizipation an der Vorlesung erreicht die Saalübung über alle Semester einen höheren Wert (vgl. Abb. 6.45).

Akzeptanz Dozenten. Eine zeitliche Entwicklung der Akzeptanz durch die Dozenten bezüglich der Saalübung kann aufgrund fehlender Datensätze nicht vorgenommen werden. So wird die Bewertung „hohe Motivation“ der Dozenten durch den Hospitierenden im Rahmen der Saalübung mit der zweiten Bewertungsskala einer durch das KIT vorgegebenen 5-stufigen Likert-Skala gleichgesetzt und für die verbleibenden Semester übernommen, da sich an der Art sowie der Aufbereitung der Veranstaltung durch die Dozenten nichts geändert hat. So ergibt sich der konstante Bewertungsvektor $z_2 = (0{,}00; 0{,}00; 0{,}75; 0{,}75; 0{,}75; 0{,}75; 0{,}75)$.

Akzeptanz Studierende. Die Akzeptanz durch die Studierenden gegenüber der Saalübung wird anhand des Verhaltens der Studierenden bezüglich der zweiten Saalübung nach den Erfahrungen in der ersten gemessen (vgl. Abb. 6.18). Demnach werden zur Messung der Akzeptanz die Teilnehmerzahlen der zweiten Saalübung zugrunde gelegt, so dass sich $z_3 = (0{,}00; 0{,}00; 0{,}52; 0{,}43; 0{,}48; 0{,}38; 0{,}50)$ ergibt. Diese ist in allen Semestern besser oder gleich gut wie die erzielte Partizipation (vgl. Abb. 6.45).

Veranstaltungsqualität. Die Bewertung der Veranstaltungsqualität kann lediglich auf Basis der Ergebnisse aus Abb. 6.43 erfolgen. Als Indikator wird die Anzahl positiver Kommentare (51,39%) bezogen auf die Anzahl aller Kommentare dieser negativ ausgerichteten Frage verwendet. Da der Aufbau der Saalübung in den vorhergehenden Semestern identisch war und in den nachfolgenden Semestern lediglich die geforderte Anpassung der Aufgaben umfasste, wird dieser Wert für alle Semester übernommen, so dass sich $z_4 = (0{,}00; 0{,}00; 0{,}51; 0{,}51; 0{,}51; 0{,}51; 0{,}51)$ ergibt.

Interaktion. Die Interaktion wird anhand der Nutzung der nuKIT-Werkzeuge in der Saalübung gemessen. Es fließen die Login-Daten, die Anzahl gestellter Fragen sowie die Anzahl an Votings jeweils in Abhängigkeit der anwesenden Studierenden ein (vgl. Abb. 6.19). Die fehlenden Werte des *WS*11 werden durch den Mittelwert der vorhandenen Werte berechnet, so dass sich z_5 auf $z_5 = (0{,}00; 0{,}00; 0{,}08; 0{,}14; 0{,}12; 0{,}04; 0{,}04)$ beläuft. Die Interaktion erreicht somit nur eine niedrige Qualitätsbewertung, wie Abb. 6.45 zeigt.

Struktur der Lehrinhalte. Da die Struktur der Saalübung der der Vorlesung entspricht, wird der entsprechende Bewertungsvektor zur Struktur der Lehrinhalte von der Vorlesung übernommen. Folglich gilt $z_6 = (0{,}67; 0{,}64; 0{,}67; 0{,}68; 0{,}71; 0{,}71; 0{,}70)$.

Lernerfolg. Der direkte Lernerfolg wurde lediglich im *WS*13 gemessen (vgl. Abb. 6.44). Ob der Lernerfolg in den vorhergehenden sowie nachfolgenden Semestern identisch war, kann an dieser Stelle nicht abschließend beantwortet werden. Da allerdings die Struktur der Saalübung in allen Semestern gleich gehalten wurde, wird der entsprechende Wert auf die verbleibenden Semester übertragen, so dass sich der gleichbleibende Bewertungsvektor $z_7 = (0{,}00; 0{,}00; 0{,}93; 0{,}93; 0{,}93; 0{,}93; 0{,}93)$ ergibt. Der indirekte Lernerfolg wird durch die Verwendung der entsprechenden Werkzeuge insbesondere des IAP (vgl. Abschn. 6.6) ermittelt.

Resümee. Abb. 6.41 zeigt die Bewertung der Qualitätskriterien „Partizipation", „Akzeptanz Dozenten", „Akzeptanz Studierende", „Veranstaltungsqualität", „Interaktion", „Struktur der Lehrinhalte" sowie „Lernerfolg". Die Saalübung startete auf einem Niveau von 0,57 im *WS*11. Die Qualitätsentwicklung nahm zum *WS*14 hin ab, und erreichte zum *WS*15 mit 0,55 wieder fast den Ausgangswert. Dies liegt einerseits an der Partizipation der Studierenden, die ebenfalls zum *WS*14 abnimmt. Zudem schwankt auch die Akzeptanz der Studierenden. Die Interaktion hat entgegen der anderen Qualitätskriterien zum *WS*12 zugenommen, ist aber im *WS*14 und *WS*15 gefallen. Allerdings bewegt sich die Interaktion lediglich zwischen 0,04 und 0,14. Im Vergleich hierzu beschreibt der Lernzuwachs einen konträren Wert von 0,93. Die Bewertung der Akzeptanz durch den Dozenten erfolgte konstant mit 0,75 ; die Bewertung der „Struktur der Lehrinhalte" ist von der Vorlesung übernommen. Es ergibt sich als Gesamtbewertung ein Nutzenwert von $1/7 \cdot \Sigma z_i = (0{,}00; 0{,}00; 0{,}57; 0{,}55; 0{,}56; 0{,}52; 0{,}55)$. Da die vorhandenen Daten allerdings deutliche Lücken aufweisen, kann das Ergebnis nur für eine Tendenzentwicklung herangezogen werden.

6.4.9 Zusammenfassung

Die Einführung der Saalübung ist auf große Resonanz gestoßen, belegt durch die Anwesenheitszahlen seitens der Studierenden. Diese Veranstaltungsform zielt darauf ab, die Vorteile einer Übung, in der den Studierenden kein neues Wissen vermittelt, sondern lediglich die Anwendung des in der Vorlesung Gelesenen vertieft wird, mit denen der Saalübung zu kombinieren. So konnten, da eine Saalübung direkt vom Übungsteam veranstaltet wurde, ebenfalls die Vorteile der „Fachkompetenz", „Erfahrung", des „Organisationsteams" sowie des „Qualitätsgefälles" erreicht werden (vgl. Abschn. 2.3.3, Abschn. 2.3.4).

Außerdem wurden die zwei Saalübungen als Wiederholungsveranstaltungen für die komplette erste bzw. zweite Semesterhälfte verstanden. Wie sich gezeigt hat bzw. noch in Abschn. 6.6 (vgl. Abb. 6.70) zeigen wird, ist insbesondere die zeitliche Planung einer solchen Wiederholungsveranstaltung besonders wichtig; so darf diese einerseits nicht zu früh stattfinden, um den Studierenden noch die Möglichkeit zu bieten, das benötigte Wissen aufzubereiten und andererseits nicht zu spät, um den Bezug zu dem in der Vorlesung präsentierten Inhalt nicht zu verlieren. Bei Beachtung dieser Einschränkungen kann eine solche Veranstaltung für die Studierenden als Anreiz fungieren, sich mit den Themen der Lehrveranstaltung auseinanderzusetzen.

Es sei angemerkt, dass sich die Saalübung zwar großer Beliebtheit erfreute und auch der Lernerfolg als positiv betrachtet werden kann. Dennoch musste die Übung in Form einer Präsenzveranstaltung für alle Studierenden Einbußen insbesondere in der Interaktion hinnehmen, so dass der hohe Lernerfolg fast ausschließlich durch die Präsentation durch das Übungsteam erzielt worden ist.

Die Studierenden von GdI2 haben im Zusammenhang mit den Evaluationen weitere Saalübungen gefordert. Ob allerdings diese lediglich zweimal stattfindende Präsenzveranstaltung durch eine Erhöhung des Angebots bei den Studierenden nicht eventuell an Interesse verlieren wird, und somit nicht mehr die gleiche Partizipation erzielen kann, muss weiter untersucht werden.

6.5 Teil III – nuKIT

Die fehlende Interaktion ist insbesondere bei großen Präsenzveranstaltungen oft ein Defizit, da sich diese sowohl aufgrund der räumlichen Gegebenheiten als auch aufgrund der großen Anzahl Studierender oft nur schwer sinnvoll aufbauen lässt. Um diesem Schwachpunkt zu begegnen, kann ein sogenanntes Audience Response System in die Lehrveranstaltung eingebunden werden (vgl. Abschn. 2.4.4). Ein ARS stellen auch die im Rahmen dieser Arbeit entwickelten nuKIT-Tools dar (vgl. Abschn. 5.1). Neben der Kommunikation in der Lehrveranstaltung bieten die nuKIT-Werkzeuge zusätzlich die Möglichkeit, außerhalb der Präsenzveranstaltung sogenannte Surveys zur Verfügung zu stellen.

Bei der Analyse der nuKIT-Tools werden die Qualitätskriterien „Partizipation", „Akzeptanz Dozenten", „Akzeptanz Studierende", „Produktqualität", „Zeit- und Ortsunabhängigkeit" sowie der „Lernerfolg" diskutiert. Die Nummerierung der Qualitätskriterien entspricht der des Kriterienkatalogs in Abschn. 3.3.1. Die Auswertung basiert auf folgenden Datensätzen (vgl. auch Tab. 3.2):

- nuKIT-bezogene Fragen des Evaluationsbogens eLearning (vgl. Evaluationsbogen in Anh. A.4, Fragen 3.1 bis 4.10) mit einer Rücklaufquote zwischen 159 und 182 Fragebögen (vgl. Tab. 6.4) sowie
- nuKIT-Datenbank (vgl. Abb. 5.8).

Der Untersuchungszeitraum erstreckt sich vom *WS*12 bis zum *WS*15 und die Analyse ist beschränkt auf die Lehrveranstaltung GDI2, in welcher die nuKIT-Tools erstmalig eingeführt wurden. Die eLearning Evaluation wurde in diesen Semestern in der zweiten GdI2-Saalübung durchgeführt (vgl. Tab. 6.3). Für die Analyse der nuKIT-Datenbank werden lediglich die Nutzerdaten ausgewertet, welche sich auf den Kurs GdI2 beziehen. So ergibt sich ein Zeitraum beginnend ab dem Zeitpunkt der Datenaufzeichnun-

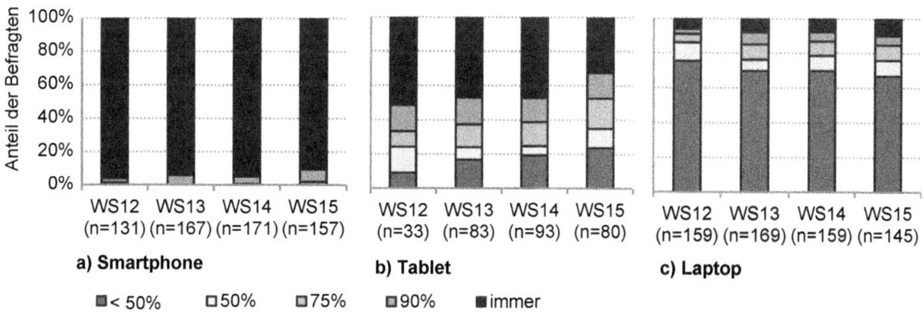

Abb. 6.46. Prozentuale Verteilung der Mitführung des Smartphones, Tablets bzw. Laptops an der Universität. Die Grafik zeigt, wie oft die Studierenden von GdI2 ihr a) Smartphone b) Tablet bzw. c) Laptop an der Universität im *WS*12 bis *WS*15 dabei hatten (vgl. Anh. A.4, Fragen 1.2, 1.8 bzw. 1.14).

gen vom 14.10.2012 bis zum Ende des *WS*15 am 24.03.2016. Allerdings wurde im Zuge der Anpassung und Weiterentwicklung der nuKIT-Tools auch die Datenbank angepasst und verändert. Dies hat zur Folge, dass einzelne Daten erst ab einem späteren Zeitpunkt zur Verfügung stehen oder stellenweise fehlerhafte Daten abgespeichert worden sind, die bei der Auswertung ausgeklammert wurden. Im Nachfolgenden wird an entsprechenden Stellen explizit darauf hingewiesen. Bezüglich einer Evaluation allgemeiner Nutzerdaten basierend auf allen nuKIT Kursen sei an dieser Stelle auf [165, 243] verwiesen.

6.5.1 Vorbetrachtung der NUKATH-Tools

Die nuKIT-Tools wurden erst seit dem *WS*12 in der Lehrveranstaltung GdI2 eingesetzt. In den *WS*09 bis *WS*11 des Untersuchungszeitraums kamen die Vorgängerwerkzeuge NUKATH zum Einsatz (vgl. Abschn. 5.1.2). In diesen wurde seitens der Dozenten eine Zunahme in der Verwendung der NUKATH-Webanwendung insbesondere seit dem *WS*10 beobachtet. Da NUKATH allerdings – im Gegensatz zu den nuKIT-Tools – keine Datenspeicherung betrieb, beruht diese Analyse lediglich auf den Erfahrungswerten der Dozenten. Ein möglicher Grund für das steigende Interesse an NUKATH wird in der Zunahme der mobilen Endgeräte, vor allem der Smartphones (vgl. Abb. 1.1), sowie der Einführung preisgünstiger großer Datenvolumen in den Tarifen der Mobilkommunikation gesehen. Abb. 6.46 stellt dar, inwiefern die GdI2-Studierenden der *WS*12 bis *WS*15 das Smartphone, Tablet oder den Laptop in der Universität dabei haben. Es wird deutlich, dass nur ein sehr geringer Prozentsatz von weniger als 10% den Laptop regelmäßig mit sich führte. Die Mehrheit der Studierenden hatte diesen in weniger als 50% der Fälle dabei. Im Vergleich hierzu hatten Studierende insbesondere das Smartphone fast immer dabei. Da die Verbreitung der Smartphones erst in den letzten Jahren zugenommen hat (vgl. hierzu auch Abb. 1.1), lässt sich erklären, warum sich die

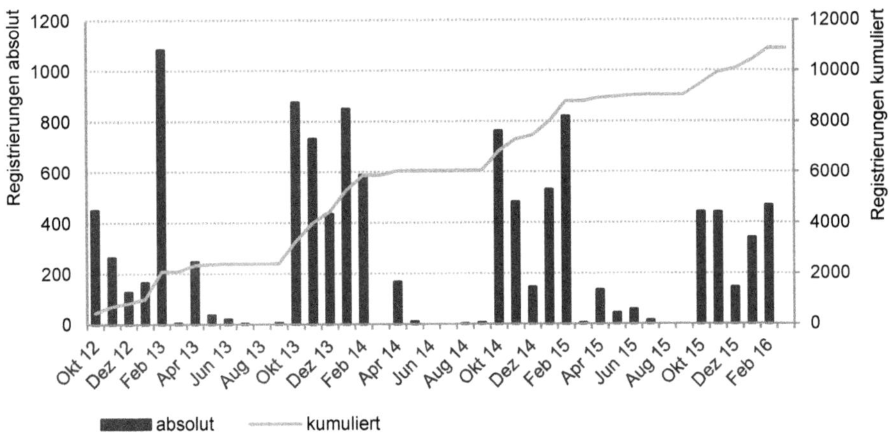

Abb. 6.47. Zeitliche Verteilung der nuKIT-Registrierungen. Die absoluten Registrierungen sind auf monatlicher Basis von Oktober 2012 bis März 2016 dargestellt. Die kumulierten (graue Linie) übersteigen deutlich die 10.000 bis Ende *WS*15 (in Anlehnung an [165, 243]). Allerdings beeinflusst das Nutzerverhalten bezüglich der Verwendung von Cookies die Datensätze. In den Monaten der vorlesungsfreien Zeit sind nur wenig Registrierungen zu erkennen; im Aug 13, Mrz 14, Jun 14, Jul 14, Aug 15, Sep 15 sowie Mrz 16 belaufen sich diese auf null.

NUKATH-Tools zu Beginn ihrer Einsatzzeit im *WS*03 (vgl. Abschn. 5.1.5) nur geringer Beteiligung erfreuten und sich eine positive Korrelation zwischen zunehmender Verbreitung der Smartphones sowie Nutzung der NUKATH-Werkzeuge zeigte.

Die nachfolgenden Analysen erweitern diejenigen aus [165] und [243] um das *WS*15 und beleuchten zudem noch weitere Aspekte.

6.5.2 Partizipation (Qualitätskriterium 1)

Die Partizipation wird anhand der Anzahl an Registrierungen über alle Kurse betrachtet und anhand der Anzahl an Logins pro Tag für den Kurs GdI2 analysiert. Zudem wird betrachtet, welches mobile Endgerät beim ersten Login zum Einsatz kommt und wie viel Prozent der GdI2-Studierenden die nuKIT-App auf dem Smartphone installiert haben.

Registrierungen. Abb. 6.47 zeigt den zeitlichen Verlauf aller nuKIT-Registrierungen pro Monat für die Webanwendung oder App von Oktober 2012 bis März 2016 unabhängig von der besuchten Lehrveranstaltung. Als Registrierung wird der Zugriff auf die Webanwendung bzw. die App vor dem Login von einem dem Server unbekannten Nutzer bezeichnet. Dieser entspricht bei der App meist dem Download, bei der Webanwendung dem ersten Zugriff, sofern der Cookie zur Benutzeridentifikation nicht

Tab. 6.20. Durchschnittliche prozentuale Nutzerzahlen während der Vorlesungszeiten. Die durchschnittlichen Nutzerzahlen werden in Abhängigkeit der Anwesenheitszahlen in % berechnet. Es werden lediglich die Loginwerte herangezogen, die während der Vorlesungszeiten (Mo, 11.15 Uhr bis 13.15 Uhr; Mi, 07.45 Uhr bis 09.45 Uhr) stattgefunden haben.

Bezugssemester	***WS*12**	***WS*13**	***WS*14**	***WS*15**
Nutzerlogin/Anwesende (in %)	18,80	18,52	22,08	41,36

gelöscht wurde. Es fällt auf, dass der Zuwachs an Registrierungen besonders in den Monaten der Wintersemester besonders hoch ist. Dies ist der Tatsache geschuldet, dass die nuKIT-Tools besonders in den Wintersemestern zum Einsatz kommen (vgl. Tab. 5.1). Hierbei ist zu beachten, dass die Identifizierung eines wiederkehrenden Nutzers über den Abgleich des in einem Cookie gespeicherten Hash-Werts erfolgt. Gemäß einer Befragung über das Statistik-Portal statista löschten oder unterdrückten zwischen 2013 und 2015 zwischen 60 % und 70 % der Internetnutzer ab 14 Jahren im deutschsprachigen Raum ihre Cookies [102]. So können wiederkehrende Nutzer, welche Cookies löschen, nicht als solche erkannt werden und werden erneut registriert. Unter der Annahme, dass das Verhalten eines Internetnutzers dem Verhalten eines Smartphone-Nutzers entspricht, muss davon ausgegangen werden, dass die tatsächliche Anzahl an Nutzern deutlich unter 10.000 liegt. Da allerdings nicht bekannt ist, wie viele der Nutzer tatsächlich nur einmal auf die Benutzerschnittstelle der nuKIT-Tools zugreifen, kann an dieser Stelle keine stichhaltige Aussage über die genaue Anzahl Registrierungen gemacht werden (vgl. auch [243]). Die Daten zeigen allerdings, dass sich 96,17 % der GdI2-Nutzer nach der Registrierung einloggen.

Logins pro Tag. Eine bessere Aussage bezüglich der Partizipation lässt sich über die Anzahl an Nutzern pro Tag machen. Hierzu wird die Anzahl an Logins für den Kurs GdI2 herangezogen; durch den Beobachtungszeitraum von einem Tag ist der Einfluss der Cookie-Problematik reduziert, da in diesem Zusammenhang davon ausgegangen wird, dass sich die meisten Nutzer lediglich einmal pro Tag einloggen. Abb. 6.48 zeigt die Nutzerzahlen im Vergleich zu den Anwesenheitszahlen der a) *WS*12 bis d) *WS*15. Die schwarze Linie gibt die Anzahl an Nutzern pro Tag über den Zeitverlauf des jeweiligen Semesters an. Im Vergleich hierzu werden die Vorlesungstermine durch graue Balken angezeigt, wobei dunkelgraue Balken die Anzahl anwesender Studierender darstellen und hellgraue Balken fehlende Datensätze beschreiben. Zu den Vorlesungszeiten sind über alle Semester hinweg kleine Peaks in den Nutzerzahlen zu erkennen. Auffallend ist zudem bei allen Semestern die sukzessive Abnahme der Anwesenheitszahlen, die ebenfalls mit einem sukzessiven Abfall der Nutzerzahlen einhergeht. Bei Betrachtung der Nutzerzahlen während der Vorlesungszeiten (zugrunde gelegte Zeiten: Montag, 11.15 Uhr bis 13.15 Uhr sowie Mittwoch, 07.45 Uhr bis 09.45 Uhr, vgl. Abschn. 4.1.1) in Bezug zu den Anwesenheitszahlen ergeben sich die in Tab. 6.20 genannten prozentualen Nutzerlogins bezogen auf die Anzahl anwesender Studierender ge-

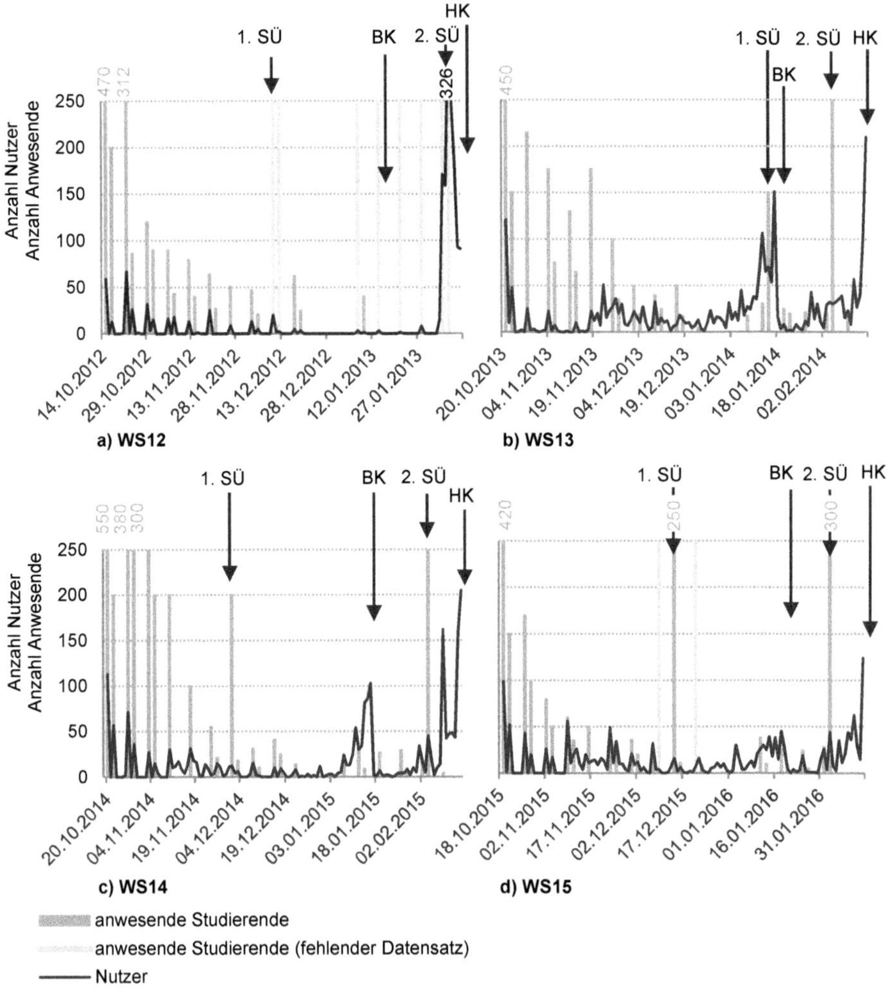

Abb. 6.48. nuKIT-Nutzerzahlen sowie Anwesenheitsdaten. Die Anzahl an Nutzern der Lehrveranstaltung GdI2 im *WS*12 (a), *WS*13 (b), *WS*14 (c) sowie *WS*15 (d) basieren auf den Login-Daten der Datenbank und sind als schwarze Linien dargestellt. Die Vorlesungstermine sind durch die dunkelgrauen Balken der Anzahl anwesender Studierender gekennzeichnet. Hellgraue Balken geben Vorlesungstermine an, zu denen die Anwesenheitszahlen fehlen. Nutzer außerhalb der Vorlesungszeiten lassen sich durch die Verwendung der nuKIT-Fragerunde erklären. Sofern die Daten den dargestellten Bereich überschreiten, sind die exakten Zahlen angegeben. Besondere Ereignisse wie Saalübungen (SÜ), Bonusklausur (BK) sowie Hauptklausur (HK) sind durch Pfeile gekennzeichnet.

Tab. 6.21. Verteilung der mobilen Endgeräte bei erstmaligem Login. Die Tabelle gibt die prozentuale Verteilung der Verwendung eines mobilen Endgeräts in Abhängigkeit vom Betriebssystem (BS) beim erstmaligen Login an. Unterteilt wird in die BS „Android", „iOS", „sonstiges mobiles BS" sowie den „PC-BS".

Betriebssystem	Android	iOS	sonstiges mobiles BS	PC-BS
Anteil (in %)	25,54	15,55	1,09	57,83

mittelt über ein Semester (mehrfache Nutzerlogins des gleichen Nutzers werden nur einmal eingerechnet). Vorlesungstermine mit fehlenden Anwesenheitszahlen wurden für die Berechnung nicht berücksichtigt. Die Anwesenheitszahlen zeigen eine leichte Zunahme vom *WS*12 mit 18,80% zum *WS*14 mit 22,08%. Für das *WS*15 ist ein starker Anstieg auf 41,36% zu verzeichnen. Wie sich gleich zeigen wird, kann dieser Anstieg in den Nutzerdaten durch den verstärkten Einsatz des *LQT* während der Vorlesung erklärt werden.

Bei näherer Betrachtung der Abb. 6.48 ist in den *WS*13 und *WS*14 der Einfluss der anstehenden Bonusklausur zu erkennen, der zu einem Anstieg der Nutzerdaten führt, unabhängig von den Präsenzveranstaltungen. Wie sich weiter unten zeigen wird, korrelieren die Anstiege, welche nicht auf die Präsenzveranstaltungen zurückzuführen sind, mit dem Angebot der Selbsttests im Rahmen der nuKIT-Surveys. Die Saalübungen haben keinen Einfluss auf die Nutzerdaten. Lediglich die anstehende Hauptklausur lässt in allen Semestern die Nutzerzahlen außerhalb der Präsenzveranstaltungen stark ansteigen, besonders im *WS*12. Dies lässt sich dadurch erklären, dass in diesem Semester die Selbsttests lediglich in der letzten Semesterwoche angeboten wurden (siehe unten).

Die Nutzung der nuKIT-Tools durch die Studierenden während der Vorlesung von durchschnittlich 18,52% bis 41,36% im *WS*15 zeigt eine positive Tendenz (vgl. Tab. 6.20). Zudem führt eine ereignisbezogene Motivierung der Studierenden durch Bonusklausur und Hauptklausur zu einer Erhöhung der Nutzerzahlen.

Mobiles Endgerät. Die Verwendung der Art des mobilen Endgeräts bezogen auf das zugrunde liegende Betriebssystem beim erstmaligen Login ist in Tab. 6.21 dargestellt. Folglich werden etwa 75% der ersten Logins über die Webanwendung (iOS, sonstiges mobiles Betriebssystem und PC-Betriebssystem) ausgeführt, während um die 25% der Nutzer über die Android-App zugreifen.

App Installation. Die Betrachtung der tagbezogenen Login-Daten gibt keinen Aufschluss darüber, wie viel Prozent der GdI2-Studierenden die nuKIT-Tools verwenden. Abb. 6.49 wertet die Fragen der eLearning Evaluation aus, wie viel Prozent der Android-Besitzer die nuKIT-App auf dem Smartphone (1.4) bzw. Tablet (1.10) installiert haben, und wie viel Prozent der Smartphone- (1.5) bzw. Tablet-Besitzer (1.11) mit anderem Betriebssystem eine entsprechende nuKIT-App installieren würden (vgl.

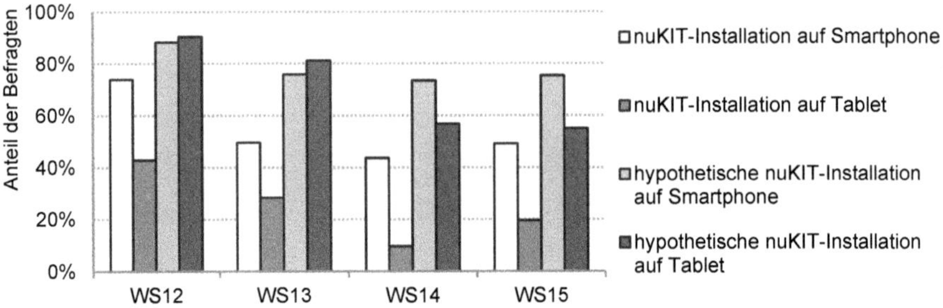

Abb. 6.49. nuKIT Installation auf Smartphone und Tablet. Die Auswertung basiert auf den Fragen 1.4, 1.5, 1.10 und 1.11 der eLearning Evaluation (vgl. Anh. A.4), welche sich bezüglich der realen nuKIT-Installation an Android-Besitzer richtet und nicht-Android-Besitzer nach einer Installation bei der Verfügbarkeit einer entsprechenden App befragt.

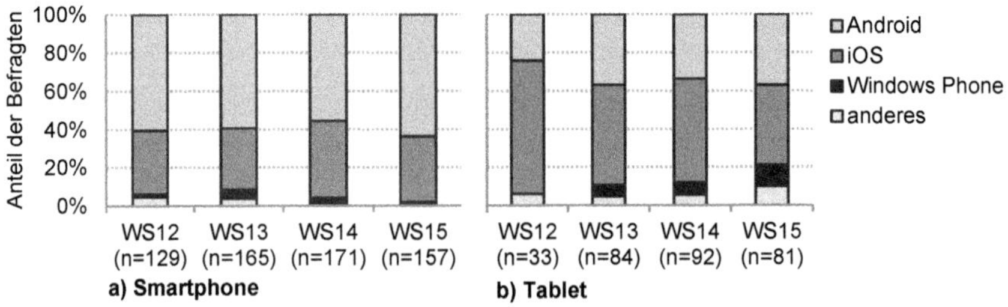

Abb. 6.50. Prozentuale Verteilung der Smartphones bzw. Tablets nach Betriebssystem. Die Grafik zeigt, auf welchem Betriebssystem die a) Smartphones bzw. b) Tablets der GdI2-Studierenden in den *WS*12 bis *WS*15 basieren (vgl. Anh. A.4, Fragen 1.2 und 1.8).

Anh. A.4). Nach anfänglicher Euphorie im *WS*12 haben in den darauffolgenden Semestern knapp 50 % der Android-basierten Smartphone-Besitzer die nuKIT-App installiert. Die hypothetische nuKIT Installation, d. h. die Installation der App von nicht-Android-Besitzer bei der Verfügbarkeit einer entsprechenden App, pendelt sich bei etwas mehr als 70 % ein. Auffallend ist das große Interesse an einer nuKIT-App, welche auf nicht Android-basierten Geräten verwendet werden kann.

Um eine fundierte Aussage bezüglich der Verbreitung der nuKIT-App auf den Smartphones und Tablets der GdI2-Studierenden zu treffen, wird die in Abb. 6.50 dargelegte Verteilung der GdI2-Studierenden nach Betriebssystem zugrunde gelegt, welche ebenfalls auf Umfragedaten der eLearning-Evaluation beruht (vgl. Anh. A.4, Fragen 1.2 und 1.8). Folglich ergibt sich, dass im *WS*12 circa 45 % der GdI2-Studierenden die nuKIT-App installiert haben. Für die folgenden drei Semester nehmen diese Werte etwas ab und liegen bei etwa 29 %, 24 % bzw. 31 %. Bei der Betrachtung der hypothetischen Installation ergeben sich Werte von 35 %, 31 %, 33 % und 27 % für die vier Semester, was bedeutet, dass für diese Semester deutlich mehr als 50 % ein Interesse an den nuKIT-Tools bekundeten. Für die Gruppe der Tablet-Besitzer ergeben sich die

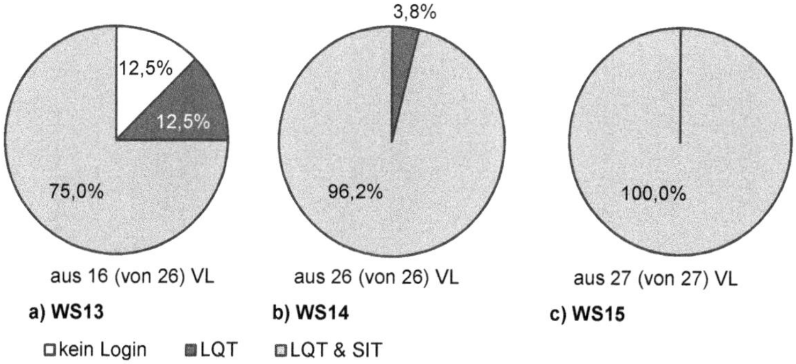

Abb. 6.51. nuKIT Dozenten-Login. Die Daten entstammen der Vorlesung GdI2 im *WS*13, *WS*14 und *WS*15. Diese wurden erst seit 29.11.2016 in der Datenbank gespeichert, so dass im *WS*13 lediglich 16 der 27 Vorlesungstermine (VL) zur Analyse herangezogen werden konnten. Es wird unterschieden in „kein Login“, Login nur in das „*LQT* “ oder Login in beide Tools „*LQT* & *SIT* “ (in Anlehnung an [243]).

Werte 10,38 %, 10,44 %, 3,24 %, 7,22 % der Installation sowie 68,45 %, 51,17 %, 37,66%, 34,65% der hypothetischen Installation sortiert nach aufsteigender Semesterzahl.

Die Gründe für eine Nichtinstallation der nuKIT App lassen jedoch nicht automatisch auf ein Desinteresse schließen. Diese lassen sich nach Aussagen der Studierenden in der eLearning Evaluation hauptsächlich auf die Punkte „nicht in der Vorlesung anwesend“, „Verwendung der Webanwendung“ sowie „kein Interesse an nuKIT“ und „nuKIT ist unnötig“ zurückführen. Besonders im *WS*12 wurde auch der Grund „kein Smartphone“ vermehrt genannt. Ähnliche Gründe ergaben sich bezogen auf die Installation auf dem Tablet, wobei hier noch der Grund „schon auf Smartphone installiert“ besonders in Erscheinung trat (vgl. Anh. A.4, Frage 1.6 bzw. 1.12 im *WS*12 und *WS*13 als Freitextfrage).

Zusammenfassend kann die Partizipation der Studierenden an den nuKIT-Tools als positiv bewertet werden. Sowohl die Verwendung während der Präsenzveranstaltungen von bis 40% im *WS*15 als auch die teilweise sehr hohen Loginwerte im *WS*12 deuten auf eine aktive Verwendung der nuKIT-Tools hin. Auch das Interesse von mehr als 50% aller Studierenden an der nuKIT-App über alle vier Semester zeigt das Potential der nuKIT-Tools.

6.5.3 Akzeptanz Dozenten (Qualitätskriterium 2)

Die Akzeptanz durch die Dozenten bezüglich der nuKIT-Tools wird daran messen, in welchem Maße die Dozenten bereit waren, diese in ihre Lehrveranstaltungen zu integrieren. Abb. 6.51 wertet die Login-Daten des Dozenten für die Präsenzveranstaltungen von GdI2 im *WS*13, *WS*14 und *WS*15 aus (vgl. auch [243]). Da der Dozenten-Login erst seit dem 29.11.2016 in der Datenbank gespeichert wird, stehen keine Daten aus

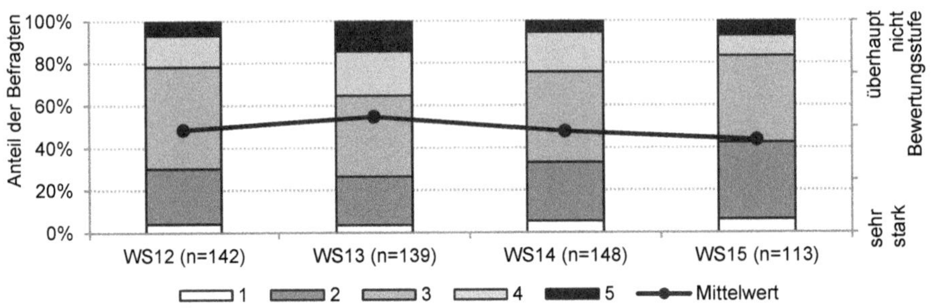

Abb. 6.52. Anpassung der Vortragsgeschwindigkeit an studentisches Feedback über SIT. Das Balkendiagramm beschreibt die Beurteilung der Studierenden von der Geschwindigkeitsanpassung des Dozenten auf das Feedback der Studierenden über das *SIT* im *WS*12 bis *WS*15; das Liniendiagramm gibt den entsprechenden Mittelwert dazu an (vgl. Anh. A.4, Frage 3.12).

dem *WS*12 zur Verfügung. Für das *WS*13 konnten demnach nur 16 der 26 Präsenztermine berücksichtigt werden. Aus den vorhandenen Daten ergibt sich eine Zunahme der Logins während der Präsenzveranstaltung. Während sich der Dozent im *WS*13 nur in 75 % der Veranstaltungen in beide Tools eingeloggt hat, erfolgte dies im *WS*14 schon in 96,2 % der Fälle und im *WS*15 sogar bei jeder Veranstaltung. Für das *LQT* sehen die Daten sogar noch besser aus. Dies stellte der Dozent den Studierenden im *WS*14 und *WS*15 in jeder Vorlesung zur Verfügung; nur im *WS*13 war dies bei 12,5 % der Vorlesungen nicht der Fall. Die Daten lassen auf eine hohe Bereitschaft des Dozenten schließen, diese einzusetzen. Trotz der hohen Loginzahlen kann hieraus noch keine Aussage darüber getroffen werden, ob die Tools auch in vollem Umfang verwendet wurden. Im Folgenden wird der Einsatz des *SIT* und des *LQT* seitens des Dozenten genauer diskutiert.

Student Interaction Tool. Das *SIT* bietet den Studierenden die Möglichkeit, dem Dozenten während der Vorlesung Fragen zu stellen oder Rückmeldung zur Vortragsgeschwindigkeit zu geben (vgl. Abschn. 5.1.3). Dies ist allerdings nur zielführend, wenn der Dozent auch auf das Feedback bzw. die Fragen der Studierenden eingeht. Im Zusammenhang mit der eLearning Evaluation wurden die Studierenden befragt, wie „stark […] sich der Dozent an der Geschwindigkeitsanzeige der nuKIT-Tools orientiert" hat (vgl. Anh. A.4, Frage 3.12). Das Meinungsbild der Studierenden ist in Abb. 6.52 abgebildet. Während im *WS*12 bis *WS*14 etwa 30 % der Studierenden der Meinung waren, dass sich der Dozent „sehr stark" bis „stark" an den Rückmeldungen der Studierenden orientiert hat, waren es im *WS*15 mehr als 40 %. „Überhaupt nicht" eingegangen auf die Rückmeldungen ist der Dozent nach Meinung von weniger als 10 % im *WS*12, *WS*14 und *WS*15 (7,00 %, 5,40 % und 7,10 %); lediglich im *WS*13 haben sich 14,40 % der Studierenden „überhaupt nicht" verstanden gefühlt. So zeigt der Mittelwert für dieses Semester (schwarze Linie) einen leichten Ausreißer auf 3,19 im *WS*13.

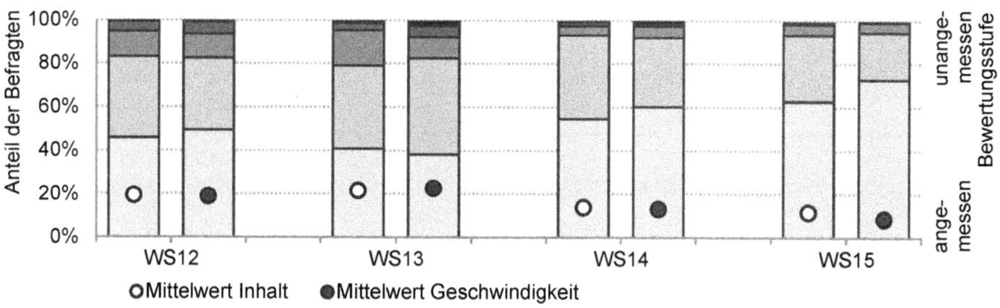

Abb. 6.53. Qualität und Schnelligkeit der Beantwortung von über SIT gestellten Fragen. Das Balkendiagramm links beschreibt die Angemessenheit der inhaltlichen Beantwortung der Fragen im *WS*12 bis *WS*15, die der Geschwindigkeit wird über das Balkendiagramm rechts wiedergegeben (vgl. Anh. A.4, Fragen 3.9 bzw. 3.10). Die Punktdiagramme geben die dazugehörenden Mittelwerte an.

Bei der Beantwortung der über nuKIT gestellten Fragen sind für die Studierenden die Schnelligkeit sowie die Qualität von Interesse. Diese Merkmale wurden ebenfalls in der eLearning Evaluation untersucht (vgl. Anh. A.4, Fragen 3.9 bzw. 3.10), dessen Ergebnis in Abb. 6.53 abgebildet ist. Die inhaltliche Qualität bei der Beantwortung (linkes Balkendiagramm) wird durch die Studierenden positiv bewertet und verzeichnet einen Anstieg um etwa 40% vom *WS*12 auf über 60% im *WS*15. Im *WS*14 und *WS*15 finden sogar 93 % der Studierenden, dass die Fragen inhaltlich „angemessen“ bzw. „fast immer angemessen“ beantwortet werden (im Vergleich hierzu sind es im *WS*12 bzw. *WS*13 nur 83% bzw. 79%).

Die Bewertung der Geschwindigkeit liefert ein ähnliches Bild (Balkendiagramm rechts). Diese verzeichnet ebenfalls einen Anstieg der Bewertungsstufe eins und zwei von 83% im *WS*12 und *WS*13 auf 92% bzw. 95% im *WS*14 bzw. *WS*15. Dementsprechend fällt auch der Anteil der „fast immer“ bzw. „immer unangemessen“ beantworteten Fragen von dem Höchstwert von 8% im *WS*13 auf 0% im *WS*15.

Bei der Nutzung des *SIT* durch den Dozenten von GdI2 lässt sich ein positiver Trend zum *WS*15 beobachten, welcher allerdings einen leichten Einbruch im *WS*13 aufweist. Sowohl die Schnelligkeit als auch die inhaltliche Beantwortung der Fragen erreichen im *WS*15 den besten Wert der Vergleichssemester.

Lecturer Query Tool. Über das *LQT* kann der Dozent den Studierenden während und außerhalb der Vorlesung Single- oder Multiple-Choice-Fragen (im Folgenden nur als Multiple-Choice-Fragen bezeichnet) stellen. Die Fragen während der Vorlesung können die Studierenden auch direkt beantworten, so dass das Ergebnis in der Vorlesung besprochen werden kann. Fragen außerhalb der Präsenzveranstaltungen können von den Dozenten als sogenannte Surveys im Rahmen von Selbsttests veröffentlicht werden (vgl. Abschn. 5.1.3).

Die Fragen können vom Dozenten über das *LQT* direkt in der Datenbank gespeichert werden. Der Fragenkatalog von GdI2 umfasste bis zum Ende des *WS*15 110 ver-

Tab. 6.22. Anzahl der Multiple-Choice-Fragen pro Semester. Die Tabelle gibt die absolute Anzahl an durch den Dozenten gestellten Multiple-Choice-Fragen in den jeweiligen Semestern in GdI2 an. Zudem wird die durchschnittliche Teilnehmerquote pro Semester aufgeführt.

	*WS*12	*WS*13	*WS*14	*WS*15
Anzahl Multiple-Choice-Fragen	7	3	3	15
durchschnittliche Teilnehmerquote (in %)	17,52	24,72	9,20	24,87

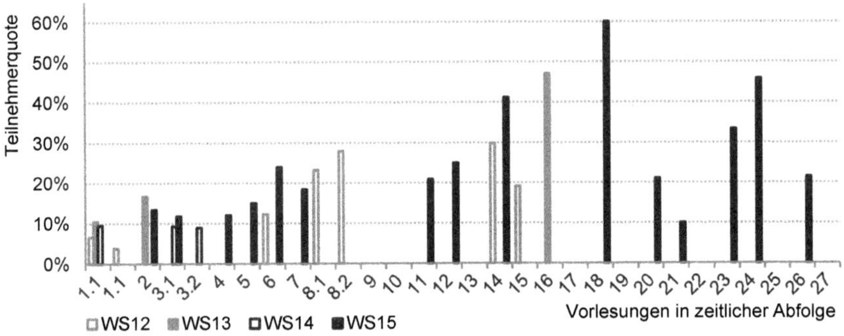

Abb. 6.54. Zeitliche Verteilung der Multiple-Choice-Fragen während der Vorlesung. Die Grafik basiert auf einer Zeitachse, welche die 26 (bzw. 27 im *WS*15) Vorlesungen in zeitlicher Abfolge dargestellt. Vorlesungstermine, in welchen zwei Fragen gestellt wurden, sind doppelt aufgeführt. Die Höhe der Balken kennzeichnet die Teilnehmerquote der jeweiligen Frage basierend auf den Daten der Datenbank (in Anlehnung an [165]).

schiedene Fragen. Allerdings ist aufgrund der Datenbankstruktur eine Analyse, welche Frage wann angelegt wurde, nicht möglich, da der Datensatz einer Frage immer den Zeitstempel der letzten durchgeführten Änderung erhält. Eine Übersicht über die Anzahl gestellter Fragen liefert Tab. 6.22. Im *WS*15 kamen mit 15 Fragen mit Abstand die meisten zum Einsatz. Es stellt sich jedoch die Frage, ob diese im Rahmen einer einmaligen Fragerunde einer einzelnen Vorlesung eingesetzt wurden. Hierzu veranschaulicht Abb. 6.54 die zeitliche Abfolge der Fragen anhand ihrer Teilnehmerquote. Der fehlende Datensatz der Anwesenheitszahl am 21.12.2015 ist durch eine lineare Interpolation der Anwesenheitszahl davor und danach geschätzt. Interessant ist hierbei, dass im *WS*15 in keinem Fall mehr als eine Frage pro Vorlesung gestellt wurde, so dass sich die 15 verschiedenen Fragen gleichmäßig über das Semester verteilen. Im Gegensatz hierzu sind die Fragen der *WS*12 bis *WS*14 vor allem in der ersten Semesterhälfte zu finden. Nach Vorlesung 16 wurde in keinem dieser Semester eine Frage gestellt. Durch die regelmäßige Verwendung der *LQT* -Fragefunktion zeigt sich eine deutliche Zunahme der Teilnehmerquote.

Die Verwendung der Survey-Funktion über das *LQT* in GdI2 wird in Tab. 6.23 anhand der Start- sowie Endzeitpunkte und der absoluten sowie relativen Teilnehmerzahl beschrieben (vgl. auch [243]). Die Surveys beziehen sich auf die Kapitel 2 bis 10

Tab. 6.23. Verwendung der Surveys. Pro Semester (*WS*12 bis *WS*15) sind die verschiedenen Surveys mit Teilnehmerzahl, Start- sowie Endzeitpunkt (definiert durch den Tag der ersten bzw. letzten Teilnahme) aufgelistet (in Anlehnung an [243]).

	Kapitel	2	3	4	5	6	7	8	9	10
WS12	Start	08.02.	07.02.		06.02.		05.02.		04.02.	
	Ende	11.02.	08.02.		09.02.		08.02.		08.02.	
	Teiln.	70	41		79		22		142	
	(in %)	12,13	7,11		13,69		3,81		24,61	
WS13	Start	18.11.	25.11.	04.12.	11.12.	07.01.	29.01.	06.02.	12.02.	15.02.
	Ende	16.02.	16.02.	16.02.	16.02.	16.02.	16.02.	16.02.	16.02.	16.02.
	Teiln.	114	44	31	23	16	27	14	8	5
	(in %)	22,01	8,49	5,98	4,44	3,09	5,21	2,70	1,54	0,97
WS14	Start	10.11.	18.11.	30.11.	02.01.	28.01.	28.01.	28.01.	04.02.	09.02.
	Ende	16.02.	15.02.	15.02.	15.02.	15.02.	15.02.	15.02.	15.02.	16.02.
	Teiln.	167	57	41	24	29	19	17	13	14
	(in %)	25,65	8,76	6,30	3,69	4,45	2,92	2,61	2,00	2,15
WS15	Start	09.11.	17.11.	23.11.	07.12.	14.12.	11.01.	18.01.	08.02.	09.02.
	Ende	15.02.	15.02.	15.02.	15.02.	15.02.	15.02.	15.02.	15.02.	15.02.
	Teiln.	156	50	31	19	25	14	19	26	30
	(in %)	25,79	8,26	5,12	3,14	4,13	2,31	3,14	4,30	4,96

der Vorlesung GdI2. Während in den *WS*13 bis *WS*15 jeweils ein Survey für die einzelnen Kapitel mit je 10 Fragen (mit einer Ausnahme) angeboten wurde, wurden im *WS*12 (mit Ausnahme des zweiten Kapitels) je zwei zusammengefasst, sodass lediglich 5 statt 9 Selbsttests veröffentlicht wurden. Folgende weiteren Unterschiede sind zu beachten:

WS12. Wie Tab. 6.23 darstellt, wurden die Surveys im *WS*12 lediglich in der letzten Vorlesungswoche in umgekehrter Reihenfolge der Kapitel angeboten. Die erste gestellte Umfrage (Kapitel 9 und 10) hat fast doppelt so viele Teilnehmer wie die übrigen.

WS13. Im Gegensatz zum *WS*12 wurden die Surveys im *WS*13 parallel zu den Inhalten der Vorlesung gestellt. Hierbei war zuerst die Absicht, die jeweiligen Surveys nur für den beschränkten Zeitraum von einer Woche anzubieten. Aufgrund studentischer Rückfragen wurde jedoch im Laufe des Semesters beschlossen, diese bis Semesterende dauerhaft zur Verfügung zu stellen. Aufgrund technischer Schwierigkeiten sind die Selbsttests jedoch ab Kapitel 7 nicht durchgängig abrufbar gewesen, so dass sich hierdurch die sehr geringen Teilnehmerzahlen begründen lassen. Allerdings zeigen auch diese Daten, dass die zuerst gestellten Selbsttests von deutlich mehr Studierenden verwendet wurden.

WS14 und WS15. Im Vergleich zu den vorausgehenden Semestern wurden die Surveys in diesen ab dem Zeitpunkt der inhaltlichen Aktualität in der Vorlesung bis Semesterende zur Verfügung gestellt. Dennoch zeigt sich ein ähnlicher Schwund an Teilnehmern bis Semesterende.

Die Verwendung der Selbsttests wurde seitens der Studierenden im Verlauf der untersuchten Semester in verschiedener Ausführung erprobt und immer weiter optimiert. Während im *WS*12 lediglich 5 Selbsttests zur Verfügung standen, waren es in den darauffolgenden Semestern bereits 9. Ab dem *WS*14 konnten die Selbsttests auch ohne technische Probleme eingesetzt werden.

Die Akzeptanz durch den Dozenten hinsichtlich des *LQT* hat vom *WS*12 bis *WS*15 vor allem bezüglich des dauerhaften Einsatzes der Multiple-Choice-Fragen deutlich zugenommen. So wurde im *WS*15 pro Vorlesung jeweils eine Wiederholungsfrage zu Beginn der zweiten Vorlesungshälfte gestellt, so dass den Studierenden der Einstieg nach der Pause erleichtert werden konnte.

6.5.4 Akzeptanz Studierende (Qualitätskriterium 3)

Die Akzeptanz durch die Studierenden wird im Folgenden anhand der Verwendungshäufigkeit sowie der Verwendungsart der nuKIT-Tools untersucht.

Verwendungshäufigkeit. Die Verwendungshäufigkeit der nuKIT-Tools durch die Studierenden kann anhand der Login-Daten der Datenbank sowie der eigenen Einschätzung in der Evaluation ermittelt werden. Abb. 6.55 basiert auf den Datensätzen der Datenbank und gibt wieder, wie viele Studierende mindestens *n* Login-Vorgänge vorgenommen haben (vgl. auch [243]). Auffallend ist die große Nutzeranzahl von mehr als 1.000, die sich pro Semester mindestens einmal eingeloggt haben. Aufgrund der Tatsache, dass sich die Anzahl der GdI2-Studierenden nur zwischen circa 500 und 650 (vgl. Tab. 4.3) bewegt, zeigt sich hier einerseits der Einfluss der Verwendung unterschiedlicher mobiler Endgeräte durch die Nutzer sowie das Löschen oder Unterdrücken von Cookies (vgl. hierzu auch Abschn. 6.5.2 sowie [102]). Die Datensätze der Nutzer, die sich mindestens zweimal eingeloggten haben, sind aussagekräftiger, da davon ausgegangen werden kann, dass diese Studierenden die Speicherung von Cookies zumindest zeitweise erlaubt haben. Zur Interpretation der Login-Daten werden demnach die Mehrfachnutzer der Anzahl Studierender pro Semester gegenübergestellt (vgl. Tab. 4.3).

Die prozentuale Verteilung der Mehrfachnutzer ist in Tab. 6.24 gelistet. Bei der Beurteilung des Trendverhaltens in der Anzahl der Mehrfachnutzer zeigen sowohl die absoluten Werte aus Abb. 6.55 (betrachtet ab $n \geq 2$) als auch die prozentuale Nutzerverteilung in Tab. 6.24 einen Hochpunkt im *WS*13. Das *WS*15 schneidet mit 24,30% an

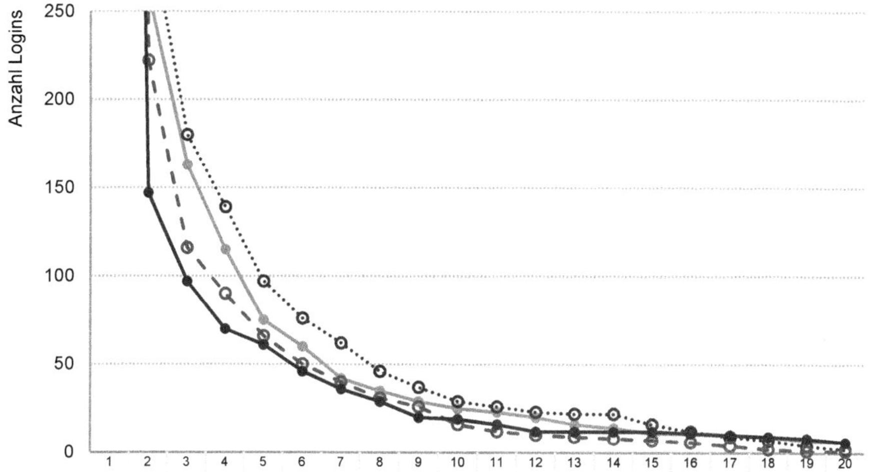

Login	1	2	3	4	5	6	7	8	9	10	11	12	13	14	15	16	17	18	19	20
WS12	1253	260	163	115	75	60	42	35	29	25	23	20	16	14	11	11	10	9	7	6
WS13	2028	300	180	139	97	76	62	46	37	29	26	23	22	22	16	12	9	7	4	2
WS14	1739	222	116	90	66	50	40	31	26	16	12	10	9	8	7	6	4	2	1	1
WS15	1311	147	97	70	61	46	36	29	20	19	16	12	12	12	12	11	10	9	8	6

Abb. 6.55. Kumulierte Logindaten der Nutzer. Die Abbildung beschreibt für die *WS*12 bis *WS*15, wie viele GdI2-Studierende mindestens *n* Login-Vorgänge durchgeführt haben (in Anlehnung an [243]). Es ist zu beachten, dass die y-Achse nicht vollständig abgebildet ist. Für eine genauere Analyse der Datenwerte ist die Datentabelle abgebildet.

Tab. 6.24. Prozentuale Verteilung der nuKIT-Mehrfachnutzer. Die prozentuale Verteilung der nuKIT-Mehrfachnutzer ist auf Basis der GdI2-Studierendenanzahl berechnet (vgl. Tab. 4.3).

	*WS*12	*WS*13	*WS*14	*WS*15
Mehrfachnutzer	45,06%	57,92%	34,10%	24,30%

Mehrfachnutzern am schlechtesten ab. Unter der Annahme, dass ein Mehrfachnutzer sich lediglich für ein einziges mobiles Endgerät entscheidet (wobei dieser auch mehrere Geräte als Einmalnutzer ausprobiert haben kann) und Cookies zulässt, kann die prozentuale Verteilung der Mehrfachnutzer auf Basis der Studierenden als Untergrenze für den Prozentsatz der GdI2-Studierenden betrachtet werden, die die nuKIT-Tools einsetzen.

Allerdings zeigen die Login-Daten nicht, wie viele der Studierenden die nuKIT-Tools auch verwenden. Diese Frage wird in Abb. 6.56 anhand der Auswertung der eLearning-Evaluation, Fragen 3.1 und 3.2 (vgl. Anh. A.4, vgl. auch [243]) analysiert. Frage 3.1 ermittelt den Prozentsatz der in der Vorlesung anwesenden Studierenden, die die nuKIT-Tools gestartet haben (vgl. auch Tab. 6.20 sowie Abb. 6.48), Frage 3.2 den entsprechenden Prozentsatz der Studierenden, die die Tools verwendet haben. Das Balkendiagramm zeigt, dass über alle untersuchten Semester mindestens 50% der an-

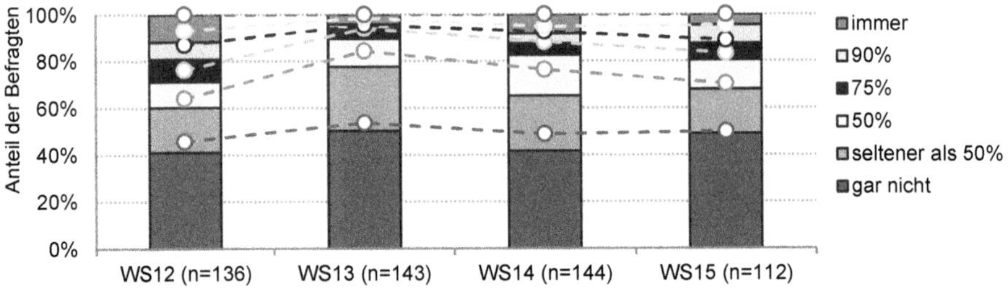

Abb. 6.56. Login und Verwendungshäufigkeit der nuKIT-Tools. Die in der Grafik dargestellten Daten basieren auf den Aussagen der Studierenden über die eLearning Evaluation (vgl. Anh. A.4, Fragen 3.1 bzw. 3.2). Das Balkendiagramm zeigt, wie oft die anwesenden Studierenden von GdI2 während der Vorlesungen pro Semester die nuKIT-Tools gestartet haben. Im Vergleich hierzu veranschaulichen die Liniendiagramme die entsprechende Häufigkeit der Verwendung der nuKIT-Tools (in Anlehnung an [243]).

wesenden Studierenden die nuKIT-Tools mindestens einmal gestartet haben. Erstaunlicherweise erreicht das *WS*13, welches im Hinblick auf die Mehrfachnutzer am besten abgeschnitten hat, mit 50 % Studierender, welche die nuKIT-Tools gar nicht verwendet haben, den schlechtesten Wert. Auch bei der prozentualen Aufschlüsselung der Loginhäufigkeit schneidet dieses Semester am schlechtesten ab. Mit Ausnahme dieses Semesters starteten mehr als 30 % der anwesenden Studierenden die nuKIT-Tools in mindestens 50 % der besuchten Vorlesungen. Die Verwendungshäufigkeit, welche über das Liniendiagramm dargestellt ist, zeigt, dass die Studierenden die nuKIT-Tools fast ausschließlich gestartet haben, wenn sie diese auch verwendet haben.

Der Rückgang der Mehrfachnutzer von 57,92 % im *WS*13 auf 24,30 % der Studierenden im *WS*15, erweckt den Eindruck, dass nicht alle Studierenden an der regelmäßigen Verwendung der Tools interessiert sind. Allerdings kann diese Aussage nicht pauschal getätigt werden, da die Tools verschiedene Funktionalitäten anbieten, an welchen das Interesse seitens der Studierenden unterschiedlich groß sein kann. Zudem könnte der Rückgang der Anwesenheitszahlen bezüglich der Präsenzveranstaltung (vgl. Abb. 6.1) auch ein Grund für die niedrigen Werte der Mehrfachnutzer sein.

Verwendungsart. Bei Betrachtung der Verwendungsart der nuKIT-Tools durch die Studierenden werden diese in die zwei Teilbereiche *SIT* und *LQT* aufgeteilt diskutiert.

SIT-Geschwindigkeitsbewertung. Eine Grundfunktion des *SIT* stellt die Bewertung der Vortragsgeschwindigkeit des Dozenten durch die Studierenden dar. Tab. 6.25 gibt einen Überblick über die Verteilung der Bewertungsmöglichkeiten „Schneller“, „Genau richtig“ und „Langsamer“ (vgl. auch [243]). Erwähnenswert ist hierbei, dass die Studierenden dem Dozenten nicht nur dann Rückmeldung geben, wenn seine Vortragsgeschwindigkeit zu schnell oder zu langsam ist, sondern insbesondere auch,

Tab. 6.25. Prozentuale Verteilung der Bewertungsmöglichkeiten bezüglich der Vortragsgeschwindigkeit. Die Anteile der Geschwindigkeitsbewertungen „Schneller“, „Genau richtig“ und „Langsamer“ sind für die Untersuchungssemester prozentual dargestellt. Zudem enthält die Tabelle eine Übersicht über die Gesamtanzahl aller Bewertungen und die durchschnittliche absolute sowie relative Anzahl pro Anwesendem pro Vorlesung bezogen auf jedes Semester (in Anlehnung an [165, 243]).

	***WS*12**	***WS*13**	***WS*14**	***WS*15**
Schneller	20,11%	33,03%	27,62%	26,51%
Genau richtig	44,46%	35,76%	39,19%	59,34%
Langsamer	35,42%	31,21%	33,19%	14,16%
Σ (absolut)	542	330	467	332
ø-Anzahl pro Vorlesung	20,85	12,69	17,96	12,30
ø-Anzahl pro anwesendem Stud.	0,21	0,14	0,16	0,17

wenn diese genau richtig ist. So erreicht der Anteil der „Genau richtig“-Bewertungen im *WS*15 fast 60%; für die übrigen Semester liegt dieser zwischen 35% und 45%. Die durchschnittliche Anzahl Bewertungen pro Vorlesung erreicht in jedem Semester den zweistelligen Bereich; besonders die *WS*12 und *WS*14 zeigen eine rege Beteiligung der Studierenden während der Vorlesung; bei Betrachtung der durchschnittlichen Anzahl Geschwindigkeitsbewertungen pro Studierendem während einer Vorlesung erreicht das *WS*12 mit 0,21 Bewertungen den höchsten Wert.

Die zeitliche Verteilung der Geschwindigkeitsbewertungen sowie die Anzahl der daran beteiligten Nutzer ist in Abb. 6.57 abgebildet (vgl. auch [243]). Die Anzahl der Votings sind in zeitlicher Abfolge der Vorlesungen als Balkendiagramm dargestellt. In allen vier Semestern fällt auf, dass die Geschwindigkeitsbewertung insbesondere zu Semesterstart verstärkt zum Einsatz gekommen ist. Dies ist einerseits der Tatsache geschuldet, dass die nuKIT-Tools von den Studierenden zu Beginn vermehrt „ausprobiert“ wurden und andererseits die Teilnehmerzahlen deutlich höher waren, wie durch die gestrichelter Linie erkennbar ist.[19] Die Anzahl der Geschwindigkeitsabgaben korreliert in allen Semestern mit der Anzahl anwesender Studierender positiv. Lediglich die zwei Saalübungen pro Semester, die an den zwei Peaks zur Semestermitte bzw. zu Semesterende der Anwesenheitszahlen erkennbar sind, haben nur einen leichten bis gar keinen Einfluss auf die Geschwindigkeitsbewertungen.

Die Anzahl der Studierenden, die eine Geschwindigkeitsbewertung abgegeben haben, ist durch die schwarze Linie gekennzeichnet. Es zeigt sich, dass deutlich mehr Bewertungen abgegeben wurden als Studierende sich daran beteiligt haben, so dass die meisten Nutzer mehrfach gevotet haben müssen. Allerdings wurden einige Datensätze mit einer fehlerhaften Benutzerzuordnung gespeichert, so dass diese keinem

19 Fehlende Teilnehmerzahlen wurden, sofern sie nicht am Rand lagen, linear interpoliert. Fehlende Anwesenheitszahlen zu Semesterbeginn bzw. -ende wurden durch eine 10%-ige Abnahme pro Termin berechnet.

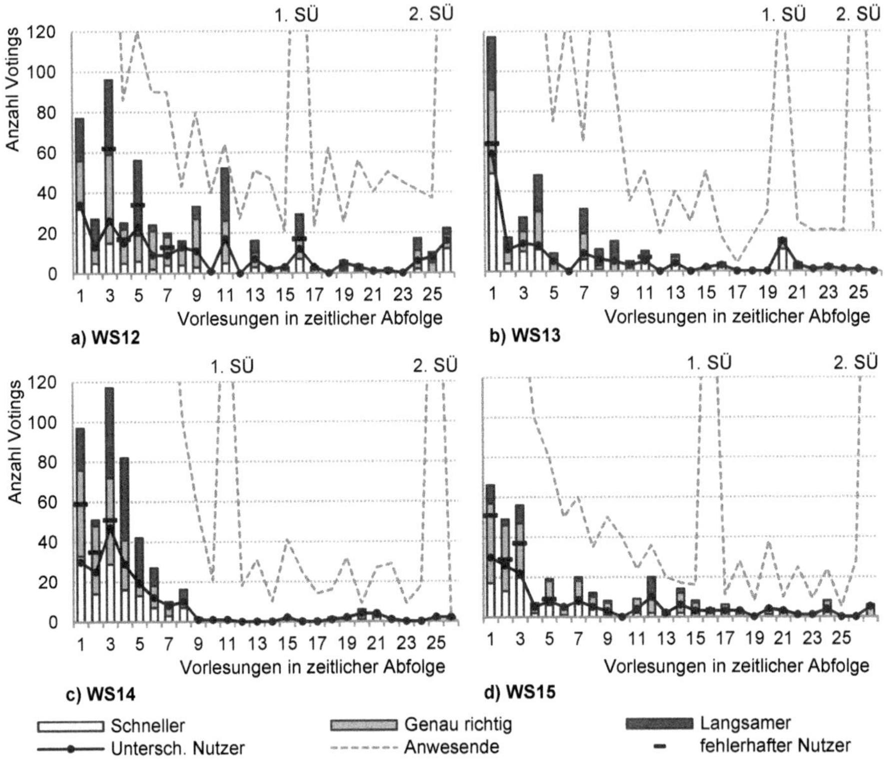

Abb. 6.57. Verwendungshäufigkeit der nuKIT-Geschwindigkeitsbewertung. Die Geschwindigkeitsbewertung ist aufgeteilt in „Schneller“, „Genau richtig“ und „Langsamer“ und ist für die *WS*12 bis *WS*15 (a) bis d)) dargestellt. Die durchgängige Linie beschreibt die Anzahl unterschiedlicher Nutzer der Geschwindigkeitsbewertung an den einzelnen durchnummerierten Vorlesungsterminen von GdI2; die gestrichelte Linie gibt die Anzahl anwesender Studierender an, wobei diese, aufgrund der besseren Lesbarkeit, bei einer Teilnehmerzahl von 120 abgeschnitten ist (in Anlehnung an [243]).

Nutzer zugeordnet werden konnten und folglich als ein einzelner Nutzer gewertet wurden. Die Querbalken in Abb. 6.57 deuten an, wie sich die Größe der Nutzergruppe verändern würde, wenn jede Bewertung dieses fehlerhaften Nutzers als von einem anderen Nutzer abgegeben gewertet werden würde. Unter dieser Annahme haben sich zu Beginn der Semester in jedem Semester fast 60 verschiedene Studierende an den Feedback-Werkzeugen beteiligt. Im *WS*13 und *WS*14 ist allerdings, im Gegensatz zu den anderen beiden Semestern, kaum eine Aktivität ab der Mitte des Vorlesungszyklus zu beobachten. Die stärkste Interaktivität verzeichnet das *WS*12, gefolgt vom *WS*15. Dies wird auch durch die Anzahl an Votings von 542 bzw. 0,21 Votings pro anwesendem Studierendem im *WS*12 (vgl. Tab. 6.25) deutlich.

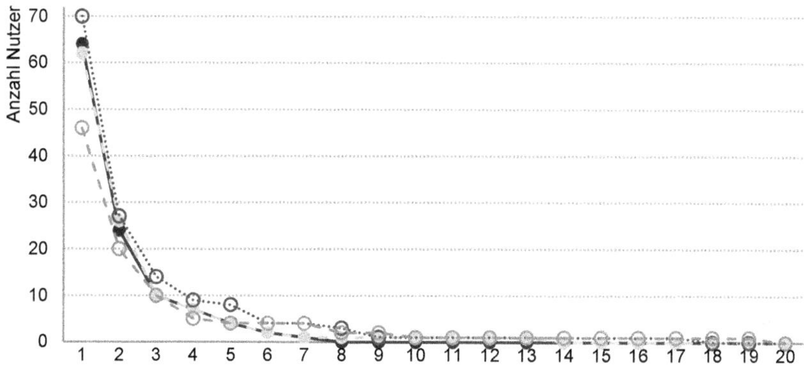

	1	2	3	4	5	6	7	8	9	10	11	12	13	14	15	16	17	18	19	20
WS12	64	24	10	7	4	2	1	0	0	0	0	0	0	0	0	0	0	0	0	0
WS13	62	26	10	7	4	2	1	1	1	1	1	1	1	0	0	0	0	0	0	0
WS14	70	27	14	9	8	4	4	3	1	1	1	1	1	1	1	1	1	0	0	0
WS15	46	20	10	5	4	4	4	2	2	1	1	1	1	1	1	1	1	1	1	0

Anzahl Fragen kumuliert

Abb. 6.58. Verwendungshäufigkeit der SIT-Fragefunktion. Die Liniendiagramme zeigen für das *WS*12 bis *WS*15, wie viele der Nutzer über die Fragefunktion mindestens *n*-Fragen gestellt haben.

SIT-Fragefunktion. Die zweite Funktion des *SIT* bietet den Studierenden die Möglichkeit, anonyme Fragen an den Dozenten zu stellen. Abb. 6.58 gibt einen Überblick, wie viele Nutzer in den *WS*12 bis *WS*15 mindestens *n*-Fragen über die Fragefunktion gestellt haben. Dadurch ergeben sich insgesamt im *WS*12 bis *WS*15 112, 118, 148 bzw. 107 von den Studierenden gestellte Fragen. Diese wurden von 64 im *WS*12 bzw. 62 im *WS*13 unterschiedlichen Nutzern gestellt, sofern die Richtigkeit der Nutzerzuordnung aufgrund der Cookie-Problematik zugrunde gelegt wird. Für den Nutzer, der im *WS*14 9 bzw. im *WS*15 17 Fragen gestellt hat, ist eine genaue Nutzerzuordnung aufgrund einer fehlerhaften Nutzerberechnung nicht möglich, so dass sich eine Nutzerspanne von [70; 78] bzw. [46; 62] ergibt. Das *WS*14 weist somit absolut gesehen die stärkste Beteiligung auf. Bei Zugrundelegung der Besucherzahlen der Vorlesung[19] errechnet sich eine durchschnittliche Beteiligung von etwa 5 % für die einzelnen Semester, so dass jeder zwanzigste Anwesende eine Frage gestellt hat. Der prozentuale Anteil der beteiligten Studierenden bezogen auf alle GdI2-Studierenden beläuft sich auf Werte zwischen 10% und 12%, sofern die oberen Grenzwerte betrachtet werden. Interessanterweise verwenden die Studierenden in allen vier beobachteten Semestern die Fragefunktion in ähnlichem Umfang, so dass diese Werte als Richtwerte für kommende Semester geplant werden können. Die exakten Werte sind Tab. 6.26 zu entnehmen.

Der relative Anteil Fragender an der Gesamtanzahl Studierender auf Basis der Daten aus der Datenbank wird im Folgenden mit dem Ergebnis der eLearning-Evaluation zur Fragestellung „Wie viele Fragen haben Sie in dieser Vorlesung über die nuKIT-Tools insgesamt gestellt?“ verglichen (vgl. Abb. 6.59). Es fällt auf, dass der prozentuale Anteil Fragender auf Basis der Einschätzung der Studierenden mit Werten von

Tab. 6.26. Beurteilungskriterien der SIT-Fragefunktion. Die Tabelle gibt eine Übersicht über die Verwendung der SIT-Fragefunktion anhand der „Fragen gesamt“, der absoluten sowie relativen „Anzahl Fragender“ von allen GdI2-Studierenden sowie der „durchschnittlichen Beteiligung“ bezogen auf die Anzahl Anwesender in den *WS*12 bis *WS*15.

	*WS*12	*WS*13	*WS*14	*WS*15
Fragen gesamt	112	118	148	107
absolute Anzahl Fragender	64	62	[70;78]	[46;62]
relative Anzahl Fragender (in %)	11,09	11,97	[10,75;11,98]	[7,60;10,25]
ø-Beteiligung (in %)	4,27	5,07	4,95	5,34

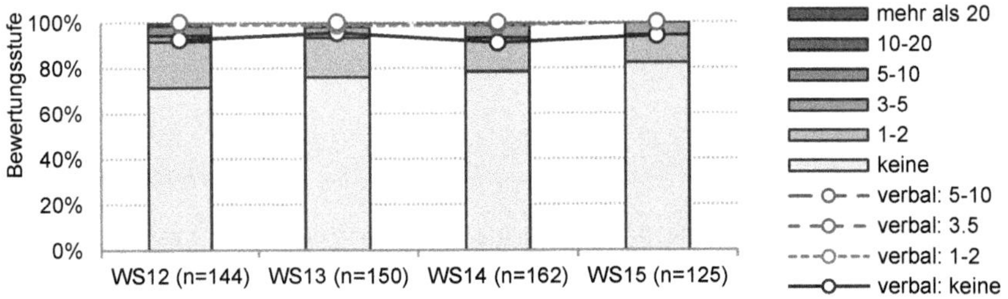

Abb. 6.59. Vergleich der Fragehäufigkeit über nuKIT oder verbal. Die Anzahl der über das *SIT* gestellten Fragen überragt die der verbal gestellten Fragen deutlich (vgl. Anh. A.4, Fragen 3.5 und 3.6)

28,50%, 24,00%, 21,60%, 17,60% vom *WS*12 zum *WS*15 deutlich über denen der Datenbank liegt. Dies ist allerdings nicht überraschend, da bei der eLearning Umfrage während der Saalübung vermehrt die Studierenden anwesend sind, welche sich intensiv mit der Lehrveranstaltung auseinandersetzen. Die Tatsache, dass die meisten Studierenden nur 1 bis 2 Fragen stellen, deckt sich allerdings mit den Ergebnissen aus Abb. 6.58. Interessant ist zudem, dass viel weniger Studierende ihre Fragen verbal gestellt haben. Daraus lässt sich schließen, dass die Studierenden, unabhängig vom Semester, es bevorzugen, ihre Fragen über die nuKIT-Tools zu stellen.

Die zeitliche Verteilung der über das *SIT* gestellten Fragen ist in Abb. 6.60[20] dargestellt. Die Tendenz der Studierenden, in der ersten Vorlesung verstärkt Fragen zu stellen, kann auf die Vorstellung und Neuartigkeit des Werkzeugs zurückgeführt werden [165]. Interessanterweise ist diese „Trainingsphase“ im *WS*12 nicht zu beobachten. Dies könnte darauf zurückgeführt werden, dass die nuKIT-App zu Beginn des *WS*12 neu eingeführt wurde und in der ersten Präsenzveranstaltung technische Probleme die Verwendung des Werkzeugs erschwerten. Diese Trainingsphase zeigt sich auch bei der Kategorisierung der Fragen nach „inhaltlich“, „organisatorisch“, „irrelevant“

20 Fehlende Teilnehmerzahlen wurden, sofern sie nicht am Rand lagen, linear interpoliert. Fehlende Anwesenheitszahlen zu Semesterbeginn bzw. zu Semesterende wurden pro Termin durch eine 10%-ige Abnahme geschätzt.

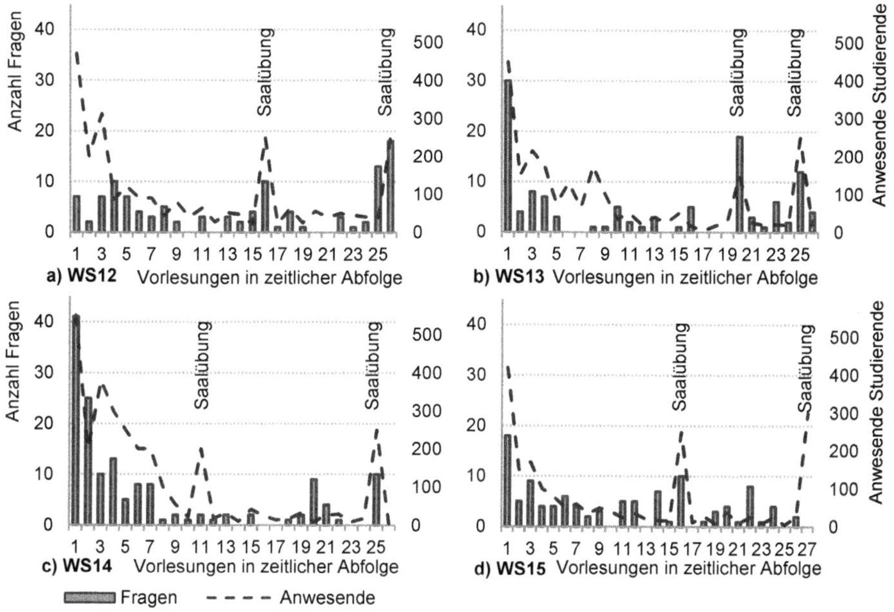

Abb. 6.60. Verwendungshäufigkeit der SIT-Fragefunktion im zeitlichen Verlauf. Das Balkendiagramm gibt die Anzahl Fragen pro Vorlesung für das *WS*12 (a), *WS*13 (b), *WS*14 (c) und *WS*15 (d) an. Im Vergleich hierzu beschreibt das Liniendiagramm die Anzahl anwesender Studierender.

und „störend" sowie der Analyse der Verteilung dieser Fragenkategorien über den Semesterverlauf, wie in [165] geschehen. In [165] wird von Pfeiffer-Bohnen anhand zweier Kurse gezeigt, dass der Anteil insbesondere störender Fragen zu Semesterbeginn deutlich über dem Durchschnitt des gesamten Semester liegt und mit fortschreitendem Semester abnimmt. Dieser Einfluss ist allerdings nicht bei der Abgabe der Votings zu beobachten (vgl. Abb. 6.57). Mit Ausnahme der ersten Vorlesung werden pro Vorlesung selten mehr als zehn Fragen gestellt; Ausnahmen hierzu bilden insbesondere die Saalübungen, zu denen aber auch mehr Studierende anwesend waren (vgl. Liniendiagramm in Abb. 6.60).

LQT-Multiple-Choice-Fragen. Das *LQT* kann von den Studierenden nur verwendet werden, wenn der Dozent für die Studierenden einzelne Multiple-Choice-Aufgaben freigibt. Diese Aufgaben können entweder innerhalb einer Präsenzveranstaltung zum Lösen vor Ort verwendet oder als Selbsttest anhand eines Surveys für einen längeren Zeitraum zur Verfügung gestellt werden (vgl. Abschn. 5.1.3).

Die Partizipation an den während der Vorlesung gestellten Fragen ist in Abb. 6.54 beschrieben. Auffallend ist hierbei, dass die Teilnehmerquote bei Fragen in der zweiten Hälfte des Semesters tendenziell höher ist als in der ersten Hälfte. Diese Beobachtung kann dadurch erklärt werden, dass im Laufe des Semesters durch die zur Ver-

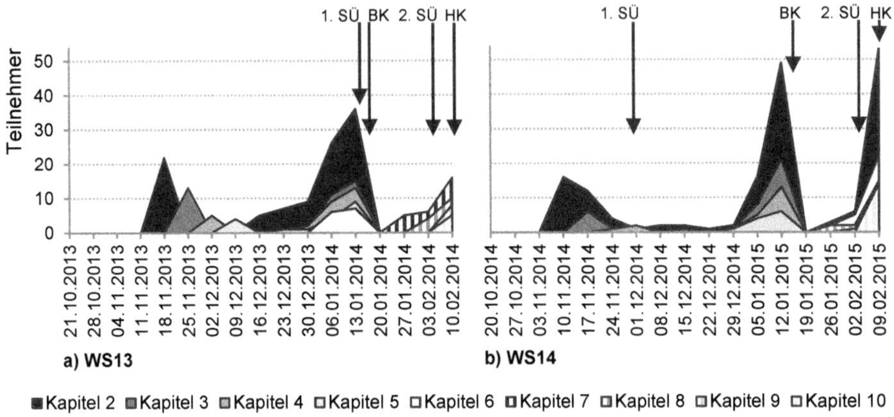

Abb. 6.61. Zeitliche Verteilung der Survey-Teilnahme. Die Liniendiagramme zeigen die zeitliche Verteilung der Teilnahme an den einzelnen Surveys in GdI2 auf Wochenbasis im *WS*13 und *WS*14. Zur Identifizierung der Abhängigkeit zwischen Teilnahme und Saalübung (SÜ), Bonusklausur (BK) und Hauptklausur (HK) ist der Zeitpunkt dieser durch Pfeile gekennzeichnet (in Anlehnung an [243]).

fügung gestellten Vorlesungsaufzeichnungen insbesondere diejenigen Studierenden die Vorlesung besuchen, die aktiv an der „Präsenzveranstaltung“ teilnehmen möchten. Ein Zusammenhang zwischen der Teilnehmerquote sowie der Anzahl gestellter Fragen ist nicht zu erkennen. Allerdings weist das *WS*15 mit den meisten gestellten Fragen auch die höchste durchschnittliche Teilnehmerquote auf, so dass kein Sättigungswert bezüglich der Anzahl gestellter Fragen zu erkennen ist.

LQT-Surveyfunktion. Eine Übersicht über das zeitliche Angebot der Selbsttests sowie die absoluten und relativen Teilnehmerzahlen wurde bereits in Abschn. 6.5.3, Tab. 6.23 gegeben. Das Teilnehmerverhalten ist in allen untersuchten Semestern ähnlich, unabhängig davon, wann die Selbsttests angeboten worden sind. Der zeitlich erste angebotene Selbsttest erfährt am meisten Zulauf. Dieser liegt zwischen 22% und 26%. Danach nimmt das Interesse sukzessive ab, im *WS*13 sogar auf unter 1%. Ein Grund dafür könnte sein, dass die Studierenden keinen Nutzen in den Selbsttests sehen. Die durchschnittlichen Teilnehmerzahlen liegen pro Semester bei 12,27%, 6,05%, 6,50%, 6,79 vom *WS*12 bis zum *WS*15.

Zur Analyse der zeitlichen Verteilung der Antworten innerhalb des Semesters stellt Abb. 6.61 die Anzahl der Teilnehmer auf Wochenbasis für die *WS*13 und *WS*14 dar (vgl. auch [243]). Eine Aufschlüsselung für das *WS*12 ist hinfällig, da die Selbsttests nur in der letzten Woche zur Verfügung gestellt worden sind. Die Daten des *WS*15 sind aufgrund von Datenbankproblemen verloren gegangen, so dass keine detaillierte Betrachtung möglich ist.

Die vorhandenen Daten aus den *WS*13 und *WS*14 weisen auf das abnehmende Interesse der Studierenden hin. Ein erster Nutzerzuwachs zeigt sich in beiden Semes-

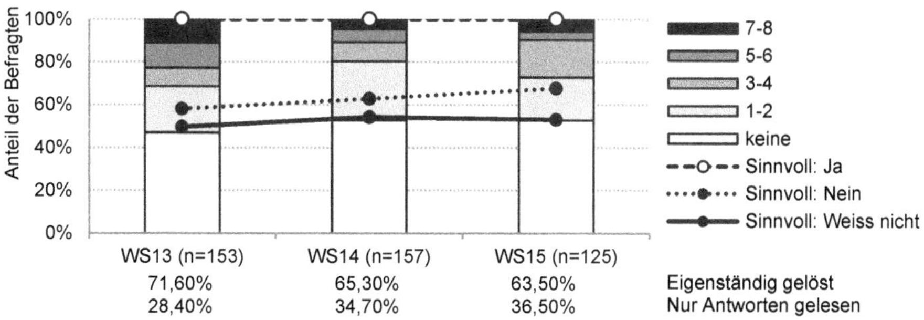

Abb. 6.62. Verwendungshäufigkeit der nuKIT Selbsttests. Das Balkendiagramm zeigt die Verwendung der Selbsttests durch die Studierenden. Die Liniendiagramme geben Antwort auf die Fragestellung „Fanden Sie die Selbsttests über nuKIT sinnvoll?“ (vgl. Anh. A.4, Fragen 3.13 und 3.14).

tern bei den ersten vier Selbsttests direkt nachdem diese im Wochenrhythmus freigeschaltet worden sind. Die Pause über den Jahreswechsel erwirkt einen Rückgang der Teilnehmerzahlen, bis kurz vor der Bonusklausur wieder ein verstärktes Interesse an den Surveys aufkommt. Bis zu diesem Zeitpunkt ist allerdings nur die erste Hälfte der Selbsttests veröffentlicht. Der letzte Zeitabschnitt bis zur Hauptklausur scheint für die Studierenden zu kurz zu sein, um die verbleibenden Tests zu bearbeiten. Der Zugriff auf diese Surveys liegt deutlich unter dem der ersten Hälfte. Das geringe Interesse könnte auch durch ein Zeitproblem vor der Hauptklausur entstanden sein. Allgemein ist die Teilnahme an den Selbsttests ereignisorientiert durch die erstmalige Veröffentlichung, die Bonus sowie die Hauptklausur. Der Zeitpunkt der Saalübung hat keinen merklichen Einfluss auf die Verwendung der Surveys; lediglich im *WS*15 könnte durch die zweite Saalübung eine Aktivierung der Studierenden zur Verwendung der Surveys entstanden sein.

Die Analyse der Fragen 3.13 und 3.14 der eLearning-Evaluation (vgl. Anh. A.4) kann Aufschluss über die Gründe der geringen Verwendungszahlen liefern. Abb. 6.62 stellt die Ergebnisse graphisch dar. Circa 50 % der Studierenden haben die Selbsttests bis zum Zeitpunkt der Evaluation (noch) nicht gelöst und können folglich auch keine Aussage dazu machen, ob die Selbsttests sinnvoll sind oder nicht (schwarze durchgängige Linie). Es wird davon ausgegangen, dass die verbleibenden 50 % die Selbsttests zumindest teilweise verwendet haben. Hiervon fanden im *WS*13 und *WS*14 etwa 8,50 % diese nicht sinnvoll; im *WS*15 steigt der Wert auf 14,60 %. Allerdings halten die verbleibenden Studierenden die Selbsttests für sinnvoll, was aber nicht bedeutet, dass sie diese auch komplett gelöst haben. Die Studierenden geben als Gründe dafür, dass sie sich die Selbsttests nicht angeschaut haben, hauptsächlich „Keine Zeit“, „Wird noch nachgeholt“ sowie „Genügend andere Übungsmöglichkeiten“ (vgl. Anh. A.4, Frage 3.16) an. Demnach ist sowohl der Aspekt des Desinteresses als auch der der Zeit ein Grund für die geringe Beteiligung an den Tests. Allerdings zeigen die Prozentwerte unterhalb Abb. 6.62 einen weiteren Grund für die niedrigen Messwerte. Zwischen

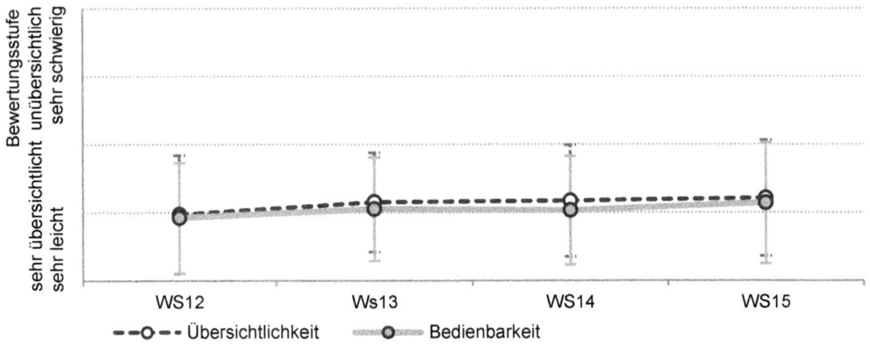

Abb. 6.63. Design-Bewertung der nuKIT-Tools. Die Bewertung der „Übersichtlichkeit“ sowie der „Bedienbarkeit“ verschlechtert sich über die vier Beobachtungssemester leicht (vgl. Anh. A.4, Fragen 4.1 und 4.2).

28,40 % und 36,50 % haben die Selbsttests nur gelesen. Da diese Verwendungsart keine in der Datenbank gespeicherte Interaktion erfordert, sind diese bei den gemessenen Nutzerzahlen auch nicht enthalten. Demnach liegen die tatsächlichen Teilnehmerzahlen deutlich über den gemessenen.

6.5.5 Produktqualität (Qualitätskriterium 4)

Anhand der eLearning-Evaluation hatten die Studierenden die Möglichkeit, sowohl das Design als auch die nuKIT-Tools als Gesamtkonzept zu bewerten.

Design. Abb. 6.63 zeigt die Bewertung des Designs der nuKIT-Tools. Während der *WS*12 bis *WS*15 sind lediglich vereinzelte Funktionalitäten verändert und ergänzt worden. An dem Gesamtdesign hat sich nur wenig verändert. Dies zeigt sich auch bei der Bewertung durch die Studierenden. Sowohl die Übersichtlichkeit als auch die Bedienbarkeit der nuKIT-Tools schneiden konstant und fast identisch um die zweite Bewertungsstufe auf der Skala von eins bis fünf ab. Allerdings scheint der Anspruch der Studierenden hier leicht zuzunehmen, da beide Kurven einen leichten, aber eindeutigen Verschlechterungstrend aufweisen.

Gesamtbewertung. Das Ergebnis der Gesamtbewertung der nuKIT-Werkzeuge (vgl. Anh. A.4, Frage 4.5) ist in Abb. 6.64 dargestellt. Die nuKIT-Tools wurden demnach auf einer 5-Punkte-Skala mit den Durchschnittswerten von 1,87, 2,04, 1,66 und 1,90 für die *WS*12 bis *WS*15 bewertet. Mehr als 30 % der Studierenden bewerteten die Tools durchgängig als „sehr sinnvoll“, im *WS*14 waren dies sogar 45 %. Von mehr als 70 % der Studierenden wurden sie als „sinnvoll“ erachtet.

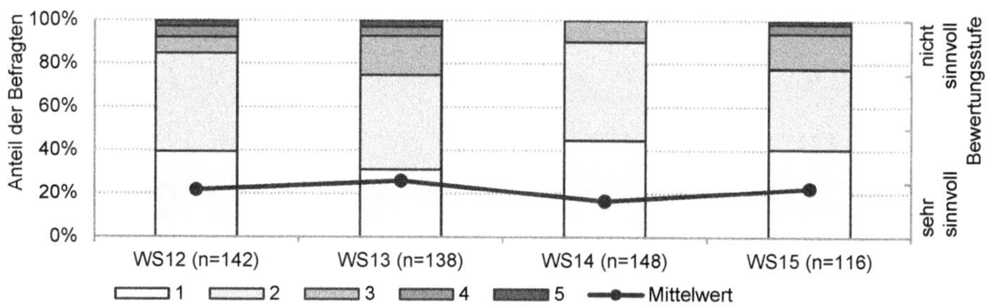

Abb. 6.64. nuKIT Gesamtbewertung. Das Balkendiagramm zeigt das Meinungsbild zur Fragestellung „Wie sinnvoll fanden Sie den Einsatz der nuKIT-Tools in der Vorlesung?"; das Liniendiagramm gibt den jeweiligen Mittelwert des entsprechenden Semesters an (vgl. Anh. A.4, Frage 4.5).

6.5.6 Zeit- und Ortsunabhängigkeit (Qualitätskriterium 5)

Beim Einsatz eines eLearning-Werkzeugs ist insbesondere die zeit- und ortsunabhängige Nutzung von Interesse (vgl. Abschn. 2.4.2). Bei der Auswertung der Login-Daten der nuKIT-Tools zur Bestimmung dieser Eigenschaften wurden alle Datensätze während der Vorlesungszeit zugrunde gelegt, d. h. es wurde nicht unterschieden in Vorlesungszeiten und Nicht-Vorlesungszeiten.

Zeitunabhängigkeit. Das besondere Interesse bei der Analyse der zeitunabhängigen Nutzung gilt der Unterteilung der Woche in Arbeitszeit und Freizeit. In Abb. 6.65 werden die Logins der nuKIT-Tools auf Stundenbasis analysiert. Als Arbeitszeit wird der Zeitraum von 9.00 Uhr bis 17.00 Uhr betrachtet; die restlichen Stunden gelten als Freizeit. Die Freizeit ist durch eine graue Schattierung hervorgehoben. Zudem sind die Vorlesungszeiten markiert (montags, 11.15 Uhr bis 13.00 Uhr und mittwochs, 8.00 Uhr bis 9.30 Uhr). Auffallend sind die starken Ausschläge während eben diesen Vorlesungszeiten (graue Linie). Interessanterweise schneidet dabei die 8.00 Uhr Vorlesung in allen Semestern deutlich schlechter ab als die Vorlesung um 11.45 Uhr. Offensichtlich hindert diese frühe Vorlesung, die nach Definition sogar in die „Freizeit" hineinragt, die Studierenden daran, sich verstärkt an den nuKIT-Tools zu beteiligen. Sowohl bei den Liniendiagrammen an Wochentagen ohne Vorlesung (grau gestrichelt) als auch bei denen am Wochenenden (schwarz gepunktet) ist kein eindeutiger Trend zwischen Arbeitszeit und Freizeit zu erkennen.

Zusätzlich schlüsselt Abb. 6.66 die Logins auf Tage auf. Tage, an welchen die GdI2-Vorlesung stattfindet (grau schattiert), erreichen in allen Semestern die meisten Logins. Dies ist aufgrund der Tatsache, dass außerhalb der Vorlesungszeiten nur auf die Surveys zugegriffen werden kann, nicht überraschend. Ein leichter Abfall im Login-Verhalten der Studierenden ist am Wochenende zu beobachten.

Abschließend werden die Logins gemäß der Zeitabhängigkeit in Tab. 6.27 nach Vorlesungszeit (Mo 11.00 Uhr – 13.00 Uhr und Mi 8.00 Uhr – 10.00 Uhr), Arbeitszeit (Mo – Fr, 9.00 Uhr – 17.00 Uhr, mit Ausnahme der Vorlesungszeiten) sowie Freizeit

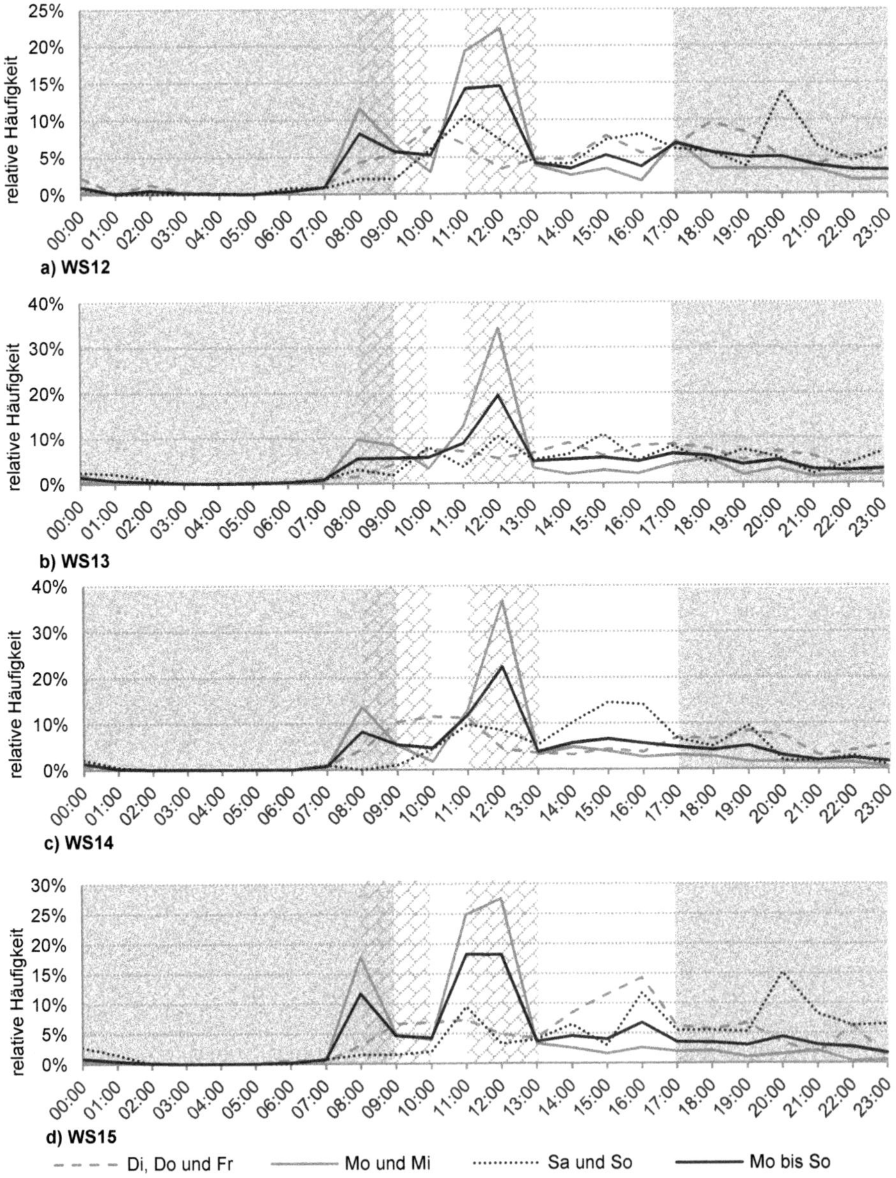

Abb. 6.65. Verwendung der nuKIT-Tools auf Stundenbasis. Die Abbildungen a) bis d) stellen den Verlauf der Logins auf Stundenbasis für die *WS*12 bis *WS*15 dar. Dabei wird unterschieden in Tage ohne Vorlesung (Di, Do und Fr; grau gestrichelte Linie), Vorlesungstage (Mo und Mi; graue Linie) sowie Wochenende (Sa und So; schwarz gepunktete Linie). Die schwarze Linie gibt die Verteilung über alle Tage an. Zusätzlich markiert die graue Hinterlegung die Freizeit und die weiße die Arbeitszeit. Die Vorlesungsstunden sind ebenfalls hervorgehoben.

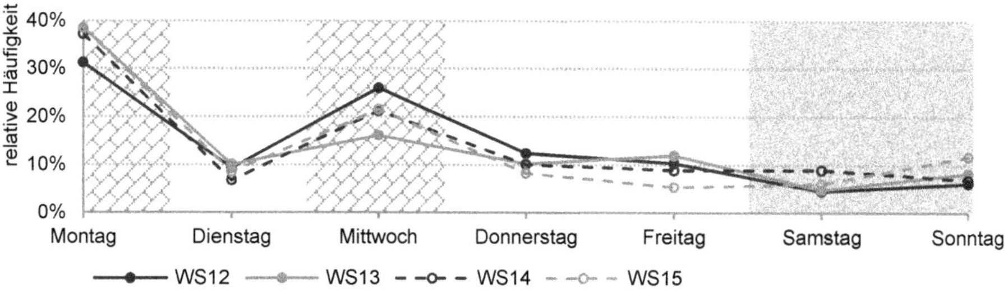

Abb. 6.66. Verwendung der nuKIT-Tools auf Tagesbasis. Die Logins sind in Abhängigkeit vom Wochentag für *WS*12 bis *WS*15 dargestellt. Die quergestreiften Vorlesungstage weisen die meisten Logins auf.

Tab. 6.27. Zeitunabhängige Verwendung der nuKIT-Tools. Die prozentuale Anzahl an Logins wird anhand der Kriterien „Vorlesungszeit", „Arbeitszeit" sowie „Freizeit" untersucht.

	*WS*12	*WS*13	*WS*14	*WS*15
Vorlesungszeit (in %)	34,04	29,14	36,15	45,25
Arbeitszeit (in %)	23,33	24,14	20,90	22,51
Freizeit (in %)	42,63	46,73	42,95	32,24

(Mo – Fr, 17.00 Uhr – 9.00 Uhr, sowie Wochenende, mit Ausnahme der Vorlesungszeiten) aufgeschlüsselt. Der Anteil an Logins während der Vorlesungszeiten umfasst für die *WS*12 bis *WS*14 circa ein Drittel aller Logins. Für das *WS*15 zeigt sich ein hoher Anteil an Zugriffen während der Vorlesungszeiten von 45,25 %. Trotz der Zeitabhängigkeit des Werkzeugs aufgrund der Vorlesungszeiten erfolgen durch die zusätzlichen Surveys, welche unabhängig von den Präsenzveranstaltungen genutzt werden können, zwischen 42 % und 47 % der Zugriffe im *WS*12 bis *WS*14 während der Freizeit. Im *WS*15 ergeben sich aufgrund der hohen Nutzerrate während der Vorlesungszeiten nur 32,24% an Zugriffen während der Freizeit.

Insgesamt zeigen diese Daten aber, dass die zeitunabhängige Nutzung in zwischen ca. 55 % (*WS*15) und 71 % (*WS*13) der Zugriffe von den Studierenden genutzt wird. Da diese Zugriffe von außerhalb der Vorlesung stattgefunden haben, zeigen diese ebenso die Ortsunabhängigkeit der nuKIT-Tools.

Ortsunabhängigkeit. Die ortsunabhängige Nutzung der nuKIT-Tools ist insbesondere bei sogenannten Televorlesungen, d. h. Vorlesungen, welche zur gleichen Zeit als Livestream in unterschiedlichen Räumen stattfinden, von Interesse. Da die GdI2-Vorlesung allerdings ohne Livestream in nur einem Vorlesungsraum angeboten wurde, kam die ortsunabhängige Nutzung nur bedingt zum Einsatz. Die prozentuale Anzahl an Logins während der Vorlesungszeit beläuft sich auf 34%, 29%, 36% und 45 % für die *WS*12 bis *WS*15 (vgl. Tab. 6.27). Dennoch wurden in einigen Fällen auch Fragen an den Dozenten während der Vorlesungszeiten gestellt, die eindeutig von Studierenden außerhalb des Raums der Lehrveranstaltung gesendet worden sind (beispielsweise „Kann leider heute nicht da sein und wollte Fragen [...]"). Da alle anderen Zugriffe unabhängig einer Präsenzveranstaltung erfolgt sind und die Webseite international und die App national zu erreichen sind, kann bei diesen von einer Ortsunabhängigkeit ausgegangen werden.

Der mobile Zugriff ermöglicht den Studierenden eine ortsunabhängige Nutzung der nuKIT-Tools. Allerdings stellt sich die Frage, ob das Angebot einer Android-basierten App Auswirkungen auf den Benutzerkreis hat. Zudem wird untersucht, ob die beabsichtigte Verwendungsart der nuKIT-Tools Einfluss auf das verwendete mobile Endgerät hat, also beispielsweise für die Interaktion während der Vorlesung oder zum Selbststudium außerhalb der Vorlesungszeiten. Als Grundlage wurden lediglich die Vorlesungszeiten herangezogen, so dass nicht ausgeschlossen werden kann, dass sich Studierende während der Vorlesungszeiten unabhängig der Vorlesung zum Selbststudium eingeloggt haben. Da jedoch der zeitliche Umfang der Präsenzveranstaltungen im Vergleich zur gesamten Semesterdauer sehr gering ist, kann diese Verzerrung der Daten bei einem Vergleich zwischen Betriebssystemverwendung während der Vorlesungszeiten und außerhalb vernachlässigt werden.

Tab. 6.28 zeigt die prozentuale Verteilung der Betriebssysteme bzw. mobilen Endgeräte gemäß der Untersuchungsszenarien „alle Logins" sowie „erste Logins" und „während der Vorlesung" sowie „insgesamt" (vgl. auch [243]). Bei dem Vergleich der Logins „insgesamt" fällt auf, dass der prozentuale Anteil der Android-Geräte beim ersten Login bei allen Semestern zwischen 12 % und 13 % liegt. Über alle Logins gesamt zeigt sich allerdings, dass dieser deutlich ansteigt. Zur Beurteilung der Frage, ob dies von der Funktionalität der einzelnen Tools abhängt, werden die Daten der Logins während den Vorlesungszeiten betrachtet. Es fällt auf, dass bereits der erste Login in mindestens 44 % der Fälle (*WS*14) von Android-Geräten erfolgte. Bei dem Vergleich dieser Daten mit denen aller Logins während der Vorlesung zeigt sich, dass sich dieser Wert auf über 72 % bis zu knapp 87 % erhöht, so dass daraus geschlossen werden kann, dass die Studierenden den Login über ein Android-Gerät und demnach wahrscheinlich die entsprechende App favorisierten. Diese starke Verschiebung bei der Verwendung der Geräte während der Vorlesung ist offensichtlich auch der Grund für die Verschiebung der verwendeten Geräte zwischen dem ersten Login und allen Logins bei der Betrachtung der Logins insgesamt. Demnach scheint die Verwendung des mobilen Endgeräts insbesondere während der Vorlesung sich auf die Android-Geräte zu konzentrieren. Eine entsprechende Verschiebung für die Verwendung außerhalb der Vorlesung kann nicht bestätigt werden. So greifen die Studierenden auf die Surveys auch über ein anderes Smartphone bzw. insbesondere auch über den Laptop zu.

Der leichte Unterschied zwischen den Semestern kann auf die stärkere Verwendung der nuKIT-Funktionen innerhalb der Vorlesung im *WS*15 (siehe oben) zurückgeführt werden. Die stärkere Verwendung der auf iOS basierten mobilen Endgeräte im *WS*14 kann durch die höhere Verbreitung dieser in dem entsprechenden Semester (vgl. Abb. 6.50) begründet werden. Um der Selektion des Benutzerkreises aufgrund

Tab. 6.28. nuKIT-Logins in Abhängigkeit der mobilen Endgeräte. Die Untersuchung der Abhängigkeit eines Logins von dem verwendeten Betriebssystem des mobilen Endgeräts wird anhand der Szenarien „über alle Logins", „über erste Logins" sowie „während der Vorlesung" und „insgesamt" durchgeführt (in Anlehnung [165, 243]).

	*WS*12	*WS*13	*WS*14	*WS*15
Verteilung der mobilen Endgeräte über erste Logins insgesamt				
Android (in %)	12,27	12,25	12,75	12,29
iOS (in %)	7,95	7,96	14,43	10,58
anderes mobiles Betriebssystem (in %)	0,17	0,63	0,84	0,15
PC-Betriebssystem (in %)	79,60	79,16	71,98	76,98
Verteilung der mobilen Endgeräte über alle Logins insgesamt				
Android (in %)	40,93	39,26	32,84	45,29
iOS (in %)	4,84	5,07	11,56	6,63
anderes mobiles Betriebssystem (in %)	0,10	0,58	0,68	0,09
PC-Betriebssystem (in %)	54,13	55,10	54,92	47,99
Verteilung der mobilen Endgeräte während der Vorlesung über erste Logins				
Android (in %)	52,53	60,32	43,59	44,70
iOS (in %)	26,58	15,38	33,01	23,48
anderes mobiles Betriebssystem (in %)	1,27	4,45	3,53	0,76
PC-Betriebssystem (in %)	19,62	19,84	19,87	31,06
Verteilung der mobilen Endgeräte während der Vorlesung über alle Logins				
Android (in %)	80,21	86,93	72,52	82,96
iOS (in %)	11,08	4,71	16,65	6,97
anderes mobiles Betriebssystem (in %)	0,53	1,77	1,55	0,21
PC-Betriebssystem (in %)	8,18	6,60	9,29	9,86

des mobilen Endgeräts entgegenzuwirken, soll ab dem *WS*17 eine für Smartphones optimierte neue Webanwendung verfügbar sein (vgl. Abschn. 5.1.6).

Sowohl die zeit- als auch die ortsunabhängige Nutzung ist bei den nuKIT-Tools besonders vom Einsatzbereich abhängig. Während sich diese Eigenschaften beim Einsatz der Tools in der Präsenzveranstaltung nur geringfügig erkennen lassen, werden sie außerhalb von den Studierenden verstärkt genutzt.

Tab. 6.29. Einfluss der Anonymität auf das Frageverhalten der Studierenden. In allen untersuchten Semestern gaben die Studierenden an, dass die Anonymität einen positiven Einfluss auf die Wahrscheinlichkeit hat, dass diese während der Vorlesung eine Frage stellen (vgl. Anh. A.4, Frage 3.4 „Wenn Sie in der Vorlesung eine Frage haben, wie beurteilen Sie den Einfluss der Anonymität auf die Wahrscheinlichkeit, dass Sie diese Frage stellen?“).

	***WS*12**	***WS*13**	***WS*14**	***WS*15**
Wahrscheinlichkeit höher	82,50%	82,40%	84,80%	88,30%
Wahrscheinlichkeit gleich	16,20%	16,90%	14,60%	10,90%
Wahrscheinlichkeit kleiner	1,30%	0,70%	0,60%	0,80%

Tab. 6.30. SIT-Frageverhalten während der Vorlesung. Die Mehrheit der Studierenden bejaht die Zunahme der Anzahl Fragen unter Verwendung des *SIT* . Ebenfalls positiv wird der eigene Profit durch die Fragen anderer bewertet (vgl. Anh. A.4, Fragen 3.7 und 3.8).

		***WS*12**	***WS*13**	***WS*14**	***WS*15**
Zunahme	Ja	93,50%	94,30%	92,20%	81,90%
	Weiß nicht	1,30%	1,90%	2,40%	7,10%
Profit	Ja	89,50%	88,50%	90,20%	78,00%

6.5.7 Lernerfolg (Qualitätskriterium 7)

Im Folgenden werden die Auswirkungen des *SIT* und *LQT* auf den Lernerfolg betrachtet.

Student Interaction Tool. Im Rahmen der eLearning-Evaluation wurde untersucht, ob die anonyme und unkomplizierte Kommunikation des *SIT* zum Lernerfolg beitragen kann. So stellt sich die Frage, ob Studierende bei Anonymität eher bereit sind, während der Lehrveranstaltung eine Frage zu stellen und dadurch eventuell ihre Unwissenheit gegenüber dem Dozenten zu offenbaren (vgl. Tab. 6.29 sowie Anh. A.4, Frage 3.4). Demnach geben mehr als 80% der Studierenden der *WS*12 bis *WS*14, im *WS*15 sogar 88% an, dass die Wahrscheinlichkeit höher ist, eine Frage zu stellen, wenn die Anonymität gewährleistet ist. Nur 1,30% sehen im *WS*12 – in den verbleibenden sogar unter 1% – die Anonymität als einen Nachteil. In Tab. 6.30 wird anhand der Ergebnisse der eLearning Evaluation untersucht, ob dadurch tatsächlich mehr Fragen gestellt werden (vgl. Anh. A.4, Fragen 3.7 und 3.8). Im *WS*12 bis *WS*14 sind mehr als 80% der GdI2-Studierenden der Meinung, dass über die nuKIT-Tools mehr Fragen gestellt werden als ohne. Lediglich im *WS*15 sind es knapp 82%; allerdings entfallen in diesem Semester 7,10% der Antworten auf die Antwortmöglichkeit „Weiß nicht“. Im *WS*12 bis *WS*14 geben zudem knapp 90% der Studierenden an, dass sie von den Fragen anderer profitiert haben; im *WS*15 sind dies 78%. Hierbei ist ein weiterer Vorteil der nuKIT-Tools gegenüber verbal gestellten Fragen zu erkennen, denn durch die intensive Verwendung der Vorlesungsaufzeichnungen und durch die schriftliche Übermittlung der Fragen an den Dozenten können auch Studierende, die nur die Vorlesungsaufzeichnung hören, von den Fragen anderer profitieren.

Lecturer Query Tool. Der Einfluss der Multiple-Choice-Question während der Vorlesung auf den Lernerfolg kann aufgrund fehlender verlässlicher Daten nicht weiter untersucht werden. Im Gegensatz hierzu wurden die Studierenden in der eLearning-Evaluation bezüglich des Nutzens der Surveys befragt (vgl. Abb. 6.62 sowie Anh. A.4, Frage 3.13). Das Ergebnis ist, dass 41,90% in *WS*13, 37,20% in *WS*14 und 32,30% in *WS*15 diese für sinnvoll erachten, allerdings sind entsprechend nur 8,40%, 8,50%, 14,60% der Meinung, dass diese nicht sinnvoll sind. Die Vermutung liegt nahe, dass der Grund für die „Unwissenheit" darin liegt, dass sich diese Studierenden die Surveys nicht angeschaut haben. Diese Werte werden aus der prozentualen Verteilung herausgerechnet, so dass sich auf Grundlage der Studierenden, die die Surveys verwendet haben, eine prozentuale Verteilung von 83,30%, 81,40%, 68,87% ergibt. Allerdings weisen die geringen Teilnehmerzahlen darauf hin, dass nur ein kleiner Teil der Studierenden von diesem Vorteil profitiert hat.

6.5.8 Zwischenevaluation

In die Analyse des eLearning Werkzeugs „nuKIT" fließen die Daten der ausgewählten Qualitätskriterien auf den Bereich [0;1] normalisiert mit 1 als Optimalwert ein (vgl. Abschn. 3.3.2 sowie Abschn. 6.2.8). Abb. 6.67 stellt die Bewertungen inklusive Mittelwert über die Vergleichssemester dar. Im Folgenden werden für jedes Qualitätskriterium die zugrunde liegenden Datensätze kurz zusammengefasst; der Bewertungsvektor z_i wird in Abhängigkeit der Qualitätskriterien $i \in \{1, \ldots, k\}$ angegeben. Da die nuKIT-Tools allerdings erst im *WS*12 zum Einsatz kamen, werden die drei ersten Vektoreinträge auf null festgelegt.

Partizipation. In die Bewertung des Qualitätskriteriums Partizipation fließt die prozentuale Anzahl an Nutzer in Abhängigkeit von der Anzahl anwesender Studierender in der Vorlesung ein. Zudem wird der Prozentsatz der GdI2-Studierenden betrachtet, welche die App auf Smartphone oder Tablet installiert haben. Für z_1 ergibt sich folglich $z_1 = (0{,}00; 0{,}00; 0{,}00; 0{,}23; 0{,}19; 0{,}18; 0{,}30)$. Die Partizipation steigt zum *WS*15 deutlich an.

Akzeptanz Dozenten. Die Akzeptanz durch den Dozenten wird anhand des Einsatzes des *SIT* sowie des *LQT* gemessen. In beide Teilbereiche fließen die Logindaten des Dozenten ein (vgl. Abb. 6.51). Der fehlende Wert des *WS*12 wird aufgrund der positiven Tendenz der nachfolgenden Semester durch den angrenzenden Wert des *WS*13 geschätzt. Des Weiteren fließt die studentische Bewertung der Reaktion des Dozenten auf das Feedback durch die Studierenden bezüglich Geschwindigkeit und Fragen

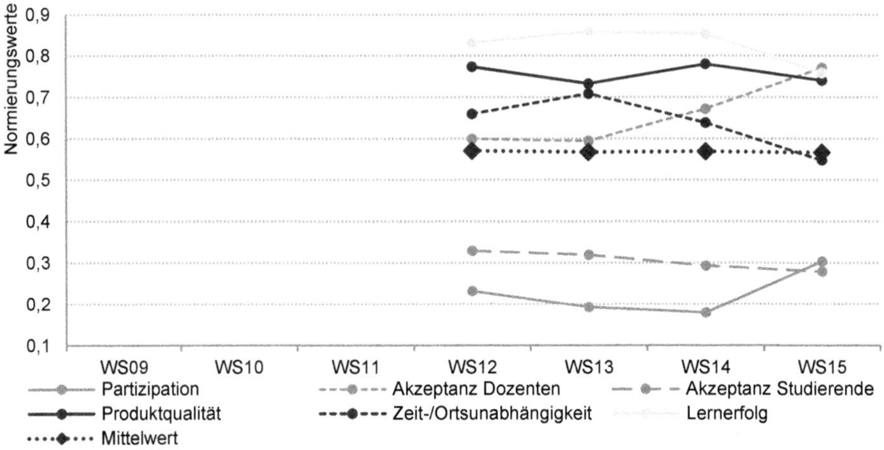

Abb. 6.67. Evaluation der Einzelkomponente nuKIT. Da die nuKIT-Tools erstmalig im *WS*12 in ihrer beschriebenen Form eingesetzt wurden, startet in diesem Semester die Darstellung der Qualitätsentwicklung. Der Nutzenwert, d. h. der Mittelwert, der sich aus den Qualitätskriterien „Partizipation", „Akzeptanz Dozenten", „Akzeptanz Studierende", „Produktqualität", „Zeit- und Ortsunabhängigkeit" und „Lernerfolg" ergibt, liegt über die betrachteten Semester auf konstantem Niveau. Die Normierungsskala ist von 0,1 bis 0,9 dargestellt.

ein (vgl. Abb. 6.53). So ergibt sich ein $z_2^{SIT} = (0{,}00; 0{,}00; 0{,}00; 0{,}72; 0{,}69; 0{,}80; 0{,}84)$. Zur Bewertung des *LQT* werden die Anzahl gestellter Fragen in der Vorlesung (vgl. Tab. 6.22, als Maximalwert wird eine Frage pro Vorlesung festgesetzt) sowie die Anzahl an Surveys (vgl. Tab. 6.23, als Maximalwert werden zwei Surveys pro Kapitel angenommen) betrachtet. So ergibt sich $z_2 = (0{,}00; 0{,}00; 0{,}00; 0{,}60; 0{,}59; 0{,}67; 0{,}77)$ gemittelt aus z_2^{SIT} und $z_2^{LQT} = (0{,}00; 0{,}00; 0{,}00; 0{,}48; 0{,}50; 0{,}54; 0{,}70)$. Die Akzeptanz des Dozenten steigt seit dem *WS*12 zum *WS*15 um 0,17 Skalenpunkte an, vgl. Abb. 6.67.

Akzeptanz Studierende. Die Akzeptanz durch die Studierenden setzt sich aus Logindaten, Daten zur Verwendung der Geschwindigkeitsbewertung, der Fragenstellung in der Vorlesung durch die Studierenden, der Teilnahme an den MCA in der Vorlesung sowie an den Surveys zusammen. In die Logindaten fließen die Anzahl an Mehrfachnutzern (vgl. Tab. 6.24 sowie Abb. 6.55) und die Verwendung im Allgemeinen (vgl. Abb. 6.56) ein. Die Geschwindigkeitsbewertung berechnet sich aus der durchschnittlichen Anzahl an Votings pro Vorlesung (mit einem Maximalwert von einem Voting alle zwei Minuten, d. h. 45) sowie der durchschnittlichen Anzahl pro anwesendem Studierenden (mit Maximalwert von 0,5 Votings pro Studierendem; vgl. Abb. 6.25). Die Möglichkeit für die Studierenden, Fragen zu stellen, wird anhand der Anzahl gestellter Fragen (Maximalwert von sieben Fragen pro Vorlesung) sowie der relativen Anzahl Fragender von allen Studierenden (vgl. Tab. 6.26) berechnet. In die Teilnahme an dem MCA fließt die durchschnittliche Teilnehmerquote (vgl. Tab. 6.22) ein. Die Analyse der Surveys erfolgt anhand der Teilnahme an den Selbsttests (vgl. Tab. 6.23) sowie der durchschnittlichen Anzahl an verwendeten Tests. So ergibt sich $z_3 = (0{,}00; 0{,}00; 0{,}00; 0{,}33; 0{,}32; 0{,}29; 0{,}28)$ mit einer leicht fallenden Akzeptanz von 0,05 (vgl. Abb. 6.67).

Produktqualität. In die Produktqualität fließen das Design anhand der Übersichtlichkeit sowie der Bedienbarkeit (vgl. Abb. 6.63) sowie die Gesamtbewertung der Tools durch die Studierenden (vgl. Abb. 6.64) ein. Der Bewertungsvektor berechnet sich gemittelt zu $z_4 = (0{,}00; 0{,}00; 0{,}00; 0{,}77; 0{,}73; 0{,}78; 0{,}74)$. Die Produktqualität erreicht folglich ein annähernd konstant hohes Niveau (vgl. Abb. 6.67).

Zeit- und Ortsunabhängigkeit. Sowohl die zeit- als auch die ortsunabhängige Nutzung wird anhand der Logins außerhalb der Vorlesungszeiten gemessen (vgl. Tab. 6.27). So ergibt sich $z_5 = (0{,}00; 0{,}00; 0{,}00; 0{,}66; 0{,}71; 0{,}64; 0{,}55)$. Durch die verminderte Verwendung der Surveys im *WS*15 reduziert sich auch der Aspekt der Zeit- und Ortsunabhängigkeit um 0,16 Skalenpunkte im Vergleich zum höchsten erzielten Wert im *WS*13.

Lernerfolg. Zur Beurteilung des Lernerfolgs durch die nuKIT-Tools werden die Datensätze zur Bewertung der Anonymität herangezogen. Diese setzen sich aus den Prozentsätzen der Studierenden zusammen, die Wahrscheinlichkeit zur Fragestellung als größer bewerten als ohne die nuKIT-Werkzeuge, aus dem Prozentsatz, ob durch die Werkzeuge mehr Fragen gestellt werden und dem Profit durch die Fragen anderer (vgl. Abb. 6.29 sowie Abb. 6.30). Zudem wird die Bewertung des Nutzens der Surveys bei der Berechnung einbezogen; der fehlende Wert des *WS*12 wird durch den Mittelwert der übrigen geschätzt (vgl. Abb. 6.62), so dass sich $z_7 = (0{,}00; 0{,}00; 0{,}00; 0{,}83; 0{,}86; 0{,}85; 0{,}76)$ ergibt (vgl. Abb. 6.67). Die Qualitätsentwicklung des Lernerfolgs durch die nuKIT-Tools pendelt für die *WS*12 bis *WS*14 zwischen 0,83 und 0,86 und fällt zum *WS*15 um fast 0,1 Skalenpunkte.

Resümee. Der Nutzenwert von $1/6 \cdot \Sigma z_i = (0{,}00; 0{,}00; 0{,}00; 0{,}57; 0{,}57; 0{,}57; 0{,}57)$ zeigt eine gleichbleibende Qualitätsentwicklung der nuKIT-Tools über die untersuchten Semester (vgl. Abb. 6.67). Allerdings weisen die einfließenden Qualitätskriterien leichte Veränderungen auf. So fällt die Partizipation bis zum *WS*14, um dann auf 0,3 im *WS*15 anzusteigen. Die Akzeptanz durch den Dozenten zeigt eine deutliche Zunahme seit dem *WS*13. Konträr hierzu fällt die Akzeptanz durch die Studierenden seit dem *WS*12 leicht. Die Produktqualität pendelt auf konstantem Niveau; die Nutzung der Zeit- und Ortsunabhängigkeit fällt seit dem *WS*13 kontinuierlich. Der Lernerfolg erreicht ein hohes Niveau von über 0,8; allerdings fällt er zum *WS*15 auf 0,76, so dass sich der beschriebene Mittelwert ergibt.

6.5.9 Zusammenfassung

Die Integration des Audience Response Systems nuKIT in das Gesamtkonzept der Lehrveranstaltung GdI2 ist erfolgreich gewesen. Dabei hat sich insbesondere die vollständige Anonymisierung der Nutzer in der Anwendungsphase als ein großer Vorteil erwiesen, da diese insbesondere in einer großen Lehrveranstaltung wie GdI2 einen positiven Einfluss auf die Wahrscheinlichkeit hat, dass Studierende eine Frage stellen. Über alle Semester hat sich gezeigt, dass jeder zwanzigste Anwesende in der Vorlesung eine Frage gestellt hat. Die Anzahl gestellter Fragen konnte durch den Einsatz der Tools verbessert und die Interaktivität erhöht werden. Die schriftliche Fragestellung hat sich auch für die Vorlesungsaufzeichnungen als vorteilhaft erwiesen, da diese so in den Videostream integriert wurden. Studierende, die vermehrt auf die Aufzeichnung zurückgreifen, können also ebenfalls von den Fragen anderer profitieren. Bei der Bewertung der Vortragsgeschwindigkeit des Dozenten durch die Studierenden wurde nicht nur auf eine Veränderung hingewiesen, sondern ebenfalls auch die Vortragsgeschwindigkeit bestätigt.

Beim erstmaligen Einsatz eines Feedbacksystems ist mit einer „Trainingsphase“ seitens der Studierenden zu rechnen. In der Vorlesung GdI2 hat sich gezeigt, dass insbesondere zu Beginn viele Testfragen gestellt wurden. Es liegt allerdings im Verantwortungsbereich des Dozenten, mit diesen Fragen souverän umzugehen. Durch die geplante Erweiterung eines webbasierten Dozentenzugangs könnte die Verwendung der nuKIT-Tools über eine für die Studierenden nicht sichtbare Oberfläche wie beispielsweise das Smartphone erfolgen.

Die Verwendung der Surveys ist bei den GdI2-Studierenden auf weniger großes Interesse gestoßen, obwohl der Lernerfolg vom Großteil der Studierenden, die diese verwendeten, als positiv bewertet wurde. Allerdings können die Benutzerzahlen der Surveys durch den Anreiz einer anstehenden Klausur verbessert werden. Die Surveys bieten zudem die Möglichkeit, die zeit- und ortsunabhängigen Angebote einer Vorlesung zu erhöhen.

Die Produktqualität der nuKIT-Werkzeuge wurde als stabil empfunden. Dennoch favorisieren die Studierenden die Verwendung der App; während die ersten Zugriffe noch vermehrt über die Webseite getätigt wurden, nahm die Verwendung der App im Semesterverlauf zu. Es bleibt zu untersuchen, ob eine Smartphone-optimierte Webanwendung von den Nutzern die gleiche Akzeptanz erfährt wie eine App.

Außerdem sei angemerkt, dass Studierende es bevorzugen, mögliche Fragen in der Präsenzveranstaltung anonym über digitale Tools zu stellen anstatt verbal; so kann die Anzahl Fragen erhöht und die Interaktion verbessert werden. Insgesamt benötigt der Einsatz eines solchen Audience Response Systems die fortlaufende Moderation durch den Dozenten.

6.6 Teil III – Interaktiver Aufgabenpool

Durch den fortschreitenden technologischen Fortschritt können den Studierenden neben den Präsenzveranstaltungen auch weitere Lehr- und Lernangebote zur Verfügung gestellt werden, die insbesondere eine digitale Interaktion ermöglichen. Ein solches Lernangebot mit asynchroner Kommunikation wurde im Rahmen dieser Arbeit durch den interaktiven Aufgabenpool mit kontextsensitiver Kommunikation realisiert (vgl. zur Wortdefinition Abschn. 2.4.5). Die beispielhafte Umsetzung wurde bereits in Abschn. 5.2 beschrieben. Im Folgenden wird der IAP im Zusammenhang mit dessen Einsatz in der Lehrveranstaltung GDI2 evaluiert.

Der interaktive Aufgabenpool wird seit dem *WS*11 im Rahmen der Lehrveranstaltung GdI2 angeboten. Die Auswertung der Qualitätskriterien „Partizipation", „Akzeptanz Dozenten", „Akzeptanz Studierende", „Produktqualität", „Zeit- und Ortsabhängigkeit" sowie „Lernerfolg" basiert auf der Datengrundlage folgender Systeme (vgl. auch Tab. 3.2):

- IAP-bezogene Fragen des Evaluationsbogens eLearning (vgl. Evaluationsbogen in Anh. A.4, Fragen 5.1 bis 6.11) mit einer Rücklaufquote zwischen 159 und 182 Fragebögen (vgl. Tab. 6.4) der *WS*12 bis *WS*15,
- Analysewerkzeug Piwik für *WS*14 und *WS*15,
- Daten der in dem VAB des KIM-Studierendenportals (*WS*09 bis *WS*13) sowie Ilias (*WS*11 bis *WS*15) integrierten Foren sowie
- interne Datenbank des Q2A-Systems für die *WS*14 und *WS*15.

Eine semesterübergreifende Vergleichbarkeit der einzelnen Datensätze ist lediglich für die Ergebnisse der eLearning Evaluation seit dem *WS*12 gegeben. Da die Forenstruktur seit dem ersten Einsatz des IAP im *WS*11 immer weiterentwickelt wurde (vgl. Abb. 4.2), ist eine durchgängige Vergleichbarkeit der Daten nur eingeschränkt möglich. Eine erste Analyse zum Einsatz des IAP der *WS*11 und *WS*12 kann [164] entnommen werden. Die nachfolgende Nummerierung der Qualitätskriterien entspricht der des Kriterienkatalogs aus Abschn. 3.3.1.

6.6.1 Partizipation (Qualitätskriterium 1)

Die grundlegende Bereitschaft zur Verwendung der Aufgabensammlung[21] sowie der Foren ist in Tab. 6.31 zusammengefasst. Die Basis für diese Auswertung bildet die eLearning Evaluation (vgl. Anh. A.4). Die Ergebnisse zur Verwendung der Aufgabensammlung für das *WS*12 ergeben sich aus den Fragen 5.4 und 5.6. (vgl. Anh. A.4), für das *WS*13 aus den einmalig gestellten Fragen „Haben Sie die Übungsbücher mit Lö-

---

21 Zur Abgrenzung der Begriffe „Aufgabenpool", „Aufgabensammlung" und „interaktives Forum" vgl. Abschn. 5.2.2.

Tab. 6.31. Partizipation am IAP. Die Partizipation am IAP (in %) ist aufgeteilt in die Verwendung der Aufgabensammlung (Aufg.) und der Foren, basierend auf Auswertungen der eLearning Evaluation (vgl. Anh. A.4).

(in %)	*WS*11	*WS*12	*WS*13	*WS*14	*WS*15
Aufg.	n. a.	(n=168) 95,24	(n=177) 94,92	(n=171) 88,89	(n=151) 92,05
Foren	n. a.	(n=179) 79,33	(n=182) 60,99	(n=179) 62,57	(n=158) 67,72

sungen verwendet?“ und „Haben Sie den online verfügbaren Aufgabenpool ohne Lösungen verwendet?“, und für die *WS*14 und *WS*15 auf den Fragen 5.1 und 5.3, die erst seit diesen Semestern in den Fragebogen integriert wurden. Die Anwenderzahlen der Foren ergeben sich für alle Jahre aus den Fragestellungen 5.5, 5.6, 5.7 sowie 5.10. Für das *WS*11 liegen keine entsprechenden Datensätze vor.

Die Aufgabensammlung wird in allen untersuchten Semestern rege eingesetzt; im *WS*12 und *WS*13 liegt die Beteiligung mit 95 % deutlich über, im *WS*14 knapp unter und im *WS*15 leicht über 90 %. Die Bitte der Studierenden der vorausgehenden Semester nach weiteren Übungsaufgaben wurde demnach offenbar erfolgreich erfüllt und die entstandene Aufgabensammlung von den Studierenden angenommen.

Mehr als 50% der Studierenden verwendeten zusätzlich auch die Foren. Im *WS*12 waren dies knapp 80 % der Studierenden, in den folgenden Semestern sank dieser Wert auf 61%, 63% bzw. 68%. Die nachfolgenden Abschnitte betrachten die Nutzung der Aufgabensammlung[22] sowie der Foren detaillierter.

Aufgabensammlung

Da die Verwendung der Aufgabensammlung zwischen knapp 90% und 95% sehr hoch ist, stellt sich die Frage, in welchem Umfang diese von den Studierenden im Verlauf der Semester genutzt wurde. Hierzu stellt Abb. 6.68 das Ergebnis der Fragestellung „Wie viele Aufgaben haben Sie insgesamt in diesem Semester durchgerechnet bzw. werden Sie noch durchrechnen?“ dar (vgl. Anh. A.4, Frage 5.4). Es zeigt sich, dass in den *WS*12 bis *WS*15 mehr als 80 % der Studierenden 50 % oder mehr der Aufgaben bearbeitet haben; um die 20% haben sogar alle Aufgaben verwendet. Ein leichter Abwärtstrend ist zwischen dem *WS*13 und *WS*14 zu erkennen. Folglich ist die Partizipation an der Aufgabensammlung über alle beobachteten Semester deutlich und insbesondere auch stabil.

22 Da die Teilbereiche „Tutorium“ und „Klausur“ erst sukzessive eingeführt wurden, ist eine vergleichende Auswertung nicht möglich. So wird die Analyse der Partizipation an dem Aufgabenpool beispielhaft an der Aufgabensammlung vorgenommen.

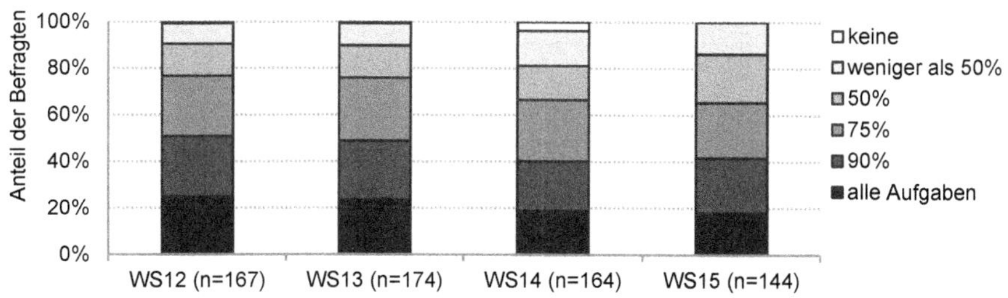

Abb. 6.68. Verwendung der Aufgabensammlung nach Umfang. Der Umfang, in dem die Aufgabensammlung verwendet wird, wird anhand der Anzahl an Aufgaben gemessen (vgl. Anh. A.4, Frage 5.4).

Tab. 6.32. Schreib- und Lesezugriffe auf die Foren. Die Spalten SZ gibt die Anzahl der Schreibzugriffe auf die Diskussionsplattformen „Organisation“, „Aufgabensammlung“, „Tutorium“ sowie „Klausur“ für die einzelnen Evaluationssemester an. Die Spalte Σ SZ gibt die Summe aller Beiträge des entsprechenden Semesters an. Die Anzahl an Lesezugriffe (LZ) ist für einzelne Semester kumuliert angegeben.

	Organisation		Aufgabensammlung		Tutorium		Klausur		Summe
	SZ	**LZ**	**SZ**	**LZ**	**SZ**	**LZ**	**SZ**	**LZ**	**Σ SZ**
*WS*09	552	n. a.	–	–	–	–	–	–	552
*WS*10	628	n. a.	–	–	–	–	–	–	628
*WS*11	792	n. a.	1.006	10.625	–	–	–	–	1.798
*WS*12	198	n. a.	931	n. a.	246	n. a.	362	n. a.	1.737
*WS*13	197	n. a.	222	27.122	160		210		789
			(1.360)	*–Umzug–*		7.363		12.009	
*WS*14	167	6.846	141		147		241		696
	(0)	*–Umzug–*		56.452	(466)	*–Umzug–*	(676)	*–Umzug–*	
*WS*15	200	11.379	503		155	5.230	297	12.346	1.155
Σ SZ	200		2.004		621		973		

Foren

Da die Aufgabensammlung auch ohne die Foren verwendet werden kann, ist eine separate Betrachtung der Foren notwendig. Tab. 6.32 gibt einen Überblick über die Anzahl der Schreibzugriffe (SZ), d. h. die Summe der Beiträge der entsprechenden Foren inklusive Fragen, Antworten und Kommentare, sowie der Lesezugriffe (LZ) der einzelnen Foren „Organisation“, „Aufgabensammlung“, „Tutorium“ und „Klausur“. Die Anzahl der Foreneinträge zum Erstellen der Threads in den Ilias-Foren bzw. die Kategorieeinträge bei den Q2A-Foren wurden hierbei nicht eingerechnet (vgl. Entwicklung der Forenstruktur in Abb. 4.2).

Das *Forum für organisatorische Angelegenheiten* zeigt, dass mit der Einführung des Forums zur Aufgabensammlung im *WS*11 auch die Beiträge im Organisationsforum angestiegen sind. Dies lässt sich dadurch begründen, dass die Studierenden das zusätzliche Angebot, Fragen zu den Aufgaben der Aufgabensammlung zu stellen, positiv bewertet und die Möglichkeit erkannt haben, auch Fragen zu Tutoriumsaufgaben oder Klausuren zu stellen. Die knapp 800 Fragen des Organisationsforums vom *WS*11 verteilen sich mit der Einführung des Tutoriums- sowie Klausurforums im *WS*12 relativ gleichmäßig auf die drei entsprechenden Foren (198, 246 und 362; Σ 806). Die Anzahl der SZ bleibt in den folgenden Semestern im Organisationsforum recht stabil bei knapp 200.

Archivierung. Im Gegensatz hierzu zeigt der Verlauf der SZ der Foren „Aufgabensammlung", „Tutorium" und „Klausur", dass das Ziel der Archivierung der Inhalte zur Wiederverwendung und somit zur Reduktion der Anzahl an Beiträge über die Jahre teilweise erreicht worden zu sein scheint.

Der Verlauf der Schreibzugriffe des *Aufgabensammlung-Forums* zeigt eine deutliche Abnahme von 1006 in *WS*11 bis 222 in *WS*14. Zum *WS*15 erfolgt allerdings wieder ein Anstieg auf 503 SZ. Hierbei ist zu beachten, dass die Anzahl der zur Verfügung gestellten Threads erst ab *WS*12 annähernd konstant geblieben ist und sich von *WS*11 auf *WS*12 um knapp 80 erhöhte, so dass insbesondere am dem *WS*13 die Anzahl an SZ deutlich gesunken ist. Die Anzahl der umgezogenen Beiträge in das Q2A-Forum nach dem *WS*13 umfasste 1.360 Beiträge. Die Diskrepanz zwischen der Summe der Beiträge des Ilias-Forums und der umgezogenen kommt durch doppelte sowie irrelevante Beiträge zustande. Dies zeigt auch, dass die Ilias-Foren wegen der weiter steigenden Zahl an Beiträgen unübersichtlich wurden und die verfügbare Struktur dieser nicht mehr für die Nutzung kompatibel war. Allerdings ist die niedrige Anzahl an Beiträgen im *WS*14 nicht nur auf die vorhandenen Beiträge zurückzuführen, sondern auch auf Probleme bei der Akzeptanz dieses neuen Forensystems durch die Studierenden (siehe nachfolgender Abschnitt, Abb. 6.69).

Auch die Anzahl der Beiträge im *Tutoriumsforum* hat vom *WS*12 mit 246 auf 155 im *WS*15 abgenommen, bei ungefähr identischer Anzahl an Threads. Mit 84% der für den Umzug im *WS*14 relevanten Forenbeiträge liegt dieser Wert deutlich über dem des Forums der Aufgabensammlung mit 63%, da durch die geringere Anzahl an Beiträgen dieses Forum übersichtlicher gehalten werden konnte.

Für die Anzahl der Threads in den *Klausurforen* gilt, dass sich diese pro Semester aufgrund der drei Abschlussklausuren um ca. 25 erhöht. Dies erklärt auch die stagnierte Abnahme bzw. die leichte Zunahme der Fragen zwischen *WS*13 und *WS*15 im Klausurforum. Ähnlich wie im Tutoriumsforum wurden 83% der Beiträge für den Forenumzug im *WS*14 als relevant eingestuft.

Die Summe aller Schreibzugriffe der verschiedenen Foren (Σ SZ) zeigt bis zum *WS*14 ebenfalls die Tendenz der Abnahme der Fragen seit dem *WS*11 und eine erneute Zunahme mit dem Umzug aller Foren in das Q2A-System zum *WS*15. Da die Anzahl der Lesezugriffe (LZ) in den Datenbanken lediglich durch einen internen Zähler gespeichert wird und im Ilias bei der Neuaufsetzung eines Kurses zurückgesetzt wird, sind diese teilweise nur kumuliert oder auch gar nicht vorhanden; allerdings zeigen

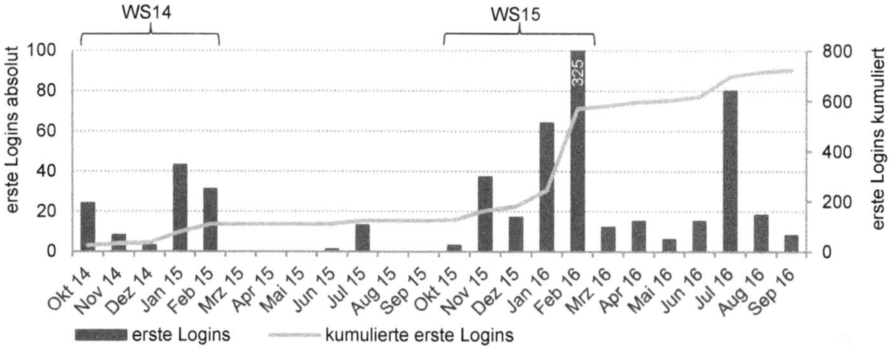

Abb. 6.69. Erste Logins zum Q2A-System. Die Anzahl der ersten Logins ist durch die Balken dargestellt. Die graue Linie zeigt die kumulierte Anzahl aller ersten Logins.

die vorhandenen LZ insgesamt gesehen eine Zunahme an Zugriffen seit dem *WS*11. Die letzte Zeile der Tabelle (Σ SZ) gibt die Anzahl aller für das Q2A-System konservierten Beiträge zum Ende des *WS*15 an.

Umstellung auf Q2A-System. Der Rückgang bei der Verwendung des Forums zur Aufgabensammlung im Zuge der Umstellung auf das Q2A-System im *WS*14 kann Abb. 6.69 entnommen werden. Diese zeigt das Benutzerverhalten bezogen auf die Anzahl der ersten Logins. Anonyme Nutzer der Plattform werden hierbei nicht berücksichtigt. Die im *WS*14 neu eingeführte Plattform weist deutliche Anlaufschwierigkeiten im Vergleich zum *WS*15 im Loginverhalten auf. Im *WS*14 loggt sich nur eine kleine Benutzergruppe mindestens einmal für die Nutzung der Foren ein. Dabei kann allerdings nicht ausgeschlossen werden, dass weitere Nutzer die Plattform anonym verwendeten. Im *WS*15, in welchem das Problem aus dem *WS*14 bekannt war, wurden zusätzlich zu den verbleibenden Foren („Organisation“, „Tutorium“ und „Klausur“) auch die Übungsunterlagen auf der Plattform integriert. Dies erklärt unter anderem die gestiegenen Loginzahlen der Plattform. Dadurch konnte aber auch eine deutlich erhöhte Anzahl an Beiträgen insbesondere beim Forum zur Aufgabensammlung verzeichnet werden (vgl. folgender Abschnitt). Die Anstiege zur Jahresmitte deuten auf die Verwendung der Plattform im Zuge der Nachklausur hin. Die Ergebnisse aus Tab. 6.31 zeigen allerdings ein gleichbleibendes Interesse an den Foren, so dass angenommen wird, dass die reduzierten Nutzerlogins offensichtlich nur durch weniger Schreibzugriffe und aufgrund der anonymen Verwendung zustande gekommen sind.

Zeitliche Beitragsverteilung. Abb. 6.70 zeigt die zeitliche Verteilung der Beiträge zu den Foren „Organisation", „Klausur", „Tutorium" sowie „Aufgabensammlung" der *WS*11 bis *WS*14 auf der Lernplattform Ilias. Da sich das Organisationsforum erst seit dem *WS*14 auf Ilias befindet, ist keine zeitliche Aufschlüsselung der Beiträge vorheriger Semester vorhanden. Abb. 6.71 gibt entsprechend die zeitliche Verteilung der Beiträge, welche sich aus Fragen, Antworten und Kommentaren zusammensetzen, der *WS*14 und *WS*15 aus dem Q2A-System an.

Im *WS*11 wurde – neben dem Organisationsforum, für dessen Beträge die zeitliche Verteilung nicht bekannt ist – lediglich das Forum zur *Aufgabensammlung* angeboten (vgl. Abb. 6.70 (a)). Der erste Peak bezeichnet das Erstellen der aufgabenzugehörigen Threads. Bis zur ersten Saalübung wird das Forum von den Studierenden fast nicht verwendet. Die erste Saalübung fungiert offensichtlich als Anreiz, sich mit den Aufgaben und dadurch auch mit den eigenen Fragen auseinanderzusetzen. Die Anzahl an Beiträgen erreicht ihren Höhepunkt kurz vor der Bonusklausur und flacht danach deutlich ab. Eine leichte Zunahme von Schreibzugängen ist kurz vor der Abschlussklausur zu verzeichnen. Im *WS*12 (vgl. Abb. 6.70 (b)) ist ein ähnlicher Trend in der Verwendung des Forums zur Aufgabensammlung zu erkennen, allerdings erst leicht verzögert nach der ersten Saalübung. Die weiteren Schreibzugriffe ähneln denen des *WS*11. Im *WS*13 ist die Anzahl der Schreibzugriffe deutlich reduziert, wie in Abb. 6.70 (c) zu erkennen ist. Dies könnte einerseits auf die sehr spät stattfindende erste Saalübung zurückzuführen sein oder auf das angewachsene Archiv an Fragen. Im *WS*14 (vgl. Abb. 6.71 (a)) deuten die Peaks zu Semesterstart auf den Umzug des Forums auf das Q2A-System hin. Die Anzahl an Schreibzugriffen ist, wie bereits in Tab. 6.32 beschrieben, sehr gering. Im Gegensatz hierzu nimmt die Partizipation der Studierenden durch Schreibzugriffe im *WS*15 deutlich zu. Das Verhaltensmuster weicht leicht von dem bisher beschriebenen ab; eine verstärkte Zunahme ist hierbei erst kurz vor der zweiten Saalübung zu verzeichnen.

Die Foren zu den *Tutorien* und *Klausuren* werden erstmalig im *WS*12 angeboten, weshalb auch hier wieder die Einrichtung der Foren zu Semesterbeginn stattfindet. Wie bereits bei der Aufgabensammlung nimmt auch hier das Interesse der Studierenden erst nach der ersten Saalübung zu. Allerdings scheint sich dieses zuerst auf die Tutorien zu konzentrieren. Kurz vor der Klausur steigen die Schreibzugriffe auf das Klausurforum stark an. Wie bereits beim Forum zur Aufgabensammlung sind die Schreibzugriffe im *WS*13 auch bei dem Tutoriums- sowie Klausurforum vergleichsweise niedrig. Lediglich ein leichter Anstieg insbesondere bei dem Klausurforum ist mit der zweiten Saalübung zu erkennen. Das *WS*14 zeigt ein ähnliches Verhaltensmuster. Zu Beginn der *WS*15 wird der Umzug des Klausur- sowie Tutoriumsforums auf das Q2A-System deutlich (vgl. Tab. 6.32). Das Schreibverhalten ähnelt dem der vorhergehenden Semester.

Da für das *Forum für organisatorische Angelegenheiten* lediglich Daten der *WS*14 und *WS*15 vorliegen, ist eine Bewertung der allgemeinen Tendenz schwierig. Die vor-

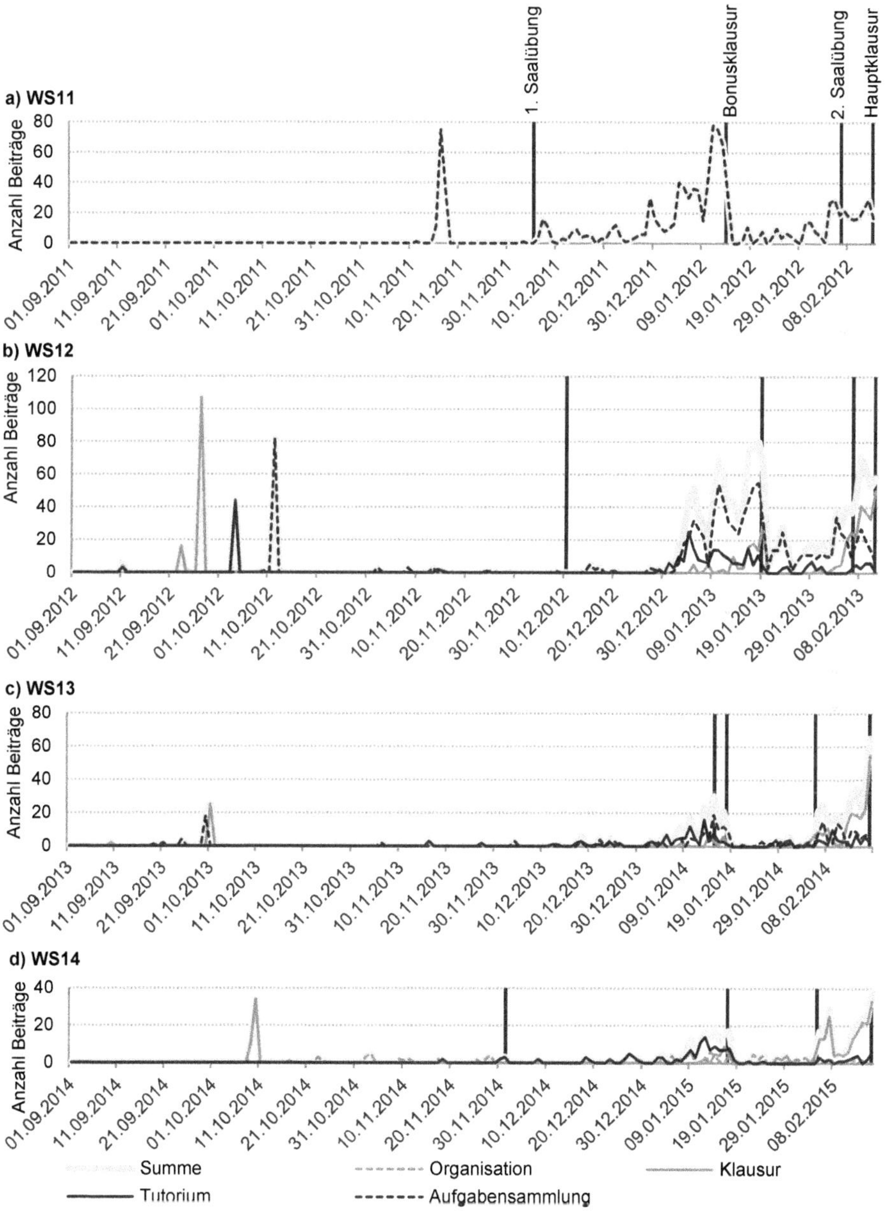

Abb. 6.70. Zeitliche Verteilung der Beiträge in den Ilias-Foren. Die zeitliche Verteilung der Beiträge in den Ilias-Foren ist aufgegliedert nach Forenart „Organisation“, „Klausur“, „Tutorium“ sowie „Aufgabensammlung“ und nach Semester in a) bis d). Zudem ist pro Semester die Gesamtsumme aller Beiträge abgetragen. Die Zeitpunkte der ersten Saalübung, der Bonusklausur, der zweiten Saalübung sowie der Hauptklausur sind in dieser Reihenfolge durch Balken dargestellt.

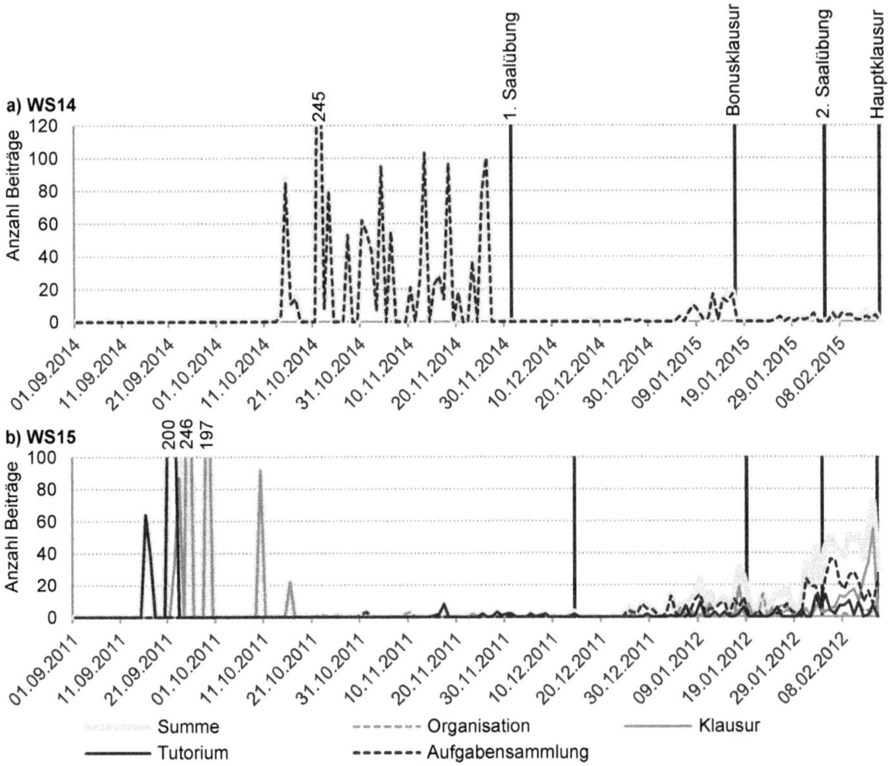

Abb. 6.71. Zeitliche Verteilung der Beiträge in den Q2A-Foren. Die zeitliche Verteilung der Beiträge, d. h. Fragen, Antworten und Kommentare in den Q2A-Foren ist nach der Forenart in „Organisation", „Klausur", „Tutorium" sowie „Aufgabensammlung" und nach Semester in a) und b) unterteilt. Die Gesamtsumme aller Beiträge ist pro Semester zusätzlich eingetragen. Die Balken geben die Zeitpunkte der ersten Saalübung, der Bonusklausur, der zweiten Saalübung und der Hauptklausur gemäß dieser Reihenfolge an.

liegenden Daten lassen, im Gegensatz zu den inhaltlichen Foren, kein Muster in den Foreneinträgen erkennen.

Für das zeitliche Nutzerverhalten in Bezug auf die Schreibzugriffe spielen Anreize wie Saalübungen und Klausuren eine wichtige Rolle. Allerdings ist insbesondere bei den Saalübungen eine geeignete Wahl der zeitlichen Komponenten ausschlaggebend für deren Anreizwert. Zudem kann die Einführung eines neuen Systems wie im *WS*14 zu einem Rückgang der Schreibzugriffe führen. Dies kann an der Unwissenheit der Studierenden bezüglich dem Nutzerlogin liegen. Ob allerdings dadurch auch ein Rückgang in der Zahl der Besuche zu verzeichnen ist, konnte anhand der vorliegenden Daten weder bestätigt noch widerlegt werden.

Tab. 6.33. Anzahl Kategorien der Foren. Die Anzahl der Kategorien ist für die IAP-Foren „Aufgabensammlung“, „Tutorium“ sowie „Klausur“ der Semester ab *WS*11, sofern verfügbar, gegeben.

	***WS*11**	***WS*12**	***WS*13**	***WS*14**	***WS*15**
Aufgabensammlung	122	206	231	220	220
Tutorium	–	48	49	51	54
Klausur	–	127	153	175	222

6.6.2 Akzeptanz Dozenten (Qualitätskriterium 2)

Die Akzeptanz durch das Übungsteam im Hinblick auf den IAP zeigt sich in erster Linie durch die Verfügbarkeit des IAP und dessen Weiterentwicklung. Neben der Umstrukturierung der Foren (vgl. Abb. 4.2) und dem Angebot der Übungsbücher ab dem *WS*13 [132, 133] werden auch die verfügbaren Aufgaben regelmäßig angepasst. Tab. 6.33 gibt einen Überblick über die Anzahl der Kategorien pro Forum. Jeder Aufgabe wird eine Kategorie zugeordnet. Es zeigt sich, dass diese regelmäßig an die Veränderungen angepasst werden. Die Aufgabensammlung wurde seit dem *WS*11 weiter ergänzt, bis diese im *WS*14 die endgültige Aufgabenzahl umfasste. Veränderungen in den Übungsaufgaben der Tutorien werden ebenfalls regelmäßig angepasst; die Zunahme der Kategorien des Klausurforums ergibt sich durch die sukzessive Integration der aktuellen Klausuren der jeweiligen Semester.

Des Weiteren zeigt die Bewertung der Studierenden hinsichtlich Geschwindigkeit des Antwortprozesses, der Qualität der Antworten sowie der Betreuung der Foren im Allgemeinen die hohe Akzeptanz durch die Dozenten gegenüber dem IAP. Abb. 6.72 gibt eine Übersicht der Ergebnisse aus der eLearning-Evaluation (vgl. Anh. A.4, Frage 5.11 bis 5.13). Der Mittelwert aller drei Kriterien erreicht für die *WS*12 bis *WS*15 einen Wert besser als die zweite Bewertungsstufe. Die Kriterien „Geschwindigkeit“ und „Qualität“ schneiden in allen Semestern sehr ähnlich ab, wobei das *WS*12 und das *WS*14 bessere Resultate erzielen als die *WS*13 und *WS*15. Die Betreuung des Forums erzielt in den *WS*12 bis *WS*15 mit Mittelwerten von 1,54, 1,46, 1,62 sowie 1,55 ein noch besseres Ergebnis als die gerade beschriebenen Merkmale.

6.6.3 Akzeptanz Studierende (Qualitätskriterium 3)

Die Akzeptanz durch die Studierenden ist das wesentliche Kriterium, damit ein eLearning-Werkzeug erfolgreich eingesetzt werden kann. Diese wird im Folgenden über die „Verwendungshäufigkeit“ sowie die „Verwendungsart“ analysiert.

Verwendungshäufigkeit

Aspekte der Verwendungshäufigkeit wie beispielsweise Anzahl Besuche, Besuchszeit oder die Absprungrate sowie Anzahl Benutzer sind aufgrund der Tatsache, dass die

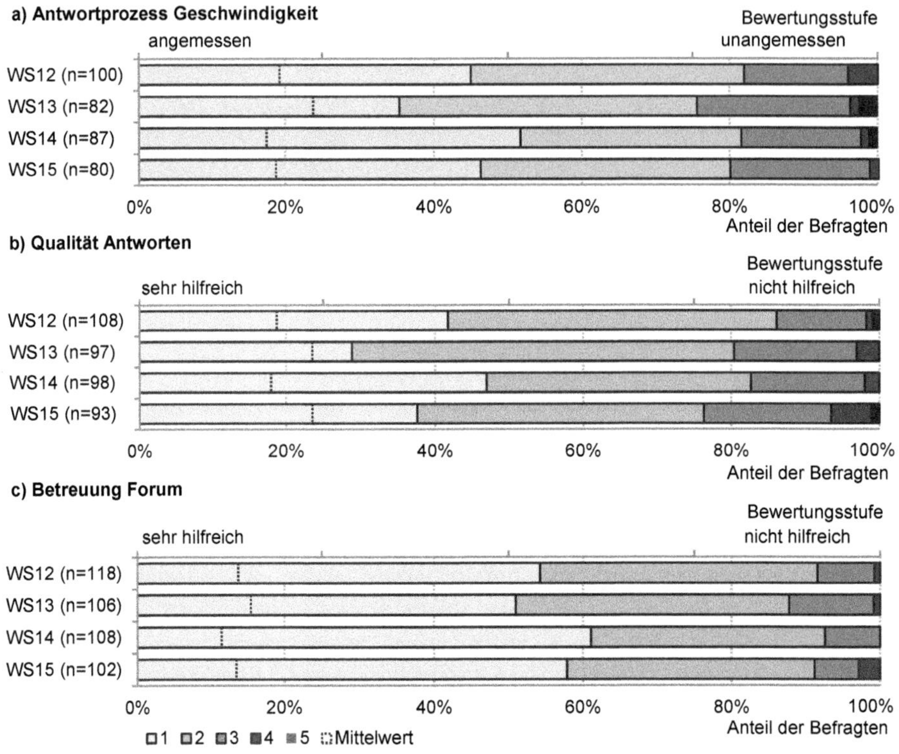

Abb. 6.72. Bewertung der Foren. Die Balkendiagramme zeigen die Ergebnisse der eLearning-Evaluation (vgl. Anh. A.4, Frage 5.11 bis 5.13) hinsichtlich der Betreuung der Foren durch die Dozenten bezogen auf die Geschwindigkeit des Antwortprozesses a), der Qualität der Antworten b) sowie der Betreuung im Allgemeinen c).

Ilias-Foren in anonymisierter Form verwendet wurden, nur für die Foren des Q2A-Systems im *WS*14 und *WS*15 möglich. Hierzu liefert Tab. 6.34 einen Überblick über verschiedene charakteristische Merkmale der Besuche des Q2A-Forums[23]. Unter einem *Besuch* wird jeder Seitenaufruf eines Benutzers verstanden, wenn der letzte Aufruf dieses Benutzers vor länger als 30 Minuten stattgefunden hat; die *Aktionen* umfassen „Seitenansichten, Downloads, der Aufruf von ausgehenden Verweisen und interne Suchen" [166]. Die durchschnittliche Besuchszeit von mehr als 7 Minuten sowie die durchschnittliche Anzahl an Aktionen pro Besuch von mehr als 6 zeigt eine längere Aufenthaltsdauer, welche dafür spricht, dass die Studierenden sich mit den Inhalten

23 Es ist zu beachten, dass im *WS*14 lediglich die Forumsplattform der Aufgabensammlung in die Q2A-Plattform umgezogen ist. Mit dem *WS*15 folgten die Foren zu den Klausuren sowie den Tutorien und der Organisation. Zudem wurden zusätzlich zum Download der Aufgabensammlung auch die der Übungsblätter und Klausuren im Q2A zur Verfügung gestellt.

Tab. 6.34. Charakteristika der Besuche des Q2A-Forums. Die beschriebenen Eigenschaften zur Verwendung des Q2A-Forums der *WS*14 und *WS*15 basieren auf den durch Piwik gesammelten Datensätzen; SA entspricht der Anzahl an Seitenansichten.

	Besuche	ø-Besuchszeit	Absprung-rate	ø-Aktionen/ Besuch	eindeutige SA	ø-SA	Down-loads
*WS*14	2.176	7 Min. 34 Sek.	33%	6,1	9.252	4,3	110
*WS*15	16.716	7 Min. 29 Sek.	18%	6,5	51.082	3,1	20.079

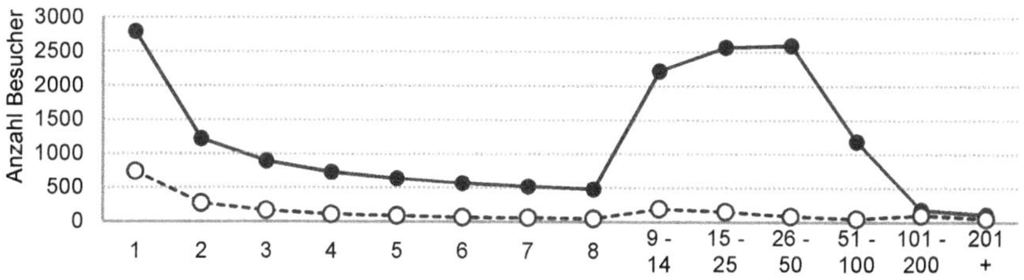

	1	2	3	4	5	6	7	8	9 - 14	15 - 25	26 - 50	51 - 100	101 - 200	201 +
WS15	2795	1223	896	732	636	568	520	480	2221	2571	2597	1189	180	108
WS14	741	271	165	108	86	64	60	48	193	153	85	50	102	50

Besuche

Abb. 6.73. Besuche nach Besuchszahl. Basierend auf den Daten aus Piwik zeigt die Grafik die Anzahl der Besucher, die die Webseite mindestens *n* Mal besucht haben. Der Anstieg nach „mindestens 8 Besuchen" entsteht durch die angegebene Klassenbildung der Anzahl Besuche.

der Webseite auseinandersetzen, unabhängig davon, in welchem Semester sie darauf zugegriffen haben. Die geringe Absprungrate im *WS*15 untermauert diese These, nach der lediglich 18% der Nutzer die Webseite direkt nach einem Seitenaufruf wieder verlassen haben. Allerdings liegt der Durchschnitt eindeutiger Seitenansichten (SA) pro Besuch – d. h. mehrmals aufgerufene Seiten werden pro Besuch nur einmal eingerechnet – im *WS*14 deutlich über der des *WS*15. Dies kann durch die Integration des Übungsmaterials in das Q2A-System seit dem *WS*15 begründet werden. Die hohe Anzahl an Downloads im *WS*15 weist ebenso auf den Zugriff der Übungsunterlagen hin. Allerdings scheint im *WS*14 die Verlinkungsstruktur in Form des Sprungs aus dem Forum zur Aufgabe nur geringfügig verwendet worden zu sein, da die Anzahl an Downloads von 110 im Vergleich zur Anzahl der Studierenden von über 600 und zur Anzahl von Aufgaben der Aufgabensammlung von 200 sehr gering ausfällt. Über die Anzahl an Zugriffen aus der Aufgabe in das Forum kann keine Aussage gemacht werden.

Zur Analyse der Anzahl an Nutzern liefert Piwik den Datensatz der *Besuche nach Besuchszahl*, welche in Abb. 6.73 abgebildet sind. Demnach haben, laut Piwik, 741 Besucher die Webseite im *WS*14 mindestens ein Mal besucht. Im *WS*15 waren dies 2.795. Dieser Datensatz zeigt die Problematik der Identifizierung eines Nutzers über Cookies bzw. die Verwendung verschiedener mobiler Endgeräte eines Nutzers, da diese Werte insbesondere im *WS*15 die potenziellen Nutzer deutlich übersteigen. Eine

Tab. 6.35. Verwendungsart der Aufgabensammlung. Bei der Verwendungsart der Aufgabensammlung wird zwischen den „Übungsbüchern" sowie der „PDF-Version" unterschieden (vgl. Anh. A.4, Frage 5.3).

(in %)	*WS*12	*WS*13 (n=168)	*WS*14 (n=150)	*WS*15 (n=139)
Übungsbücher	0	67,86	47,33	48,92
PDF-Version	100,00	58,93	70,67	69,06
beides	0	26,79	18,00	17,99

Auswertung dieser Daten ist folglich erst ab mindestens zwei Besuchen sinnvoll, da hierbei eine Wiedererkennung stattgefunden hat. Da die Daten ab 9 Besuchen zu unterschiedlich großen Klassen zusammengefasst wurden, welches im Diagramm durch den konkaven Bereich zu erkennen ist, sind diese ebenfalls nicht aussagekräftig, um die Anzahl eindeutiger Besucher zu analysieren. Im *WS*14 haben 271 Studierende das Q2A-System mindestens zweimal besucht; dies entspricht bei Zugrundelegung der Anmeldezahlen 42% der Studierenden. Im Vergleich hierzu sind es im *WS*15 1223, was einem Anteil von mehr als 100% aller angemeldeten Studierenden entsprechen würde. Dies weist insbesondere darauf hin, dass für den Zugriff auch verschiedene mobile Endgeräte verwendet worden sind. Da allerdings insbesondere auch die Übungsunterlagen im *WS*15 auf der Webseite integriert waren, ist der Datensatz des *WS*15 für die Nutzung des IAP nicht aussagekräftig.

Verwendungsart

Da der IAP aus den zwei Teilbereichen „Aufgabenpool" und „Forum" besteht, wird die Verwendungsart im Folgenden in diese Bereiche untergliedert. Bei der Betrachtung der Foren werden neben dem Forum im Allgemeinen auch die Aspekte „Antwortprozess", „Kategorien" sowie die Verwendung von „Tags" analysiert.

Aufgabenpool

Das Grundgerüst des Aufgabenpools bildet die Aufgabensammlung. Sie wurde seit ihrer Einführung im *WS*11 sukzessive erweitert und angepasst (vgl. Abb. 4.2). Neben der Erweiterung um weitere Aufgaben (vgl. nächste Abschnitte) wurde auch die Art der Veröffentlichung verändert:

- *WS*11: als PDF-Version mit Lösungen
- *WS*12: als PDF-Version mit Lösungen
- *WS*13: als PDF-Version ohne Lösungen; zusätzlich als Buch mit Lösungen erweitert durch umfangreiche Einleitungen [132, 132]
- *WS*14: als PDF-Version mit Lösungen aber ohne Einleitungen; zusätzlich als Buch
- *WS*15: als PDF-Version mit Lösungen aber ohne Einleitungen; zusätzlich als Buch.

Tab. 6.35 beschreibt auf Grundlage der eLearning-Evaluation die prozentualen Anteile aller Nutzer der Aufgabensammlung an den Übungsbüchern bzw. der PDF-Version.

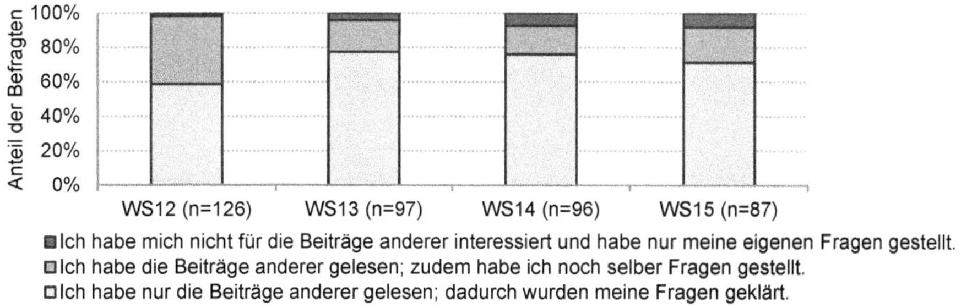

Abb. 6.74. Prozentuale Verteilung der Nutzertypen der Foren. Die Nutzertypen werden unterschieden in nur Schreibende (dunkelgrau), nur Lesende (hellgrau) sowie eine Kombination aus beiden (mittelgrau; vgl. Anh. A.4, Frage 5.7).

Die Daten beziehen sich lediglich auf die Studierenden, die die Aufgabensammlung verwendet haben. Die Berechnung der prozentualen Angaben basieren für das *WS*13 auf den Fragen „Haben Sie die Übungsbücher mit Lösungen verwendet?" bzw. „Haben Sie den online verfügbaren Aufgabenpool ohne Lösungen verwendet?", welche seit dem *WS*14 nicht mehr im Evaluationsbogen integriert sind, und ab dem *WS*14 auf Frage 5.3 „[...], welche Verwendungsart haben Sie benutzt?" mit den Antwortmöglichkeiten „elektronisch ohne Einführungen (pdf)", „das gebundene Buch" sowie „das eBook aus der KIT-Bibliothek". Im *WS*13 haben die Bücher bei den Studierenden hohen Anklang gefunden. Ein Grund hierfür könnte die Tatsache sein, dass die PDF-Version in diesem Semester keine Lösungen enthalten hat. Da dadurch allerdings die elektronische Verknüpfung nicht verwendet werden konnte, werden seit dem *WS*14 die PDF-Versionen mit Lösungen angeboten, wodurch der prozentuale Anteil wieder auf circa 70% für *WS*14 und *WS*15 gestiegen ist. Knapp 20% der Studierenden profitieren in den beiden Semestern sowohl von den Büchern als auch von der PDF-Version.

Forum

Bei der Verwendung der Foren kann zwischen dem „passiven" und dem „aktiven" Nutzer unterschieden werden. Ein *passiver Nutzer* liest lediglich die Beiträge anderer Nutzer, wohingegen ein *aktiver Nutzer* Beiträge verfasst. Zudem kann ein Nutzer das Forum sowohl passiv als auch aktiv verwenden. Die Unterscheidung dieser Nutzergruppen zeigt Abb. 6.74. Die Nutzergruppe der Passiven stellt in allen untersuchten Semestern die größte Gruppe dar; im *WS*12 ist diese mit knapp 60% vergleichsweise gering. Durch die Archivierung konnte diese in den nachfolgenden Semestern erhöht werden. Allerdings hat sich mit der Zunahme der Archivierung auch der Anteil Studierender erhöht, welche Fragen stellen, ohne überprüft zu haben, ob diese Fragen nicht bereits gestellt worden sind. Diesem Trend konnte offensichtlich der Umzug auf das Q2A-System nicht entgegenwirken. Abb. 6.75 beschreibt das Verhalten der aktiven Nutzer auf Basis der eLearning-Evaluation (vgl. Anh. A.4, Frage 5.10). Bei mehr

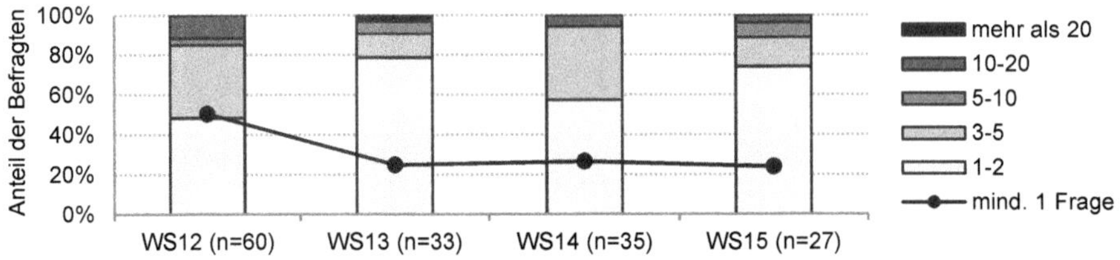

Abb. 6.75. Struktur der aktiven Forennutzer. Aktive Nutzer sind dadurch gekennzeichnet, dass sie schreibend auf die Foren zugreifen. Das Balkendiagramm zeigt, wie oft ein solcher Nutzer eine Frage stellt (vgl. Anh. A.4, Frage 5.10). Das Liniendiagramm beschreibt den Anteil aktiver Nutzer an allen GdI2-Studierenden.

Tab. 6.36. Verhältnis von Fragen zu Antworten. Die Verteilung aller Antworten auf die Fragen ist durch den relativen Anteil an Fragen gegeben, welche die angegebene Anzahl an Antworten enthalten. Dier Verteilung bezieht sich auf die Struktur aller Foren zum Ende des *WS*15.

Anzahl Antworten	**0**	**1**	**2**	**3**	**4**	**5**	**6**	**7**	**8**
Anteil (in %)	1,40	86,24	10,46	1,26	0,21	0,14	0,07	0,14	0,07

als 80 % der aktiven Nutzer handelt es sich in allen Untersuchungssemestern um solche, die maximal 5 Fragen stellen. Lediglich im *WS*13 wird das Forum von wenigen Nutzern exzessiv mit mehr als 20 Fragen genutzt. Durch die Archivierung nimmt auch der Anteil Nutzer mit mehr als 5 Fragen über die Semester hin ab. Die Fragefunktion des Forums wird von den Studierenden folglich gezielt bei individuellen Unklarheiten eingesetzt.

Antwortprozess. Tab. 6.36 gibt die prozentuale Fragenanzahl der Q2A Foren zum Ende des *WS*15 an, welche die angegebene Anzahl an Antworten enthalten. Das Forum „Organisation“ ist demnach nicht enthalten. Lediglich 1,40 % aller Fragen sind unbeantwortet geblieben. Der Großteil der Fragen konnte mit einer bzw. zwei Antworten geklärt werden. Die maximale Anzahl an Antworten beläuft sich in 0,07 % der Fragen auf acht Antworten.

Eine graphische Übersicht inklusive der Anzahl an Aufrufen gibt Abb. 6.76. Die Anzahl an Aufrufen bezieht sich ebenfalls nur auf die Foren des Q2A-Systems im *WS*14 und *WS*15. Demnach werden 229 der über 1.400 Fragen der Foren (vgl. Tab. 6.40) mindestens 60 Mal aufgerufen, wie in Abb. 6.76 (a) markiert. Der Median beträgt 27. Da sich dieser Datensatz allerdings bei den Klausur- sowie Tutoriumsforum nur auf ein, bei dem Forum zur Aufgabensammlung nur auf zwei Semester bezieht, bedeutet dies, dass zwischen 5 % und 10 % der Studierenden 229 Fragen aufrufen, sofern keine wiederholten Besuche zugrunde gelegt werden. Die Hälfte aller Fragen wird 27 Mal aufgerufen. Die Fragen sind in b) nach Anzahl der Aufrufe aufsteigend sortiert. Es ist kein Zusammenhang zwischen Anzahl Aufrufen sowie Anzahl Antworten zu er-

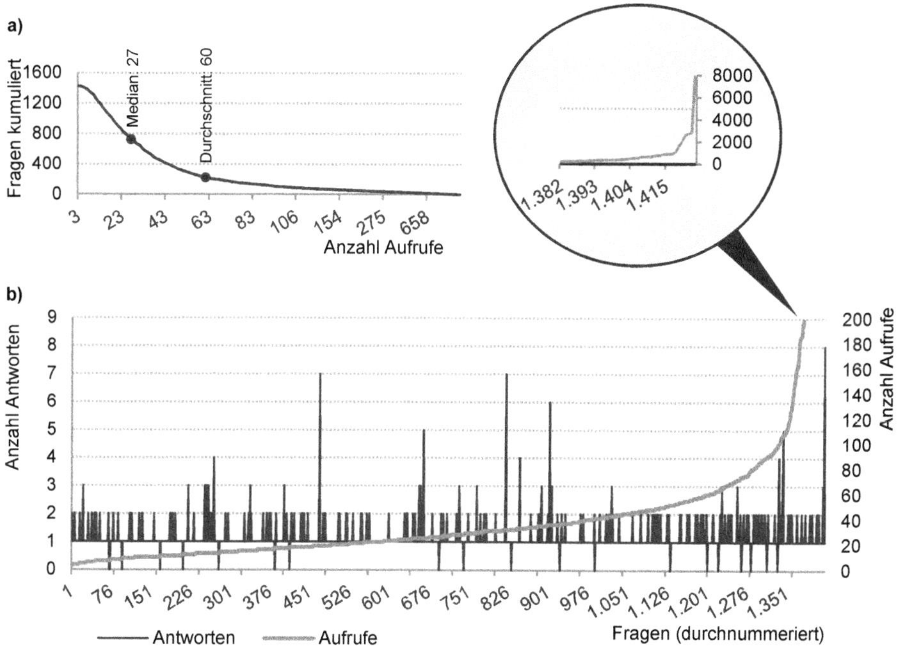

Abb. 6.76. Verhältnis zwischen Fragen, Antworten und Aufrufen. Graph a) zeigt, wie viele Fragen mindestens *n* Mal aufgerufen worden sind. In b) sind die Fragen nach aufsteigender Anzahl an Aufrufen (graue Linie) sortiert und stellen die Anzahl an Antworten zu einer Frage der Anzahl Aufrufe gegenüber.

kennen. Die Frage mit den meisten Aufrufen wurde knapp 8.000 Mal angesehen. Im Durchschnitt wird eine Frage 60 Mal aufgerufen.

Kategorien. Der Begriff *Kategorie* im Zusammenhang mit der Forenstruktur ist durch den Umzug der Foren auf das Q2A-System in Erscheinung getreten. Bei den Ilias-Foren war das, was im Q2A-System Kategorie heißt, als klassischer *Thread* realisiert gewesen, so dass die sich ergebenden Daten im Rahmen der folgenden Auswertung gleich behandelt werden. Eine Kategorie bzw. ein Thread bezieht sich auf eine in der Aufgabensammlung zur Verfügung gestellte Aufgabe (vgl. Abb. 5.12).

Tab. 6.37 gibt das Verhältnis aller Kategorien eines Forums an, in welchen mindestens eine Frage gestellt wurde, zu der Gesamtanzahl verfügbarer Kategorien pro Semester. Erwähnenswert ist hierbei, dass das Prinzip der Archivierung erkennbar ist. Im *WS*11 wurde auf 85,2 % der Kategorien der Aufgabensammlung schreibend zugegriffen, im folgenden Jahr nur auf 67,5 %, obwohl sich die Anzahl Kategorien sogar erhöht hat (vgl. Tab. 6.33). Die gleiche Tendenz ist für die Foren „Tutorium“ und „Klausur“ zu erkennen. Insgesamt haben die Studierenden in 80,5 % der Kategorien der Aufgabensammlung Fragen zu den entsprechenden Aufgaben gestellt. Das Tutoriumsforum liefert hierzu einen noch höheren Wert von 87,0 %, die Klausuraufgaben

Tab. 6.37. Anzahl verwendeter Kategorien der Foren. Der prozentuale Anteil verwendeter Kategorien bezieht sich auf die Gesamtanzahl verfügbarer Kategorien des jeweiligen Forums pro Semester (vgl. Tab. 6.33). Allen Angaben sind in % angegeben.

(in %)	*WS*09	*WS*10	*WS*11	*WS*12	*WS*13	*WS*14	*WS*15	Σ
Aufgabensammlung	–	–	85,2	67,5	28,6	17,7	41,4	80,5
Tutorium	–	–	–	66,7	67,3	56,9	51,9	87,0
Klausur	–	–	–	56,7	37,9	34,3	27,9	68,5
Organisation	100,0	100,0	100,0	100,0	100,0	100,0	100,0	100,0

Tab. 6.38. Durchschnittliche Anzahl neuer Beiträge pro Kategorie. Die durchschnittliche Anzahl an Beiträgen pro Kategorie berechnet sich aus der absoluten Anzahl Beiträge pro Bezugssemester (vgl. Tab. 6.32) und Forum dividiert durch die Anzahl der in dem jeweiligen Semester und Forum verwendeten Anzahl an Kategorien.

	*WS*09	*WS*10	*WS*11	*WS*12	*WS*13	*WS*14	*WS*15
Aufgabensammlung	–	–	9,7	6,7	3,4	3,6	5,5
Tutorium	–	–	–	7,7	4,8	5,1	5,5
Klausur	–	–	–	5,0	3,6	4,0	4,8
Organisation	4,4	3,8	3,9	2,8	3,5	4,4	3,8

erreichen nur 68,5%. Eine entsprechende Angabe für das Forum für organisatorische Angelegenheiten ist nicht sinnvoll, da dieses jedes Jahr neu aufgesetzt wird und folglich keinem Archivierungsprinzip unterliegt.

Tab. 6.38 gibt einen Überblick über die Nutzung der Foren durch die Studierenden anhand der durchschnittlichen Anzahl Beiträge pro Kategorie. Dies ergibt sich aus dem Verhältnis aller neuen Beiträge eines Forums pro Semester zu der Anzahl verwendeter Kategorien. Allerdings verfügt lediglich das Forum für organisatorische Angelegenheiten über die Möglichkeit, eigene Threads anzulegen; die Threadstruktur der anderen drei Foren ist durch die bidirektionale Verlinkung bereits vorgegeben. Zudem unterliegen diese drei Foren dem Prinzip der Archivierung. Dies erklärt, warum die durchschnittlichen Beiträge pro Thread sowohl in dem Forum der Aufgabensammlung als auch in dem Tutoriums- bzw. Klausurforum im ersten Jahr der Verwendung mit 9,7, 7,7 und 5,0 deutlich höher liegen als in den Folgejahren. Die archivierten Einträge wurden seitens der Studierenden offensichtlich zur Beantwortung eigener Fragen genutzt und deckten bereits viele schwierige Themenfelder ab, so dass neue Fragen durch eine geringere Antwortzahl abgehandelt werden konnten.

Zusammenfassend ergibt sich für das Ende des *WS*15 die in Abb. 6.77 dargestellte Verteilung der Fragen auf die einzelnen Kategorien der verschiedenen Foren. Die einzelnen Klausuraufgaben werfen offensichtlich am wenigsten Fragen pro Aufgabe auf im Gegensatz zur Aufgabensammlung, bei der einige wenige Aufgaben über 20 Fragen enthalten.

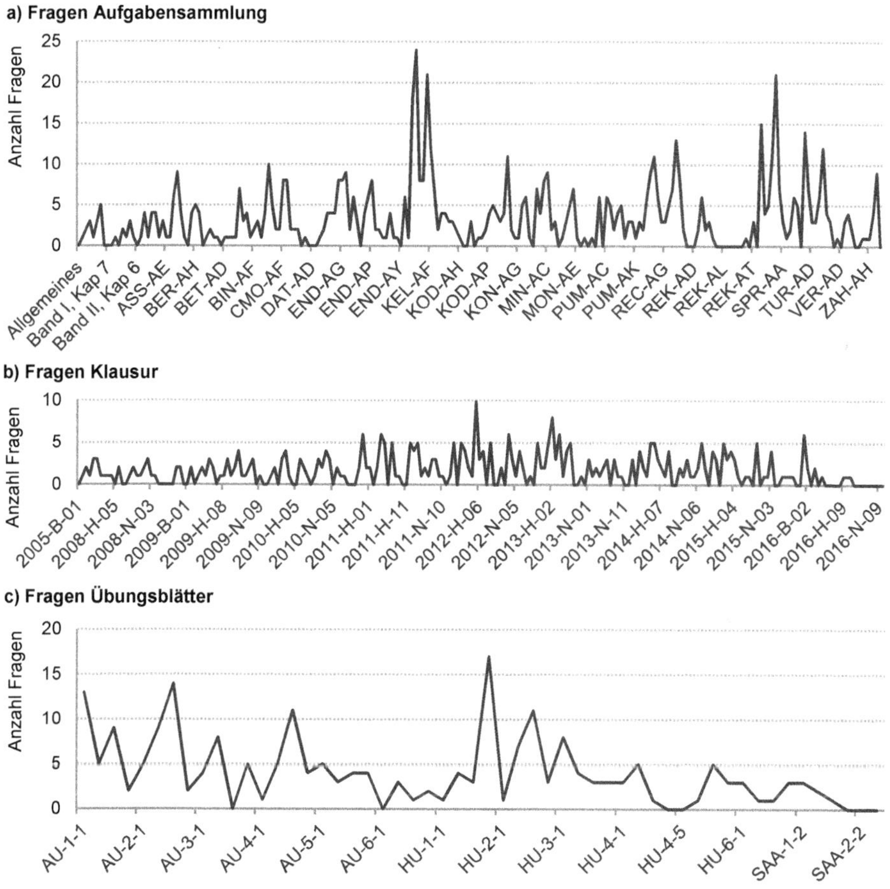

Abb. 6.77. Verteilung der Fragen auf Kategorien. Die Daten der foreneigenen Datenbank zeigen die Verteilung der Fragen auf die einzelnen Kategorien der drei bidirektional-verknüpften Foren. Zur Erklärung der Abkürzungen der Aufgaben vgl. Abschn. 5.2.3.

Tags. Die Verwendung von „Tags“ bietet den Nutzern die Möglichkeit, Fragen mit Schlagworten zu versehen. Dadurch wird der Suchvorgang innerhalb des Forums erleichtert. Die Verwendung von Tags ist erst mit dem Q2A-System möglich geworden, weshalb sich die analysierten Datensätze nur auf die *WS*14 und *WS*15 konzentrieren.

Abb. 6.78 beschreibt die absolute sowie die relative Häufigkeit der insgesamt 131 erstellten Tags. Die Verwendung der Tags zeigt die Wichtigkeit einzelner Themen; für die Studierenden stehen dabei die Tags „klausur“, „alternativlösung“ sowie „verständnis“ im Vordergrund. Diese drei Tags machen einen Anteil von 23 % aus und betonen erneut den Anreiz „Klausur“. Die ersten 18 Tags (vgl. vergrößerter Ausschnitt in Abb. 6.78) stellen fast 70% der verwendeten Tags. Interessanterweise verhält sich die relative Verteilung der Tags annäherungsweise nach dem Zipfschen Gesetz [255].

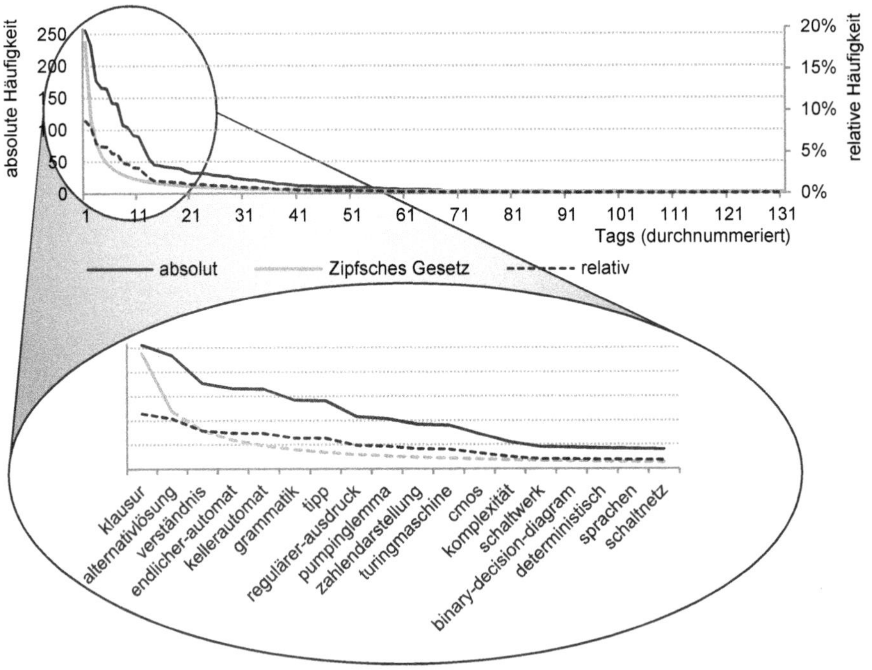

Abb. 6.78. Tags im Q2A-System. Die Verwendung der Tags wird anhand absoluter (linke Achse, schwarze Linie) und relativer (rechte Achse, schwarz gestrichelte Linie) Häufigkeit analysiert, nach Häufigkeit geordnet. Der vergrößerte Abschnitt zeigt die 18 am häufigsten verwendeten Tags.

Dabei ist die Häufigkeit eines auftretenden Wortes proportional zum Kehrwert des Rangs n des entsprechenden Wortes geordnet nach ihrer Häufigkeit. Das n-häufigste Wort kommt also $1/n$ Mal so oft vor wie das häufigste. Da sich die relativen Häufigkeiten $p(n)$ einer Verteilung nach dem Zipfschen Gesetz zur harmonischen Reihe aufsummieren, ergibt sich durch Normierung anhand dieser das Zipfsche Gesetz mit t Tags zu

$$p(n) = \frac{1}{\sum_{n=1}^{t} \frac{1}{n}} \cdot \frac{1}{n} \quad \text{(vgl. Abb. 6.78).}$$

Insgesamt wurde 2.907 Mal ein Tag gesetzt. Tab. 6.39 gibt die Anzahl an Fragen mit n Tagwörtern an. Hierbei ist zu beachten, dass es sich aufgrund der Struktur der vorhandenen Daten um Tagwörter und nicht um Tags handelt; ein Tagwort ist jedes Wort eines Tags; beispielsweise besteht der Tag „endlicher-Automat" aus zwei Tagwörtern. Zudem musste jeder neuen Frage mindestens ein Tagwort zugewiesen werden[24]. 73 % aller Fragen werden mit ein bis zwei Tagwörtern gekennzeichnet, so dass durch-

24 Die knapp 2 % der Fragen ohne Tagwort entsprechen den Zwischenebenen zur Fragengliederung bzw. den Fragen, denen bei Umzug der Foren kein Tagwort zugewiesen wurde

Tab. 6.39. Zuordnung der Fragen zu Anzahl Tagwörter. Die Verteilung (absolut und relativ) umfasst alle Fragen des Q2A-Systems zum Ende des *WS*15.

Anzahl Tagwörter	0	1	2	3	4	5	6	7	8
absolute Häufigkeit	33	945	468	302	109	36	27	0	3
relative Häufigkeit (in %)	1,72	49,14	24,34	15,70	5,67	1,87	1,40	0,00	0,16

schnittlich jede Frage 1,87 Tagwörter enthält. Fast die Hälfte alle Studierenden vergibt mehr als das eine geforderte Tagwort.

6.6.4 Produktqualität (Qualitätskriterium 4)

Um bei der Qualität zwischen dem Aufgabenpool und den Foren differenzieren zu können, werden diese beiden Hauptelemente des IAP, obwohl sie eng verknüpft sind, bei der Analyse separat betrachtet.

Aufgabenpool. Da die Neuerung am Aufgabenpool insbesondere die Bereitstellung der Aufgabensammlung war – die Übungsaufgaben sowie die Klausuren bestanden bereits und wurden lediglich zum *WS*12 formal in das Konzept des IAP integriert – basieren die folgenden Auswertungen auf der Aufgabensammlung.

Die Studierenden bewerteten im Zuge der eLearning-Evaluation (vgl. Anh. A.4) die „Einführungen" Abb. 6.79 (a)), den „Umfang" der Aufgaben (vgl. Abb. 6.79 (b)) sowie die Aufgabensammlung „gesamt" (vgl. Abb. 6.79 (c)). Mehr als 80% der Studierenden fanden die im *WS*13 neu ergänzten Einführungen sehr hilfreich bis hilfreich. Der Mittelwert fällt im *WS*14 mit 1,58 etwas besser aus als im *WS*13 und *WS*15 mit jeweils 1,72. Es zeigt sich, dass der Umfang der Aufgabensammlung von circa 200 Aufgaben (vgl. Tab. 6.33) nicht als zu wenig empfunden wurde. Etwas mehr als 20% sind sogar der Meinung, dass die Anzahl an Aufgaben zu hoch ist; im *WS*15 sind dies sogar knapp 40%. Diese Zunahme könnte durch das erweiterte Angebot des XWizards zustande gekommen sein, in dem ebenfalls einige Übungsaufgaben (die Miniaufgaben) integriert sind. Zwischen 60% und 78% halten diese für sehr sinnvoll; 88% im *WS*13 bis 96% im *WS*15 halten diese für mindestens sinnvoll. Insgesamt erhält die Qualität der Aufgabensammlung positives Feedback von den Studierenden in allen Semestern.

Foren. Neben der Evaluation der Aufgabensammlung ist die Analyse der Foren von besonderem Interesse, da diese Kopplung die Neuartigkeit dieses eLearning-Konzepts ausmacht. Es werden die Eigenschaften bidirektionale „Verlinkung", „Konservierung der Beiträge" sowie „Gesamtbewertung" untersucht. Abb. 6.80 stellt das Ergebnis der eLearning-Evaluation dieser drei Eigenschaften graphisch dar, jeweils seit dem Zeitpunkt der Integration der Fragen in den Evaluationsbogen.

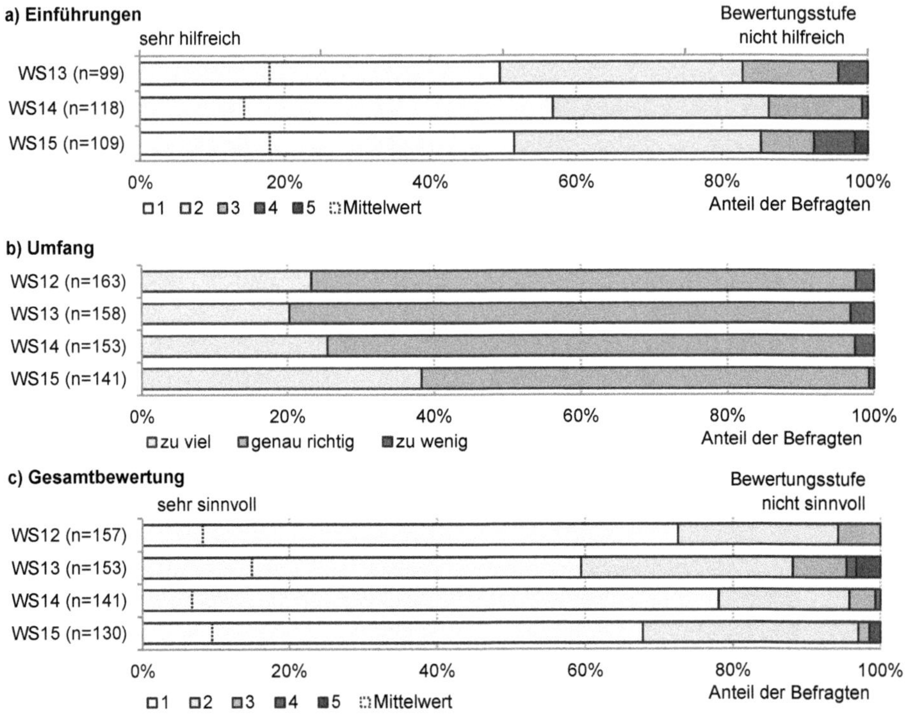

Abb. 6.79. Qualität der Aufgabensammlung. Die Studierenden bewerteten im Rahmen der eLearning-Evaluation (vgl. Anh. A.4) a) die „Einführungen“ (Frage 6.3), b) den „Umfang“ (Frage 6.1) sowie c) die Aufgabensammlung „gesamt“ (Frage 6.4).

Das Balkendiagramm der Abb. 6.80 (a) zeigt, dass im *WS*14 knapp 80 %, im *WS*15 etwas mehr als 90 % der Studierenden die Verlinkung als sinnvoll erachteten. Hierbei muss allerdings die Veränderung der Forenstruktur im *WS*14 und *WS*15 beachtet werden. Zudem zeigt die mit einem Punkt markierte Linie, dass in beiden Semestern mehr als 50 % der GdI2-Studierenden (*WS*14 55 % bzw. *WS*15 60 %) die Verlinkung verwendet haben. In allen untersuchten Semestern waren über 90 % der Studierenden der Meinung, dass die Konservierung der Fragen sinnvoll ist. Insgesamt halten zwischen 84% (*WS*13) und 90% (*WS*14) der Studierenden die Foren für sinnvoll. Die Bewertung der Foren liegt damit leicht unter der der Aufgabensammlung.

Die Beitragsstruktur des Q2A-Systems wird unterschieden in „Fragen“, „Antworten“ sowie „Kommentare“. Die absolute Verteilung dieser drei Beitragstypen ist Tab. 6.40 zu entnehmen. Alle drei bidirektional-verlinkten Foren unterliegen einer ähnlichen relativen Verteilung; 35 % bis 37 % aller Beiträge sind Fragen, 41 % bis 43 % Antworten und 21 % bis 24 % als Kommentare gekennzeichnete Nachfragen zu Fragen oder Antworten. Diese Verteilung zeigt eine stimmige Verwendung der Foren durch die Studierenden, wodurch der konzeptionelle Aufbau des IAPs bestätigt wird.

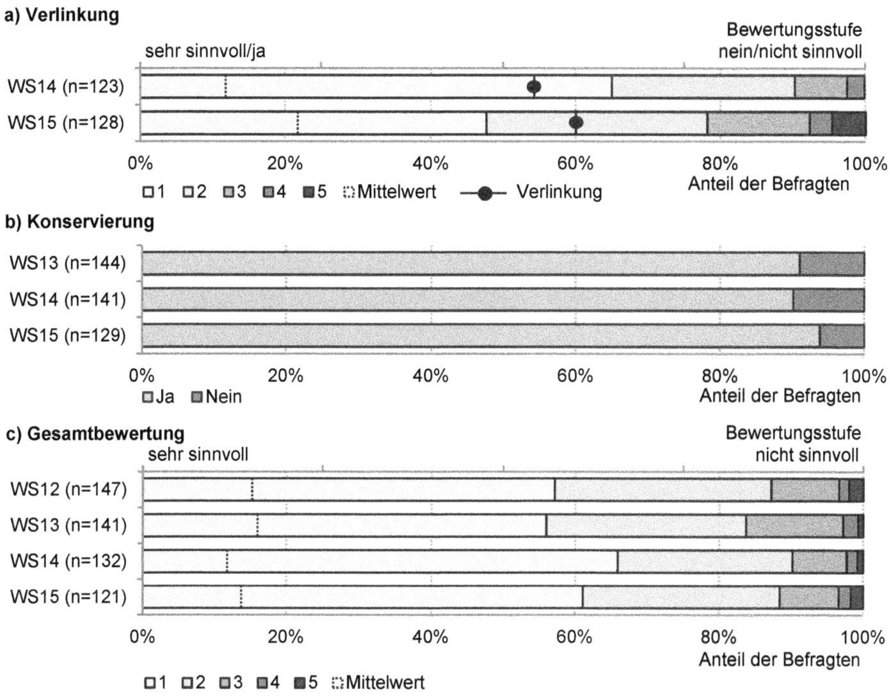

Abb. 6.80. Qualität der Foren. Die Qualitätsbewertung der Foren basiert auf der Bewertung a) der „Verlinkung" (Balkendiagramm: sehr sinnvoll zu nicht sinnvoll, Frage 6.9; Punktdiagramm: Verwendung ja oder nein, Frage 6.10), b) der „Konservierung" der Fragen (Frage 5.8) sowie c) der „Gesamtbewertung" (Frage 6.5) der eLearning-Evaluation (vgl. Anh. A.4).

Tab. 6.40. Beitragsstruktur des Q2A-Systems. Im Q2A-System wird zwischen „Frage", „Antwort" und „Kommentar" unterschieden. Die Tabelle gibt die Anzahl der jeweiligen Beiträge zum Ende des *WS*15 bezogen auf die Foren „Organisation", „Tutorium", „Klausur" sowie „Aufgabensammlung" an.

	Organisation	Tutorium	Klausur	Aufgabensammlung
Fragen	77	219	374	753
Antworten	87	257	431	858
Kommentare	100	152	209	445
Σ	264	628	1.014	2.056

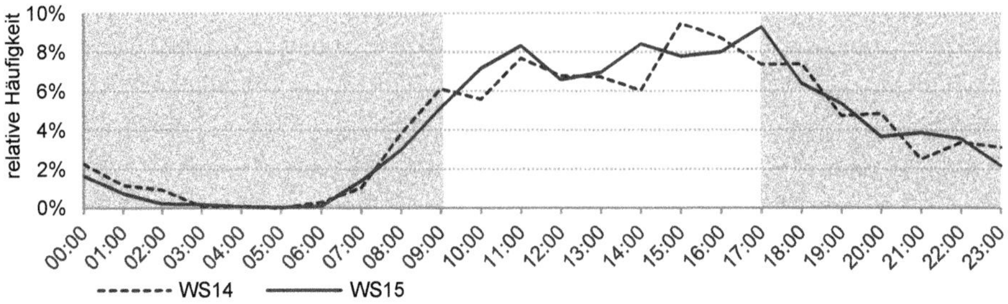

Abb. 6.81. Aktionen des Q2A-Systems auf Stundenbasis. Die prozentuale stündliche Aufschlüsselung der Aktionen des Q2A-Systems basiert auf den Daten über Piwik der Vorlesungszeit des *WS*14 bzw. des *WS*15. Die „Freizeit" ist grau markiert.

Lediglich das Forum für organisatorische Angelegenheiten fällt mit 38% Kommentaren aus der Reihe.

6.6.5 Zeit- und Ortsunabhängigkeit (Qualitätskriterium 5)

Da die Ilias-Foren über keine zeitliche Aufschlüsselung aller Zugriffe verfügen[25], wird die Untersuchung der zeit- sowie ortsunabhängige Nutzung eingeschränkt auf die Datenbasis des Q2A-Systems für die *WS*14 und *WS*15 durchgeführt.

Zeitunabhängigkeit. Abb. 6.81 zeigt die stündliche zeitliche Aufschlüsselung der durchgeführten Aktionen, d. h. der Seitenansichten, der Downloads sowie der Aufrufe von ausgehenden Verweisen und interne Suchen. Als Arbeitszeit wird wieder der Zeitraum von 9.00 Uhr bis 17.00 Uhr definiert, in Abb. 6.81 weiß markiert; der graue Bereich kennzeichnet die Freizeit. Für das *WS*14 und das *WS*15 zeigt sich eine ähnliche Kurve der stündlichen Zugriffe auf das Q2A-System. Im *WS*14 finden 57 % der Aktionen während der Arbeitszeit statt, im *WS*15 sind dies 58%. Um allerdings eine präzisere Aussage bezüglich der Zuweisung der Aktionen auf Arbeits- und Freizeit zu machen, muss zusätzlich eine Analyse der Verteilung auf Wochenbasis erfolgen.

Abb. 6.82 stellt die prozentuale Anzahl an Aktionen auf Wochentagbasis dar. Die Verteilung der Aktionen auf die einzelnen Wochentage unterscheidet sich in den beiden untersuchten Semestern leicht; während im *WS*14 zur Wochenmitte eine Zunahme der Aktionen vorzufinden ist, welche zum Wochenende abflacht, ist eine gegensätzliche Bewegung im *WS*15 zu erkennen. Genauer betrachtet, finden im *WS*14 23% der Zugriffe am Wochenende statt, während es im *WS*15 mit 32% deutlich mehr sind.

Eine prozentuale Aufschlüsselung der Aktionen auf Arbeitszeit sowie Freizeit und Arbeitswoche (AW) sowie Wochenende (WE) kann Tab. 6.41 entnommen werden. Die

25 Hier ist nur eine zeitliche Verteilung der Fragen vorhanden.

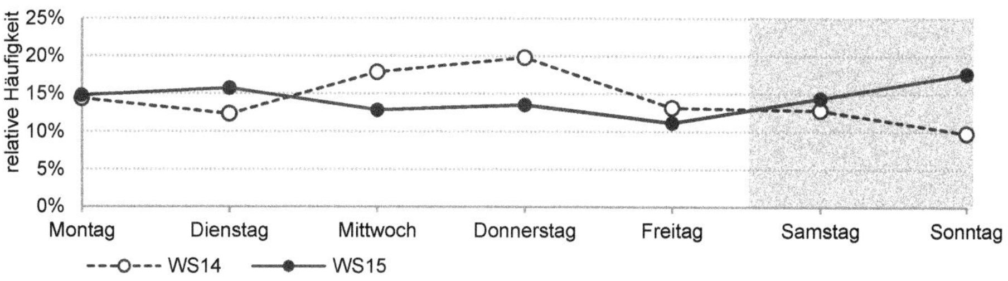

Abb. 6.82. Aktionen des Q2A-Systems auf Wochentagbasis. Die Aktionen des Q2A-Systems im *WS*14 und *WS*15 sind aufgeschlüsselt auf die Wochentage dargestellt. Der graue Bereich markiert die „Freizeit".

Tab. 6.41. Prozentualer Anteil der Aktionen des Q2A-Systems in Arbeits- bzw. Freizeit. Unter Betrachtung der Verteilung der Aktionen auf Stundenbasis, aufgeteilt auf Arbeitswoche (AW) und Wochenende (WE), wird der prozentuale Gesamtanteil der Aktionen an Freizeit und Arbeitszeit dargestellt.

	***WS*14**			***WS*15**		
	AW	**WE**	**Σ**	**AW**	**WE**	**Σ**
Gesamt (in %)	77,41	22,59	100,00	67,97	32,03	100,00
Arbeitszeit (in %)	44,18	12,89	57,08	39,64	18,68	58,31
Freizeit (in %)	33,23	9,70	42,92	28,34	13,35	41,69

prozentuale Verteilung der Arbeits- sowie Freizeit in der Arbeitswoche bzw. am Wochenende wurde anhand der Gesamtverteilung der Stundenbasis berechnet. Daraus ergibt sich ein prozentualer Anteil an Aktionen von 55,82% im *WS*14 bzw. 60,36% im *WS*15, die während der Freizeit sowie am Wochenende stattfinden. In beiden betrachteten Semestern finden also mehr als 55% der Zugriffe außerhalb der Arbeitszeit statt. Diese zeitliche Verteilung deckt sich mit den Ergebnissen, die in [164] für das *WS*11 auf Datenbasis der stündlichen Verteilung der Fragen durchgeführt wurden. Bei der Festlegung der Arbeitszeit von 8.00 Uhr bis 17.00 Uhr werktags, um dem Beginn der Vorlesung mittwochs ebenfalls abzudecken, wurden 52% aller Fragen außerhalb der Arbeitszeit gestellt.

Ortsunabhängigkeit. Tab. 6.42 zeigt, von welchen Ländern die Nutzer des IAP auf die zugehörigen Foren zugegriffen haben. Sowohl im *WS*14 als auch im *WS*15 haben etwas mehr als 90% der Nutzer von Deutschland aus auf die Foren des IAP zugegriffen. Weitere Länder, von denen aus ein Zugriff erfolgt, stellen unter anderem die USA, Russland und China dar. Insgesamt wurde im *WS*14 von 12 und im *WS*15 von 14 Ländern auf die Foren zugegriffen. Da die Lehrveranstaltung GdI2 allerdings auch Präsenzveranstaltungen umfasst, ist die Konzentration auf den Standort Deutschland nicht überraschend. Eine Auswertung entsprechend den Zugriffen nach Städten ist aufgrund fehlender Daten nicht möglich.

Tab. 6.42. Prozentualer Zugriff auf die Foren des IAP nach Ländern. Die prozentuale Verteilung erfolgt aufgeschlüsselt nach Ländern. Die Länder sind anhand der Ländercodes gemäß DIN EN ISO 3166-1 [53] abgekürzt mit Ausnahme der sonstigen (sonst.). Die Gesamtanzahl der Länder, von denen pro Semester aus zugegriffen wird, wird in die Spalte Σ genannt. Die dargestellten Daten basieren auf den Ergebnissen aus Piwik.

Ländercode	**DE**	**US**	**RU**	**CN**	**GB**	**ES**	**FR**	**AT**	**sonst.**	Σ
*WS*14 (in %)	90,76	4,92	2,25	1,24	0,18	0,00	0,05	0,05	0,55	12
*WS*15 (in %)	90,31	5,29	0,25	2,17	0,47	0,42	0,40	0,35	0,32	14

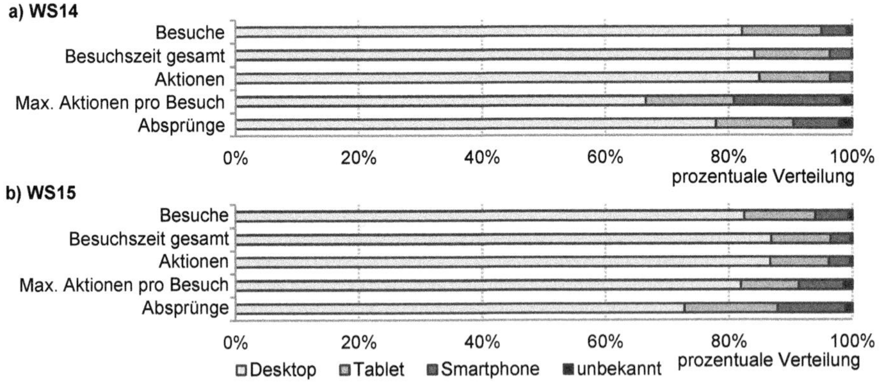

Abb. 6.83. Prozentualer Zugriff auf die Foren des IAP nach Gerätetyp. Die Unterscheidung in die Gerätetypen „Desktop", „Tablet", „Smartphone" sowie „unbekannt" basiert auf den durch Piwik analysierten Daten.

Bei der Analyse der Zugriffsarten wird unterschieden zwischen „Desktop", „Tablet", „Smartphone" sowie „unbekannte" Geräte (vgl. Abb. 6.83). Sowohl im *WS*14 als auch im *WS*15 fanden mehr als 80 % der Besuche, 80 % der gesamten Besuchszeit sowie 80 % der Aktionen über einen Desktop statt. Um die 10 % wurden von einem Tablet aus getätigt. Die restlichen Zugriffe entfallen auf das Smartphone sowie „unbekannte Zugriffe". Überraschend im Vergleich zu den anderen Datensätzen ist der hohe prozentuale Anteil (17 %) bei der Verteilung unter Beachtung der maximalen Aktionen pro Besuch über das Smartphone im *WS*14, so dass in diesem Semester, wenn über das Smartphone zugegriffen wurde, besonders viele Aktionen ausgeführt wurden. Im Vergleich hierzu ist der Anteil an Absprüngen, d. h. die Anzahl an Besuchern, welche nach einem Aufruf der Webseite diese ohne Aktion verließen [166], für Tablets, Smartphones und unbekannte Zugriffe im Vergleich zu den anderen untersuchten Eigenschaften insbesondere im *WS*15 höher.

Die Ergebnisse lassen den Schluss zu, dass die Foren des IAP für die Verwendung über Smartphone und Tablet nur bedingt geeignet sind und eine Nutzung eher über einen Desktop-Computer erfolgte.

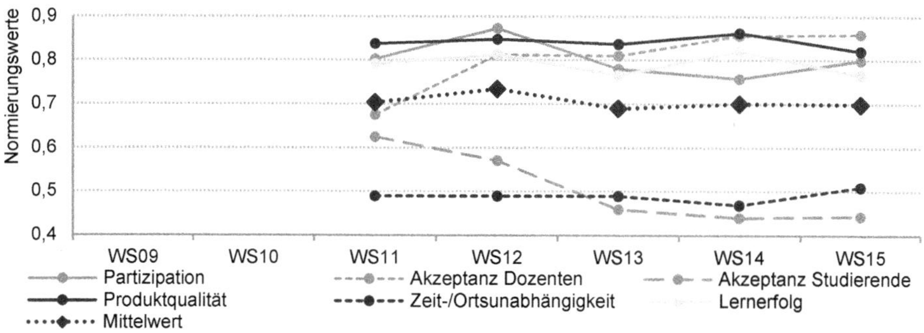

Abb. 6.84. Evaluation der Einzelkomponente IAP. Der IAP wurde ab dem *WS*11 angeboten. Demnach werden die Qualitätskriterien „Partizipation“, „Akzeptanz Dozenten“, „Akzeptanz Studierende“, „Produktqualität“, „Zeit- und Ortsunabhängigkeit“, „Lernerfolg“ sowie der zugehörige „Mittelwert“ als Nutzenwert erst ab diesem Semester abgebildet. Die Normierungsskala wird im Bereich 0,4 bis 0,9 angegeben.

6.6.6 Lernerfolg (Qualitätskriterium 7)

Bei der Beurteilung des Lernerfolgs durch den IAP kann erneut die Auswertung der Frage „Waren die Antworten zum Verständnis des Vorlesungsstoffs hilfreich?“ verwendet werden. Diese wurde bereits in Abb. 6.72 dargestellt und in Abschn. 6.6.2 diskutiert. Zudem lässt die positive Bewertung der Qualität der Aufgabensammlung sowie der Foren den Schluss zu, dass die Studierenden in ihrem Lernzuwachs durch den IAP unterstützt wurden.

Die statistische Signifikanz der Hypothese, dass die Studierendengruppen „mit IAP“ sowie „ohne IAP“ einen unterschiedlichen Lernerfolg erzielen, wird in Abschn. 6.8.7 untersucht.

6.6.7 Zwischenevaluation

In der Zwischenevaluation werden die Qualitätskriterien „Partizipation“, „Akzeptanz Dozenten“, „Akzeptanz Studierende“, „Produktqualität“, „Zeit- und Ortsunabhängigkeit“, „Lernerfolg“ sowie der zugehörige „Mittelwert“ betrachtet. Das Ergebnis zeigt Abb. 6.84. Die Berechnung der jeweiligen Bewertungsvektoren z_i, $i \in \{1, \ldots, k\}$ mit Normalisierung auf den Bereich [0;1] erfolgt nach dem in Abschn. 3.3.2 sowie Abschn. 6.2.8 beschriebenen Verfahren mit 1 als Optimalwert. Die ersten zwei Vektoreinträge werden konstant auf null festgelegt, da der IAP erstmalig im *WS*11 zum Einsatz kam. Die nachstehenden Kurzbeschreibungen enthalten die technischen Details der in die Bewertungsvektoren von Abb. 6.84 einfließenden Auswertungen sowie ein abschließendes Resümee.

Partizipation. Die Partizipation berechnet sich aus der prozentualen Anzahl Studierender, die die Aufgabensammlung bzw. die Foren verwendet haben (vgl. Tab. 6.31). Die fehlenden Werte des *WS*11 werden durch den Mittelwert der anderen Semester geschätzt. So ergibt sich $z_1 = (0{,}00; 0{,}00; 0{,}80; 0{,}87; 0{,}78; 0{,}76; 0{,}80)$. Gemäß der Analyse weist der IAP ein hohes Qualitätsniveau in Bezug zur Partizipation auf, welches sich zwischen 0,76 und 0,87 bewegt (vgl. Abb. 6.84).

Akzeptanz Dozenten. In die Analyse der Akzeptanz durch die Dozenten fließen die Merkmale Anzahl an Aufgaben bzw. Kategorien (Maximalwert auf 500 festgesetzt, vgl. Tab. 6.33). Zudem wird die Bewertung der Geschwindigkeit des Antwortprozesses, die Qualität der Antworten sowie die Betreuung insgesamt in die Bewertung des Qualitätskriteriums einbezogen, so dass sich $z_2 = (0{,}00; 0{,}00; 0{,}68; 0{,}81; 0{,}81; 0{,}86; 0{,}86)$ ergibt. Die fehlenden Werte des *WS*11 werden durch Mittelwertbildung der übrigen geschätzt. Die Akzeptanz des Dozenten nimmt über die untersuchten Semester hin zu (vgl. Abb. 6.84).

Akzeptanz Studierende. Eine Aussage zur Verwendungshäufigkeit ist lediglich für das *WS*14 möglich (vgl. Abb. 6.73). Der prozentuale Anteil der Studierenden, die die Foren mindestens zweimal besucht haben, wird beispielhaft für alle Semester übernommen. Zur Untersuchung der Verwendungsart fließt die prozentuale Anzahl der Fragesteller ein (vgl. Abb. 6.75). Zudem werden die Nutzertypen „nur lesend“ und „nur schreibend“ bezogen auf alle Studierenden (vgl. Abb. 6.74) eingerechnet. Der Anteil nur lesender Studierender ist zu maximieren, der nur schreibender zu minimieren. Aufgrund der fallenden Tendenzen werden die fehlenden Werte der Verwendungsart des *WS*11 durch die des angrenzenden *WS*12 geschätzt. Da der Antwortprozess nicht semesterabhängig ausgewertet worden ist, fließt dieser in die abschließende Bewertung nicht ein. Der prozentuale Durchschnitt der verwendeten Foren zur Fragestellung aus Aufgabensammlung, Tutorium und Klausur wird gemittelt berechnet (vgl. Tab. 6.37). Da die Tutoriums- und Klausurforen erst seit dem *WS*12 angeboten wurden, wird für das *WS*11 nur der Wert des Forums der Aufgabensammlung betrachtet. Der Bewertungsvektor berechnet sich zu $z_3 = (0{,}00; 0{,}00; 0{,}62; 0{,}57; 0{,}46; 0{,}44; 0{,}44)$. Seit dem *WS*13 ist die Akzeptanz der Studierenden deutlich gesunken (vgl. Abb. 6.84).

Produktqualität. Die Bewertung der Produktqualität setzt sich aus der des Aufgabenpools sowie der Foren zusammen. Der Aufgabenpool wird anhand der Einführungen, der „genau-richtig“-Bewertungen des Umfangs sowie der Gesamtbewertung analysiert (vgl. Abb. 6.79). Da die Einführungen erst im *WS*12 ergänzt wurden, werden diese auch erst ab diesem Semester zur Mittelwertbildung einberechnet. Zur Beurteilung der Foren werden die Daten der Verlinkung, der Konservierung der Fragen sowie der Foren allgemein betrachtet (vgl. Abb. 6.80). Fehlende Daten werden, da keine eindeutige Tendenz erkannt wird, anhand der Mittelwertbildung der übrigen Semester ergänzt, so dass $z_4 = (0{,}00; 0{,}00; 0{,}84; 0{,}85; 0{,}84; 0{,}86; 0{,}82)$ errechnet wird. Die Produktqualität ist in allen Semestern als sehr hoch anzusehen.

Zeit- und Ortsunabhängigkeit. Die zeitunabhängige Nutzung berechnet sich anhand der Ergebnisse aus Tab. 6.41. In die Ortsunabhängigkeit fließen die Anzahl der Länder, von denen aus zugegriffen wurde (vgl. Tab. 6.42) sowie die gesamte Besuchszeit, die nicht über einen Desktop stattgefunden hat (vgl. Abb. 6.83), ein. Die fehlenden Werte der *WS*11 bis *WS*13 werden anhand der Mittelwertbildung der verfügbaren Daten geschätzt, so dass sich der annähernd konstante Bewertungsvektor $z_5 = (0{,}00; 0{,}00; 0{,}49; 0{,}49; 0{,}49; 0{,}47; 0{,}51)$ ergibt (vgl. Abb. 6.84).

Lernerfolg. Die Bewertung des Lernerfolgs erfolgt anhand der Beurteilung der Antworten in den Foren durch die Studierenden, ob diese zum Verständnis hilfreich gewesen sind (vgl. Abb. 6.72), so dass sich $z_7 = (0{,}00; 0{,}00; 0{,}79; 0{,}81; 0{,}77; 0{,}82; 0{,}77)$ ergibt. Der fehlende Wert des *WS*11 wird durch den Mittelwert der Semester ab *WS*12 geschätzt. Die Auswirkungen auf die Klausurergebnisse werden separat in Abschn. 6.8.7 untersucht.

Resümee. In Abb. 6.84 ist der Nutzenwert als Mittelwert der Bewertungsvektoren der Qualitätskriterien der Einzelkomponente IAP mit $1/6 \cdot \Sigma z_i = (0{,}00; 0{,}00; 0{,}70; 0{,}73; 0{,}69; 0{,}70; 0{,}70)$ abgetragen. Dieser verläuft über die Vergleichssemester mit einem leichten Anstieg im *WS*12 annähernd konstant. Ebenfalls annähernd konstant wird die Produktqualität sowie die Zeit- und Ortsunabhängigkeit bewertet. Die Partizipation durch die Studierenden erreicht nach einem Anstieg im *WS*12 um 0,07 im *WS*15 wieder das Qualitätsniveau des *WS*11 von 0,8. Die Akzeptanz durch den Dozenten ist über alle Vergleichssemester um 0,18 Normierungspunkte steigend. Im Gegensatz hierzu fällt die Akzeptanz durch die Studierenden von 0,62 auf 0,44. Dies könnte durch die zusätzlichen Angebote im Rahmen der Lehrveranstaltung liegen. Der Lernerfolg bleibt jedoch recht stabil und schwankt um den Normierungspunkt von 0,8.

6.6.8 Zusammenfassung

Der IAP ist ein leichtgewichtiges eLearning Werkzeug, welches sich einer hohen Beteiligung seitens der Studierenden erfreut. Durch seine Plattformunabhängigkeit und die Verwendung reiner Standardinternettechnologie kann das Konzept leicht auf andere Lehrveranstaltungen übertragen werden. In Abhängigkeit vom Umfang des Aufgabenpools sowie der Anzahl der bereitgestellten Kategorien erweist sich nicht jede Lernplattform (vgl. beispielsweise Threads in Ilias) als gleichermaßen geeignet. So wurde der IAP der Lehrveranstaltung GdI2 von Ilias auf das Q2A-System umgezogen. Bei einer den Studierenden unbekannten Plattform muss allerdings mit Anlaufschwierigkeiten im Umgang gerechnet werden. Jedoch erweist sich insbesondere bei einer großen Benutzerzahl ein in verschiedene Kategorien unterteilbares Forum als sinnvoll, um mit zunehmender Beitragsanzahl eine benutzerfreundliche Nutzung durch eine geeignete Struktur zu gewährleisten.

Die Einführung des IAP in der Lehrveranstaltung GdI2 hat dazu geführt, dass die Anzahl der Beiträge in den anderen Foren ebenfalls angestiegen ist. Allerdings benötigt der IAP insbesondere in der Einführungsphase einen hohen Moderationsaufwand, um die Qualität der Forenbeiträge zu gewährleisten. Das Archivierungsprinzip hat sich im Verlauf der untersuchten Semester als positiv herausgestellt, so dass die Anzahl der neuen Beiträge reduziert werden konnte. Immer mehr Studierende haben den IAP lediglich als passive Nutzer, d. h. lesend verwendet. Dennoch hat die Gruppe der Studierenden, die nur aktiv partizipieren, d. h. nur neue Beiträge verfassen und keine alten lesen, über die Vergleichssemester ebenfalls zugenommen. Es bleibt zu untersuchen, ob eine Reduzierung der Archiveinträge auf die am meisten besuchten sinnvoll ist. Ebenso kann die Verwendung eines Bewertungssystems, wie in GdI2 seit dem *WS*14 eingesetzt, eine Vorselektion hierzu liefern. Dadurch können sowohl Fragen als auch Antworten als „hilfreich“ oder „nicht hilfreich“ gewertet werden.

Die Verwendung des IAP konnte durch Anreize, wie das Angebot der Saalübung, erhöht werden. Dabei ist eine gezielte zeitliche Planung der Anreize zu beachten (vgl. u. a. Abschn. 6.4). Als weiterer Anreiz hat sich die spezielle Verwendung einzelner für die Studierenden interessanten Tags wie „klausur“ gezeigt.

Abschließend sei angemerkt, dass eine Verwendung unterschiedlicher Plattformen die Verwendung des IAP behindern kann. Zudem kann ein Überangebot von Übungsaufgaben zu einer abnehmenden Motivation der Studierenden führen. Der IAP hat sich allerdings als ein einfaches Werkzeug herausgestellt, um den Studierenden die Möglichkeit zu bieten, gezielte Unklarheiten, zeit- und ortsunabhängig zu klären und den benötigten Overhead durch die kontextsensitive Kommunikation möglichst gering zu halten.

6.7 Teil III – XWizard

Der Einsatz verschiedener Werkzeuge zum Web Based Training ermöglicht den Studierenden, sich orts- und zeitunabhängig mit den in den Präsenzveranstaltungen vermittelten Inhalten eigenständig auseinanderzusetzen (vgl. Abschn. 2.4.6). Als Beispiel eines solchen digitalen Systems zum WBT wurde in Abschn. 5.3 der XWizard vorgestellt, welcher ein Online-Werkzeug zur graphischen Veranschaulichung von Objekten und Standardalgorithmen aus verschiedenen Bereichen der Informatik ist. Im Folgenden wird der Einsatz eines solchen digitalen Systems am Beispiel des XWizard in der Lehrveranstaltung GdI2 analysiert.

Die Auswertung des XWizards betrachtet die Qualitätskriterien „Partizipation“, „Akzeptanz Dozenten“, „Akzeptanz Studierende“, „Produktqualität“, „Zeit- und Ortsabhängigkeit“ sowie „Lernerfolg“. Die Qualitätskriterien werden gemäß dem zugrunde liegenden Kriterienkatalog nummeriert (vgl. Abschn. 3.3.1). Zur Auswertung werden folgende Datensätze herangezogen (vgl. auch Tab. 3.2):

- Evaluation über das Online-Evaluationswerkzeug SoSci [213] (vgl. Evaluationsbogen in Anh. A.5) mit einer Rücklaufquote von 26 Teilnehmern (vgl. Tab. 6.4),
- XWizard-bezogene Fragen der Evaluation eLearning (vgl. Evaluationsbogen in Anh. A.4, Fragen 7.4 und 7.5) mit einer Rücklaufquote zwischen 159 und 182 Fragebögen (vgl. Tab. 6.4),
- Datenbank des XWizards (vgl. Abb. 5.20) sowie
- Datenverkehrsanalysewerkzeug Google Analytics [80].

Der Untersuchungshorizont sowohl der Datenbank als auch von Google Analytics beläuft sich auf das *WS*15, da der XWizard als Webanwendung erstmalig in diesem Zeitraum eingesetzt wurde. Die Daten der Datenbank werden ab dem 07.08.2015, die von Google Analytics ab dem 31.07.2015 bis jeweils 24.03.2016 herangezogen, da eine Speicherung der Nutzerzuordnung erst ab diesem Zeitpunkt erfolgte und so einer möglichen Verzerrung durch Entwicklerzugriffe entgegengewirkt werden kann.

Bei Betrachtung der Ergebnisse des Online-Fragebogen fällt auf, dass von den 26 Teilnehmern bei Frage 1, wie sie auf den XWizard aufmerksam geworden sind (vgl. Anh. A.5), alle 26 die Option „KIT-Vorlesung Grundlagen der Informatik II" gewählt haben, so dass es sich bei allen Teilnehmern um GdI2-Studierende handelt. Die gleiche Annahme kann für die Teilnehmer des eLearning-Evaluationsbogens getroffen werden, welcher nur während einer Präsenzveranstaltung von GdI2 zugänglich war. Im Gegensatz hierzu speichert die Datenbank des XWizards die Webseiten-Bewegungen aller Nutzer. Da der XWizard zwar öffentlich zugänglich ist, aber sich noch in der Entwicklungsphase befindet, kann im Folgenden davon ausgegangen werden, dass sich der Benutzerkreis des XWizards und auch die Daten der Datenbank auf den Entwickler (im Folgenden „Nutzer-0" genannt) sowie die Studierenden der Testumgebung von GdI2 beschränkt. Um einen vergleichbaren Adressatenkreis zu den Umfragen zu gewähren und einer möglichen Verzerrung der Daten entgegenzuwirken, werden bei den im Folgenden analysierten Daten der Datenbank die des Nutzer-0 ausgeklammert. Da allerdings die Datensätze der Statistiksoftware Google Analytics keine Interpretation der Daten hinsichtlich des Nutzers zulassen, muss dieser Aspekt bei der Auswertung beachtet werden. Diese Problematik wird im Folgenden an entsprechenden Stellen diskutiert.

Bei Betrachtung der zeitlichen Verteilung des Rücklaufs der Evaluationsbögen über SoSci (vgl. Abb. 6.85) fällt auf, dass der Rücklauf in Clustern erfolgt. Das erste Cluster ist kurz nach dem 23.11.2016 zu erkennen, an dem durch die Dozenten von GdI2 eine E-Mail an alle Studierenden unter anderem bezüglich des XWizards erfolgte. Diese Erinnerungsmail hat die Studierenden offensichtlich dazu angehalten, den XWizard zu betätigen und an der Umfrage teilzunehmen. Die zweite Rückmeldungswelle fand kurz vor dem 19.01.2016 statt, an welchem die Bonusklausur stattfand. Dies zeigt, dass Studierende durch anstehende Prüfungen vermehrt auf das angebotene Übungs-

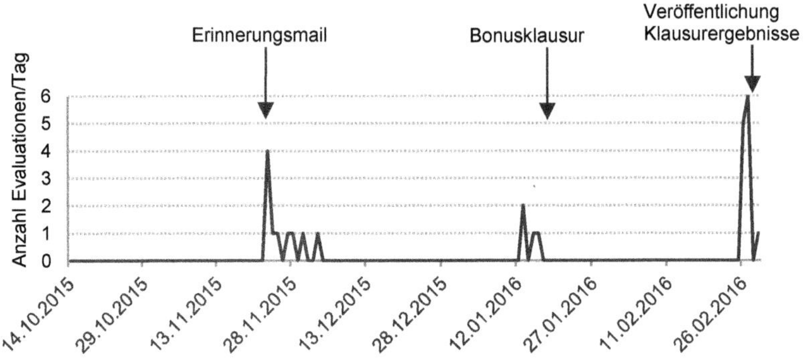

Abb. 6.85. Evaluationsrücklauf der XWizard online-Umfrage. Der Rücklauf der Evaluationen (vgl. Anh. A.5) erfolgte in drei Clustern, welche als Ergebnis der gekennzeichneten ereignisbezogenen Erinnerung auftraten.

angebot zurückgreifen. Durch das dritte Cluster um den 26.02.2016 wird die Reaktion der Studierenden auf die Veröffentlichung der Klausurergebnisse erkennbar, welche an selbigem Tag erfolgte. Die drei Cluster zeigen, dass ein Teil der Studierenden durch eine direkte Erinnerung, wie eine E-Mail, oder eine indirekte, etwa eine anstehende Klausur oder die Veröffentlichung von Klausurergebnissen, ermutigt werden konnte, an der Umfrage des XWizard teilzunehmen. Allerdings haben im *WS*15 lediglich 4% der GdI2-Studierenden an der Umfrage teilgenommen. Ob dies auf ein Desinteresse der Studierenden bezüglich der Umfrage oder lediglich der Tatsache geschuldet ist, dass die Partizipation der Studierenden am XWizard nicht so hoch war, muss nachfolgend untersucht werden.

6.7.1 Partizipation (Qualitätskriterium 1)

Abb. 6.86 zeigt den zeitlichen Verlauf der Anzahl Sitzungen und Nutzer sowie der Webseiten-Bewegungen des XWizards im *WS*15[26]. Eine *Nutzerinteraktion* ist die Aktualisierung der Seite durch Klick auf einen der Buttons oder bei Neubesuch über die Adressleiste oder einen Link. Eine *Webseiten-Bewegung* ist eine Anfrage an den Server zur Interpretation eines Skripts. Aus technischen Gründen sind pro Nutzerinteraktion bis zu zwei Bewegungen erforderlich. Unter einer *Sitzung* wird ein zusammenhängender Zeitabschnitt, in dem eine aktive Beschäftigung des Nutzers mit der Webseite vorliegt, verstanden. Ab einer Inaktivität (Zeit ohne Nutzerinteraktion) von 30 Minuten wird der Besuch als neue Sitzung gewertet [81]. Pro Tag kann demnach mehr als eine Sitzung pro Nutzer stattfinden. Die Anzahl an *Nutzern* pro Tag meint die Anzahl un-

26 Da die XWizard-Webseite erstmalig im *WS*15 angeboten wurde, ist eine entsprechende Auswertung nur für dieses Semester möglich.

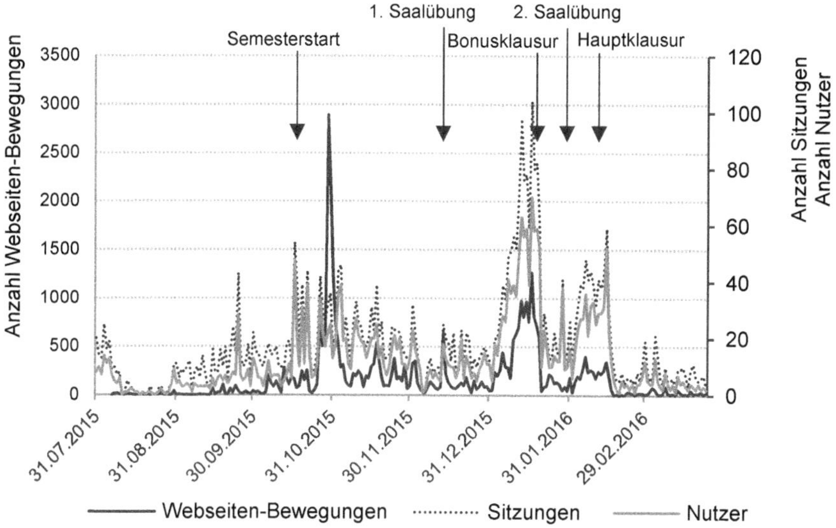

Abb. 6.86. Verwendung der XWizard-Webanwendung. Die Nutzung der Studierenden am XWizard ist aufgeteilt in Anzahl Webseiten-Bewegungen, Anzahl Sitzungen und Anzahl Nutzer pro Tag. Es ist zu beachten, dass die Daten der Webseiten-Bewegungen von der Datenbank stammen, d. h. ohne Bewegungen des Nutzer-0. Die Anzahl an Sitzungen und Nutzer stammen von Google Analytics und sind demnach nicht bereinigt.

terschiedlicher Nutzer; die Erkennung eines Nutzers findet unter Zuhilfenahme von Cookies statt [79]. Die Problematik der Verwendung von Cookies wurde bereits in Abschn. 6.6.1 adressiert. Da sich die in Abb. 6.86 dargestellten Nutzerdaten lediglich auf den Bezugszeitraum von einem Tag beziehen, kann davon ausgegangen werden, dass der Einfluss dieser Problematik nur gering ist. Zudem bewegen sich die Sitzungs- sowie Nutzerdaten bis auf wenige Ausnahmen nur im niedrigen zweistelligen Bereich, so dass die Wahrscheinlichkeit für einen doppelt gewerteten Nutzer gering ist. Allerdings erschwert diese Tatsache die Auswertung der entsprechenden Daten für einen längeren Zeitraum.

Die Daten der Webseiten-Bewegungen entstammen der Datenbank und sind folglich um die des Nutzer-0 bereinigt (s.o.). Diese Bereinigung kann aufgrund fehlender Informationen bei den Datensätzen „Nutzer" bzw. „Sitzungen" von Google Analytics [80] nicht vorgenommen werden. Die Datensätze des Nutzer-0 bewegen sich allerdings zwischen 0 und 1 für den Nutzer pro Tag bzw. zwischen 0 und im Normalfall einem kleinen einstelligen Bereich, weswegen die Verfälschung durch den Nutzer-0 für diese zwei Messwerte vernachlässigbar klein ist.

Abb. 6.86 zeigt für alle drei Kurven einen ähnlichen Trend. Die großen Ausschläge in der zweiten Oktoberhälfte kennzeichnen den Semesterbeginn des *WS*15, bei welchem die Studierenden durch die Vorstellung des Werkzeugs in den Präsenzveranstaltungen auf den XWizard aufmerksam geworden sind, so dass viele Probezugriffe

Tab. 6.43. Nutzerzahlen der XWizard-Webanwendung. Die Anzahl der Webseiten-Bewegungen der *WS*15 sind der XWizard Datenbank entnommen, und um den Nutzer-0 bereinigt. Die Nutzer- sowie Sitzungsdaten entstammen Google Analytics. Die Nutzerzahlen in Klammern verdeutlichen die Problematik der Verwendung von Cookies zur Nutzeridentifizierung.

	Nutzer	Sitzungen	Webseiten-Bewegungen	ø-Sitzungen pro Nutzer	ø-Webseiten-Bewegungen
Gesamt	(1.320)	4.452	39.270	(3,37)	8,82
Durchschnittlich pro Tag	12,94	18,71	165	1,44	8,82
Maximum pro Tag	70	104	2.891	5	27,80

mit einer hohen Anzahl an Webseiten-Bewegungen zu verzeichnen sind. Dadurch ist das Verhältnis der Webseiten-Bewegungen zur Anzahl der Sitzungen und Nutzer besonders groß und es kann gefolgert werden, dass die Nutzer zu Beginn des Semesters ein reges Interesse an der Webseite XWizard hatten. Im Folgenden zeigt sich zudem, dass diese hohe Anzahl an Webseiten-Bewegungen besonders durch die Verwendung der Miniaufgaben erzeugt wurde. Die erste Saalübung scheint keinen einschneidenden Effekt auf die Verwendung des XWizards gehabt zu haben; lediglich ein leichter Anstieg der Webseiten-Bewegungen deutet auf eine intensivere Verwendung einzelner Nutzer hin. Die Bonusklausur am 19.01.2016 zeigt allerdings einen hohen Anreiz auf die Benutzung der Webseite und lässt im Januar 2016 sowohl die Anzahl der Nutzer auf maximal 70 als auch die Anzahl der Sitzungen auf ca. 100 pro Tag ansteigen. Die Anzahl an Webseiten-Bewegungen steigt in diesem Zeitraum auf über 1.000 pro Tag an, so dass von einer intensiven Nutzung ausgegangen werden kann. Der letzte etwas niedrigere länger gezogene Peak lässt auf die Abschlussklausur am 15.02.2016 schließen.

Sowohl die verstärkt punktuelle Partizipation bei der Verwendung der Webseite als auch die clusterartigen Evaluationsrückmeldungen lassen den Schluss zu, dass eine Verwendung der Webseite besonders dann erfolgt, wenn eine ereignisbezogene Erinnerung als Anreiz stattgefunden hat. Eine eigenständige Partizipation ohne äußere Einflüsse ist nur im Ansatz zu erkennen; die Anzahl an Nutzern pro Tag außerhalb der erwähnten Cluster übersteigt selten zehn.

Tab. 6.43 zeigt eine Übersicht der Partizipation der Studierenden an der XWizard-Webseite im *WS*15. Durchschnittlich haben 12,94 Nutzer pro Tag den XWizard besucht, welche insgesamt durchschnittlich 18,71 Sitzungen pro Tag durchgeführt haben. Dadurch ergeben sich 1,44 Sitzungen pro Nutzer pro Tag mit 8,82 Webseiten-Bewegungen. Bei 605 Studierenden sind das ca. 2,1% aller Studierenden, die pro Tag im Schnitt den XWizard verwenden. Maximal besuchten 70 unterschiedliche Nutzer den XWizard pro Tag, was 11,6% aller GdI2-Studierenden entspricht. Die Angabe Gesamtdaten der Nutzer verdeutlicht allerdings die Problematik der Messung der Nutzerzahlen. Demnach müssten insgesamt 1.320 Studierende den XWizard verwendet haben. Da im *WS*15 jedoch lediglich 605 Studierende für GdI2 angemeldet waren (vgl.

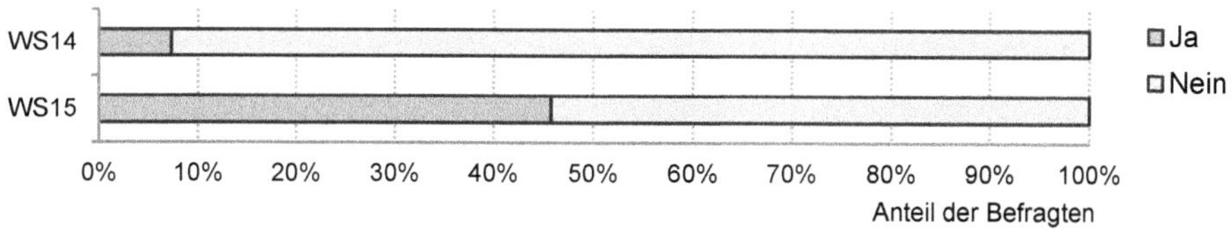

Abb. 6.87. XWizard-Partizipation der GdI2-Studierenden. Die Abbildung gibt eine Übersicht zur Beantwortung der Frage aus der eLearning Umfrage „Haben Sie den XWizard verwendet?" (vgl. Anh. A.4, Frage 7.4).

Tab. 4.3), liegt diese Zahl deutlich höher als die maximal zu erwartende Nutzerzahl aller Studierenden. Auch wenn angenommen wird, dass jeder Studierende von zwei unterschiedlichen mobilen Endgeräten auf die Webseite zugreift, liegen die angegebenen Nutzerzahlen noch leicht über diesem Maximum. Diese Datensätze sind demnach nicht aussagekräftig und verfälscht. Insgesamt wurden 4.452 Sitzungen registriert, wobei hierbei die Sitzungen des Nutzer-0 ebenfalls einfließen. Wenn angenommen wird, dass der Nutzer-0 im Untersuchungszeitraum pro Tag eine Sitzung durchführt, so ergeben sich durchschnittlich 7 Sitzungen pro Studierendem im *WS*15.

Die Frage nach der Teilnehmerquote der Studierenden am XWizard wird durch Abb. 6.87 adressiert. Die eLearning Umfrage liefert hierzu aus dem *WS*14 einen Wert kleiner als 10% (7,3%, dunkelgrauer Balken); im *WS*15 konnten knapp 50% (45,8%, hellgrauer Balken) der GdI2-Studierenden erreicht werden.

6.7.2 Akzeptanz Dozenten (Qualitätskriterium 2)

Die Akzeptanz durch den Dozenten wird anhand des Fortschritts des in Entwicklung befindlichen digitalen Werkzeugs gemessen, da die Entwicklung unter Beteiligung der Dozenten geschieht, und demnach ebenfalls ein Maß für den Einsatz der Dozenten ist. Hierfür gibt Abb. 6.88 einen Überblick über den Entwicklungsfortschritt anhand der Codezeilen des entsprechenden Java-Projekts[27] den Entwicklungsfortschritt des XWizard anhand der Codezeilen an. Die schwarze Linie zeigt die seit dem *WS*12 bis Ende des *WS*17 geschriebenen Codezeilen mit der Anzahl der entsprechenden Klassen in kumulierter Form an. Die graue Linie gibt einen zeitlichen Überblick über die neu hinzugekommenen Codezeilen. Insgesamt besteht das Projekt zum Ende des *WS*17 aus 32.427 Codezeilen (vgl. auch Tab. 6.44). Zum Start des *WS*14 beinhaltete es lediglich 8.083 Zeilen Code; bis zum Ende des *WS*14 bestand das Projekt aus 31,17%

27 Bei der Berechnung wurde nur der in Java integrierte Teil betrachtet; Codefragmente, die in anderen Sprachen geschrieben wurden, wurden aufgrund ihres vernachlässigbar kleinen Anteils nicht betrachtet. Zur Erhebung wurde das freie Programm CLOC (Zugriff über https://github.com/AlDanial/cloc) in der Standardeinstellung verwendet.

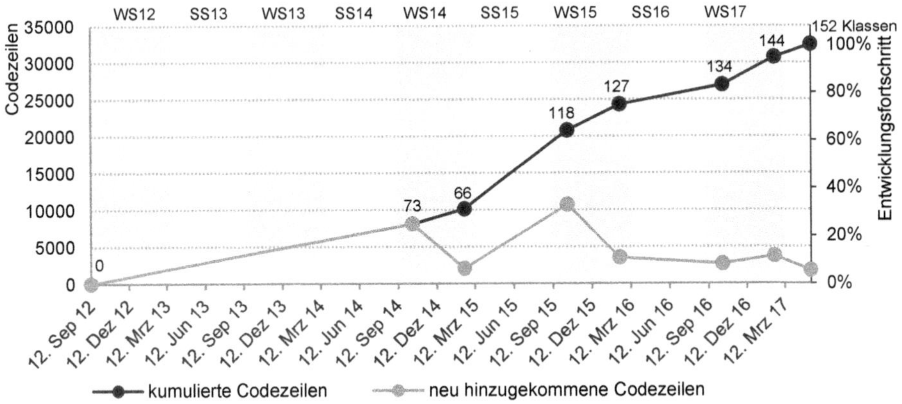

Abb. 6.88. Entwicklungsfortschritt des XWizards. Gemessen an der Anzahl Codezeilen zeigt die schwarze Linie den kumulierten Entwicklungsfortschritt inklusive verwendeter Anzahl Klassen und die graue die neu hinzugekommenen Codezeilen zwischen den mit Punkten gekennzeichneten Zeitpunkten der Datenerhebung. Als Bezugspunkt ist die linke vertikale Achse mit den absoluten Werten sowie die rechte mit den relativen Werten gegeben. Die grauen Schattierungen grenzen die jeweiligen Sommer- bzw. Wintersemester voneinander ab. Die Beschriftung der Punkte gibt das Verhältnis der Anzahl Codezeilen zur Anzahl verwendeter Klassen an.

Tab. 6.44. Entwicklungsfortschritt des XWizards in Werten. Der Entwicklungsfortschritt zeigt im *WS*15 den größten Zuwachs an Codezeilen.

	zum und im *WS*14	zum und im *WS*15	zum und im *WS*16	danach	Σ
absolut	10.107	14.176	6.399	1.745	32.427
relativ (in %)	31,17	43,72	19,73	5,38	100,00

der Zeilen in Bezug zum Stand am Ende des *WS*17. Insbesondere zum und im *WS*15 kommen 43,72 % der Zeilen hinzu. Diese Auswertung liefert keine Aussage über die inhaltlichen Anpassungen oder Änderungen.

6.7.3 Akzeptanz Studierende (Qualitätskriterium 3)

Im Folgenden wird untersucht, auf welche Art und Weise die Studierenden den XWizard verwendet haben, und inwiefern die Studierenden diesen regelmäßig für ihren Lernprozess eingesetzt haben.

Tab. 6.45. Verwendung unterschiedlicher Konversionsmethoden des XWizards. Die Tabelle schlüsselt anhand der Fragestellung „Welche Funktionen haben Sie bereits verwendet?“ (vgl. Anh. A.5, Frage 6) auf, wie viel Prozent der Nutzer eine vorgegebene Anzahl an Konversionsmethoden verwendet haben.

Anzahl verschiedener Konversionsmethoden	0	1	2	3	4	5	6	7
Anzahl Nutzer (absolut)	3	3	4	5	2	3	1	1
Anzahl Nutzer (relativ)	13,64	13,64	18,18	22,73	9,09	13,64	4,55	4,55

Verwendungshäufigkeit. Tab. 6.45 zeigt, wie viele verschiedene der in Abb. 6.89 beschriebenen Funktionen pro XWizard-Nutzer verwendet wurden. Der Datensatz ist der SoSci-Umfrage zur Fragestellung „Welche Funktionen haben Sie bereits verwendet?“ (vgl. Anh. A.4, Frage 6) entnommen. Mehr als 50% der Anwender haben dementsprechend 3 oder mehr Konversionsmethoden des XWizards genutzt. Insbesondere hatten diese mehr Interaktion mit dem Werkzeug, als dieses lediglich einmal zu öffnen. Dieser als *Absprungrate* definierte Prozentsatz d. h. die Sitzungsanzahl, in denen die XWizard-Webseite ohne jegliche Interaktion verlassen wurde [78], beläuft sich gemäß den Daten von Google Analytics auf 31,15 % im betrachteten Zeitintervall. Dass dieser Wert über dem aus Tab. 6.45 ermittelten liegt, ist insofern nicht verwunderlich, da die Teilnehmer der XWizard Umfrage alleine durch ihre Teilnahme an der Umfrage bereits nicht mehr als abgesprungene Nutzer gewertet worden wären. Die Auswertung der Frage nach der zukünftigen Verwendung des XWizards (vgl. Anh. A.4, Fragen 4) beantworteten genau 50% der Teilnehmer mit „Ja“ und 50% mit „Nein“. Somit ergibt sich eine Beteiligungsrate aller Studierenden von 3,7 % im *WS*14 und 23 % im *WS*15 bei einer Erstnutzerquote von 7,3% im *WS*14 und 45,8% im *WS*15 (vgl. Abb. 6.87).

Verwendungsart. Abb. 6.89 zeigt die prozentuale Häufigkeit der Verwendung der verschiedenen *Konversionsmethoden* (vgl. Kapitel Abschn. 5.3.2) basierend auf den Datensätzen der Datenbank. Konversionsmethoden, welche nicht explizit im Zusammenhang mit GdI2 verwendet wurden, sind durch Klammerung gekennzeichnet. Mit Ausnahme der Anwendung LaTeX-Code und der unbekannten Zugriffe übersteigen GdI2-fremde Anwendungen kaum die 0 %. Der hohe Prozentsatz der LaTeX-Zugriffe von ca. 10 % kommt dadurch zustande, dass die XWizard-Startseite im Ausgabebereich ein LaTeX-Objekt anzeigt. Bei den GdI2-bezogenen Konversionsmethoden fällt auf, dass insbesondere auf die theoretischen Modelle „Endliche Automaten“, „Kellerautomaten“ und „Grammatiken“ zugegriffen wird. Diesen drei Konversionsmethoden kommen mehr als 65 % aller Zugriffe zu. Als Begründung kann einerseits angeführt werden, dass diese Methoden mit am meisten Anwendermöglichkeiten bieten; vor allem die Konversionsmethoden „reguläre Ausdrücke“, „logische Schaltkreise“ sowie „Zahlendarstellung“ befanden sich während des Beobachtungszeitraums in Entwicklung (vgl. Kapitel Abschn. 5.3.2). Andererseits sind die drei Konversionsmethoden mit

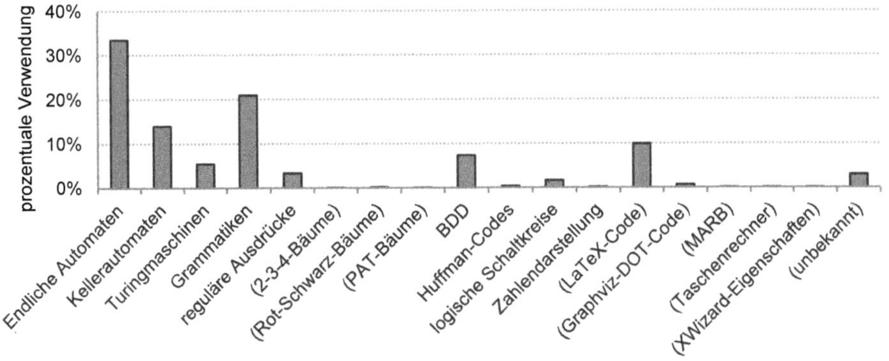

Abb. 6.89. Verwendung der XWizard-Skripttypen. Die prozentuale Verwendung der Skripttypen über die Webseite zeigt eine deutliche Agglomeration in der Verwendung der Teilgebiete „Endliche Automaten", „Grammatiken" und „Kellerautomaten". Die zugrunde liegenden Daten der Datenbank wurden um die Anwendungen des Nutzer-0 bereinigt.

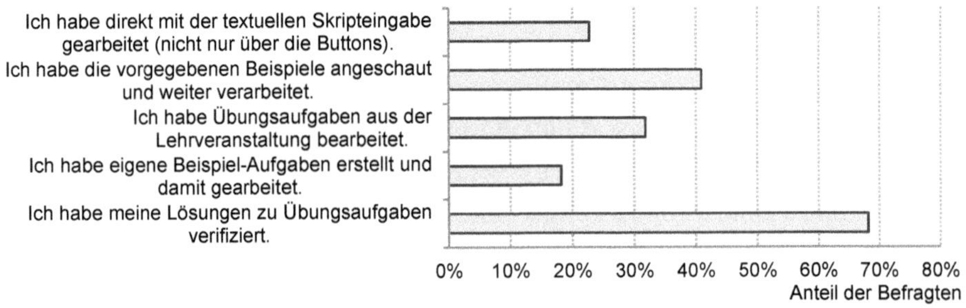

Abb. 6.90. XWizard Verwendungsart. Die Frage „Wie haben Sie den XWizard genutzt" wurde von mehr als 65 % mit der Verifizierung von Übungsaufgaben beantwortet. Etwa 40 % haben sich zudem mit den vorgegebenen Beispielen auseinandergesetzt. Die Möglichkeit des Erstellens eigener Übungsaufgaben haben immerhin noch knapp 20 % der Anwender genutzt.

der höchsten Zugriffsrate auch diejenigen, die während der Vorlesung GdI2 zuerst behandelt wurden - und zwar entsprechend der Reihenfolge abnehmender Zugriffshäufigkeit. Dies lässt darauf schließen, dass sich die Anwender zu Beginn der Lehrveranstaltung stärker mit dem XWizard auseinandergesetzt haben. Diese Vermutung entspricht dem ersten Anstieg der Zugriffe auf die Webseite in Abb. 6.86.

Abb. 6.90 stellt das Ergebnis der Frage „Wie haben Sie den XWizard genutzt?" der SoSci-Umfrage dar (vgl. Anh. A.5, Frage 7). Erstaunlich ist hierbei, dass die Studierenden zwar mit vorgegebenen Beispielen und Aufgaben arbeiteten, aber vor allem die Möglichkeit der *Verifizierung eigener Lösungen* bei mehr als 65 % der Nutzer zum Einsatz kam. Offensichtlich schätzen die Studierenden die Individualisierbarkeit des XWizards. Dies erklärt auch die hohe Anzahl unterschiedlicher Skripte, die sich in

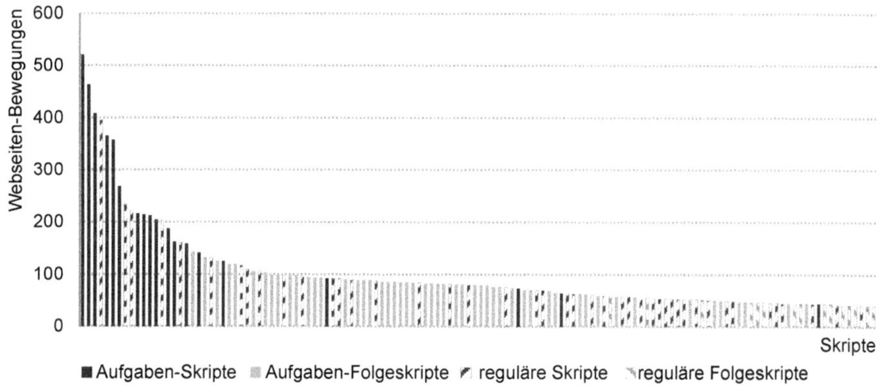

Abb. 6.91. Webseiten-Bewegungen der XWizard Skripte. Die nach absteigender Anzahl der Webseiten-Bewegungen sortierten Skripte zeigen eine starke Verwendung der Aufgaben-Skripte durch die Studierenden gefolgt von den regulären Skripten. Folgeskripte sind nicht über ID aufrufbare Skripte, die sich über die Anwendung einer Konversionsmethode auf ein Startskript (Aufgaben- oder reguläres Skript) ergeben.

dem Untersuchungszeitraum auf 9.620 Skripte bei knapp 40.000 (39.270) Webseiten-Bewegungen und knapp 4.500 Sitzungen (vgl. Tab. 6.43) beläuft.

Seit dem 10.10.2015 wurde in der Datenbank zudem registriert, ob eine Webseiten-Bewegung im Rahmen der Bearbeitung einer *Miniaufgabe* stattgefunden hat. Insgesamt wurden 37,0 % der Bewegungen im Zusammenhang mit einer Miniaufgabe durchgeführt. Hierzu zeigt Abb. 6.91 die Anzahl an Webseiten-Bewegungen im *WS*15 bezogen auf einzelne Skripte, abnehmend nach absoluter Häufigkeit bis zur Häufigkeit von 40 Bewegungen. Die Skripte werden unterschieden in Skripte für Aufgaben (schwarz), reguläre Skripte (schwarz gestreift), Folgeskripte für Aufgaben (grau) und für reguläre Folgeskripte (grau gestreift). Ein *Folgeskript* ist ein nicht über eine ID aufrufbares weiterführendes Skript, welches durch die Anwendung einer Konversionsmethode auf ein Startskript aufgerufen werden kann. Auffallend ist, dass sich für die 15 am meisten aufgerufenen Skripte (zwischen mehr als 500 und knapp 200 Aufrufe) 11 Skripte auf Miniaufgaben beziehen und nur 4 Skripte reguläre Skripte sind und nicht in Bezug zu Miniaufgaben stehen. Dies entspricht 55 % der 20 in Übung oder Vorlesung zur Verfügung gestellten Miniaufgaben. Insgesamt werden 19 der 20 Miniaufgaben mindestens 40 Mal aufgerufen. Ebenfalls mindesten 40 Mal aufgerufen werden 44 reguläre Skripte.

Daraus kann gefolgert werden, dass die Miniaufgaben von den 605 Studierenden des *WS*15 positiv aufgenommen wurden. Zudem hat der XWizard in Form einer Aufgabe für die Studierenden offensichtlich einen größeren Anreiz als ein einfaches Skript. Da allerdings die Anzahl der veröffentlichten regulären Skripte mit etwas mehr als 300 deutlich über der der Miniaufgaben liegt, verteilen sich die Nutzer bei den regulären Skripten stärker. Dennoch fallen von den etwas mehr als 7.000 Skriptaufrufen, wel-

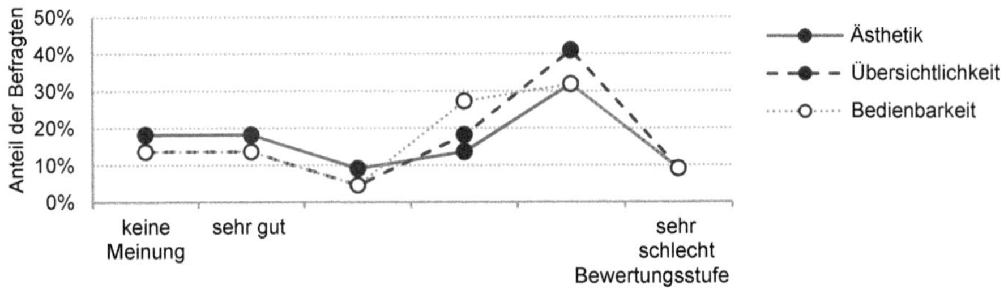

Abb. 6.92. Meinungsbild zum XWizard Design. Das Design des XWizards wird anhand der drei Kriterien Übersichtlichkeit, Bedienbarkeit und Ästhetik beurteilt (vgl. SoSci-Umfrage zum XWizard, Anh. A.5, Frage 8).

che über eine ID getätigt wurden, knapp circa 43 % auf die Miniaufgaben ab, während die verbleibenden 57 % der Aufrufe auf die etwas mehr als 300 veröffentlichten regulären Skripte abfallen, von denen allerdings nur etwa 170 Skripte tatsächlich über die ID aufgerufen wurden. Dadurch wird die These bestärkt, dass die Miniaufgaben von den Studierenden verstärkt genutzt wurden.

Allgemein kann gesagt werden, dass die Zahl von 9.619 verschiedenen Skripten, die sich – neben Miniaufgaben und regulären Skripten – aus entsprechenden Folgeskripten sowie nicht veröffentlichten Skripten, d. h. Skripten, die beispielsweise durch eigene Aufgaben der Studierenden erzeugt wurden, zusammensetzen, die Vielfalt in der Verwendung durch die Studierenden am XWizard widerspiegelt.

6.7.4 Produktqualität (Qualitätskriterium 4)

Die Produktbewertung gliedert sich auf in die Bewertung des Designs sowie des Produkts im Allgemeinen.

Design. Innerhalb der XWizard Umfrage über SoSci wurden die Studierenden unter anderem gefragt, „wie [...] Sie das Design des XWizards als Webversion hinsichtlich Übersichtlichkeit, Bedienbarkeit [und] Ästhetik [beurteilen]“ (vgl. Anh. A.5, Frage 8). Abb. 6.92 stellt das Ergebnis hierzu dar. Weniger als 20 % der Nutzer bewerten die Übersichtlichkeit sowie die Bedienbarkeit als mindestens „gut“, die Ästhetik wird von 27 % der Nutzer als „gut“ und besser beurteilt. Bei der Analyse der Umfrageergebnisse muss allerdings beachtet werden, dass das Design der XWizard-Webseite im Verlauf des *WS*15 immer wieder verändert wurde. Hierzu wertet Abb. 6.93 die Nutzermeinungen gemäß ihrer zeitlichen Verteilung aus. Es fällt allerdings auf, dass es durch die Design-Veränderung zu keiner Verbesserung in der Bewertung der Übersichtlichkeit, Bedienbarkeit oder Ästhetik kam. Allerdings wurde das Design von den Nutzern sehr unterschiedlich bewertet, so dass die volle Beurteilungsspanne zum Einsatz kam. Die Ergebnisse lassen weiteren Spielraum für Verbesserungen offen.

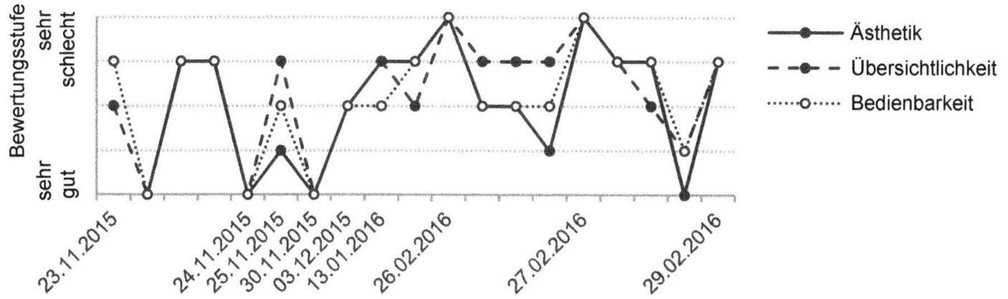

Abb. 6.93. Zeitliche Verteilung des Meinungsbilds zum XWizard Design. Die Zeitachse ist unskaliert; der Erhebungszeitpunkt bezieht sich auf das zuletzt genannte Datum. Trotz der Anpassung des XWizard Designs im Laufe des Semesters ist keine zeitliche Verbesserung bei der Beurteilung der Merkmale „Übersichtlichkeit", „Bedienbarkeit" und „Ästhetik" erkennbar.

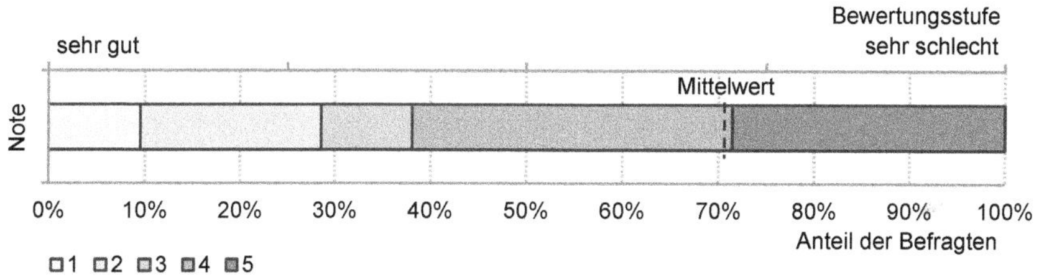

Abb. 6.94. Benotung des XWizards. Bei der Benotung des XWizards durch die Studierenden im Zuge der Frage „Bitte benoten Sie den XWizard insgesamt." (vgl. Frage 10 der SoSci-Umfrage im Anh. A.5) sind Defizite zu erkennen. Nur von 10 % der Nutzer wird dieser als „sehr gut" bewertet; mehr als 60 % geben dem XWizard sogar die Note „schlecht" bzw. „sehr schlecht".

Gesamtbewertung. Bei der Benotung des XWizards schneidet dieser ebenfalls nur mittelmäßig ab (Abb. 6.94, vgl. SoSci-Umfrage im Anh. A.5, Frage 10). Lediglich 10 % der Nutzer bewerten diesen mit „sehr gut" wohingegen mehr als 60 % diesen als „schlecht" bzw. „sehr schlecht" beurteilen. Ein Grund für diese schlechte Bewertung könnte in dem notwendigen Einarbeitungsaufwand liegen, der für eine umfassende Bedienbarkeit erforderlich ist. Es ist zu beachten, dass sich diese Bewertungen nur auf den Einsatz des Werkzeugs im vorgegebenen Kontext beziehen. Da der XWizard ursprünglich als Dozentenwerkzeug konzipiert wurde, müssen in weiteren Untersuchungen entsprechende Dozentenbewertungen eingeholt werden.

Die Ergebnisse zur Qualität des XWizards, im Besonderen der Webanwendung, zeigen, dass sich dieses Werkzeug derzeit noch im Entwicklungsprozess befindet und weiterhin verbessert und an die Bedürfnisse der Studierenden angepasst werden muss. Dennoch zeigt Tab. 6.46, welche die Verwendungshäufigkeit des XWizards innerhalb eines Monats beschreibt, dass die Studierenden wiederholt auf das Werkzeug zurückgreifen, insbesondere auf die Webanwendung statt der Downloadversion. Dadurch lassen sich auch die niedrigen Nutzerzahlen von nicht einmal 10 % im *WS*14 erklären, in welchem lediglich eine Downloadversion des XWizards zur Verfügung

Tab. 6.46. Verwendungshäufigkeit des XWizards. Die Verteilung zur Frage „Wie oft haben Sie den XWizard [...] im letzten Monat verwendet? (Anh. A.5, Frage 2) zeigt eindeutig, dass fast ausschließlich die Webanwendung des XWizards verwendet wurde. Falls ein Studierender sich für die Downloadversion entschieden hat, hat er mit dieser maximal 5 Anwendungen durchgeführt. Dabei muss beachtet werden, dass die entsprechende SoSci-Evaluation im Rahmen der Webanwendung durchgeführt wurde" (vgl. Anh. A.4, Fragen 2 und 3).

(in %)	0	1 – 5	6 – 10	11 – 15	16 und mehr
Webversion	19,23	46,15	19,23	3,85	11,54
Downloadversion	92,31	7,69	0	0	0

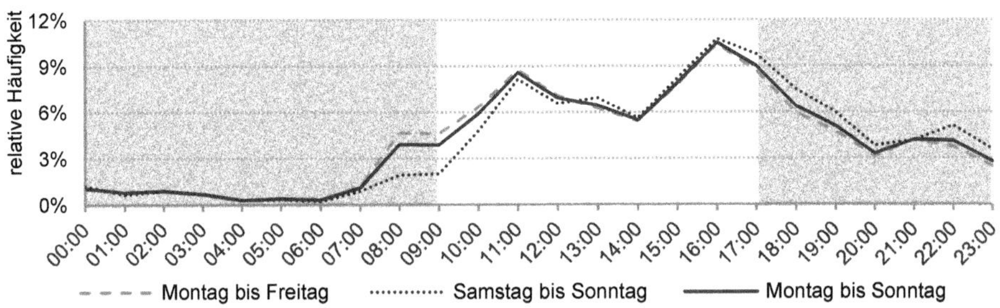

Abb. 6.95. XWizard Webseiten-Bewegungen auf Stundenbasis. Die Webseiten-Bewegungen des *WS*15 (in %) der gesamten Woche (schwarze Linie) sind aufgespalten in Arbeitswoche (Montag bis Freitag; gestrichelt) und Wochenende (Samstag und Sonntag; gepunktet).

stand. Trotz der Kritik am Layout und der verbesserungsbedürftigen Gesamtbewertung scheinen zumindest die Studierenden, die sich auf die Verwendung des Werkzeugs eingelassen haben, einen Nutzen in diesem gefunden zu haben.

6.7.5 Zeit- und Ortsunabhängigkeit (Qualitätskriterium 5)

Im Folgenden wird untersucht, inwiefern die Zeit- und Ortsunabhängigkeit des XWizards genutzt werden. Das Werkzeug ist an keinen Ort und an keine Zeit gebunden.

Zeitunabhängigkeit. Abb. 6.95 stellt die prozentuale Verteilung der Webseiten-Bewegungen über den Tagesablauf in Stunden dar, aufgeteilt in Arbeitswoche (Montag bis Freitag), Wochenende (Samstag und Sonntag) und die gesamte Woche. Die Arbeitszeit umfasst den Zeitraum von 9.00 Uhr bis 17.00 Uhr. Die grauen Bereiche markieren demnach die Freizeiten. Hierbei fällt auf, dass das Studierendenverhalten von Arbeitswoche oder Wochenenden nahezu unabhängig ist. Einzige Ausnahme hierzu bilden die etwas stärker genutzten Morgenstunden der Woche, die am Wochenende in den Abendstunden wieder aufgeholt werden. Abb. 6.96 zeigt die Verteilung der gesamten Webseiten-Bewegungen auf die einzelnen Wochentage. Die Freizeit umfasst die Tage

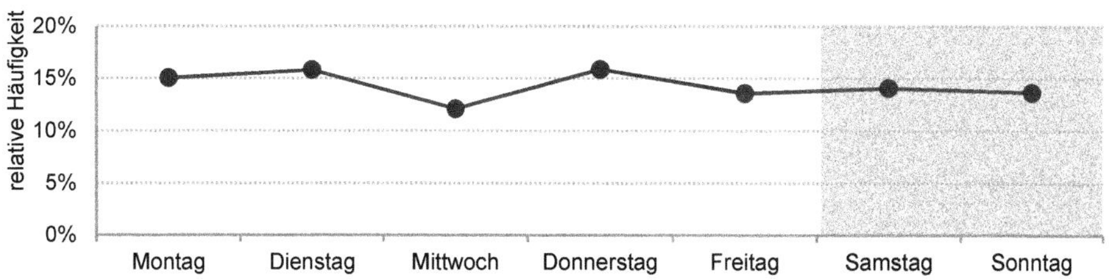

Abb. 6.96. XWizard Webseiten-Bewegungen auf Basis der Wochentage. Die prozentuale Verteilung der Webseiten-Bewegungen des *WS*15 auf die Wochentage zeigt, dass weder einzelne Tage noch Arbeitswoche und Wochenende (grau markiert) von den Studierenden stärker bevorzugt oder gemieden wird.

Tab. 6.47. Prozentuale Verteilung der XWizard Webseiten-Bewegungen in Arbeitszeit und Freizeit. Die Arbeitszeit ist definiert von 9.00 Uhr bis 17.00 Uhr; die Freizeit umfasst die verbleibenden Stunden.

	Arbeitswoche	Wochenende	Woche
Gesamt (in %)	72,29	27,71	100,00
Arbeitszeit (in %)	56,63	53,03	55,63
Freizeit (in %)	43,37	46,97	44,37

Samstag und Sonntag. Auch hier ist nur eine geringfügige Abweichung der studentischen Webseiten Bewegungen hinsichtlich der einzelnen Wochentage oder der Unterscheidung „Arbeitswoche" und „Wochenende" zu erkennen.

Tab. 6.47 schlüsselt die Webseiten-Bewegungen prozentual nach „Arbeitswoche" und „Wochenende" auf in Abhängigkeit von „Arbeitszeit" (9.00 Uhr bis 17.00 Uhr) und „Freizeit". Demnach finden 72,29% der Webseiten-Bewegungen während der Arbeitswoche statt, hiervon 56,63% während der Arbeitszeit. Deklariert man das Wochenende komplett als „Freizeit" so ergibt sich eine Gesamtarbeitslast während der Freizeit von 59,06% Bewegungen, die sich aus 27,71% Bewegungen am Wochenende und 31,35% Bewegungen in der Freizeit während der Arbeitswoche zusammensetzt. Die zeitunabhängige Nutzung wird folglich von den Studierenden genutzt.

Ortsunabhängigkeit. Insgesamt wurde im Beobachtungszeitraum gemäß der Daten von Google Analytics aus 15 verschiedenen Ländern auf den XWizard zugegriffen. Dennoch erfolgten 98,14% der Sitzungen aus Deutschland, wie Tab. 6.48 zeigt. Dementsprechend fallen auf Länder wie die Schweiz, die USA, Spanien oder Polen weniger als 1% der Sitzungen. Allerdings ist dies nicht überraschend, da die Lehrveranstaltung GdI2 Präsenzveranstaltungen beinhaltet, so dass ein Zugriff der Studierenden im Umkreis des Vorlesungsorts „Karlsruhe" zu erwarten ist. Im Gegensatz zu der auf Länderebene nicht erkennbaren ortsunabhängigen Verwendung zeigt sich diese bei Betrachtung der prozentualen Verteilung der Sitzungen auf Städte-Ebene (vgl.

Tab. 6.48. Prozentuale Anzahl der XWizard-Sitzungen auf Länderebene. Der Zugriff auf den XWizard erfolgt in 98,14 % der Sitzungen aus Deutschland. Die Angabe der weiteren Länder erfolgt über die Ländercodes gemäß DIN EN ISO 3166-1 [53].

Ländercode	DE	CH	US	ES	PL	TR	FR	Sonstige
Sitzungen (in %)	98,14	0,67	0,61	0,11	0,09	0,09	0,07	0,22

Tab. 6.49. Prozentuale Anzahl der XWizard-Sitzungen auf Städteebene. In 72,12% der Sitzungen wird von Karlsruhe aus auf den XWizard zugegriffen. Die verbleibenden 27,88% verteilen sich auf weitere 149 Städte, welche sich besonders in der Region um Karlsruhe befinden. Die Angabe der Städtekürzel erfolgt gemäß der Kfz-Kennung.

Stadt	KA	MA	S	F	LU	FR	BAD	AB	B	Sonstige
Sitzungen (in %)	72,12	2,11	2,04	1,86	1,77	1,53	1,15	0,90	0,85	15,66

Tab. 6.49). Neben 72,12% der Sitzungen, welche von Karlsruhe aus erfolgten, wurde aus insgesamt 149 Städten auf den XWizard zugegriffen. Wenig erstaunlich hierbei ist, dass es sich vor allem um Städte handelt, die sich in der Region um Karlsruhe befinden.

Die Frage nach der Zugriffsart, welche den Studierenden durch die Ortsunabhängigkeit ebenfalls frei steht, wird im Folgenden auf die drei Möglichkeiten „Desktop", „Mobiltelefon" und „Tablet" aufgegliedert. Tab. 6.50 gibt eine Übersicht über den prozentualen Anteil an Sitzungen der Datensätze aus Google Analytics. 85,85 % der Sitzungen sind über den Desktop und nur 6,02% bzw. 8,13% über das Mobiltelefon bzw. Tablet erfolgt. Zudem sind 95,69% der Seitenaufrufe über den Desktop (inklusive Notebook) getätigt worden, was sich über die hohe Anzahl an Seiten/Sitzung von 11,85 im Vergleich zum Mobiltelefon bzw. Tablet erklären lässt. Dieser Wert deckt sich auch mit den Daten der Datenbank des XWizards, bei dem in 95,4% der Fälle über einen Browser und in 4,6% über eine mobile Anwendung zugegriffen wurde. Der Eindruck,

Tab. 6.50. Zugriffsart auf den XWizard unterteilt in Desktop, Mobiltelefon und Tablet. Sowohl der prozentuale Anteil an Sitzungen als auch der der Seitenaufrufe zeigt einen deutlichen Trend zum Desktop-Aufruf. Das gleiche Ergebnis liefern die Werte zu ø-Seiten/Sitzung, ø-Sitzungsdauer, Absprungrate und neuen Sitzungen.

	Gesamt	Desktop	Mobiltelefon	Tablet
Sitzungen (in %)	(absolut 4.452)	85,85	6,02	8,13
Seitenaufrufe (in %)	(absolut 47.318)	95,69	1,78	2,53
ø-Seiten/Sitzung	10,63	11,85	3,15	3,31
ø-Sitzungsdauer (in min)	25:37	28:26	07:25	09:26
Absprungrate (in %)	31,15	28,78	42,54	47,79
Neue Sitzungen (in %)	29,63	26,01	51,49	51,66

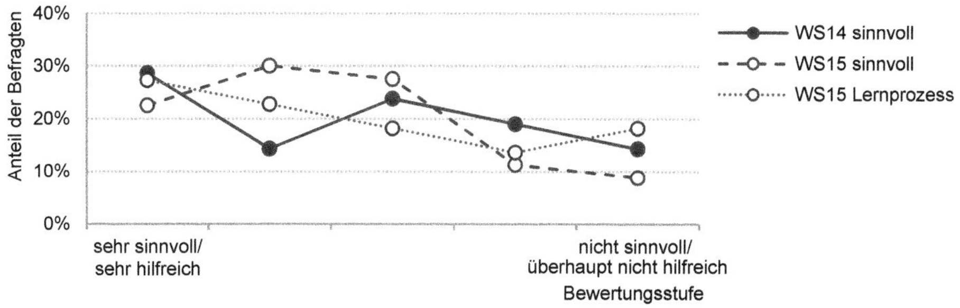

Abb. 6.97. Auswirkungen des XWizards auf den Lernprozess. Die schwarze durchgängige Line (*WS*14) sowie die schwarze gestrichelte Linie (*WS*15) legen die Statistik zur eLearning Umfrage Frage „Falls ja. wie sinnvoll fanden Sie ihn?" dar. Die grau gepunktete Linie bezieht sich auf die Einschätzung der Studierenden bezüglich des XWizard Nutzens für den Lernprozess (vgl. SoSci-Evaluation, Anh. A.5, Frage 5).

dass die Funktionalitäten des XWizards bei einer mobilen Anwendung nicht tiefgehender genutzt werden, zeigt sich auch in der Sitzungsdauer. Lediglich 07:25 Minuten dauerte eine Sitzung im Durchschnitt vom Mobiltelefon aus, das Tablet liegt mit 09:26 Minuten etwas höher. Allerdings erreichen beide Nutzerwerte nicht annähernd die knapp halbe Stunde der Sitzungsdauer über den Desktop. Insgesamt fällt mehr als 98% der Zugriffszeit auf den Desktop. Sowohl die prozentuale Absprungrate als auch der Anteil neuer Sitzungen haben die gleiche Tendenz. Der XWizard ist offensichtlich durch seine Angebotsvielfalt und die dominierende Funktion der graphischen Darstellung nur bedingt für eine Anwendung über das Mobiltelefon bzw. das Tablet geeignet.

Abschließend kann festgestellt werden, dass die Studierenden die eLearning Werkzeuge sowohl zeit- als auch ortsunabhängig nutzen. Allerdings sind durch die Verwendung des XWizards im Zusammenhang mit einer Präsenzveranstaltung vor allem der Ortsunabhängigkeit über die Stadt hinaus Grenzen gesetzt. Der Zugriff auf die Webanwendung scheint zudem nicht für ein mobiles Endgerät wie das Smartphone oder das Tablet geeignet zu sein.

6.7.6 Lernerfolg (Qualitätskriterium 7)

Abb. 6.97 zeigt die Meinung der XWizard-Nutzer aus dem *WS*14 (schwarze durchgängige Linie) und *WS*15 (schwarze gestrichelte Linie) auf die Frage der eLearning Umfrage, wie sinnvoll sie diesen fanden (vgl. Anh. A.4, Fragen 7.5) sowie das Ergebnis auf die Frage der SoSci-Evaluation „Wie hilfreich war der XWizard bisher für Ihren Lernprozess?" (grau gepunktete Linie, vgl. Anh. A.5, Frage 5) des *WS*15. Im *WS*14 verteilten sich die Meinungen der Studierenden stärker in die Randbereiche als im *WS*15. 28,6% der Nutzer fanden diesen „sehr sinnvoll", 14,3% „überhaupt nicht sinnvoll". Allerdings ist hierbei zu beachten, dass im *WS*14 nur 7,3% der Studierenden Nutzer

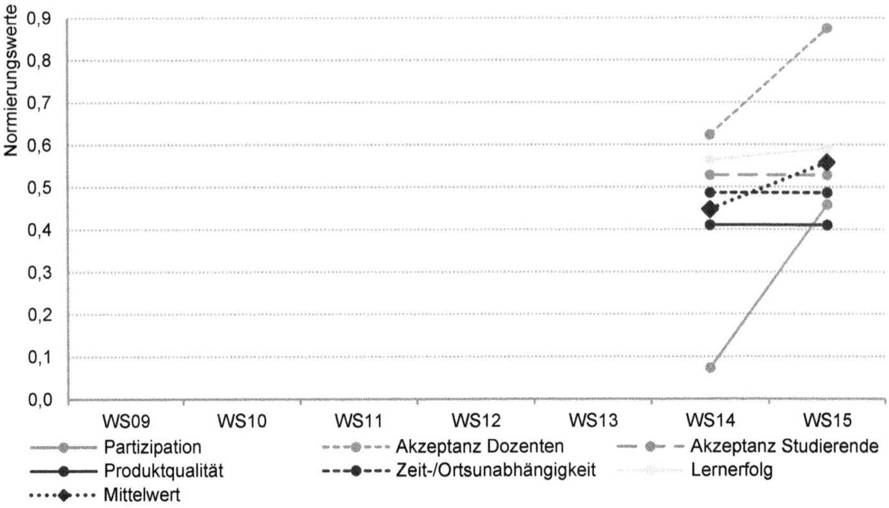

Abb. 6.98. Evaluation der Einzelkomponente XWizard. Der XWizard wurde den Studierenden erstmalig im *WS*14 zur Verfügung gestellt, so dass die Qualitätskriterien „Partizipation", „Akzeptanz Dozenten", „Akzeptanz Studierende", „Produktqualität", „Zeit- und Ortsunabhängigkeit", „Lernerfolg" mit dem sich ergebenden „Mittelwert" als Nutzenwert nur für die *WS*14 und *WS*15 abgetragen sind. Die Normierungsskala bezieht sich auf den Bereich [0,0; 0,9].

des XWizards waren. Im Vergleich hierzu hielten im *WS*15 22,5 % der Nutzer (45,8 % der Studierenden von GdI2) den XWizard für „sehr sinnvoll" und 30 % für „sinnvoll" und nur 8,8 % für „überhaupt nicht sinnvoll". Die Anpassung der Funktionalitäten des XWizards hat offensichtlich dazu geführt, dass deutlich weniger Nutzer diesen für „nicht sinnvoll" bzw. „überhaupt nicht sinnvoll" hielten, und mehr Studierende überzeugt werden konnten, diesen zu verwenden. Durch weitere Verbesserungen in den Funktionalitäten kann offensichtlich eine Verschiebung der Nutzermeinungen in den positiven Bereich erzielt werden. Die Bewertung des Lernerfolgs (vgl. Abb. 6.97) liefert ähnliche Ergebnisse. Genau 50% der Nutzer empfinden den XWizard im *WS*15 als „sehr hilfreich" bzw. „hilfreich" bezogen auf den Lernprozess.

6.7.7 Zwischenevaluation

Die Evaluation der Einzelkomponente XWizard wird anhand der Bewertungsvektoren z_i, $i \in \{1, \dots, k\}$ der Qualitätskriterien „Partizipation", „Akzeptanz Dozenten", „Akzeptanz Studierende", „Produktqualität", „Zeit- und Ortsunabhängigkeit" und „Lernerfolg" in Abb. 6.98 mit Normalisierung auf [0; 1] angegeben (vgl. hierzu Abschn. 3.3.2 und Abschn. 6.2.8). Die den Berechnungen zugrunde liegenden technischen Details werden im Folgenden erläutert. Da der XWizard erst seit dem *WS*14 zum Einsatz kommt, sind die ersten Vektoreinträge Null.

Partizipation. In das Qualitätskriterium der Partizipation fließen die prozentualen Benutzerzahlen auf Basis der GdI2-Studierenden ein (vgl. Tab. 6.31). Da der XWizard erstmalig im *WS*14 für die Studierenden zur Verfügung stand, werden die Werte ab diesem Semester berechnet, so dass sich $z_1 = (0{,}00; 0{,}00; 0{,}00; 0{,}00; 0{,}00; 0{,}07; 0{,}46)$ ergibt. Nach anfänglichen Anlaufschwierigkeiten steigt die Partizipation zum *WS*15 deutlich an (vgl. Abb. 6.98).

Akzeptanz Dozenten. Die Akzeptanz des Dozenten wird anhand des Entwicklungsfortschritts der Software in den *WS*14 und *WS*15 in Bezug zum Entwicklungsfortschritt Ende des *WS*17 gemessen (maximaler Wert 50 % pro Semester, vgl. Tab. 6.44). So ergibt sich der Bewertungsvektor $z_2 = (0{,}00; 0{,}00; 0{,}00; 0{,}00; 0{,}00; 0{,}35; 0{,}67)$ (vgl. Abb. 6.84).

Akzeptanz Studierende. In die Akzeptanz der Studierenden fließt einerseits die Zweitnutzerrate auf Basis der Nutzer ein sowie die Anzahl der Skripttypen auf die mindestens 5 % der Zugriffe der GdI2-Studierenden fallen (vgl. Abb. 6.89). Für beide Datensätze sind nur die Werte des *WS*15 vorhanden, so dass diese auf das *WS*14 übertragen werden. Anhand dieser Daten wird der Bewertungsvektor berechnet zu $z_3 = (0{,}00; 0{,}00; 0{,}00; 0{,}00; 0{,}00; 0{,}53; 0{,}53)$.

Produktqualität. Die Bewertung der Produktqualität basiert auf den Ergebnissen zur Designqualität (Übersichtlichkeit, Bedienbarkeit, Ästhetik, vgl. Abb. 6.92) sowie zur Benotung des XWizard insgesamt (vgl. Abb. 6.94). Da die Ergebnisse wieder nur für das *WS*15 vorliegen, werden eben diese auch für das *WS*14 übernommen, so dass sich $z_4 = (0{,}00; 0{,}00; 0{,}00; 0{,}00; 0{,}00; 0{,}41; 0{,}41)$ ergibt.

Zeit- und Ortsunabhängigkeit. Die Zeitunabhängigkeit wird anhand dem prozentualen Anteil der Zugriffe außerhalb der Arbeitszeit gemessen (vgl. Tab. 6.47). In die Ortsunabhängigkeit fließen die Anzahl der Länder, von denen aus zugegriffen wird (vgl. Tab. 6.48), sowie der prozentuale Anteil der Zugriffszeit, die über ein Smartphone oder ein Tablet erfolgt, ein. Bei Annahme der gleichen Werte für das *WS*14 ergibt sich z_5 zu $(0{,}00; 0{,}00; 0{,}00; 0{,}00; 0{,}00; 0{,}49; 0{,}49)$.

Lernerfolg. Der Bewertungsvektor des Lernerfolgs setzt sich aus den in Abb. 6.97 beschriebenen Daten zusammen. Die Ergebnisse des Lernerfolgs des *WS*15 werden für das *WS*14 übernommen. So ergibt sich $z_4 = (0{,}00; 0{,}00; 0{,}00; 0{,}00; 0{,}00; 0{,}56; 0{,}59)$.

Resümee. Da der XWizard zum ersten Mal im *WS*14 zum Einsatz kam, sind die Bewertungsvektoren auch erst ab dem *WS*14 in Abb. 6.98 dargestellt. Zudem wurde die Webanwendung erst zum *WS*15 eingeführt. Dies hat zur Folge, dass einige Datensätze nur für das *WS*15 zur Verfügung stehen; die entsprechenden Daten wurden – um einer verfälschten Mittelwertbildung zu begegnen – auf das *WS*14 übertragen, so dass die Bewertungsvektoren der betroffenen Qualitätskriterien horizontal verlaufen (Akzeptanz Studierende, Produktqualität, Zeit-/Ortsunabhängigkeit). Die verbleibenden Qualitätskriterien der Partizipation sowie der Akzeptanz durch den Dozenten sind vom *WS*14 zum *WS*15 deutlich angestiegen, um 0,39 bzw. 0,25 Skalenpunkte. Der Lernerfolg hat sich um 0,03 Skalenpunkte leicht verbessert, so dass sich der Nutzenwert zu $1/6 \cdot \Sigma z_i = (0{,}00; 0{,}00; 0{,}00; 0{,}00; 0{,}00; 0{,}45; 0{,}56)$ berechnet.

6.7.8 Zusammenfassung

Die Analyse des Einsatzes des eLearning Werkzeugs XWizard zeigt, dass komplexere Werkzeuge durchaus Anlaufschwierigkeiten aufweisen können, insbesondere auch dann, wenn sie sich noch im Entwicklungsprozess befinden. Eine adäquate Betreuung seitens der Dozenten ist dann von Nöten.

So hat der XWizard im *WS*14 nur eine sehr geringe Partizipation zu verzeichnen gehabt. Diese konnte durch die Einführung einer Webanwendung im *WS*15 deutlich gesteigert werden. Trotzdem wird der XWizard sehr unterschiedliche bewertet, wie beispielsweise bei der Produktqualität. Da der XWizard ein sehr mächtiges Werkzeug ist, benötigen die Studierenden einen gewissen Einarbeitungsaufwand, ohne den eine sinnvolle Verwendung des Werkzeugs nicht möglich ist. Diese Hemmschwelle für die Studierenden zu verringern und weitere Anreize zur Verwendung des XWizard zu liefern, sind unabdingbare Verbesserungsbestrebungen. Einen ersten Ansatz hierfür lieferte die Einführung der Miniaufgaben, die zu einer deutlichen Zunahme der Webseiten-Bewegungen insbesondere zu Beginn des *WS*15 geführt hat.

Weitere Anreize wie Bonusklausur und Saalübung haben ebenfalls zu einer Zunahme der Webseiten-Bewegungen geführt. Die Studierenden scheinen insbesondere die Individualität bei der Verwendung der verschiedenen Konversionsmethoden zu schätzen. Zudem können die Studierenden für vorimplementierte Algorithmen eigene Lösungen verifizieren; eine Ergänzung des XWizards durch weitere Methoden und Algorithmen ist aufgrund der Tatsache, dass der als Free Software angeboten wird, unproblematisch. Durch die Komplexität der angebotenen Möglichkeiten ist eine Verwendung der Webseite über eine mobile Anwendung nicht zielführend.

Insgesamt zeigt sich das Potential zur Qualitätsverbesserung der Lehrumgebung GdI2 durch den Einsatz des XWizards. Allerdings müssen die erwähnten Verbesserungen umgesetzt werden, und daran anschließend muss eine erneute Überprüfung der Qualitätsentwicklung durchgeführt werden.

6.8 Teil IV – Klausur

Der Lernerfolg einer Lehrveranstaltung wird meist anhand einer Abschlussklausur gemessen, die eine abschließende Bewertung der Studierenden am Semesterende darstellt. Diese bietet die Möglichkeit, neben dem erzielten Wissenserwerb der Studierenden den Einfluss der Lehrveranstaltung auf den Lernerfolg quantitativ zu messen. Die Durchführung einer solchen Analyse der Klausuren wird im Folgenden beispielhaft an den Ergebnissen der Lehrveranstaltung GdI2 durchgeführt.

Die Wissensüberprüfung von GdI2 erfolgte anhand der Haupt- sowie der Nachklausur (vgl. Abschn. 4.6). Zudem hatten die Studierenden die Möglichkeit, an der Bonusklausur teilzunehmen (vgl. Abschn. 4.3.6). Die nachfolgende Auswertung basiert auf den Klausurdaten (vgl. hierzu Tab. 3.2) und stellt folgende Aspekte in den Mittelpunkt:
- Klausurteilnahme (vgl. Abschn. 6.8.1),
- Klausurergebnis (vgl. Abschn. 6.8.2),
- Einflussfaktor Tutorien allgemein (vgl. Abschn. 6.8.3),
- Einflussfaktor Tutorienart (vgl. Abschn. 6.8.4),
- Einflussfaktor Zusatzbonus (vgl. Abschn. 6.8.5),
- Einflussfaktor Tutorinnen und Tutor (vgl. Abschn. 6.8.6) sowie
- Einflussfaktor IAP (vgl. Abschn. 6.8.7).

Statistische Vorbetrachtung. Die verschiedenen Einflussfaktoren werden anhand statistischer Tests analysiert. Ein Vergleich zwischen verschiedenen Studierendengruppen innerhalb eines Semesters ist ohne Einschränkung möglich, da für alle Studierenden die gleichen Rahmenbedingungen vorliegen und somit die Strukturgleichheit der Gruppen gegeben ist. Den Untersuchungen liegen unverbundene Gruppen zugrunde, bei denen die Unterschiedshypothese über einen t-Test bzw. die einfaktorielle Varianzanalyse bei zwei bzw. mehr als zwei Gruppen geprüft werden kann, sofern diese normalverteilt sind. Liegt keine Normalverteilung zugrunde, so muss für einen Hypothesentest von zwei Gruppen der Wilcoxon-Rangsummen-Test (auch als Mann-Whitney-U-Test bezeichnet) und für mehr als zwei Gruppen der Kruskal-Wallis-Test verwendet werden [62, 193]. So können Rückschlüsse auf kausale Zusammenhänge zwischen veränderten Klausurergebnissen und einzelnen Einflussfaktoren gezogen werden.

Schwieriger gestaltet sich diese Frage bei der Analyse der Klausurergebnisse über die Semestergrenzen hinaus. Variable Rahmenbedingungen können die Interpretation der Ergebnisse erschweren. Hierzu gehören insbesondere
- Schwierigkeitsgrad der Klausuren,
- inhaltliche Veränderungen wie beispielsweise Lehrstoff sowie
- äußere Rahmenbedingungen wie Klausurzeitpunkt oder Semesterwochenstunden.

Der zweite sowie der dritte Aspekt wurden für die Lehrveranstaltung GdI2 annähernd konstant gehalten (vgl. Abschn. 4.1), so dass der Einfluss dieser Kriterien im Folgenden nicht weiter berücksichtigt wird. Die Frage nach dem Schwierigkeitsgrad der Klausuren stellt allerdings ein ernstzunehmendes Problem bei der Vergleichbarkeit unterschiedlicher Semester dar, da diese nicht nur einen punktuellen Einfluss haben, sondern – im Normalfall – die Gesamtheit eines Studiengangs betreffen.

Schwierigkeitsgrad der Klausuren. Zu Beginn des *WS*16 wurde eine Umfrage unter den vier Übungsleiterinnen und Übungsleitern sowie unter den 21 Tutorinnen und Tutoren des *WS*16 durchgeführt, in welcher diese die Klausuraufgaben der *WS*09 bis *WS*15 nach ihrem Schwierigkeitsgrad bewerteten. Die Aufgaben wurden ohne Klausurzuordnung in beliebiger Reihenfolge vorgelegt und anhand folgender Skala bewertet:

1 Einfach, minimaler Transferanteil. Das abgefragte Wissen zielt auf Auswendiggelerntes oder Standardalgorithmen ab.
2 Mittel, mittlerer Transferanteil. Leichte Abweichungen von Standardalgorithmen, mit Basiswissen lösbar.
3 Fordernd, teilweise hoher Transferanteil. Mit angemessener Vorbereitung von durchschnittlichen Studierenden noch gut lösbar.
4 Schwierig, hoher Transferanteil. Tiefgründige Vorbereitung erforderlich.
5 Sehr schwierig, sehr hoher Transferanteil. Von durchschnittlichen Studierenden auch bei guter Vorbereitung kaum lösbar.

Die Bewertung b_{i_k} einer einzelnen Klausur i mit n Aufgaben durch eine einzelne Person k sowie den zugehörigen Skalenwerten $a_1, \ldots, a_n \in \{1, \ldots, 5\}$ mit maximaler Punktzahl $p_1, \ldots, p_n$ ergibt sich wie folgt:

$$b_{i_k} = \frac{1}{90} \sum_{j=1}^{n} a_{j_k} \cdot p_j \text{ mit } \sum_{j=1}^{n} p_j = 90.$$

Die maximale Anzahl an Punkten pro Aufgabe wird also als Gewichtungsfaktor mit eingerechnet.

Abb. 6.99 zeigt das Ergebnis dieser Umfrage anhand des Mittelwerts der Bewertungen b_{i_k} durch die Tutorinnen und Tutoren in a) und durch die Übungsleiterinnen und Übungsleiter in b), aufgesplittet in Bonus-, Haupt- sowie Nachklausur. Es zeigt sich, dass der Schwierigkeitsgrad bei allen drei Klausuren durch die Tutorinnen und Tutoren fast identisch zu dem der Übungsleiterinnen und Übungsleiter eingeschätzt wurde und demnach insbesondere auch die gleichen Trends in der Veränderung der Schwierigkeit erzielt wurden. Lediglich im *WS*15 beurteilten die Übungsleiterinnen und Übungsleiter die Hauptklausur als leichter im Vergleich zu den Tutorinnen und Tutoren. Die Unterschiede in der Bewertung der Tutoren, welche an der entsprechenden Klausur teilgenommen haben (vgl. Punkte zu BK-Teilnehmer und HK-Teilnehmer

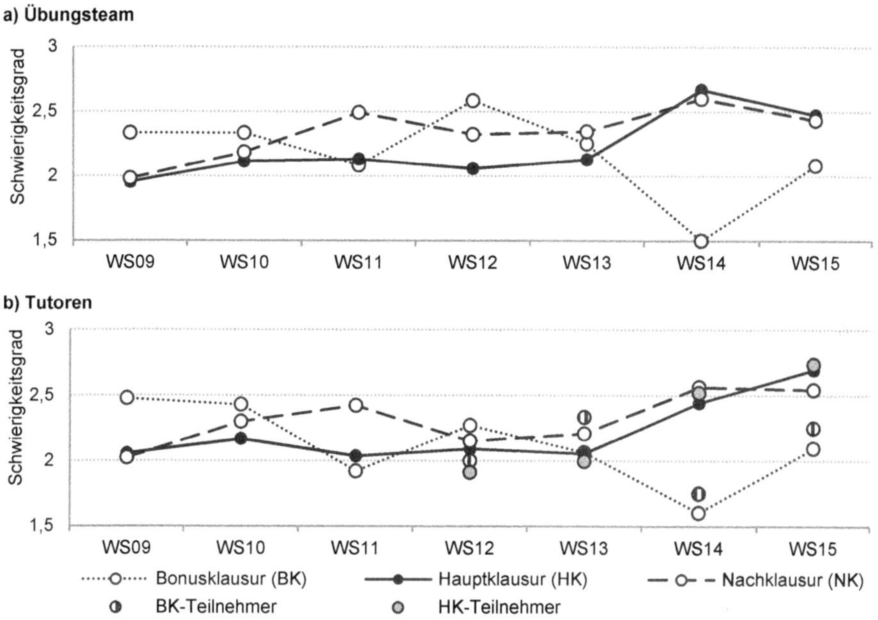

Abb. 6.99. Schwierigkeitsgrad der Klausuren im zeitlichen Vergleich. Der Schwierigkeitsgrad der Bonus-, Haupt- sowie Nachklausur ist für die *WS*09 bis *WS*15 anhand der durchschnittlichen Bewertungen durch a) die Tutoren und durch b) die Übungsleiterinnen und Übungsleiter dargestellt.

in Abb. 6.99), zeigen, dass die Tutorinnen und Tutoren, welche an der Klausur selbst beteiligt waren, diese mit Ausnahme der Klausur im *WS*12 sowie der Hauptklausur im *WS*13 schwerer einschätzen als die unbeteiligten Tutoren. Die Abweichung im *WS*12 sowie im *WS*13 kommt dadurch zustande, dass die in diesem Semester beteiligten Tutoren alle Klausuren besser bewertet haben als der entsprechende Durchschnitt.

Bezüglich der Trendentwicklung kann für die Bonusklausur keine eindeutige Aussage getroffen werden; während die Bonusklausur im *WS*11 etwas leichter ausgefallen zu sein scheint, ist die Bonusklausur für das *WS*12 schwieriger. Im Vergleich zu den anderen Klausuren hatte die des *WS*14 ein deutlich leichteres Niveau. Für die Hauptklausur zeigt sich allerdings, dass die Klausuren der *WS*09 bis *WS*13 ein annähernd konstantes Schwierigkeitsniveau aufgewiesen haben. Zum *WS*14 hat die Schwierigkeit deutlich zugenommen; auch das *WS*15 erzielte einen Schwierigkeitsgrad deutlich über dem der *WS*09 bis *WS*13, wobei sich das Übungsteam sowie die Tutorinnen und Tutoren in der Höhe uneinig waren. Die Nachklausur zeigt einen ansteigenden Verlauf zum *WS*11 mit anschließendem Rückgang. Zum *WS*14 und *WS*15 hat das Schwierigkeitsniveau offenbar nochmal zugenommen. Zu bemerken ist allerdings, dass das Niveau der Nachklausur in fast allen Semestern über dem der Hauptklausur liegt.

Die Bewertung der Klausuren ist insbesondere in Bezug auf die Hauptklausur für die folgenden Untersuchungen interessant. So kann angenommen werden, dass die

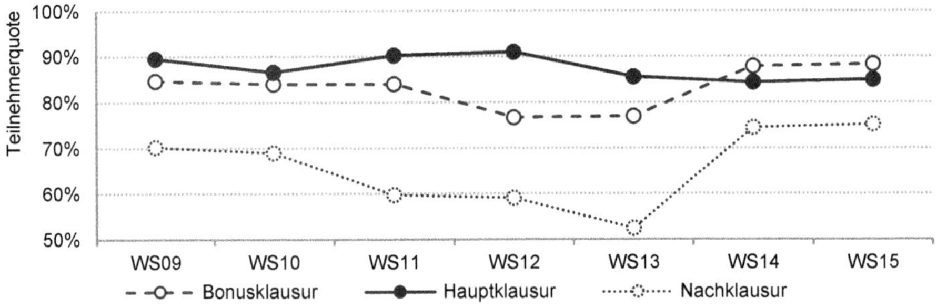

Abb. 6.100. Zeitliche Entwicklung der Klausurteilnehmerquoten. Die Teilnehmerquoten errechnen sich aus den absoluten Teilnehmerzahlen dividiert durch die entsprechenden Anmeldezahlen der jeweiligen Klausur.

Klausuren der *WS*09 bis *WS*13 einer annähernd gleichen Schwierigkeit unterlagen. Zu beachten ist bei den folgenden Auswertungen, dass die Klausuren der *WS*14 und *WS*15 deutlich schwieriger geworden sind.

6.8.1 Partizipation (Qualitätskriterium 1)

Die Entwicklung der Teilnehmerquote an der Bonus-, Haupt- und Nachklausur, berechnet aus dem Quotient zwischen Anmelde- und Teilnehmerzahlen, ist in Abb. 6.100 dargestellt. Die genauen Anmelde- sowie Teilnehmerzahlen sind Tab. 4.9, Tab. 4.11 sowie Tab. 4.12 zu entnehmen. Die Teilnehmerquote der Hauptklausur ist sehr stabil und schwankt nur leicht zwischen 84 % und 91 %. Eine Zunahme ist besonders im *WS*11 und *WS*12 zu beobachten. Ob diese leichte Zunahme neu eingeführten Lernangeboten wie beispielsweise dem Aufgabenpool geschuldet ist, kann nicht abschließend geklärt werden. Die Nachklausur unterliegt im Vergleich größeren Schwankungen zwischen 52 % und 75 %, während die Teilnahme an der Bonusklausur in den *WS*14 und *WS*15 auf die Höchstwerte von 88 % ansteigt. Eine naheliegende Erklärung hierfür ist die Einführung des Zusatzbonus ab dem *WS*14.

Klausurteilnehmerquoten unter der Bedingung „Tutorienanmeldung“ bzw. „Tutoriumsteilnehmer“ unter der Bedingung einer Klausurteilnahme wurden in Abschn. 6.3.7, Tab. 6.16 bzw. Abschn. 6.17 analysiert.

6.8.2 Lernerfolg (Qualitätskriterium 7)

Unabhängig des vorangehend diskutierten Einflusses des Schwierigkeitsgrads auf die Klausurergebnisse werden in Abb. 6.101 die Klausurergebnisse der a) Haupt-, b) Nach- sowie c) Bonusklausur der *WS*09 bis *WS*15 einander gegenübergestellt. Insgesamt fällt die Nachklausur sowohl beim Mittelwert als auch bei der Bestehensquote

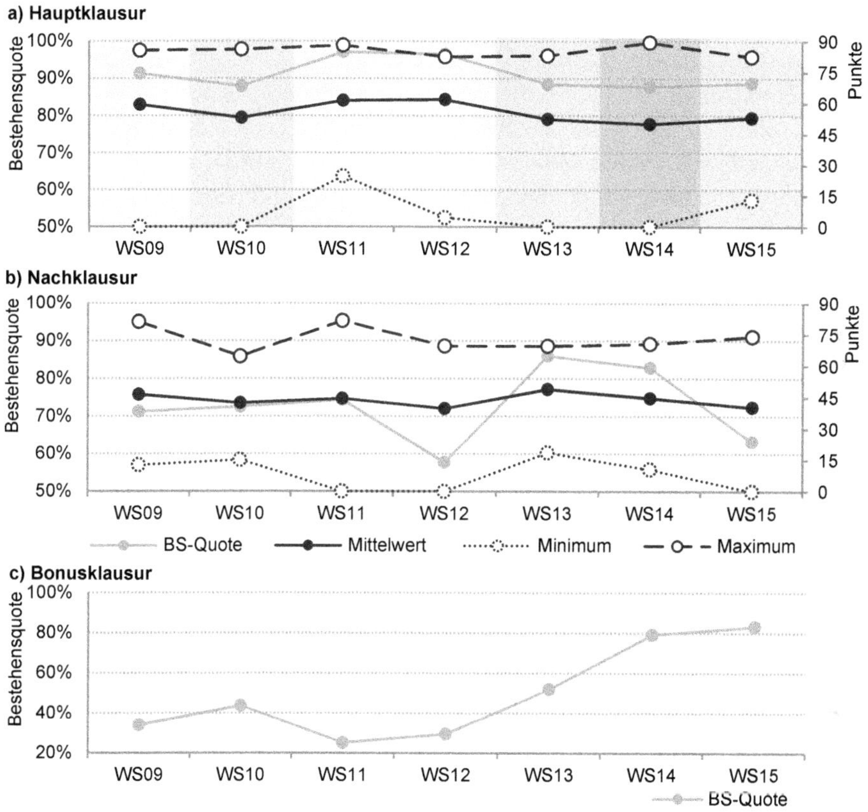

Abb. 6.101. Klausurergebnisse der Vergleichssemester. Die Klausurergebnisse der a) Haupt- sowie b) Nachklausur werden anhand des Punkte-Mittelwerts, des Minimums, des Maximums sowie der Bestehensquote (BS-Quote) graphisch veranschaulicht. Aufgrund fehlender Punkteverteilung wird für die c) Bonusklausur lediglich die Bestehensquote angegeben. Die grauen Schattierungen der Hauptklausur in a) beschreiben die durch die statistischen Tests erzielten Mengen ohne signifikante Unterschiede.

(BS) und der maximalen Punktzahl schlechter aus als die Hauptklausur. Dies ist allerdings neben den unter Abb. 6.99 diskutierten Punkten insbesondere der Tatsache geschuldet, dass die Nachklausur vermehrt von Klausurwiederholern und Klausurschiebern geschrieben wird (vgl. Abschn. 4.6). Die erreichte maximale sowie minimale Punktzahl erzielen insbesondere bei der Hauptklausur ähnliche Werte; die Ergebnisse der Nachklausur zeigen hierbei stärkere Abweichungen, was auf eine inhomogenere Grundgesamtheit schließen lässt im Vergleich zur Hauptklausur.

Ein deutlicher Unterschied bei den Klausurergebnissen ist bei der Bestehensquote zu erkennen, so dass diese insbesondere in den *WS*11 und *WS*12 mit 97% deutlich über der der übrigen Semester lag. Parallel hierzu wurde auch ein besserer Punktedurchschnitt von über 60 Punkten erreicht. Der Korrelationskoeffizient nach Pearson

[62] von $Kor = 0{,}94$ zeigt eine starke positive Korrelation zwischen Bestehensquote und durchschnittlicher Punktzahl. Die Bestehensquote sowie der Mittelwert der erreichten Punktzahlen der Nachklausuren korrelieren ebenfalls positiv ($Kor = 0{,}85$). Allerdings weisen diese stärkere Schwankungen in den Ergebnissen auf. Da die Zusammensetzung der Teilnehmergruppe der Nachklausur von den Ergebnissen der Hauptklausur abhängig ist und zudem der Einfluss von Teilnehmern, die nicht aus dem vorausgehenden Semester stammen und demnach auch nicht an den entsprechenden Tutorien teilgenommen haben (vgl. Tab. 6.16), durch die deutlich kleinere Grundgesamtheit entsprechend höher ist, wird an dieser Stelle keine weitere Interpretation dieser Daten vorgenommen. Die Bestehensquote der Bonusklausur zeigt seit dem *WS*11 eine deutliche Zunahme von 25 % auf über 80 %. Die Verbesserung von knapp 30 % vom *WS*13 zum *WS*14 deutet auf einen Zusammenhang zur Einführung des Zusatzbonus hin.

Unter Betrachtung der Entwicklung des Schwierigkeitsgrads zeigt sich für die Hauptklausur, bei welcher insbesondere ein höheres Schwierigkeitsniveau der Klausuren des *WS*14 und *WS*15 festgestellt wurde, dass die entsprechenden Klausurergebnisse beim Vergleich mit den vorangehenden Semestern etwas angehoben werden müssten. Die deutlichen Schwankungen in der Bestehensquote der Nachklausur sind allerdings nicht durch die Bewertung des Schwierigkeitsgrads zu erklären (vgl. Abb. 6.99). Insbesondere der starke Rückgang in der Bestehensquote im *WS*12 kann nicht mit einer Zunahme des Schwierigkeitsgrads begründet werden, da diese für das *WS*12 leicht rückläufig bewertet wurde. So wurde insbesondere für die *WS*11, *WS*14 und *WS*15 ein höherer Schwierigkeitsgrad gemessen, so dass die Klausurergebnisse dieser Semester beim semesterübergreifenden Vergleich stärker gewichtet werden sollten. Der starke Anstieg der Bestehensquote der Bonusklausur zum *WS*14 kann u. a. auf das gesunkene Niveau der Klausur zurückgeführt werden. Für das *WS*11 gilt das Gegenteil; das Ergebnis des *WS*11 kann allerdings nicht mit einer schwereren Bonusklausur erklärt werden.

Eine detaillierte Analyse der Klausurergebnisse der betreffenden Semester beschränkt sich im Folgenden aufgrund der beschriebenen Problematik bei der Auswertung der Nachklausur auf die Betrachtung der Hauptklausur. Eine Aufschlüsselung der Bonusklausur nach Punkten ist nicht möglich, da durch diese lediglich die Ergebnisse „bestanden" bzw. „nicht bestanden" erzielt werden konnten. Abb. 6.102 zeigt die Verteilungsfunktionen der erreichten Punktzahlen der Hauptklausur der Vergleichssemester. Die Verteilungen lassen die Vermutung aufkommen, dass diese auf einer Normalverteilung basieren. Allerdings muss die Nullhypothese (H0), dass der Stichprobe eine Normalverteilung zugrunde liegt, mit Ausnahme der *WS*10 und *WS*14 abgelehnt werden; für das *WS*10 und das *WS*14 ist die Aussage nicht eindeutig (vgl. Anh. A.8). So kann im *WS*10 nach dem Shapiro-Wilk, Anderson-Darling sowie dem Jarque-Bera für die Verteilung auf Grundlage der Punkte eine Normalverteilung angenommen werden. Für das *WS*14 gilt dies lediglich für die Verteilung der Note mit Bonus (nicht auf Grundlage der erreichten Punkte) nach dem Jarque-Bera-Test.

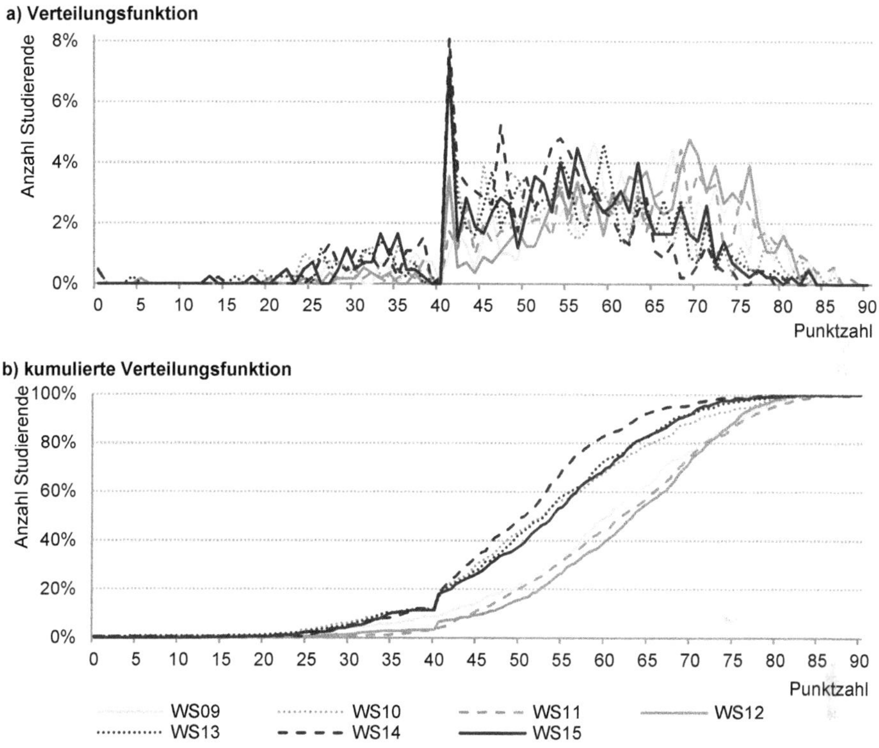

Abb. 6.102. Verteilungsfunktionen der Hauptklausur. Sowohl die Verteilungsfunktion in a) als auch die der kumulierten in b) basiert auf der Betrachtung der erreichten Punktzahl; die Darstellung der Verteilungsfunktion wurde zur besseren Übersicht in ganzen Punkteschritten vorgenommen.

Beim Vergleich der Semester muss folglich, unabhängig ob die Punktzahlen oder die Note mit Bonus zugrunde gelegt wird, auf einen nichtparametrischen Test zurückgegriffen werden. Da die erreichte Punktzahl allerdings im Gegensatz zur Note mit Bonus kardinal skaliert ist, werden die nachfolgenden Analysen auf Basis der erreichten Punktzahl durchgeführt. Die Untersuchung von H0, ob den Verteilungen der Klausurergebnisse der gleiche Mittelwert zugrunde liegt, erfolgt folglich auf Basis des nichtparametrischen Kruskal-Wallis-Tests. Der Kruskal-Wallis-Test liefert einen p-Wert kleiner als 0,0001 über der Verteilung der erreichten Punkte, so dass H0 verworfen werden muss. Eine genauere Feststellung der Unterschiede liefern die paarweisen Vergleiche der Klausuren durch die Post-Hoc-Tests nach Dunn und Conover-Iman, beide mit angepasstem Signifikanzniveau nach Bonferroni zur Korrektur der α-Fehler-Kumulierung, als auch nach Steel-Dwass-Critchlow-Fligner [145] (vgl. Anh. A.6). Hieraus ergeben sich ohne Betrachtung der Schwierigkeitsgrade die folgenden Mengen ohne signifikante Unterschiede $\{WS09, WS11, WS12\}$, $\{WS10, WS13, WS15\}$ sowie $\{WS14\}$. Da allerdings die Ergebnisse der $WS14$ und $WS15$ durch

Tab. 6.51. Durchschnittspunktzahl der Abschlussklausur über sieben verschiedene Gruppen. Die sieben verschiedenen Gruppen werden über den Bedingungen (Bdg.) „Tutorium", „Bonus" und „Klausur" gebildet. Hierbei wird unterschieden in die Aspekte „kein Einfluss" (–), „[nicht] teilgenommen" ([n.] teilg.), „[nicht] angemeldet" ([n.] ang.), „erhalten" (erh.) sowie „bestanden" (best.). Die Ergebnisse der verschiedenen Gruppen enthalten die durchschnittlich erreichte Punktzahl (ø-Punkte) sowie die Standardabweichung (Stand.) der *WS*09 bis *WS*15.

	Gruppe	I	II	III	IV	V	VI	VII
Bdg.	Tutorium	–	ang.	ang.	ang.	ang.	ang.	n. ang.
	Bonus	–	–	n. teilg.	teilg.	erh.	erh.	–
	Klausur	teilg.	teilg.	teilg.	teilg.	teilg.	best.	teilg.
WS09	ø-Punkte	59,26	59,75	53,09	60,90	67,18	67,44	52,70
	Stand.	14,08	13,98	16,22	13,22	10,06	9,70	13,76
WS10	ø-Punkte	52,94	53,69	44,66	54,90	61,06	62,09	42,88
	Stand.	14,22	13,82	14,05	13,34	11,91	10,86	15,10
WS11	ø-Punkte	61,31	62,28	52,88	63,98	69,96	69,96	55,82
	Stand.	12,00	11,91	11,41	11,18	9,83	9,83	11,09
WS12	ø-Punkte	61,83	63,34	55,67	64,66	70,56	70,56	54,94
	Stand.	11,88	10,59	10,84	9,97	7,42	7,42	14,69
WS13	ø-Punkte	52,31	53,44	45,28	55,25	58,73	59,37	44,38
	Stand.	13,20	12,72	11,60	12,24	10,98	9,70	13,78
WS14	ø-Punkte	49,97	50,41	43,62	51,37	52,36	54,42	43,90
	Stand.	11,32	11,27	10,60	11,03	11,02	8,96	10,17
WS15	ø-Punkte	53,00	53,37	45,18	54,24	55,48	57,26	47,42
	Stand.	12,42	12,45	12,27	12,15	11,51	9,73	10,46

schwerere Klausuren erzielt worden sind, muss davon ausgegangen werden, dass sich folgende Mengenbetrachtung ergibt {*WS*09, *WS*11, *WS*12}, {*WS*10, *WS*13},{*WS*14} sowie {*WS*15}. Es zeigt sich, dass sich insbesondere mit Zunahme der Semesterzahl die statistische Grundgesamtheit verändert hat, so dass davon ausgegangen werden kann, dass veränderte Einflussfaktoren im Lehrkonzept wie beispielsweise der IAP, die nuKIT-Tools oder der XWizard entsprechende Auswirkungen hatten. Des Weiteren darf nicht unberücksichtigt bleiben, dass insbesondere im *WS*11 und *WS*12 hohe Bestehensquoten erzielt werden konnten.

6.8.3 Einfluss Tutorienteilnahme

Wie bereits in Abschn. 6.3 angedeutet, stellt sich die Frage, inwiefern sich die Teilnahme an den Tutorien bzw. am Bonuskonzept auf die Abschlussklausur auswirkt. Tab. 6.51 stellt hierzu sieben verschiedene Gruppen anhand derer die Durchschnittspunktzahlen der Hauptklausur diskutiert werden. Diese Gruppen werden anhand der

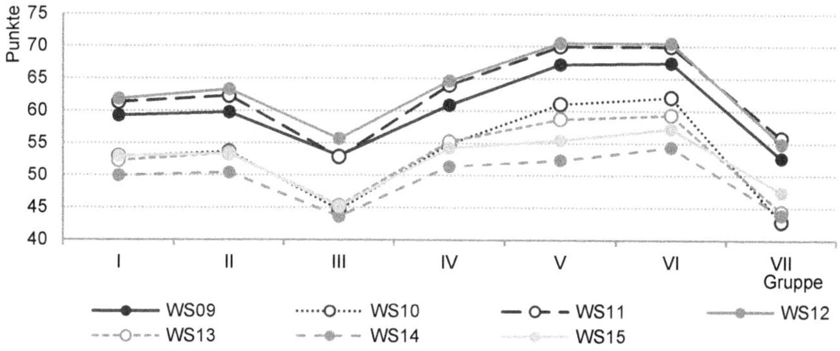

Abb. 6.103. Durchschnittspunktzahlen der Abschlussklausur der sieben Gruppen. Die Durchschnittspunktzahl über die einzelnen Gruppen (vgl. Tab. 6.51) zeigt unabhängig vom Semester einen ähnlichen Verlauf. Die Standardabweichungen sind aus Gründen der Übersichtlichkeit nicht dargestellt und können Tab. 6.51 entnommen werden.

Bedingungen „Tutorium", „Bonus" und „Klausur" gebildet, welche die Ausprägungen für Tutorium „angemeldet" bzw. „nicht angemeldet", an Klausur/Bonusklausur „teilgenommen" bzw. an Bonusklausur „nicht teilgenommen", Bonus „erhalten", Klausur „bestanden" sowie „kein Einfluss" (d. h. dieses Kriterium wird für die vorliegende Gruppe nicht betrachtet) annehmen können. Abb. 6.103 zeigt den graphischen Verlauf der durchschnittlich erreichten Punkte (ø-Punkte). Auffallend ist, dass sich die Semester in zwei Gruppen aufgliedern; die oberen drei Linien beschreiben die *WS*09, *WS*11 und *WS*12, die unteren Linien stellen die *WS*10, *WS*13, *WS*14 sowie *WS*15 dar, wobei das *WS*14 etwas abfällt. Diese Gruppenbildung deckt sich mit dem Ergebnis der Post-Hoc-Tests der Klausuren zur Untersuchung der statistischen Signifikanz der Klausurergebnisse der Vergleichssemester (vgl. Abschn. 6.8.2).

Abb. 6.103 lässt den Verdacht aufkommen, dass sich die sieben untersuchten Gruppen zumindest teilweise paarweise signifikant unterscheiden. Zur Untersuchung der H0-Hypothese, ob den einzelnen Gruppen der jeweiligen Semester der gleiche Mittelwert zugrunde liegt, werden die jeweiligen Verteilungen auf Basis der erreichten Punktzahl mit dem Signifikanz-Niveau $\alpha = 0{,}05$ zuerst auf Normalverteilung untersucht. Da das Testergebnis lediglich für das *WS*10 gemäß dem Anderson-Darling und dem Jarque-Bera eine Normalverteilungsannahme zulässt (vgl. Anh. A.9), wird, um eine Vergleichbarkeit über die Semestergrenzen zu gewährleisten, zur Untersuchung auf den nichtparametrischen Kruskal-Wallis-Test sowie auf die Post-Hoc-Tests nach Dunn, Conover-Iman und Steel-Dwass-Critchlow-Fligner [145] zurückgegriffen. Tab. 6.52 zeigt das Ergebnis der Tests mit folgenden Mengen ohne signifikante Unterschiede A = {I, II, III, VII}, B = {I, II, IV}, C = {V, VI}, D = {IV, V}, E = {III, VII}, F = {I, II}, G = {II, IV}, H = {II, IV, V}, J = {I, II, IV, V}, K = {IV, V, VI}, L = {I, II, III, IV, VII} und M = {I, II, IV, VII}. Mit Ausnahme des *WS*15 wird in allen Semestern die Menge C = {V, VI} ohne signifikante Unterschiede angenommen. Für das *WS*15 sind diese beiden

Tab. 6.52. Paarvergleiche der Post-Hoc-Tests der sieben Gruppen. Die auf den Kruskal-Wallis-Test folgenden Paarvergleiche der Gruppen I bis VII liefern die Mengen A = {I, II, III, VII}, B = {I, II, IV}, C = {V, VI}, D = {IV, V}, E = {III, VII}, F = {I, II}, G = {II, IV}, H = {II, IV, V}, J = {I, II, IV, V}, K = {IV, V, VI}, L = {I, II, III, IV, VII} und M = {I, II, IV, VII}, welche in der Tabelle den Tests zugeordnet sind. „⁒" zeigt an, dass kein Unterschied im Ergebnis der drei Post-Hoc-Prozeduren besteht.

	Kruskal-Wallis	Dunn	Steel-Dwass-Critchlow-Fligner	Conover-Iman
*WS*09	<0,0001	C, L	A , B, C	A, B, C
*WS*10	<0,0001	B, C, E	⁒	⁒
*WS*11	<0,0001	C, E, F, G	⁒	⁒
*WS*12	<0,0001	C, E, F, G	⁒	⁒
*WS*13	<0,0001	C, D, E, F, G	C, E, F, G	C, E, F, G
*WS*14	<0,0001	C, E, J	B, C, E, H	C, E, J
*WS*15	<0,0001	E, J, K, M	⁒	⁒

Gruppen in K = {IV, V, VI} enthalten. Abgesehen vom *WS*09 ist auch die Menge E = {III, VII} bei allen Tests enthalten. Im *WS*09 erfolgt eine Überlappung bei der Steel-Dwass-Critchlow-Fligner sowie Conover-Iman-Prozedur, welche durch A = {I, II, III, VII} und B = {I, II, IV} gegeben ist. Die Tests liefern keine übereinstimmenden Ergebnisse bezüglich der Gruppen I, II, IV. Im *WS*09 und *WS*10 deuten die Tests darauf hin, dass diese keine signifikanten Unterschiede enthalten. *WS*11 bis *WS*13 stimmen darin überein, dass I und IV keiner gemeinsamen Gruppe zugeordnet werden. Im *WS*14 werden diese drei Gruppen bei der Dunn-Prozedur explizit einer Menge J = {I, II, IV, V} zugeordnet; allerdings überlappt die entsprechende Menge B = {I, II, IV} bei der Conover-Iman sowie Steel-Dwass-Critchlow-Fligner-Prozedur im *WS*14 mit der Menge H = {II, IV, V}. Im *WS*15 kann durch die Mengen M und J nicht von signifikanten Unterschieden dieser Gruppen ausgegangen werden.

Gruppen II (Tutorium ang. und Klausur teilg.) und VII (Tutorium n. ang. und Klausur teilg.) werden in den *WS*10 bis *WS*14 als signifikant unterschiedlich betrachtet. Daraus kann gefolgert werden, dass in diesen Semestern die Anmeldung für das Tutorium statistisch signifikant für das Klausurergebnis ist. Der fehlende signifikante Unterschied zwischen I (Klausur teilg.) und II (Tutorium ang. und Klausur teilg.) ist dadurch zu erklären, dass diese beiden Gruppen durch die hohe Anzahl an Tutorienteilnehmern an der Klausur eine große Schnittmenge bilden (vgl. Tab. 6.16). Folglich ergibt sich für die Gruppen I (Klausur teilg.) und VII (Tutorium n. ang. und Klausur teilg.) das gleiche Ergebnis wie für II und VII. Die Untergruppe der für die Tutorien angemeldeten Studierenden, welche nicht an der Bonusklausur teilgenommen haben (III), ist allerdings nicht signifikant different zur Gruppe der nicht für die Tutorien angemeldeten, unabhängig von dem Verhalten in Bezug auf die Bonusklausur (VII). Die Frage nach dem statistischen Unterschied der Teilnahme an der Bonusklausur unter der Bedingung der Anmeldung für die Tutorien auf das Klausurergebnis der Hauptklausur kann über die Gruppen III (Tutorium ang., Bonusklausur n. teilg., Klausur teilg.) und IV (Tutorium ang., Bonusklausur teilg., Klausur teilg.) beantwortet werden. Im *WS*09 ist diese Aussage von der Verwendung der Tests abhängig; sowohl die Steel-Dwass-Critchlow-Fligner als auch die Conover-Iman-Prozedur ergeben eine signifikante Differenz. In allen darauffolgenden Semestern ist eindeutig ein signifikanter Unterschied gegeben, in dem Sinne, dass Studierende, welche an der Bonusklausur teilnehmen, besser abschneiden als diejenigen, die nicht teilnehmen. Nicht ganz so eindeutig fällt das Ergebnis bei der Frage nach den Auswirkungen des Bestehens der Bonusklausur aus (Gruppe V im Vergleich zu Gruppe IV). Bis zum *WS*12 zeigt sich über alle Post-Hoc-Tests ein signifikanter Unterschied. Die Dunn-Prozedur des *WS*13 sowie das *WS*14 und *WS*15 zeigen keine Differenzen der zwei Gruppen mehr. Da durch das neue Bonuskonzept seit dem *WS*14 mehr als 25 % der Studierenden den Bonus erhalten (vgl. Abb. 6.101 (c)), ist der Unterschied dieser zwei Gruppen nicht mehr so eindeutig, wie auch die Tests zeigen. Allerdings bleibt der Unterschied zwischen den Gruppen III und V (Bonusklausur nicht teilgenommen im Vergleich zu Bonus erhalten) in allen Semestern signifikant. Aufgrund der großen Schnittmenge der Gruppen V und VI sind diese nicht signifikant unterschiedlich voneinander.

Zusammenfassend lässt sich feststellen, dass es für das Klausurergebnis der Studierenden erheblich ist, ob diese sich für das Tutorium angemeldet, an der Bonusklausur teilgenommen oder diese bestanden (bis *WS*13) haben.

6.8.4 Einfluss Tutorienart

Der Einfluss der Tutorienart „interaktiv“ bzw. „klassisch“ auf die Klausurergebnisse der Studierenden ist aufgrund ständig wechselnder Studierender in den *WS*09 bis *WS*13 nicht ohne erheblichen Bias der Ergebnisse messbar (vgl. Abb. 6.19). Der Einfluss der Interaktivität kann allerdings auch über die Teilnahme am Zusatzbonus ab dem *WS*14 gemessen werden. Dementsprechend werden im nachfolgenden Abschnitt die Gruppen „Zusatzbonus erhalten“ und „Zusatzbonus nicht erhalten“ auf statistische Differenz untersucht. Der Aspekt der Anmeldung für die Tutorien kann unberücksichtigt bleiben, da sich in Abschn. 6.8.3 gezeigt hat, dass die Gruppen I und II keine signifikanten Unterschiede aufweisen.

6.8.5 Einfluss Zusatzbonus

Der Zusatzbonus wurde im *WS*14 neu eingeführt (vgl. Abschn. 1.2). Zur Analyse des Unterschieds zwischen den Studierenden, welche den Zusatzbonus erhalten haben (ZB^+), und denen, die ihn nicht erhalten haben (ZB^-), bezogen auf die erzielte Punktzahl der Abschlussklausur wurden beide Gruppen der Semester *WS*14 und *WS*15 auf Normalverteilung überprüft. Für ZB^+ des *WS*14 muss H0 abgelehnt werden, so dass für das *WS*14 keine Normalverteilung angenommen werden kann (vgl. Anh. A.7). Für das

Tab. 6.53. Übersicht der Gruppen Zusatzbonus (nicht) erhalten. Die Spalte „absolut" und „relativ" geben die Anzahl Studierender an, die den Zusatzbonus (nicht) erzielt haben und an der Hauptklausur teilgenommen haben. „Minimum", „Maximum", „Mittelwert" und „Standardabweichung" (Standardab.) beziehen sich auf die erreichte Punktzahl der jeweiligen Gruppe der *WS*14 und *WS*15.

		absolut	relativ (in %)	Minimum	Maximum	Mittelwert	Standardab.
WS14	ZB^+	329	71,83	0,00	89,50	51,32	11,53
	ZB^-	129	28,17	24,50	72,50	46,53	10,07
WS15	ZB^+	337	79,67	13,00	82,50	54,76	11,72
	ZB^-	86	20,33	18,00	70,50	46,11	12,82

*WS*15 nehmen sowohl der Anderson-Darling als auch der Jarque-Bera-Test für beide Gruppen eine Normalverteilung an. Um eine Vergleichbarkeit der Semester zu gewährleisten, wird die zugrunde liegende Verteilung nicht berücksichtigt. Deshalb werden im Folgenden die beiden Gruppen durch den nichtparametrischen Mann-Whitney-U-Test untersucht. Bei einem Signifikanz-Niveau von $\alpha = 0{,}05$ wird die Nullhypothese untersucht, ob die zugrunde liegenden Verteilungen gleich sind.

Tab. 6.53 gibt einen Überblick über die den Verteilungen zugrunde liegenden Werte auf Basis der erreichten Punktzahlen. Es zeigt sich, dass sowohl im *WS*14 als auch im *WS*15 der Mittelwert sowie das Minimum und Maximum der ZB^- unter denen der ZB^+ liegt. Der Mann-Whitney-U-Test bestätigt die Vermutung, dass sowohl im *WS*14 als auch im *WS*15 die den beiden Gruppen zugrunde liegenden Verteilungen nicht gleich sind, so dass H0 abgelehnt werden muss; in beiden Semestern ergibt sich eine Signifikanz $p < 0{,}0001$, welche unter dem Signifikanz-Niveau $\alpha = 0{,}05$ liegt. Studierende, welche den Zusatzbonus erhalten, schneiden folglich in der Hauptklausur des entsprechenden Semesters besser ab als die restlichen Studierenden.

Neben der Kausalität des Zusatzbonus auf das Gesamtergebnis der Hauptklausur stellt sich zudem die Frage, inwiefern sich die jeweiligen interaktiven Aufgaben der Studierenden auf die theoretisch passenden Aufgaben der Klausur auswirken. Dieser Aspekt hätte zudem noch untersucht werden können. Allerdings gestaltet sich die Auswertung insofern als schwierig, da nicht jede interaktive Aufgabe „gleich gut" auf die entsprechende Aufgabe in der Klausur vorbereitet.

6.8.6 Einfluss Tutor/in

Im Folgenden wird untersucht, ob der Einfluss der Tutorinnen bzw. der Tutoren statistisch signifikant für das Klausurergebnis ist. Einer Gruppe werden hierbei alle Studierenden zugewiesen, welche das Tutorium einer festen Tutorin bzw. eines festen Tutors mindestens drei Mal besucht haben. Da bis zum *WS*13 eine hohe Fluktuation zwischen den verschiedenen Tutorien stattfand (vgl. Abb. 6.19) und zudem keine vollständigen Daten vorliegen (vgl. Tab. 4.8), wird die entsprechende Analyse beispielhaft

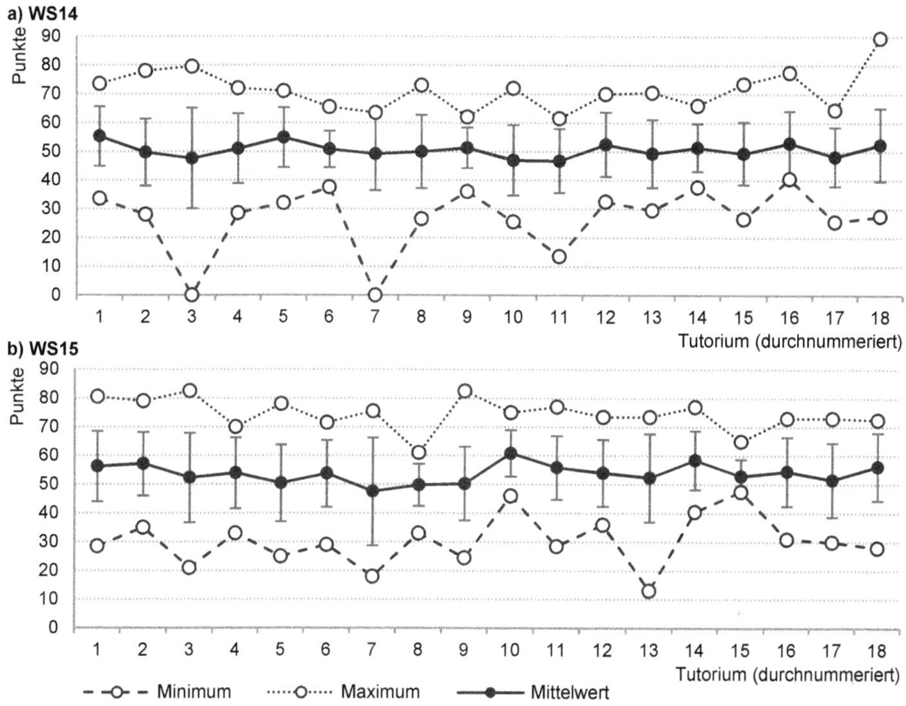

Abb. 6.104. Klausurergebnisse der Tutoren-Gruppen. Die Klausurergebnisse der Tutoren-Gruppen werden anhand Minimum, Maximum sowie Mittelwert der erreichten Punktzahl für a) *WS*14 und b) *WS*15 dargestellt.

für die *WS*14 und *WS*15 durchgeführt. Im *WS*14 fehlen die Zuordnungen der Studierenden zu einer Tutorin bzw. einem Tutor, im *WS*15 wurden zwei Tutorien zusammengelegt, so dass in jedem Semester 18 verschiedene Tutoren-Gruppen verglichen werden. Durch Vertretungen aufgrund von Krankheit einzelner Tutorinnen und Tutoren können leichte Bias in den Gruppen entstehen. Abb. 6.104 zeigt die Ergebnisse der Tutoren-Gruppen der *WS*14 und *WS*15 anhand Minimum, Maximum und Mittelwert der erreichten Punktzahl. Zur Feststellung, ob die beobachteten Differenzen signifikant sind, werden im Folgenden die entsprechenden statistischen Tests durchgeführt.

Die Überprüfung der Verteilung der erreichten Punktzahlen der einzelnen Gruppen auf Normalverteilung zeigt, dass die Tutoren-Gruppen mit wenigen Ausnahmen normalverteilt sind. Tab. 6.54 beschreibt in der Spalte der Normalverteilung (NV), wie viele der untersuchten Gruppen normalverteilt (ja), nicht eindeutig (n. eind.) bzw. nicht normalverteilt (nein) sind (vgl. Anh. A.10). Der Levene-Test zur Überprüfung von H0, ob die Varianzen gleich sind, kann im *WS*14 mit dem Signifikanzniveau von $\alpha = 0{,}05$ angenommen werden; im *WS*15 muss diese allerdings abgelehnt werden. Die Überprüfung der H0 mit dem Kruskal-Wallis-Test auf dem Signifikanzniveau von $\alpha = 0{,}05$, ob den Gruppen die gleiche Verteilung zugrunde liegt, kann sowohl für

Tab. 6.54. Tests der Tutoren-Gruppen. Die Tutoren-Gruppen wurden auf Normalverteilung (NV) untersucht sowie auf Gleichheit der Varianzen (Levene-Test). Sowohl der Kruskal-Wallis-Test als auch die Varianzanalyse (ANOVA) akzeptieren bei den gegebenen Gruppen und Beobachtungen (Beob.) die Nullhypothese H0. Die Angaben der NV beschreiben, wie viele der Gruppen normalverteilt (ja), nicht eindeutig (n. eind.) bzw. nicht normalverteilt (nein) sind.

	Gruppen	Beob.	NV	Levene	Kruskal-Wallis	ANOVA	F-Wert
	k	n	(ja; n. eind.; nein)	p	p	F	$F_{k-1,n-k}$
*WS*14	18	355	(15; 2; 1)	0,451	0,715	0,885	1,65
*WS*15	18	363	(17; 1; 0)	0,014	0,088	1,494	1,65

*WS*14 als auch *WS*15 bestätigt werden. Das gleiche Ergebnis liefert die Varianzanalyse (ANOVA) unter Annahme der Normalverteilung über Fisher's F-Test und $\alpha = 0{,}05$. Beide Tests zeigen also, dass es keine signifikanten Unterschiede in den Klausurergebnissen der verschiedenen Tutorengruppen gibt.

6.8.7 Einfluss IAP

Der *interaktive Aufgabenpool (IAP)* wird seit dem *WS*11 zur Verfügung gestellt (vgl. Tab. 1.2) und stetig weiterentwickelt. Abb. 4.2 auf Seite 87 gibt einen Überblick über die dazugehörigen Foren. Aufgrund der Anonymität bei den Fragestellungen in den Ilias-Foren (*WS*11 bis *WS*13) kann zur Auswertung lediglich auf die Anmeldedaten zu einem entsprechenden Forum zurückgegriffen werden. Im *WS*11 gestaltet sich dieses sehr einfach, da der entsprechende Kurs lediglich das Forum der Aufgabensammlung enthält. Es kann folglich davon ausgegangen werden, dass die Studierenden, die diesem Kurs beigetreten sind, mindestens einmal auf das Forum zugegriffen haben. Die Ilias-Plattform des *WS*12 enthält zusätzlich die Foren zu den Tutorien und Klausuren. Gleiches gilt für das *WS*13. Da ab dem *WS*14 die komplette GdI2-Veranstaltung auf die Lernplattform Ilias umgezogen ist (LMS), kann eine Auswertung der beigetretenen Nutzer nicht mehr ausschließlich auf die Nutzung der IAP-Foren zurückgeführt werden. Das im *WS*14 neu eingeführte Q2A-System erlaubt keine Zuordnung zwischen Nutzer und Studierendem, weshalb eine entsprechende Auswertung für die *WS*14 und *WS*15 nicht möglich ist. Tab. 6.55 gibt einen Überblick über den Inhalt der verwendeten Ilias-Kurse sowie die Zeitpunkte der Teilnehmerexporte. Da Studierende den Kursen beliebig oft beitreten oder diese verlassen können, wurden die Teilnehmerexporte während oder kurz nach Semesterende durchgeführt, um den Bias so gering wie möglich zu halten.

Da im *WS*14 und *WS*15 die Ilias-Kurse auch als LMS verwendet wurden, entspricht der prozentuale Anteil der Klausurteilnehmer, welche ebenfalls den Kursen beigetreten sind, 96,07% bzw. 96,69%. Ein Vergleich der Gruppe „IAP verwendet“ bzw. „nicht verwendet“ ist somit nicht möglich. Im *WS*13 liegt der Prozentsatz mit 93,06% eben-

Tab. 6.55. Teilnehmerexporte der Foren. Die Teilnehmer der Ilias-Kurse meldeten sich je nach Semester für die verschiedenen Foren „Aufgabensammlung“, „Tutorium“, „Klausur“ sowie ab dem *WS*14 noch zusätzlich „Lernplattform“ (LMS) und „Organisation“ an. Die Spalte Teilnehmerexport kennzeichnet das Datum des jeweiligen Exports.

	Forenart	Teilnehmerexport
*WS*11	Aufgabensammlung	28.02.2012
*WS*12	Aufgabensammlung, Tutorium, Klausur	26.10.2012, 20.08.2015
*WS*13	Aufgabensammlung, Tutorium, Klausur	17.12.2013, 25.03.2014, 10.08.2015
*WS*14	LMS, Organisation, Tutorium, Klausur	17.03.2015
*WS*15	LMS	03.03.2016

Tab. 6.56. Übersicht der Gruppen IAP (nicht) verwendet. Die Angabe „absolut“ sowie „relativ“ bezieht sich auf die Anzahl Studierender unter der Bedingung, dass diese an der Hauptklausur teilgenommen haben. „Minimum“, „Maximum“, „Mittelwert“ sowie „Standardabweichung“ (Standardab.) geben die entsprechenden Werte der Verteilung der erreichten Punktzahlen der *WS*11 und *WS*12 an.

		absolut	relativ (in %)	Minimum	Maximum	Mittelwert	Standardab.
WS11	IAP^{+}	381	73,69	24,50	88,00	62,14	12,17
	IAP^{-}	136	26,31	31,50	82,00	58,99	11,27
WS12	IAP^{+}	489	86,70	19,50	82,50	62,70	11,22
	IAP^{-}	75	13,30	4,50	78,50	56,21	14,44

falls sehr hoch. Von diesen melden sich mehr als 75 % der Teilnehmer in den ersten zwei Semesterwochen an. Dies legt die Vermutung nahe, dass der Kursbeitritt auf den Semesterstart und nicht auf die erste Verwendung zurückzuführen ist. Ein Vergleich der zwei Gruppen ist in diesem Semester ebenfalls nicht möglich. Im *WS*12 melden sich 90,80 % aller angemeldeten Studierenden in den ersten zwei Semesterwochen an. Allerdings liegt die Teilnehmerquote mit 86,70% etwas niedriger, so dass ein Vergleich beider Gruppen durchgeführt werden kann. Im Vergleich hierzu ist die Anmeldung der 73,69 % aller GdI2-Studierenden im *WS*11 gleichmäßig über das Semester verteilt. Für die *WS*11 und *WS*12 wird im Folgenden angenommen, dass Studierende, welche sich für den entsprechenden Ilias Kurs angemeldet haben, auch die Foren verwendet haben. So ergeben sich für die Gruppen „IAP verwendet“ (IAP^{+}) bzw. „IAP nicht verwendet“ (IAP^{-}) die in Tab. 6.56 charakteristischen Eigenschaften „Minimum“, „Maximum“, „Mittelwert“ sowie „Standardabweichung“ der erreichten Punktzahlen.

Bei der Untersuchung dieser Gruppen auf Normalverteilung (vgl. Anh. A.11) zeigt sich, dass die Gruppe IAP^{+} für beide Semester nicht normalverteilt ist, so dass zur Untersuchung der H0, dass beide Gruppen auf der gleichen Verteilung basieren, der Mann-Whitney-U-Test herangezogen wird. Im *WS*11 muss H0 mit einer Irrtumswahrscheinlichkeit von $p = 0{,}007$ und im *WS*12 von $p = 0{,}000$ mit einem Signifikanz-

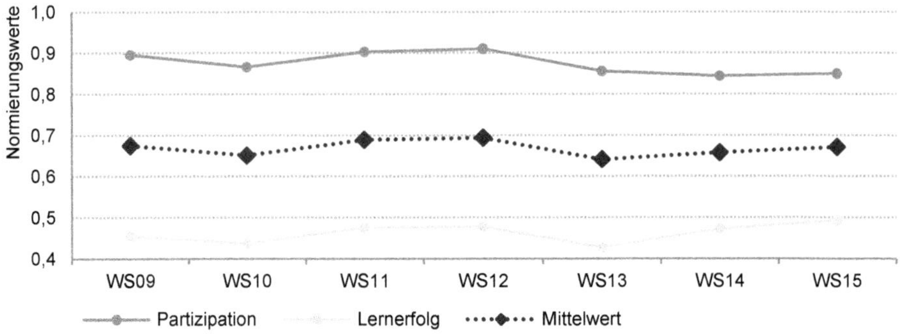

Abb. 6.105. Evaluation der Einzelkomponente Klausur. Das Qualitätsniveau der Klausuren wird anhand der Qualitätskriterien „Partizipation" sowie „Lernerfolg" und dem dazugehörenden „Mittelwert" als Nutzenwert dargestellt. Die Normierungsskala bezieht sich auf den Bereich [0,4; 1,0].

Niveau von $\alpha = 0{,}05$ abgelehnt werden. Studierende, die sich für die Lernplattform der Foren registrieren, erzielen folglich eine höhere Gesamtpunktzahl in der Hauptklausur des entsprechenden Semesters als die restlichen Studierenden (vgl. auch [164]).

6.8.8 Zwischenevaluation

In die Bewertung der Einzelkomponente Klausur fließen lediglich die zwei Bewertungsvektoren z_1 und z_7 der Qualitätskriterien „Partizipation" sowie „Lernerfolg" ein. Abb. 6.105 zeigt die auf [0;1] normalisierten Vektoren (vgl. Abschn. 3.3.2 und Abschn. 6.2.8). Im Folgenden wird beschrieben, welche der analysierten Datensätze für die Berechnung verwendet wurden. Die Daten werden allerdings nur für die Hauptklausur betrachtet; die Bonusklausur stellt lediglich ein freiwilliges Angebot im Semesterverlauf dar, und lässt demnach keinen Schluss auf den erzielten Lernerfolg zu Semesterende zu. Zudem unterliegt der Schwierigkeitsgrad der Bonusklausur starken Schwankungen und die entsprechenden Ergebnisse sind nicht nach Punkten aufgeschlüsselt, was eine detaillierte Analyse erschwert. Die Daten der Nachklausur werden ebenfalls nicht betrachtet, da die Zusammensetzung dieser Studierendengruppe von dem Verhalten sowie von den erzielten Ergebnissen der Studierenden bei der Hauptklausur abhängt und so keine vergleichbare Zusammensetzung der jeweiligen statistischen Grundgesamtheit gewährleistet werden kann.

Partizipation. Die Bewertung der Partizipation basiert auf den Teilnehmerquoten der Hauptklausur (vgl. Abb. 6.100), so dass $z_1 = (0{,}90; 0{,}87{,}0{,}90; 0{,}91; 0{,}86; 0{,}84; 0{,}85)$ errechnet wird (vgl. Abb. 6.105).

Lernerfolg. Der Lernerfolg wird durch den Mittelwert der erzielten Punktzahl der Hauptklausur gemessen (vgl. Abb. 6.101). Dieser wird mit der Bewertung des Schwierigkeitsgrads (vgl. Abb. 6.99), gemittelt über den Ergebnissen der Tutorinnen und Tutoren sowie des Übungsteams, in die Mittelwertbildung miteinbezogen. Bei der Normierung der 5-stufigen Bewertung wird die Maximierung der Schwierigkeit zugrunde gelegt, um den Einfluss einer schwereren Klausur zu kompensieren. Insgesamt ergibt sich für den Bewertungsvektor $z_7 = (0{,}45; 0{,}44; 0{,}48; 0{,}48; 0{,}43; 0{,}47; 0{,}49)$ (vgl. Abb. 6.105).

Resümee. Sowohl die Partizipation als auch der Lernerfolg zeigen eine ähnliche Entwicklung. Nach einem kurzfristigen Anstieg der Bewertungen zum *WS*11 und *WS*12 fallen diese zum *WS*13 wieder ab. Ab dem *WS*14 ist beim Lernerfolg und ab dem *WS*15 auch bei der Partizipation wieder eine Zunahme zu verzeichnen, so dass sich der Nutzenwert $(0{,}68; 0{,}65; 0{,}69; 0{,}69; 0{,}64; 0{,}66; 0{,}67)$ ergibt (vgl. Abb. 6.105).

6.8.9 Zusammenfassung

Die Qualität einer Lehrveranstaltung wird oft anhand der erzielten Klausurergebnisse gemessen. Dabei muss allerdings beachtet werden, dass der Schwierigkeitsgrad der Klausuren über die Jahre Schwankungen unterliegen kann. In dieser Arbeit wurde ein Ansatz vorgestellt, um solche Schwankungen zu erkennen und ihre Einflüsse in die Bewertung einfließen zu lassen. Dazu wurden Befragungen der Tutorinnen und Tutoren sowie der Übungsleiterinnen und Übungsleiter durchgeführt, die gezeigt haben, dass die ermittelten Schwierigkeitsniveaus nur geringfügig voneinander abgewichen sind. Allerdings haben Studierende, die selbst an der Klausur beteiligt waren, diese meist als schwerer eingeschätzt als unabhängige.

Signifikanztests haben ebenso gezeigt, dass sich die den erzielten Punktzahlen zugrunde liegenden Verteilungen über den Untersuchungszeitraum geändert haben. Hierfür konnten verschiedene Einflussfaktoren erkannt werden. Zu diesen gehören:

- Tutorienteilnahme: Für die erzielten Ergebnisse der Hauptklausur der *WS*10 bis *WS*14 konnte eine statistische Signifikanz der Tutoriumsanmeldungen bestätigt werden.
- Bonusklausurteilnahme: Studierende, welche an der Bonusklausur partizipiert haben, haben bessere Ergebnisse in der Hauptklausur erzielt als solche, die nicht an der Bonusklausur teilgenommen haben. Das gleiche gilt für solche, die den Bonus erhalten haben, verglichen mit denen, die nicht an der Bonusklausur teilgenommen haben.
- Bonus erhalten: Bis zum *WS*13 konnte (zumindest über mindestens einen der durchgeführten Tests) eine statistische Signifikanz zwischen dem Bestehen der Bonusklausur und dem erzielten Klausurergebnis gezogen werden. Durch Einführung des Zusatzbonus, welcher den Studierenden das Bestehen der Bonusklau-

sur erleichterte, ist dieser Einfluss ab dem *WS*14 komplett verschwunden. Ob der Einfluss auch durch den veränderten Schwierigkeitsgrad der Bonusklausur (vgl. Abb. 2.4) bedingt ist, konnte nicht abschließend geklärt werden.

- Zusatzbonus erhalten: Studierende, welche den Zusatzbonus erzielen konnten, haben in der Hauptklausur besser abgeschnitten als solche, die den Zusatzbonus nicht erhielten.
- IAP: Für Studierende, welche den IAP verwendeten, konnte ebenfalls eine statistisch signifikante Auswirkung auf das Klausurergebnis bestätigt werden. So erzielten Studierende, welche sich für die entsprechende Lernplattform der Foren der *WS*11 und *WS*12 registrieren, eine höhere Gesamtpunktzahl in der Hauptklausur als solche, die den Foren nicht beigetreten sind.
- Tutor: Zudem konnte beispielhaft für die *WS*14 und *WS*15 gezeigt werden, dass die Person der Tutorin bzw. des Tutors, bei der/dem das Tutorium besucht wurde, keinen signifikanten Einfluss auf das Klausurergebnis hatte.

Die an der Lehrveranstaltung GdI2 durchgeführten Tests können auch auf andere Lehrveranstaltungen übertragen werden, um die erzielten Ergebnisse entweder zu bestätigen und zu verallgemeinern oder durch Widerlegung die Kontextgebundenheit der erzielten Aussagen zu untermauern.

6.9 Teil V – Gesamtkonzept

Das Gesamtkonzept der Lehrveranstaltung GdI2 umfasst die Gesamtheit aller angebotenen Präsenzveranstaltungen und Lernwerkzeuge (vgl. Abschn. 2.3.3). Hierzu gehören u. a. die in Abschn. 6.2 bis Abschn. 6.8 diskutierten und analysierten Einzelkomponenten. Neben diesen Einzelkomponenten der Präsenzveranstaltungen sowie der digitalen Angebote werden bei der Evaluation auch solche Qualitätskriterien betrachtet, die sich auf das Gesamtkonzept im Allgemeinen beziehen (vgl. Abschn. 3.3). Der Kriterienkatalog nennt hierzu die Qualitätskriterien „Selbststudium“ sowie „Einschätzung durch die Studierenden“. Die folgende Auswertung legt die Daten der Lehrveranstaltung GdI2 zugrunde (vgl. auch Tab. 3.2):

- Vorlesungsevaluation der *WS*09 bis *WS*15 (vgl. Anh. A.1),
- Übungsevaluation (vgl. Anh. A.3),
- Anzahl an Angeboten sowie der
- Klausurdaten.

Die Nummerierung der untersuchten Qualitätskriterien entspricht der des zugrundeliegenden Kriterienkatalogs (vgl. Abschn. 3.3.1).

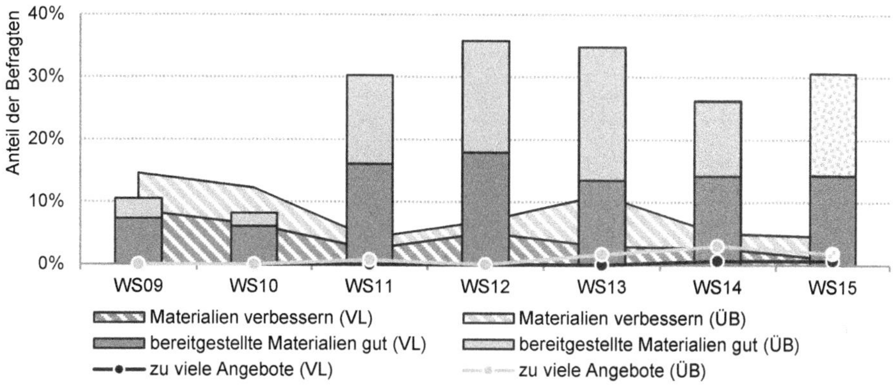

Abb. 6.106. Kommentare zu bereitgestelltem Übungsmaterial. Der prozentuale Anteil der Nennungen „Materialien verbessern", „bereitgestellte Materialien gut" sowie „zu viele Angebote" an der jeweiligen Gesamtanzahl der Evaluationsbögen pro Semester basiert auf den Freitextantworten der Evaluationsbögen der Vorlesung (VL; dunkelgrau) und Übung (ÜB, hellgrau) (vgl. Anh. A.1, Anh. A.2, Freitextfragen). Die Balken, die schraffierten Flächen sowie die Linien sind gestapelt dargestellt. Die Daten des *WS*15 der Übungsevaluation sind jeweils als Mittelwert der *WS*11 bis *WS*14 berechnet und entsprechend markiert.

6.9.1 Selbststudium (Qualitätskriterium 8)

Zur Förderung des Perspektivenwechsel „Shift from teaching to learning" wird eine studentenzentrierte Lernunterstützung immer wichtiger (vgl. Abb. 2.3). Um dieser Anforderung gerecht zu werden, muss den Studierenden die Möglichkeit des Selbststudiums gegeben werden. Die im Rahmen der GdI2-Veranstaltung angebotene studentenzentrierte Lernunterstützung wird im Folgenden anhand der Bewertung der Studierenden zum bereitgestellten Übungsmaterial sowie anhand des Anteils der präsenzunabhängigen Angebote im Verhältnis zu allen Angeboten gemessen.

Übungsmaterial. Die Studierenden hatten sowohl bei der Evaluation der Vorlesung (VL) als auch bei der Evaluation der Übung (ÜB) die Möglichkeit, Kritik und Lob an den jeweiligen Lehrveranstaltungen zu äußern. Abb. 6.106 gibt einen Überblick über den prozentualen Anteil an Freitextantworten, welche inhaltlich den Aussagen „Materialien verbessern", „bereitgestellte Materialien gut" sowie „zu viele Angebote" entsprechen. Die Balken, die schraffierten Flächen sowie die Linien sind gestapelt dargestellt. Als Grundgesamtheit wird die Anzahl der ausgefüllten Evaluationsbögen herangezogen. Da die Übungsevaluation im *WS*15 nicht durchgeführt wurde (vgl. Abschn. 6.1.1), sind die entsprechenden Werte anhand der Mittelwertbildung der *WS*11 bis *WS*14 geschätzt; die *WS*09 und *WS*10 wurden nicht hinzugezogen, da ab dem *WS*11 eine deutliche Veränderung zu erkennen ist.

Sowohl in Bezug auf den Aspekt „bereitgestellte Materialien" als auch auf den Aspekt „Materialien verbessern" ist für die Vorlesung und die Übung ab dem *WS*11

Tab. 6.57. GdI2-Selbststudiumsindex. In die Berechnung des Selbststudiumsindex (SSI) fließen die Anzahl der Präsenzveranstaltungen (p_j) sowie die Anzahl der digitalen Angebote (d_i) ein. Die letzte Zeile gibt das Ergebnis für die Lehrveranstaltung GdI2 an.

		*WS*09	*WS*10	*WS*11	*WS*12	*WS*13	*WS*14	*WS*15
Präsenz-veranstaltung	Vorlesung	1	1	1	1	1	1	1
	Tutorium	1	1	1	1	1	1	1
	Tutoriensprechstunde	1	1	1	0	0	0	0
	Fragewoche	1	1	1	1	1	1	1
	Saalübung	0	0	1	1	1	1	1
	$\Sigma_{j=1}^{n} p_j$	4	4	5	4	4	4	4
digitales Angebot	Vorlesungsaufzeichnung	1	1	1	1	1	1	1
	Lernplattform	1	1	1	1	1	1	1
	nuKIT	0	0	1	1	1	1	1
	IAP	0	0	1	1	1	1	1
	XWizard	0	0	0	0	0	1	1
	$\Sigma_{i=1}^{m} d_i$	2	2	4	4	4	5	5
	SSI (in %)	50,00	50,00	76,19	80,00	80,00	86,21	86,21

eine deutliche Veränderung erkennbar. Während die Qualität der bereitgestellten Materialien zunimmt (Balken), nehmen die Verbesserungsvorschläge zum *WS*11 ab (schraffierte Fläche); allerdings ist zum *WS*13 wieder eine Zunahme der Verbesserungsvorschläge erkennbar. Dies könnte einerseits an dem Angebot des interaktiven Aufgabenpools in kostenpflichtiger Buchform [132, 133] liegen[28], als auch an den durch die Fülle an Einträgen immer unübersichtlicher werdenden zugehörigen Foren[29]. Ab dem *WS*14 ist erneut eine Abnahme der Verbesserungsvorschläge zu erkennen.

Nicht zu vernachlässigen ist allerdings die seit dem *WS*13 leicht zunehmende Meinung der Studierenden, dass es zu viele Angebote im Rahmen der Lehrveranstaltung GdI2 gibt. Diese Entwicklung muss in den nachfolgenden Semestern weiter beobachtet und überprüft werden und entsprechende Anpassungen vorgenommen werden.

Selbststudiumsindex. Tab. 6.57 gibt einen Index zur Beurteilung der Lehrveranstaltung GdI2 an, der berechnet, inwiefern die Lehrveranstaltung für das Selbststudium geeignet ist. Der *Selbststudiumsindex (SSI)* berechnet sich aus der im jeweiligen Semester verfügbaren Anzahl digitaler Angebote, wobei $d_i \in \{0,1\}$, $i \in \{1, \ldots, m\}$ mit m Anzahl aller digitalen Angebote deren Verfügbarkeit beschreibt, im Vergleich zur im jeweiligen Semester verfügbaren Anzahl aller Angebote, welche sich aus den verfügbaren digitalen Angeboten sowie den abgehaltenen Präsenzveranstaltungen mit

28 Ab dem *WS*14 wurden die Übungsbücher über die KIT-Bibliothek für die Studierenden kostenfrei als E-Book zur Verfügung gestellt.

29 Die Foren wurden ab dem *WS*14 sukzessive in das Q2A-System migriert.

$p_j \in \{0,1\}$, $j \in \{1, \ldots, n\}$ mit n Anzahl der möglichen Präsenzveranstaltungen zusammensetzt. Da davon ausgegangen wird, dass die Einführung eines digitalen Angebots bei wenigen solchen Angeboten im Zusammenhang mit einer Lehrveranstaltung einen größeren Einfluss aufweist, als wenn bereits schon einige solcher Angebote bestehen, und zudem mit steigender Zahl an digitalen Angeboten bei den Studierenden ein Sättigungsniveau erreicht wird (vgl. auch vorangehender Absatz), fließt die Summe der d_i quadriert in den SSI ein. So ergibt sich

$$SSI = \frac{(\Sigma_{i=1}^{m} d_i)^2}{(\Sigma_{i=1}^{m} d_i)^2 + \Sigma_{j=1}^{n} p_j} .$$

Als Präsenzveranstaltung fließen die „Vorlesung“, das „Tutorium“, die „Tutoriensprechstunde“, die „Fragewoche“ im Rahmen der Tutorien sowie die „Saalübung“ ein. Zu den digitalen Angeboten zählen die „Vorlesungsaufzeichnung“, die „Lernplattform“, die „nuKIT-Tools“, der „IAP“ sowie der „XWizard“ (vgl. auch Abb. 1.2). Die NUKATH-Tools fließen nicht separat in die Berechnung ein, da diese bis zum *WS*10 nur im Rahmen der Präsenzveranstaltung Vorlesung eingesetzt wurden.

Der SSI erzielt für das *WS*09 den Wert von 50 %. Dieser steigt sukzessive an und erreicht im *WS*14 den Höchstwert der Lehrveranstaltung GdI2 mit 86 %. So zeigt sich, dass die Anzahl der Angebote, welche sich für das Selbststudium eignen, seit dem *WS*09 deutlich zugenommen haben. Im Weiteren muss untersucht werden, ob es für den SSI einen optimalen Wert gibt, welcher im Rahmen einer universitären Lehrveranstaltung erzielt werden sollte.

6.9.2 Einschätzung durch Studierende (Qualitätskriterium 9)

Die Einschätzung des Schwierigkeitsgrads einer Lehrveranstaltung bzw. der zugehörigen Abschlussklausur durch die Studierenden zu Semesterbeginn, d. h. zu Beginn der Durchführung der Lehrveranstaltung, auch als Ruf bezeichnet, beschreibt die Auswirkungen vergangener Semester auf das Verhalten der Studierenden im aktuellen Semester. Hierzu wird die Bestehensquote der vergangenen Semester herangezogen. Diese ist bereits in Abb. 6.101 dargestellt. Der Ruf w_i einer Lehrveranstaltung im Semester i gibt demnach das von den Studierenden erwartete Schwierigkeitsniveau der Abschlussklausur wieder. Dieser errechnet sich aus dem Mittelwert der Bestehensquoten b_i der vorausgehenden zwei Semester

$$w_i = \frac{b_{i-1} + b_{i-2}}{2} .$$

Ein niedriger Wert bedeutet in diesem Zusammenhang für die Studierenden, dass sie eine schwere Abschlussklausur erwarten, ein hoher Wert eine leichte. Tab. 6.58 gibt die errechneten Werte für die *WS*09 bis *WS*15 an. Es zeigt sich, dass die Klausuren von den Studierenden insbesondere in den *WS*12 bis *WS*14 den Ruf als „leichte“ Klausur

Tab. 6.58. Einschätzung durch die Studierenden. Der für die Studierenden empfundene Schwierigkeitsgrad errechnet sich aus der Bestehensquote (BS-Quote) der zwei vorangehenden Semester.

(in %)	*WS*07	*WS*08	*WS*09	*WS*10	*WS*11	*WS*12	*WS*13	*WS*14	*WS*15
BS-Quote	83,37	83,15	91,30	87,90	97,10	96,50	88,40	87,80	88,70
Ruf	n. a.	n. a.	83,26	87,22	89,60	92,50	96,80	92,45	88,10

innehatten im Vergleich zu den anderen Semestern. Insbesondere im *WS*13 liegt dieser Wert deutlich über denen der anderen Semester. Daraus kann gefolgert werden, dass die Studierenden sich in ihrem Verhalten an dem Ergebnis der vorherigen Semester orientieren, so dass der Ruf als „leichte Klausur" sich auf das Verhalten der Studierenden auswirkt, indem die Nutzung der Lernangebote zurückgeht, so dass ebenfalls die Bestehensquote sinkt.

6.9.3 Zwischenevaluation

Die zwei Qualitätskriterien „Selbststudium" sowie „Einschätzung durch Studierende" werden anhand der in Abschn. 3.3.2 und Abschn. 6.2.8 beschriebenen Vorgehensweise auf den Bereich [0; 1] mit 1 als Optimalwert normalisiert. Die im Folgenden beschriebenen Daten fließen in die Berechnung der beiden Bewertungsvektoren ein. Da die Qualitätskriterien unabhängig voneinander betrachtet werden und sich insbesondere auf das Gesamtkonzept beziehen, werden diese im Zusammenhang der Gesamtevaluation der Lehrveranstaltung GdI2 in Abb. 6.108 dargestellt und abschließend diskutiert.

Selbststudium. In die Bewertung des Qualitätskriteriums „Selbststudium" werden einerseits die für die Studierenden bereitgestellten Übungsmaterialien sowie der SSI (vgl. Tab. 6.57) eingerechnet. Die Bewertung der Übungsmaterialien errechnet sich aus dem prozentualen Anteil Studierender, welche in den Evaluationen die Materialien als „gut" bezeichneten und solchen, welche Verbesserungsvorschläge erkannten (vgl. Abb. 6.106, Maximalwert wird mit 0,5 angenommen, da es sich um eine freiwillige Antwort im Rahmen einer Freitextfrage handelt). Nach Normalisierung ergibt sich der Bewertungsvektor $z_8 = (0{,}49; 0{,}49; 0{,}70; 0{,}72; 0{,}71; 0{,}73; 0{,}75)$. Dieser zeigt eine Zunahme der Qualität der zum Selbststudium zur Verfügung gestellten Materialien insbesondere zum *WS*11. Der Bewertungsvektor wird in Abb. 6.108 dargestellt.

Einschätzung durch Studierende. Das Qualitätskriterium „Einschätzung durch Studierende“, auch „Ruf“ genannt, (vgl. Tab. 6.58) errechnet sich zum Bewertungsvektor z_9 mit $z_9 = (0{,}83; 0{,}87; 0{,}90; 0{,}93; 0{,}97; 0{,}92; 0{,}88)$. Es zeigt sich, dass die Studierenden des *WS*13 die Abschlussklausur am leichtesten einschätzten. Diese Einschätzung des Schwierigkeitsgrads nimmt anschließend wieder sukzessive ab, da die Bewertung der Klausuren ab dem *WS*13 deutlich gesunken ist (vgl. Abb. 6.108).

6.10 Teil V – Gesamtevaluation

Die Gesamtevaluation der Lehrveranstaltung GdI2 erfolgt anhand der erzielten Ergebnisse der Einzelkomponenten in Abschn. 6.2 bis Abschn. 6.8 sowie der Qualitätskriterien des Gesamtkonzepts in Abschn. 6.9.1 und Abschn. 6.9.2. Die gemessene Qualität hat insbesondere im Vergleich zwischen den verschiedenen Semestern Aussagekraft. Je nach zugrunde liegenden Datensätzen können Unterschiede in der erzielten Höhe beobachtet werden. Da allerdings die Datensätze eines Qualitätskriteriums konstant gehalten worden sind, ist insbesondere die Vergleichbarkeit zwischen den Semestern gewährleistet. Bei der Bewertung der Einzelkomponenten wurde lediglich eine gleichbleibende Gewichtung der einzelnen Qualitätskriterien betrachtet. Um verschiedene Perspektiven zu erhalten, können die Qualitätskriterien unterschiedlich stark gewichtet werden.

Im Folgenden werden die zwei Bewertungsansätze „allumfassend“ sowie „digital“ unterschieden. Im Rahmen der allumfassenden Bewertung werden alle Qualitätskriterien im gleichen Maße ohne gezielte Gruppierungen betrachtet; der digitale Ansatz vergleicht die Einzelkomponenten der Präsenzveranstaltungen sowie der digitalen Angebote.

6.10.1 Allumfassende Bewertung

Die Bewertungsvektoren der Einzelkomponenten sind in Abb. 6.107 dargestellt. Der dargestellte Mittelwert errechnet sich aus den Einzelkomponenten „Vorlesung“, „Tutorium“, „Saalübung“, „nuKIT“, „IAP“, „XWizard“ und „Klausur“ (vgl. Abschn. 6.2 bis Abschn. 6.8). Die in Abschn. 6.9 beschriebenen Qualitätskriterien des Gesamtkonzepts „Ruf“ sowie „Selbststudium“ sind zum Vergleich dargestellt und beziehen sich auf die sekundäre Vertikalachse.

Mit Ausnahme der Einzelkomponente Klausuren[30] sowie Saalübung erreichen alle Einzelkomponenten im *WS*15 das gleiche oder ein höheres Niveau als zu Beginn der Qualitätsmessungen der entsprechenden Einzelkomponente.

30 Zu Gunsten einer besseren Lesbarkeit werden die Einzelkomponenten im Folgenden nur anhand des jeweiligen Objektnamens benannt.

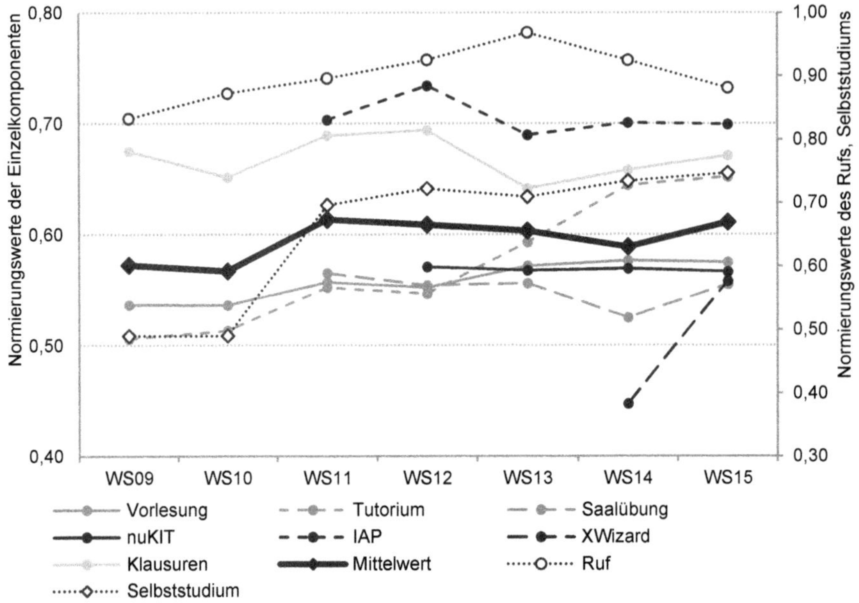

Abb. 6.107. Gesamtevaluation anhand der Einzelkomponenten. Die Gesamtevaluation ist anhand der Bewertungsvektoren der Einzelkomponenten „Vorlesung", „Tutorium", „Saalübung", „nuKIT", „IAP", „XWizard", „Klausur" und des dazugehörigen Mittelwerts abgetragen (linke Achse, dargestellte Normierungsskala [0,4; 0,8]). Die Qualitätskriterien „Selbststudium" sowie „Ruf" des Gesamtkonzepts beziehen sich auf die rechte vertikale Achse mit dem Darstellungsbereich [0,3; 1,0]. Der Mittelwert ergibt sich aus den genannten Einzelkomponenten.

Die Vorlesung zeigt eine sukzessive Qualitätsverbesserung auf, mit einem leichten Rückgang im *WS*12. Dies ist insbesondere auf die zunehmende Interaktion sowie die steigende Veranstaltungsqualität zurückzuführen. Dadurch konnte die Akzeptanz der Studierenden immer weiter gesteigert werden (vgl. Abb. 6.17). Allerdings hat vor allem der deutliche Rückgang der Partizipation ab dem *WS*11 einen weiteren Aufwärtstrend verhindert. Dieser Trend kann u. a. durch die im *WS*11 eingeführten digitalen Systeme nuKIT sowie IAP erklärt werden.

Im Gegensatz zum IAP erzielten die nuKIT-Tools seit dem *WS*09 eine annähernd konstante Qualitätsbewertung. Allerdings bedeutet dies nicht, dass die Werkzeuge in allen Qualitätskriterien gleichbleibend bewertet wurden. Abb. 6.67 zeigt, dass sowohl die Akzeptanz durch die Studierenden als auch die des Dozenten zugenommen hat, während die Zeit- und Ortsunabhängigkeit abgenommen hat. Diese Entwicklung ist auf die Veränderung zum Einsatz der Werkzeuge zurückzuführen; während die Verwendung der nuKIT-Tools in der Vorlesung zunahm, war die Beteiligung der Studierenden an den Selbsttests geringer.

Der IAP erzielt nach anfänglicher Euphorie zum *WS*12 einen deutlichen Rückgang zum *WS*13 mit einer anschließenden Erholung. Allerdings zeigt sich bei genauerer

Betrachtung, dass die Akzeptanz der Studierenden rückläufig ist, wohingegen die Akzeptanz der Dozenten zunimmt (vgl. Abb. 6.84). Interessanterweise zeigt sich, dass der Verlauf der Qualitätsbewertung des IAP dem der Klausurbewertung sehr ähnlich ist. So zeigt sich zum *WS*13 ein fast identischer Rückgang in der Höhe der Bewertungspunkte. Der Grund für den Rückgang der Akzeptanz durch die Studierenden bezüglich des IAP könnte im Zusammenhang mit der Qualitätsentwicklung des Tutoriums stehen (vgl. auch Akzeptanz durch die Studierenden in Abb. 6.109). Ab dem *WS*13 erfährt das Tutorium eine deutliche Qualitätszunahme insbesondere durch die gestiegene Akzeptanz seitens der Studierenden sowie die verbesserte Interaktion (vgl. Abb. 6.41).

Die Bewertung der Saalübung hat sich aufgrund einer nicht vollumfänglichen Datenlage als schwierig erwiesen, so dass sich das ergebende annähernd konstante Qualitätsniveau insbesondere über die vermehrte Mittelwertbildung zur Absicherung der Datenlage erklären lässt.

Die Bewertung des Qualitätsverlaufs des XWizard ist aufgrund der Tatsache, dass dieser erstmalig zum *WS*14 eingesetzt wurde, nur bedingt möglich. Insbesondere die Anlaufschwierigkeiten bei der Verwendung des Werkzeugs im *WS*14 sind erkennbar. Dabei muss allerdings beachtet werden, dass die durch die Studierenden hauptsächlich verwendete Benutzerschnittstelle „Webanwendung“ erst seit dem *WS*15 angeboten wurde.

Die Entwicklung der Klausuren verläuft einerseits nahezu parallel zum IAP. Zudem ist ein fast gegenläufiger Trend zum Ruf zu erkennen. Lediglich die *WS*11 und *WS*12 bilden hierzu eine Ausnahme. Diese Abhängigkeit könnte darauf hindeuten, dass sich Studierende insbesondere in ihrem Lernverhalten durch den „Ruf“ einer Lehrveranstaltung beeinflussen lassen.

Die Gesamtbetrachtung zeigt, dass die Lehrqualität in den *WS*09 und *WS*10 beinahe identisch bewertet wurden. Alle in die Bewertung einfließenden Einzelkomponenten erzielen in den beiden Semestern ein ähnliches Qualitätsniveau. Erst mit der Einführung der digitalen Systeme im *WS*11 verändern sich die Bewertungen. So steigt die Gesamtbewertung der Lehrveranstaltung nicht nur durch die Einführung des IAP, sondern auch die Klausuren, die Vorlesung sowie die Tutorien erzielen eine höhere Qualität. Die Zunahme der Gesamtqualität der Lehrveranstaltung GdI2 zeigt sich auch durch die Bewertung des Selbststudiums. Der zugehörige Bewertungsvektor steigt parallel zum *WS*11 an. Folglich scheint insbesondere der IAP einen bedeutenden Einfluss auf die Lehrqualität zu haben. Weder die nuKIT-Tools noch der XWizard zeigen eine ähnlich deutliche Zunahme der Qualitätsbewertung.

Insgesamt berechnet sich der Mittelwert der Qualitätsbewertung der Lehrveranstaltung GdI2 bei Zugrundelegung einer gleichgewichteten Mittelwertbildung über alle Einzelkomponenten zu $(0{,}57; 0{,}57; 0{,}61; 0{,}61; 0{,}60; 0{,}59; 0{,}61)$ (vgl. Stufe 5 der Qualitätsbewertung in Abschn. 3.3.5), so dass in den *WS*11, *WS*12 sowie *WS*15 die höchste Qualität verzeichnet werden konnte.

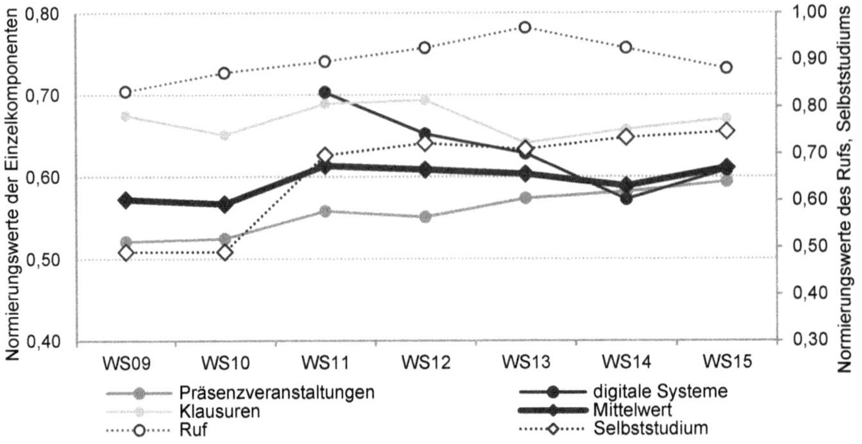

Abb. 6.108. Gesamtevaluation gegliedert in Präsenzveranstaltungen und digitale Systeme. Der Bewertungsvektor der Präsenzveranstaltung umfasst die Einzelkomponenten „Vorlesung", „Tutorium" und „Saalübung", der der digitalen Systeme „nuKIT", den „IAP" sowie den „XWizard". Zudem sind noch die Bewertung der „Klausuren", des „Selbststudiums" sowie der „Ruf" dargestellt. Die Normierungsskala umfasst den Bereich [0,4; 0,8].

6.10.2 Bewertung zum Einfluss der digitalen Systeme

Um den Einfluss der digitalen Systeme separat messen zu können, werden die Bewertungsvektoren der Präsenzveranstaltungen „Vorlesung", „Tutorium" und „Saalübung" gemittelt denen der digitalen Systeme „nuKIT", „IAP" sowie „XWizard" in Abb. 6.108 gegenübergestellt. Die durchschnittliche Bewertung der digitalen Systeme erzielte seit dem *WS*11 einen Rückgang im Qualitätsniveau. Dies kann einerseits auf die Neueinführung der nuKIT-Tools im *WS*12 sowie den XWizard im *WS*14 zurückgeführt werden. Im Vergleich hierzu steigt allerdings die Bewertung der Präsenzveranstaltungen. Diese Entwicklung zeigt auch die separate Betrachtung der Akzeptanz der Studierenden in Abb. 6.109. In diesem Zusammenhang muss weiter untersucht werden, bis zu welchem Maße Studierende das Angebot zusätzlicher digitaler Werkzeuge tolerieren und ab welchem Punkt sie durch die verschiedenen Angebote überfordert werden.

6.10.3 Vergleich mit LQI

Der vom Qualitätsmanagement des KIT verwendete *Lehrqualitätsindex (LQI)* wird für die Vorlesung der Lehrveranstaltung GdI2 seit dem *WS*11 ermittelt; zudem wurde er vom *WS*11 bis zum *WS*14 ebenfalls anhand der Übungsevaluation berechnet (zur aktuellen Berechnungsvorschrift, vgl. Abschn. 3.2.2). Zum *SS*15 wurde die Berechnung des LQI geändert [120], so dass die ab dem *WS*15 berechneten Werte einer veränderten

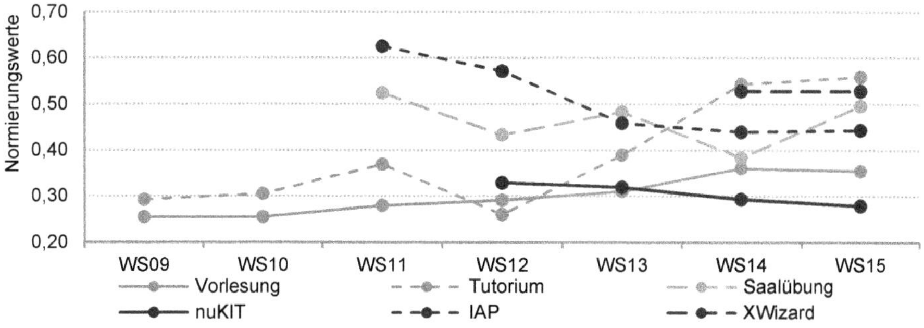

Abb. 6.109. Akzeptanzentwicklung durch die Studierenden. Die Entwicklung der Akzeptanz durch die Studierenden ist für die Präsenzveranstaltungen „Vorlesung", „Tutorium" und „Saalübung" sowie die digitalen Systeme „nuKIT", „IAP" sowie den „XWizard" dargestellt. Die Normierungsskala umfasst den Bereich [0,2; 0,7].

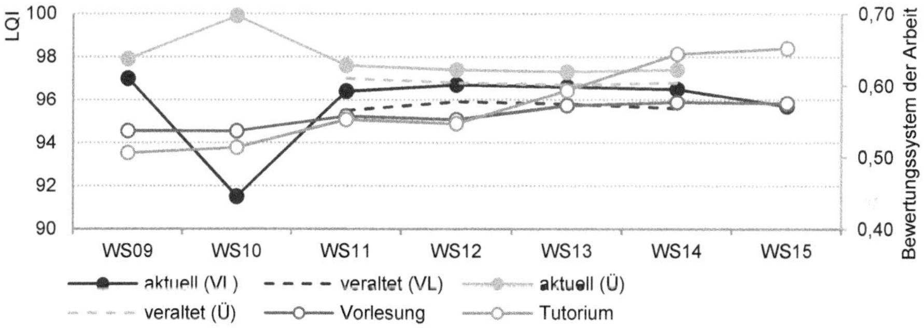

Abb. 6.110. LQI der Vorlesung und Übung von GdI2. Da die Berechnungsgrundlage des LQI zum *SS*15 geändert wurde, wird der LQI sowohl für die Vorlesung als auch die Übung rückwirkend nach der aktuellen Vorgabe berechnet. Zum Vergleich sind die Werte nach der alten Berechnungsvorgabe ebenfalls angegeben. Die Bewertung der Vorlesung bzw. des Tutoriums sind anhand der sekundären Vertikalskala angegeben.

Formel unterliegen. Um eine Vergleichbarkeit der Qualitätsentwicklung der Vorlesung und Übung zu GdI2 zu gewährleisten, gibt Abb. 6.111 sowohl die für die *WS*11 bis *WS*14 berechneten offiziellen Werte als auch die anhand der aktuellen Berechnungsgrundlage angepassten Werte an. Zur Berechnung des LQI anhand der Berechnungsgrundlage ab dem *SS*15 wurden die in Tab. 6.59 enthaltenen Ergebnisse der Vorlesungs- bzw. Übungsevaluation der sechs Kernfragen zu „gesamter Note", „notwendiger Arbeitsaufwand", „Struktur der Lehrveranstaltung", „Engagement und Motivation des Dozenten", „Eingehen des Dozenten auf Fragen und Belange der Studierenden" sowie „Lernzuwachs" zugrunde gelegt. Es fällt auf, dass lediglich die Evaluationsergebnisse der Kernfrage „notwendiger Arbeitsaufwand" in allen Semestern sowie bei beiden Evaluationen den Schwellwert von 2,5 übersteigen. Lediglich im *WS*11 erreichte die Kernfrage „gesamte Note" der Vorlesungsevaluation ebenfalls mit 2,58 einen Wert

Tab. 6.59. Ergebnisse der Kernfragen der WS11 bis WS15. Die Tabelle gibt die Ergebnisse der Evaluationsfragen zur Vorlesung und Übung an, welche zur Berechnung des LQI herangezogenen wurden (vgl. Abschn. 3.2.2).

		WS09	*WS10*	*WS11*	*WS12*	*WS13*	*WS14*	*WS15*
Vorlesung	gesamte Note	2,42	2,58	2,22	2,24	2,15	2,16	2,19
	notwendiger Arbeitsaufwand	2,80	2,95	2,86	2,83	2,84	2,85	2,93
	Struktur der Lehrveranstaltung	2,22	2,37	2,15	2,17	2,04	2,01	2,08
	Engagement & Motivation Doz.	1,67	1,91	1,58	1,76	1,75	1,70	1,77
	Eingehen Doz. Fragen & Belange	1,66	2,03	1,53	1,56	1,67	1,51	1,44
	Lernzuwachs	–	–	2,34	2,31	2,23	2,29	2,28
Übung	gesamte Note	2,39	2,20	1,82	2,06	2,02	1,98	–
	notwendiger Arbeitsaufwand	2,71	2,51	2,74	2,76	2,77	2,76	–
	Struktur der Lehrveranstaltung	2,15	2,05	1,78	2,01	1,75	1,95	–
	Engagement & Motivation Doz.	2,20	1,96	1,51	1,70	1,75	1,78	–
	Eingehen Doz. Fragen & Belange	2,20	1,97	1,73	1,68	1,49	1,70	–
	Lernzuwachs	–	–	1,87	1,99	1,85	2,07	–

leicht über dem vorgegebenen Schwellwert. Mit Ausnahme dieses Semesters ergeben sich die Unterschiede der LQIs demnach lediglich durch die Bewertung der Kernfrage „notwendiger Arbeitsaufwand“. Da in den *WS*09 und *WS*10 die Kernfrage zum „Lernzuwachs“ noch nicht in den Evaluationsbögen integriert war und dieser in den Semestern ab *WS*11 den Schwellwert nie überstieg, wurde dieser Wert zur Berechnung des LQI mit 100 festgesetzt.

In Abb. 6.111 sind darüber hinaus die durch die Bewertungsmetrik dieser Arbeit erzielten Bewertungsvektoren der Einzelkomponenten Vorlesung und Tutorium eingetragen. Beide Bewertungsverfahren zeigen unterschiedliche Qualitätsentwicklungen auf. Während der LQI sowohl für die Vorlesung als auch für die Übung ein annähernd konstantes Niveau mit Ausnahme des *WS*10 ergibt, zeigen die ermittelten Bewertungsvektoren sowohl für das Tutorium als auch die Vorlesung eine aufsteigende Tendenz. Insbesondere die Qualitätsentwicklung des Tutoriums zeigt einen deutlich abweichenden Verlauf gegenüber dem LQI. Diese unterschiedlichen Ergebnisse haben mehrere Gründe.

1. *Qualitätskriterien*: Der LQI unterscheidet sich von den Bewertungsvektoren insbesondere durch die zugrunde gelegten Qualitätskriterien. Während der LQI die Sichtweise der Studierenden nicht betrachtet, fließen in die Einzelkomponenten Vorlesung und Tutorium insbesondere die Akzeptanz durch die Studierenden sowie die Partizipation der Studierenden ein. Zudem basiert der LQI u. a. auf dem Qualitätskriterium des Arbeitsaufwandes. Dieses wurde im Rahmen des Bewertungssystems dieser Arbeit nicht berücksichtigt, da er durch die vorgegebenen Lernziele definiert wird.
2. *Datengrundlage*: Der LQI basiert lediglich auf sechs Evaluationsfragen, wohingegen in die Berechnung des Bewertungssystems der vorliegenden Arbeit viele ver-

schiedene Evaluationsfragen sowie Daten anderer Auswertungen (vgl. Tab. 3.2) einfließen.

3. *Schwellwert*: Durch das Festsetzen bestimmter Schwellwerte haben kleine Veränderungen oberhalb der Schwellwerte einen großen Einfluss in die Gesamtbewertung.
4. *Bewertungsobjekt*: Die Durchführung einer bzw. zweier Evaluationen im Rahmen der Präsenzveranstaltungen kann bei den Studierenden Unklarheit darüber erzeugen, welches Bewertungsobjekt der Evaluation zugrunde liegt. Insbesondere im Rahmen der Übungsevaluation von GdI2 stellt sich die Frage, auf welches Bewertungsobjekt sich die Evaluation bezieht (vgl. Abschn. 6.1.1).

Der Unterschied in der Umsetzung der zwei Bewertungsmethoden liegt insbesondere in der Zielsetzung, die dadurch verfolgt wird. So ist der LQI lediglich ein Werkzeug, um die Mindeststandards der Lehrqualität zu überprüfen (vgl. hierzu auch [251]). Der Wissenschaftsrat beschreibt in seinem Positionspapier „Strategien für die Hochschullehre" [251] im Hinblick auf die Evaluationen von Lehrveranstaltungen auch, dass diese „*wichtige Hinweise auf Probleme [geben] und den Lehrenden ein Feedback. [...] Sie sollten aber auf wesentliche Aspekte reduziert werden und eignen sich nach Auffassung des Wissenschaftsrates nicht, um Lehrqualität methodisch angemessen beurteilen zu können.*" Das in dieser Arbeit verwendete Bewertungssystem hat allerdings eben dieses Ziel, die methodische Beurteilung der Lehrqualität und dadurch die Entwicklung eines Verständnisses der zugrunde liegenden Zusammenhänge und die gezielte Weiterentwicklung der Lehrqualität.

6.10.4 Vergleich mit anderen Lehrveranstaltungen

Wie in Abschn. 3.2 durch die Definition der Lehrqualität begründet, ist ein Vergleich von Lehrveranstaltungen anhand der Lehrqualität nur bedingt möglich. So hängt insbesondere die Auswahl der Qualitätskriterien vom Kontext ab, welcher allerdings von Lehrveranstaltung zu Lehrveranstaltung sehr unterschiedlich sein kann. Zudem können die Anforderungen und Ziele verschieden definiert werden. Die Lehrveranstaltung GdI2 sieht sich beispielsweise mit einer großen Anzahl Studierender konfrontiert, von denen das Fach meist als „unliebsam" bezeichnet wurde. Eines der Ziele dieser Lehrveranstaltung war es deshalb, den Studierenden einen ersten Zugang zum Fach zu vermitteln. Zudem bestand die Herausforderung, die Studierenden auch entsprechend zu motivieren.

Ein Vergleich von Lehrveranstaltungen ist demnach nur über objektive Kennziffern sinnvoll, die robust gegenüber äußeren Einflüssen sind. So lassen sich insbesondere konzeptionelle Aspekte einer Lehrveranstaltung vergleichen. Hierzu kann der im Rahmen dieser Arbeit entwickelte *Selbststudiumsindex (SSI)* herangezogen werden. Dieser Index misst das Verhältnis der in einer Lehrveranstaltung integrierten digita-

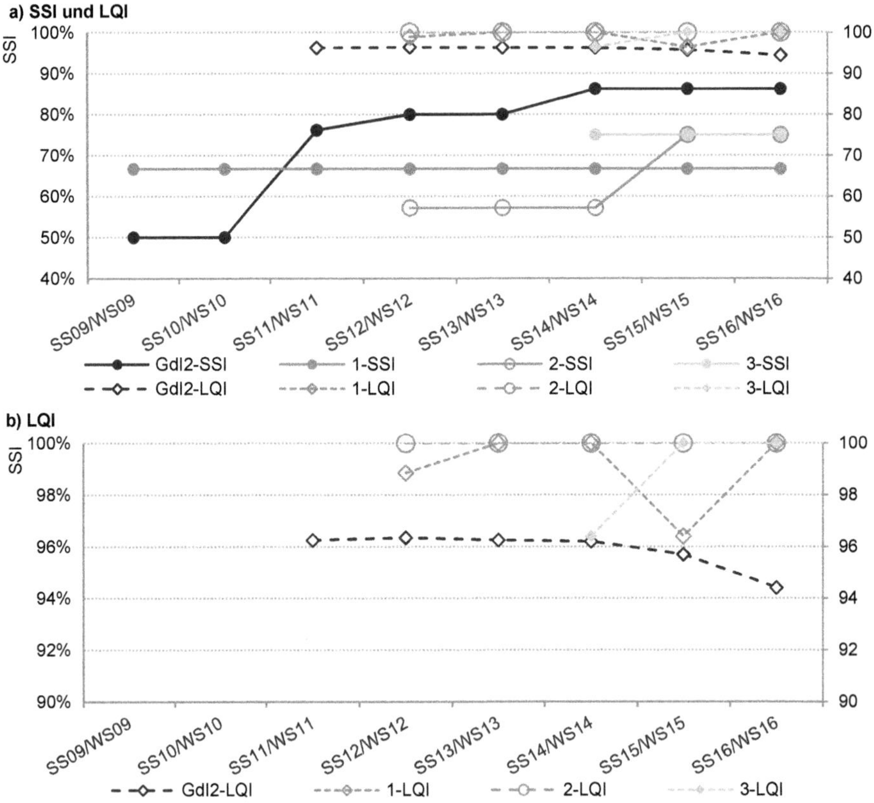

Abb. 6.111. LQI und SSI im Vergleich zu anderen Lehrveranstaltungen. In a) sind sowohl der LQI als auch der SSI von GdI2 im Vergleich zu den Lehrveranstaltungen 1 bis 3 dargestellt (Skala: [40; 100]). b) zeigt den LQI nochmals auf der Skala [90; 100].

len Systeme in Bezug zu allen Lehr- und Lernmethoden (zur Berechnungsvorschrift, vgl. Abschn. 6.9.1).

Abb. 6.111 gibt einen Überblick über den erzielten SSI sowie den LQI von vier verschiedenen Lehrveranstaltungen inklusive GdI2. Der LQI berechnet sich dabei aus dem Mittelwert aller für die Lehrveranstaltung verfügbaren LQIs (LQI verfügbar für Vorlesung und/oder Tutorium/Übung). Da der LQI erst seit dem *WS*11 gemessen wurde, reichen die Daten bis frühestens zu diesem Semester zurück. Für die Lehrveranstaltungen 1 bis 3 sind jedoch erst ab späteren Zeitpunkten die benötigten Indizes verfügbar. Entsprechendes gilt für den SSI. Für alle betrachteten Semester ist der offiziell ausgegebene LQI dargestellt; eine rückwirkende Anpassung aufgrund der geänderten Berechnungsvorschrift wurde – zur besseren Vergleichbarkeit auch für GdI2 – nicht vorgenommen. Die berechneten Indizes werden in der zeitlichen Abfolge der Semester angegeben. Da eine Lehrveranstaltung entweder nur im Sommersemester oder im

Wintersemester angeboten wurde, werden die Semester des gleichen Jahres gesammelt dargestellt. Da die vorhandenen Daten nur bis maximal zum *SS*12/*WS*12 zurückreichen, wurden für eine bessere Vergleichbarkeit ebenfalls die Daten des *SS*16/*WS*16 herangezogen.

Der SSI weist im Vergleich zum LQI eine größere Schwankungsbreite auf. Der SSI von GdI2 erreichte im *WS*09 und *WS*10 mit 50 % den niedrigsten Wert der betrachteten Lehrveranstaltungen. Durch die Integration weiterer digitaler Angebote konnte der Wert allerdings auf über 80 % gesteigert werden. Für die Lehrveranstaltungen 1 und 3 sind keine Veränderungen in den untersuchten Semestern erkennbar. Lediglich Lehrveranstaltung 2 zeigt eine Zunahme der digitalen Anreicherung zum *SS*15/*WS*15.

Der LQI unterschreitet für keine der Veranstaltungen den Wert von 91 und reicht bis maximal 100, wie in Abb. 6.111 (b) erkennbar. Während der SSI für die Lehrveranstaltung 1 über die untersuchten Semester konstant ist, unterliegt der LQI starken Schwankungen. Die Lehrveranstaltung 2 zeigt einen Anstieg des SSI zum *SS*15/*WS*15; der entsprechende LQI erreicht im Vergleich hierzu in allen Semestern den Maximalwert von 100. Für die Lehrveranstaltung 3 zeigen sich ebenso deutliche Unterschiede in der Messung des LQI sowie des SSI. Gleiches gilt für GdI2.

Die Unterschiede in den Ergebnissen zwischen der Messung über den LQI und den SSI können über die Zielsetzung der zugrunde liegenden Formel erklärt werden. Während der LQI lediglich zur Sicherstellung der Mindeststandards herangezogen werden sollte, misst der SSI die digitale Anreicherung der Lehrveranstaltung. Die Abzüge bei der Bewertung der Lehrveranstaltung GdI2 durch den LQI kommen vor allem durch die Bewertung des Arbeitsaufwands zustande (vgl. Abschn. 6.10.3). Die Zunahme des erhöhten Arbeitsaufwandes insbesondere ab dem *WS*15 kann allerdings u. a. auch auf die Zunahme der digitalen Angebote zurückgeführt werden.

Es zeigt sich, dass unterschiedliche Bewertungsmaßstäbe je nach zugrunde liegender Lehrveranstaltung mehr oder weniger verschiedene Ergebnisse liefern. Demnach sollten für einen Vergleich von Lehrveranstaltungen nur solche Bewertungssysteme verwendet werden, welche auf kontextunabhängige Qualitätskriterien abzielen und deren Einflussfaktoren bekannt und messbar sind.

In dieser Hinsicht ist der LQI nur bedingt bis gar nicht für einen Vergleich von Lehrveranstaltungen geeignet. Übertragen auf das Bewertungssystem dieser Arbeit muss gefolgert werden, dass dieses ebenso aufgrund der vielen unterschiedlichen Einflussfaktoren sowie der objekt- und kontextbezogenen Auswahl an Qualitätskriterien nicht für einen Vergleich verschiedener Lehrveranstaltungen in Frage kommt. Unter Beachtung der entsprechenden Zielsetzung können dennoch einzelne Teilaspekte wie der SSI zum Vergleich von Lehrveranstaltungen herangezogen werden.

6.10.5 Abgeleitete Hypothesen

Aus der Anwendung der Qualitätsmetrik auf die Testumgebung GdI2 konnten verschiedene Hypothesen im Bereich der universitären Lehre abgeleitet werden. Diese werden im Folgenden zusammengefasst:

1. Der Ruf einer Lehrveranstaltung und die erzielten Klausurergebnisse verlaufen gegensätzlich.
2. Der Ruf einer Lehrveranstaltung und der eingesetzte Lernaufwand der Studierenden verlaufen gegensätzlich.
3. Digitale Systeme erhöhen die Motivation fürs Selbststudium.
4. Die Erhöhung der Möglichkeiten zum Selbststudium wirkt sich positiv auf die Akzeptanz der Studierenden an Präsenzveranstaltungen aus.
5. Zu viele Lernangebote wirken sich negativ auf deren Akzeptanz durch die Studierenden aus.
6. Die Erhöhung des Selbststudium-Anteils wirkt sich ab einem bestimmten Grenzwert nicht mehr positiv auf die Qualitätsentwicklung einer Lehrveranstaltung aus.
7. Der Einsatz digitaler Systeme wirkt sich negativ auf die Partizipation der Studierenden an den Präsenzveranstaltungen aus.
8. Tutorien, welche die aktive Beteiligung der Studierenden in den Mittelpunkt stellen erzielen einen höheren Lernerfolg als solche mit reinem Vortragscharakter.
9. Die Beliebtheit zum Besuch eines Tutoriums wird maßgeblich vom Tutor beeinflusst.
10. Der Besuch eines bestimmten Tutoriums (Tutor) ist nicht statistisch signifikant für das Klausurergebnis, sofern Möglichkeiten des Selbststudiums geboten werden.
11. Die Möglichkeit der anonymen Fragestellung erhöht die Anzahl an Fragen sowie die Interaktion in einer Lehrveranstaltung.

Diese Hypothesen konnten lediglich im Rahmen der Testumgebung abgeleitet werden. Eine Überprüfung der Übertragbarkeit dieser Hypothesen auf andere Lehrveranstaltungen wurde nicht durchgeführt. Da es sich bei der Testumgebung um eine Veranstaltung mit mehreren Hundert Studierenden im Grundlagenbereich handelt, wird davon ausgegangen, dass die Hypothesen auf Lehrveranstaltungen mit vergleichbaren Bedingungen übertragen werden können. Insbesondere für diejenigen Hypothesen, welche unabhängig vom Fachbereich sowie der Anzahl der Studierenden stehen, wird von einer Übertragbarkeit auf beliebige Lehrveranstaltungen ausgegangen.

6.11 Zusammenfassung

Aus der Analyse der Einzelkomponenten der digitalen Angebote nuKIT, IAP und XWizard sowie der Gesamtevaluation konnten insbesondere Ergebnisse zu den Aspekten Einsatz „digitaler Systeme“, „Anreizsysteme“, „Abhängigkeiten der Angebote“ sowie

„Analyse eines laufenden Lehrbetriebs" im Rahmen der Planung und Durchführung von universitären Lehrveranstaltungen abgeleitet werden.

Digitale Systeme. Die drei digitalen Systeme nuKIT, IAP sowie der XWizard konnten mit unterschiedlichem Erfolg in die Lehrveranstaltung GdI2 integriert werden. Insbesondere der IAP hat sich positiv auf die Gesamtqualität der Lehrveranstaltung GdI2 ausgewirkt. Allerdings hat die Akzeptanz der Studierenden über die Vergleichssemester abgenommen. Dies könnte auf die weiteren den Studierenden zur Verfügung gestellten digitalen Angebote zurückzuführen sein. Dennoch war die Akzeptanz des IAP größer als bei seiner Einführung erwartet worden war. Die nuKIT-Tools zeigten über die Vergleichssemester eine gleichbleibende Qualität. Auch hier nahm jedoch im Verlauf dieser das Interesse an den zeit- und ortsunabhängigen Selbsttests ab. Insbesondere die Möglichkeit der anonymen Nutzung während der Präsenzveranstaltungen beispielsweise zum Fragestellen wurde von den Studierenden als positiv bewertet. Als im *WS*14 der XWizard neu eingeführt wurde, wurden zunächst Anlaufschwierigkeiten beobachtet; offenbar ist für einen zweckvollen Einsatz eines komplexen Systems, das einen gewissen Einarbeitungsaufwand erfordert, eine geeignete Unterstützung durch das Lehrpersonal erforderlich. Im Lauf der Zeit wurde diese Unterstützung immer weiter vorangetrieben und der XWizard als Programm verbessert, was dazu führte, dass die Anlaufschwierigkeiten in Teilen überwunden werden konnten. Dennoch waren die meisten Funktionen des Programms vielen Studierenden bis zum Schluss der Untersuchungsphase nicht bekannt; daher müssen auch die Umfrageergebnisse zur Qualität des XWizards bei Fragen, die sich auf die Funktionalität beziehen, mit Vorsicht betrachtet werden. Um fundiertere Aussagen bezüglich des XWizards treffen zu können, sind weitere Analysen über das *WS*15 hinaus erforderlich.

Aufgrund des Rückgangs der Verwendung einzelner Angebote wegen einer allgemeinen Erhöhung der Anzahl an Angeboten muss davon ausgegangen werden, dass sich die ermittelte Qualität der digitalen Systeme im Rahmen einer Lehrveranstaltung durch die zusätzliche Integration eines weiteren Angebots verschlechtert. So können zu viele Angebote dazu führen, dass die Studierenden entweder gezielt einzelne Werkzeuge auswählen oder aber von der Fülle an Angeboten überfordert sind. Ob ein Überangebot erreicht werden kann, so dass sich die Qualitätsbewertung in Summe verschlechtert, und ob hierfür ein fester Richtwert angegeben werden kann, der für viele Lehrveranstaltungen ähnlich ist, konnte nicht abschließend geklärt werden. Der im Rahmen dieser Arbeit vorgestellte *Selbststudiumsindex (SSI)* einer Lehrveranstaltung bildet diese Beobachtung nach, indem er sich aus dem Quotienten der Anzahl digitaler Angebote im Quadrat und der Summe aller Angebote berechnet, wobei die Anzahl digitaler Angebote ebenfalls quadriert einfließt. Die Akzeptanz eines einzelnen digitalen Angebots durch die Studierenden wird demnach mit größer werdender Zahl immer geringer.

Die Einführung digitaler Angebote kann sich auch negativ auf die Präsenzveranstaltungen auswirken. Durch das Angebot der Vorlesungsaufzeichnungen ist die Partizipation an der Präsenzveranstaltung Vorlesung gesunken. Dies hat allerdings nicht zu einer geringeren Akzeptanz der Vorlesung geführt; das Gegenteil war der Fall. So konnte einerseits eine hohe Zugriffsrate auf die Vorlesungsaufzeichnung verzeichnet und andererseits eine verbesserte Interaktion im Rahmen der Präsenzveranstaltung erreicht werden.

Anreizsysteme. Das System des gezielten Einsatzes und der Steuerung von Anreizen hat sich bei der Analyse der Lehrveranstaltung GdI2 als sehr wirkungsvoll erwiesen. Es konnte gezeigt werden, dass durch geeignetes Abstimmen einzelner Angebote Synergieeffekte erzielt werden können. Diese Anreize können in Form von Erinnerungen, beispielsweise über E-Mail, erreicht werden. Eine durchdachte zeitliche Abfolge der Präsenzveranstaltungen kann ebenfalls als Anreiz, insbesondere bei der Verwendung digitaler Systeme, fungieren. So wurde die Saalübung der Lehrveranstaltung GdI2 als Anreiz für die Nutzung des IAP identifiziert und dieser Effekt im Folgenden auch gezielt ausgenutzt, um die Studierenden rechtzeitig vor den Klausuren zum Lernen zu motivieren. Anstehende Klausuren, wie etwa die Bonusklausur, haben zudem zu einer Erhöhung der Benutzerzahlen insbesondere der digitalen Systeme beigetragen. Durch die anstehende GdI2-Bonusklausur konnte so eine Zunahme der Verwendung der nuKIT-Surveys erzielt werden. Dabei zeigt sich, dass Anreizsysteme besonders wirkungsvoll sind, wenn ihr Bezug zu Klausuren deutlich herausgestellt wird, direkt erkennbar ist oder sie sich direkt, etwa durch einen Bonus, auf die individuelle Leistung in der Klausur auswirken. So konnte durch die Einführung des Zusatzbonus, dessen eher als gering einzustufender Mehrwert vollständig durch die erfolgreiche Teilnahme an der Bonusklausur zu kompensieren war, eine deutliche Verbesserung in der Akzeptanz der Tutorienanmeldungen verzeichnet werden. Zudem hatte der Zusatzbonus eine Steigerung der Interaktivität sowie der Beteiligung der Studierenden in den Tutorien zur Folge.

Ein wichtiges Ergebnis dieser Arbeit stellt die Schaffung von Anreizsystemen jeglicher Art dar. So kann insbesondere bereits durch eine geschickte Planung der Lehrveranstaltung im Vorfeld ein wichtiger Beitrag zur Erhöhung der Lehrqualität geleistet werden. Die zeitliche Abstimmung der Präsenzveranstaltungen im Semesterverlauf spielt hierbei eine wichtige Rolle. Zudem ermöglichen digitale Systeme eine individuelle Anpassung der Lernunterstützung, da sie durch ihre zeit- und ortsunabhängige Nutzung den Studierenden eine hohe Flexibilität bieten.

Abhängigkeiten. Die Evaluationen der Qualitätskriterien der Einzelkomponenten, die Zwischenevaluationen sowie die Gesamtevaluation haben gezeigt, dass die Qualitätsentwicklung einer Lehrveranstaltung ein stark verwobenes Gesamtkonstrukt darstellt. So bedingen sich einzelne Angebote untereinander, und die Qualität ist nicht nur von einem einzelnen System, sondern insbesondere auch von dem gleichzeitigen oder sequentiellen Einsatz anderer Angebote und Systeme abhängig. Allerdings sind diese Abhängigkeiten durch einfache Bewertungsverfahren nur schwer zu identifizieren. So konnte verschiedene Hypothesen abgeleitet werden, wie beispielsweise dass sich durch den Einsatz der digitalen Angebote die Akzeptanz durch die Studierenden an den Präsenzveranstaltungen erhöht. Die Studierenden sowie die Dozenten wurden offenbar durch den Einsatz dieser digitalen Systeme zusätzlich motiviert.

Außerdem ergaben die Analysen, dass sich die Motivation der Tutorinnen und Tutoren auf die Studierenden auswirkt. Ein Einfluss eines Tutors auf das Klausurergebnis konnte dennoch nicht bestätigt werden. Im Sinne der Lehrqualität ist das allerdings als positiv einzustufen, da die Zuteilung eines Studierenden zu einem bestimmten Tutorium demnach keine Bevor- oder Benachteiligung in sich birgt. Durch die verschiedenen digitalen Angebote hatten die Studierenden zusätzlich für jeden einheitliche Möglichkeiten, sich Informationen zu beschaffen. Dies wiederum hatte zur Folge, dass die Präsenzveranstaltung „Tutorensprechstunde" überflüssig wurde. Ob die Bereitstellung einheitlicher, aber trotzdem individualisierbarer Lernsysteme ausschlaggebend für die Unabhängigkeit der Klausurergebnisse von der Leistung der Tutorinnen und Tutoren ist, muss weiter untersucht werden. Zudem bleibt weiterhin zu untersuchen, ob die Einschätzung des Schwierigkeitsgrads der bevorstehenden Abschlussklausur durch die Studierenden dazu führt, dass die Klausurergebnisse, wie etwa die Bestehensquote, ein oszillierendes Verhalten entwickeln oder ob sich die Ergebnisse und dadurch auch die Einschätzung durch die Studierenden über der Zeit einpendeln.

Analyse eines laufenden Lehrbetriebs. Ein weiteres wichtiges Ergebnis dieser Arbeit betrifft die Analyse und Verbesserung von Lehrveranstaltungen im laufenden Lehrbetrieb. Typischerweise können Lehrveranstaltungen nicht mit streng methodischen Standardverfahren „im Labor" untersucht werden, sondern müssen unter Verursachung möglichst weniger Störungen der Lehr- und Lernabläufe während eines realen Semesters von außen beobachtet werden. So ist es insbesondere nicht möglich (bzw. ethisch vertretbar), einzelnen Kontrollgruppen den Zugang zu gewissen Materialien zu verwehren oder umgekehrt eine flächendeckende Nutzung gewisser Angebote „anzuordnen". Es hat sich jedoch gezeigt, dass sich gerade aus der Tatsache, dass nicht alle Studierenden bereit sind, alle Angebote zu nutzen, selbständig Gruppen bilden, die als Kontrollgruppen fungieren können. Wichtig ist hierbei allerdings, Möglichkeiten zu schaffen, um die jeweiligen Kontrollgruppen auch zu identifizieren. Eine statistische Unabhängigkeit der so gebildeten Kontrollgruppen kann allerdings nicht pauschal angenommen werden.

Die Vergleichbarkeit realer Daten ist ein weiteres Problem, welches bei der Analyse eines laufenden Lehrbetriebs auftreten kann. Bei der Verwendung von Evaluationsbögen sollte demnach auf vergleichbare Erhebungszeitpunkte sowie eine einheitliche Gestaltung der Fragestellungen sowie Antwortmöglichkeiten insbesondere der zugrundeliegenden Bewertungsskala geachtet werden. Zudem wurde im Rahmen der Untersuchungen ein Verfahren vorgestellt, um das Klausurniveau bereits abgehaltener Klausuren zu bewerten und so Klausurergebnisse vergleichbar zu machen. Da sich nur geringfügige Differenzen zwischen der Bewertung des Übungsteams und der beteiligten Tutorinnen und Tutoren gezeigt haben, kann dieses Verfahren auch für zukünftige Klausuren eingesetzt werden, um das Klausurniveau quantitativ zu bewerten und ein gleichbleibendes Schwierigkeitsniveau zu gewähren.

Die angenommene einheitliche Gewichtung der einzelnen Qualitätskriterien, die in die Bewertung der Lehrveranstaltung GdI2 einfließen, ist lediglich ein erster Ansatz zur Bewertung. Andere mögliche Gewichtungsfaktoren sind je nach Präferenzen und Perspektive ebenfalls möglich und können weitere Analyseansätze bieten. Durch die durchgeführten detaillierten Bewertungen der Einzelkomponenten sowie des Gesamtkonzepts konnte allerdings ein tiefgreifendes Verständnis für die Qualitätsentwicklung innerhalb einer Lehrveranstaltung erlangt werden. Hierbei hat sich gezeigt, dass eine unabhängige Bewertung der im Rahmen dieser Arbeit vorgestellten digitalen Werkzeuge nicht vollumfänglich möglich war, da insbesondere Anreizsysteme zu dem erfolgreichen Einsatz verschiedener Angebote beigetragen haben. Zudem konnte beobachtet werden, dass die Einführung digitaler Systeme ebenfalls eine positive Auswirkung auf die Akzeptanz sowohl der Dozenten als auch der Studierenden im Hinblick auf die Präsenzveranstaltungen hatte. Die Analyse eben solcher Abhängigkeiten lassen herkömmliche Qualitätsbewertungen wie der LQI vermissen. Dennoch ist eine solch tiefgehende Analyse weder als Standardverfahren noch zum Vergleich der Qualität von Lehrveranstaltungen einsetzbar, sondern eignet sich insbesondere dafür, den Lehrbetrieb sowie die Lehrqualität methodisch adäquat analysieren und darauf aufbauend vor allem auch verbessern zu können wie auch vom Wissenschaftsrat in [251] gefordert.

6.12 Übertragbarkeit auf andere Lehrveranstaltungen

Im Rahmen der Übertragbarkeit der Ergebnisse dieser Arbeit auf andere Lehrveranstaltungen werden die „digitalen Systeme“, das „Verfahren der Qualitätsbewertung“ sowie die „Ergebnisse der Qualitätsbewertung“ betrachtet.

nuKIT. Die *nuKIT-Werkzeuge* sind ein *Audience Response Systems (ARS)*, welches mit geringem Vorbereitungsaufwand in Lehrveranstaltungen oder andere Veranstaltungen mit Vortragscharakter integriert werden kann. Es bedarf lediglich des Einrichtens des ARS durch Anlegen eines Kurses für die Veranstaltung. Die Werkzeuge sind über das KIT erhältlich[31]. Der Nutzer kann entweder über eine App[32] oder eine Webanwendung[33] auf die Benutzerschnittstelle zugreifen.

31 Verweis auf nuKIT am KIT https://elearning.studium.kit.edu/179.php
32 nuKIT im Google Play Store: https://play.google.com/store/apps/details?id=edu.kit.aifb.nukit
33 nuKIT Webanwendung: http://141.52.223.202/nukit

Die nuKIT-Tools bieten dem Hörer die Möglichkeit, „live“ Fragen zu stellen und die Vortragsgeschwindigkeit zu bewerten. Zudem hat der Dozent selbst die Möglichkeit, den Studierenden Fragen während der Lehrveranstaltung zu stellen. Anhand der Analyse zweier großer Lehrveranstaltungen in der vorliegenden Arbeit sowie in [165] hat sich gezeigt, dass die Interaktivität durch den Einsatz der Werkzeuge deutlich verbessert werden kann. Beim Einsatz in einer Lehrveranstaltung mit weniger als etwa zehn Teilnehmern konnte keine merkliche Steigerung der Interaktivität verzeichnet werden, so dass die nuKIT-Tools insbesondere für eine Anwendung in großen Lehrveranstaltungen empfohlen werden können. Vorteilhaft im Vergleich zu anderen Audience-Response-Systemen ist die vollständige Anonymität der Studierenden. Gerade im Bereich von Grundlagenvorlesungen wie GdI2 erscheint die Anonymität für die Studierenden als wichtig; dies ergaben die Auswertungen in Tab. 6.29. Daraus lässt sich folgern, dass sich insbesondere solche ARS für den Einsatz in großen Grundlagenvorlesungen eignen, welche eine anonyme Kommunikation zwischen dem Vortragenden und den Studierenden ermöglichen. Bei der Untersuchung zweier großer Grundlagenvorlesungen hat sich zudem gezeigt, dass zwar zu Semesterbeginn mit einer Trainingsphase gerechnet werden muss, d. h. der Effekt, dass Studierende die Werkzeuge ausprobieren und vermehrt störende oder irrelevante Fragen wie beispielsweise „Guten Morgen“ aufkommen, diese allerdings im Semesterverlauf abnehmen. Als möglicher Umgang mit diesen Fragen haben sich zwei unterschiedliche Verfahrensweisen als sinnvoll erwiesen: das vollständige Ignorieren dieser Frage, wobei das SIT bei dieser Vorgehensweise nicht auf dem für die Studierenden sichtbaren Bildschirm oder Beamer angezeigt werden darf. Im Rahmen der geplanten Erweiterung der Dozentenanwendung durch eine Weboberfläche wird den Dozenten zudem die Möglichkeit geboten, die Werkzeuge auf einem mobilen Endgerät zu starten und die Kommunikation darüber zu steuern. Als zweite Möglichkeit kann ein offener und möglichst gelassener oder humorvoller Umgang mit störenden oder Spaßfragen helfen, deren Anzahl zu reduzieren.

Es hat sich als vorteilhaft erwiesen, den Einsatz der ARS bzw. der nuKIT-Tools direkt zu Semesterbeginn zu starten, um den Studierenden früh die Möglichkeit zu geben, die Trainingsphase zu durchlaufen und zu einer Produktivphase zu gelangen. Für die Verwendung der Fragen des Dozenten an die Studierenden hat sich außerdem eine Regelmäßigkeit als positiv erwiesen; so konnte beobachtet werden, dass die Studierenden bei einer regelmäßigen Verwendung der Systeme diese bei Vergessen „eingefordert“ haben. Gerade im Rahmen eines neuartigen Systems ist es folglich notwendig, den Studierenden die Möglichkeit zu geben, sich an das System zu gewöhnen und sie zu Beginn nicht zu überfordern. Durch das regelmäßige Angebot sowie insbesondere die regelmäßige Erinnerung beispielsweise durch die Dozentenfragen kann die Interaktivität sowie die Akzeptanz der Studierenden erhöht werden. Diese wiederum hat positiven Einfluss auf die Qualitätsentwicklung der gesamten Lehrveranstaltung.

Die Verwendung der nuKIT-Surveys konnte sich bei den Studierenden im Rahmen von GdI2 nicht großflächig durchsetzen, so dass keine Empfehlungen zu diesem Teilbereich gegeben werden können. Es muss genauer untersucht werden, ob die geringe Akzeptanz gegenüber den Surveys auf die gleichzeitige Verwendung von weiteren digitalen Angebote zurückzuführen ist, wie von einigen Studierenden in den Evaluationen geäußert. Bei einer hohen Verwendungsquote der Surveys können diese dem Dozenten als formatives Feedback dienen; so lassen sich insbesondere Rückschlüsse auf die Wissenslücken der Studierenden ziehen, so dass eine gezielte Planung der weiteren Vorlesungsinhalte möglich ist. Zudem können die Surveys auch zur Planung weiterer Veranstaltungen wie beispielsweise Wiederholungsveranstaltungen eingesetzt werden, indem durch die Studierenden abgestimmt werden kann, welche Teilbereiche der Lehrveranstaltung in den sich anschließenden Wiederholungsveranstaltungen besprochen werden sollen.

Der Einsatzbereich der nuKIT-Werkzeuge ist allerdings nicht nur auf die Präsenzveranstaltungen beschränkt. So hat sich gezeigt, dass die Studierenden insbesondere auch im Rahmen der Vorlesungsaufzeichnungen von diesen Werkzeugen profitieren können. Bei der Erstellung von Vorlesungsaufzeichnungen, bei denen der vom Dozenten projizierte Bildschirm als Videostream aufgezeichnet wird, eignen sich demnach die nuKIT-Tools besonders, weil sie die Fragen der Studierenden in schriftlicher Form festhalten und die Tonqualität bei studentischen Fragen, welche sich bei verbal gestellten Fragen in einem Hörsaal oft als schwierig erweist, nicht beachtet werden muss.

Als weiterer Einsatzbereich eignen sich sogenannte Televorlesungen oder Teleseminare, welche zwar gleichzeitig, aber räumlich verteilt stattfinden, da die nuKIT-Tools sich vor allem auch durch ihre ortsunabhängige Verwendung auszeichnen.

IAP. Der *IAP* stellt ein Konzept dar, welches sowohl für Lehrveranstaltungen mit Präsenzcharakter als auch für virtuelle Lehrveranstaltungen eingesetzt werden kann. Der IAP basiert auf digitaler kontextsensitiver Kommunikation, was bedeutet, dass eine Kommunikation zu einem vorgegebenen Inhalt auf digitalem Wege ermöglicht wird. Der IAP besteht aus zwei Teilen, einer Aufgabensammlung, welche die zu diskutierenden Inhalte stellt, und einem Forum, welches die Diskussion ermöglicht. Hierbei ist jede einzelne Aufgabe der Aufgabensammlung mit einem vordefinierten Thread des Forums bidirektional verknüpft.

Der Vorbereitungsaufwand für den IAP beinhaltet, unter der Annahme, dass eine Aufgabensammlung bereits verfügbar ist, das Aufsetzen des Forums inklusive der vordefinierten Threads sowie das Anlegen der bidirektionalen Verknüpfungen. Die Verknüpfungen können über Standardinternettechnologie erzeugt werden, so dass der IAP keine Vorkenntnisse von spezieller Software erfordert. Die Wahl der Diskussionsplattform ist essentiell für die Verwendung des IAP, insbesondere bei einer großen Anzahl an Aufgaben sowie Nutzern, da folglich mit einem höheren Aufkommen an Nutzereinträgen gerechnet werden muss. Im Rahmen des GdI2-IAP wurde zuerst auf die Ilias Lernplattform zurückgegriffen, welche die Möglichkeit bietet, vordefinierte Threads anzulegen. Da dieses System durch die Anzahl der Beiträge allerdings schnell an seine Grenzen gekommen ist, wurde auf das Q2A-System gewechselt, welches den Vorteil mit sich bringt, dass innerhalb eines Threads beliebig viele Fragen gestellt werden können, so dass eine sinnvolle Struktur eingehalten werden kann. Demnach sollte bei der Auswahl der Diskussionsplattform besonders auf die zugrunde liegende Struktur der Foren geachtet werden. Die Struktur ist außerdem für die Verwendung des IAP als Wissensarchiv in nachfolgenden Semestern wichtig, so dass eine gezielte Suche der Studierenden nach Antworten zu aufkommenden Fragen oder Problemen möglich ist.

Sofern es sich bei der Diskussionsplattform, wie im Rahmen von GdI2 beim Q2A-System, um ein den Studierenden unbekanntes System handelt, sollte mit Startschwierigkeiten in der Verwendung gerechnet werden. Durch geeignete Anleitungen sowie die Verschiebung der Vorlesungsunterlagen auf das entsprechende System konnten diese im Rahmen von GdI2 beseitigt werden. Allerdings empfiehlt es sich, die Anzahl an parallel verwendeten Lernplattformen oder Diskussionsbereichen zu reduzieren, um einerseits den erforderlichen Betreuungsaufwand der unterschiedlichen Plattformen durch die Dozenten so gering wie möglich zu halten und andererseits auch die Nutzer nicht zu überfordern. Insbesondere während des ersten Einsatzzeitraums ist ein erhöhter Moderationsaufwand zu erwarten, um qualitativ hochwertige Beiträge zu gewährleisten und somit ein nutzbares Wissensarchiv für kommende Semester auszubauen.

Ein Vorteil des IAP-Konzepts ist die gezielte kontextabhängige Kommunikation, die es sowohl den Nutzern als auch den Moderatoren ermöglicht, beliebig von einem Frage-Antwort-Zweig zur entsprechenden Aufgabe und wieder zurück zu wechseln. So wird der Aufwand des Fragestellens für den Nutzer stark reduziert, da er zum Fragestellen lediglich den entsprechenden Link der digital verfügbaren Aufgabe betätigen muss. Zudem hat er auf demselben Weg die Möglichkeit, die bereits gestellten Fragen zu der entsprechenden Aufgabe einzusehen und sich entweder beliebig zu informieren und das eigene Verständnis durch die Fragen und Antworten anderer zu festigen oder aber gezielt nach Antworten zu den eigenen Problemen zu suchen. Auf der Gegenseite, der Seite des Antwortenden, hat sich insbesondere durch die Verwendung des GdI2-IAP gezeigt, dass die direkte Verfügbarkeit des Inhalts, auf den sich die Frage bezieht, zu einem vereinfachten Antwortprozess sowie einer erhöhten Bereitschaft der Beantwortung der Fragen geführt hat. Als weiteren Vorteil hat sich die Erweiterbarkeit herausgestellt; so können beliebig Aufgaben mit den zugehörigen Threads ergänzt werden, was sich insbesondere bei sich ständig ändernden Aufgabenpools als positiv erwiesen hat. So umfasst der Aufgabenpool der Lehrveranstaltung GdI2 beispielsweise die Klausursammlung, welche nach jedem Semester um die entsprechenden Aufgaben ergänzt wird. Zudem ermöglicht die Bildung des Wissensarchivs eine Reduzierung der neuen Beiträge über mehrere Semester. Um die Anzahl an Beiträgen dennoch überschaubar zu halten, sollten insbesondere doppelte Fragen oder Fragen, welche nicht für die Gesamtheit der beteiligten Nutzer von Interesse sind, nach Semesterende in ein Archiv verschoben werden.

Es hat sich gezeigt, dass durch die Verwendung von sogenannten Tags, d. h. Schlagworten, die Verwendung der Foren bzw. der einzelnen Threads gezielt gesteuert werden kann. So haben Threads, welche mit dem Tag „klausur" versehen waren, eine höhere Zugriffsrate erfahren im Vergleich zu der durchschnittlichen Zugriffsrate. Durch die Verwendung eines Belohnungssystems, in dem beispielsweise für das Schreiben einer Frage oder einer Antwort sowie für „gute" Fragen und Antworten Punkte vergeben werden, können die Nutzer zusätzlich motiviert werden, ein solches System zu verwenden.

Der IAP hat im Rahmen der Lehrveranstaltung GdI2 eine hohe Akzeptanz bei den Studierenden gezeigt. Aufgrund seiner Vielseitigkeit sowie seinem breiten Anwendungsbereich ist er weder von der Art der Lehrveranstaltung, der Größe noch vom Themenbereich abhängig. Unter Beachtung des erforderlichen Moderationsaufwands ist der IAP ein Werkzeug, welches von den Moderatoren sowie den Nutzern nur einen geringen bis, je nach verwendetem System, praktisch keinen Einarbeitungsaufwand erfordert, so dass eine Integration in beliebige Lehrangebote möglich ist.

XWizard. Der *XWizard* stellt ein digitales Angebot im Rahmen des Web-Based-Trainings zur Darstellung mathematischer Objekte dar. Er wurde ursprünglich lediglich über eine Downloadversion über SourceForge[34] für die Dozenten angeboten, durch eine Webanwendung[35] erweitert und zusätzlich für den Einsatz auf Seite der Studierenden optimiert. Über die Eingabe von Skripten können Objekte erzeugt und graphisch dargestellt werden, und auf die Objekte können wiederum verschiedene Verfahren, sogenannte Konversionsmethoden angewendet werden können, die angeben, wie das zugrunde liegende Objekt verändert werden soll.

Je nach Einsatzbereich des XWizards sind verschiedene Vorkenntnisse erforderlich; die derzeit implementierten Objekte beschränken sich fast ausschließlich auf das Fachgebiet der theoretischen Informatik (vgl. hierzu auch die Übersicht der angebotenen Objekte in Abschn. 5.3.2). Sofern sich der Anwendungsbereich auf diese Objekte beschränkt, ist lediglich der Einarbeitungsaufwand zur Verwendung des Werkzeugs erforderlich. Hierfür ist sowohl für die Dozenten als auch für die Studierenden ein Benutzerhandbuch verfügbar (vgl. [130, 131]). Da die Software des XWizards über SourceForge frei erhältlich ist und laufend weiterentwickelt wird, können beliebige Objekte ergänzt werden (vgl. zur technischen Umsetzung Abschn. 5.3.3).

Der XWizard erleichtert dem Dozenten verschiedene Vorbereitungsaufgaben im Rahmen einer Lehrveranstaltung. So kann er mit Hilfe des XWizard automatisiert Aufgaben erstellen etwa im Rahmen von Klausurvorbereitungen, Lösungen von Studierenden auf Richtigkeit überprüfen beispielsweise bei Klausurkorrekturen und den Studierenden Übungsfragen in Form von sogenannten Miniaufgaben bereitstellen.

34 abrufbar über https://sourceforge.net/projects/easyagentsimulation

35 XWizard Webanwendung: https://www.xwizard.de vgl. [128]

Zudem können die Skripte der mathematischen Objekte in Lehrmaterialien verlinkt werden, so dass die Studierenden aus den Lehrmaterialien heraus direkt auf den XWizard zugreifen können.

Für den Studierenden bietet der XWizard die Möglichkeit, selbstständig Objekte zu erstellen sowie durch die Anwendung von Konversionsmethoden Lösungen zu vordefinierten Algorithmen zu erhalten. So können auch zu vorgegebenen Aufgaben eigene Lösungen überprüft sowie schrittweise erklärt werden.

Der XWizard bietet, neben den Handbüchern, auf der Webseite umfassende Hilfeseite. Trotz dieser Hilfe konnten beim Einsatz im Rahmen der Lehrveranstaltung GdI2 Anlaufschwierigkeiten beobachtet werden, welche allerdings durch die gezielte Bereitstellung von Hilfsmaterialien teilweise überwunden werden konnten. Demnach empfiehlt sich für die Verwendung des XWizards und ähnlicher Werkzeuge eine gezielte Einführung.

Aufgrund der vordefinierten Objekte eignet sich der XWizard vor allem für den Einsatz im Rahmen der theoretischen Informatik; dennoch kann er beliebig durch weitere mathematische Objekte ergänzt werden, welche wiederum auch anderen Benutzern zur Verfügung gestellt werden können. Da der XWizard als reines WBT angeboten wird, ist er unabhängig von der zugrunde liegenden Lehrveranstaltung und kann in jedem Lehrbereich eingesetzt werden, welcher sich mit den entsprechenden Inhalten auseinandersetzt.

Neben den drei im Rahmen dieser Arbeit entwickelten digitalen Systemen wurden noch weitere Werkzeuge vorgestellt, welche sich in verschiedene Lehrveranstaltungen integrieren lassen. Hierzu gehören die Vorlesungsaufzeichnungen sowie das Werkzeug LogiFlash. Insbesondere die Vorlesungsaufzeichnung fand bei den Studierenden regen Anklang und trug zur Quantitätssteigerung der Lehrveranstaltung bei, weshalb sich diese für den Einsatz jeder Präsenzveranstaltung eignet, welche sich hauptsächlich auf das „Vortragen“ von Vorlesungsinhalten stützt.

Abb. 6.112 zeigt das Meinungsbild der Studierenden zum Einsatz von eLearning im Allgemeinen und der in der vorliegenden Arbeit vorgestellten Werkzeuge im Speziellen. Befragt wurden die Studierenden der Lehrveranstaltung GdI2, in welchen die genannten Systeme zum Einsatz kamen. Es zeigt sich, dass die Mehrheit der GdI2-Studierenden eine Qualitätsverbesserung in den im Rahmen dieser Arbeit vorgestellten digitalen Werkzeuge sieht, so dass eine Verwendung dieser in anderen Lehrveranstaltungen zu empfehlen ist. Zudem halten mehr als 90 % der GdI2-Studierenden den Einsatz von eLearning Werkzeugen für sinnvoll und knapp 80 % der Studierenden wünschen sich einen größeren Einsatz von eLearning im Allgemeinen. Die Auswertungen der Lehrveranstaltung GdI2 haben jedoch gezeigt, dass es durch das vermehrte Angebot digitaler Systeme zu einem Rückgang der Verwendung einzelner Systeme kommen kann, so dass davon ausgegangen wird, dass es ab einer bestimmten Menge an digitalen Angeboten nicht mehr, oder nur noch zu einer geringfügigen Verbesserung der Lehrqualität kommt. Demnach sollten verschiedene digitale Systeme

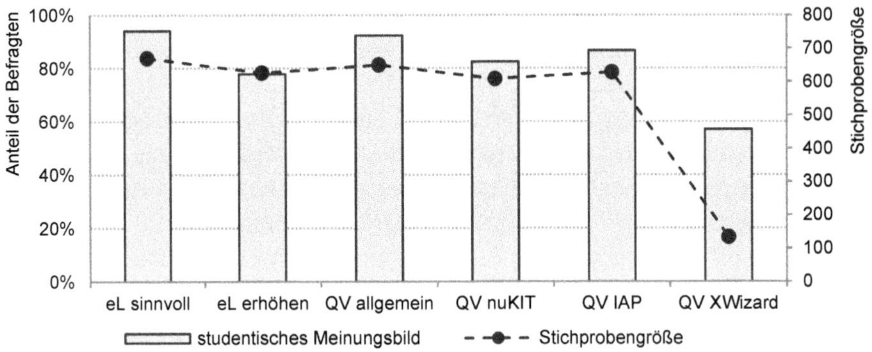

Abb. 6.112. Qualitätsverbesserung durch eLearning. Die Balken geben die Bejahung der Fragestellung wider, ob sie den Einsatz von eLearning Werkzeugen für sinnvoll halten (el sinnvoll), ob sie sich einen größeren Einsatz von eLearning wünschen (eL erhöhen), ob durch deren Verwendung die Lehrqualität im Allgemeinen (QV allgemein) verbessert wird, im Speziellen bezüglich der nuKIT-Tools (QV nuKIT), des IAP (QV IAP) oder des XWizard (QV XWizard) (vgl. Anh. A.4, Fragen 2.1, 2.7, 2.3, 2.4, 2.5, 2.6).

nicht auf einmal in ein bestehendes Lehrkonzept integriert werden, sondern dies sollte sukzessive geschehen, um bei einer Qualitätsbewertung die kausalen Zusammenhänge herstellen zu können. Insgesamt hat sich gezeigt, dass durch den Einsatz von eLearning-Verfahren die Qualität der Lehrveranstaltung verbessert werden kann.

Verfahren der Qualitätsbewertung. Der Einfluss des Einsatzes der digitalen Systeme auf die Qualitätsentwicklung einer Lehrveranstaltung wurde in der vorliegenden Arbeit anhand eines 5-stufigen Bewertungsverfahrens gemessen. Die Grundidee dieses Bewertungsverfahrens ist, eine prozedurale Qualitätsbewertung über mehrere Semester anhand spezieller für das zu bewertende Untersuchungsobjekt ausgewählter Qualitätskriterien vorzunehmen. Dieses Bewertungsverfahren kann ebenso auf andere Lehrveranstaltungen übertragen werden. Hierzu kann der in Tab. 3.1 beschriebene Kriterienkatalog herangezogen werden. Anschließend müssen die verschiedenen Komponenten der Lehrveranstaltung, auch Einzelkomponenten genannt, ausgewählt werden. Hierzu wurde im Rahmen dieser Arbeit die Unterscheidung zwischen Präsenzveranstaltungen einerseits und digitalen Systemen andererseits getroffen. Zur Bewertung der Kriterien eignen sich neben den Ergebnissen aus Evaluationen auch solche, die sich durch die Anwendung digitaler Systeme ergeben. Anhand der Bewertung der Einzelkomponenten kann ein erster Eindruck über die Qualitätsbewertung der Lehrveranstaltung gezogen werden.

Das beschriebene Bewertungsverfahren stellt im Vergleich zu herkömmlichen Verfahren, wie beispielsweise dem LQI, einen erheblichen Mehraufwand dar. Dennoch kann es sich insbesondere dann eignen, wenn eine systematische Qualitätsanalyse einer Lehrveranstaltung notwendig ist, beispielsweise, weil diese über herkömmliche Verfahren wie dem LQI keine befriedigenden Ergebnisse erzielen konnte. Zudem ist dieses Verfahren dann sinnvoll, wenn die zugrunde liegenden Abhängigkeiten sowie Entwicklungen beispielsweise im Rahmen der Erprobung neuer Systeme ermittelt werden sollen.

Außerdem eignet sich diese Art der Qualitätsbewertung für Bereiche, in denen automatisierte Datensammlungen erfolgen, so dass eine teilautomatisierte Bewertung erfolgen kann. So könnte eine Qualitätsbewertung anhand des in dieser Arbeit beschriebenen Bewertungssystems insbesondere bei virtuellen Veranstaltungen oder beispielsweise auch MOOCS erfolgen. Auch im Rahmen der Verbreitung von Technologien der Learning Analytics ist ein Einsatz denkbar.

Der Vergleich der Qualitätsergebnisse dieses Bewertungsverfahrens mit anderen Lehrveranstaltungen ist nicht zu empfehlen, da sich erstens die gesammelten Datensätze insbesondere durch die Verwendung verschiedener Daten sehr voneinander unterscheiden können und sich zweitens dadurch die Zusammensetzung der einzelnen bewerteten Komponenten unterscheiden und kein aussagekräftiger Vergleich möglich ist. Der Fokus dieses Verfahrens zielt auf der Qualitätsveränderung innerhalb einer Lehrveranstaltung ab. So kann dieses Verfahren beispielsweise herangezogen werden, um eine Beurteilung der Lehrqualitätsveränderung in der Erzielung von Reputationen oder zur Verwendung bei der Vergabe von Lehrpreisen oder monetären Belohnungssysteme zu erhalten.

Der Vergleich der in dieser Arbeit ermittelten Qualitätsbewertungen mit dem am KIT verwendeten LQI hat gezeigt, dass die Beurteilung einer Lehrveranstaltung durch den LQI nur bedingt möglich ist. So ist der LQI in der Lage, eine „erste" Tendenz der Bewertung einer Lehrqualität anzugeben, allerdings ermöglicht er keine detaillierte Auswertung der zugrunde liegenden Abhängigkeiten.

Um den Grad des Selbststudiums einer Lehrveranstaltung zu messen, kann der in dieser Arbeit entwickelte SSI herangezogen werden. Dieser ist allerdings lediglich ein Maß für das Angebot digitaler Systeme im Rahmen des Gesamtkonzepts einer universitären Lehrveranstaltung und beinhaltet keine Qualitätsbewertung der zugrunde liegenden Systeme. Er kann auf jede beliebige Lehrveranstaltung angewendet werden. Für virtuelle Lehrveranstaltungen nimmt dieser den Wert 1 an.

Verallgemeinerbare Ergebnisse der Qualitätsbewertung. Neben dem Einfluss der digitalen Systeme haben die Ergebnisse im Rahmen der Qualitätsbewertung der Lehrveranstaltung GDI2 vor allem Ergebnisse zu „Anreizsysteme" sowie „Abhängigkeiten" der Einzelkomponenten hervorgebracht, aus denen verschiedene Empfehlungen abgeleitet werden können.

Die Schaffung von *Anreizen* jeglicher Art ist ein wichtiger Einflussfaktor, über den die Qualitätsentwicklung einer Lehrveranstaltung im Allgemeinen und vor allem auch der angebotenen digitalen Systeme deutlich beeinflusst werden kann. Als Anreiz eignen sich verschiedene Komponenten. Der wichtigste ermittelte Anreiz für Studierende ist die „Klausur". Dieser kann unterschiedlich ausgestaltet sein; eine nahende Klausur kann sich beispielsweise stimulierend auf die Studierenden auswirken, in dem Maße, dass sich diese vermehrt mit Lehr- und Lerninhalten auseinandersetzen. Durch das Angebot einer Bonusklausur kann diese Wirkung zeitlich stärker in den Semesterverlauf verschoben werden.

Die Auswirkungen der Anreize konnten insbesondere durch die Verwendung der digitalen Systeme beobachtet werden. In diesem Zusammenhang hat sich die Zeit- und Ortsunabhängigkeit der digitalen Systeme als vorteilhaft erwiesen.

Allerdings haben die Anreize nicht nur zur Folge, dass sich die Studierenden vermehrt mit dem Lehrstoff auseinandersetzen; Anreizsysteme eignen sich auch zur Vermeidung oder zur Lösung möglicher Probleme in der Durchführung der Lehrveranstaltung sowohl auf organisatorischer Ebene als auch auf inhaltlicher Ebene. Im Rahmen von GdI2 konnte beispielsweise das Problem, dass sich Studierende nicht an die ihnen zugewiesenen Tutorien hielten, was in der Überfüllung einiger Tutorien resultierte, gelöst werden. Durch die Einführung des Zusatzbonus konnte ein Anreiz geschaffen werden, der für die Studierenden groß genug war, sich größtenteils an die Zuordnung zu den Tutorien zu halten. Der Anreiz des Zusatzbonus konnte ebenfalls die Interaktivität in den Tutorien erhöhen.

Im Rahmen der Analyse konnten des Weiteren vielfältige *Abhängigkeiten* beobachtet werden, die insbesondere auch eine Ableitung verschiedener Hypothesen ermöglichte. So hatte der Einsatz der digitalen Systeme eine Erhöhung der Motivation der Studierenden sowie der Dozenten für die Präsenzveranstaltungen zur Folge. Die beobachteten Abhängigkeiten lassen sich allerdings aufgrund der speziellen Struktur nicht komplett auf andere Lehrveranstaltungen übertragen. Dennoch sollten bei der Festlegung von Präsenzveranstaltungen insbesondere zeitliche Abhängigkeiten bedacht werden. So fungierte beispielsweise die Saalübung von GdI2 als Erinnerung zur Vorbereitung auf die Klausur, so dass im Anschluss an diese der IAP verstärkt zum Einsatz kam. Allerdings musste dabei die geschickte zeitliche Planung beachtet werden; die Saalübung durfte nicht zu früh im Semester stattfinden, aber auch nicht zu spät, da sie ihren Einfluss auf die Studierenden, sich frühzeitig mit dem Vorlesungsstoff zu beschäftigen, nicht mehr sinnvoll erfüllen konnte. Insbesondere muss bei der zeitlichen Planung einer Lehrveranstaltung auch der Einfluss möglicher Feiertage oder Ferien beachtet werden, wie beispielsweise über den Jahreswechsel bei GdI2 geschehen.

Bei der Integration eines digitalen Systems sollte darauf geachtet werden, ob durch dieses System andere Angebote überflüssig werden. Im Rahmen von GdI2 hat sich gezeigt, dass die Studierenden durch das Angebot des IAP die Möglichkeit, zeit- und ortsunabhängig Fragen zu stellen, bevorzugten im Vergleich zu einer regelmäßigen Fragestunde, so dass diese obsolet geworden ist.

Weitere Abhängigkeiten konnten in der Beeinflussung der Studierenden durch die vorausgehenden Klausuren beobachtet werden. Es konnte beobachtet werden, dass die Studierenden durch hohe Bestehensquoten der vorausgehenden Semester in ihrem Verhalten beeinflusst werden, in dem Sinne, dass sie sich weniger intensiv mit einzelnen Lernangeboten auseinandersetzen. Diese Beeinflussung wurde in der vorliegenden Arbeit als „Ruf“ beschrieben und wirkt sich direkt auf die Qualität der Lehrveranstaltung insbesondere über die Akzeptanz durch die Studierenden aus.

Der „Shift from teaching to learning“ und die Verschiebung der dozentenorientierten zur studierendenzentrierten Lehre ist eine wichtige Anforderung an die Hochschullehre. Durch den Einsatz der beschriebenen Systeme können den Studierenden Möglichkeiten zur Verfügung gestellt werden, sich selbstständig mit dem Wissen auseinanderzusetzen und hierbei auch von der Zeit- und Ortsunabhängigkeit Gebrauch zu machen, so dass vor allem auch die studierendenzentrierte Lehre gefördert wird.

7 Zusammenfassung und Ausblick

Die Hochschullehre unterlag in den vergangenen Jahrzehnten bedeutenden Veränderungen, die sich auf die Entwicklung derselbigen ausgewirkt haben. Durch die steigenden Studierendenzahlen musste eine forschungsorientierte Lehre, in der die Studierenden forschen und von den Dozenten lediglich begleitet werden, wie von Wilhelm von Humboldt im 19. Jahrhundert proklamiert, größtenteils aufgegeben werden [226, 254]. Stehen die „Forschung" und die „Lehre" auf dem Papier als gleichberechtigte Ziele einer Hochschule, so zeigt sich beim Blick auf die reale Hochschullandschaft, dass die Reputation einer Hochschule fast ausschließlich durch ihre Forschungsleistungen erzielt wird [251].

In den letzten beiden Jahrzehnten wurden einige Anstrengungen unternommen, dieses Ungleichgewicht zu beseitigen. Die studierendenzentrierte Lehre wird verstärkt in den Mittelpunkt gestellt, um dem Perspektivenwechsel des „Shift from teaching to learning" gerecht zu werden. Auch der Begriff der forschungsorientierten Lehre, wie am KIT praktiziert, gewinnt zunehmend an Bedeutung. Das aufstrebende Medienzeitalter und die Entwicklung der Informations- und Kommunikationstechnologien bieten hierfür neue Möglichkeiten der Entwicklung von Lehr- und Lernmethoden. Der Begriff des eLearning wurde in diesem Zusammenhang im Jahr 1998 von Jay Cross geprägt [46]. Seither sind viele verschiedene Entwicklungen und Konzepte entstanden. Sie reichen von der Anreicherung von Präsenzveranstaltungen durch digitale Elemente, der Kombination von Präsenzveranstaltungen und digitalen Medien, dem sogenannten Blended Learning, bis hin zu virtuellen Veranstaltungen, deren Lehr- und Lernangebote nur digital verfügbar sind (vgl. Kap. 2).

Um einerseits dem Aspekt der Anreicherung von Lehrveranstaltungen durch digitale Elemente gerecht zu werden und andererseits eine Steigerung der studierendenzentrierten Lehre zu ermöglichen, wurden im Rahmen dieser Arbeit drei digitale Werkzeuge vorgestellt. Neben der Beschreibung der Struktur, der technischen Umsetzung sowie dem Anwendungsbereich der digitalen Systeme in Kap. 5, wurden diese in die Testumgebung der Lehrveranstaltung *Grundlagen der Informatik II (GdI2)* des Instituts für *Angewandte Informatik und Formale Beschreibungsverfahren (AIFB)* am *Karlsruher Institut für Technologie (KIT)* eingegliedert. Die durch die Eingliederung dieser Elemente in das GdI2-Gesamtkonzept erzielte Verbesserung der Lehrqualität sowie die daraus abgeleiteten Empfehlungen für den Einsatz digitaler Systeme in anderen Lehrveranstaltungen im Speziellen und Hilfestellungen zur Planung und Durchführung von universitären Lehrveranstaltungen im Allgemeinen wurden in der vorliegenden Arbeit untersucht.

Zur Messung der Lehrqualität sind einfache Bewertungsverfahren, wie der am KIT verwendete *Lehrqualitätsindex (LQI)* in der Hochschullandschaft weit verbreitet. Allerdings hat sich gezeigt, dass beim Herunterbrechen auf nur einzelne Merkmale schon leichte Schwankungen erhebliche Einflüsse auf die Qualitätsbewertung ha-

https://doi.org/10.1515/9783110483048-358

ben können. Um eine Tendenz der Qualität einer Lehrveranstaltung zu erkennen oder einzelne Teilaspekte zu messen, können einfache Bewertungsverfahren wie der LQI oder auch der im Rahmen dieser Arbeit entwickelte *Selbststudiumsindex (SSI)*, der ein Maß für die digitale Anreicherung einer Lehrveranstaltung ist, durchaus herangezogen werden. Allerdings eignen sich diese Indizes nicht, um konstruktive Ratschläge und Hinweise zur Qualität und Qualitätsentwicklung einer Lehrveranstaltung zu geben. Insbesondere nimmt der SSI keinerlei Rückmeldungen von Studierenden auf.

Des Weiteren ist ein Vergleich der Qualität einer Lehrveranstaltung mit anderen nur bedingt möglich. So weisen verschiedene Lehrveranstaltungen unterschiedliche Rahmenbedingungen, Anforderungen und Ziele auf. Eine Lehrveranstaltung, welche als Grundlagenvorlesung angeboten wird, unterliegt anderen Einflussfaktoren als eine Wahlveranstaltung. Die Dozenten der Lehrveranstaltung GdI2 sahen sich beispielsweise mit einer großen Anzahl Studierender konfrontiert, von denen das Fach meist als „unliebsam" bezeichnet wurde.

Qualitätsbewertung. Um die Anwendung der digitalen Systeme bewerten und die Qualitätsentwicklung der Lehrveranstaltung durch den Einsatz dieser messen zu können, wurde eine 5-stufige Metrik zur Qualitätsbewertung beschrieben (vgl. Kap. 3). Da die Lehrqualität sowohl durch den Kontext als auch durch die Perspektive bestimmt ist, muss die Auswahl der Qualitätskriterien je nach Untersuchungsobjekt angepasst werden, da eine Verallgemeinerung dieser zu einem Informationsverlust bei der Bewertung führen kann. So konnten deutliche Differenzen zwischen der Bewertung des LQI und der im Rahmen dieser Arbeit entwickelten Metrik im Rahmen von GdI2 festgestellt werden. Kromrey [137] schreibt in diesem Zusammenhang auch „Ein Idealkonzept, das Utopie bleiben muss, nützt weniger und schadet mehr als ein Bündel kleiner Schritte in die gewünschte Richtung". Die Arbeit stellt in diesem Zusammenhang einen Kriterienkatalog vor, der zur Auswahl der Qualitätskriterien herangezogen werden kann. Darauf aufbauend müssen die einzelnen Komponenten der Lehrveranstaltung bestimmt und anhand ausgewählter Daten evaluiert werden. Die abschließende Qualitätsbewertung stellt insbesondere die Qualitätsentwicklung innerhalb einer Lehrveranstaltung in den Mittelpunkt, um hieraus eine prozedurale Qualitätsbewertung ableiten zu können. Diese Qualitätsbewertung ist allerdings im Gegensatz zu anderen Messverfahren, wie dem LQI, mit einem deutlich höheren Messaufwand verbunden, so dass sich eine teilautomatisierte Bewertung einzelner Komponenten insbesondere im Rahmen digitaler Lehr- und Lernangebote anbieten würde.

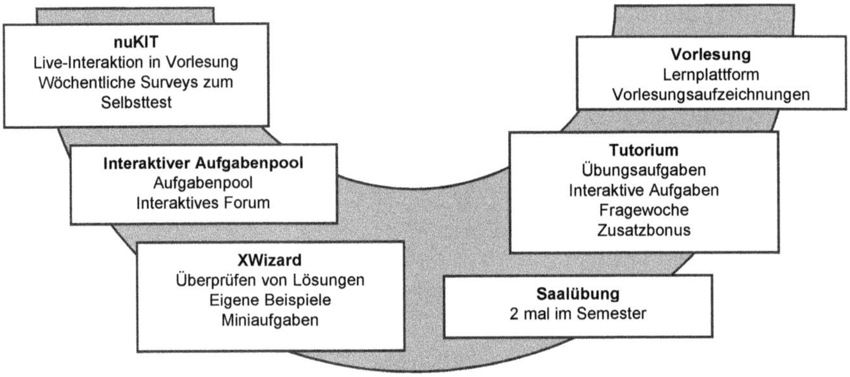

Abb. 7.1. Bewertete Einzelkomponenten des Gesamtkonzepts von GdI2. Die digitalen Systeme „nuKIT", „IAP" sowie „XWizard" stehen den Präsenzveranstaltungen „Vorlesung", „Tutorium" sowie „Saalübung" gegenüber und bilden das Gesamtkonzept der Lehrveranstaltung GdI2.

Gesamtkonzept. Anhand der ausgewählten Qualitätskriterien wurden die einzelnen Komponenten der Lehrveranstaltung GdI2 evaluiert und einander gegenübergestellt (vgl. Kap. 6). Die bewerteten Einzelkomponenten (vgl. Abb. 7.1) sind eingegliedert in das Gesamtkonzept der Lehrveranstaltung GdI2 (vgl. Kap. 4). Die Lehrveranstaltung GdI2 ist folglich eine Symbiose aus Präsenzveranstaltungen, insbesondere der Vorlesung, der Tutorien und der Saalübungen sowie der digitalen Systeme.

Die in dieser Arbeit vorgestellten digitalen Systeme umfassen die nuKIT-Tools, den interaktiven Aufgabenpool sowie den XWizard (vgl. Abb. 7.1, linke Seite sowie Kap. 5).

Die *nuKIT-Tools* beschreiben ein Audience Response System, d. h. ein elektronisches Feedbackwerkzeug, welches eine digitale Kommunikation zwischen dem Vortragenden und den Zuhörern ermöglicht. Der Zuhörer kann über eine App oder eine Webanwendung die Vortragsgeschwindigkeit bewerten oder dem Vortragenden „live" Fragen stellen. Der Vortragende selbst kann den Zuhörern ebenfalls auf digitalem Wege Fragen stellen, die entweder synchron bearbeitet werden können, oder den Nutzern als sogenannte Surveys zeit- und ortsunabhängig zum Selbsttest zur Verfügung stehen. Die nuKIT-Tools bieten sich für den Einsatz in beliebigen Veranstaltungen mit Vortragscharakter an, besonders auch bei sogenannten „Tele-Lehrveranstaltungen", die synchron an mehreren Orten angeboten werden.

Der *interaktive Aufgabenpool (IAP)* stellt das zweite digitale System dar, welches im Rahmen dieser Arbeit entwickelt und eingesetzt wurde. Im Vergleich zu den nuKIT-Tools zeichnet sich dieses Werkzeug insbesondere durch sein einfaches Konzept für andere Lehrveranstaltungen oder Lehrumgebungen aus. Der IAP stellt die kontextsensitive Kommunikation in den Mittelpunkt, indem eine beliebige Sammlung an Übungsaufgaben, der sogenannte Aufgabenpool, mit einem Forum verbunden wird. Zu jeder dieser Aufgaben wird ein vordefinierter Diskussionsbereich angeboten, der über Standardinternettechnologie mit der zugehörigen Aufgabe verbunden ist; eine entsprechende Verknüpfung von einer Aufgabe zum Diskussionsbereich ist ebenfalls vorhanden, so dass ein Aufgabenpool entsteht, welcher bidirektional mit einem mehrfädigen Forum, d. h. einem Forum mit mehreren nebeneinander existierenden Threads, verbunden ist.

Beim *XWizard* handelt es sich um ein Werkzeug im Rahmen des Web Based Training, welches zur Darstellung mathematischer Objekte verwendet werden kann. Zudem können vordefinierte Algorithmen auf die Objekte angewandt werden. Diese ermöglichen den Studierenden, eigene Lösungen zu überprüfen oder auch selbst Beispiele zu erstellen. Der XWizard umfasst insbesondere die Themenbereiche der theoretischen Informatik, kann aber, da er frei zugänglich ist, beliebig ergänzt und erweitert werden. Ursprünglich wurde er für die Anwendung im Dozentenbereich entwickelt; er bietet den Dozenten u. a. die Möglichkeit, Aufgaben zu generieren sowie Lösungen auf Korrektheit hin zu überprüfen. Allerdings hat sich schnell dessen Nutzen für den studierendenbezogenen Einsatz gezeigt, so dass speziell für die Studierenden entwickelte Methoden ergänzt wurden. Dabei handelt es sich um sogenannte Miniaufgaben, d. h. kleine Aufgaben, die der Dozent den Studierenden über den XWizard zur Verfügung stellen kann.

Die GdI2-Präsenzveranstaltungen umfassen das Angebot der *Vorlesungen*, welche über Vorlesungsaufzeichnungen digital verfügbar sind, die Tutorien und die Saalübungen (vgl. Kap. 4). In den *Tutorien* werden zweiwöchentlich Übungsaufgaben vorgestellt. Im Rahmen des Zusatzbonus, welcher es den Studierenden erleichtert, einen Notenbonus für die Abschlussklausur zu erzielen, können Studierende interaktiv Aufgaben vorstellen. Zum Semesterende wird im Rahmen der Tutorien die Fragewoche angeboten. Die *Saalübungen*, welche lediglich zwei Mal im Semester stattfinden, sind ein Angebot des Übungsteams zum Zusammenfassen und Wiederholen der in Vorlesung und Tutorien erarbeiteten Inhalte.

Im Rahmen der Qualitätsbewertung der Lehrveranstaltung GdI2 wurden umfangreiche Evaluationen durchgeführt und es wurde untersucht, inwiefern sich die digitalen Systeme in das Gesamtkonzept eingliedern lassen, sich die einzelnen Komponenten gegenseitig beeinflussen und welche Auswirkungen sich durch das Gesamtkonzept auf die Lehrqualität ergeben (vgl. Kap. 6). Neben der Qualitätsbewertung konnten Empfehlungen für die Umsetzung und Einführung der vorgestellten digitalen Angebote in Lehrveranstaltungen erarbeitet werden sowie insbesondere die Aspekte „Anreizsysteme", „Abhängigkeiten der Angebote" und „Analyse eines laufenden Lehrbetriebs" sowie verschiedene Hypothesen im Rahmen der Qualitätsverbesserung einer universitären Lehrveranstaltung abgeleitet werden.

Digitale Systeme. Durch die Integration der digitalen Systeme „nuKIT“, „IAP“ sowie „XWizard“ konnte eine Verbesserung der Lehrqualität erzielt werden. Dabei hat sich insbesondere der IAP als wegweisend erwiesen. So ist eine rege Kommunikation zwischen den Studierenden einerseits und dem Lehrpersonal andererseits entstanden. Im Vergleich zum Angebot eines unverbundenen Forums ist die Anzahl an Diskussionsbeiträgen insbesondere in den ersten Untersuchungssemestern um ein Vielfaches angestiegen. Durch die wiederholte Verwendung konnte ein Wissensarchiv gebildet werden, welches von Studierenden nachfolgender Semester ebenfalls genutzt wurde. Allerdings zeigte sich eine abnehmende Gesamtqualität des IAP im Laufe der Untersuchungssemester. Bei der Auswahl der zugrunde liegenden Kommunikationsplattform sollte insbesondere bei großen Nutzerzahlen auf ein in verschiedene Kategorien unterteilbares Forum zurückgegriffen werden. Bei weiter steigenden Beitragszahlen sollte des Weiteren untersucht werden, ob sich eine Reduzierung der Einträge als sinnvoll erweist.

Die Verwendung der nuKIT-Werkzeuge konnte insbesondere für den Einsatz während der Vorlesung überzeugen. Es hat sich herausgestellt, dass die Studierenden, im Gegensatz zur verbalen Kommunikation, die Möglichkeit der anonymen Kommunikation mit dem Dozenten bevorzugen. So konnte eine Verbesserung der Interaktion erzielt werden. Die zusätzlich angebotenen Selbsttests konnten allerdings nicht überzeugen. Es bleibt zu untersuchen, ob das geringe Interesse auf die vielfältigen Angebote zurückzuführen ist. Der erfolgreiche Einsatz eines solchen Systems ist allerdings sehr eng an die Akzeptanz durch den Dozenten gekoppelt.

Beim Einsatz des XWizards hat sich gezeigt, dass das Werkzeug zwar einerseits einen hohen Lernerfolg erzielen konnte, aber andererseits die Studierenden durch den erforderlichen Einarbeitungsaufwand auch abschreckte. Insbesondere die Individualisierbarkeit des Werkzeugs wurde von den Studierenden genutzt. Da allerdings die Webanwendung im Untersuchungszeitraum nur in einem Semester zur Verfügung stand, sollte der XWizard in weiteren Analysen auf dessen Praktikabilität hin für den Einsatz in Lehrveranstaltungen weiter untersucht werden.

Insgesamt sieht die Mehrheit der GdI2-Studierenden eine Qualitätsverbesserung durch die im Rahmen dieser Arbeit entwickelten und eingesetzten digitalen Systeme, so dass durch eine Verwendung dieser in anderen Lehrveranstaltungen die Qualität erhöht werden kann. Insgesamt sind mehr als 90% der GdI2-Studierenden der Meinung, dass der Einsatz von eLearning Werkzeugen sinnvoll sei und knapp 80 % wünschen sich einen größeren Einsatz von eLearning im Allgemeinen. Es bleibt zu untersuchen, ob sich ein unterschiedliches Meinungsbild der Studierenden vor, während oder nach der Verwendung von eLearning Konzepten zeigt und ob dieses insbesondere durch das Fachgebiet beeinflusst wird.

Anreizsysteme. Der Einsatz von Anreizsystemen hat sich als effektives Mittel gezeigt. So haben Anreize verschiedener Art eine Erhöhung der Partizipation einzelner Angebote und Systeme gezeigt. Diese können entweder in Form von Erinnerungen, wie beispielsweise E-Mails, erfolgen oder durch eine geeignete zeitliche Abstimmung der verschiedenen Angebote erzielt werden. Insbesondere die Abstimmung der Präsenzveranstaltungen mit den digitalen Angeboten hat sich als wirkungsvoller Parameter zur Optimierung der Lehrqualität gezeigt. So konnte bei der zeitlichen Verschiebung der Saalübung ein deutlicher Einfluss auf die Beteiligung am IAP nachgewiesen werden. Des Weiteren haben Anreize, welche in engem Bezug zu Klausuren aller Art standen, zu einer Erhöhung der Akzeptanz beigetragen. Diese Auswirkung auf das Verhalten der Studierenden hat sich unabhängig von der Gewichtigkeit des Anreizes herausgestellt. Durch den Zusatzbonus, der einen als gering einzustufenden Mehrwert bei der Benotung der Abschlussklausur beinhaltete, da er vollständig durch die Bonusklausur zu kompensieren war, konnte eine deutliche Erhöhung der Akzeptanz gegenüber den Tutorienzuteilungen erzielt werden. Die Schaffung von Anreizsystemen ermöglicht es den Dozenten folglich, die Gesamtqualität einer Lehrveranstaltung positiv zu beeinflussen. Insbesondere die Kopplung von Anreizen mit dem Angebot von zeit- und ortsunabhängigen digitalen Systemen führte zu einer Zunahme der Benutzerzahlen der digitalen Systeme und folglich der Gesamtqualität der Lehrveranstaltung.

Abhängigkeiten. Zudem wurde festgestellt, dass die Qualität einer einzelnen Komponente einer Lehrveranstaltung in Abhängigkeit zu den anderen Lehr- und Lernangeboten steht und vor allem die Qualitätsentwicklung ein stark verwobenes Gesamtkonstrukt darstellt. Der Einsatz der digitalen Systeme konnte beispielsweise die Akzeptanz der Studierenden gegenüber den Präsenzveranstaltungen erhöhen und insbesondere auch die Motivation der Studierenden gegenüber der Lehrveranstaltung im Gesamten steigern.

Die Evaluationsergebnisse lassen die Vermutung aufkommen, dass die Klausurergebnisse durch den erzielten Erfolg der Studierenden der vorausgegangenen Semester in Form der Bestehensquoten beeinflusst werden. Diese Beeinflussung stellt eine Problematik bei der Qualitätverbesserung der Lehrveranstaltungen dar; die Motivation zur Bereitstellung eines umfangreichen Angebots an Lehr- und Lernwerkzeugen war der objektiv hohe inhaltliche Anspruch der Lehrveranstaltung, der zu einer anspruchsvollen Abschlussklausur führte. Wenn sich nun durch die intensive Nutzung der angebotenen Werkzeuge die Bestehensquote als auch die Durchschnittsnote der Klausur verbessert, so kann dies von den Studierenden der nachfolgenden Semestern fälschlicherweise als „leichte" Klausur interpretiert werden, so dass die Motivation zur Nutzung der Werkzeuge sinkt, was wiederum zu einem Rückgang der Bestehensquote sowie des Notendurchschnitts führt.

Analyse eines laufenden Lehrbetriebs. Die Qualitätsbewertung einer Lehrveranstaltung im laufenden Vorlesungsbetrieb hat sich als eine besondere Herausforderung herausgestellt, da sich notwendigerweise Konflikte ergeben müssen zwischen der Anforderung, stets bestmögliche Lehre zu gewährleisten, und dem Ziel, fundierte Forschungsdaten zu sammeln. So war insbesondere die Bildung von Kontrollgruppen, d. h. Gruppen, denen der Zugang zu den bereitgestellten zu testenden Systemen nicht gewährt wird, moralisch nicht zu rechtfertigen und musste zugunsten einer gleichwertigen und gerechten Behandlung aller Studierenden aufgegeben werden. Kontrollgruppen stellen ein Standardverfahren in der empirischen Forschung dar. Allerdings hat sich gezeigt, dass es Gruppen Studierender gab, die freiwillig nicht auf die Systeme und Angebote zugegriffen haben, woraus sich automatisch Gruppen gebildet haben, die als Kontrollgruppe verwendet werden konnten. Inwiefern weitere Einflussfaktoren zur Gruppenbildung beitragen, konnte nicht abschließend geklärt werden. Wichtig bei der Bildung der Gruppen ist in jedem Fall das Vorhandensein geeigneter Daten, um die Studierenden den jeweiligen Gruppen zuweisen zu können.

Zur Analyse der Lehrveranstaltung ist die Verwendung von Evaluationsbögen unabdingbar. Hierbei sollte allerdings darauf geachtet werden, dass der Erhebungszeitpunkt über mehrere Vergleichssemester einheitlich gewählt wird, und – optimalerweise – eine große Gruppe der Studierenden anspricht, die wiederum nicht durch äußere Rahmenbedingungen vorselektiert ist. Eine papierbasierte Evaluation hat sich gegenüber der onlinebasierten als vorteilhaft in Bezug auf die Teilnehmerzahl erwiesen. Zudem empfiehlt sich eine einheitliche Formulierung der Fragen sowie eine Verwendung gleicher Bewertungsskalen, um eine Vergleichbarkeit der Ergebnisse zu erleichtern. Um allerdings einer Verzerrung der Ergebnisse durch die Verwendung reiner Evaluationsbögen entgegenzuwirken sowie verschiedene Einflussfaktoren zu betrachten, haben sich im Rahmen dieser Arbeit zur Gewinnung von Daten zusätzlich freie Analysewerkzeuge wie Google Analytics oder Piwik als hilfreich erwiesen. Zudem konnte auf die Datensätze der Datenbanken der eLearning-Systeme zugegriffen werden.

Die Vergleichbarkeit erhobener Daten ist ein weiterer Aspekt, der bei der Evaluation in realen Umgebungen beachtet werden muss. Neben der Verwendung statistischer Standardverfahren wurde im Rahmen dieser Arbeit ein Ansatz vorgestellt, der es ermöglicht, das Schwierigkeitsniveau von Klausuren rückblickend zu bewerten und als Grundlage für zukünftige Klausuren heranzuziehen. So wird auf Basis eines Aufgabenpools zurückliegender Klausuren sowohl von Studierenden als auch von Dozenten jede einzelne Aufgabe anhand einer vorgegebenen Bewertungsskala bewertet und mit der Maximalpunktzahl der Aufgabe gewichtet. Anhand der durchschnittlichen Bewertung der Studierenden und der Dozenten lässt sich für jede Klausur das Schwierigkeitsniveau aus Sicht der Studierenden sowie der Dozenten ermitteln.

In Zeiten des „Shift from teaching to learning" richtet sich der Wissenschaftsrat vor allem an „*die Hochschulen als Orte des Lehrens und Lernens*" und darin u. a. an die „*verschiedenen Organisationseinheiten, um die zu ihrer Einrichtung oder Fachrichtung passenden Instrumente und Strukturen selbst weiter zu entwickeln*" [251]. Dieser Aufforderung folgend hat das in dieser Arbeit beschriebene Bewertungssystem die methodische Beurteilung der Lehrqualität über mehrere Vergleichssemester in Bezug auf die Einzelkomponenten sowie auf das Gesamtkonzept und eine gezielte Anpassung an die zu beurteilende Lehrveranstaltung zum Ziel gehabt. Die Durchführung der Qualitätsbewertung im realen Lehrbetrieb hat dabei u. a. die Eingliederung der digitalen Systeme betrachtet. Anhand der Durchführung umfangreicher Evaluationen konnte ein Verständnis der zugrunde liegenden Zusammenhänge und Abhängigkeiten erreicht werden sowie eine gezielte Weiterentwicklung der Lehrqualität erfolgen. Zudem konnten Empfehlungen für den Einsatz digitaler Systeme in anderen Lehrveranstaltungen sowie Hilfestellungen zur Planung, Durchführung und Bewertung von universitären Lehrveranstaltungen abgeleitet werden.

Abschließende Worte

Um der Lehre wieder den Stellenwert an den Universitäten zu geben, der ihr nach dem Hochschulrahmengesetz zukommt, und zwar als zweites Primärziel neben der Forschung, reichen von „oben" vorgegebene Reformen nicht aus. Die Umstellung muss auch in den Köpfen der Beteiligten geschehen, so dass Universitäten, die sich vermehrt mit der Lehre auseinandersetzen, nicht als solche „*zweiter Klasse*" abgestempelt werden. Der Wissenschaftsrat hat in seinem Positionspapier „Strategien für die Hochschullehre" vom April 2017 [251] auf eben dieses Umdenken hingewiesen.

Die vorliegende Arbeit will Anregungen dazu geben, sich verstärkt mit der Lehre auseinanderzusetzen und hat Möglichkeiten aufgezeigt, wie Lehrveranstaltungen gezielt angereichert und verbessert werden können. Um mit den Worten des Wissenschaftsrats zu enden, so darf, trotz aller digitalen Werkzeuge, didaktischer Konzepte sowie Lehr- und Lernmethoden nicht vergessen werden, dass das „*persönliche Engagement, die Kompetenz und die Leistung der einzelnen Lehrenden [...] wesentliche Voraussetzungen für die Lehrqualität [sind]*", aber auch das „*Lernen ein aktiver Prozess der Studierenden [ist], sie sind mitverantwortlich für den eigenen Lernfortschritt und Studienerfolg*".

A Anhang

Der Anhang enthält die im Rahmen dieser Arbeit verwendeten Evaluationsbögen (vgl. Anh. A.1 bis Anh. A.6), verschiedene statistische Tests (vgl. Anh. A.7 bis Anh. A.12) sowie die Notenskala der Abschlussklausuren GDI2 (vgl. Anh. A.13).

Evaluationsbögen. Die dargestellten Evaluationsbögen sind lediglich eine für diese Arbeit umgesetzte Nachbildung der originalen. Hierbei ist zu beachten, dass der Wortlaut der Fragen sowie aller Hinweise dem der Originalbögen entspricht. Zudem wurde die Reihenfolge der Fragen bei der Nachbildung beibehalten. Auch die Nummerierung der Fragen, die einzelnen Unterkategorien sowie die Ankreuzkästchen sind vom Original übernommen. Die Formatierung einzelner Fragen und Antwortmöglichkeiten kann geringfügig abweichen; so mussten Zeilen-, Seitenumbruch und die Anordnung der Antwortmöglichkeiten bei einer Multiple-Choice-Frage zu Gunsten einer besseren Darstellung im Rahmen dieser Arbeit teilweise geändert werden. Auch der Bereich der Freitextantworten wurde im Original großzügiger bemessen. Die Formatierung der Überschriften wurde nicht beibehalten, sondern zur Einheitlichkeit im Rahmen dieser Arbeit durch Linien angegrenzt. Zudem wurden Kopf- und Fußzeilen der Originalbögen nicht dargestellt.

Tests. Für die Tests auf Normalität (vgl. Anh. A.7 bis Anh. A.11) werden für alle Datensätze der Shapiro-Wilk, der Anderson-Darling, der Lilliefors sowie der Jarque-Bera-Test durchgeführt. Diese Tests unterscheiden sich in ihrer Teststärke sowie in der Größe des benötigten Stichprobenumfangs. Die Teststärke, auch Power genannt, beschreibt die Wahrscheinlichkeit eines Tests, dass dieser sich richtigerweise für die Gegenhypothese entscheidet [193].

- Shapiro-Wilk: Der Shapiro-Wilk-Test zeichnet sich durch eine im Vergleich zu den anderen Testverfahren sehr hohe Power aus, so dass die Nullhypothese H0 verstärkt abgelehnt wird [176, 193]. Er kann für einen Stichprobenumfang von 3 bis 5000 eingesetzt werden und aufgrund seiner hohen Teststärke für alle Verteilungsarten und Stichprobengrößen sehr beliebt. Allerdings müssen bei der Teststärke für kleine Stichprobengrößen Abstriche gemacht werden [176].
- Anderson-Darling: Dem Anderson-Darling-Test wird nach dem Shapiro-Wilk-Test ebenfalls eine hohe Teststärke bescheinigt [176]. Er bezieht verstärkt die Ränder und deren Abweichungen von der Verteilung des Referenzmodells mit ein [193]. Die Berechnung beruht auf einem Verteilungsmodell, so dass dieser über mehr Power verfügt als der Kolmogorov-Smirnov-Test, der auf einer empirischen Verteilungsfunktion basiert und ursprünglich stark zum Einsatz kam aber auf Grund seiner geringen Teststärke nur noch eine kleine Rolle spielt.
- Lilliefors: Der Test nach Lilliefors basiert ebenfalls auf dem Kolmogorov-Smirnov-Test. Da dieser allerdings eine vollständige Definition verschiedener Verteilungsparameter wie beispielsweise Varianz verlangt (und bei Schätzung dieser sehr

https://doi.org/10.1515/9783110483048-367

konservativ reagiert), wurde der Lilliefors-Test entwickelt, der diesem Nachteil entgegenwirkt [193].
- Jarque-Bera: Der Jarque-Bera-Test beantwortet die Frage nach der Verteilung der Stichprobe über die Analyse der Schiefe oder der Kurtosis.

Den ersten drei Tests ist gemeinsam, dass sie eine geringe Power bei kleinem Stichprobenumfang aufweisen (d. h. kleiner oder gleich 30) [176].

A.1 Evaluationsbogen Vorlesung beispielhaft aus dem *WS*15

Der folgende Fragebogen basiert auf dem für Vorlesungen der Fakultät für Wirtschaftswissenschaften des KIT vom *WS*15 entnommen. Zu Frage 1.9. ist eine Ergänzung der Fragebögen aus den *WS*09 und *WS*10 eingeschoben. Der Fragebogen wird von der Evaluationsstelle des Qualitätsmanagements des KIT gemäß der Evaluationsordnung [118] entworfen, ausgegeben und die Ergebnisse kumuliert publiziert [119]. Die Ausstellung sowie Auswertung erfolgt über die Software EvaSys [60].

Evaluation an der Fakultät für Wirtschaftswissenschaften – Vorlesung

Markieren Sie so:	☐ ☒ ☐ ☐ ☐	Bitte verwenden Sie einen Kugelschreiber oder nicht zu starken Filzstift. Dieser Bogen wird maschinell erfasst.
Korrektur:	☐ ■ ☐ ☒ ☐	Bitte beachten Sie im Interesse einer optimalen Datenerfassung die links gegebenen Hinweise beim Ausfüllen.

1. Fragen zur Lehrveranstaltung

1.1	Wie gerne besuchen Sie diese Lehrveranstaltung?	sehr gern	☐ ☐ ☐ ☐ ☐	sehr ungern

1.2 Warum besuchen Sie diese Lehrveranstaltung?

☐ Pflicht-/Wahlpflichtveranstaltung ☐ persönliches Interesse
☐ zur Wiederholung/Vertiefung ☐ Studium Generale

1.3 Mein Engagement für diese Lehrveranstaltung ist gekennzeichnet durch: (Mehrfachnennungen möglich)

☐ regelmäßige Anwesenheit ☐ konsequentes Mitschreiben
☐ aktive Beiträge ☐ regelmäßige Vor-/Nachbereitung
☐ Teilnahme an einer Lerngruppe ☐ Lesen der empfohlenen Literatur
☐ Durcharbeiten von Skripten/Materialien ☐ Besuch von Übung/Tutorium
☐ Internetrecherche

1.4	Die inhaltliche Abstimmung zu anderen Lehrveranstaltungen in meinem Studienplan ist...	sehr gut	☐ ☐ ☐ ☐ ☐	sehr schlecht
1.5	Wie beurteilen Sie die Mitarbeit Ihrer Studienkollegen/innen innerhalb dieser Lehrveranstaltung?	sehr intensiv	☐ ☐ ☐ ☐ ☐	sehr gering
1.6	Erkennen Sie die Bedeutung der Lehrinhalte für das weitere Studium?	deutlich	☐ ☐ ☐ ☐ ☐	überhaupt nicht

1.7 Die Lehrveranstaltung fördert: (Mehrfachnennungen möglich)

☐ meine praktische Handlungsfähigkeit ☐ Transfer und Anwendung des Gelernten auf andere Kontexte
☐ meine analytischen Fähigkeiten ☐ meine Eigeninitiative
☐ meine Fähigkeit zur Zusammenarbeit ☐ das selbstständige Arbeiten

1.8	In dieser Lehrveranstaltung lerne ich viel.	trifft voll zu	☐☐☐☐☐	trifft gar nicht zu
1.9	Die Ziele und Anforderungen der Lehrveranstaltung wurden klar formuliert.	trifft voll zu	☐☐☐☐☐	trifft gar nicht zu

Ergänzungen aus dem *WS*09 und *WS*10:

1.9	Die Veranstaltung fördert mein Interesse am Thema.	trifft voll zu	☐☐☐☐☐	trifft gar nicht zu

1.10	Die einzelnen Vorlesungen kommen zu einem erkennbaren Ziel.	trifft voll zu	☐☐☐☐☐	trifft gar nicht zu
1.11	Es werden nicht nur Einzelfakten, sondern auch Zusammenhänge vermittelt.	trifft voll zu	☐☐☐☐☐	trifft gar nicht zu
1.12	Der/Die Dozent/in hat unterstützende Hilfsmittel (z. B. Beamer, Tafelbild) sinnvoll eingesetzt.	trifft voll zu	☐☐☐☐☐	trifft gar nicht zu
1.13	Es gab hilfreiche Arbeitsmaterialien (z.B. Literaturhinweise, Internet Lernplattformen, Skripte) zur Veranstaltung.	trifft voll zu	☐☐☐☐☐	trifft gar nicht zu

Die Anonymität ist bei handschriftlichen Kommentaren unter Umständen nicht gewährleistet. Bitte verstellen Sie bei allen Antwortmöglichkeiten gegebenenfalls Ihre Schrift, z.B. durch Druckbuchstaben.

1.14	Hilfsmittel, Arbeitsmaterialien und Lernplattformen hätten mein Lernen besser unterstützt, wenn...	☐		
1.15	Wie hoch ist der notwendige Arbeitsaufwand für diese Lehrveranstaltung?	sehr niedrig	☐☐☐☐☐	sehr hoch
1.16	Der notwendige Arbeitsaufwand für die Lehrveranstaltung ist...	angemessen	☐☐☐☐☐	unangemessen
1.17	Wie ist die Lehrveranstaltung strukturiert?	sehr gut	☐☐☐☐☐	sehr schlecht

Bitte beurteilen Sie die Vorlesung hinsichtlich folgender Aspekte:

1.18	Inhaltlicher Anspruch	sehr hoch	☐☐☐☐☐	sehr gering
1.19	Geschwindigkeit	zu schnell	☐☐☐☐☐	zu langsam
1.20	Erforderliche Vorkenntnisse	sehr viele	☐☐☐☐☐	sehr wenige
1.21	Anschaulichkeit (durch hilfreiche Beispiele)	sehr anschaulich	☐☐☐☐☐	sehr abstrakt

1.22 War das vollständige Vorlesungsskript mindestens eine Woche vor Vorlesungsbeginn verfügbar?

☐ ja ☐ nein ☐ Veranstaltung arbeitet ohne Vorlesungsskript

1.23 Werden die Veranstaltungsunterlagen mindestens zwei Tage vor Veranstaltungstermin online zur Verfügung gestellt?

☐ ja ☐ nein ☐ Veranstaltung arbeitet ohne Vorlesungsskript

1.24	Ich habe mir die Vorlesungsunterlagen vor dem Vorlesungstermin angeschaut.	sehr intensiv	☐☐☐☐☐	gar nicht
1.25	Falls nicht. Woran lag es?	☐		
1.26	Bitte benoten Sie die Lehrveranstaltung insgesamt.	sehr gut	☐☐☐☐☐	sehr schlecht
1.27	Werden zusätzlich zur Vorlesung Tutorien angeboten?		☐ ja	☐ nein
1.28	Falls ja: Es gibt genügend Tutorien.	trifft voll zu	☐☐☐☐☐	trifft gar nicht zu
2.	**Fragen zur Bewertung der Raumbedingungen**			
2.1	Die Raumgröße ist der Teilnehmerzahl	angemessen	☐☐☐☐☐	unangemessen
2.2	Die Akustik in diesem Raum ist	sehr gut	☐☐☐☐☐	sehr schlecht
2.3	Die Sichtbedingungen in diesem Raum sind	sehr gut	☐☐☐☐☐	sehr schlecht
3.	**Fragen zum/zur Dozenten/in**			
3.1	Wirkt der/die Dozent/in engagiert und motiviert bei der Durchführung der Lehrveranstaltung?	sehr stark	☐☐☐☐☐	überhaupt nicht
3.2	Geht der/die Dozent/in auf Fragen und Belange der Studierenden ein?	sehr stark	☐☐☐☐☐	überhaupt nicht
3.3	Der/Die Dozent/in verweist auf aktuelle Forschung.	trifft voll zu	☐☐☐☐☐	trifft gar nicht zu
3.4	Der/Die Dozent/in verweist auf Zusammenhänge zwischen Theorie und Praxis.	trifft voll zu	☐☐☐☐☐	trifft gar nicht zu
3.5	Der/Die Dozent/in erklärt Sachverhalte gut.	trifft voll zu	☐☐☐☐☐	trifft gar nicht zu
3.6	Der/Die Dozent/in spricht klar und deutlich.	trifft voll zu	☐☐☐☐☐	trifft gar nicht zu
3.7	Der/Die Dozent/in teilt sich die Vorlesung zeitlich gut ein.	trifft voll zu	☐☐☐☐☐	trifft gar nicht zu
3.8	Der/Die Dozent/in ist auch außerhalb der Lehrveranstaltung ansprechbar (z.B. Sprechstunden).	trifft voll zu ☐ noch keine Sprechstunden genutzt.	☐☐☐☐☐	trifft gar nicht zu

4. Fragen zum Studium

4.1 Von 10 Vorlesungsterminen besuche ich im Durchschnitt etwa:

☐ 0 – 2 ☐ 3 – 4 ☐ 5 – 6 ☐ 7 – 8 ☐ 9 – 10

4.2 Wie viel Zeit haben sie **bis jetzt (!)** durchschnittlich pro Woche für die Vor- und Nachbereitung für diese Veranstaltung investiert?

☐ Keine ☐ < 1 Std. ☐ 1 < 2 Std. ☐ 2 < 3 Std. ☐ 3 < 4 Std. ☐ 4 < 5 Std.
☐ 5 < 6 Std. ☐ 6 < 7 Std. ☐ 7 Std. und mehr

4.3 Ich beziehe mein Wissen zu den Inhalten der Veranstaltung vorwiegend aus (Mehrfachnennung möglich):

☐ Vorlesung ☐ Übung ☐ Tutorium ☐ Skript/Folien
☐ Literatur ☐ Internet ☐ Sonstiges

4.4 Im wievielten Fachsemester befinden Sie sich in Ihrem aktuellen Studiengang (z.B. 1. Fachsemester im Master = 1)?

☐ 1 – 2 ☐ 3 – 4 ☐ 5 – 6 ☐ 7 – 8 ☐ > 8

4.5 Aktuelles Studienfach

☐ InfoWirt (Bachelor)	☐ InfoWirt (Master)	☐ InfoWirt (Diplom)
☐ Wing (Bachelor)	☐ Wing (Master)	☐ Wing (Diplom)
☐ TVWL (Bachelor)	☐ TVWL (Master)	☐ TVWL (Diplom)
☐ Wi.Mathematik	☐ Informatik	☐ Sonstiges

5. Kommentare

5.1 Gut gefallen hat mir an der Vorlesung besonders:

☐

5.2 Nicht gut gefallen hat mir an der Vorlesung besonders:

☐

5.3 Folgendes könnte an der Vorlesung noch konkret verbessert werden:

☐

A.2 Evaluationsbogen Übung beispielhaft aus dem *WS*14

Der folgende Fragebogen für die Übungen der Fakultät für Wirtschaftswissenschaften des KIT im *WS*14 entstammt der Evaluationsstelle des KIT, welche diese anhand der Evaluationsordnung [118] konzipiert hat. Die Ergebnisse werden auch hier kumuliert publiziert [119]. Die Software EvaSys [60] wird ebenfalls für die Auswertung dieser Fragebögen verwendet. Die Reihenfolge entspricht der des tatsächlichen Fragebogens, die Anordnung der Fragen sowie der Antwortmöglichkeiten kann geringfügig abweichen.

Evaluation an der Fakultät für Wirtschaftswissenschaften – Übung

Markieren Sie so:	☐ ☒ ☐ ☐ ☐	Bitte verwenden Sie einen Kugelschreiber oder nicht zu starken Filzstift. Dieser Bogen wird maschinell erfasst.
Korrektur:	☐ ■ ☐ ☒ ☐	Bitte beachten Sie im Interesse einer optimalen Datenerfassung die links gegebenen Hinweise beim Ausfüllen.

1. Fragen zur Lehrveranstaltung

1.1 Wie gerne besuchen Sie diese Lehrveranstaltung? sehr gern ☐ ☐ ☐ ☐ ☐ sehr ungern

1.2 Warum besuchen Sie diese Lehrveranstaltung?

☐ Pflicht-/Wahlpflichtveranstaltung	☐ persönliches Interesse
☐ zur Wiederholung/Vertiefung	☐ Studium Generale

1.3 Mein Engagement für diese Lehrveranstaltung ist gekennzeichnet durch: (Mehrfachnennungen möglich)

☐ regelmäßige Anwesenheit	☐ konsequentes Mitschreiben
☐ aktive Beiträge	☐ regelmäßige Vor-/Nachbereitung
☐ Teilnahme an einer Lerngruppe	☐ Lesen der empfohlenen Literatur
☐ Durcharbeiten von Skripten/Materialien	☐ Internetrecherche

1.4	Die inhaltliche Abstimmung zu anderen Lehrveranstaltungen in meinem Studienplan ist...	sehr gut	□□□□□	sehr schlecht
1.5	Wie beurteilen Sie die Mitarbeit Ihrer Studienkollegen/innen innerhalb dieser Lehrveranstaltung?	sehr intensiv	□□□□□	sehr gering
1.6	Erkennen Sie die Bedeutung der Lehrinhalte für das weitere Studium?	deutlich	□□□□□	überhaupt nicht

1.7 Die Lehrveranstaltung fördert: (Mehrfachnennungen möglich)

□ meine praktische Handlungsfähigkeit
□ Transfer und Anwendung des Gelernten auf andere Kontexte
□ meine analytischen Fähigkeiten
□ meine Eigeninitiative
□ meine Fähigkeit zur Zusammenarbeit
□ das selbstständige Arbeiten

1.8	In dieser Lehrveranstaltung lerne ich viel.	trifft voll zu	□□□□□	trifft gar nicht zu
1.9	Wie ist die Lehrveranstaltung strukturiert?	seht gut	□□□□□	sehr schlecht
1.10	Die Ziele und Anforderungen der Übung wurden klar formuliert.	trifft voll zu	□□□□□	trifft gar nicht zu
1.11	Die Übungsaufgaben bringen mir für das Verständnis des Vorlesungsstoffes viel.	trifft voll zu	□□□□□	trifft gar nicht zu
1.12	Die Lösungen zu den einzelnen Aufgaben werden angemessen besprochen.	trifft voll zu	□□□□□	trifft gar nicht zu
1.13	Der/Die Übungsleiter/in hat unterstützende Hilfsmittel (z.B. Tafelbild, Beamer) sinnvoll eingesetzt	trifft voll zu	□□□□□	trifft gar nicht zu
1.14	Es gab hilfreiche Arbeitsmaterialien (z.B. Literaturhinweise, Internet Lernplattformen, Skripte) zur Veranstaltung.	trifft voll zu	□□□□□	trifft gar nicht zu

Die Anonymität ist bei handschriftlichen Kommentaren unter Umständen nicht gewährleistet. Bitte verstellen Sie bei allen Antwortmöglichkeiten gegebenenfalls Ihre Schrift, z.B. durch Druckbuchstaben.

1.15 Hilfsmittel, Arbeitsmaterialien und Lernplattformen hätten mein Lernen besser unterstützt, wenn... [ ]

1.16	Wie hoch ist der notwendige Arbeitsaufwand für diese Lehrveranstaltung?	sehr niedrig	□□□□□	sehr hoch
1.17	Der notwendige Arbeitsaufwand für die Lehrveranstaltung ist...	angemessen	□□□□□	unangemessen

1.18 Werden die Übungsunterlagen mindestens zwei Tage vor Veranstaltungstermin online zur Verfügung gestellt?

□ ja □ nein □ Veranstaltung arbeitet ohne Übungsunterlagen

1.19	Ich habe mir die Übungsunterlagen vor dem Veranstaltungstermin angeschaut.	sehr intensiv	□□□□□	gar nicht

1.20 Falls nicht. Woran lag es? [ ]

Bitte beurteilen Sie die Lehrveranstaltung hinsichtlich folgender Aspekte:

1.21	Inhaltlicher Anspruch	sehr hoch	□□□□□	sehr gering

1.22	Geschwindigkeit	zu schnell	□□□□□	zu langsam
1.23	Anschaulichkeit (durch hilfreiche Beispiele)	sehr anschaulich	□□□□□	sehr abstrakt
1.24	Bitte benoten Sie die Lehrveranstaltung insgesamt.	sehr gut	□□□□□	sehr schlecht
2.	**Fragen zur Bewertung der Raumbedingungen**			
2.1	Die Raumgröße ist der Teilnehmerzahl	angemessen	□□□□□	unangemessen
2.2	Die Akustik in diesem Raum ist	sehr gut	□□□□□	sehr schlecht
2.3	Die Sichtbedingungen in diesem Raum sind	sehr gut	□□□□□	sehr schlecht
3.	**Fragen zum/zur Dozenten/in**			
3.1	Wirkt der/die Dozent/in engagiert und motiviert bei der Durchführung der Veranstaltung?	sehr stark	□□□□□	überhaupt nicht
3.2	Geht der/die Dozent/in auf Fragen und Belange der Studierenden ein?	sehr stark	□□□□□	überhaupt nicht
3.3	Der/Die Dozent/in verweist auf Zusammenhänge zwischen Theorie und Praxis.	trifft voll zu	□□□□□	trifft gar nicht zu
3.4	Der/Die Dozent/in erklärt Sachverhalte gut.	trifft voll zu	□□□□□	trifft gar nicht zu
3.5	Der/Die Dozent/in spricht klar und deutlich.	trifft voll zu	□□□□□	trifft gar nicht zu
3.6	Der/Die Dozent/in teilt sich die Lehrveranstaltung zeitlich gut ein.	trifft voll zu	□□□□□	trifft gar nicht zu
3.7	Der/Die Dozent/in ist auch außerhalb der Lehrveranstaltung ansprechbar (z.B. Sprechstunden).	trifft voll zu □ noch keine Sprechstunden genutzt.	□□□□□	trifft gar nicht zu

4. Fragen zum Studium

4.1 Von 10 Übungsterminen besuche ich im Durchschnitt etwa:

□ 0 – 2 □ 3 – 4 □ 5 – 6 □ 7 – 8 □ 9 – 10

4.2 Wie viel Zeit haben sie **bis jetzt (!)** durchschnittlich pro Woche für die Vor- und Nachbereitung für diese Veranstaltung investiert?

□ Keine □ < 1 Std. □ 1 < 2 Std. □ 2 < 3 Std. □ 3 < 4 Std. □ 4 < 5 Std.
□ 5 < 6 Std. □ 6 < 7 Std. □ 7 Std. und mehr

4.3 Ich beziehe mein Wissen zu den Inhalten der Veranstaltung vorwiegend aus (Mehrfachnennung möglich):

□ Vorlesung □ Übung □ Tutorium □ Skript/Folien
□ Literatur □ Internet □ Sonstiges

4.4 Aktuelles Studienfach

□ InfoWirt (Bachelor) □ InfoWirt (Master) □ InfoWirt (Diplom)
□ Wing (Bachelor) □ Wing (Master) □ Wing (Diplom)
□ TVWL (Bachelor) □ TVWL (Master) □ TVWL (Diplom)
□ Wi.Mathematik □ Informatik □ Sonstiges

4.5	Im wievielten Fachsemester befinden Sie sich in Ihrem aktuellen Studiengang (z.B. 1. Fachsemester im Master = 1)? ☐ 1 – 2 ☐ 3 – 4 ☐ 5 – 6 ☐ 7 – 8 ☐ > 8	
5.	**Kommentare**	
5.1	Gut gefallen hat mir an der Übung besonders:	☐
5.2	Nicht gut gefallen hat mir an der Übung besonders:	☐
5.3	Folgendes könnte an der Übung noch konkret verbessert werden:	☐

A.3 Evaluationsbogen Tutorium beispielhaft aus dem *WS*15

Der Tutoriumsfragebogen (Version *WS*15) wurde im Rahmen dieser Arbeit erstellt und basiert auf dem „Fragebogen zur Evaluation studentischer Tutorien" aus dem Fachbereich Psychologie der Universität Heidelberg [231]. Die Fragestellungen sind an die der offiziellen KIT-Evaluationsbögen angepasst.

Tutoriumsfragebogen

Die Teilnahme an der Tutoriumsevaluation ist anonym und freiwillig. Die Ergebnisse der Evaluation werden ausschließlich zu Forschungszwecken verwendet. Sie tragen mit Ihrer Teilnahme zur Verbesserung der Qualität der Lehre bei.

1.	**Fragen zur Lehrveranstaltung**			
1.1	Wie gerne besuchen Sie dieses Tutorium?	sehr gern	☐☐☐☐☐	ungern
1.2	Wie beurteilen Sie die Mitarbeit Ihrer Studienkollegen/innen innerhalb des Tutoriums?	sehr intensiv	☐☐☐☐☐	sehr gering
1.3	In diesem Tutorium lerne ich viel.	trifft voll zu	☐☐☐☐☐	trifft gar nicht zu
2.	**Fragen zum Tutor/in**			
2.1	Der/Die Tutor/in startet das Tutorium pünktlich.	trifft voll zu	☐☐☐☐☐	trifft gar nicht zu
2.2	Der/Die Tutor/in teilt die Zeit sinnvoll ein.	trifft voll zu	☐☐☐☐☐	trifft gar nicht zu
2.3	Der/Die Tutor/in geht in einem angemessenen Tempo vor.	trifft voll zu	☐☐☐☐☐	trifft gar nicht zu
2.4	Der/Die Tutor/in ist motiviert und engagiert.	trifft voll zu	☐☐☐☐☐	trifft gar nicht zu
2.5	Der/Die Tutor/in spricht klar und deutlich.	trifft voll zu	☐☐☐☐☐	trifft gar nicht zu
2.6	Der/Die Tutor/in unterstützt mich hinreichend bei der Bearbeitung der interaktiven Aufgaben.	trifft voll zu	☐☐☐☐☐	trifft gar nicht zu
2.7	Der/Die Tutor/in bespricht die Übungsaufgaben so, dass ich die Inhalte verstehe.	trifft voll zu	☐☐☐☐☐	trifft gar nicht zu

2.8	Der/Die Tutor/in verfügt über ausreichend didaktische Kompetenz, um das Tutorium zu leiten.	trifft voll zu □□□□□ trifft gar nicht zu
2.9	Der/Die Tutor/in setzt Hilfsmittel (Tafel, Folien) sinnvoll ein.	trifft voll zu □□□□□ trifft gar nicht zu
2.10	Der/Die Tutor/in wirkt bei der Durchführung des Tutoriums sicher und gut vorbereitet.	trifft voll zu □□□□□ trifft gar nicht zu
2.11	Der/Die Tutor/in geht auf Fragen und Wünsche der Teilnehmenden ein.	trifft voll zu □□□□□ trifft gar nicht zu
2.12	Der/Die Tutor/in kann Fragen gut und verständlich beantworten.	trifft voll zu □□□□□ trifft gar nicht zu
2.13	Der/Die Tutor/in ist auch außerhalb des Tutoriums für Fragen erreichbar.	trifft voll zu □□□□□ trifft gar nicht zu
3.	**Allgemeines**	
3.1	Insgesamt gesehen bin ich mit der Leistung des Tutors/der Tutorin zufrieden.	trifft voll zu □□□□□ trifft gar nicht zu
3.2	Das Tutoriumsangebot trägt zum Verständnis der Vorlesungsinhalte bei.	trifft voll zu □□□□□ trifft gar nicht zu
3.3	Insgesamt gebe ich dem Tutorium die Note:	1,0 □ 1,3 □ 1,7 □ 2,0 □ 2,3 □ 2,7 □ 3,0 □ 3,3 □ 3,7 □ 4,0 □ 5,0 □
3.4	Gut gefallen hat mir an dem Tutorium besonders:	______________________
3.5	Nicht gut gefallen hat mir an dem Tutorium:	______________________
3.6	Folgendes könnte an dem Tutorium noch konkret verbessert werden:	______________________
4.	**Angaben zu Ihrer Person**	
4.1	Von 6 Tutoriumsterminen bei diesem Tutor habe ich besucht ...	1 □ 2 □ 3 □ 4 □ 5 □ 6 □
4.2	Durchschnittlich habe ich pro Woche für die Vor- und Nachbearbeitung des Tutoriums folgende Stundenanzahl investiert:	< 1 □ 1 – 2 □ 2 – 3 □ 3 – 4 □ 4 – 5 □
4.3	Aktuelles Studienfach:	InfoWirt (Bac.) □ Wing (Bac.) □ Wing (Master) □ TVWL (Bac.) □ Wi.Math. □
4.4	Ich befinde mich im Fachsemester:	1 – 2 □ 3 – 4 □ 5 – 6 □ 7 – 8 □ > 8 □
5.	**Bonusklausur**	
5.1	Das Zusatz-Bonus-Konzept der interaktiven Aufgaben gefällt mir gut.	trifft voll zu □□□□□ trifft gar nicht zu

5.2 Für die Bonusklausur fände ich folgenden Termin angemessener: Sa 10 Uhr ☐ Mo-Fr 19.30 Uhr ☐

A.4 Evaluationsbogen eLearning beispielhaft aus dem *WS*15

Der nachfolgende Evaluationsbogen zu verschiedenen eLearning-Angeboten wurde im Rahmen dieser Arbeit erstellt. Der dargestellte Fragebogen bezieht sich auf die Version des *WS*15.

eLearning (nuKIT-Tools und interaktive Verknüpfung von Übungsaufgaben mit Diskussionsforen)

Markieren Sie so:	☐ ☒ ☐ ☐ ☐	Bitte verwenden Sie einen Kugelschreiber oder nicht zu starken Filzstift. Dieser Bogen wird maschinell erfasst.
Korrektur:	☐ ■ ☐ ☒ ☐	Bitte beachten Sie im Interesse einer optimalen Datenerfassung die links gegebenen Hinweise beim Ausfüllen.

1. Fragen zur Vorbereitung von Mobile Devices

1.1 Besitzen Sie ein Smartphone? ☐ ja ☐ nein

1.2 Falls ja, auf welchem Betriebssystem basiert Ihr Smartphone?
☐ Android ☐ iOS ☐ Blackberry ☐ Bada ☐ Symbian
☐ Windows Phone ☐ Anderes

1.3 Falls ja, wie oft haben Sie Ihr Smartphone an der Uni dabei?
☐ immer ☐ 90% ☐ 75% ☐ 50% ☐ <50%

1.4 Falls Sie ein Android-Smartphone besitzen, haben Sie die nuKIT-App installiert?
☐ ja ☐ nein

1.5 Falls Sie ein Smartphone besitzen, das nicht auf Android basiert, würden Sie bei Verfügbarkeit einer entsprechenden nuKIT-App diese installieren?
☐ ja ☐ nein

1.6 Wenn nein bei 1.4 oder 1.5, warum nicht?
☐ Nicht in der Vorlesung anwesend ☐ Kein Interesse an nuKIT ☐ nuKIT ist unnötig
☐ Kein Smartphone ☐ Installation unklar
☐ Ich verwende die Webanwendung und nicht die App ☐ Sonstiges

1.7 Besitzen Sie ein Tablet? ☐ ja ☐ nein

1.8 Falls ja, auf welchem Betriebssystem basiert das Tablet?
☐ Android ☐ iOS ☐ Windows Phone ☐ webOS ☐ Anderes

1.9 Falls ja, wie oft haben Sie Ihr Tablet an der Uni dabei?
☐ immer ☐ 90% ☐ 75% ☐ 50% ☐ <50%

1.10 Falls Sie ein Android-Tablet besitzen, haben Sie die nuKIT-App installiert?
☐ ja ☐ nein

1.11 Falls Sie ein Tablet besitzen, das nicht auf Android basiert, würden Sie bei Verfügbarkeit einer entsprechenden nuKIT-App diese installieren?
☐ ja ☐ nein

1.12 Wenn nein bei 1.11 oder 1.12, warum nicht?

☐ Nicht in der Vorlesung anwesend ☐ Kein Interesse an nuKIT ☐ nuKIT ist unnötig
☐ Schon auf Smartphone installiert ☐ Installation unklar ☐ Kein Tablet
☐ Ich verwende die Webanwendung und nicht die App ☐ Sonstiges

1.13 Besitzen Sie einen Laptop/ein Netbook? ☐ ja ☐ nein

1.14 Falls ja, wie oft haben Sie diesen/dieses an der Uni dabei?

☐ immer ☐ 90% ☐ 75% ☐ 50% ☐ <50%

1.15 Haben Sie die nuKIT-Webanwendung verwendet?

☐ ja, über den Laptop/Notebook ☐ ja, über das Smartphone
☐ ja, über das Tablet ☐ nein

1.16 Falls nein, warum nicht?

☐ Nicht in der Vorlesung anwesend ☐ Ich verwende die App
☐ Laptop während der Vorlesung nicht in Verwendung
☐ Kein Interesse an nuKIT ☐ nuKIT ist unnötig
☐ Installation unklar ☐ Sonstiges

---

2. Fragen zum Nutzen von e-Learning Werkzeugen

2.1 Halten Sie den Einsatz von e-Learning Werkzeugen wie die nuKIT-Tools oder die interaktive Verknüpfung von Übungsaufgaben mit Diskussionsforen (im Folgenden nur interaktive Aufgabensammlung) für sinnvoll?

☐ ja ☐ nein

Die Anonymität ist bei handschriftlichen Kommentaren unter Umständen nicht gewährleistet. Bitte verstellen Sie bei allen Antwortmöglichkeiten gegebenenfalls Ihre Schrift, z.B. durch Druckbuchstaben.

2.2 Falls nein, warum nicht? [ ]

Sind Sie der Meinung dass durch die Verwendung von e-Learning Werkzeugen die Qualität der Lehre verbessert wird und zwar...

2.3 ... im Allgemeinen ☐ ja ☐ nein

2.4 ... im Speziellen bezogen auf die nuKIT-Tools? ☐ ja ☐ nein

2.5 ... im Speziellen bezogen auf die Diskussionsforen? ☐ ja ☐ nein

2.6 ... im Speziellen bezogen auf den XWizard? ☐ ja ☐ nein

2.7 Wünschen Sie sich in Ihrem Studium einen größeren Einsatz von e-Learning Werkzeugen?

☐ ja ☐ nein

---

3. Fragen zur Verwendung von den nuKIT-Tools

3.1 Wenn Sie in der Vorlesung anwesend waren, wie oft haben Sie die nuKIT-Tools gestartet?

☐ immer ☐ 90% ☐ 75% ☐ 50% ☐ seltener als 50% ☐ gar nicht

3.2 Wenn Sie anwesend waren, wie oft haben Sie die nuKIT-Tools verwendet?

☐ immer ☐ 90% ☐ 75% ☐ 50% ☐ seltener als 50% ☐ gar nicht

3.3 Wenn Sie die nuKIT-Tools nicht mehr als 50% verwendet haben, warum nicht?

☐ Nicht in der Vorlesung anwesend ☐ Nicht für das Betriebssystem verfügbar
☐ Hatte keine Fragen ☐ Kein Smartphone/Tablet ☐ nuKIT ist unnötig
☐ Funktionsweise unklar ☐ Stelle Fragen lieber mündlich ☐ Zu aufwendig
☐ Sonstiges

3.4 Wenn Sie in der Vorlesung eine Frage haben, wie beurteilen Sie den Einfluss der Anonymität auf die Wahrscheinlichkeit, dass Sie diese Frage stellen?
☐ bei Anonymität ist die Wahrscheinlichkeit höher, dass ich die Frage stelle.
☐ bei Anonymität ist die Wahrscheinlichkeit kleiner, dass ich die Frage stelle.
☐ die Anonymität hat für mich keinen Einfluss, die Wahrscheinlichkeit ist gleich.

3.5 Wie viele Fragen haben Sie in dieser Vorlesung über die nuKIT-Tools insgesamt gestellt?
☐ keine ☐ 1 – 2 ☐ 3 – 5 ☐ 5 – 10 ☐ 10 – 20 ☐ mehr als 20

3.6 Wie viele Fragen haben Sie in dieser Vorlesung verbal insgesamt gestellt?
☐ keine ☐ 1 – 2 ☐ 3 – 5 ☐ 5 – 10 ☐ 10 – 20 ☐ mehr als 20

3.7 Werden durch den Einsatz der nuKIT-Tools Ihrer Meinung nach mehr Fragen gestellt als ohne? ☐ ja ☐ nein ☐ weiss nicht

3.8 Haben Sie von den Fragen Ihrer Kommilitonen profitiert? ☐ ja ☐ nein

3.9 Wie zügig wurden die Fragen durch den Dozenten beantwortet?
angemessen ☐☐☐☐☐ unangemessen

3.10 Wurden die Fragen im Allgemeinen inhaltlich angemessen beantwortet?
angemessen ☐☐☐☐☐ unangemessen

3.11 Wie oft haben Sie im Durchschnitt pro Vorlesung den Geschwindigkeitsanzeiger genutzt?
☐ gar nicht ☐ seltener als jede fünfte Vorlesung ☐ jede fünfte Vorlesung
☐ jede dritte Vorlesung ☐ jede zweite Vorlesung ☐ 1 mal pro Vorlesung
☐ 2 mal pro Vorlesung ☐ > 2 mal pro Vorlesung

3.12 Wie stark hat sich der Dozent an der Geschwindigkeitsanzeige der nuKIT-Tools orientiert?
sehr stark ☐☐☐☐☐ überhaupt nicht

3.13 Fanden Sie die Selbsttests über nuKIT sinnvoll?
☐ ja ☐ nein ☐ weiss nicht

3.14 Wie viele Selbsttests haben Sie sich angeschaut?
☐ Keine ☐ 1 – 2 ☐ 3 – 4 ☐ 5 – 6 ☐ 7 – 8

3.15 Falls Sie die Selbsttests verwendet haben, wie haben Sie diese gelöst?
☐ diese selbst gelöst ☐ nur die Antworten gelesen

3.16 Falls Sie sich die Selbsttests nicht angeschaut haben, warum nicht?
☐ keine Zeit ☐ nichts davon gewusst ☐ wird noch nachgeholt
☐ nicht sinnvoll ☐ genügend andere Übungsmöglichkeiten ☐ sonstiges

---

4. Fragen zu den nuKIT-Tools allgemein

4.1 Sind die nuKIT-Tools übersichtlich gestaltet?
sehr übersichtlich ☐☐☐☐☐ unübersichtlich

4.2 Sind die nuKIT-Tools leicht zu bedienen?
sehr leicht ☐☐☐☐☐ sehr schwierig

4.3 Folgendes hat mir bei der Bedienung Probleme bereitet:

4.4 Würden Sie sich den Einsatz der nuKIT-Tools auch in anderen Vorlesungen wünschen?
☐ ja ☐ nein ☐ mir egal

4.5 Wie sinnvoll fanden Sie den Einsatz der nuKIT-Tools in der Vorlesung?
sehr sinnvoll ☐☐☐☐☐ nicht sinnvoll

4.6 Falls nicht sinnvoll, warum nicht? [ ]

4.7 Gut gefallen hat mir an den nuKIT-Tools besonders:

[ ]

4.8 Nicht gut gefallen hat mir an den nuKIT-Tools besonders:

[ ]

4.9 Folgendes könnte an den nuKIT-Tools noch verbessert werden:

[ ]

4.10 Folgende Funktionen habe ich bei den nuKIT-Tools vermisst:

[ ]

5. Fragen zur Verwendung der interaktiven Aufgabensammlung (Aufgabenpool bzw. Übungsbuch)

5.1 Haben Sie die interaktive Aufgabensammlung verwendet? ☐ ja ☐ nein

5.2 Falls nein, warum nicht? [ ]

5.3 Falls ja, welche Verwendungsart haben Sie benutzt?

☐ elektronisch ohne Einführungen (pdf) ☐ ausgedruckt

☐ das gebundene Buch ☐ das eBook aus der KIT-Bibliothek

5.4 Wie viele Aufgaben haben Sie insgesamt in diesem Semester durchgerechnet bzw. werden Sie noch durchrechnen?

☐ alle ☐ 90% ☐ 75% ☐ 50% ☐ weniger als 50% ☐ keine

5.5 Wie haben Sie den Aufgabenpool verwendet/wie verwenden Sie ihn?

☐ Ich rechne Aufgaben aus Themenfeldern, in denen ich noch mehr Übung brauche.

☐ Ich rechne Aufgaben aus Themenfeldern, in denen ich mich schon gut auskenne.

☐ Ich rechne die Aufgaben nacheinander, ohne mich besonders an meinen Kenntnissen zu orientieren.

☐ Ich habe den Aufgabenpool und die Foren gar nicht verwendet.

☐ Ich lese die Einführungen.

☐ sonstiges

5.6 Zur Verwendung des Aufgabenpools:

☐ Ich habe mir den Aufgabenpool ausgedruckt und die Foren nicht verwendet.

☐ Ich habe mir den Aufgabenpool ausgedruckt und die Foren parallel verwendet.

☐ Ich habe mir den Aufgabenpool online angeschaut und die Foren parallel verwendet.

☐ Ich habe den Aufgabenpool und die Foren gar nicht verwendet.

☐ Ich habe die Übungsbücher genutzt, aber die Foren nicht verwendet.

☐ Ich habe die Übungsbücher genutzt und die Foren parallel verwendet.

☐ Ich habe die Übungsbücher genutzt, die Foren und den online Aufgabenpool parallel verwendet.

☐ sonstiges

5.7 Falls Sie die Foren verwendet haben:

☐ Ich habe nur die Beiträge anderer gelesen; dadurch wurden meine Fragen geklärt.

☐ Ich habe die Beiträge anderer gelesen; zudem habe ich noch selber Fragen gestellt.

☐ Ich habe mich nicht für die Beiträge anderer interessiert und habe nur meine eigenen Fragen gestellt.

5.8 Finden Sie die Konservierung alter Fragen und Antworten in den Foren sinnvoll?

☐ ja ☐ nein

5.9 Falls nein, warum nicht? [ ]

5.10 Falls Sie Fragen in den Foren gestellt haben, wie viele Fragen haben Sie in diesem Semester gestellt?
☐ 1 – 2 ☐ 3 – 5 ☐ 5 – 10 ☐ 10 – 20 ☐ mehr als 20 ☐ keine

5.11 Wie war die Geschwindigkeit bei der Beantwortung der Fragen im Forum?
angemessen ☐☐☐☐☐ unangemessen

5.12 Waren die Antworten zum Verständnis des Vorlesungsstoffs hilfreich?
sehr hilfreich ☐☐☐☐☐ nicht hilfreich

5.13 Wie beurteilen Sie die Betreuung der Foren insgesamt?
sehr gut ☐☐☐☐☐ mangelhaft

6. Fragen zur interaktiven Aufgabensammlung allgemein (Aufgabenpool bzw. Übungsbuch)

6.1 Wie beurteilen Sie den Umfang der Aufgaben in der Aufgabensammlung?
☐ zu viel ☐ genau richtig ☐ zu wenig

6.2 Wie beurteilen Sie die Themenabdeckung der Aufgaben in der Aufgabensammlung?
☐ erster Teil zu wenig Aufgaben ☐ zweiter Teil zu wenig Aufgaben ☐ genau richtig

6.3 Wie hilfreich fanden Sie die zusammenfassenden Einführungen zu jedem Kapitel?
sehr hilfreich ☐☐☐☐☐ nicht hilfreich

6.4 Wie sinnvoll fanden Sie das Angebot des Aufgabenpools?
sehr sinnvoll ☐☐☐☐☐ nicht sinnvoll

6.5 Wie sinnvoll fanden Sie das Angebot der begleitenden Foren der Aufgabensammlung, der Übungsblätter und der Klausuren?
sehr sinnvoll ☐☐☐☐☐ nicht sinnvoll

6.6 Gut gefallen hat mir an der Aufgabensammlung besonders:
[ ]

6.7 Nicht gefallen hat mir an der Aufgabensammlung:
[ ]

6.8 Folgendes könnte an der Aufgabensammlung noch verbessert werden:
[ ]

6.9 Wie sinnvoll fanden Sie die Verlinkung zwischen Aufgaben (Pool, Ü-Blätter etc.) und Foren? sehr sinnvoll ☐☐☐☐☐ nicht sinnvoll

6.10 Haben Sie die Verlinkung zwischen den Foren (IDs bzw. Link „Zur Aufgabe") verwendet?
☐ ja ☐ nein

6.11 Wenn nein, warum nicht? [ ]

7. Weitere Werkzeuge

7.1 Waren die Multiple-Choice-Relax-Aufgaben hilfreich für Ihren Lernprozess?
☐ ja ☐ nein

7.2 Sind Sie der Meinung, dass Sie die Multiple-Choice-Relax-Aufgaben die Tutorien aufgelockert haben? ☐ ja ☐ nein

7.3 Empfanden Sie die Multiple-Choice-Relax-Aufgaben als störend in den Tutorien?
☐ ja ☐ nein

7.4 Haben Sie den XWizard verwendet? ☐ ja ☐ nein

7.5 Falls ja, wie sinnvoll fanden Sie ihn? sehr sinnvoll □□□□□ nicht sinnvoll

7.6 Sonstige Kommentare zu den verschiedenen eLearning Angeboten der Vorlesung:

Ergänzungen aus dem *WS*13:

8.1 Fanden Sie die Saalübung hilfreich?

sehr hilfreich □□□□□ überhaupt nicht hilfreich

8.2 Folgendes könnte an der Saalübung verbessert werden:

A.5 Evaluationsbogen XWizard aus dem *WS*15

Der vorliegende Evaluationsbogen zum XWizard wurde den Studierenden im Rahmen dieser Arbeit während des *WS*15 über das online Evaluationswerkzeug SoSci [213] zur Verfügung gestellt.

Ihre Meinung zum XWizard

1. Wie sind Sie auf den XWizard (Web-Version oder Download-Version) aufmerksam geworden? – Mehrfachnennungen möglich

   □ KIT-Vorlesung Grundlagen der Informatik II □ Sonstige Lehrmaterialien
   □ KIT-Vorlesung Effiziente Algorithmen □ Durch Bekannte
   □ Sonstige KIT-Angebote □ Internet
   □ Sonstige KIT-Angebote □ Sonstige________________

2. Wie oft haben Sie den XWizard als Webversion im letzten Monat verwendet?

   □ 0 □ 1 – 5 □ 6 – 10 □ 11 – 15 □ 16 und mehr

3. Wie oft haben Sie den XWizard als Download-Version im letzten Monat verwendet?

   □ 0 □ 1 – 5 □ 6 – 10 □ 11 – 15 □ 16 und mehr

4. Werden Sie den XWizard auch zukünftig verwenden? □ Ja □ Nein

   □ Ja □ Nein

5. Wie hilfreich war der XWizard bisher für Ihren Lernprozess?

   sehr hilfreich □□□□□ nicht hilfreich

6. Welche Funktionen haben Sie bereits verwendet? – Mehrfachnennungen möglich

   □ Endlicher-Automat □ Grammatik □ Pat-Baum □ Graphviz-DOT-Code
   □ Regulärer Ausdruck □ BDD □ 2-3-4-Baum □ Latex
   □ Kellerautomat □ Huffman Code □ Rot-Schwarz-Baum
   □ Turingmaschine □ MARB □ Taschenrechner

7. Wie haben Sie den XWizard genutzt? – Mehrfachnennungen möglich

   □ Ich habe meine Lösungen zu Übungsaufgaben verifiziert.
   □ Ich habe eigene Beispiel-Aufgaben erstellt und damit gearbeitet.
   □ Ich habe Übungsaufgaben aus der Lehrveranstaltung bearbeitet.
   □ Ich habe die vorgegebenen Beispiele angeschaut und weiter verarbeitet.
   □ Ich habe direkt mit der textuellen Skripteingabe gearbeitet (nicht nur über die Buttons).

8. Wie beurteilen Sie das Design des XWizard als Webversion hinsichtlich

   Übersichtlichkeit: sehr gut □□□□□ sehr schlecht

   Bedienbarkeit: sehr gut □□□□□ sehr schlecht

   Ästhetik: sehr gut □□□□□ sehr schlecht

9. Welche Verbesserungsvorschläge haben Sie für den XWizard?

10. Bitte benoten Sie den XWizard insgesamt.

    sehr gut □□□□□ sehr schlecht

A.6 Evaluationsbogen Tutoriumskonzept aus dem *WS*15

Zu Beginn des *WS*15 wurde den ehemaligen Tutoren der *WS*09 bis *WS*14 der im Zusammenhang mit dieser Arbeit erstellte Evaluationsbogen zur Durchführung der Tutorien über das online-Befragungswerkzeug SoSci [213] zur Verfügung gestellt.

Fragenbogen zu den Tutorien in Grundlagen der Informatik II

Allgemeines

---

1. In welchem Semester hast du ein Tutorium zur Vorlesung Grundlagen der Informatik II gehalten?

   □ WS09/10 □ WS10/11 □ WS11/12 □ WS12/13 □ WS13/14 □ WS14/15

Tutorienart Woche A

---

2. Welche Tutorienart hast du für dein Tutorium in Woche A gewählt?

   (Wenn du dich nicht mehr erinnerst, welches Tutorium das der Woche A und welches das der Woche B war, so definiere für die Beantwortung der folgenden Fragen durchgehend eines deiner beiden Tutorien als Woche A und das andere als Woche B.)

   □ interaktiv □ interaktiv mit Bonus (nur WS14/15) □ klassisch

3. Bitte beurteile, in welchem Maße die folgenden Gestaltungselemente in deinem Tutorium der Woche A Anwendung gefunden haben.

   Frontalunterricht: sehr viel □□□□□ sehr wenig □ keine Einschätzung

   Gruppenarbeit: sehr viel □□□□□ sehr wenig □ keine Einschätzung

   Diskussion: sehr viel □□□□□ sehr wenig □ keine Einschätzung

   sonstige Interaktion (z.B. Fragen stellen, Multiple-Choice-Relax-Aufgaben,...):

   sehr viel □□□□□ sehr wenig □ keine Einschätzung

4. Falls dein Tutorium A nur von wenig Gruppenarbeit geprägt war, woran lag es? (Mehrfachnennungen möglich)

   □ Studierende waren schlecht vorbereitet. □ Studierende hatten kein Interesse.

   □ Die Teilnehmeranzahl war zu groß. □ Die Teilnehmeranzahl war zu klein.

   □ Sonstiges: ____________________

5. In 6 Tutoriumsterminen der Woche A, wie viele Aufgaben wurden von den Studierenden insgesamt vorgestellt?

   □ 0 □ 1 – 3 □ 4 – 6 □ 7 – 9 □ 10 – 12

   □ 13 – 15 □ 16 – 18 □ mehr als 18 □ weiß ich nicht

Tutorienart Woche B

6. Welche Tutorienart hast du für dein Tutorium in Woche B gewählt?
(Wenn du dich nicht mehr erinnerst, welches Tutorium das der Woche A und welches das der Woche B war, so definiere für die Beantwortung der folgenden Fragen durchgehend eines deiner beiden Tutorien als Woche A und das andere als Woche B.)
☐ interaktiv ☐ interaktiv mit Bonus (nur WS14/15) ☐ klassisch

7. Bitte beurteile, in welchem Maße die folgenden Gestaltungselemente in deinem Tutorium der Woche B Anwendung gefunden haben.

Frontalunterricht:	sehr viel	☐☐☐☐☐	sehr wenig	☐ keine Einschätzung
Gruppenarbeit:	sehr viel	☐☐☐☐☐	sehr wenig	☐ keine Einschätzung
Diskussion:	sehr viel	☐☐☐☐☐	sehr wenig	☐ keine Einschätzung

sonstige Interaktion (z.B. Fragen stellen, Multiple-Choice-Relax-Aufgaben,...):
sehr viel ☐☐☐☐☐ sehr wenig ☐ keine Einschätzung

8. Falls dein Tutorium B nur von wenig Gruppenarbeit geprägt war, woran lag es? (Mehrfachnennungen möglich)
☐ Studierende waren schlecht vorbereitet. ☐ Studierende hatten kein Interesse.
☐ Die Teilnehmeranzahl war zu groß. ☐ Die Teilnehmeranzahl war zu klein.
☐ Sonstiges: ____________________

9. In 6 Tutoriumsterminen der Woche B, wie viele Aufgaben wurden von den Studierenden insgesamt vorgestellt?
☐ 0 ☐ 1 – 3 ☐ 4 – 6 ☐ 7 – 9 ☐ 10 – 12
☐ 13 – 15 ☐ 16 – 18 ☐ mehr als 18 ☐ weiß ich nicht

Studierendenzahlen Woche A

10. Wie viele Studierende haben pro Woche durchschnittlich das Tutorium A besucht?
☐ 0 – 1 ☐ 2 – 5 ☐ 6 – 9 ☐ 10 – 13 ☐ 14 – 17
☐ 18 – 21 ☐ 22 – 25 ☐ mehr als 25 ☐ weiß ich nicht

11. Wie hoch war die maximale Besucherzahl während der 6 Tutorien von Woche A?
☐ weniger als 6 ☐ 6 – 9 ☐ 10 – 13 ☐ 14 – 17 ☐ 18 – 21 ☐ 22 – 25
☐ 26 – 29 ☐ 30 – 33 ☐ 34 – 37 ☐ mehr als 37 ☐ weiß ich nicht

12. Wie viele der ANWESENDEN Studierenden waren durchschnittlich für das Tutorium A ANGEMELDET (d.h. auf den Anwesenheitslisten vorgedruckt)?
☐ 0 – 1 ☐ 2 – 4 ☐ 5 – 7 ☐ 8 – 10 ☐ 11 – 13
☐ 14 – 16 ☐ mehr als 16 ☐ weiß ich nicht

Studierendenzahlen Woche B

13. Wie viele Studierende haben pro Woche durchschnittlich das Tutorium B besucht?
☐ 0 – 1 ☐ 2 – 5 ☐ 6 – 9 ☐ 10 – 13 ☐ 14 – 17
☐ 18 – 21 ☐ 22 – 25 ☐ mehr als 25 ☐ weiß ich nicht

14. Wie hoch war die maximale Besucherzahl während der 6 Tutorien von Woche B?
☐ weniger als 6 ☐ 6 – 9 ☐ 10 – 13 ☐ 14 – 17 ☐ 18 – 21 ☐ 22 – 25
☐ 26 – 29 ☐ 30 – 33 ☐ 34 – 37 ☐ mehr als 37 ☐ weiß ich nicht

15. Wie viele der ANWESENDEN Studierenden waren durchschnittlich für das Tutorium B ANGEMELDET (d.h. auf den Anwesenheitslisten vorgedruckt)?
☐ 0 – 1 ☐ 2 – 4 ☐ 5 – 7 ☐ 8 – 10 ☐ 11 – 13
☐ 14 – 16 ☐ mehr als 16 ☐ weiß ich nicht

Anwesenheitslisten Woche A

16. Von den 6 Terminen aus Woche A, in wie vielen davon wurden bzw. haben sich mehr als 90% der anwesenden Studierenden namentlich auf den Anwesenheitslisten vermerkt?
☐ 0 – 1 ☐ 2 – 3 ☐ 4 – 5 ☐ 6 ☐ weiß ich nicht

17. Falls nicht alle Studierende auf den Anwesenheitslisten der Woche A namentlich vermerkt wurden bzw. sich vermerkt haben, woran lag es?
☐ zu spät kommende Studierende haben sich nicht mehr nachgemeldet
☐ unangemeldete Studierende haben sich nicht in die Liste eingetragen
☐ Anwesenheitslisten war voll
☐ Anwesenheitslisten wurden vergessen auszuteilen
☐ es wurde lediglich die Anzahl anwesender Studierender vermerkt
☐ Sonstiges: ____________________

Anwesenheitslisten Woche B

18. Von den 6 Terminen aus Woche B, in wie vielen davon wurden bzw. haben sich mehr als 90% der anwesenden Studierenden namentlich auf den Anwesenheitslisten vermerkt?
☐ 0 – 1 ☐ 2 – 3 ☐ 4 – 5 ☐ 6 ☐ weiß ich nicht

19. Falls nicht alle Studierende auf den Anwesenheitslisten der Woche B namentlich vermerkt wurden bzw. sich vermerkt haben, woran lag es?
☐ zu spät kommende Studierende haben sich nicht mehr nachgemeldet
☐ unangemeldete Studierende haben sich nicht in die Liste eingetragen
☐ Anwesenheitslisten war voll
☐ Anwesenheitslisten wurden vergessen auszuteilen
☐ es wurde lediglich die Anzahl anwesender Studierender vermerkt
☐ Sonstiges: ____________________

Fragestunden

20. Wie viele Studierende waren schätzungsweise in der wöchentlichen Tutorensprechstunde, die du gehalten hast, anwesend?
☐ 0 – 1 ☐ 2 – 4 ☐ 5 – 7 ☐ 8 – 10 ☐ 11 – 13 ☐ 14 – 16
☐ mehr als 16 ☐ ich habe keine Tutorensprechstunde gehalten ☐ weiß ich nicht

21. Wie viele Studierende waren schätzungsweise in der Fragewoche am Ende des Semesters in deinem Tutorium anwesend?
☐ 0 – 1 ☐ 2 – 4 ☐ 5 – 7 ☐ 8 – 10 ☐ 11 – 13 ☐ 14 – 16
☐ 17 – 19 ☐ mehr als 19 ☐ ich habe keine Fragewoche gehalten ☐ weiß ich nicht

Unterrichtsmaterialien

22. Welche der folgenden Hilfsmittel hast du bei deinen Tutorien verwendet? (Mehrfachnennungen möglich)
☐ PowerPoint-Folien ☐ Tafel ☐ Overheadprojektor
☐ Sonstiges: ____________________

23. Wie didaktisch sinnvoll fandst du den Einsatz der Multiple-Choice-Relax-Aufgaben? (Die Multiple-Choice-Relax-Aufgaben werden erst seit dem WS2011/2012 angeboten.)
sehr sinnvoll ☐☐☐☐☐ überhaupt nicht sinnvoll ☐ nicht verwendet
24. Wenn nicht sinnvoll, warum nicht? (Mehrfachnennungen möglich)
☐ Die Studierenden hatten keine Lust sich aktiv zu beteiligen.
☐ Die anwesenden Studierenden waren inhaltlich mit den Fragen unterfordert.
☐ Die anwesenden Studierenden waren inhaltlich mit den Fragen überfordert.
☐ Die Zeit war zu knapp für die Aufgaben.
☐ Der Fluss des Tutoriums wurde dadurch unterbrochen.
☐ Sonstiges: ____________________
25. Von 10 Multiple-Choice-Relax-Aufgaben, an wie vielen hat die Mehrheit der anwesenden Studierenden bei der Beantwortung der Fragen teilgenommen?
☐ 0 ☐ 1 – 2 ☐ 3 – 4 ☐ 5 – 6 ☐ 7 – 8 ☐ 9 – 10
☐ nicht verwendet ☐ weiß ich nicht
26. Wie didaktisch sinnvoll fandst du den Einsatz der Einführungsaufgaben? (Die Einführungsaufgaben werden erst seit dem WS2011/2012 angeboten.)
sehr sinnvoll ☐☐☐☐☐ überhaupt nicht sinnvoll ☐ nicht verwendet
27. Wenn nicht sinnvoll, warum nicht? (Mehrfachnennungen möglich)
☐ Die Studierenden waren inhaltlich damit unterfordert.
☐ Die Studierenden waren inhaltlich damit überfordert.
☐ Die Zeit war zu knapp für die Aufgaben.
☐ Der Fluss des Tutoriums wurde dadurch unterbrochen.
☐ Sonstiges: ____________________
28. Wie oft wurden von den Studierenden beider Wochen insgesamt Heimübungsblätter zum Korrigieren abgegeben?
☐ 0 ☐ 1 – 2 ☐ 3 – 4 ☐ 5 – 6 ☐ 7 – 8 ☐ 9 – 10
☐ mehr als 10 ☐ weiß ich nicht

A.7 Tests auf Normalverteilung der Gruppen Zusatzbonus

Die Tests zur Untersuchung der zwei Gruppen „Zusatzbonus erhalten“ (ZB^+) und „Zusatzbonus nicht erhalten“ (ZB^-) auf Basis der erreichten Punktzahl der Hauptklausur legen die Nullhypothese (H0) zugrunde, dass die Stichprobe auf einer Normalverteilung basiert. Die Ergebnisse sind in Tab. A.1 gelistet. Die zwei zu untersuchenden Gruppen sind in der zweiten Spalte aufgeführt. Spalte drei bis sechs zeigt die Ergebnisse des Shapiro-Wilk-, Anderson-Darling-, Lilliefors- sowie des Jarque-Bera-Tests. Bei Annahme eines Signifikanz-Niveau von $\alpha = 0{,}05$ ergeben sich die in Spalte sieben dargestellten p-Werte, wonach H0 für das *WS*14 ZB^+ abgelehnt und die Gegenhypothese akzeptiert werden muss. Für die anderen Gruppen ergeben sich je nach Test unterschiedliche Aussagen bei einem Signifikanz-Niveau von $\alpha = 0{,}05$. Gemäß dem Anderson-Darling sowie dem Jarque-Bera-Test kann für das *WS*15 die Nullhypothese für beide Gruppen angenommen werden. Um eine Vergleichbarkeit der Ergebnisse zu gewährleisten wird allerdings bei den weiteren Tests ein nichtparametrischer Test verwendet (vgl. Abschn. 6.8.5).

Tab. A.1. Tests auf Normalverteilung der Gruppen Zusatzbonus (nicht) erhalten. Die Angaben beziehen sich nur auf die *WS*14 und *WS*15, da der Zusatzbonus erstmalig im *WS*14 eingeführt wurde und basieren auf der Punkteverteilung der jeweiligen Gruppe.

		Shapiro-Wilk	Anderson-Darling	Lilliefors	Jarque-Bera	Ergebnis
WS14	ZB^+	< 0,0001	0,007	0,001	< 0,0001	H0 ablehnen
	ZB^-	0,060	0,017	0,000	0,770	nicht eindeutig
WS15	ZB^+	0,043	0,083	0,253	0,067	nicht eindeutig
	ZB^-	0,088	0,084	0,039	0,340	nicht eindeutig

A.8 Tests auf Normalverteilung der Hauptklausuren der Vergleichssemester

Die Tests zur Untersuchung der Hauptklausuren über die *WS*09 bis *WS*15 basieren auf den erreichten Punkten (Pkt) sowie auf der Note mit Bonus (NmB). Die Nullhypothese (H0) besagt, dass der Stichprobe eine Normalverteilung zugrunde liegt. Bei Annahme des Signifikanz-Niveau $\alpha = 0{,}05$ ergeben sich die in Tab. A.2 dargestellten p-Werte für den Shapiro-Wilk-, Anderson-Darling-, Lilliefors- und den Jarque-Bera-Tests. Folglich muss H0 mit Ausnahme der *WS*10 und *WS*14 bei einem Signifikanz-Niveau von $\alpha = 0{,}05$ abgelehnt werden. Für das *WS*10 und das *WS*14 ist die Aussage auf Basis der Punkte bzw. der Note mit Bonus „nicht eindeutig“ (vgl. Abschn. 6.8.2). Bei einem semesterübergreifenden Vergleich müssten bei Verwendung eines parametrischen Tests die jeweiligen Gruppen alle auf einer Normalverteilung basieren. Da dies nicht der Fall ist, muss bei den weiteren Tests auf einen nichtparametrischen Test zurückgegriffen werden.

A.9 Tests auf Normalverteilung der verschiedenen Gruppen bei der Abschlussklausur

Die nachstehenden Tests (Tab. A.3) untersuchen die sechs anhand der Bedingungen „Anmeldung zum Tutorium“, „Teilnahme an der Bonusklausur“ bzw. „Erhalt des Bonus“ und „Teilnahme an der Hauptklausur“ bzw. „Bestehen der Hauptklausur“ gebildeten Gruppen auf Basis der erreichten Punktzahl (vgl. zur genauen Gruppenbildung Tab. 6.51) mit dem Signifikanz-Niveau $\alpha = 0{,}05$ auf Normalverteilung, d.h. sie entscheiden, ob die Null-Hypothese (H0), dass die Stichprobe auf einer Normalverteilung basiert, angenommen werden kann. Die sechs verschiedenen Gruppen sind in der zweiten Spalte benannt. Spalte drei bis sechs beinhaltet die Ergebnisse des Shapiro-Wilk-, Anderson-Darling-, Lilliefors- sowie des Jarque-Bera-Tests. Diese zeigen, dass für manche der Gruppen, die H0 angenommen werden kann, diese aber auch für einige der Stichproben verworfen werden muss oder „nicht entschieden“ werden kann (vgl. letzte Spalte) (vgl. Abschn. 6.8.3). Insbesondere alle Semester außer dem *WS*10 enthalten mindestens eine Gruppe, für welche H0 abzulehnen ist, so dass für diese Gruppen kein parametrischer Test verwendet werden kann. Für das *WS*10 kann gemäß dem Anderson-Darling sowie dem Jarque-Bera H0 angenommen werden. Um eine Vergleichbarkeit über alle Semester zu gewährleisten, wird bei der Analyse der beschriebenen Gruppen allerdings auf einen nichtparametrischen Test zurückgegriffen.

Tab. A.2. Tests auf Normalverteilung der Hauptklausuren der Vergleichssemester. Die Tabelle gibt einen Überblick über die Testergebnisse der untersuchten Semester bezogen sowohl auf die Verteilung über der Punktzahl (Pkt) als auch über der Note mit Bonus (NmB).

		Shapiro-Wilk	Anderson-Darling	Lilliefors	Jarque-Bera	Ergebnis
WS09	Pkt	< 0,0001	< 0,0001	< 0,0001	< 0,0001	H0 ablehnen
	NmB	< 0,0001	< 0,0001	< 0,0001	< 0,0001	H0 ablehnen
WS10	Pkt	0,005	0,062	< 0,0001	0,070	nicht eindeutig
	NmB	< 0,0001	< 0,0001	< 0,0001	0,006	H0 ablehnen
WS11	Pkt	0,000	0,000	0,001	0,003	H0 ablehnen
	NmB	< 0,0001	< 0,0001	< 0,0001	0,000	H0 ablehnen
WS12	Pkt	< 0,0001	< 0,0001	< 0,0001	< 0,0001	H0 ablehnen
	NmB	< 0,0001	< 0,0001	< 0,0001	< 0,0001	H0 ablehnen
WS13	Pkt	< 0,0001	0,016	< 0,0001	< 0,0001	H0 ablehnen
	NmB	< 0,0001	< 0,0001	< 0,0001	0,014	H0 ablehnen
WS14	Pkt	< 0,0001	0,003	< 0,0001	< 0,0001	H0 ablehnen
	NmB	< 0,0001	< 0,0001	< 0,0001	0,100	nicht eindeutig
WS15	Pkt	0,005	0,006	0,024	0,019	H0 ablehnen
	NmB	< 0,0001	< 0,0001	< 0,0001	0,000	H0 ablehnen

A.10 Tests auf Normalverteilung der Tutoren-Gruppen

Als Tutoren-Gruppe werden alle Studierenden eines speziellen Tutors bezeichnet, die das zugehörige Tutorium mindestens drei Mal besucht haben. Sowohl für das *WS*14 als auch das *WS*15 ergeben sich jeweils 18 Gruppen. Diese sind in Tab. A.4, Spalte zwei durchnummeriert. Die Spalten drei bis sechs geben die Ergebnisse des Shapiro-Wilk-, Anderson-Darling-, Lilliefors- sowie des Jarque-Bera-Tests zur Verteilung der erreichten Punktzahlen an. Bei Annahme des Signifikanz-Niveau $\alpha = 0{,}05$ liegt im *WS*14 15 der 18 und im *WS*15 17 der 18 Tutoren-Gruppen eine Normalverteilung zugrunde (H0). Lediglich für die Gruppe 7 des *WS*14 geben alle vier Tests das Ergebnis „H0 ablehnen" an; für Gruppe 11 nehmen nur der Anderson-Darling sowie der Lilliefors, für Gruppe 16 nur der Lilliefors und der Jarque-Bera-Test eine Normalverteilung an. Für Gruppe 1 des *WS*15 nehmen außer dem Lilliefors-Test alle durchgeführten Tests eine Normalverteilung der zugrunde liegenden Stichprobe an (vgl. Abschn. 6.8.6).

A.11 Tests auf Normalverteilung der Gruppen IAP

Die Tests zur Untersuchung der zwei Gruppen „IAP-Foren verwendet" (IAP^+) und „IAP-Foren nicht verwendet" (IAP^-) auf Basis der erreichten Punktzahl legen die Nullhypothese (H0) zugrunde, dass die Stichprobe auf einer Normalverteilung basiert. Spalte zwei der Tab. A.5 gibt die jeweilige Gruppen an, Spalte drei bis sechs die Ergebnisse des Shapiro-Wilk-, Anderson-Darling-, Lilliefors- und des Jarque-Bera-Tests an. Bei Annahme des Signifikanz-Niveau $\alpha = 0{,}05$ ergeben sich die dargestellten p-Werte, wonach H0 sowohl für das *WS*11 als auch das *WS*12 für die Gruppe IAP^+ abgelehnt und die

Tab. A.3. Tests auf Normalverteilung der verschiedenen Gruppen bei der Abschlussklausur. Die Tabelle gibt einen Überblick über die Testergebnisse der sechs gebildeten Gruppen. Als Datenwerte liegt die erreichte Gesamtpunktzahl der Studierenden bei der Hauptklausur zugrunde. Die Beschreibung der Gruppen ist Tab. 6.51 zu entnehmen.

		Shapiro-Wilk	Anderson-Darling	Lilliefors	Jarque-Bera	Ergebnis
WS09	I	< 0,0001	< 0,0001	< 0,0001	<0,0001	H0 ablehnen
	II	< 0,0001	< 0,0001	< 0,0001	< 0,0001	H0 ablehnen
	III	0,014	0,007	0,025	0,121	nicht eindeutig
	IV	< 0,0001	< 0,0001	0,001	< 0,0001	H0 ablehnen
	V	0,096	0,209	0,200	0,166	H0 annehmen
	VI	0,153	0,238	0,186	0,231	H0 annehmen
WS10	I	0,005	0,062	< 0,0001	0,070	nicht eindeutig
	II	0,035	0,116	0,001	0,319	nicht eindeutig
	III	0,604	0,449	0,335	0,595	H0 annehmen
	IV	0,024	0,180	0,005	0,161	nicht eindeutig
	V	0,195	0,509	0,723	0,314	H0 annehmen
	VI	0,078	0,352	0,702	0,213	H0 annehmen
WS11	I	0,000	0,000	0,001	0,003	H0 ablehnen
	II	0,000	< 0,0001	0,000	0,003	H0 ablehnen
	III	0,217	0,131	0,084	0,434	H0 annehmen
	IV	0,000	0,000	0,000	0,003	H0 ablehnen
	V	0,022	0,037	0,004	0,106	nicht eindeutig
	VI	0,022	0,037	0,004	0,106	nicht eindeutig
WS12	I	< 0,0001	< 0,0001	< 0,0001	< 0,0001	H0 ablehnen
	II	< 0,0001	< 0,0001	< 0,0001	< 0,0001	H0 ablehnen
	III	0,614	0,867	0,829	0,564	H0 annehmen
	IV	< 0,0001	< 0,0001	< 0,0001	< 0,0001	H0 ablehnen
	V	0,000	0,001	0,005	0,000	H0 ablehnen
	VI	0,000	0,001	0,005	0,000	H0 ablehnen
WS13	I	< 0,0001	0,016	< 0,0001	< 0,0001	H0 ablehnen
	II	0,001	0,070	0,008	< 0,0001	nicht eindeutig
	III	0,647	0,353	0,040	0,988	nicht eindeutig
	IV	< 0,0001	0,063	0,126	< 0,0001	nicht eindeutig
	V	< 0,0001	0,130	0,153	< 0,0001	nicht eindeutig
	VI	0,124	0,441	0,677	0,429	H0 annehmen
WS14	I	< 0,0001	0,003	< 0,0001	< 0,0001	H0 ablehnen
	II	< 0,0001	0,005	< 0,0001	< 0,0001	H0 ablehnen
	III	0,002	0,027	0,000	< 0,0001	H0 ablehnen
	IV	0,002	0,026	0,002	< 0,0001	H0 ablehnen
	V	0,003	0,097	0,037	< 0,0001	nicht eindeutig
	VI	< 0,0001	0,001	0,013	0,000	H0 ablehnen
WS15	I	0,005	0,006	0,024	0,019	H0 ablehnen
	II	0,005	0,007	0,062	0,015	nicht eindeutig
	III	0,102	0,214	0,521	0,438	nicht eindeutig
	IV	0,007	0,021	0,143	0,013	nicht eindeutig
	V	0,041	0,107	0,293	0,062	nicht eindeutig
	VI	0,001	0,017	0,211	0,038	nicht eindeutig

Tab. A.4. Tests auf Normalverteilung der Tutoren-Gruppen. Die vier verschiedenen Tests werden für jede der Tutoren-Gruppen der *WS*14 und *WS*15 durchgeführt. Die Datenbasis bildet die in der Hauptklausur erzielte Punktzahl.

	Tutor	Shapiro-Wilk	Anderson-Darling	Lilliefors	Jarque-Bera	Ergebnis
WS14	1	0,850	0,601	0,667	0,863	H0 annehmen
	2	0,956	0,915	0,986	0,785	H0 annehmen
	3	0,137	0,087	0,057	0,247	H0 annehmen
	4	0,765	0,641	0,349	0,778	H0 annehmen
	5	0,555	0,581	0,393	0,728	H0 annehmen
	6	0,813	0,472	0,215	0,964	H0 annehmen
	7	< 0,0001	< 0,0001	0,003	< 0,0001	H0 ablehnen
	8	0,936	0,963	0,990	0,821	H0 annehmen
	9	0,447	0,364	0,113	0,553	H0 annehmen
	10	0,178	0,106	0,163	0,829	H0 annehmen
	11	0,026	0,061	0,204	0,017	nicht eindeutig
	12	0,330	0,255	0,376	0,528	H0 annehmen
	13	0,816	0,639	0,582	0,738	H0 annehmen
	14	0,242	0,167	0,270	0,477	H0 annehmen
	15	0,899	0,654	0,564	0,984	H0 annehmen
	16	0,039	0,042	0,052	0,300	nicht eindeutig
	17	0,882	0,799	0,645	0,732	H0 annehmen
	18	0,193	0,267	0,410	0,054	H0 annehmen
WS15	1	0,122	0,050	0,009	0,447	nicht eindeutig
	2	0,805	0,730	0,771	0,617	H0 annehmen
	3	0,937	0,754	0,376	0,876	H0 annehmen
	4	0,508	0,722	0,819	0,720	H0 annehmen
	5	0,995	0,976	0,972	0,870	H0 annehmen
	6	0,165	0,197	0,282	0,461	H0 annehmen
	7	0,253	0,261	0,417	0,543	H0 annehmen
	8	0,482	0,509	0,665	0,641	H0 annehmen
	9	0,523	0,322	0,367	0,466	H0 annehmen
	10	0,821	0,905	0,645	0,685	H0 annehmen
	11	0,977	0,946	0,926	0,769	H0 annehmen
	12	0,127	0,213	0,504	0,470	H0 annehmen
	13	0,103	0,138	0,153	0,088	H0 annehmen
	14	0,999	0,968	0,902	0,910	H0 annehmen
	15	0,074	0,084	0,200	0,314	H0 annehmen
	16	0,381	0,547	0,717	0,542	H0 annehmen
	17	0,328	0,314	0,249	0,563	H0 annehmen
	18	0,481	0,647	0,576	0,558	H0 annehmen

Tab. A.5. Tests auf Normalverteilung der Gruppen IAP (nicht) verwendet. Die Verteilungen sind durch die in der Hauptklausur erzielten Punktzahlen gegeben. Die Angaben beziehen sich nur auf die *WS*11 und *WS*12, da sich die zwei betrachteten Gruppen ab dem *WS*13 nur noch geringfügig unterscheiden (vgl. Tab. 6.56).

		Shapiro-Wilk	Anderson-Darling	Lilliefors	Jarque-Bera	Ergebnis
WS11	IAP^+	0,001	0,000	0,000	0,008	H0 ablehnen
	IAP^-	0,260	0,376	0,789	0,245	H0 annehmen
WS12	IAP^+	< 0,0001	< 0,0001	< 0,0001	< 0,0001	H0 ablehnen
	IAP^-	0,009	0,140	0,563	0,016	nicht eindeutig

Gegenhypothese akzeptiert werden muss. Folglich werden bei den weiteren Tests nichtparametrische Tests zugrunde gelegt (vgl. Abschn. 6.8.7).

A.12 Post-Hoc-Tests der Klausurergebnisse

Da der Kruskal-Wallis-Test auf Grundlage der Punkteverteilungen in den Klausuren der *WS*09 bis *WS*15 lediglich eine Aussage darüber macht, dass bei den betrachteten Gruppen Unterschiede bestehen aber nicht welche, werden die paarweisen Vergleiche mit Post-Hoc-Tests ergänzt, um detaillierte Aussagen bezüglich der Unterschiede der betrachteten Gruppen liefern zu können [145]. Als Post-Hoc-Tests werden standardmäßig die Verfahren nach Dunn, Steel-Dwass-Critchlow-Fligner und Conover-Iman angewendet. Tab. A.6 zeigt die Ergebnisse dieser Tests. Es ergeben sich bei allen Tests die gleichen signifikanten Differenzen zwischen den Semestern, nach denen die Gruppen {*WS*09, *WS*11, *WS*12}, {*WS*10, *WS*13, *WS*15} sowie {*WS*14} gebildet werden können (vgl. Abschn. 6.8.3).

A.13 Notenskala

Die *Notenskala des AIFB* aus Tab. A.7 wurde für die Benotung der GdI2-Abschlussklausuren zugrunde gelegt [106].

Tab. A.6. Post-Hoc-Tests der Klausurergebnisse. Die paarweisen Vergleiche der Klausuren der Post-Hoc-Test basieren auf den Prozeduren von Dunn, Conover-Iman sowie Steel-Dwass-Critchlow-Fligner.

		WS09	WS10	WS11	WS12	WS13	WS14	WS15
Dunn	**WS09**	1						
	WS10	< 0,0001	1					
	WS11	0,100	< 0,0001	1				
	WS12	0,005	< 0,0001	0,215	1			
	WS13	< 0,0001	0,500	< 0,0001	< 0,0001	1		
	WS14	< 0,0001	0,000	< 0,0001	< 0,0001	0,001	1	
	WS15	< 0,0001	0,964	< 0,0001	< 0,0001	0,525	0,000	1
		Bonferroni-korrigiertes Signifikanzniveau: 0,0024						
Conover-Iman	**WS09**	1						
	WS10	< 0,0001	1					
	WS11	0,078	< 0,0001	1				
	WS12	0,002	< 0,0001	0,185	1			
	WS13	< 0,0001	0,471	< 0,0001	< 0,0001	1		
	WS14	< 0,0001	< 0,0001	< 0,0001	< 0,0001	0,001	1	
	WS15	< 0,0001	0,961	< 0,0001	< 0,0001	0,496	< 0,0001	1
		Bonferroni-korrigiertes Signifikanzniveau: 0,0024						
Steel-Dwass-Critchlow-Fligner	**WS09**	1						
	WS10	< 0,0001	1					
	WS11	0,703	< 0,0001	1				
	WS12	0,095	< 0,0001	0,890	1			
	WS13	< 0,0001	1,000	< 0,0001	< 0,0001	1		
	WS14	< 0,0001	0,014	< 0,0001	< 0,0001	0,021	1	
	WS15	< 0,0001	1,000	< 0,0001	< 0,0001	0,989	0,001	1

Tab. A.7. Notenskala für GdI2-Klausuren. Die Notenskala der GdI2-Klausuren umfasst eine Gesamtpunktzahl von 90, also ein Punkt pro Minute. Bei weniger als 40,5 Punkten gilt die Klausur als nicht bestanden [106].

Punkte	Note
79,5 – 90	1,0
75,5 – 79	1,3
70,5 – 75	1,7
66,5 – 70	2,0
62,5 – 66	2,3
57,5 – 62	2,7
53,5 – 57	3,0
49,5 – 53	3,3
44,5 – 49	3,7
40,5 – 44	4,0
weniger als 40,5	5,0 (nicht bestanden)

Literatur

[1] ABDULLAH, Firdaus: Measuring service quality in higher education: HEdPERF versus SERVPERF. In: *Marketing Intelligence & Planning* 24 (2006), Nr. 1, S. 31–47

[2] ALBERT-LUDWIGS-UNIVERITÄT FREIBURG: *SMILE: Smartphones in der Lehre.* URL: https://www.smile.informatik.uni-freiburg.de, aufgerufen am 29. Januar 2017

[3] ALBRECHT, Rainer: *E-Learning in Hochschulen: Die Implementierung von E-Learning an Präsenzhochschulen aus hochschuldidaktischer Perspektive.* dissertation.de, 2003

[4] ALDRIDGE, Susan ; ROWLEY, Jennifer: Measuring customer satisfaction in higher education. In: *Quality assurance in education* 6 (1998), Nr. 4, S. 197–204

[5] ALLERDING, Florian ; BUCK, Jan ; FREUDENSTEIN, Patrick ; HÖLLRIGL, Thorsten ; JULING, Wilfried ; KEUTER, Björn ; KLOSEK, Bogdan ; LINK, Stefan ; MAJER, Frederic ; MAURER, Axel ; NUSSBAUMER, Martin ; RIED, Daniel ; SCHELL, Frank: Integriertes Service-Portal zur Studienassistenz. In: *Proceedings of INFORMATIK 2008, 38. Jahrestagung der Gesellschaft für Informatik*, 2008, S. 596–601

[6] AMBOS, Felix: *Methodik zur Sicherung der Lehrqualität im universitären Umfeld auf Basis von Evaluationskonzepten*, Karlsruher Institut für Technologie (KIT), Diplomarbeit, 2015

[7] ANDERSON, Richard J. ; ANDERSON, Ruth ; VANDEGRIFT, Tammy ; WOLFMAN, Steven ; YASUHARA, Ken: Promoting interaction in large classes with computer-mediated feedback. In: *Designing for change in networked learning environments: Proceedings of the International Conference on Computer Support for Collaborative Learning*, 2003, S. 119–123

[8] APACHE SOFTWARE FOUNDATION: *Apache Tomcat.* URL: https://tomcat.apache.org, aufgerufen am 14. April 2017

[9] ARNOLD, Marlen ; WETZEL, Kathrin ; RÖBKEN, Heinke: *Qualitättsstandards für die virtuelle Hochschulbildung am Beispiel des E-Learnings.* Center für lebenslanges Lernen (C3L) der Carl von Ossietzky Universität Oldenburg, 2014

[10] ARNOLD, Patricia: *Kooperatives Lernen im Internet.* Waxmann, 2003

[11] ARNOLD, Patricia ; KILIAN, Lars ; THILLOSEN, Anne ; ZIMMER, Gerhard: *Handbuch E-Learning: Lehren und Lernen mit digitalen Medien.* Bertelsmann, 2015

[12] ATKINS, Madeleine ; BROWN, George A. ; BROWN, George: *Effective teaching in higher education.* Routledge, 2002

[13] AUINGER, Andreas ; SCHWAN, Stephan ; STARY, Christian ; MIELACH, Edmund: Evaluierung von selbstgesteuertem Wissenstransfer. In: *Tagungsband DeLFI, 1. e-Learning Fachtagung Informatik*, 2003, S. 361–371

[14] AUINGER, Andreas ; STARY, Christian: Verknüpfung von Content und Kommunikation für selbstgesteuerten, webbasierten Wissenstransfer. In: ZIEGLER, Jürgen (Hrsg.) ; SZWILLUS, Gerd (Hrsg.): *Mensch & Computer 2003.* Springer, 2003, S. 359–369

[15] BACHMANN, Heinz: Hochschullehre neu definiert: shift from teaching to learning. In: *Teaching is Touching the Future: Emphasis on Skills.* UVW, 2014, S. 53–68

[16] BALL, Christopher: What the hell is quality. In: *Fitness for Purpose: Essays in Higher Education.* SRHE & NFER-Nelson Guildford, 1985, S. 96–102

[17] BARGEL, Tino ; EL HAGE, Natalija: Evaluation der Hochschullehre. Modelle, Probleme und Perspektiven. In: HELMKE, Andreas (Hrsg.) ; HORNSTEIN, Walter (Hrsg.) ; TERHART, Ewald (Hrsg.): *Qualität und Qualitätssicherung im Bildungsbereich; Schule, Sozialpädagogik, Hochschule – Zeitschrift für Pädagogik, 41. Beiheft.* Beltz, 2000, S. 207–224

[18] BAUMGARTNER, Peter: *Taxonomie von Unterrichtsmethoden: ein Plädoyer für didaktische Vielfalt.* Waxmann, 2014

https://doi.org/10.1515/9783110483048-393

[19] BAUMGARTNER, Peter ; HÄFELE, Hartmut ; MAIER-HÄFELE, Kornelia: *E-Learning Praxishandbuch: Auswahl von Lernplattformen: Marktübersicht – Funktionen – Fachbegriffe.* Studien Verlag, 2002

[20] BAUMGARTNER, Peter ; PAYR, Sabine: Erfinden lernen. In: MÜLLER, Albert (Hrsg.) ; MÜLLER, Karl H. (Hrsg.) ; STADLER, Friedrich (Hrsg.): *Konstruktivismus und Kognitionswissenschaft. Kulturelle Wurzeln und Ergebnisse. Heinz von Foerster gewidmet.* Springer, 1997, S. 89–106

[21] BAUMGARTNER, Peter ; PAYR, Sabine: *Lernen mit Software (Lernen mit interaktiven Medien).* Studien Verlag, 1999

[22] BECKER, Fred ; KRÜCKEN, Georg ; WILD, Elke: *Gute Lehre in der Hochschule: Wirkungen von Anreizen, Kontextbedingungen und Reformen.* Bertelsmann, 2012

[23] BEHMEL, Albrecht: *Das kleine Lexikon der Hochschulbegriffe: Akademische Fachbegriffe aus Tradition und Gegenwart.* Ibidem-Verlag, 2012

[24] BERENDT, Brigitte: Was ist gute Hochschullehre? In: HELMKE, Andreas (Hrsg.) ; HORNSTEIN, Walter (Hrsg.) ; TERHART, Ewald (Hrsg.): *Qualität und Qualitätssicherung im Bildungsbereich: Schule, Sozialpädagogik, Hochschule – Zeitschrift für Pädagogik,. 41. Beiheft.* Beltz, 2000, S. 247–260

[25] BÖHM, Winfried: *Wörterbuch der Pädagogik.* 15. Auflage. Kröner, 2000

[26] BIGGS, John ; TANG, Catherine: *Teaching for Quality Learning.* McGraw-Hill Companies, 2007

[27] BITKOM: *E-Learning bleibt auf Wachstumskurs.* Bundesverband Informationswirtschaft, Telekommunikation und neue Medien e.V. (BITKOM), 2014. – Presseinformation

[28] BONN, Matthias ; DIETER, Sventje ; SCHMECK, Hartmut: Kooperationstools der Notebook Universität Karlsruhe (TH). In: *Mobiles Lernen und Forschen: Beiträge der Fachtagung an der Universität Kassel*, 2003, S. 63–71

[29] BORTZ, Jürgen ; DÖRING, Nicola: *Forschungsmethoden und Evaluation in den Sozial- und Humanwissenschaften.* 5. Auflage. Springer, 2015

[30] BRÜGGEMANN, Holger ; BREMER, Peik: *Grundlagen Qualitätsmanagement: Von den Werkzeugen über Methoden zum TQM.* 2. Auflage. Springer Vieweg, 2015

[31] BRÜNNER, Arndt: *Willkommen auf den Mathematik-Seiten von Arndt Brünner.* URL: http://www.arndt-bruenner.de/mathe/mathekurse.htm, aufgerufen am 31. Januar 2017

[32] BROWN, John S. ; DUGUID, Paul: Universities in the digital age. In: *Change: The Magazine of Higher Learning* 28 (1996), Nr. 4, S. 11–19

[33] BRUSH, A.J. B. ; BARGERON, David ; GRUDIN, Jonathan ; BORNING, Alan ; GUPTA, Anoop: Supporting interaction outside of class: anchored discussions vs. discussion boards. In: *Proceedings of the Conference on Computer Support for Collaborative Learning: Foundations for a CSCL Community*, 2002, S. 425–434

[34] BÖSS-OSTENDORF, Andreas ; SENFT, Holger: *Einführung in die Hochschul-Lehre: Ein Didaktik-Coach.* Budrich, 2010

[35] BÄUMER, Michael ; MALYS, Boguslaw ; WOSKO, Michal: Lernplattformen für den universitären Einsatz. In: FELLBAUM, Klaus (Hrsg.) ; GÖCKS, Marc (Hrsg.): *eLearning an der Hochschule.* Shaker, 2004, S. 121–140

[36] BUNDESMINISTERIUM FÜR BILDUNG UND FORSCHUNG: *Das Wissenschaftssystem: Hochschulpakt 2020.* URL: https://www.bmbf.de/de/hochschulpakt-2020-506.html, aufgerufen am 15. Januar 2017

[37] BUNDESMINISTERIUM FÜR BILDUNG UND FORSCHUNG: *Das Wissenschaftssystem: Qualitätspakt Lehre.* URL: https://www.bmbf.de/de/qualitaetspakt-lehre-524.html, aufgerufen am 15. Januar 2017

[38] BUNDESMINISTERIUMS DER JUSTIZ UND FÜR VERBRAUCHERSCHUTZ: *Hochschulrahmengesetz (HRG).* 2017

[39] BÜYÜKÖZKAN, Gülçin ; RUAN, Da ; FEYZIOĞLU, Orhan: Evaluating e-learning web site quality in a fuzzy environment. In: *International Journal of Intelligent Systems* 22 (2007), Nr. 5, S. 567–586

[40] CALC101: *Calc101.com Automatic Calculus and Algebra Help.* URL: http://www.calc101.com, aufgerufen am 31. Januar 2017

[41] CAP, Clemens H. ; DELFS, Christian ; VETTERICK, Jonas: Tweedback goes Smart Watch: Why Classroom Response Systems Need Smart Watch User Interfaces. In: *Workshop Proceedings of the 11th International Conference on Intelligent Environments*, 2015, S. 273–280

[42] CARROLL, Julie-Anne ; RODGERS, Jess ; SANKUPELLAY, Mangalam ; NEWCOMB, Michelle ; COOK, Roger: Systematic evaluation of GoSoapBox in tertiary education: a student response system for improving learning experiences and outcomes. In: *Proceedings of INTED2014*, 2014

[43] CODECADEMY: *Codecademy: Learn to code interactively, for free.* URL: https://www.codecademy.com, aufgerufen am 31. Januar 2017

[44] COMENIUS, Johann A. ; FLITNER, Andreas (Hrsg.): *Große Didaktik: Die vollständige Kunst, alle Menschen alles zu lehren.* 10. Auflage. Klett-Cotta, 2007

[45] COMPREHENSIVE TEX ARCHIVE NETWORK (CTAN): *hyperref: Extensive support for hypertext in LaTeX.* URL: https://www.ctan.org/pkg/hyperref?lang=de, aufgerufen am 08. Februar 2016

[46] CROSS, Jay: An informal history of eLearning. In: *On the Horizon* 12 (2004), Nr. 3, S. 103–110

[47] DAHLSTROM, Eden ; BICHSEL, Jacqueline: *ECAR Study of Undergraduate Students and Information Technology, 2014.* EDUCAUSE Center for Analysis and Research, 2014

[48] DAMM, Markus ; KLAUER, Bernd ; WALDSCHMIDT, Klaus: LogiFlash–A Flash-based Logic-Simulator for educational Purposes. In: *EdMedia: World Conference on Educational Media and Technology*, 2003, S. 748–750

[49] DAVIS, James R. ; HUTTENLOCHER, Daniel P.: Shared annotation for cooperative learning. In: *The first international conference on Computer support for collaborative learning*, 1995, S. 84–88

[50] DENDANE, Abdelkader: *Free Mathematics Tutorials.* URL: http://www.analyzemath.com, aufgerufen am 31. Januar 2017

[51] DEUSSEN, Peter ; JULING, Wilfried ; THUM, Bernd: *Die Notebook-Universität Karlsruhe (TH)-NUKATH.* KIT Scientific Publishing, 2004

[52] DEUTSCHES INSTITUT FÜR NORMUNG E.V.: *DIN 55350-11: 2008-05::2008-05: Begriffe zum Qualitätsmanagement – Teil 11: Ergänzung zu DIN EN ISO 9000:2005.* Beuth, 2008

[53] DEUTSCHES INSTITUT FÜR NORMUNG E.V.: *Codes für die Namen von Ländern und deren Untereinheiten – Teil 1: Codes für Ländernamen (ISO 3166-1:2013); Deutsche Fassung EN ISO 3166-1:2014.* Beuth, 2014

[54] DEUTSCHES INSTITUT FÜR NORMUNG E.V.: *DIN EN ISO 9000: 2015-11: Qualitätsmanagementsysteme – Grundlagen und Begriffe (ISO 9000:2015); Deutsche und Englische Fassung EN ISO 9000:2015.* Beuth, 2015

[55] DICHANZ, Horst ; ERNST, Anette: E-Learning: Begriffliche, psychologische und didaktische Überlegungen zum «electronic learning». In: *MedienPädagogik: Zeitschrift für Theorie und Praxis der Medienbildung* 2 (2001), S. 1–30

[56] DIEKMANN, Andreas: *Empirische Sozialforschung: Grundlagen, Methoden, Anwendungen.* 7. Auflage. Rowohlt, 2013

[57] DIETER, Sventja ; BONN, Matthias ; SCHMECK, Hartmut: Mobiles Lernen an der Notebook Universität Karlsruhe. In: *Tagungsband DeLFI, 2. e-Learning Fachtagung Informatik*, 2004, S. 371–372

[58] DRESCHER, Andreas ; MEIER, Michael ; OBERWEIS, Andreas ; TOUSSAINT, Frederic: Systematische Prozessverbesserung mittels präferenzorientierter Ressourcenallokation einer Tutori-

enplatzvergabe. In: *Proceedings of INFORMATIK 2015, 45. Jahrestagung der Gesellschaft für Informatik*, 2015, S. 713–724

[59] EICHHORN, Michael: Elektronische Abstimmungssysteme in der Hochschullehre: Empirische Untersuchung zu ersten Erfahrungen mit dem Audience Response System eduVote. In: *Proceedings of 14. E-Learning Fachtagung Informatik*, 2016, S. 15–26

[60] ELECTRIC PAPER EVALUATIONSSYSTEME GMBH: *Evaluations- & Umfragesoftware EvaSys*. URL: https://www.evasys.de/startseite.html, aufgerufen am 30. Dezember 2016

[61] EUROPÄISCHE HOCHSCHULMINISTER: *Bologna-Prozess 2020: der Europäische Hochschulraum im kommenden Jahrzehnt*. Kommuniqé der Konferenz der für die Hochschulen zuständigen europäischen Ministerinnen und Minister, Leuven/Louvain-la-Neuve, 28. und 29. April 2009, 2009

[62] FAHRMEIR, Ludwig ; HEUMANN, Christian ; KÜNSTLER, Rita ; PIGEOT, Iris ; TUTZ, Gerhard: *Statistik: Der Weg zur Datenanalyse*. 8. Auflage. Springer, 2016

[63] FAKULTÄT FÜR WIRTSCHAFTSWISSENSCHAFTEN: *Modulhandbuch Technische Volkswirtschaftslehre (B.Sc.): SPO 2007/2015; Wintersemester 16/17; Stand: 18.11.2016*. Fakultät für Wirtschaftswissenschaften, 2015

[64] FAKULTÄT FÜR WIRTSCHAFTSWISSENSCHAFTEN: *Modulhandbuch Wirtschaftsingenieurwesen (B.Sc.): SPO 2007/2015; Wintersemester 16/17; Stand: 18.11.2016*. Fakultät für Wirtschaftswissenschaften, 2015

[65] FAKULTÄT FÜR WIRTSCHAFTSWISSENSCHAFTEN, FAKULTÄT FÜR INFORMATIK: *Informationswirtschaft (B.Sc.): Sommersemester 2015; Langfassung SPO 2009; Stand: 26.02.2015*. Fakultät für Wirtschaftswissenschaften, Fakultät für Informatik, 2015

[66] FEND, Helmut: *Geschichte des Bildungswesens: der Sonderweg im europäischen Kulturraum*. Springer, 2007

[67] FISCHER, Helge: *E-Learning im Lehralltag*. Springer, 2013

[68] FITTING, Martin ; HORN, Christian ; LORSON, Peter ; WIGGER, Christina: Eignung von Erfolgsdeterminanten zur Bewertung der Hochschullehre. In: *Das Hochschulwesen* 61 (2013), Nr. 1-2, S. 40–52

[69] FLECHSIG, Karl-Heinz: *Der Göttinger Katalog didaktischer Modelle: Theoretische und methodologische Grundlagen*. Zentrum für didaktische Studien, 1983

[70] FLECHSIG, Karl-Heinz: *Kleines Handbuch didaktischer Modelle*. Neuland, Verlag für lebendiges Lernen, 1996

[71] FOUSKAKIS, Dimitris ; PETRAKOS, George ; VAVOURAS, Ioannis: A Bayesian hierarchical model for comparative evaluation of teaching quality indicators in higher education. In: *Journal of Applied Statistics* 43 (2016), Nr. 1, S. 195–211

[72] FRANKFURT UNIVERSITY OF APPLIED SCIENCE: *LARS: Live Audience Response System*. URL: http://dbsrv.informatik.fb2.frankfurt-university.de:8080/apex/f?p=573:101, aufgerufen am 29. Januar 2017

[73] GARTNER INC.: *Gartner Hype Cycle*. URL: http://www.gartner.com/technology/research/methodologies/hype-cycle.jsp, aufgerufen am 29. Januar 2017

[74] GARTNER INC.: *Hype Cycle for Education, 2016*. URL: https://www.gartner.com/doc/3364119/hype-cycle-education, aufgerufen am 29. Januar 2017

[75] GESELLSCHAFT FÜR DEUTSCHE SPRACHE: *Wort des Jahres*. URL: http://gfds.de/aktionen/wort-des-jahres, aufgerufen am 26. Januar 2017

[76] GO EDUCATION, LLC: *GoSoapBox: Transform Your Classroom*. URL: http://www.gosoapbox.com, aufgerufen am 30. Januar 2017

[77] GOMEZ, Jose ; KOBLER, David ; NÜESCH, Charlotte ; BÜCHTNER, Karin (Hrsg.) ; GRAMLINGER, Franz (Hrsg.) ; WILBERS, Karl (Hrsg.): *Die Bedeutung eines ganzheitlichen Qualitätsmanagements für die Hochschullehre*. bwp@ Berufs- und Wirtschaftspädagogik – online, 2011

[78] Google Inc.: *Absprungrate*. URL: https://support.google.com/analytics/answer/1009409?hl=de, aufgerufen am 07. Juli 2016

[79] Google Inc.: *Cookies and User Identification*. URL: https://developers.google.com/analytics/devguides/collection/analyticsjs/cookies-user-id, aufgerufen am 02. Juli 2016

[80] Google Inc.: *Google Analytics*. URL: https://www.google.de/intl/de/analytics, aufgerufen am 21. Juni 2016

[81] Google Inc.: *Google Analytics Cookie Usage on Websites*. URL: https://developers.google.com/analytics/devguides/collection/analyticsjs/cookie-usage, aufgerufen am 21. Juni 2016

[82] Greco, Salvatore (Hrsg.) ; Ehrgott, Matthias (Hrsg.) ; Figueira, José R. (Hrsg.): *Multiple Criteria Decision Analysis: State of the Art Surveys*. 2. Auflage. Springer, 2016

[83] Greenspan, Gideon: *Question?Answer*. URL: http://www.question2answer.org, aufgerufen am 10. Februar 2016

[84] Göth, Christoph ; Frohberg, Dirk ; Schwabe, Gerhard: Von passivem zu aktivem mobilen Lernen. In: *Zeitschrift für E-Learning: Lernkultur und Bildungstechnologie* 2 (2007), Nr. 4, S. 12–28

[85] Guzdial, Mark ; Turns, Jennifer: Effective discussion through a computer-mediated anchored forum. In: *The journal of the learning sciences* 9 (2000), Nr. 4, S. 437–469

[86] Haben, Michael ; Hoffmann, Hans-Jürgen ; Michel, Lutz: *eLearning zwischen Euphorie und Ernüchterung: Eine Bestandsaufnahme zum eLearning in deutschen Großunternehmen*. KPMG Consulting AG, 2001. – Techreport

[87] HackingOff: *Compiler Construction Toolkit*. URL: http://hackingoff.com, aufgerufen am 31. Januar 2017

[88] Hanne, Thomas: *Multikriterielle Optimierung: Eine Übersicht*. FernUniversität Hagen, 1998. – Diskussionsbeitrag Nr. 251

[89] Hansen, Ursula ; Hennig-Thurau, Thorsten ; Langer, Markus F.: Qualitatsmanagement von Hochschulen: FACULTY-Q als Erweiterung von TEACH-Q. In: *Die Betriebswirtschaft (DBW)* 60 (2000), Nr. 1, S. 23–38

[90] Hansen, Ursula ; Hennig-Thurau, Thorsten ; Wochnowski, Holger: TEACH-Q: Ein valides und handhabbares Instrument zur Bewertung von Vorlesungen. In: *Die Betriebswirtschaft (DBW)* 57 (1997), Nr. 4, S. 376–396

[91] Harvey, Lee ; Green, Diana: Qualität definieren. Fünf unterschiedliche Ansätze. In: Helmke, Andreas (Hrsg.) ; Hornstein, Walter (Hrsg.) ; Terhart, Ewald (Hrsg.): *Qualität und Qualitätssicherung im Bildungsbereich: Schule, Sozialpädagogik, Hochschule – Zeitschrift für Pädagogik, 41. Beiheft*. Beltz, 2000, S. 17–39

[92] Heid, Helmut: Qualität. Überlegungen zur Begründung einer pädagogischen Beurteilungskategorie. In: Helmke, Andreas (Hrsg.) ; Hornstein, Walter (Hrsg.) ; Terhart, Ewald (Hrsg.): *Qualität und Qualitätssicherung im Bildungsbereich: Schule, Sozialpädagogik, Hochschule – Zeitschrift für Pädagogik, 41. Beiheft*. Beltz, 2000, S. 41–51

[93] Helmke, Andreas ; Krapp, Andreas: Lehren und Lernen in der Hochschule. Einführung in den Thementeil. In: *Zeitschrift für Pädagogik* 45 (1999), Nr. 1, S. 19–24

[94] Henning, Peter A.: eLearning 2015. Stand der Technik und neueste Trends. In: *HMD Praxis der Wirtschaftsinformatik* 52 (2015), Nr. 1, S. 132–143

[95] Herrmann, Thomas ; Kienle, Andrea: Context-oriented communication and the design of computer-supported discursive learning. In: *International Journal of Computer-Supported Collaborative Learning* 3 (2008), Nr. 3, S. 273–299

[96] Hilbert, Martin ; López, Priscila: The world's technological capacity to store, communicate, and compute information. In: *Science* 332 (2011), Nr. 60, S. 60–65

[97] HOCHSCHUL DIDAKTIK ZENTRUM UNIVERSITÄTEN BADEN-WÜRTTEMBERG: *Baden-Württemberg-Zertifikat.* URL: http://www.hdz-bawue.de/das-angebot-des-hdz/baden-wuerttemberg-zertifikat, aufgerufen am 1. September 2016

[98] HOCHSCHULREKTORENKONFERENZ: *Moderne Informations- und Kommunikationstechnologien (Neue Medien) in der Hochschullehre: Empfehlung des 179. Plenums der Hochschulrektorenkonferenz.* 1996

[99] HOCHSCHULREKTORENKONFERENZ: *Für eine Reform der Lehre in den Hochschulen: Strategiepapier der 3. Mitgliederversammlung der HRK am 22.4.2008.* URL: https://www.hrk.de/fileadmin/_migrated/content_uploads/Reform_in_der_Lehre_-_Beschluss_22-4-08.pdf, aufgerufen am 24. Januar 2017. 2008

[100] HORNSTEIN, Julia: *Modellgestützte Optimierung des Führungsstils während eines Turnarounds.* Springer, 2009

[101] HYPERWAVE GMBH: *HyperHype: Enterprise Content Management: Einfach. Flexibel. Günstig.* URL: https://www.hyperwave.com, aufgerufen am 07. Februar 2017

[102] IFD ALLENSBACH: *Internetnutzer in Deutschland, die Cookies löschen bzw. unterdrücken oder sie zulassen, von 2013 bis 2015 (in Millionen).* URL: http://de.statista.com/statistik/daten/studie/168870/umfrage/nutzung-von-programmen-die-cookies-loeschen, aufgerufen am 29. Juni 2016

[103] IHBE, W. ; NEUMANN, Jörg: Organisations- und Prozessmodell. In: KÖHLER, Thomas (Hrsg.) ; NEUMANN, Jörg (Hrsg.) ; JENTZSCH, Dorit (Hrsg.): *Organisation des E-Learning: Ausgangsanalyse am Beispiel der TU Dresden.* TUDpress, 2007, S. 98–112

[104] ILIAS: *Benutzerdokumentation für ILIAS.* ILIAS open source e-Learning e.V., 2015

[105] INGENKAMP, Karlheinz (Hrsg.): *Die Fragwürdigkeit der Zensurengebung: Texte und Untersuchungsberichte.* 9. Auflage. Beltz, 1995

[106] INSTITUT FÜR ANGEWANDTE INFORMATIK UND FORMALE BESCHREIBUNGSVERFAHREN: *Punkte- und Notenskalen am AIFB.* URL: http://www.aifb.kit.edu/web/Notenskalen, aufgerufen am 24. August 2015

[107] INSTITUTE FOR KNOWLEDGE INNOVATION AND TECHNOLOGY: *Welcome to Knowledge Forum 4.8.* URL: http://www.knowledgeforum.com/index.htm, aufgerufen am 07. Februar 2017

[108] INTELLIDIDACT GMBH & CO. KG: *Turning technologies.* URL: http://www.turning-technologies.de, aufgerufen am 30. Januar 2017

[109] INTERNATIONAL SOCIETY OF THE LEARNING SCIENCES: *The International Conference on Computer-Supported Collaborative Learning (CSCL).* URL: https://www.isls.org/conferences/cscl, aufgerufen am 07. Februar 2017

[110] JOHNSON, Larry ; BROWN, Malcolm ; BECKER, Samantha A. ; CUMMINS, Michele ; DIAZ, Veronica: *Horizon Report: 2016 Higher Education Edition (Hochschulausgabe).* New Media Consortium, 2015

[111] KARLSRUHER INSTITUT FÜR TECHNOLOGIE (KIT): *Leitbild.* URL: https://www.kit.edu/kit/leitbild.php, aufgerufen am 24. Mai 2017

[112] KARLSRUHER INSTITUT FÜR TECHNOLOGIE (KIT): *Leitbild für Studium und Lehre am Karlsruher Institut für Technologie.* URL: http://www.pst.kit.edu/452.php, aufgerufen am 27. Mai 2017

[113] KARLSRUHER INSTITUT FÜR TECHNOLOGIE (KIT): *Studien- und Prüfungsordnung des Karlsruher Instituts für Technologie (KIT) für den Bachelorstudiengang Wirtschaftsingenieurwesen.* URL: https://studium.kit.edu/vvz, aufgerufen am 30. Dezember 2016

[114] KARLSRUHER INSTITUT FÜR TECHNOLOGIE (KIT): *Universität Karlsruhe (TH): Von der Polytechnischen Schule zur Forschungsuniversität.* URL: https://www.kit.edu/kit/1083.php, aufgerufen am 24. Mai 2017

[115] KARLSRUHER INSTITUT FÜR TECHNOLOGIE (KIT): *Vorlesungsverzeichnis.* URL: https://studium.kit.edu/vvz, aufgerufen am 30. Dezember 2016

[116] KARLSRUHER INSTITUT FÜR TECHNOLOGIE (KIT) - PRESSE, KOMMUNIKATION UND MARKETING (PKM): *Corporate Design*. URL: https://www.pkm.kit.edu/ci_cd, aufgerufen am 12. Januar 2016

[117] KARLSRUHER INSTITUT FÜR TECHNOLOGIE (KIT) PRÄSIDIALSTAB: *Lernerfolg ist wichtig*. URL: http://www.pst.kit.edu/205, aufgerufen am 24. Januar 2017

[118] KARLSRUHER INSTITUT FÜR TECHNOLOGIE (KIT) PRÄSIDIUM: *Evaluationsordnung für Lehre, Studium und Weiterbildung sowie diese unterstützende Dienstleistungen des Karlsruher Instituts für Technologie (KIT) vom 24. Mai 2012*. URL: http://www.pst.kit.edu/downloads/6_Evaluationsordnung_2013-05-31.pdf, aufgerufen am 30. Dezember 2016. 2012

[119] KARLSRUHER INSTITUT FÜR TECHNOLOGIE (KIT) QUALITÄTSMANAGEMENT : *Lehrveranstaltungsevaluation*. URL: http://www.pst.kit.edu/lv-eva.php, aufgerufen am 30. Dezember 2016

[120] KARLSRUHER INSTITUT FÜR TECHNOLOGIE (KIT) QUALITÄTSMANAGEMENT: *Lehrqualitätsindex*. URL: https://www.pst.kit.edu/230.php, aufgerufen am 17. März 2017

[121] KAY, Robin H. ; LESAGE, Ann: Examining the benefits and challenges of using audience response systems: A review of the literature. In: *Computers & Education* 53 (2009), Nr. 3, S. 819–827

[122] KÜHL, Philipp ; KIRSCH, Daniel: *Detexify*. URL: http://detexify.kirelabs.org/classify.html, aufgerufen am 31. Januar 2017

[123] KIENLE, Andrea: *Integration von Wissensmanagement und kollaborativem Lernen durch technisch unterstützte Kommunikationsprozesse*. Eul-Verlag, 2003

[124] KIRKPATRICK, Donald L.: *Evaluating Training Programs: The Four Levels*. 3. Auflage. Berrett-Koehler, 2006

[125] KLIMSA, Paul ; ISSING, Ludwig J.: *Online-Lernen: Handbuch für Wissenschaft und Praxis*. 2. Auflage. De Gruyter Oldenbourg, 2011

[126] KLINGER, Melanie: *Merkmale guter Hochschullehre: Definitionsversuche und Operationalisierbarkeit*. bwp@ Berufs- und Wirtschaftspädagogik – online, 2011

[127] KÖNIG, Lukas: *Complex Behavior in Evolutionary Robotics*. De Gruyter Oldenbourg, 2015

[128] KÖNIG, Lukas ; BRAUN, Marlon ; MÜLTIN, Marc ; KOSTER, Nils ; PFEIFFER-BOHNEN, Friederike: *Willkommen bei XWizard: Das Online-Informatik-Tool*. URL: https://www.xwizard.de, aufgerufen am 08. März 2016

[129] KÖNIG, Lukas ; PATHMAPERUMA, Daniel ; VOGEL, Felix ; SCHMECK, Hartmut: Introducing the simulation plugin interface and the EAS framework with comparison to two state-of-the-art agent simulation frameworks. In: *Proceedings of the 2012 Winter Simulation Conference (WSC)*, 2012, S. 412:1–412:13

[130] KÖNIG, Lukas ; PFEIFFER-BOHNEN, Friederike: *XWizard: The Online Informatics Toolbox: Handbook for Students*. Karlsruher Institut für Technologie, 2016. – Techreport

[131] KÖNIG, Lukas ; PFEIFFER-BOHNEN, Friederike: *XWizard: The Online Informatics Toolbox: Handbook for Teachers*. Karlsruher Institut für Technologie, 2016. – Techreport

[132] KÖNIG, Lukas ; PFEIFFER-BOHNEN, Friederike ; SCHMECK, Hartmut: *100 Übungsaufgaben zu Grundlagen der Informatik: Band I: Theoretische Informatik*. Oldenbourg, 2014

[133] KÖNIG, Lukas ; PFEIFFER-BOHNEN, Friederike ; SCHMECK, Hartmut: *100 Übungsaufgaben zu Grundlagen der Informatik: Band II: Technische Informatik*. Oldenbourg, 2014

[134] KÖNIG, Lukas ; PFEIFFER-BOHNEN, Friederike ; SCHMECK, Hartmut: *Theoretische Informatik: ganz praktisch*. De Gruyter Oldenbourg, 2016

[135] KOBBE, Lars ; WEINBERGER, Armin ; DILLENBOURG, Pierre ; HARRER, Andreas ; HÄMÄLÄINEN, Raija ; HÄKKINEN, Päivi ; FISCHER, Frank: Specifying computer-supported collaboration scripts. In: *International Journal of Computer-Supported Collaborative Learning* 2 (2007), Nr. 2, S. 211–224

[136] KOFFKA, Kurt: *Die Grundlagen der Psychischen Entwicklung*. Zickfeldt Verlag, 1921

[137] KROMREY, Helmut: Qualität und Evaluation im System Hochschule. In: STOCKMANN, Reinhard (Hrsg.): *Evaluationsforschung: Grundlagen und ausgewählte Forschungsfelder*. 2. Auglage. Waxmann, 2003, S. 15–46

[138] KUCKARTZ, Udo. ; DRESING, Thorsten ; RÄDIKER, Stefan ; STEFER, Claus: *Qualitative Evaluation: Der Einstieg in die Praxis*. 2. Auflage. VS, Verlag für Sozialwissenschaften, 2008

[139] LABITZKE, Sebastian ; NUSSBAUMER, Martin ; HARTENSTEIN, Hannes ; JULING, Wilfried: Integriertes Informationsmanagement am KIT Was bleibt? Was kommt? In: BODE, Arndt (Hrsg.) ; BORGEEST, Rolf (Hrsg.): *Informationsmanagement in Hochschulen*. Springer, 2010, S. 35–46

[140] LAND BADEN-WÜRTTEMBERG: *Gesetz über die Hochschulen in Baden-Württemberg (Landeshochschulgesetz – LHG)*. 2017

[141] LAND BADEN-WÜRTTEMBERG: *Gesetz zum Schutz personenbezogener Daten (Landesdatenschutzgesetz – LDSG)*. 2017

[142] LEDIĆ, Jasminka ; RAFAJAC, Branko ; KOVAČ, Vesna: Assessing the quality of university teaching in Croatia. In: *Teaching in Higher Education* 4 (1999), Nr. 2, S. 213–243

[143] LETSFEEDBACK: *Letsfeedback*. URL: http://letsfeedback.com/de/home, aufgerufen am 30. Januar 2017

[144] LITTLE, Chris: Mentimeter Smartphone Student Response System: A class above clickers. In: *Compass: Journal of Learning and Teaching* 9 (2016), Nr. 13

[145] LÜPSEN, Haiko: *Multiple Mittelwertvergleiche – parametrisch und nichtparametrisch – sowie α-Adjustierungen mit praktischen Anwendungen mit R und SPSS*. Universität zu Köln, 2016. – Skript

[146] MACKE, Gerd ; HANKE, Ulrike ; VIEHMANN, Pauline: *Hochschuldidaktik: Lehren – vortragen – prüfen – beraten*. 2. Auflage. Beltz, 2012

[147] MADER, Andrea: *Mediale Lernwerkzeuge nutzen: Eine Praxishilfe zur Integration von eLearning in Berufsvorbereitung und Ausbildungsbegleitung*. INBAS, 2007

[148] MARSHALL, Catherine C. ; BRUSH, A.J. B.: Exploring the relationship between personal and public annotations. In: *Proceedings of the 2004 Joint ACM/IEEE - Conference on Digital Libraries*, 2004, S. 349–357

[149] MATIS, Herbert: *Die Wundermaschine – Die unendliche Geschichte der Datenverarbeitung: Von der Rechenuhr zum Internet*. Redline Wirtschaft bei Ueberreuter, 2002

[150] MAZZOLINI, Margaret ; MADDISON, Sarah: Sage, guide or ghost? The effect of instructor intervention on student participation in online discussion forums. In: *Computers & Education* 40 (2003), Nr. 3, S. 237–253

[151] MENTIMETER AB: *Mentimeter: Interactive presentations, workshops and meetings*. URL: https://www.mentimeter.com, aufgerufen am 30. Januar 2017

[152] MESSERSCHMIDT, Rolf ; GREBE, Regina: *Schriften zur beruflichen Weiterbildung*. Bd. 91: *Zwischen visionärer Euphorie und praktischer Ernüchterung: Informations- und Bildungstechnologien der vergangenen fünfzig Jahre*. Arbeitsgemeinschaft Betriebliche Weiterbildungsforschung e.V., 2005. – QUEM-report

[153] METZ-GÖCKEL, Sigrid ; KAMPHANS, Marion ; SCHOLKMANN, Antonia: Hochschuldidaktische Forschung zur Lehrqualität und Lernwirksamkeit. In: *Zeitschrift für Erziehungswissenschaft* 15 (2012), Nr. 2, S. 213–232

[154] MICHEL, Lutz P.: *E-Learning-Branche weiter auf Wachstumskurs*. MBB-Institut für Medien-und Kompetenzforschung, 2014

[155] MOORE, Joi L. ; DICKSON-DEANE, Camille ; GALYEN, Krista: e-Learning, online learning, and distance learning environments: Are they the same? In: *Proceedings of The Internet and Higher Education 14*, 2011, S. 129–135

[156] NETTELEUT(H)E: *NetteLeut(h)e: GC Tools*. URL: https://gc.de/gc, aufgerufen am 31. Januar 2017

[157] NETZMANUFAKTUR GMBH, TECHNISCHE UNIVERSITÄT DRESDEN: *invote.* URL: http://invote.de, aufgerufen am 29. Januar 2017

[158] NOACK, Kai: *matheretter: Verbessere deine Mathe-Note in nur 10 Minuten!* URL: https://www.matheretter.de, aufgerufen am 31. Januar 2017

[159] NOLTE, Dorothee: *Die Mutter der modernen Universität: 200 Jahre Humboldt-Uni.* ZEIT ONLINE, 12. Oktober 2009

[160] O.A. (OPEN SOURCE): *WordPress.org.* URL: https://de.wordpress.org, aufgerufen am 11. Februar 2016

[161] ORBITEAM SOFTWARE GMBH & CO. KG: *Teamarbeit leicht gemacht! Einfach besser zusammenarbeiten mit BSCW.* URL: http://www.bscw.de, aufgerufen am 07. Februar 2017

[162] PAAR, Christof ; PELZL, Jan: *Kryptografie verständlich: Ein Lehrbuch für Studierende und Anwender.* Springer Vieweg, 2016

[163] PASTERNACK, Peer: *Qualitätsorientierung an Hochschulen: Verfahren und Instrumente.* Institut für Hochschulforschung, 2004

[164] PFEIFFER, Friederike ; KÖNIG, Lukas ; WIESNER, André ; SCHMECK, Hartmut: An Interactive Pool of Exercises for Individual Learning Support in Academic Courses. In: *Proceedings of the 2012 World Conference on Educational Media and Technology (EdMedia)*, 2012, S. 442–452

[165] PFEIFFER-BOHNEN, Friederike ; KERN, Fabian ; KÖNIG, Lukas ; SCHMECK, Hartmut: nuKIT – an Interactive Communication Tool via Smartphone Technologies. In: *Proceedings of the 2013 World Conference on Educational Media and Technology (EdMedia)*, 2013, S. 339–349

[166] PIWIK.ORG: *Glossar.* URL: https://glossary.piwik.org/?language=de, aufgerufen am 10. November 2016

[167] PIWIK.ORG: *Piwik: Open Analytics Platform.* URL: http://piwik.org, aufgerufen am 12. Januar 2016

[168] PLANETCALC: *PLANETCALC: Online calculators.* URL: http://planetcalc.com, aufgerufen am 31. Januar 2017

[169] POCATILU, Paul ; BOJA, Catalin: Quality characteristics and metrics related to m-learning process. In: *Amfiteatru Economic* 11 (2009), Nr. 26, S. 346–354

[170] POL, Jakko van der ; ADMIRAAL, Wilfried ; SIMONS, Peter R.: The affordance of anchored discussion for the collaborative processing of academic texts. In: *International Journal of Computer-Supported Collaborative Learning* 1 (2006), Nr. 3, S. 339–357

[171] POLL EVERYWHERE: *Live Audience Participation: Poll Everywhere lets you engage your audience or class in real time.* URL: https://www.polleverywhere.com, aufgerufen am 30. Januar 2017

[172] PREY, Gisela ; EMMERICH, Kerstin: Nicht gewonnen; doch profitiert! Neue Kooperationen und Weiterbildungen durch Lehrpreise. In: *Zeitschrift für Hochschulentwicklung (ZFHE)* 6 (2011), Nr. 3, S. 153–164

[173] RAITHEL, Jürgen ; DOLLINGER, Bernd ; HÖRMANN, Georg: *Einführung Pädagogik: Begriffe, Strömungen, Klassiker, Fachrichtungen.* 3. Auflage. VS, Verlag für Sozialwissenschaften, 2012

[174] RAMSDEN, Paul: A performance indicator of teaching quality in higher education: The Course Experience Questionnaire. In: *Studies in higher education* 16 (1991), Nr. 2, S. 129–150

[175] RAMSDEN, Paul: *Learning to Teach in Higher Education.* 2. Auflage. Routledge, 2005

[176] RAZALI, Nornadiah M. ; WAH, Yap B.: Power Comparisons of Shapiro-Wilk, Kolmogorov-Smirnov, Lilliefors and Anderson-Darling Tests. In: *Journal of statistical modeling and analytics* 2 (2011), Nr. 1, S. 21–33

[177] REFSNES DATA: *w3schools.com.* URL: http://www.w3schools.com/default.asp, aufgerufen am 30. Januar 2017

[178] REGULAR EXPRESSIONS 101: *regular expressions 101.* URL: https://regex101.com, aufgerufen am 31. Januar 2017

[179] REICHMANN, Gerhard: Welche Kompetenzen sollten gute Universitätslehrer aus der Sicht von Studierenden aufweisen? Ergebnisse einer Conjointanalyse. In: *Das Hochschulwesen* 56 (2008), Nr. 2, S. 52–57

[180] REINHARDT, Wolfgang ; SIEVERS, Michael ; MAGENHEIM, Johannes ; KUNDISCH, Dennis ; HERRMANN, Philipp ; BEUTNER, Marc ; ZOYKE, Andrea: PINGO: peer instruction for very large groups. In: *Proceedings of the 7th European Conference on Technology Enhanced Learning (EC-TEL)*, 2012, S. 507–512

[181] RENKL, Alexander ; MANDL, Heinz: Kooperatives Lernen: die Frage nach dem Notwendigen und dem Ersetzbaren. In: *Unterrichtswissenschaft* 23 (1995), Nr. 4, S. 292–300

[182] REVERMANN, Christoph: *eLearning in Forschung, Lehre und Weiterbildung in Deutschland: Sachstandsbericht zum Monitoring eLearning.* Büro für Technikfolgen-Abschätzung beim deutschen Bundestag, 2006. – Sachstandsbericht

[183] RHEINBERG, Falko ; BROMME, Rainer ; MINSEL, Beate ; WINTELER, Adi ; WEIDENMANN, Bernd: Die Erziehenden und Lehrenden. In: KRAPP, Aandreas (Hrsg.) ; WEIDENMANN, Bernd (Hrsg.): *Pädagogische Psychologie.* 5. Auflage. Beltz, 2006, S. 269–355

[184] RINDERMANN, Heiner: Bedingungs-und Effektvariablen in der Lehrevaluationsforschung: Konzeption und Prüfung des Münchner multifaktoriellen Modells der Lehrveranstaltungsqualität. In: *Unterrichtswissenschaft* 27 (1999), Nr. 4, S. 357–380

[185] RINDERMANN, Heiner: Verbesserung der Lehre. Beurteilung von Lehrveranstaltungen durch Studierende. In: *Forschung und Lehre* 9 (2002), Nr. 7, S. 370–372

[186] RINDERMANN, Heiner: Lehrevaluation an Hochschulen: Schlussfolgerungen aus Forschung und Anwendung für Hochschulunterricht und seine Evaluation. In: *Zeitschrift für Evaluation* 2003 (2003), Nr. 2, S. 233–256

[187] RIVERA-PELAYO, Verónica: *Design and Application of Quantified Self Approaches for Reflective Learning in the Workplace.* KIT Scientific Publishing, 2015

[188] RIVERA-PELAYO, Verónica ; LACIĆ, Emanuel ; ZACHARIAS, Valentin ; STUDER, Rudi: LIM App: Reflecting on Audience Feedback for Improving Presentation Skills. In: *Scaling up Learning for Sustained Impact - Proceedings of the 8th European Conference on Technology Enhanced Learning (EC-TEL)*, 2013, S. 514–519

[189] RIVERA-PELAYO, Verónica ; MUNK, Johannes ; ZACHARIAS, Valentin ; BRAUN, Simone: Live interest meter: learning from quantified feedback in mass lectures. In: *Proceedings of the Third International Conference on Learning Analytics and Knowledge*, 2013, S. 23–27

[190] ROWLEY, Jennifer: Measuring quality in higher education. In: *Quality in Higher Education* 2 (1996), Nr. 3, S. 237–255

[191] RÖSCHEISEN, Martin ; MOGENSEN, Christian ; WINOGRAD, Terry: Beyond browsing: shared comments, SOAPs, trails, and on-line communities. In: *Computer networks and ISDN systems* 27 (1995), Nr. 6, S. 739–749

[192] RUPRECHT-KARLS-UNIVERSITÄT HEIDELBERG: *Auswertungsbericht zur Lehrveranstaltungsbefragung* . URL: https://www.uni-heidelberg.de/md/zentral/universitaet/qualitaetsmanagement/studium_lehre/beispielbericht_studiendekane.pdf, aufgerufen am 19. März 2017

[193] SACHS, Lothar ; HEDDERICH, Jürgen: *Angewandte Statistik: Methodensammlung mit R.* 15. Auflage. Springer, 2016

[194] SANDBERGER, Georg: *Landeshochschulgesetz Baden-Württemberg: Kommentar zum Gesetz über die Hochschulen in Baden-Württemberg (Landeshochschulgesetz – LHG), zum Universitätsklinika-Gesetz (UKG) und zum Gesetz über das Karlsruher Institut für Technologie (KIT-Gesetz).* 2. Auflage. Müller, 2015

[195] SCARDAMALIA, Marlene: CSILE / Knowledge forum. In: KOVALCHICK, Ann (Hrsg.) ; DAWSON, Kara (Hrsg.): *Education and technology: An encyclopedia.* ABC-CLIO, 2004, S. 183–192
[196] SCARDAMALIA, Marlene ; BEREITER, Carl: Computer support for knowledge-building communities. In: *The journal of the learning sciences* 3 (1994), Nr. 3, S. 265–283
[197] SCHANZ, Günther: *Verhalten in Wirtschaftsorganisationen: personalwirtschaftliche und organisationstheoretische Probleme.* Vahlen, 1978
[198] SCHENKEL, Peter ; TERGAN, Sigmar-Olaf ; LOTTMANN, Alfred: *Qualitätsbeurteilung multimedialer Lern- und Informationssysteme: Evaluationsmethoden auf dem Prüfstand.* BW Bildung und Wissen, 2000
[199] SCHIZ, Marina: *Messverfahren zur Qualitätsbewertung der Lehre aus Sicht der Studierenden*, Karlsruher Institut für Technologie (KIT), Diplomarbeit, 2016
[200] SCHLENKER, Lars ; BEYER, Susann: Online In Der Vorlesung: Potentiale Digitaler Medien Für Aktives Lernen. In: *Proceedings of the 11. Workshop on e-Learning (WeL2013)*, 2013
[201] SCHMIDT, Boris ; LOSSNITZER, Tim: Lehrveranstaltungsevaluation: State of the art, ein Definitionsvorschlag und Entwicklungslinien. In: *Zeitschrift für Evaluation* 9 (2010), Nr. 1, S. 49–72
[202] SCHMIDT, H.: *www.h-schmidt.net.* URL: https://www.h-schmidt.net, aufgerufen am 31. Januar 2017
[203] SCHULMEISTER, Rolf: *eLearning: Einsichten und Aussichten.* Oldenbourg, 2006
[204] SCHULMEISTER, Rolf (Hrsg.): *MOOCs: Massive Open Online Courses: Offene Bildung oder Geschäftsmodell?* Waxmann, 2013
[205] SCHULMEISTER, Rolf ; MAYRBERGER, Kerstin ; BREITER, Andreas ; FISCHER, Arne ; HOFMANN, Jörg ; VOGEL, Martin: *Didaktik und IT-Service-Management für Hochschulen: Referenzrahmen zur Qualitätssicherung und-entwicklung von eLearning-Angeboten.* Zentrum für Hochschul- und Weiterbildung (ZHW), 2008
[206] SCHWARTZ, Paul ; NITSCHE, Kathrin ; EYMANN, Torsten: Der Markt für Audience Response Systeme – eine explorative Marktstudie. In: *Tagungsband DeLFI, 12. e-Learning Fachtagung Informatik*, 2014, S. 277–285
[207] SEEL, Norbert.M.: *Psychologie des Lernens: Lehrbuch für Pädagogen und Psychologen.* 2. Auflage. Reinhardt, 2003
[208] SELLAR, Melanie: Poll everywhere. In: *The Charleston Advisor* 12 (2011), Nr. 3, S. 57–60
[209] SENST, Erik: Live-Umfragen mit FreeQuizDome: Einsatzmöglichkeiten im akademischen Kontext und Ergebnisse der Akzeptanzevaluation 2014 bei Bielefelder Studierenden. In: *FNMA Magazin* 2015 (2015), Nr. 4, S. 24–26
[210] SENST, Erik ; KARIRYAA, Ankit ; TRETTOW, Jan F. ; STEDEN, Florian ; SCHMIDT, Kathrin: *FreeQuizDome.* URL: http://www.freequizdome.com, aufgerufen am 29. Januar 2017
[211] SIEMENS, George: Connectivism: A Learning Theory for the Digital Age. In: *International Journal of Instructional Technology & Distance Learning* 2 (2005), Nr. 1, S. 3–10
[212] SIMPLESOFT – BUCHHOLZ WENGST GBR: *eduVote ist ein Audience Response System (ARS) für Lehrveranstaltungen.* URL: http://www.eduvote.de, aufgerufen am 30. Januar 2017
[213] SOSCI SURVEY GMBH: *SoSci Survey.* URL: https://www.soscisurvey.de, aufgerufen am 21. Juni 2016
[214] STATISTISCHES BUNDESAMT: 5% *der Privathaushalte haben kein Mobiltelefon.* URL: https://www.destatis.de/DE/PresseService/Presse/Pressemitteilungen/zdw/2016/PD16_42_p002.html, aufgerufen am 02. März 2017. Zahl der Woche vom 18. Oktober 2016 2016
[215] STATISTISCHES BUNDESAMT: *Zahl der Studierenden steigt im Wintersemester 2016/2017 weiter an.* URL: https://www.destatis.de/DE/PresseService/Presse/Pressemitteilungen/2016/11/PD16_417_213.html, aufgerufen am 13. Februar 2017. Pressemitteilung vom 25. November 2016 – 417/16 2016

[216] Takeda, Toshiyuki ; Suthers, Daniel: Online Workspaces for Annotation and Discussion of Documents. In: *Proceedings of the International Conference on Computers in Education*, 2002, S. 1294–1298

[217] Technische Hochschule Mittelhessen: *ARSnova: Lernen wird sichtbar.* URL: https://arsnova.thm.de/blog, aufgerufen am 29. Januar 2017

[218] Teichler, Ulrich: *Hochschulstrukturen im Umbruch: Eine Bilanz der Reformdynamik seit vier Jahrzehnten.* Campus Verlag, 2005

[219] Teichler, Ulrich: *Hochschulsysteme und Hochschulpolitik: Quantitative und strukturelle Dynamiken, Differenzierungen und der Bologna-Prozess.* Waxmann, 2005

[220] Tergan, Sigmar-Olaf ; Fischer, Arno ; Schenkel, Peter: Qualitätsevaluation von E-Learning mit dem Evaluationsnetz. In: Meister, Dorothee M. (Hrsg.) ; Tergan, Sigmar O. (Hrsg.) ; Zentel, Peter (Hrsg.): *Evaluation von E-Learning: Zielrichtungen, methodologische Aspekte, Zukunftsperspektiven.* Waxmann, 2004, S. 223–233

[221] Terhart, Ewald: *Didaktik: Eine Einführung.* Reclam, 2009

[222] Timmann, Irmo: *Entwicklung einer Android-Anwendung für das Classroom Response System StuReSy*, Universität Hamburg, Diplomarbeit, 2013

[223] Toffler, Alvin: *Future Shock.* 10. Auflage. Bantam Books, 1971

[224] Tsaur, Sheng-Hshiung ; Chang, Te-Yi ; Yen, Chang-Hua: The evaluation of airline service quality by fuzzy MCDM. In: *Tourism management* 23 (2002), Nr. 2, S. 107–115

[225] Tsinidou, Maria ; Gerogiannis, Vassilis ; Fitsilis, Panos: Evaluation of the factors that determine quality in higher education: an empirical study. In: *Quality Assurance in Education* 18 (2010), Nr. 3, S. 227–244

[226] Turner, George ; Weber, Joachim D. ; Göbbels-Dreyling, Brigitte: *Hochschule von A - Z: Orientierungen, Geschichte, Begriffe.* 2. Auflage. BWV, Berliner Wiss.-Verlag, 2011

[227] Universität Duisburg-Essen, Zentrum für Hochschul- und Qualitätsentwicklung (ZfH): *Handbuch zur Lehrveranstaltungsbewertung an der UDE – April 2015.* URL: https://www.uni-due.de/imperia/md/content/zfh/handbuch_lvb_2015.pdf, aufgerufen am 18. März 2017

[228] Universität Göttingen: *mVote.* URL: http://mvote.uni-goettingen.de/admin/?, aufgerufen am 29. Januar 2017

[229] Universität Hamburg: *StuReSy installieren: So lassen Sie Studierende mit Clickern oder Smartphones an anonymen Abstimmungen und Tests teilnehmen.* URL: https://www.wiso.uni-hamburg.de/elearning/blog/sturesy-installieren, aufgerufen am 29. Januar 2017

[230] Universität Heidelberg: *Die Anfänge der Heidelberger Universität und ihrer Gründungsfakultäten.* URL: http://www.ub.uni-heidelberg.de/ausstellungen/625jahre2011/sektion1.html, aufgerufen am 1. April 2017

[231] Universität Heidelberg: *Fragebogen zur Evaluation studentischer Tutorien.* URL: http://www.psychologie.uni-heidelberg.de/studium/qsm-allg/Bogen0910-Tutorienevaluation.pdf, aufgerufen am 18. April 2017

[232] Universität Konstanz: *Konzeption der Studentischen Lehrveranstaltungsevaluation.* URL: https://www.uni-konstanz.de/qualitaetsmanagement/lehrveranstaltungsevaluation/, aufgerufen am 19. März 2017

[233] Universität Paderborn: *PINGO: Kostenloses Live-Feedback.* URL: http://trypingo.com/de, aufgerufen am 29. Januar 2017

[234] Universität Rostock: *Studenten begeistern mit Tweedback.* URL: https://www.tweedback.de, aufgerufen am 29. Januar 2017

[235] Universität Stuttgart: *Lehrveranstaltungsevaluation durch Studierendenbefragung an der Universität Stuttgart.* URL: http://www.uni-stuttgart.de/zv/bekanntmachungen/evaluation-dezember2001.pdf, aufgerufen am 18. März 2017

[236] Universität Tübingen: *Lehrveranstaltungsevaluation*. URL: https://www.uni-tuebingen.de/einrichtungen/zentrale-einrichtungen/zentrum-fuer-evaluation-und-qualitaetsmanagement/qualitaetsmanagement/lehrveranstaltungsevaluation.html, aufgerufen am 18. März 2017

[237] Universität Trier: *Verfahren zur Berechnung des Globalwerts im Rahmen der Lehrveranstaltungsevaluation – Senatskommission für Qualitätssicherung: 17.06.2015*. URL: https://www.uni-trier.de/fileadmin/organisation/SSP/QUS/Rahmendokumente/20150617_berechnung_globalwert.pdf, aufgerufen am 18. März 2017

[238] Versvik, Morten: *Kahoot!: Make Learning Awesome*. URL: https://getkahoot.com, aufgerufen am 29. Januar 2017

[239] Vetterick, Jonas ; Garbe, Martin ; Cap, Clemens H.: Tweedback: A Live Feedback System for Large Audiences. In: *Proceedings of the 5th International Conference on Computer Supported Education (CSEDU)*, 2013, S. 194–198

[240] Wahl, Diethelm: *Lernumgebungen erfolgreich gestalten: Vom trägen Wissen zum kompetenten Handeln*. 3. Auflage mit Methodensammlung. Klinkhardt, 2013

[241] Wannemacher, Klaus: Anreizsysteme zur Intensivierung von E-Teaching an Hochschulen. In: *Tagungsband DeLFI, 5. e-Learning Fachtagung Informatik*, 2007, S. 161–172

[242] Weber, Katrin ; Becker, Bernd: Formative Evaluation des mobilen Classroom-Response-Systems SMILE. In: Bremer, Claudia (Hrsg.) ; Krömker, Detlef (Hrsg.): *E-Learning zwischen Vision und Alltag: zum Stand der Dinge*. Waxmann, 2013, S. 277–289

[243] Weber, Natalie: *E-Learning-Technologien in der Hochschullehre am Beispiel des Audience Response Systems nuKIT*, Karlsruher Institut für Technologie (KIT), Diplomarbeit, 2015

[244] Webler, Wolff-Dietrich: Kriterien für gute akademische Lehre. In: *Das Hochschulwesen* 39 (1991), Nr. 6, S. 243–249

[245] Webler, Wolff-Dietrich: Was taugen Fragebögen zur Lehrveranstaltungsbewertung – und was ihre Ergebnisse? Praxishinweise aus einem Vergleich üblicher Fragebögen zur Evaluation von Lehre und Studium. In: *Qualität in der Wissenschaft (QiW)* 2 (2008), Nr. 4, S. 96–105

[246] Wex, Peter: *Bachelor und Master: Die Grundlagen des neuen Studiensystems in Deutschland: Ein Handbuch*. Duncker & Humblot, 2005

[247] Wigger, Christina: *Auswirkungen von Blended-Learning auf Studierende und Hochschulen: eine Felduntersuchung*. Shaker, 2013

[248] Willerman, Marvin ; McNeely, Sharon L. ; Koffman, Elaine C.: *Teachers Helping Teachers: Peer Observation and Assistance*. Praeger, 1991

[249] Winter, Martin: Quantitative und qualitative Methoden der Lehrveranstaltungsevaluation. In: Berendt, Brigitte (Hrsg.) ; Szczyrba, Birgit (Hrsg.) ; Voss, Hans-Peter (Hrsg.) ; Wildt, Johannes (Hrsg.): *Handbuch Hochschullehre*. Raabe, 2000, S. Griffmarke D 2.4

[250] Wissenschaftsrat (WR): *Empfehlungen zur Qualitätsverbesserung von Lehre und Studium*. Geschäftsstelle des Wissenschaftsrates, 2008

[251] Wissenschaftsrat (WR): *Strategien für die Hochschullehre: Positionspapier*. Geschäftsstelle des Wissenschaftsrates, 2017

[252] Witt, Claudia de: Vom E-Learning zum Mobile Learning – wie Smartphones und Tablet PCs Lernen und Arbeit verbinden. In: Witt, Claudia de (Hrsg.) ; Sieber, Almut (Hrsg.): *Mobile Learning*. Springer, 2013, S. 13–26

[253] Wu, Hung-Yi ; Chen, Jui-Kuei ; Chen, I-Shuo ; Zhuo, Hsin-Hui: Ranking universities based on performance evaluation by a hybrid MCDM model. In: *Measurement* 45 (2012), Nr. 5, S. 856–880

[254] Zinger, Benjamin: *Das Hochschulstudium nach Bologna: Zwischen Strukturreform und didaktischer Neuausrichtung*. Kassel University Press, 2012

[255] Zipf, George K.: *Human behavior and the principle of least effort: an introduction to human ecology*. Addison-Wesley Press, 1949

[256] Zoerner, Dietmar ; Gössler, Florian ; Lucke, Ulrike: Hochschul-Apps im Überblick. In: *Proceedings of INFORMATIK 2014, 44. Jahrestagung der Gesellschaft für Informatik*, 2014, S. 1849–1860

[257] Zuzak, Ivan: *FSM simulator*. URL: http://ivanzuzak.info/noam/webapps/fsm_simulator, aufgerufen am 31. Januar 2017

[258] Zuzak, Ivan: *FSM2Regex*. URL: http://ivanzuzak.info/noam/webapps/fsm2regex, aufgerufen am 31. Januar 2017

[259] Zuzak, Ivan: *Regular Expressions Gym*. URL: http://ivanzuzak.info/noam/webapps/regex_simplifier, aufgerufen am 31. Januar 2017

Stichwortverzeichnis

https://doi.org/10.1515/9783110483048-407